Serge Lebovici / Michel Soulé

Die Persönlichkeit des Kindes

Serge Lebovici / Michel Soulé
unter Mitarbeit von
Simone Decobert und Jeanine Noël

Die Persönlichkeit des Kindes

Der Beitrag der Psychoanalyse zum Verständnis des Kindes

mit vielen Fallbeispielen

herausgegeben
und mit einem Vorwort versehen
von
Jochen Stork

verlegt bei Kindler

Ein Sonderband in der Reihe »Psyche des Kindes«
Die französische Originalausgabe erschien unter dem Titel
»La connaissance de l'enfant par la psychanalyse« in der Reihe »Le fil rouge« bei Presses Universitaires de France, Paris.
Die Übersetzung besorgte Hans-Horst Henschen aufgrund der 2. Auflage.

Redaktion: Helga Watson
Korrekturen: Irmgard Wutz
Umschlaggestaltung: Hans Numberger
Gesamtherstellung: Welsermühl, Wels
Printed in Austria
ISBN 3 463 00720 7

Inhaltsverzeichnis

ZWEITER TEIL

DIE REKONSTRUKTION DER KINDLICHEN VERGANGENHEIT DURCH PSYCHOANALYSE DES KINDES

DRITTER TEIL

DAS PSYCHOANALYTISCHE VERSTÄNDNIS DES KINDES UND SEINE DIREKTE BEOBACHTUNG

VIERTER TEIL

EINIGE ANWENDUNGSBEREICHE DER PSYCHOANALYSE DES KINDES

Vorwort

von Jochen Stork

Zum Verständnis dieses Werkes erscheint es mir notwendig, einige erläuternde Worte vorauszuschicken.

Zum einen handelt es sich bei diesem Buch (das in der Originalausgabe nun schon in der dritten Auflage vorliegt) wohl um eine einzigartige Darstellung unserer Kenntnisse über das Kind aus psychoanalytischer Sicht. Weit entfernt von einer enzyklopädischen Aufzählung von Wissen und theoretischer Spekulation, gründet es auf einer fast dreißigjährigen Erfahrung und Auseinandersetzung mit der psychoanalytischen und psychotherapeutischen Behandlung von Kindern in dem weiten Rahmen einer Kinder- und Jugendpsychiatrie – aus dem sozialpsychiatrischen Zentrum, dem bekannten *Centre Alfred Binet,* des 13. Stadtteils von Paris.

Zum andern handelt es sich um eine Darstellung der französischen Schule der Kinderanalyse (der *Société Psychanalytique* von Paris). Seit 1948 hatte Professor SERGE LEBOVICI um sich eine Gruppe von Analytikern gesammelt, die mit ihm die Begeisterung für Kinderanalyse und Kinderpsychiatrie teilte. Nach seiner Universitätslaufbahn an der Salpêtrière gelang es LEBOVICI 1958 in Zusammenarbeit mit DIATKINE und PAUMELLE in dem 13. Stadtteil von Paris eine moderne Form der Psychiatrie zu entwickeln. Diese Institution wurde schon nach wenigen Jahren zum Vorbild für den Ausbau einer Kinder- und Jugendpsychiatrie nach neuen Maßstäben in Frankreich, und LEBOVICI ist seither als Experte der Weltgesundheitsorganisation auch ministerieller Berater in diesen Fragen.

Daneben hat sich Professor LEBOVICI mit Freunden und Mitarbeitern [1] mit einigen hundert Veröffentlichungen, einer Reihe von Büchern, der Herausgabe der Zeitschrift *»La Psychiatrie de l'Enfant«* (seit 1957) und der Buchreihe *»Le fil rouge – Psychanalyse, Psychiatrie de l'enfant«* einen bedeutenden und weltweiten Ruf erworben. Es wird heute kaum noch bestritten, daß er, hauptsächlich mit DE AJURIAGUERRA und DIATKINE, durch die Integration von Psychotherapie und Psychoanalyse in die Psychiatrie den Grundstein für eine moderne Kinderpsychiatrie in Frankreich gelegt hat; wie er auch als Präsident der Internationalen Psychoanalytischen Vereinigung (von 1973 bis 1977) die Fähigkeit bewiesen hat, integrative und konstruktive Kräfte zu wecken, um die Gegensätze in manchen Schulstreitigkeiten fruchtbar und lebendig zu gestalten.

Aus dem Gesagten mag verständlich werden, daß dieses außerordentliche Buch Besonderheiten und Schwerpunkte hat, die in diesen Zeilen hervorzuheben mir auch deswegen ein herzliches Anliegen ist, weil ich das Glück hatte, einige Jahre lang mit LEBOVICI und DIATKINE zusammenzuarbeiten.

FREUD hat mit seiner Beobachtung, daß der Hauptcharakter des Unbewußten seine Beziehung zum Infantilen ist – *das Unbewußte das Infantile ist* (FREUD VII, 401) –, an eines der größten Geheimnisse der Natur gerührt. Die Psychoanalyse

[1] Neben den Autoren sind an bekannten Namen zu nennen: J. DE AJURIAGUERRA, D. BRAUNSCHWEIG, R. CAHN, C. CHILAND, R. CREMIEUX, R. DIATKINE, E. und J. KESTEMBERG, J. MCDOUGALL, R. MISES, J. SIMON.

hat mit ihrem Interesse für das Phänomen der Kindheit unsere Erkenntnisse über die Geschichtlichkeit des Menschen von Grund auf revolutioniert.

In diesem Sinne stellen sich S. Lebovici, M. Soulé und Mitarbeiter in ihrem Buch die Aufgabe, im Widerstreit der Schulen, als grundlegende Ausrichtung ihres Denkens von einer Rückbesinnung auf die Schriften von Freud auszugehen. Die Hauptbezugsachse, in deren Umfeld sich die Positionen der Autoren bewegen, sind daher die Trieblehre mit dem historischen und ökonomischen Aspekt sowie die Betonung auf dem Unbewußten und den unbewußten Phantasien. Sie geben ihren Ausführungen eine besondere Prägung, wenn sie in dem Ödipuskomplex die bedeutendste Entdeckung Freuds sehen.

Trotz dieser »Rückkehr zu Freud« fühlen sich die Autoren allen Schulen und Richtungen psychoanalytischen Denkens gegenüber verpflichtet und aufgeschlossen, versuchen deren Eigenart zu erfassen und einem gemeinsamen Verständnis näherzubringen, nicht ohne eigene Axiome für das psychische Geschehen beim Kinde zu entwickeln.

Auf drei Wegen, über drei verschiedene Zugänge, versuchen sie sich ihrem Thema zu nähern:
- über die Rekonstruktion der Erlebniswelt des Kindes anhand der Erwachsenenanalyse,
- über die Rekonstruktion der Vergangenheit des Kindes anhand der Kinderanalyse,
- über die Kenntnisse von dem Kind durch Direktbeobachtung.

Ein vierter, wichtiger Teil des Buches beschäftigt sich mit der Anwendung der gewonnenen Kenntnisse auf verschiedene Problemkreise der Kinderpsychiatrie und der Erziehung.

Aus dieser Gliederung schon wird erkennbar, daß die Autoren ihre theoretische Position in einer »extensiven« Psychoanalyse ansiedeln, die auch nicht-analytische und neuro-biologische Erkenntnisse einbezieht. Damit sehen sie sich in einer analogen Bewegung wie die der strukturalen Psychoanalyse in den angelsächsischen Ländern (verbunden mit so bekannten Namen wie Anna Freud, R. Spitz, H. Hartmann, E. Kris und R. Löwenstein) – in Frankreich genetische Psychoanalyse genannt –, die eine Vertiefung und Erweiterung psychoanalytischen Wissens durch Einbeziehung von Einsichten aus anderen Disziplinen anstrebt und es für möglich hält, eine psychoanalytische Psychologie zu errichten.

Diese grundsätzliche Ausrichtung wird aber von den Vertretern der französischen Schule unter anderen Voraussetzungen und Grundannahmen vertreten. Sie wenden sich gegen das Konzept der psychoanalytischen Ich-Psychologie, die theoretische Grundlage der strukturalen Analyse, und stellen in Zweifel, ob es Positionen wie die neutralisierte und desexualisierte Energie oder Libido, die Ich-Autonomie, das autonome Ich und die konfliktfreie Sphäre überhaupt gibt.

Die Autoren artikulieren ihren Standpunkt unter anderem im Zusammenhang mit der Direktbeobachtung von Kindern, die, schon von Freud ausdrücklich gefordert, immer begeisterte Zustimmung aber auch Ablehnung erfahren hat. Ausgehend von den unbewußten Phantasien, die ganz im Mittelpunkt ihres Bezugssystems stehen, setzen sie sich anerkennend und kritisch in einer detaillierten Analyse mit der Beobachtung von Kindern auseinander und erörtern so zentrale Fragen wie: Kann man überhaupt psychoanalytische Begriffe dort anwenden, wo es sich um völlig andere Erfahrungsbereiche handelt? Der Zugang zum Unbewußten und die Rekonstruktion der erlebten Vergangenheit, können sie durch Beobachtung, durch konkrete Fakten – und sei es nur in der Form orientierender Organisatoren – überhaupt ergänzt werden? Welcher Wert kommt solchen Fakten für die analytische Kur zu, und lehren uns nicht regredierte und psychotische Patienten mehr über frühe Entwicklungsphasen als noch so detaillierte Beobachtungen? Auch heben die Autoren hervor, daß die Erfahrung der letzten Jahrzehnte gezeigt hat, wie leicht beobachtbare Fakten und konkrete Gegebenheiten überschätzt werden können.

Demgegenüber besteht eine andere Gefahr, nämlich im Umgang mit dem Unbewußten zu sehr in die »Tiefe« zu sehen und zu vernachlässigen, was die Analyse des Verhaltens lehren kann.

Aus diesen Erwägungen heraus streben die Autoren im Sinne FREUDS ein schwieriges Gleichgewicht an, wenn sie ein wirkliches Verstehen des Kindes begründen auf der psychoanalytischen Rekonstruktion (mit dem Phänomen des Unbewußten als unerläßlicher Grundlage), als auch auf der Direktbeobachtung, die zur Bereicherung unseres Wissens beiträgt; u. a. indem sie Aufschluß gibt über das, was und in welchem Entwicklungsabschnitt möglich ist, und was lediglich Ergebnis gelebter und später wieder erarbeiteter Erfahrung ist.

Zu diesen Ausführungen gehört das eigene theoretische Konzept der Autoren mit dem fundamentalen Axiom: *Das Objekt wird besetzt, bevor es eigentlich wahrgenommen wird* (S. *169*). Das Rätsel des Ursprungs psychopathologischen Geschehens hat FREUD erst mit der Verführung, später mit dem Trauma verbunden und gemeint, sich auf reale Erinnerungen stützen zu können. Seit sich aber die in der Analyse gefundene Erinnerung – wie zuvor die Bewußtseinsinhalte – als eine illusionäre Täuschung herausstellte, drängte sich die Bedeutung der Phantasie in den Vordergrund. Jede erlebte Realität, kein Wert an sich, erhält erst angesichts der unbewußten Phantasien ihre Bedeutung. Wenn die halluzinatorische Befriedigung durch das Objekt als Basis der Phantasieorganisation verstanden werden kann, so haben die unbewußten Phantasien neben der objektalen auch eine präobjektale Wurzel, berufen sich außer auf ein ganzes Objekt auch auf ein mehr gefühltes als wahrgenommenes mütterliches Prä-Objekt, was von grundlegender Bedeutung für alles spätere Erleben wird.

Das Objekt ist besetzt, bevor es wahrgenommen wird. Die erlebte Erfahrung wird dann, ähnlich einem Traum, in antagonistischen und komplementären Prozessen strukturiert und erst das Ergebnis dieser Vorgänge stellt sich in der Erinnerung als die erlebte Erfahrung dar[2].

Wenn die Autoren dazu neigen, in der Phantasietätigkeit den Kernpunkt psychischen Geschehens zu sehen, warnen sie dennoch davor, sich einzig an die unbewußten Phantasien zu halten, was unweigerlich zu einer solipsistischen Konzeption führen würde. Die reale Erfahrung, dieser versteckte wahrhafte Kern,

[2] Diese hier nur kurz angedeuteten Gedanken sind in dem 3. Teil, 2. Kapitel ausgeführt und gehen auf Arbeiten von LEBOVICI und DIATKINE aus dem Jahre 1954 zurück.

enthüllt sich als eine schwer zu vernachlässigende Gewalt, gerade weil sie letztlich die unvermeidliche phantasmatische Strukturierung bedingt. Das Vorhandensein eines solchen Kernes muß für die Kohärenz der Theorie als notwendig angesehen werden. In der Analyse hingegen geht es um die innere Kohärenz der Gegenwärtigkeit des Objekts, die Konstruktion der historisch erlebten Wahrheit des Objekts und um die Rekonstruktion der personalen archaisch-phantasmatischen Vergangenheit, nicht aber um die wirkliche, objektive Geschichte. Die Autoren machen durchsichtig, in welch schwierigem, oft unvereinbarendem Verhältnis die Kohärenz der Theorie zu der Kohärenz und Kontinuität inneren Erlebens steht.

Mit der Kontroverse zwischen der historisch-konkreten (materiellen) Rekonstruktion und derjenigen, gegründet auf die Phantasietätigkeit als psychischen Ausdruck der Triebe, als Bild innerer psychischer Prozesse, sind wir bei den Schulstreitigkeiten, die das Konzept von Melanie Klein ausgelöst hat. Dem deutschen Leser wird der ungewöhnlich starke Einfluß und die intensive Auseinandersetzung mit den Schriften der englischen Schule auffallen, und es wird ihm nicht entgehen, welche Bereicherung dieses Werk dadurch erfährt. Dazu gehört auch eine kritische Distanz, ein Sichabgrenzen gegen Widersprüche im Werk von Melanie Klein; die Einwände: sie lasse den Anteil individuell erlebten Lebens in seiner Originalität außer acht; alles sehe so aus, als sei das Auftreten innerer Konflikte vom frühkindlichen objektalen Geschehen völlig unabhängig etc.

Ausdrücklich wenden sich die Autoren gegen die Schule französischer Analytiker, die sich auf Jacques Lacan berufen. Sie widersprechen u. a. deutlich der Folgerung aus der Linguistik, das Unbewußte sei wie eine Sprache aufgebaut; und halten dem entgegen, daß umgekehrt die Sprache wie das Unbewußte aufgebaut wird, da erst das Unbewußte die Sprache strukturiert. Damit unterstreichen sie ihre Ansicht, daß die individuelle Symbolik eines jeden Kindes *vor* der Entwicklung der Struktur der Sprache geprägt ist, was bedeutet, daß jedes Subjekt jedesmal der Schöpfer ist, der diesen verbalen Bildern eine Ordnung aufprägt, so daß er in der Struktur der ihm zur Verfügung stehenden Sprache seine eigene Aktivität wiederfindet.

Mit Worten des Dankes möchte ich schließen: Dank für die Jahre, die ich mit Serge Lebovici und René Diatkine, den ich einbeziehe, arbeiten konnte: Freude, daß dieses Buch in der von mir herausgegebenen Reihe erscheint; Dank jedoch vor allem für den Zugang zu einer Erfahrung, die meine berufliche Laufbahn, aber hauptsächlich mein Leben von Grund auf geprägt hat. Nenne ich diese Erfahrung – vielleicht allzu kurz – eine Begegnung mit der Psychoanalyse, mit analytischem Denken und Geist, so ist es gleichzeitig die Begegnung mit diesen beiden Menschen und Lehrern, über deren Vermittlung ich mich erst diesem Bereich in mir nähern konnte.

Auf diese Weise verbinde ich mit Lebovici und Diatkine einen Aphorismus von Nietzsche, welcher mir viel bedeutet und zentral zu den inneren Erfahrungen gehört, von denen ich sprach: »*Man ist nur fruchtbar um den Preis, an Gegensätzen reich zu sein; man bleibt nur jung unter der Voraussetzung, daß die Seele sich nicht streckt, nicht nach Frieden begehrt . . .*«

Vorwort zur zweiten Auflage

Der Erfolg der ersten Auflage dieses Buches hat uns Anlaß gegeben, seine Vorzüge und Unzulänglichkeiten zu überdenken, zumal es sicher schwierig ist, den Gesamtkomplex dessen darzubieten, was die Psychoanalyse uns in Hinsicht auf das Kind vermitteln kann.

Aus ebendiesem Grunde haben wir jedenfalls eine bestimmte Anzahl neuerer, vor allem französischer Arbeiten berücksichtigt, die die Stichhaltigkeit des historischen Zugangs in Zweifel ziehen.

Deren kritische Analyse, die wir in dieser neuen Auflage bieten, wird es, wie wir hoffen, dem Leser ermöglichen, sich eine angemessene Vorstellung davon zu bilden, und uns Gelegenheit geben, unsere theoretische Position mit mehr Nachdruck darzustellen, dergemäß die Struktur unserer Wünsche und die Kette signifikativer Ereignisse zur Erklärung des psychischen Geschehens des Kindes beitragen.

ERSTER TEIL

Kinderanalyse auf der Grundlage der Analyse Erwachsener

KAPITEL I

Die infantile Sexualität

Freud hat das kindliche Triebleben gerade dank der psychoanalytischen Behandlung Erwachsener und dank seiner Selbstanalyse rekonstruieren können. Bekanntlich bot sich ihm die Gelegenheit zur Analyse des kleinen fünfjährigen Hans nur durch das vermittelnde Eingreifen von dessen Vater. Freud hat gleichwohl die Bedeutung der Analyse von Kindern und von deren direkter Beobachtung anerkannt und legte in den »Drei Abhandlungen zur Sexualtheorie« besonderes Gewicht auf die zukünftige Entwicklung dieser Methode.

Er entdeckt und beschreibt also die infantile Sexualität, ihre Phasen, ihren Polymorphismus und ihre Äußerungen in der Adoleszenz gerade im Medium des Materials von Erwachsenenanalysen; und die in den verschiedenen Auflagen seines Werkes aufeinanderfolgenden Änderungen machen deutlich, in welchem Ausmaß Freud mit der Rekonstruktion der verschiedenen Phasen der infantilen Sexualität beschäftigt war.

Deshalb erscheint es uns wichtig, diese »Drei Abhandlungen zur Sexualtheorie«, die eine unerläßliche Referenzbasis für den Bereich psychoanalytischer Theorie bilden, genau zu interpretieren. Die erste deutsche Ausgabe geht auf das Jahr 1905 zurück; die späteren Auflagen datieren von 1910, 1915, 1920, 1922 und 1924. Freud überarbeitet darin seinen Text und fügt Änderungen und zuweilen wichtige Einschübe hinzu (vor allem in Form von Anmerkungen am Schluß des Bandes). Es ist also von größter Wichtigkeit, nicht schon dem Freud von 1905 Begriffe zuzuschreiben, die erst zehn oder fünfzehn Jahre später entwickelt wurden – Begriffe wie den des Narzißmus, der prägenitalen Organisation, der infantilen Sexualtheorien usw.

Das Vorwort zur Auflage von 1920 unterrichtet uns umfassend über die Bedeutung, die Freud mit der Rekonstruktion der infantilen Sexualität auf der Grundlage der Analyse Erwachsener verbunden sah:

> »Erstens können nur solche Forscher die hier beschriebenen Anfänge des menschlichen Sexuallebens bestätigen, die Geduld und technisches Geschick genug besitzen, um die Analyse bis in die ersten Kindheitsjahre des Patienten vorzutragen. Es fehlt häufig auch an der Möglichkeit hiezu, da das ärztliche Handeln eine scheinbar raschere Erledigung des Krankheitsfalles verlangt. [...] Verstünden es die Menschen, aus der direkten Beobachtung der Kinder zu lernen, so hätten diese drei Abhandlungen überhaupt ungeschrieben bleiben können.«

Wir sind vor allem an den analytischen Gedankengängen des Kapitels II interessiert, das dem Aufbau einer Theorie der Sexualität vorbehalten ist und in dem Freud schreibt:

»Es ist ein Stück der populären Meinung über den Geschlechtstrieb, daß er in der Kindheit fehle und erst in der als Pubertät bezeichneten Lebensperiode erwache. Allein dies ist nicht nur ein einfacher, sondern sogar ein folgenschwerer Irrtum, da er hauptsächlich unsere gegenwärtige Unkenntnis der grundlegenden Verhältnisse des Sexuallebens verschuldet.«

Die wenigen in der Literatur zitierten Beobachtungen von frühkindlichen Sexualäußerungen werden lediglich als außergewöhnliche und exzeptionelle Fälle vorgetragen, die dann zugleich als abschreckende Beispiele früher Verderbtheit gelten. FREUD sieht diese erstaunliche Lücke einerseits in der konventionellen Zurückhaltung der Autoren aufgrund ihrer eigenen Erziehung, andererseits in einem spezifisch psychischen Phänomen begründet, das sich bisher jeder Erklärung entzogen hat:

»Ich meine hiemit die eigentümliche *Amnesie*, welche den meisten Menschen (nicht allen!) die ersten Jahre ihrer Kindheit bis zum 6. oder 8. Lebensjahr verhüllt. [...] Auf der anderen Seite müssen wir annehmen oder können uns durch psychologische Untersuchung an anderen davon überzeugen, daß die nämlichen Eindrücke, die wir vergessen haben, nichtsdestoweniger die tiefsten Spuren in unserem Seelenleben hinterlassen haben und bestimmend für unsere ganze spätere Entwicklung geworden sind. Es kann sich also um gar keinen wirklichen Untergang der Kindheitseindrücke handeln, sondern um eine Amnesie ähnlich jener, die wir bei den Neurotikern für spätere Erlebnisse beobachteten und deren Wesen in einer bloßen Abhaltung vom Bewußtsein (Verdrängung) besteht.«

Mit der Annäherung von infantiler und hysterischer Amnesie weist uns FREUD die Spur, die ihn zur Rekonstruktion der infantilen Sexualität geführt hat: »Ohne infantile Amnesie, kann man sagen, gäbe es keine hysterische Amnesie.«

Bekanntlich eröffnet die infantile Amnesie, die die Periode der kindlichen Sexualentwicklung der Erinnerung entzieht, die Phase der Latenzzeit, die mit dem Untergang des Ödipuskomplexes eintritt. Die diese Latenzperiode betreffende psychoanalytische Literatur ist nicht eben umfangreich; es schien uns sinnvoll, FREUDS diesbezüglichen Standpunkt in eben dem Werk darzustellen, das wir hier analysieren:

»Während dieser Periode totaler oder bloß partieller Latenz werden die seelischen Mächte aufgebaut, die später dem Sexualtrieb als Hemmnisse in den Weg treten und gleichwie Dämme seine Richtung beengen werden (der Ekel, das Schamgefühl, die ästhetischen und moralischen Idealanforderungen). [...] In Wirklichkeit ist diese Entwicklung eine organisch bedingte, hereditär fixierte und kann sich gelegentlich ganz ohne Mithilfe der Erziehung herstellen.«

Er macht hier darauf aufmerksam, daß die Instanzen, die das Ich gegen seine sexuellen Strebungen zu verteidigen vermögen, sich wahrscheinlich während der Latenzzeit auf Kosten ebendieser sexuellen Strebungen bilden. Er benutzt noch nicht den Begriff, den wir heute im Französischen mit *contre-investissement* [Gegenbesetzung] übersetzen – ein doppelsinniger Terminus, der faktisch bedeutet, daß die energetische Besetzung sich auf die Triebabwehr hin orientiert:

»Die Kulturhistoriker scheinen einig in der Annahme, daß durch solche Ablenkung sexueller Triebkräfte von sexuellen Zielen und Hinlenkung auf neue Ziele, ein Prozeß, der den Namen

Sublimierung verdient, mächtige Komponenten für alle kulturellen Leistungen gewonnen werden. Wir würden also hinzufügen, daß der nämliche Prozeß in der Entwicklung des einzelnen Individuums spielt, und seinen Beginn in die sexuelle Latenzperiode der Kindheit verlegen.«

Im augenblicklichen Entwicklungsstadium der psychoanalytischen Theorie tritt die Sublimierung nicht mehr nur als eines der Elemente der im Gefolge der triebhaften Gegenbesetzung organisierten Kräfte in Erscheinung. Die Theorie der Sublimierung muß auch mit der des Narzißmus in Zusammenhang gebracht werden: seine Entwicklung und Wandlungen führen dazu, daß er schließlich vollständig auf das Idealobjekt des Ich projiziert wird.

FREUD macht einige Bemerkungen über seine Auffassung der Evolution der Latenzperiode und ihrer Bedeutung in erzieherischer Hinsicht. Er weist darauf hin, daß die Kindheitsjahre des künftigen Neurotikers sich hinsichtlich der erlebten Eindrücke nicht grundlegend von denen normal gebliebener Individuen unterscheiden; der einzige Unterschied beruhe vielleicht auf der Intensität und Deutlichkeit dieser Eindrücke.

FREUD beschreibt die Latenzperiode bei diesen künftigen Neurotikern als unregelmäßiger und durch eher unbestimmte Schübe markiert; ebenso glaubt er, daß diese Latenzperiode, ihr Eintritt und ihre Entwicklung von der Erziehung begünstigt werde:

»Die Erzieher benehmen sich, insofern sie überhaupt der Kindersexualität Aufmerksamkeit schenken, genauso, als teilten sie unsere Ansichten über die Bildung der moralischen Abwehrmächte auf Kosten der Sexualität und als wüßten sie, daß sexuelle Betätigung das Kind unerziehbar macht, denn sie verfolgen alle sexuellen Äußerungen des Kindes als ›Laster‹, ohne viel gegen sie ausrichten zu können.«

Im selben Kapitel der »Drei Abhandlungen zur Sexualtheorie« findet sich auch eine systematische Beschreibung der Phasen der infantilen Sexualität, bei der zahlreiche Vulgarisatoren frühzeitig Anleihen gemacht haben; sie ist – nach der Beschreibung von KARL ABRAHAM [2] – von bestimmten Analytikern aus der Schule von MELANIE KLEIN wiederaufgenommen und vervollständigt worden. Ihre Systematisierung über alle die regressiven Phasen hinweg, die die klinische Beobachtung der Neurosen und Psychosen zeigt, ist Gegenstand schwerwiegender Diskussionen in zeitgenössischen psychoanalytischen Kreisen.

1. Die orale Phase und die oralen erogenen Zonen

FREUD beschreibt das Saugen als eine der typischen Äußerungen der infantilen Sexualität. Angesichts des Saugens und des Lutschens mit rhythmischen und wiederholten Bewegungen der Lippen ohne direkten Nutzeffekt und ohne Beziehung zur Nahrungsaufnahme meint FREUD, man sehe sich da typischen sexuellen Äußerungen gegenüber. Darüber hinaus glaubt er den Beweis dafür damit erbracht, daß das Saugen häufig von rhythmischem Zupfen am Ohrläppchen oder von der Berührung einer anderen Person, selbst von versuchter Berührung der Genitalorgane begleitet wird. Das Kind geht häufig vom Saugen zur Masturbation über.

Diese erste Äußerung der infantilen Sexualität hat autoerotischen Charakter. Sie ist verknüpft mit der Entwicklung einer besonderen erogenen Zone: »Die erste und lebenswichtigste Tätigkeit des Kindes, das Saugen an der Mutterbrust (oder an ihren Surrogaten), muß es bereits mit dieser Lust vertraut gemacht haben. Wir würden sagen, die Lippen des Kindes haben sich benommen wie eine *erogene Zone,* und die Reizung durch den warmen Milchstrom war wohl die Ursache der Lustempfindung. [...] Die Sexualbetätigung lehnt sich zunächst an eine der zur Lebenserhaltung dienenden Funktionen an und macht sich erst später von ihr selbständig[1].« [...] »Nun wird das Bedürfnis nach Wiederholung der sexuellen Befriedigung von dem Bedürfnis nach Nahrungsaufnahme getrennt, eine Trennung, die unvermeidlich ist, wenn die Zähne erscheinen und die Nahrung nicht mehr ausschließlich eingesogen, sondern gekaut wird [...].« Das Kind macht sich so von der Außenwelt, die es noch nicht beherrschen kann, unabhängig[2].

FREUD hebt die individuellen Unterschiede bei Kleinkindern deutlich hervor. Ihmzufolge ist die Sensibilität der Lippenzone bei manchen von ihnen kongenital hochentwickelt, und das sind Kinder, die als Erwachsene den Lustgewinn aus der Lippenzone, wie er sich beim Kuß entwickelt, bevorzugen und regelrechte »Kußfeinschmecker« werden.

Im oralen Stadium des Saugens äußern sich also drei wesentliche Merkmale der infantilen Sexualität:

a) sie entwickelt sich in *Anlehnung* an eine für die Lebenserhaltung wichtige physiologische Funktion[3];

b) sie kennt noch keine Sexualobjekte;

c) sie ist autoerotisch und ihrem Ziel nach von der rhythmischen Aktivität einer erogenen Zone bestimmt.

2. *Die anale Phase und die erogene anale Zone*

Die Afterzone und ihre Umgebung ist durch ihre anatomische Lage geeignet, eine neue Aktivität zu unterstützen. Die Kinder machen sich die erogene Reizbarkeit dieser Zone häufig zunutze. Der Darminhalt spielt dabei zunächst die Rolle eines Reizkörpers, den das Kind wie einen Teil seines eigenen Körpers betrachtet – man kennt seine Bedeutung aus zahlreichen Phantasien Erwachsener (Kot-Stange oder Penis-Stange). Später wird er dann zum Geschenk, das ihm durch seine Entäußerung seine Gefügigkeit, durch seine Verweigerung seinen Trotz zu beweisen dient. Schließlich nimmt er – gemäß einer der infantilen Sexualtheorien – die Bedeutung

[1] Es läßt sich hier leicht einer der wesentlichen Aspekte von Theorien dingfest machen, wie sie genetischen Psychoanalytikern gemeinsam sind – Theorien, denen zufolge die Funktionen, die für das psychologische Leben bedeutsam werden, vorher ausschließlich physiologisch eingesetzt wurden.

Vgl. dazu die Arbeit von R. SPITZ über die frühen Abwehr-Prototypen des Ich [319].

[2] Die Rolle der Zahnung in der oralen Phase ist von K. ABRAHAM und MELANIE KLEIN mit ihrer Unterscheidung zwischen einem ersten und einem zweiten oralen Stadium eingehend neubewertet worden. Im Augenblick des Erscheinens der Zähne ergibt sich der Lustgewinn nicht mehr aus dem Saugen, sondern aus dem Beißen; daher das mit der oralen Aggressivität dieser Phase verbundene Schuldgefühl, das zur Herausbildung der zentralen depressiven Position nach einer ersten Periode »paranoider Angst« führt.

[3] Wir werden später sehen, daß sich bestimmte zeitgenössische Psychoanalytiker (vor allem J. LAPLANCHE [215 b]) auf diese Anlehnung des Sexualtriebes stützen, um den Autoerotismus zu dessen Quelle zu machen und die Bedeutung des Objekts zu leugnen (vgl. unten im Kapitel »Die Metapsychologie«).

eines Kindes an, das durch Essen erworben und gezeugt und durch den Darm geboren wird. Das etwa waren FREUDS Vorstellungen, die er, ausgehend von der perianalen Erogeneität, hinsichtlich der Bedeutung des Sexuallebens in der analen Phase 1915 formulierte. Er hält ebenso fest, daß der Umstand der Zurückhaltung der Kotstange als masturbatorischer Reiz dieser Zone wirkt; daher dann die bei Neurotikern so häufige Obstipation.

In der Folge haben sich alle Autoren, die sich für die weitere Untersuchung des sogenannten prägenitalen Sexuallebens interessiert haben – vor allem von dem Augenblick an, wo ABRAHAM zwei Phasen unterschieden hatte, »eine aktive oder analsadistische und eine passive, die zum Wunsch nach Durchdringung führt« – um eine ganz systematische Beschreibung des analen Stadiums bemüht. Und in einer analogen Perspektive muß man die retrospektiven Darstellungen der Folgen der Bemeisterung der Analfunktion sehen, eine Bemeisterung, die, neben den analen Befriedigungen, die mit der Entwicklung der Erogeneität dieser Zone verbunden sind, einen dritten Aspekt der infantilen Sexualität bildet.

3. Die genitale Phase

Es gibt in der Tat eine erogene Zone, die, ohne zunächst zur Reife zu gelangen, später die bedeutendste Rolle beim Jungen und beim Mädchen einzunehmen bestimmt ist. Sie entwickelt sich wahrscheinlich aus der Sensibilisierung der Glans und der Klitoris im Zusammenhang mit der Harnfunktion.

FREUD beschreibt im Jahre 1915 drei Phasen der Masturbation in der Entwicklung der infantilen Sexualität. Die erste entspricht den prägenitalen Phasen, vor allem dem Zeitpunkt der Entwicklung der oralen Phase. Die zweite kommt in den folgenden Jahren zur Entfaltung, während die mit der Pubertätsonanie übereinstimmende dritte die einzige ist, die die angelegentliche Aufmerksamkeit der Beobachter auf sich gezogen hat.

Nach der kurzen Periode der Säuglingsonanie und noch vor dem vierten Lebensjahr scheint sich die genitale Zone zur Reife zu entwickeln, die dann geraume Zeit bis zur erneuten Regression in der Latenzzeit andauert:

> »Aber alle Einzelheiten dieser *zweiten* infantilen Sexualbetätigung hinterlassen die tiefsten (unbewußten) Eindrucksspuren im Gedächtnis der Person, bestimmen die Entwicklung ihres Charakters, wenn sie gesund bleibt, und die Symptomatik ihrer Neurosen, wenn sie nach der Pubertät erkrankt.«

Der zunehmenden Reife der genitalen Organisation des Sexuallebens entspricht der Übergang vom Autoerotismus zum Objektstadium der Sexualität, d. h. zur wirklichen sexuellen Objektwahl. Es ist interessant zu sehen, wie sich FREUD mit dem Übergang vom Autoerotismus zur Objektorientierung der Triebe auseinandersetzt. Wenn man annimmt, daß die infantile Sexualität zum Ziel hat, Befriedigung aus der dieser oder jener erogenen Zone entsprechenden Reizung zu erlangen, muß das Kind jene Befriedigung zuvor erlebt haben, um ein Bedürfnis nach ihrer Wiederholung zu verspüren. Aber das Ziel der infantilen Sexualität besteht darin, »die projizierte Reizempfindung an der erogenen Zone durch denjenigen äußeren Reiz zu ersetzen, welcher die Reizempfindung aufhebt, indem er die Empfindung der Befriedigung hervorruft[4]«. So beschreibt er beispielsweise die zur Reizaufhebung an den Genitalorganen führenden Betätigungen und macht auf die Zuhilfenahme der Hand des Kindes oder eines äußeren Objektes aufmerksam: »Beim Knaben weist die Bevorzugung der Hand bereits darauf hin, welchen wichtigen Beitrag zur nämlichen Sexualtätigkeit der Bemächtigungstrieb einst leisten wird.«

Bekanntlich hat FREUD lange gezögert, sich festzulegen, welches die vorherrschende Ursache beim Wiedereinsetzen der sexuellen Aktivität im Augenblick der zweiten Phase der infantilen Masturbation sei. Abwechselnd hat er endogene und exogene Einflüsse in Betracht gezogen; immer aber war er der Ansicht, daß von außen einwirkenden Ursachen dabei eine wesentliche Bedeutung zukam. Selbst als seine spätere Entwicklung ihn seine eigene Verführungstheorie – wenigstens als wesentliches Element eines Traumas – zurückzunehmen zwang, hat er nie die sehr unauffälligen Gegebenheiten außer acht gelassen, die dem Kind in den Augen des Erwachsenen den Wert eines Sexualobjektes beilegten. Die Phantasien des Kindes und bestimmte seiner Verhaltensweisen während dieser Periode haben ihn jedoch veranlaßt, es als »polymorph-pervers« einzustufen.

»Das Kind verhält sich hierin nicht anders als etwa das unkultivierte Durchschnittsweib, bei dem die nämliche polymorph-perverse Veranlagung erhalten bleibt.«

Mit anderen Worten: Sehr verstohlene Verführungsversuche von seiten mit der Erziehung des Kindes betrauter Erwachsener, die sich der Motive ihres Tuns durchaus nicht immer voll bewußt sind, sind die Antwort auf kindliche Provokationen, die ihrerseits keineswegs immer die Unschuld haben, die man ihnen zubilligt.

»Im übrigen hilft der Einfluß der Verführung nicht dazu, die anfänglichen Verhältnisse des Geschlechtstriebes zu enthüllen, sondern verwirrt unsere Einsicht in dieselben, indem er dem Kinde vorzeitig das Sexualobjekt zuführt, nach dem der infantile Sexualtrieb zunächst kein Bedürfnis zeigt.«

Die sexuellen Partialtriebe – Schau- und Zeigelust und Grausamkeit – gewinnen gegenüber den erogenen Zonen allmählich große Unabhängigkeit.

Diese zweite Phase der infantilen Masturbation hat bedeutsame Folgen für das Sexualleben der Erwachsenen. Die Zeigelust steht in Zusammenhang mit der Neugier, die sich in der zweiten Kindheitsphase herausbildet, wenn das Schamgefühl bereits ein bestimmtes Ausmaß erreicht hat und die Kinder beginnen, lebhaftes Interesse für die Genitalorgane ihrer Eltern und Spielkameraden zu entwikkeln: sie werden dann zu Voyeuren.

Die Grausamkeit, eine sexuelle Komponente dieser Periode, wird von der mit den erogenen Zonen verbundenen sexuellen Aktivität völlig unabhängig. Sie ist ebenfalls eine Auswirkung des Bemächtigungstriebes und tritt mithin in Erschei-

[4] Diese Vorstellung erlaubt LAPLANCHE [215 b] die auf eine Bemerkung von FREUD gestützte Formulierung, daß das Objekt aus dem Verlust der (Mutter-)Brust entstehe.

nung (wahrscheinlich zum Zeitpunkt der Entwicklung des analen Stadiums), wenn die Genitalorgane noch nicht den für die Funktionen des Sexuallebens erforderlichen Reifezustand erreicht haben: »Sie beherrscht dann eine Phase des Sexuallebens, die wir später als prägenitale Organisation beschreiben werden.« Man sieht, daß FREUD seit 1915 die ganze Bedeutung vorausahnte, die dem beigelegt werden mußte, was man später – mit KARL ABRAHAM – die anal-sadistischen Triebe nennen sollte. Schon vor der Beschreibung der aggressiven Triebe machte FREUD, ausgehend vom Todestrieb, auf die Bedeutung der Vermischung von erotischen Trieben und Grausamkeit aufmerksam mit dem Hinweis, daß die schmerzhafte Reizung der Gesäß-Zone, vor allem bei körperlicher Züchtigung, am Beginn der Entwicklung von Sadismus und Masochismus stehen könne.

In dieser selben Auflage von 1915 schiebt FREUD einige Bemerkungen über den Wiß- oder Forschertrieb des Kindes ein, bei dem man ebenso sexueller Komponenten gewahr werden könne:

»Sein Tun entspricht einerseits einer sublimierten Weise der Bemächtigung, andererseits arbeitet er mit der Energie der Schaulust. [...] denn wir haben aus der Psychoanalyse erfahren, daß der Wißtrieb der Kinder unvermutet früh und in unerwartet intensiver Weise von den sexuellen Problemen angezogen, ja vielleicht erst durch sie geweckt wird.«

Diese Forschertriebe werden ohnedies verstärkt von Phänomenen zunehmender Reifung ebenso wie von Ereignissen, die sich *unerwartet* im Leben des Kindes einstellen können: die Geburt eines Bruders oder einer Schwester, das Aufmerksamwerden auf den anatomischen Geschlechtsunterschied, Geburtstheorien unter dem Einfluß von Feenmärchen; schließlich durch die Entwicklung der erogenen Zonen, durch sadistische Auffassungen der sexuellen Beziehungen, kurz: alle diese Nachforschungen können die Entwicklung seiner Intelligenz unterstützen. »Aber da der kindlichen Sexualforschung zwei Elemente unbekannt bleiben, die Rolle des befruchtenden Samens und die Existenz der weiblichen Geschlechtsöffnung – die nämlichen Punkte übrigens, in denen die infantile Organisation noch rückständig ist –, bleibt das Bemühen der infantilen Forscher doch regelmäßig unfruchtbar und endet in einem Verzicht, der nicht selten eine dauernde Schädigung des Wißtriebes zurückläßt.« FREUD spricht übrigens, als er in dieser so wichtigen Auflage von 1915 auf die sehr systematische Beschreibung der Entwicklungsphasen der Sexualorganisation zurückkommt, von prägenitaler Organisation, deren ganze Tragweite er beschreibt:

»Organisationen des Sexuallebens, in denen die Genitalzonen noch nicht in ihre vorherrschende Rolle eingetreten sind, wollen wir *prägenitale* heißen. [...] Eine erste solche prägenitale Sexualorganisation ist die *orale* oder, wenn wir wollen, *kannibalische*. Die Sexualtätigkeit ist hier von der Nahrungsaufnahme noch nicht gesondert, Gegensätze innerhalb derselben nicht differenziert. Das Objekt der einen Tätigkeit ist auch das der anderen, das Sexualziel besteht in der *Einverleibung* des Objektes, dem Vorbild dessen, was späterhin als *Identifizierung* eine so bedeutsame psychische Rolle spielen wird. [...] Eine zweite prägenitale Phase ist die der *sadistisch-analen* Organisation. [...] Sie kann aber noch nicht *männlich* und *weiblich*, sondern muß *aktiv* und *passiv* benannt werden. Die Aktivität wird durch den Bemächtigungstrieb von seiten der Körpermuskulatur hergestellt, als Organ mit passivem Sexualziel macht sich vor allem die erogene Darmschleimhaut geltend.«

Die geglückte Aufeinanderfolge dieser Phasen und die gelungene Integration der ihr zugrundeliegenden Triebe ist unerläßlich für die Organisation der Sexualität beim Erwachsenen. Die Partialtriebe des Kindes sind untereinander allerdings kaum verbunden und bei der Suche nach Befriedigung voneinander unabhängig. Das Leben des normalen Erwachsenen ist im Gegensatz dazu bestimmt durch die im Dienste der Fortpflanzung stehende Suche nach Lust; hier müssen sich die Partialtriebe dem Primat einer einzigen erogenen Zone unterwerfen und eine dauerhafte Verbindung eingehen, die das definitive Sexualziel zu erreichen fähig ist, das sich darüber hinaus auf ein fremdes Objekt verlagern muß.

Zu ebendieser Zeit übernahm FREUD auch von BLEULER den glücklichen Begriff der »Ambivalenz«, als er zeigen wollte, daß die Partialtriebe dieser prägenitalen Phase von gleicher Stärke sind. Es bleibt – in diesem dem Versuch einer Rekonstruktion der infantilen Sexualität vorbehaltenen Kapitel – wichtig, daran zu erinnern, daß FREUD nachdrücklich betont, prägenitale Organisationen könnten kaum anders als durch die Psychoanalyse Erwachsener erkannt werden. Sie eben erweist, daß, dem vorläufigen Zögern und der Ambivalenz der Objektwahl zum Trotz, das Genitalleben zwischen zwei und fünf Jahren beginnen kann, um in der Latenzzeit auf halbem Wege stehenzubleiben und sich dann in der Pubertät fortzusetzen, die der Sexualität ihre endgültige Gestalt gibt. Aber die Psychoanalyse macht deutlich, daß hinter Zärtlichkeit und Verehrung, die die Objektbeziehungen charakterisieren, sich verschiedene sexuelle Strebungen verbergen, die auf Partialtriebe von prägenitalem Charakter zurückgehen.

Es erscheint uns wenig sinnvoll, ebenso ausführlich auf das dritte Kapitel der »Drei Abhandlungen« einzugehen – »Die Umgestaltung der Pubertät« –, wie wir es beim zweiten getan haben, das der »Infantilen Sexualität« vorbehalten war. Dennoch muß daran erinnert werden, daß FREUD hier wesentliche Elemente seiner Libido-Theorie entwickelt, eines der Hauptstücke seiner Analyse der kindlichen Sexualität, wenigstens auf ökonomischem Gebiet, das er bis jetzt, bei der genetischen Beschreibung, noch nicht erwähnt hatte. Die Libido wird beschrieben als quantitativ variable Kraft, die Vorgänge und Umsetzungen im Bereich der Sexualerregung zu messen erlaubt. Jenseits ihrer quantitativen Aspekte hat sie auch einen qualitativen, der sich in dieser Phase des FREUDschen Denkens vor allem in der Vorstellung ausdrückt, sie könne durch einen besonderen »Chemismus« definiert werden. Wichtig bleibt FREUDS Ansicht, daß diese Libido nicht anders als durch die Äußerungen erkannt werden könne, die sie auf der Ebene des Ich in Erscheinung treten lassen – Vergrößerung, Verminderung, Verteilung, Verschiebung usw. Anders ausgedrückt: Die Ich-Libido ist nur dann zugänglich, wenn sie sexueller Objekte habhaft geworden und Objekt-Libido geworden ist. Deren Genese kann man nur verstehen, wenn man sich auf Begriffe wie Narzißmus oder narzißtische Libido bezieht; diese narzißtische Libido bildet das große Reservoir, von wo aus Objektbesetzungen ausgeschickt und in das sie wieder in bestimmten Phasen physiologischer oder pathologischer Regression eingezogen werden.

Die Hypothese eines narzißtischen Stadiums ist mit der psychoanalytischen Rekonstruktion unter der Bedingung vollkommen vereinbar, daß man die fraglichen ökonomischen Aspekte berücksichtigt; sie wird umfassend in den genetischen Theorien ausgedrückt, wo – wie wir sehen werden – zwangsläufig ein narzißtisches Stadium in Betracht gezogen werden muß, gerade um die Existenz der Objektbesetzung zu verstehen.

Die aktuelle Bedeutung der Theorie des Narzißmus in der Psychoanalyse und die in dieser Hinsicht von zahlreichen Autoren (in Frankreich vor allem von Bela Grunberger [166]) gewonnenen Einsichten werfen jedoch das Problem des Wertes der psychoanalytischen Rekonstruktion auf: Tatsächlich läßt sich fragen, wie das narzißtische Stadium im Bereich der Entwicklung einer psychoanalytischen Behandlung rekonstruiert werden kann, wenn die heutigen Analytiker der ökonomischen Analyse der Neurosen, Psychosen und psychosomatischen Leiden eine so geringe Tragweite beimessen. Dieser einschränkende Vorbehalt würde von Grunberger zweifellos nicht geteilt werden, der gern den Zusammenhang zwischen oraler Objektlosigkeit und Narzißmus beschreibt. Freud seinerseits war von dem Augenblick an, wo er einen primären und einen sekundären Narzißmus zu unterscheiden begann, der Ansicht, daß man von einer Regression auf ein primäres narzißtisches Stadium im Schlaf, bei verschiedenen Kategorien männlicher Homosexualität und bei Geisteskrankheiten vom Typ der heute als Schizophrenie beschriebenen sprechen könne.

Diese Diskussion wird zweifellos in dem Augenblick wiederaufgenommen werden, wo die genetische Psychoanalyse einer kritischen Prüfung unterzogen wird.

Wie dem auch sei: Das abschließende Fazit der »Drei Abhandlungen zur Sexualtheorie« versucht, eine zusammenhängende Darstellung der infantilen Sexualität zu geben, welchen wechselnden äußeren Einflüssen sie auch ausgesetzt sein mag. Freud hatte zudem im zweiten Jahrzehnt dieses Jahrhunderts die traumatische Theorie der Neurose größtenteils aufgegeben und sich an wirklich strukturale Beschreibungen gemacht, auf topischem Gebiet (die verschiedenen Definitionsversuche des Unbewußten) ebenso wie auf ökonomischem. Daher scheint es uns für heutige Psychoanalytiker nicht mehr möglich, die Entstehung der Objektbeziehung zu beschreiben, ohne das Schicksal der narzißtischen und Objektbesetzungen zu analysieren. Aber die Öffentlichkeit und auch die Spezialisten verbleiben aus nur zu verständlichen Gründen im Bannkreis des Skandals der infantilen Sexualität; daher ihre Anhänglichkeit an die Theorie des pathogenen Traumas.

KAPITEL II

Das pathogene Trauma und die erlebte Erfahrung

Die breite Öffentlichkeit ist einem naiven Bild der Psychoanalyse treu geblieben: Es handele sich da um eine Art von Behandlung, die im wesentlichen um kathartische Effekte zentriert sei, die ihrerseits mit der Wiedererinnerung von Erlebnissen traumatisierenden oder Schuldgefühle auslösenden Charakters in Zusammenhang stünden. Der Überfluß von Kulturprodukten auf dem Gebiet von Roman und Film hat sie keines Besseren belehren können, zumal sie sie in dieser Vorstellung lediglich bestätigen.

Es gibt möglicherweise auch noch andere Gründe, die die Neigung dieser Öffentlichkeit – und selbst der gebildeten – für ebendiese Theorie verständlich machen, die dem außergewöhnlichen Ereignis in der Kindheit von Neurotikern entscheidende Bedeutung beimißt. Sein besonderer und abstoßender Charakter ist geeignet, die Erwachsenen und die Gesellschaft ihrer Verantwortlichkeit zu entbinden. Die zahlreichen Komplikationen, für die gerade sie häufig verantwortlich sind, werden so übergangen. Man übersieht oder verkleinert die entfernteren Ursachen der alltäglichen Erziehungsschwierigkeiten und den pathogenen Charakter von manchen unserer Verhaltensweisen.

Diese Überbewertung des dramatischen Ereignisses ist auf dem Gebiet mentaler Hygiene jedoch nicht ohne Gefahr. Sie erweckt den Eindruck, als zählten einzig und allein die größeren Konflikte, die spektakulären Familiendramen, und zielt darauf ab, die an die Charakterorganisation der Eltern gebundenen Verhaltensweisen zu bagatellisieren: Immer aber sind es diese letzteren, die für die Erziehungsstereotypien und deren Übertragung auf das Feld der Kultur verantwortlich sind. Die Krise ist nur die Superstruktur eines Entwicklungsprozesses, dessen Realität sowohl in ihren positiven als auch in ihren negativen Aspekten sehr viel entscheidender ist.

FREUD hat, wie man später sehen wird, seit dem Beginn seiner psychologischen Untersuchungen und vor allem während seiner zusammen mit BREUER unternommenen Studien über Hysterie stets die Existenz von sexuellen Traumen in den Amnesien der Erwachsenen bestätigt gefunden, die er durch Hypnose zu behandeln versuchte. Er machte sie bald zur Grundlage und zum Kern der späteren Neurose. Darüber hinaus stellte er fest, daß dieses Trauma immer auf sexuellem Gebiet erlebt werde und, streng genommen, das Ergebnis einer Verführung durch einen andersgeschlechtlichen Erwachsenen sei. In seinen »Studien über Hysterie« drückt FREUD jedoch schon gewisse Vorbehalte hinsichtlich dieser Verführungstheorie aus: »Die Kranke gab zwar alles, was ich in ihren Bericht interpolierte als wahrscheinlich zu; sie war aber doch nicht imstande, es als Erlebtes wiederzuerkennen.«

Diese Behauptungen führten schon bald zu einer vorsichtigen Zurückhaltung von BREUER angesichts der Theorien FREUDS.

Es ist hier von Bedeutung, FREUDS diesbezügliche Entwicklung kurz zu streifen. Der Fall KATHARINA ist die dritte von fünf Fallbeschreibungen in den »Studien über Hysterie« [102]. FREUD berichtet da über eine Konsultation und Behandlung, die in einer Berghütte im Laufe des Sommers in einer einzigen »Sitzung« vor sich gingen, während eines Ausfluges in die Hohen Tauern, »um für eine Weile die Medizin und besonders die Neurosen zu vergessen«.

Die junge Katharina, ein achtzehnjähriges Dienstmädchen, fragt ihn, ob er Arzt sei und vertraut ihm an, sie leide unter Atemnot, Kopfschmerzen und Schwindelanfällen. Die Angstzustände, die sich bis zu Todesangst steigern, haben eine ständige Begleiterscheinung: die Vorstellung eines »grauslichen« Gesichtes, das sie drohend anblickt und sie sehr erschreckt. FREUD sucht geradewegs die traumatische Szene:

»Ich sagte also: ›Wenn Sie's nicht wissen, will ich Ihnen sagen, wovon ich denke, daß Sie Ihre Anfälle bekommen haben. Sie haben einmal, damals vor zwei Jahren, etwas gesehen oder gehört, was Sie sehr geniert hat, was Sie lieber nicht möchten gesehen haben.‹«

Katharina erzählt nun, wie sie zwei Jahre zuvor die sexuellen Beziehungen ihres Onkels zu ihrer Cousine Franziska beobachtet und wie diese Entdeckung sie verwirrt und Erbrechen bei ihr hervorgerufen habe. Sie schließt damit, daß sie diese Entdeckung ihrer Tante erzählt habe, die sich über die Veränderung Sorgen machte, und ihr Bericht hat damals zu peinlichen Szenen zwischen Onkel und Tante, später sogar zur Trennung der Ehe geführt.

Von FREUD gebeten, sich ihren Erinnerungsassoziationen zu überlassen, erzählt Katharina dann einige Szenen versuchter Verführung:

»Die erste Reihe [von älteren Geschichten] enthält Anlässe, bei denen derselbe Onkel ihr selbst sexuell nachgestellt, als sie erst vierzehn Jahre alt war. Wie sie einmal mit ihm im Winter eine Partie ins Tal gemacht und dort im Wirtshaus übernachtet. Er blieb trinkend und kartenspielend in der Stube sitzen, sie wurde schläfrig und begab sich frühzeitig in das für beide bestimmte Zimmer im Stocke. Sie schlief nicht fest, als er hinaufkam, dann schlief sie wieder ein, und plötzlich erwachte sie und ›spürte seinen Körper‹ im Bette. Sie sprang auf, machte ihm Vorwürfe. ›Was treiben S' denn, Onkel? Warum bleiben S' nicht in Ihrem Bette?‹ Er versuchte sie zu beschwatzen: ›Geh, dumme Gredel, sei still, du weißt ja nicht, wie gut das is'.‹ – ›Ich mag Ihr Gutes nicht, nit einmal schlafen lassen S' einen.‹ Sie bleibt bei der Tür stehen, bereit, auf den Gang hinaus zu flüchten, bis er abläßt und selbst einschläft. Dann legt sie sich in ihr Bett und schläft bis zum Morgen. Aus der Art der Abwehr, die sie berichtet, scheint sich zu ergeben, daß sie den Angriff nicht klar als einen sexuellen erkannte; danach gefragt, ob sie denn gewußt, was er mit ihr vorgehabt, antwortete sie: Damals nicht, es sei ihr viel später klargeworden. Sie hätte sich gesträubt, weil es ihr unangenehm war, im Schlafe gestört zu werden und ›weil sich das nicht gehört hat‹. Ich mußte diese Begebenheit ausführlich berichten, weil sie für das Verständnis alles Späteren eine große Bedeutung besitzt.«

FREUD arbeitet dann die psychopathologische Entsprechung und Rekonstruktion seiner Beobachtung aus und schließt daraus:

»Man findet bei der Analyse jeder auf sexuelle Traumen gegründeten Hysterie, daß die Eindrücke aus der vorsexuellen Zeit, die auf das Kind wirkungslos geblieben sind, später als Erinnerung traumatische Gestalt erhalten, wenn sich der Jungfrau oder Frau das Verständnis des sexuellen Lebens erschlossen hat[1]. [...]

Eine weitere Abweichung im psychischen Mechanismus dieses Falles liegt darin, daß die Szene der Entdeckung, welche wir als »auxiliäre« bezeichnet haben, gleichzeitig auch den Namen einer »traumatischen« verdient. Sie wirkt durch ihren eigenen Inhalt, nicht bloß durch die Erweckung der vorhergehenden traumatischen Erlebnisse, sie vereinigt die Charaktere eines »auxiliären« und eines »traumatischen Moments«.

Es scheint uns wichtig, hier die vervollständigende Fußnote, die FREUD erst der Neuausgabe seines Buches aus dem Jahre 1924 hinzufügte, zu zitieren:

»Nach so vielen Jahren getraue ich mich die damals beobachtete Diskretion aufzuheben und anzugeben, daß Katharina nicht die Nichte, sondern die Tochter der Wirtin war, das Mädchen war also unter den sexuellen Versuchungen erkrankt, die vom eigenen Vater ausgingen. Eine Entstellung wie die an diesem Falle von mir vorgenommene sollte in einer Krankengeschichte durchaus vermieden werden. Sie ist natürlich nicht so belanglos wie etwa die Verlegung des Schauplatzes von einem Berge auf einen anderen.«

JONES [186] referiert die spätere Entwicklung von FREUD in dieser Hinsicht:

»Im folgenden Jahr (1896) baute er seine Theorien weiter aus. Im März erschien der vierte dieser Aufsätze [d. h. der ›Studien über Hysterie‹] auf französisch in der ›*Revue Neurologique*‹. Er richtet sich hauptsächlich gegen die in Frankreich vorherrschende Ansicht, daß Vererbung die Hauptursache aller Neurosen sei, und behauptet kategorisch, die *spezifische* Ursache der Neurosen sei eine Störung im sexuellen Leben des Patienten: eine gegenwärtige bei der ›Aktualneurose‹ und eine in der Vergangenheit liegende bei den Psychoneurosen. Genauer gesagt: die Ursache der Hysterie sei ein passives Sexualerlebnis vor der Pubertät, das heißt eine traumatische Verführung, eine Schlußfolgerung, die sich auf dreizehn vollständig analysierte Fälle stützte. Als empfängliches Alter gibt FREUD dasjenige von drei bis vier Jahren an, und er vermutet, daß ein solches Erlebnis nach dem achten bis zehnten Lebensjahr keine Neurose mehr zur Folge haben würde; das Kind würde gleichgültig bleiben oder vielleicht Abscheu oder Schrecken bekunden. Bei der Zwangsneurose, für die er sechs vollständig analysierte Fälle anführt, haben wir es auch mit einem Sexualerlebnis vor der Pubertät zu tun, aber es unterscheidet sich in zwei wichtigen Beziehungen vom hysterischen: es war lustbetont und aktiv aggressiv. Ferner scheint dem Zwangserlebnis des aktiven Wunsches ein noch früheres passives Verführungserlebnis vorausgegangen zu sein, woraus sich das häufige Nebeneinanderbestehen dieser beiden Psychoneurosen erklärt. Alle diese Ergebnisse hatte FREUD in einem Brief vom 8. Oktober 1895 FLIESS ausführlich mitgeteilt; diese frühen Verführungen waren jedoch schon in einem zwei Jahre zurückliegenden Brief (30. Mai 1893) erwähnt worden.

Am 2. Mai 1896 hielt FREUD in der Psychiatrischen und Neurologischen Gesellschaft in Wien einen Vortrag über die ›Ätiologie der Hysterie‹, der im gleichen Jahr in erweiterter Form veröffentlicht wurde. Nach seinen eigenen Mitteilungen fanden seine Ausführungen eine eisige Aufnahme. KRAFFT-EBING, der den Vorsitz hatte, begnügte sich mit den Worten: ›Es klingt wie ein wissenschaftliches Märchen.‹ Es war der vorletzte Vortrag FREUDS in Wien; acht Jahre später fand der letzte statt.

[...] Übrigens zitiert FREUD darin, statt der früheren dreizehn, achtzehn vollständig analysierte Fälle und bemerkt dazu: ›Sie können mir dann freilich einwenden, die neunzehnte und die zwanzigste Analyse werden vielleicht eine Ableitung hysterischer Symptome auch

[1] Es lassen sich hier die Auswirkungen der »Nachträglichkeit« beobachten.

aus anderen Quellen kennen lehren und damit die Gültigkeit der sexuellen Ätiologie von der Allgemeinheit auf achtzig Prozent einschränken. Wir wollen es gerne abwarten, aber da jene achtzehn Fälle gleichzeitig alle sind, an denen ich die Arbeit der Analyse unternehmen konnte, und da niemand mir diese Fälle zum Gefallen ausgesucht hat, werden Sie es begreiflich finden, daß ich jene Erwartung nicht teile, sondern bereit bin, mit meinem Glauben über die Beweiskraft meiner bisherigen Erfahrungen hinauszugehen.‹ Diesmal ist er sehr zuversichtlich. Bezüglich der Behauptung, daß zu Grunde jedes Falles von Hysterie (sich) ein oder mehrere Erlebnisse von vorzeitiger sexueller Erfahrung finden, die der frühesten Jugend angehören, und die man durch die Analyse reproduzieren könne, obwohl Dezennien seither vergangen sind, sagt er: ›Ich halte dies für eine wichtige Enthüllung, für die Auffindung eines caput Nili der Neuropathologie.‹

Natürlich erhebt sich die Frage, ob diese Verführungsszenen, die seine Patienten reproduzieren, auch wirklich vorgekommen sind. FREUD führt mehrere Gründe an, die für ihre Echtheit sprechen. Einer davon zeugt allerdings für weniger psychologische Einsicht, als wir von dem skeptischen FREUD erwarten würden. Er spricht von dem starken Widerstreben der Patienten, das Bild der Szenen zu reproduzieren, und von ihren Versuchen, die Erlebnisse in Zweifel zu ziehen, indem sie betonen, sie hätten kein Erinnerungsgefühl an sie, wie sie es an anderes vergessenes Material haben. FREUD fügt hinzu: ›Letzteres Verhalten scheint nun absolut beweiskräftig zu sein. Wozu sollten die Kranken mich so entschieden ihres Unglaubens versichern, wenn sie aus irgendeinem Motiv die Dinge, die sie entwerten wollen, selbst erfunden haben?‹ Es sollte nicht lange dauern, bis FREUD die Beantwortung dieser Frage besonders leichtfiel.

Die nächste Arbeit, die im Mai desselben Jahres im ›Neurologischen Centralblatt‹ veröffentlicht wurde, fügt zu den schon erwähnten Punkten noch einige neue hinzu. Die infantilen Verführungserlebnisse müssen in einer wirklichen Erregung der Genitalorgane selber bestehen (koitusartige Vorgänge); aktive Masturbation des Kindes allein führt nicht zur Hysterie. Wenn beide Arten von Erlebnis (aktive und passive) vorgekommen sind, so hängt der Entscheid, ob sich später Hysterie oder eine Zwangsneurose entwickeln, von *zeitlichen* Faktoren in der Entwicklung der Libido ab. FREUD ist der Ansicht, daß ›sexuelle Reife‹ im psychologischen Sinn vor der Pubertät eintritt und in die Periode zwischen acht und zehn Jahre fällt. Das Hauptthema des Aufsatzes ist die psychologische Struktur der Neurose, mit der sich das nächste Kapitel befassen wird.

Zu Beginn des Jahres 1898 veröffentlichte er einen Artikel über ›Die Sexualität in der Ätiologie der Neurosen‹, den er vor dem Doktorenkollegium in Wien als Vortrag gehalten hatte. Er tritt darin energisch für die Erforschung des Sexuallebens der neurotischen Patienten ein und weist auf die große Bedeutung dieses Vorgehens hin. Der Artikel enthält auch eine wohlfundierte Verteidigung der psychoanalytischen Methode und umschreibt ihre Anwendungsgebiete und ihre Grenzen.

Aber der Artikel weist zwei Besonderheiten auf, eine positive und eine negative. Zunächst ist er *die erste Veröffentlichung über das Thema der infantilen Sexualität*. FREUD schreibt: ›Man tut Unrecht daran, das Sexualleben der Kinder völlig zu vernachlässigen; sie sind, soviel ich erfahren habe, aller psychischen und vieler somatischen Sexualleistungen fähig. So wenig die äußeren Genitalien und die beiden Keimdrüsen den ganzen Geschlechtsapparat des Menschen darstellen, ebensowenig beginnt sein Geschlechtsleben erst mit der Pubertät, wie es der groben Beobachtung erscheinen mag.‹ Es wäre aber voreilig, aus dieser isolierten Stelle, die durch andere aus dem gleichen Artikel eingeschränkt wird, zu schließen, FREUD habe schon damals das Problem der infantilen Sexualität in seinem ganzen Ausmaß erfaßt [...].

Die zweite Besonderheit besteht darin, daß die Verführungstheorie der Hysterie zwar nicht widerrufen, aber auch nicht erwähnt wird – und dabei hatte sich FREUD in den letzten drei Jahren hauptsächlich mit dieser Frage beschäftigt und sie noch vor kurzem als caput Nili der Neuropathologie bezeichnet. Es mußte etwas sehr Wichtiges geschehen sein.

Wir sind hier an einem Wendepunkt in FREUDS Leben angelangt: er begann die Bedeutung der Phantasien einzusehen.

Zwei Jahre früher hatte er die Meinung geäußert, daß die so häufigen Attentatsdichtungen von Hysterischen Zwangsdichtungen sind, die von der Erinnerungsspur des Kindertraumas ausgehen. Aber bis zum Frühjahr 1897 hielt er immer noch an der Überzeugung fest, daß diese Kindheitstraumata selbst echt seien: so stark wirkten CHARCOTS Theorien über traumatische Erlebnisse bei ihm nach, und so unfehlbar brachte die Analyse der Assoziationen der Patienten sie wieder an den Tag. Zu jener Zeit stiegen ihm die ersten Zweifel auf, aber er erwähnte sie in den Berichten über seine Fortschritte, die er seinem Freund FLIESS regelmäßig übersandte, noch nicht.«

Dann, ganz plötzlich, entschloß er sich, am 21. September 1897, dem Freund einen ergreifenden Brief [101] zu schreiben:

»TEURER WILHELM!

Hier bin ich wieder, seit gestern früh, frisch, heiter, verarmt, derzeit beschäftigungslos und schreibe Dir zuerst nach hergestellter Wohnbarkeit. Und will ich Dir sofort das große Geheimnis anvertrauen, das mir in den letzten Monaten langsam gedämmert hat. Ich glaube an meine Neurotica nicht mehr. Das ist wohl nicht ohne Erklärung verständlich; Du hast ja selbst glaubwürdig gefunden, was ich Dir erzählen konnte. Ich will also historisch beginnen, woher die Motive zum Unglauben gekommen sind. Die fortgesetzten Enttäuschungen bei den Versuchen, meine Analyse zum wirklichen Abschluß zu bringen, das Davonlaufen der eine Zeitlang am besten gepackten Leute, das Ausbleiben der vollen Erfolge, auf die ich gerechnet hatte, die Möglichkeit, mir die partiellen Erfolge anders, auf gewöhnliche Weise zu erklären: dies die erste Gruppe. Dann die Überraschung, daß in sämtlichen Fällen der Vater als pervers beschuldigt werden mußte, ... die Einsicht in die nicht erwartete Häufigkeit der Hysterie, wo jedesmal dieselbe Bedingung erhalten bleibt, während doch solche Verbreitung der Perversion gegen Kinder wenig wahrscheinlich ist. (Die Perversion muß unermeßlich häufiger sein als die Hysterie, da ja Erkrankung nur eintritt, wo sich die Ereignisse gehäuft haben und ein die Abwehr schwächender Faktor hinzugetreten ist.) Dann drittens die sichere Einsicht, daß es im Unbewußten ein Realitätszeichen nicht gibt, so daß man Wahrheit und die mit Affekt besetzte Fiktion nicht unterscheiden kann. (Demnach blieb die Lösung übrig, daß die sexuelle Phantasie sich regelmäßig des Themas der Eltern bemächtigt.) Viertens die Überlegung, daß in der tiefgehendsten Psychose die unbewußte Erinnerung nicht durchdringt, so daß das Geheimnis der Jugenderlebnisse auch im verworrensten Delirium sich nicht verrät. Wenn man so sieht, daß das Unbewußte niemals den Widerstand des Bewußten überwindet, so sinkt auch die Erwartung, daß es in der Kur umgekehrt gehen müßte bis zur völligen Bändigung des Unbewußten durch das Bewußte.

Soweit beeinflußt wurde ich bereit, auf zweierlei zu verzichten, auf die völlige Lösung einer Neurose und auf die sichere Kenntnis ihrer Ätiologie in der Kindheit. Nun weiß ich überhaupt nicht, woran ich bin, denn das theoretische Verständnis der Verdrängung und ihres Kräftespiels ist mir nicht gelungen. Es erscheint wieder diskutierbar, daß erst spätere Erlebnisse den Anstoß zu Phantasien geben, die auf die Kindheit zurückgreifen, und damit gewinnt der Faktor einer hereditären Disposition einen Machtbereich zurück, aus dem ihn zu verdrängen ich mir zur Aufgabe gestellt hatte – im Interesse der Durchleuchtung der Neurose.

Wäre ich verstimmt, unklar, ermattet, so wären solche Zweifel wohl als Schwächeerscheinung zu deuten. Da ich im gegensätzlichen Zustande bin, muß ich sie als Ergebnis ehrlicher und kräftiger intellektueller Arbeit anerkennen und stolz darauf sein, daß ich nach solcher Vertiefung solcher Kritik noch fähig bin. Ob dieser Zweifel nur eine Episode auf dem Fortschreiten zur weiteren Erkenntnis darstellt?

Merkwürdig ist auch, daß jedes Gefühl der Beschämung ausgeblieben ist, zu dem doch ein Anlaß sein könnte. Gewiß, ich werde es nicht in Dan erzählen, nicht davon reden in Askalon, im Lande der Philister, aber vor Dir und bei mir habe ich eigentlich mehr das Gefühl eines Sieges als einer Niederlage (was doch nicht recht ist)[2]. [...]

Nun setze ich meinen Brief fort. Ich variiere das Hamletsche Wort ›To be in readiness‹ – Heiter sein ist alles. Ich könnte mich ja sehr unzufrieden fühlen. Die Erwartung des ewigen Nachruhms war so schön und des sicheren Reichtums, die volle Unabhängigkeit, das Reisen, die Hebung der Kinder über die schweren Sorgen, die mich um meine Jugend gebracht haben. Das hing alles daran, ob die Hysterie aufgeht oder nicht. Nun kann ich wieder still und bescheiden bleiben, sorgen, sparen und da fällt mir aus meiner Sammlung die kleine Geschichte ein: Rebekka zieh das Kleid aus, Du bist keine Kalle mehr ...

Noch etwas muß ich anfügen. In diesem Sturz aller Werte ist allein das Psychologische unberührt geblieben. Der Traum steht ganz sicher da und meine Anfänge metapsychologischer Arbeit haben an Schätzungen nur gewonnen. Schade, daß man vom Traumdeuten z. B. nicht leben kann.«

Dieser pathetische und melancholische Brief läßt die wirkliche Krise ahnen, die FREUD zu dieser Zeit durchmachte. Erst viel später konnte er diese Phase mit aller Aufrichtigkeit beschreiben[3]:

»Ehe ich weiter in die Würdigung der infantilen Sexualität eingehe, muß ich eines Irrtums gedenken, dem ich eine Weile verfallen war und der bald für meine ganze Arbeit verhängnisvoll geworden wäre. Unter dem Drängen meines damaligen technischen Verfahrens reproduzierten die meisten meiner Patienten Szenen aus ihrer Kindheit, deren Inhalt die sexuelle Verführung durch einen Erwachsenen war. Bei den weiblichen Personen war die Rolle des Verführers fast immer dem Vater zugeteilt. Ich schenkte diesen Mitteilungen Glauben und nahm also an, daß ich in diesen Erlebnissen sexueller Verführung in der Kindheit die Quellen der späteren Neurose aufgefunden hatte. Einige Fälle, in denen sich solche Beziehungen zum Vater, Oheim oder älteren Bruder bis in die Jahre sicherer Erinnerung fortgesetzt hatten, bestärkten mich in meinem Zutrauen. Wenn jemand über meine Leichtgläubigkeit mißtrauisch den Kopf schütteln wollte, so kann ich ihm nicht ganz unrecht geben, will aber vorbringen, daß es die Zeit war, wo ich meiner Kritik absichtlich Zwang antat, um unparteiisch und aufnahmefähig für die vielen Neuheiten zu bleiben, die mir täglich entgegentraten. Als ich dann doch erkennen mußte, diese Verführungsszenen seien niemals vorgefallen, seien nur Phantasien, die meine Patienten erdichtet, die ich ihnen vielleicht selbst aufgedrängt hatte, war ich eine Zeitlang ratlos. Mein Vertrauen in meine Technik wie in ihre Ergebnisse erlitt einen harten Stoß; ich hatte doch diese Szenen auf einem technischen Wege, den ich für korrekt hielt, gewonnen, und ihr Inhalt stand in unverkennbarer Beziehung zu den Symptomen, von denen meine Untersuchung ausgegangen war. Als ich mich gefaßt hatte, zog ich aus meiner Erfahrung die richtigen Schlüsse, daß die neurotischen Symptome nicht direkt an wirkliche Erlebnisse anknüpfen, sondern an Wunschphantasien, und daß für die Neurose die psychische Realität mehr bedeute als die materielle. Ich glaube auch heute nicht, daß ich meinen Patienten jene Verführungsphantasien aufgedrängt, ›suggeriert‹ habe. Ich war da zum erstenmal mit dem *Ödipuskomplex* zusammengetroffen, der späterhin eine so überragende Bedeutung gewinnen sollte, den ich aber in solch phantastischer Verkleidung noch nicht erkannte. Auch blieb der Verführung im Kindesalter ihr Anteil an der Ätiologie, wenngleich in bescheidenerem Ausmaß, gewahrt. Die Verführer waren aber zumeist ältere Kinder gewesen.

[2] In einem Zusatz aus dem Jahre 1924 zum [ersten] Kapitel »Die ›spezifische‹ Ätiologie der Hysterie« [des Aufsatzes »Weitere Bemerkungen über die Abwehr-Neuropsychosen«, 1896; G. W. I, S. 377–403] schreibt FREUD: »Dieser Abschnitt steht unter der Herrschaft eines Irrtums, den ich seither wiederholt bekannt und korrigiert habe. Ich verstand es damals noch nicht, die Phantasien der Analysierten über ihre Kinderjahre von realen Erinnerungen zu unterscheiden. Infolgedessen schrieb ich dem ätiologischen Moment der Verführung eine Bedeutsamkeit und Allgemeingültigkeit zu, die ihm nicht zukommen. Nach der Überwindung dieses Irrtums eröffnete sich der Einblick in die spontanen Äußerungen der kindlichen Sexualität, die ich in den ›Drei Abhandlungen zur Sexualtheorie‹, 1905, beschrieben habe. Doch ist nicht alles im obigen Text Enthaltene zu verwerfen; der Verführung bleibt eine gewisse Bedeutung für die Ätiologie gewahrt und manche psychologische Ausführungen halte ich auch heute noch für zutreffend.« [a. a. O., S. 385]

[3] S. FREUD, »Selbstdarstellung«, G. W. XIV, S. 59f.

Mein Irrtum war also der nämliche gewesen, wie wenn jemand die Sagengeschichte der römischen Königszeit nach der Erzählung des Livius für historische Wahrheit nehmen würde, anstatt für das, was sie ist, eine Reaktionsbildung gegen die Erinnerung armseliger, wahrscheinlich nicht immer rühmlicher Zeiten und Verhältnisse. Nach der Aufhellung des Irrtums war der Weg zum Studium des infantilen Sexuallebens frei.«

Diese lange Geschichte, die die ersten Grenzmarken einer schmerzhaften wissenschaftlichen Untersuchung absteckt, bleibt der breiten Öffentlichkeit natürlich unbekannt, die, wie wir bereits angemerkt haben, die so oft vulgarisierte Theorie des pathogenen Traumas vorzieht.

KAPITEL III

Der Wert der Konstruktion der infantilen Vergangenheit aus dem Material von Erwachsenenanalysen

Es war stets FREUDS Ziel, die Vergangenheit der von ihm behandelten erwachsenen Patienten zu rekonstruieren. Das geschah zunächst, indem versucht wurde, das im allgemeinen sexuelle Trauma aufzufinden, dessen Opfer die Hysteriker seines Erachtens geworden waren. Er erklärte später mehrfach, daß die Psychoanalyse dahin führen müsse, alles, was unbewußt war, bewußtzumachen [1]. In diesem Sinne ist das Unbewußte die Gesamtheit der verdrängten Vergangenheit, die vom Patienten dank der Aufhebung der infantilen Amnesie wiederaufgefunden werden muß, die ihrerseits Folge der Verdrängung ist. Es ist wenig sinnvoll, ausführlich auf die Entwicklung des FREUDschen Denkens von der traumatischen Auffassung der Neurose bis hin zu strukturalistischen Perspektiven zurückzukommen. Die Lektüre des »Wolfsmannes« [130] reicht aus, uns Klarheit über seine Bestrebungen zu verschaffen. FREUD bewahrte sich jedoch sein Vertrauen in die analytische Rekonstruktion, wie die folgende Fußnote deutlich macht:

»Mitteilungen solcher Art [d. h. Erzählungen dritter Personen] darf man in der Regel als Material von uneingeschränkter Glaubwürdigkeit verwerten. Es läge darum nahe, die Lücken in der Erinnerung des Patienten durch Erkundigungen bei den älteren Familienmitgliedern mühelos auszufüllen, allein ich kann nicht entschieden genug von solcher Technik abraten. Was die Angehörigen über Befragung und Aufforderung erzählen, unterliegt allen kritischen Bedenken, die in Betracht kommen können. Man bedauert es regelmäßig, sich von diesen Auskünften abhängig gemacht zu haben, hat dabei das Vertrauen in die Analyse gestört und eine andere Instanz über sie gesetzt. Was *überhaupt* [Hervorh. v. d. Autoren] erinnert werden kann, kommt im weiteren Verlauf der Analyse zum Vorschein.« [S. 37]

Später [S. 63 ff.] glaubt FREUD, die Beobachtung des elterlichen Koitus durch den Patienten bis ins Alter von 1 1/2 Jahren zurückverlegen zu können, als er als Kind an Malaria erkrankt war. Bekanntlich versuchte FREUD mehrfach die die beiden Ammen Nanja und Gruscha betreffenden Erinnerungsbruchstücke zu identifizieren. Schließlich erhält die Darstellung des »Wolfsmannes« Einschübe, die zeitlich später liegen als die »Vorlesungen zur Einführung in die Psychoanalyse« [129] und die Realität der Erinnerung solcher Urszenen diskutieren.

Ein anderes Ziel der psychoanalytischen Behandlung ist in der FREUDschen Trias »Erinnern, Wiederholen, Durcharbeiten« [125] zu sehen. Hinsichtlich der Erinnerung macht FREUD darauf aufmerksam, daß das Vergessen von erlebten

[1] Diese Bemerkung FREUDS ist oft auf folgende Weise verstanden worden: »Da, wo das Unbewußte war, soll jetzt das Bewußte sein.« So hat man etwa angenommen, daß mit dieser Formulierung eine naive, sogar doppeldeutige Annäherung vollzogen werde. Man könnte meinen, daß FREUD lediglich auf eine Demaskierung des Unbewußten anspielte, während er wahrscheinlich in Kategorien von Instanzen sprechen und sagen wollte, daß das System Bw (das Bewußte, später das Ich) sich auf Kosten des Systems Ubw (das Unbewußte, später das Es) bereichern sollte.

Eindrücken, Szenen und Ereignissen sich häufig auf deren Absperrung vom Bewußtsein reduziert. Wenn der Patient darüber zu sprechen beginnt, merkt er, daß er all das niemals aufgehört hatte zu wissen, daß er jedoch nicht mehr daran dachte. Deshalb ist er von der geringen Bedeutung der im Verlauf der Psychoanalyse erinnerten Fakten enttäuscht. Hinzuzufügen bleibt, daß die Bedeutung der vergessenen Materialien sich bald noch einmal reduzieren kann, wenn man die Deckerinnerungen richtig einschätzt, die nicht nur einige bemerkenswerte Ereignisse, sondern letztlich alles Wesentliche der Kindheit umfassen. »Sie repräsentieren die vergessenen Kinderjahre so zureichend wie der manifeste Trauminhalt die Traumgedanken.« [S. 128]

Das Phantasie-Leben ermöglicht es, dem Vergessen und dem Erinnern eine andere Bedeutung zu geben. Der unbewußte Inhalt der Phantasie, als Gegenstand der Durcharbeitung im Verlauf der psychoanalytischen Behandlung, steht in der Tat mit Triebregungen in Zusammenhang, die nicht vergessen werden konnten, weil sie nie bewußt waren.

Es gibt eine bestimmte Typologie des Vergessens. Wenn der Hysteriker im allgemeinen zufrieden ist, vergessene Eindrücke wiederaufzufinden, so besteht beim Zwangsneurotiker das Vergessen vor allem in der Unterdrückung der Verknüpfung von Vorstellungen und Affekten. Daraus resultiert dann die Isolierung bestimmter Eindrücke.

Freud macht jedoch darauf aufmerksam, daß die Struktur der Neurose selbst uns jedenfalls über die Natur bestimmter Vergessensleistungen und deren Organisation Auskunft gibt. Traum wie Phantasie lassen uns bestimmte Ereignisse erkennen, die vergessen werden konnten, deren sich der Patient jedoch nicht entsinnt. Vor allem kann er sich nicht an Ereignisse aus der frühen Kindheit erinnern, wenn er nicht fähig ist, sie zu begreifen, d. h. bevor seine Phantasien und Träume nicht bearbeitet, interpretiert und verstanden worden sind.

Man ist mithin versucht, den Wert von Vergessen und Wiederholen im Bereich der psychoanalytischen Therapie zu vergleichen:

»Halten wir uns zur Kennzeichnung des Unterschiedes an den letztern Typus, so dürfen wir sagen, der Analysierte *erinnere* überhaupt nichts von dem Vergessenen und Verdrängten, sondern er *agiere* es. Er reproduziert es nicht als Erinnerung, sondern als Tat, er *wiederholt* es, ohne natürlich zu wissen, daß er es wiederholt.« [S. 129]

Nachdem Freud einige Beispiele für Wiederholung im Bereich der analytischen Situation gegeben und als Modell das des Analysanden gewählt hat, der zwar nicht sagt, er erinnere sich, der elterlichen Autorität gegenüber trotzig gewesen zu sein, sich aber in ebendieser Weise dem Analytiker gegenüber benimmt, hält er es für dringlich, die Beziehungen dieses Wiederholungsautomatismus zur Übertragung und zum Widerstand zu verdeutlichen:

»Wir merken bald, die Übertragung ist selbst nur ein Stück Wiederholung und die Wiederholung ist die Übertragung der vergessenen Vergangenheit nicht nur auf den Arzt, sondern auch auf alle anderen Gebiete der gegenwärtigen Situation. Wir müssen also darauf gefaßt sein, daß der Analysierte sich dem Zwange zur Wiederholung, der nun den Impuls zur Erinnerung ersetzt, nicht nur im persönlichen Verhältnis zum Arzte hingibt, sondern auch in allen anderen gleichzeitigen Tätigkeiten und Beziehungen seines Lebens, zum Beispiel, wenn er während der Kur ein Liebesobjekt wählt, eine Aufgabe auf sich nimmt, eine Unternehmung eingeht. Auch der Anteil des Widerstandes ist leicht zu erkennen. Je größer der Widerstand ist, desto ausgiebiger wird das Erinnern durch das Agieren (Wiederholen) ersetzt sein.« [S. 130]

Deshalb erlaubt die Wiederholung zwar vergessene Erinnerung einzuholen, ist aber zugleich selbst Ausdruck des Widerstandes, der darüber hinaus die eigentliche Abfolge der Wiederholungen determiniert. Genauer: Der Patient wiederholt und agiert »alles, was sich aus den Quellen seines Verdrängten bereits in seinem offenkundigen Wesen durchgesetzt hat, seine Hemmungen und unbrauchbaren Einstellungen, seine pathologischen Charakterzüge. Er wiederholt ja auch während der Behandlung alle seine Symptome.« [S. 131]

Der Wiederholungszwang, eine der Grundlagen der Übertragungsdynamik, weist darauf hin, daß Vergessen und Wiederholung eng verbunden sind und eine der Triebkräfte der Neurose ausmachen, wie sie in der therapeutischen Situation zum Ausdruck kommt. Ein solcher Hinweis macht auch den Prozeß der Durcharbeitung verständlich, der die Notwendigkeit der Erinnerung ebenso wie den Widerstand durch Wiederholung berücksichtigen muß. Ziel des Analytikers ist es, die vergessenen Ereignisse wachzurufen und Erinnerungen wiederaufsteigen zu lassen. In diesem Sinne handelt es sich darum, die Strebungen auf psychischem Gebiet festzuhalten, die der Patient ausagieren möchte.

»Wir machen ihn [den Wiederholungszwang] unschädlich, ja vielmehr nutzbar, indem wir ihm sein Recht einräumen, ihn auf einem bestimmten Gebiete gewähren lassen. Wir eröffnen ihm die Übertragung als den Tummelplatz, auf dem ihm gestattet wird, sich in fast völliger Freiheit zu entfalten, und auferlegt ist, uns alles vorzuführen, was sich an pathogenen Trieben im Seelenleben des Analysierten verborgen hat.« [S. 134]

Aber die Widerstände, die diese Übertragungssituation ins Spiel bringt, und die ihr gesetzten Grenzen machen deutlich, daß die Erinnerung sich nur aufgrund der Durcharbeitung entfalten kann.

»Man muß dem Kranken Zeit lassen, sich in den ihm unbekannten Widerstand zu vertiefen, ihn *durchzuarbeiten* [2], ihn zu überwinden, indem er ihm zum Trotz die Arbeit nach der analytischen Grundregel fortsetzt. Erst auf der Höhe derselben findet man dann in gemeinsamer Arbeit mit dem Analysierten die verdrängten Triebregungen auf, welche den Widerstand speisen und von deren Existenz und Mächtigkeit sich der Patient durch solches Erleben überzeugt. Der Arzt hat dabei nichts anderes zu tun, als zuzuwarten und einen Ablauf zuzulassen, der nicht vermieden, auch nicht immer beschleunigt werden kann. Hält er an dieser Einsicht fest, so wird er sich oftmals die Täuschung, gescheitert zu sein, ersparen, wo er doch die Behandlung längs der richtigen Linie fortführt.

Dieses Durcharbeiten der Widerstände mag in der Praxis zu einer beschwerlichen Aufgabe für den Analysierten und zu einer Geduldprobe für den Arzt werden. Es ist aber jenes Stück der Arbeit, welches die größte verändernde Einwirkung auf den Patienten hat und das die analytische Behandlung von jeder Suggestionsbeeinflussung unterscheidet.« [S. 135f.]

[2] Die moderne französische Übersetzung für das Verbum ›durcharbeiten‹ ist ein von LAPLANCHE und PONTALIS in ihrem »*Vocabulaire de la Psychanalyse*« [dt. »Das Vokabular der Psychoanalyse«, Frankfurt 1972, S. 123 ff.] vorgeschlagener Neologismus – *translaborer*.

Der Wert der psychoanalytischen Rekonstruktion, wie sie in Erinnerung, Wiederholung und Durcharbeitung in Erscheinung tritt, ist in einer der letzten Arbeiten FREUDs mit dem Titel »Konstruktionen in der Analyse« [145] erneut diskutiert worden, die im Jahre 1937 in der ›Internationalen Zeitschrift für Psychoanalyse‹ publiziert wurde. Man erinnert sich, daß FREUD darin zeigt, daß die verschiedenartigsten Materialien bei der Aufhebung des Verdrängten – im weitesten Sinne des Wortes – benutzt werden können. Diese Materialien schließen sich zu dem zusammen, was er den Rohstoff der Übertragung nennt. Im Gegensatz zur Erinnerung, die die Anstrengung des Patienten bezeichnet, kommt in der Rekonstruktion die des Analytikers zum Ausdruck. Anstelle des Begriffs der Interpretation, den man *allen* Interventionen des Analytikers vorbehalten könnte, läßt sich der der Konstruktion setzen, die seine *eigentliche* Arbeit bezeugt – eine Arbeit, die FREUD mit der des Archäologen vergleicht, der aus den ihm zur Verfügung stehenden Fragmenten die infolge von mechanischer Gewalt, Feuer oder Plünderungen zerstörten Objekte rekonstruieren muß. Der Psychoanalytiker wäre also in Hinsicht auf den Archäologen im Vorteil, denn alles Wesentliche im psychischen Bereich ist noch irgendwo erhalten, wenn auch verschüttet, und muß nur zugänglich gemacht werden. Seine Aufgabe ist jedoch nicht weniger kompliziert, denn psychische Objekte sind unvergleichlich schwieriger wiederzusammenzufügen als archäologisches Material.

FREUD geht dann sehr ausführlich darauf ein, daß sich in dem vom Patienten gelieferten Material neue Argumente finden lassen, nachdem man ihm den konstruktiven Aspekt des analytischen Verstehens eröffnet hat. Er diskutiert den Wert des »Ja« und »Nein« – dieser beiden Antworten, die in den Dienst des Widerstandes gestellt werden können. Er hebt bestimmte spontane und nuancierte Antworten hervor und weist darauf hin, daß gerade darin neues Material liegt, das von der Rekonstruktion, die uns den Beweis für die Stichhaltigkeit unserer Hypothesen liefert, nachträglich ins Spiel gebracht wird:

> »Die indirekte Bestätigung durch Assoziationen, die zum Inhalt der Konstruktion passen, [...] gibt unserem Urteil wertvolle Anhaltspunkte, um zu erraten, ob sich diese Konstruktion in der Fortsetzung der Analyse bewahrheiten wird.«

Festzuhalten bleibt, daß psychoanalytische Rekonstruktionen beim Patienten nicht zwangsläufig zu Erinnerungen führen. FREUD vergleicht – in intuitiver Weise, bei der wir einen Augenblick verweilen müssen – die Interpretation und den Wahn. Er hebt den manchmal halluzinatorischen Aspekt von bei bestimmten Patienten auftretenden Erinnerungen hervor und fühlt sich veranlaßt, die psychoanalytische Rekonstruktion und den Wahn bestimmter Patienten einander anzunähern. »Wie unsere Konstruktion nur dadurch wirkt, daß sie ein Stück verlorengegangener Lebensgeschichte wiederbringt, so dankt auch der Wahn seine überzeugende Kraft dem Anteil historischer Wahrheit, den er an die Stelle der abgewiesenen Realität einsetzt.«

Das Fazit dieser Arbeit scheint eine der nachdrücklichsten Rechtfertigungen der Theorie des rekonstruktiven und historischen Wertes der psychoanalytischen Erfahrung zu bieten:

»Erfaßt man die Menschheit als ein Ganzes und setzt sie an die Stelle des einzelnen menschlichen Individuums, so findet man, daß auch sie Wahnbildungen entwickelt hat, die der logischen Kritik unzugänglich sind und der Wirklichkeit widersprechen. Wenn sie trotzdem eine außerordentliche Gewalt über die Menschen äußern können, so führt die Untersuchung zum gleichen Schluß wie beim einzelnen Individuum. Sie danken ihre Macht dem Gehalt an *historischer Wahrheit,* die sie aus der Verdrängung vergessener Urzeiten heraufgeholt haben.«

In Gegensatz zu diesem Text lassen sich antihistorische Auffassungen wie die von HENRI EZRIEL [79] stellen, der der Ansicht ist, das psychoanalytische Material erlaube keine Rekonstruktion der vom Patienten erlebten Geschichte. Er weist darauf hin, daß bereits FREUD diesen Umstand vorausgesehen hat, als er in seine Konzeption von psychoanalytischer Rekonstruktion einerseits den Begriff der erlebten Vergangenheit, andererseits den der Übertragung, namentlich der negativen, einführen wollte: »Das vollkommene Verständnis der Übertragung hat mithin die psychoanalytische Methode verändert. In ihr war vorausgesetzt, daß sie die objektive Rekonstruktion der vom Patienten erlebten Geschichte ermögliche. Sie ist zu einer Methode geworden, die uns die Anstrengungen des Patienten zu untersuchen erlaubt, im ›Hier und Jetzt‹ unbewußte Objektbeziehungen in die Beziehung zum Analytiker zu verlagern – jene unbewußten Objektbeziehungen, die sich in der Vergangenheit bildeten, ausgehend von nichtaufgelösten infantilen Konflikten, die aber in der Gegenwart weiterwirken und weiterexistieren.« Das bedeutet, daß die Psychoanalyse eine Methode zur Analyse der Persönlichkeit eines Individuums geworden ist, und zwar durch Erforschung seiner Interaktionen mit einer anderen Person.

Es war KURT LEWIN [234], der im Jahre 1936 das Bedürfnis nach einer klaren Trennung von ahistorischer und dynamischer Untersuchung der Bedingungen, die im »Hier und Jetzt« wirken und ein bestimmtes Verhalten realisieren, und der genetischen Analyse erkannte, die deutlich zu machen versucht, warum die vergangenen Ereignisse die in der Gegenwart wirkenden Bedingungen hervorgebracht haben[3].

Diese theoretischen Klärungsversuche kommen in der psychoanalytischen Literatur nicht explizit zum Ausdruck, wenn sie auch in der immer strengeren Anwendung der Technik der Übertragungsinterpretation bei einer wachsenden Zahl von Analytikern implizit in Erscheinung treten können. In England hat RICKMAN [286] diesen Klärungsprozeß begonnen, als er die methodologischen Forschungen von LEWIN auf die psychoanalytische Praxis anwandte und erklärte, die Psychoanalyse sei ihrer Methodik nach ahistorisch und dynamisch und keineswegs genetisch.

EZRIEL führt aus, daß er sich vor einem Patienten immer dieselbe Frage stelle: »Was bringt diesen Patienten dazu, sich in diesem Augenblick vor mir auf diese

[3] G. MENDEL liefert in seinem Buch »*Le révolte contre le père*«, Paris [Payot] 1968 [dt. »Die Revolte gegen den Vater«, Frankfurt (S. Fischer) 1972], einen originellen Beitrag zum Verständnis der Rolle der Menschheitsgeschichte in der Organisation der Phantasietätigkeit. Er hält die These des Vatermordes, wie sie von FREUD in »Totem und Tabu« entwickelt worden ist, für irrig. Indem er die Beziehung zur Mutter aus dem Widerspruch zwischen phantasmatischem Reichtum – Resultat der verzögerten Entwicklung – und motorischer Ohnmacht beschreibt, macht er deutlich, daß der ödipale Vater phantasiert werden muß, um das Kind vom Einwirken der Primärwelt der Verschmelzung zu befreien. Er vermutet, daß das im Augenblick des Überganges von der maternal-neolithischen Welt zu der des hergestellten Werkzeuges vor sich geht, so als gäbe es eine Koinzidenz zwischen der Entwicklung der Welt und der des Menschen.

Weise zu verhalten und zu sprechen?« Diese seine Erwägung läuft darauf hinaus, daß die augenscheinlich unzusammenhängenden Gedankengänge des Patienten nur eine auf dynamischem Gebiet logisch organisierte Sequenz mit dem Ziel seien, eine bestimmte Beziehung zum Analytiker festzuhalten. Jede Interpretation enthält also einen Bezug auf die analytische Situation und das Verhalten, das durch die Angst vor dieser analytischen Situation bestimmt wird. Anders ausgedrückt: Jede Interpretation bezieht sich auf die Angst und folglich auf die negativen Übertragungsgefühle; sie enthält immer ein *weil* und läuft in gewisser Weise darauf hinaus, einer Schwierigkeit auszuweichen. Die allgemeine Formel wäre also: »Sie benehmen sich auf diese oder jene Weise, Sie sagen das und das, *weil* Sie mir dies oder jenes nicht sagen wollen.«

Es schien uns angezeigt, die überaus systematische Position von Ezriel hier ganz deutlich zu machen. Wenn der Autor sie auch mit großer Strenge formuliert hat, wäre es doch ein leichtes, zu zeigen, daß viele Anhänger der Schule von Melanie Klein sich in ihren Interpretationen auf denselben Typus von Formulierungen berufen. Die Lektüre der Werke von Melanie Klein ist in dieser Hinsicht aufschlußreich. Zweifellos ist die Frage sinnvoll, die sich Ezriel stellt, warum nämlich der Kranke sich in diesem bestimmten Augenblick und in Beziehung zu ihm dies oder jenes sagt oder sich so oder so verhält. Beunruhigender erscheint jedoch das *weil*. Es läßt sich durchaus zugeben, daß die Struktur in der gegenwärtigen analytischen Situation und folglich im Bereich der Übertragungsbeziehung weiterwirkt. Es hieße jedoch alle Entwicklungsphänomene mißdeuten, die sich auf dem Niveau des Ich abspielen, wenn man annimmt, daß jedes Verhalten des Kranken mit der augenblicklichen interpersonalen Situation in Zusammenhang steht. Unter diesen Bedingungen vollzieht sich unseres Erachtens alles so, als stelle der Psychoanalytiker seinem Patienten nach und werfe ihm vor, irgend etwas vor ihm zu verbergen, aus Angst, sich in der analytischen Situation mit voller Offenheit auszudrücken. Es ist leicht einzusehen, wohin unter solchen Umständen die Kleinsche Technik der Psychoanalyse geführt hat, die zwangsläufig immer neue Ängste im Rahmen der Handhabung der Beziehung von Partialobjekten herausarbeitet. Die Analyse läuft Gefahr, unbeendbar zu bleiben, weil sie leugnen möchte, daß sie zwar eine zweifellos ausschlaggebende Erfahrung im »Hier und Jetzt« ist, ebenso aber durch die erlebte Vergangenheit und die Projektionen, die sie im Hinblick auf die Person des Analytikers einschließt, bestimmt wird.

Wenn der Analytiker die versteckten Verläufe in der Organisation der Abwehrentwicklung des Ich und im Verständnis der gleichgewichtigen Besetzungen, die sich in der analytischen Situation herstellen, außer acht läßt, kann er schließlich nicht umhin, sich auf Modelle von Objektbeziehungen zu berufen, die als immer ursprünglicher angenommen werden, tatsächlich aber immer mehr mechanisiert sind. Die Objektbeziehung wird an die Stelle der Übertragung gesetzt, deren Entwicklungsfähigkeit und deren Widersprüche man vernachlässigt. Man gelangt schließlich zu immer abstrakteren, mit Begriffen von interiorisierten Objekten arbeitenden Interpretationen, ohne die doch bedeutenden Schwierigkeiten in der Geschichte eines jeden Individuums aufzusuchen, die die eigentlichen Strukturationsweisen der Objektbeziehungen deutlich machen können. Um der psychoanalytischen Rekonstruktion das ihr angemessene Gewicht zurückzugeben, ist es durchaus sinnvoll, das FREUDsche Argument wiederaufzunehmen, demzufolge der Rekonstruktion des Psychoanalytikers die Möglichkeit der Erinnerung bei seinem Patienten entspreche. Das ist in zahlreichen Arbeiten untersucht worden, und es ist angezeigt, hier vor allem auf eine jüngere Arbeit von ERNST KRIS [206] Bezug zu nehmen, die diesem Aspekt der analytischen Arbeit gewidmet ist.

Das Modell der Hysterie hat lange einen nachhaltigen Druck auf das psychoanalytische Denken ausgeübt und bleibt für die gebildete Öffentlichkeit aus Gründen, die wir bereits kurz zu analysieren versuchten, weiter maßgebend. Wie wir sahen, ist der Aphorismus, demzufolge die psychoanalytische Technik durch die Verpflichtung, das Unbewußte bewußt zu machen, definiert sei, häufig auf vereinfachende Weise interpretiert worden, während er doch in strukturalen und funktionalen Begriffen verstanden werden könnte und müßte: Es handelt sich wahrscheinlich darum, zu bereichern und geschmeidig zu machen, was wir heute die Prozesse der sekundären Durcharbeitung nennen, und zwar auf Kosten des unbewußten Systems, das nach den Primärgesetzen der Verdichtung und Verschiebung funktioniert. Das technische Interesse der Psychoanalytiker ist jedoch nicht mehr ausschließlich auf die Lockerung von durch infantile Amnesie verdeckten Erinnerungen gerichtet, und die Behandlungsfortschritte messen sich nicht an der Menge derer, die sie davon zusammenträgt, wie GLOVER [155] vor längerer Zeit bereits anmerkte.

Die psychoanalytische Theorie bleibt jedoch ganz augenscheinlich der Vorstellung vom bestimmenden Einfluß vergangener, infantiler Eindrücke auf die psychische Organisation des Erwachsenen treu. KRIS ist in seiner diesbezüglichen Arbeit der Ansicht, es handele sich da um eine Interaktion zwischen Vergangenheit und Gegenwart: »Nicht nur beruht die gegenwärtige Erfahrung auf der Vergangenheit, sondern die Gegenwart ermutigt zur Untersuchung der Vergangenheit; sie wählt aus, färbt und modifiziert.« [S. 337] Im Verlauf der psychoanalytischen Behandlung führt die Benutzung der Methode der sogenannten »freien Assoziation« zum unmerklichen Zurückweichen der Grenzen von Gegenwart und Vergangenheit. Aber der Widerstand kann über zwei einander möglicherweise gleichwertige Methoden verfügen: Es gibt Patienten, die sich beinahe ausschließlich in die Erzählung ihrer früheren und alten Erfahrungen hineinsteigern; andere wiederum schenken nur der gegenwärtigen Situation Beachtung. FREUD bestand darauf, daß der Psychoanalytiker aktiv versuchen müsse, diese Erstarrungen zu korrigieren. Kürzlich hat MAURICE BOUVET [39] diese beiden Typen von Patienten einander gegenübergestellt. Er erklärte die ersteren zu Meistern des Widerstandes gegen die Übertragung (zwanghafter Typ), während die letzteren die Übertragungserfahrung sich zunutze machen (Widerstand durch Übertragung in der hysterischen Struktur).

KRIS, der aus seiner Sicht die Aspekte bestimmter Analysen untersucht, in denen sich keine ergiebige Kontinuität in der reziproken Beziehung von Gegenwart und Vergangenheit beobachten ließ, ist der Ansicht, daß die Häufung von Erinnerungen eine komplexe Manifestation von Widerstand sei: a) Die Häufung von Bezugnahmen auf die Kindheit ist ein Versuch, der darauf abzielt, den Frustrationen der analytischen Situation zu entkommen; b) Die Produktion von Erinnerungen kann Ausdruck eines Wettstreits mit dem Analytiker werden, der sich dafür zu interessieren gehalten ist; c) Die Funktion der Reminiszenz kann schließlich Gegenstand einer wirklichen Erotisierung werden.

Zweifellos hat das technische Interesse für das Ich, für seine die Konflikte ordnenden Abwehrmechanismen (in Begriffen dynamischer Analyse) und für das Verständnis des etablierten Gleichgewichts zwischen objektbesetzenden Strebungen und der Energie der Gegenbesetzung (in Begriffen ökonomischer Analyse) – hat dieses Interesse den Analytiker veranlaßt, seine Interpretationen abzuwägen, seine Eingriffe zu planen, von der Oberfläche in die Tiefe zu gehen und einen Inhalt niemals zu interpretieren, ohne die Abwehrhaltungen aufzuweichen und geschmeidig zu machen. Daraus folgt, daß der Akzent doch eher auf die Oberflächenmechanismen gelegt worden ist. Die allzu eilige Bezugnahme auf die Vergangenheit und auf Rekonstruktionen ist ein Beispiel für jene berechtigte Kritik, die man der »wilden« Psychoanalyse entgegenhält. Die Interpretation – und das ist eine absolute Regel – kann nur dann wirksam sein, wenn sie sich geringfügig über das hinauswagt, was der Kranke bereits weiß. In topischer Sprache: Sie macht sich jene Zone zunutze, die die Systeme des Unbewußten und des Vorbewußten abgrenzt. Sie führt also eher zum Wiedererkennen (oder zum Wiedererinnern) als zur Erinnerung:

»In Hinsicht auf die Wiederbelebung der Vergangenheit kann die Interpretation auch mit dem Prozeß des Wiedererkennens verknüpft sein. Wir bringen eine Abfolge von Gedanken, Gefühlen oder Ereignissen in Vorschlag, die in der Vergangenheit stattgefunden haben könnten, und wenn diese Interpretation oder diese Rekonstruktion einige Stichhaltigkeit hat und das Material ins Vorbewußtsein eingetreten ist, ›entsinnt‹ sich der Kranke des entworfenen familiären Bildes. Früher – d. h. bevor diese Disponibilität erreicht wurde – hätte er anders reagiert.

Bekanntlich – aber das bleibt eine Frage von beträchtlichem klinischen Interesse – muß die Reaktion auf dieses Wiedererkennen nicht zwangsläufig zu einer positiven Verbalisierung und ebensowenig zur (sofortigen) Erinnerung führen. Die Skala der Reaktionen kann von der vollkommenen Negation bis zur teilweisen Annahme, von der Verstärkung der Abwehrhaltungen und der Wiederbelebung von Symptomen bis hin zur Entlastung und dem Gefühl der Befreiung reichen – eine Reihe von insgesamt immer erstaunlichen Reaktionen, auf die Freud (1938) gegen Ende seines Lebens seine Aufmerksamkeit gerichtet hat. Diese Reaktionen rufen uns einmal mehr ins Gedächtnis, daß die Kommunikation mit dem Kranken niemals ausschließlich durch Sekundärprozesse bestimmt wird. Unsere Interpretationen können Verknüpfungen zwischen verschiedenen psychischen Schichten befördern, die den Verbindungsfluß des Primärprozesses in Gang setzen. Deshalb ist es in der analytischen Arbeit gefährlich, kurzsichtige Voraussagen zu treffen. Die Rückkehr von Kindheitserinnerungen ins Bewußtsein ist häufig eine der alternativen oder Folge-Reaktionen auf eine spezifische Interpretation oder auf die vorhergehende analytische Arbeit im allgemeinen. Je sparsamer und bedächtiger die Eingriffe des Analytikers, je mehr sie darauf abzielen, sich in den Fluß des analytischen Prozesses zu integrieren (und so der Gefahr zu entkommen, daß die Suche nach Erinnerungen zum intellektualisierten Epiphänomen wird), um so häufiger scheinen die Erinnerungen so aufzutauchen, als seien sie immer schon Bestandteil des amnestischen Grundstocks des Kranken gewesen. Ich werde später darauf zurückkommen. Was mich hier interessiert, ist die Beziehung verschiedener Interpretationstypen zum Prozeß der Wiederbelebung von Erinnerung. Es ist ein durch die Interpretationen in Bewegung gesetzter Prozeß, der jedoch in vielen Fällen durch seinen eigenen Antrieb sich fortzusetzen scheint« (E. Kris, S. 341–42 [206]).

Wenn man jedoch den ganzen Umfang der Entwicklung des FREUDschen Denkens auszuschreiten versucht, läßt sich ein wahrscheinlich gültiges Bild dafür finden, wenn man auf die Schwankungen hinweist, die von der Konzeption exogener Ursachen zu Auffassungen führten, die endopsychischen Konflikten und den aus ihnen resultierenden Organisationen den Vorrang einräumen. In dieser Richtung bemißt sich die Distanz, die die Fallbeschreibung von Dora [108 = »Bruchstück einer Hysterie-Analyse«] von der des »Wolfsmannes« trennt. Im ersten Fall, dem einer kurzen und bald abgebrochenen Analyse, behält FREUD sein ganzes Interesse der von seiner Patientin eingegangenen Beziehung (ihre Abenteuer mit dem Gatten der Freundin ihres Vaters) und den ödipalen Substrukturen vor, die sie ausdrückten. Der »Wolfsmann« ist der Bericht über eine längere Analyse, in dem FREUD, ausgehend von jenem berühmten Traum, der das Kernstück der ganzen Analyse bildet, die Bedeutung der Urszene deutlich macht; er bemüht sich überdies, die ersten Ansatzpunkte dieser infantilen Neurose wiederaufzufinden, die er noch jenseits der Beziehung zu Nanja situiert, bis zurück zu den ersten sexuellen Erregungszuständen, die er in das Alter von 18 Monaten verlegt und die eine andere Dienerin, Gruscha, betreffen, die die Triebregungen des kleinen Jungen ausgelöst hatte, als sie ihm beim Boden-Aufwaschen ihr Gesäß zukehrte.

Wie wir später sehen werden, hat FREUD im Laufe der folgenden Auflagen dieses Werkes seine theoretischen Deutungsversuche überarbeitet und den historischen Wert dieser Erinnerungen diskutiert, um die Theorie der unbewußten Phantasie anzugehen, die nur die Neubearbeitung der erlebten Vergangenheit ist. In diesem letzteren Sinne ist es unwichtig, die Stichhaltigkeit der wiedergefundenen Erinnerung zu prüfen. Die Wiedererinnerung ist hier das Ergebnis einer langen therapeutischen Arbeit, deren Schwierigkeiten und Gültigkeit FREUD deutlich gemacht hat. Der Wolfsmann sprach von seinen passiven Wünschen, die nach seinem vierten Lebensjahr auftauchten, und von ihrer aktuellen Realisierung in Gestalt von seinem Diener abverlangten Waschungen, und gerade deshalb konnte dieser Wunsch, sich seinem Vater passiv zu unterwerfen, analysiert werden, ein mit ödipalen Schuldgefühlen verbundener Wunsch, wie sie durch den im Traum von der Urszene ausgedrückten Schautrieb ausgelöst wurden. Die Integration passiver oder invertierter ödipaler Strebungen kann zur Reorganisation infantiler Erinnerungen und zur Wiedererinnerung aktiver Wünsche nach analer Durchdringung (in diesem Fall auf Gruscha bezogen) führen.

Dennoch läßt sich ein gewisser Rückschritt zur Überbewertung des »Außen«-Objektes in diesen letzten Entwicklungsstufen der FREUDschen Theorie entdecken, ausgehend von der Beschreibung des Todestriebes und der triebenergetischen Bipolarität. Zu behaupten, daß ein Trieb zur Rückkehr in die Spannungs- und Leblosigkeit existiere, heißt das Problem der primären masochistischen Neigung aufwerfen, heißt die Rolle der Entmischung der Aggressivität verstehen und verdeutlichen, und zwar gerade aufgrund der realen oder auf äußere Objekte projizierten Frustrationen. Daher dann die zweite Theorie der Angst, die die Gefahr ins Objekt verlegt und die Angst zum Warnsignal vor der Gefahrensituation macht, vor allem der des Objektverlustes.

Die begriffliche Kontinuität der FREUDschen Theorie bleibt auf die pathogene

Bedeutung der infantilen Neurose ausgerichtet; es wäre jedoch – und zahlreiche Autoren haben darauf hingewiesen – ein großer Irrtum, FREUD die naive Idee zu unterstellen, derzufolge die unbewußten Phantasieinhalte die Geschichte unserer Patienten direkt aufdeckten. Das hieße die gesamte regressive Organisation psychischer Krankheiten außer acht lassen. Der Inhalt von Phantasien läßt uns nichts anderes als Organisationsformen des Ich im Augenblick der Konstitution einer infantilen Neurose ARLOW [17] erkennen.

Ein einfaches klinisches Beispiel mag den Interpretationsvorbehalt verdeutlichen, der solchen Überlegungen gegenüber angebracht ist: Seit seinen ersten Lebensmonaten hat ein Patient – infolge der Scheidung seiner Eltern – mit seiner Mutter allein gelebt. Im Verlauf der ersten Sitzung drückt er ohne Umschweife seine passiven Wünsche aus: ganz in der Atmosphäre der Sitzung aufzugehen, sich zu öffnen und zu entspannen, so wie er es bei einigen Massagebehandlungen genußvoll hatte tun können. Mußte man diesen Wunsch in Zusammenhang mit dem vollkommenen Mangel an Erfahrungen mit einem Vater sehen? Diese Behandlung war dennoch um eine ergiebige Phantasmagorie von ödipaler Rivalität innerhalb der Übertragungsbeziehung zentriert. Zugleich war der Patient aktiv und nicht ohne Schuldgefühle damit beschäftigt, einem Vater-Ersatz – dem Präsidenten der Gesellschaft, bei der er angestellt war – Fallen zu legen. Im Verlauf einer Reise hatte er eine passive homosexuelle Erfahrung, die erste und einzige seines Lebens, die ihn sehr überraschte.

Dieses sehr kurz und schematisch skizzierte Beispiel erfordert einige Überlegungen zu dem hier in Rede stehenden Problem: Können und müssen diese ohne weiteres ausgedrückten passiven Wünsche in bezug auf fehlende Erfahrungen mit einem Vater interpretiert werden? Ist andererseits das homosexuelle Ausagieren nicht das Resultat ödipaler Schuldgefühle? Tatsächlich muß die Interpretation – wie in jeder analytischen Behandlung – erarbeitet werden: Der passive Wunsch und seine Erfüllung müssen auf mehreren Ebenen verstanden werden, während sich andere Wünsche vordrängen, darunter die Passivität aus Furcht vor der Aggression einer phallischen Mutter, vor der unseren Patienten kein Vater beschützte.

Die erlebte Erfahrung war unendlich komplex, wie immer auch die schematischen Kraftlinien verliefen, die die Abwesenheit des Vaters ins Spiel brachte. Sie überträgt sich in den Bereich der therapeutischen Neu-Erfahrung, die die materiale Organisation der Behandlung strukturieren hilft. Die sich entwickelnden unbewußten Phantasien müssen in dieser doppelten Richtung verstanden werden. Die historischen Beziehungen haben dazu beigetragen, die psychischen Funktionsweisen gemäß einem System von Instanzen und Besetzungen zu organisieren, die zum Verständnis der wirkenden Kräfte führen.

Die historische und rekonstruierende Interpretation muß im Verhältnis zu den Sektoren beurteilt werden, die sie ins Spiel bringt:

»Je archaischer das im analytischen Prozeß in Erscheinung tretende Material ist, um so deutlicher manifestieren sich seine Abkömmlinge in weiten Bereichen des Verhaltens. Je größer die Basis, von der aus man zur spezifischen Rekonstruktion früher Erfahrungen und archaischer Triebe gelangt, um so größer die Chance, deren vollständige Auswirkung in den Griff zu bekommen« (KRIS, S. 357–58 [206]).

Augenscheinlich kann der Bereich der Interpretation weitgehend nur von der Arbeit an den Widerständen und von der Veränderung der Energieverteilung im Bereich der Gegenbesetzung abhängen. Im oben zitierten Beispiel bildet der passive Wunsch auch einen Widerstand gegen die Übertragung, um dem Wettstreit mit dem Analytiker auszuweichen. Die Mühe der Rekonstruktion kann nur ergiebig werden, wenn die Wechselwirkung zwischen Vergangenheit und Gegenwart sich vollständig herstellt und dem Kranken sich zu überzeugen erlaubt, daß die vergangenen Erfahrungen in der Gegenwart nachwirken.

Es drängt sich also die Frage auf, *wie die komplexen und spezifischen Erfahrungen, die die Phantasie entstehen ließen, in der Psychoanalyse wiedererinnert und rekonstruiert werden können.* Die Antwort kann weder einfach noch eindeutig sein: für manche Autoren ist die Phantasiearbeit nur ein Reflex erlebter Erfahrung und wertet das auf, was man traumatische Erfahrungen nennen könnte. ERNST KRIS engagiert sich in dieser Hinsicht, und wir sind gezwungen, seine Arbeit, die den Stellenwert dieser Erfahrungen für Erinnerung und Gedächtnis zu bestimmen versucht, hier ausführlich zu zitieren.

»Wir sind der Ansicht, daß die Phantasie, deren Reflexe wir untersuchen, Reaktionen auf eine traumatische Situation enthält, die ihre Spuren hinterlassen hat; daher stellt sich jetzt folgendes Problem: Welche charakteristischen Merkmale dieser Situationen erlaubt die rekonstruierende Arbeit in der Psychoanalyse zu erfassen? Das ist eine Frage, die, kaum gestellt, uns schon die Grenzen unserer Einsicht vor Augen rückt. Wir sehen uns, nahezu überrascht, unfähig, auf Fragen zu antworten, deren Bedeutung für die klinische Anwendung wir deutlich fühlen. Ebenso scheinen wir nicht immer in der Lage zu sein – und nur selten mit der wünschenswerten Schärfe –, zwischen den Auswirkungen zweier Arten von traumatischen Situationen zu unterscheiden: den Auswirkungen einer einfachen Erfahrung, wenn die Realität hart und manchmal plötzlich in das Leben des Kindes eingreift – ich nenne das gern den traumatischen Choc – und den Auswirkungen langedauernder Situationen, die traumatische Auswirkungen aufgrund der Häufung frustraner Spannungen zeitigen können – das Ketten-Trauma, wie ich sagen würde. Bekanntlich – und vor kurzem hat das auch ANNA FREUD (1950) unterstrichen – tritt das, was der Patient als Tagesereignis erzählt, im Leben des heranwachsenden Kindes als mehr oder weniger typische Erfahrung in Erscheinung, die sich häufig wiederholen kann. Die Autorin macht deutlich, daß die Analytiker dazu neigen, sich durch den teleskopischen Charakter der Erinnerung irreführen zu lassen[4]. Andererseits tritt der eine und einzige dramatische Choc, d. h. die Verführung in sehr frühem Alter, gewöhnlich mit wenig deutlichen Umrissen auf; die Erinnerung ist durch ihre Folgen – Schuldgefühle, Angst und Erregung, wie sie in der Phantasie ausgearbeitet werden – und durch die Ab-

[4] Einer von uns [S. L. und M. S.] empfängt ein zwölfjähriges Mädchen, das wegen seiner Feindseligkeit der Mutter gegenüber und seiner eifersüchtigen Unverträglichkeit mit seinen jüngeren Brüdern und Schwestern zur Behandlung empfohlen wird.

Intelligent und leicht verbalisierend, begründet sie ihre Haltung sehr plausibel:

»Was wollen Sie, das hat schon seine Gründe. Ich habe meine frühe Kindheit nicht in meiner Familie verbracht, denn meine Mutter hat mich im Alter von zwei Jahren zu meiner Großmutter gebracht, die mich fünf Jahre lang erzog. Als ich nach Hause zurückkam, waren da plötzlich vier unbekannte Brüder und Schwestern.«

Über diese von der Tochter vorgebrachte Begründung ins Bild gesetzt, ruft die Mutter:

»Aber das kann es nicht sein. Sicher ist meine Tochter das älteste von fünf Kindern. Wenn sie zu ihrer Großmutter geschickt wurde, so nur für die kurze Zeit von zwei Wochen während des Klinikaufenthaltes bei den jeweiligen Geburten. Sie kam sofort nach meiner Heimkehr mit dem Baby ins Haus zurück.«

Schließlich täuschte sich aber auch die Mutter selbst: Das Mädchen hatte ein Jahr bei seiner Großmutter zugebracht, nach der Geburt des zweiten Kindes.

wehr dieser Phantasie verdunkelt. Wir täuschen uns, wenn wir glauben, daß wir – mit Ausnahme einiger weniger Fälle – in der Lage sind, diese ›Nachmittags‹-Ereignisse (als die Verführung sozusagen auf den Treppenstufen passierte) wiederaufzufinden. Wir haben es mit der ganzen Periode zu tun, während der die Verführung eine Rolle spielte, und die kann in bestimmten Fällen sehr weitläufig sein. Das Problem wird darüber hinaus durch den Umstand kompliziert, daß der spätere Lebenslauf das gerade zu fixieren scheint, was die Bedeutung einer traumatischen Erfahrung annehmen kann. Um die Komplexität dieser Prozesse zu veranschaulichen, wähle ich als Beispiel nicht einen heutigen, sondern einen künftigen analytischen Patienten. Ich möchte eine kurze Reihe von Erfahrungen eines Kindes mit einem Hund erzählen, die während einer Zeit von mehreren Monaten beobachtet wurden. Die hier vorgebrachten Fakten stammen aus einer Langzeitstudie des ›Child Study Center‹ der Yale University, wo ein Team von Pädiatern, Sozialarbeitern, Kindergärtnerinnen und Psychoanalytikern die Entwicklung von nicht ausgewählten und vermeintlich gesunden Kindern von der Geburt an zu verfolgen versucht.

Dorothy entsprach in jeder Hinsicht allen Kriterien einer normalen Entwicklung. Dieses zweijährige, gut entwickelte und stramme Kind war, als das erste seiner Eltern, der Mittelpunkt von deren Aufmerksamkeit. Das Paar machte stürmische Phasen durch, und das Kind lernte sehr bald, seinen Weg zwischen den im Streit liegenden Eltern zu finden, um die sehr an ihm hängende Mutter – es schlief häufig in deren Bett – zu beschützen und den Vater in die Rolle des interessierten Verehrers hineinzumanövrieren. Es gab festgelegte Bereiche, in denen es zu seinem Vater hielt. Der war ein Mann, der das Leben im Freien und Tiere liebte; Dorothy teilte seine Neigungen und war, abgesehen von einer kurzen Zeit, als sie zwischen zwölf und vierzehn Monaten alt war, von den phobischen Tendenzen ihrer Mutter nicht mitbetroffen. Diese Tendenzen schlossen eine alte Hundephobie ein, die von ihr auf einen heftigen Abscheu vor diesen Tieren zurückgeführt wurde.

Als Dorothy zwei Jahre alt war, wurde ein Brüderchen geboren. Obwohl die Mutter viel Aufmerksamkeit auf das Neugeborene verwendete, schwächte sich die Beziehung zur Tochter nicht ab. Vier Monate später, kurz nach einem Umzug, brachte der Vater eine Katze und einen kleinen Hund mit nach Hause. Dorothy kümmerte sich sehr um den Hund. Sie war andauernd mit ihm beschäftigt, und ihr Körper war damals mit ungezählten Kratzwunden übersät, die von jähen Ausbrüchen des Hundes als Antwort auf ihr heftiges und tobendes Spiel herrührten. Die Angriffe des Hundes beschränkten sich nicht allein auf Dorothy: er biß die Katze in den Schwanz, so stark, daß der Vater ihn abschneiden mußte. Während derselben Zeit – Dorothy war also zweiundzwanzig bis neunundzwanzig Monate alt – war die Beziehung der Eltern zueinander bei häufigen Streitigkeiten besonders stürmisch, und Dorothy benutzte und verfeinerte ihre intelligente Anpassungstechnik an eine Umgebung, in der sie den Mittelpunkt bildete, und manipulierte diese Situation mit einer gewissen Entschiedenheit. Beobachter des Kindes in der Krippe waren damals von zwei Umständen beeindruckt. Dorothy zeigte ein außergewöhnliches Verständnis für die emotionalen Ansprüche der Personen in ihrer Umgebung. Sie war sich der Bedürfnisse der anderen Kinder immer bewußt und zu treffenden Verbalisierungen in der Lage. Zugleich legte sie eine ungewöhnliche, obgleich bereits früher gezeigte Entschlossenheit an den Tag, die auf einem Unterbau von Starrköpfigkeit, verborgen unter einer einnehmenden Oberfläche, zum Vorschein zu kommen schien.

Während dieser Zeit (Oktober) starb ihr Großvater väterlicherseits. Zwei Monate später wurde der Hund von einem Auto überfahren und mußte begraben werden. Die Familie reagierte lebhaft auf diesen Unfall, der Vater mit Bewegtheit, die Mutter mit Schuldgefühlen, weil sie ihn nicht an der Leine geführt hatte. In Dorothys Vorstellung wurden nun der Tod des Großvaters und der des Hundes bald eins. Sie hatte in der Kinderkrippe vom Tod des Hundes erzählt (Dezember). Aber Ende Januar hatten der Tod und die Trennung für sie an Bedeutung zugenommen. Einige Zeitlang hatte ich mich ganz besonders für Dorothy interessiert und arbeitete in der Kinderkrippe als Assistent der Leiterin. Von September ab, d. h. vom Eintritt Dorothys in die Krippe, war ich in regelmäßigem Kontakt mit ihr und ihrer Mutter. Von Mitte Dezember bis Ende Januar war ich aus verschiedenen Gründen abgehalten, und als Dorothy mich wiedersah, zeigten ihre Reaktionen mir deutlich, daß ich ihr gefehlt hatte; sie begrüßte mich mit den Worten: ›Mein Hund ist dahin gegangen, wo Nonny ist, weit weg.‹ Dazu muß ergänzt werden, daß sie den Spitznamen ihres Großvaters väterlicherseits durch den ihrer Großmutter mütterlicherseits ersetzt hatte, die sie täglich sah; und ebenfalls ist festzuhalten, daß sie die Trennung mit dem Gedanken verbunden hatte, ich könnte tot sein.

Ihre Bindung an den Hund hatte nicht nachgelassen, obwohl ihr Vater kurz nach dem Unfall ein neues – und zwar ein anderes – Tier ins Haus gebracht hatte, einen Wellensittich, mit dem Dorothy sich, diesmal unterstützt und angefeuert von ihrer Mutter, in aufregende Spiele stürzte. Aber der Vater mußte bemerkt haben, daß das Kind psychisch immer noch mit dem Tode des Hundes beschäftigt war. Im Laufe des Februar lebte, von Dorothy mit großem Vergnügen aufgenommen, ein zugelaufener Hund bei der Familie. Nach seinem Verschwinden brachte der Vater einen neuen Hund mit nach Hause, den ihm ein Freund anvertraut hatte, weil seine Frau im Krankenhaus lag (wegen Hysterektomie). Dorothy begrüßte die Ankunft des Hundes mit großer Aufregung. Vier Tage später machte sie sich bei einem ihrer Lehrer mit einer Reihe von Phantasien bemerkbar, die den neuen kleinen Hund betrafen: ›Mein Hund ist tot, meine Mama hat ein neues Baby, im Krankenhaus.‹ Sie antwortete so auf den neuen Hund mit verstärkter Trauer um den ersten und mit einer Phantasie, die sie in die Zeit zurückführte, als ihr Bruder geboren wurde. Ein Stimulus für diese Vergangenheitsbelebung mag in dem Umstand gelegen haben, daß die vorhergehende Besitzerin des Hundes, die Dorothy nicht persönlich kannte, im Krankenhaus lag. Die Erinnerung an die Trennung, die Todesangst und die Angst vor ihren eigenen Todeswünschen fielen so zusammen – und die Tatsache, daß der neue Hund für sie ein Kind des Vaters war, wurde durch eine doppelte Beziehung geleugnet: Sie, Dorothy, hatte ihren Hund verloren und die Mutter ein Baby bekommen. Diese Interpretation wurde durch eine große Zahl von Fakten und vor allem durch die Reaktion der Mutter deutlich bestätigt, deren Feindseligkeit sich gegen den neuen Hund richtete, in den Mann und Kind sich teilten, und sie erklärte spontan, daß der Umstand, daß Dorothy ihren eigenen Abscheu vor Hunden nicht übernahm, sie eifersüchtig mache und sie merken ließ, daß Mann und Tochter ›gemeinsame Sache gegen sie‹ machten. Das war eine aufrichtige Explosion, wie sie auch nicht durch psychologische Indoktrination ausgelöst sein konnte, die das erzieherische und ökonomische Niveau der Familie nicht erreicht hatte.

Erlauben Sie mir, zum Schluß zu erzählen, daß, während der neue Hund sich bei einem Unfall ein Bein gebrochen hatte und für einige Zeit bei einem Tierarzt gelassen werden mußte, Dorothy ihrem vorher angebeteten Pädiater gegenüber, den sie von Geburt an kannte, eine erste heftige Angst zeigte. Aber einmal mehr war die Aufeinanderfolge der Ereignisse verworren. Einige Tage vor dem Unfall des Hundes hatte sich Dorothy zum erstenmal mit den hygienischen Tampons ihrer Mutter zu schaffen gemacht. Sie war damals zweiunddreißig Monate alt.

Darf ich Ihr Interesse für eine intellektuelle Spekulation in Anspruch nehmen: Stellen wir uns vor, wie nach zwanzig Jahren die Wiederbelebung des hier in extremer Vereinfachung berichteten Materials in der Analyse von Dorothy in Erscheinung treten könnte.

Das Netz von Überdeterminierungen scheint nahezu unendlich: Der Wunsch, vom Vater ein Kind zu haben, der auf die Mutter gerichtete Todeswunsch, die Angst vor sexuellen und destruktiven Trieben und schließlich die hinzukommende und im Laufe der Zeit offenbar zunehmende Kastrationsangst würden wahrscheinlich die Phantasie eines künftigen Analytikers in die Irre führen.

Im Falle von Dorothy können wir die Entwicklung der Umgestaltung noch einen Schritt weiter verfolgen, der die Erinnerung an die Erfahrung mit dem Hund ausgesetzt war. Während ihres vierten und fünften Lebensjahres hatte Dorothy Sitzungen in Spieltherapie, vom Alter von vier Jahren und vier Monaten an, regelmäßig dreimal wöchentlich bei einem jungen Analytiker, der sich in Kontrollanalyse befand. Vom Beginn dieses Kontaktes an trat Material auf, das Dorothys Interesse für Hunde zeigte. Es nahm zu, als der Vater den zu groß gewordenen Hund weggeben mußte und ihn durch einen kleineren ersetzte. Dorothy erinnerte bei dieser Gelegenheit den Tod ihres ersten Hundes. Sie konnte ihre Gefühle nicht völlig verbalisieren und wiederbearbeiten. Sie sagte jedoch, als sie sie beschrieb, sie fühle sich,

›als wenn sie ihren Kopf in einen Eimer Wasser steckte‹. Was auch die Quelle für diese Metapher gewesen sein mag, sie drückte den schmerzlichen Affekt deutlich aus, indem sie die Tränen einem äußeren Einfluß zuschrieb. Dorothy erinnerte sich nicht an die ursprünglich mit dem Tode des Hundes verbundenen Vorstellungen, aber die Angst vor dem Tode von Nonny, die kürzlich an erhöhtem Blutdruck gelitten hatte, kam erneut auf. Eine zweite Assoziation war noch klarer und bezeichnender. Die Angst vor dem Hund trat nicht mehr in Verbindung mit dem Verlust des phantasierten, vom Vater empfangenen Kindes auf, sondern mit dem eines Penis – ein Verlust, der seinerseits mit der Enttäuschung seitens der Mutter dunkel verknüpft war. In den aktuellen Konflikten von Dorothy hatte in diesem Augenblick die Rivalität mit ihrem Bruder die Oberhand.

Dieses einfache Beispiel illustriert einige Phasen der Ausarbeitung von Reaktionen auf eine frühe Erfahrung. Die Umgestaltung, die im Alter zwischen zweieinhalb und viereinhalb Jahren erfolgte, könnte viele von uns nicht verzeichnete Zwischenstufen haben. Wahrscheinlich ist diese von uns beobachtete Umarbeitung selbst nur eine Vorbereitungsstufe in Hinsicht auf eine neue (graduelle) Unterdrückung der Gesamtheit von Erinnerungen, die unseres Erachtens zu Beginn der Latenzperiode stattfinden könnte. Aber die Komplexität der einzelnen von uns beobachteten Phasen läßt uns einmal mehr das Wesen der rekonstruktiven Arbeit in der Analyse bewußt werden. In einem bestimmten Sinne kann man sagen, daß es sich da um eine verzweifelte Aufgabe handelt. Sie ist es in der Tat, wenn es in unserer Absicht läge, das zu rekonstruieren, was im Leben Dorothys während der Periode von fünf Monaten geschah, als die Ereignisse mit ihrem Hund stattfanden. Aber die rekonstruktive Arbeit kann sich in der Analyse ein solches Ziel nicht setzen: ihre Intention ist begrenzter und zugleich umfassender. Das Material an aktuellen Ereignissen – so wie sie eben passieren – ist fortwährend der selektiven Auswahl des Gedächtnisses unter der Steuerung durch die innere Konstellation unterworfen. Was wir hier Selektion nennen, ist bereits ein komplexer Prozeß. Nicht nur waren die Ereignisse mit Bedeutung belastet, als sie stattfanden; jede spätere Etappe der Konfliktorganisation kann bestimmte Teilaspekte dieser Ereignisse oder ihrer Ausarbeitung mit zusätzlichen Bedeutungen ausstatten. Diese Prozesse werden durch viele Kinder- und Jünglingsjahre wiederholt und schließlich in die Struktur der Persönlichkeit integriert. Erlauben Sie mir, diesen Gesichtspunkt zu veranschaulichen, indem ich ein bereits vorgestelltes Beispiel erweitere. Es handelt sich um den kleinen Jungen, der Diphtherie hatte, während seine Mutter wegen ihrer Entbindung abwesend war, und den wir als einen Menschen mit häufig wechselnden Bindungen wiedergetroffen haben. Dieser Typus von Verhalten entstand nicht aus der infantilen Erfahrung, sondern aus der Interaktion dieser infantilen Erfahrung mit späteren Ereignissen. Die auf die Krankheit folgenden Jahre waren Zeiten extremer elterlicher Zerwürfnisse. Die Eltern waren beinahe jede Nacht in ständige Auseinandersetzungen verwickelt, in deren Verlauf der kleine Junge mehrfach Lust hatte, seine Mutter gegen die Gewalt eines Angreifers zu verteidigen, dem er sich doch verbunden fühlte. Auf diese Periode folgten mehrere Jahre der Trennung; der Vater hatte einer anderen Frau wegen die Familie verlassen, bis sie sich, während seiner Latenzzeit, erneut zusammenfand. Auf diese Art und Weise entfaltet sich selbst die einfache dramatische Erfahrung in der Zeit und ragt aus der Lebensgeschichte heraus, in der sich bestimmte Episoden durch die rekonstruktive Arbeit wiederauffinden lassen. Das sind die Episoden, die dynamisch aktiv geworden sind, weil sie – sei es, als sie stattfanden, sei es an einem der Schlüsselpunkte des späteren Lebens – mit der größten ›Bedeutung‹ befrachtet wurden. Die Erinnerungen an solche Ereignisse scheinen dann zu Angelpunkten zu werden. Ebenso wird die Abwehr des Wiederauflebens bestimmter Erinnerungen wesentlich: Gegen das Wiederauftreten von Abkömmlingen der Triebkräfte und von mit dem Erinnerungsbild verbundenen Affekten wird eine Gegenbesetzung aufgerichtet.

Die genetischen Interpretationen richten sich eher auf Besetzungen als auf ›originäre Ereignisse‹: daher die bekannte Tatsache, daß die Rekonstruktion von Kindheitsereignissen sehr wohl Denk- und Gefühlsprozesse betreffen kann – und es meines Erachtens auch regelmäßig tut –, die nicht notwendig ›existierten‹, als das Ereignis stattfand. Sie können sogar niemals das Bewußtsein erreicht haben oder später aufgetaucht sein, während der ›Ereigniskette‹, mit der die originäre Erfahrung verbunden wurde. Dank der rekonstruktiven Interpretation neigen sie dazu, Bestandteile jener Gruppe von Erfahrungen zu werden, die das biographische Bild ausmachen, das in günstigen Fällen im Verlauf der analytischen Therapie sich abzeichnet.«

Dieser Auffassung gemäß führt die Rekonstruktion – wenigstens in einer großen Anzahl von Fällen – zur Wiederauffindung einer Reihe von erlebten und mehr oder weniger traumatisierenden Erfahrungen, wie sie auf jeder Organisationsstufe im Bereich der Entwicklungsstrukturen der Kindheit ausgearbeitet werden. Mit anderen Worten: Wesen und Inhalt der Phantasien lassen kein Urteil über die Struktur der Erfahrungen zu, die sie begründet haben, denn die genetische Ebene der Ich-Entwicklung trägt zu ihrer Ausarbeitung bei. Die Selektion, auf die die Arbeit der analytischen Behandlung hinausläuft, hängt mithin von dieser komplexen Gesamtheit ab, die überdies noch schwieriger einzukreisen ist aufgrund der Regressionen, die sich aus dem therapeutischen Prozeß selbst herleiten.

RAYMOND DE SAUSSURE hat beim »Internationalen Kongreß für Psychiatrie« von 1950 [300] eine andere Interpretation der psychoanalytischen Rekonstruktion von erlebten Erfahrungen vorgeschlagen, als er die Rolle der halluzinierten Emotion diskutierte. Ausgehend von der Beobachtung eines Patienten, der, im Augenblick der Abreise seines Analytikers in die Ferien, erneut eine »halluzinierte« Emotion erlebte, die aber mit vergessenen Erinnerungen in Zusammenhang stand, zielt DE SAUSSURE darauf ab, die ersten Arbeiten von BREUER und FREUD über die »Hypnoid-Hysterie« neu zu bewerten:

»Die nicht assimilierten Emotionen sind ein sehr starkes Potential, während sich die Spannung, wenn sie assimiliert ist, auf eine große Anzahl von Repräsentanzen aufteilt. Die Konversion des Erlebten ins Denken stellt eine neue Verteilung der Spannungen und wahrscheinlich den Übergang von einer nervösen Organisation zur anderen dar.« [S. 141]

Später drückt sich DE SAUSSURE folgendermaßen aus:

»Im Gegensatz dazu tritt, wenn die Emotion sehr lebhaft ist, eine temporäre Paralyse der oberen Zentren ein, und die Erfahrung richtet sich, anstatt sich auf der Ebene der Sprache durchzusetzen, an diesen Assoziationskreuzungen, die sie zu klassifizieren und ihr eine Abfuhrbahn zu finden erlauben, auf der Ebene präverbaler Bilder ein, wo sie von den normalen Entlastungsbahnen isoliert ist. [...] Weder die emotionale noch die motorische Abfuhr scheinen die Spannung der traumatischen Erfahrung abzuschwächen.«

R. DE SAUSSURE entlehnt bei CHARLES ODIER (*»L'Angoisse et la pensée magique«* [261]) die Vorstellung einer möglichen und wünschbaren Synthese zwischen FREUDscher Theorie und Gesichtspunkten von PIAGET zur Entwicklung der Intelligenz. Den prälogischen Ausdrucksweisen können so die Emotionen des regressiven psychischen Lebens assimiliert werden. Ebenso muß die Therapie dem Kranken zum Übergang von der Welt der halluzinierten Emotion zum Stadium der assimilierten Emotion verhelfen.

Wenn man diese Gedankengänge RAYMOND DE SAUSSURES vom uns hier interessierenden Gesichtspunkt aus – dem des Wertes der Rekonstruktion in der psychoanalytischen Behandlung Erwachsener – prüft, scheinen sie uns zunächst einer Rehabilitation des Begriffs der pathogenen Bedeutung der traumatischen Erfahrung nahezukommen, wenn auch in einer Perspektive, die derjenigen der »Studien über Hysterie« [102] aus Anlaß der Hypnoid-Hysterie ähnelt. Das traumatisierende Ereignis begünstigt die Fixierung an das Stadium der halluzinierten Emotion, die man in Begriffen topischer Regression definieren könnte: FREUD hat in seiner Untersuchung zur Metapsychologie des Traumes gezeigt, daß die diesen Aspekt des psychischen Lebens fördernde topische Regression mit der Unmöglichkeit einer motorischen Entlastung verbunden ist. Das traumatische Ereignis wäre also gemäß R. DE SAUSSURE a) ein nicht assimilierter Rest; b) der Ausdruck der affektiven Unsicherheit, in der es erlebt wurde, oder c) eine Quelle der Übertragungsbelebung in der analytischen Situation. Mit anderen Worten: Die analytische Behandlung könnte positive Auswirkungen nicht nur aufgrund der Wiedererinnerung halluzinierter Emotionen, sondern auch aufgrund des Fortschritts zeitigen, den sie in der regressiven Organisation der Affektivität (im Sinne von ODIER und PIAGET) bewirkt, die ihrerseits mit Ereignissen und Umständen verknüpft ist, die sie hervorgebracht haben.

Unseres Wissens wurde diese auf dem Kongreß von 1950 vorgetragene Theorie heftig diskutiert, führte sie doch, wie man sagte, dazu, die Verschiebung der analytischen Behandlung durch Sicherungsbindungen zu untersuchen, die allzu eng mit der Intellektualisierung der regressiven Mechanismen verbunden waren. Wenn man diese eher technischen als theoretischen Überlegungen hintanstellt, wird das Interesse deutlich, das diese Theorie dadurch auf sich zieht, daß sie theoretische Momente mit topischen und ökonomischen verknüpft. Zielt nicht die ganze Kritik des naiven Zugangs zur Psychoanalyse darauf ab, den rekonstruktiven Wert der in der Analyse wiederaufgefundenen Erinnerungen zu diskutieren?

Heute bestehen zahlreiche psychoanalytische Arbeiten überdies auf den Schwankungen des FREUDschen Denkens zwischen traumatischer Theorie und einer Theorie, die den Hauptakzent auf endopsychische, auf der Basis mentaler Strukturen analysierter Konflikte legt. Aber selbst wenn dieser Akzent – wie FREUD es mehr und mehr tat – auf ökonomische Probleme gelegt wird, sieht man sich auf technischem Gebiet veranlaßt, die Affekte und die therapeutische Rolle zu berücksichtigen, die deren Entlastung erfordert.

Die Theorie von RAYMOND DE SAUSSURE läßt sich auch mit anderen Formulierungen einbringen, und wahrscheinlich wäre das ihnen zugrundeliegende Denken von den auf dem Kongreß von 1950 dargebotenen Vorstellungen weniger weit entfernt, als man glauben möchte. Ist dem nicht so, wenn VALENSTEIN [337] von einer »Affektualisierung« als Abwehr spricht und die Trennung von Affekt und Vorstellung bei Zwangsneurotikern, den massiven Gebrauch von Affekten bei Hysterikern beschreibt und zu bedenken gibt, daß die psychoanalytische Situation Affekte mobilisiere?

FREUD selbst hat in seiner Fallbeschreibung des »Rattenmannes« [116 = »Bemerkungen über einen Fall von Zwangsneurose«] gezeigt, wie – wenigstens bei bestimmten Kranken – Erinnerungen aus dem Bereich der infantilen Sexualität im Zuge der analytischen Behandlung in Erscheinung treten können: Dieser Patient hatte ein sehr frühreifes Sexualleben, dessen erste Objekte zwei Gouvernanten waren. Er erinnerte sich, daß er im Laufe seines vierten oder fünften Lebensjahres seine auf einem Diwan lesende schöne Gouvernante, Fräulein Peter, gefragt habe, ob er unter ihre Röcke kriechen dürfe, wo er dann ihren Leib und ihre Genitalorgane berühren konnte[5]. Seither gewöhnte er sich an, sie auf dem Weg zum Bade zu beobachten. Später sah er gern zu, wenn sich Fräulein Lina, eine andere Gouvernante, Abszesse am Gesäß ausdrückte. Mit dieser Neugier war ein peinliches Schamgefühl verbunden: Im Verlauf einer Unterhaltung mit den Dienerinnen hörte er Lina erklären, »mit dem Kleinen [seinem jüngeren Bruder] könne man das schon machen, aber der Paul« – er selbst als der spätere Rattenmann – »sei zu ungeschickt«.

Der Patient erinnert sich vor allem, daß er sich damals bei seiner Mutter über seine ersten Erektionen beklagt habe. Nun verbindet er aber mit dieser Erinnerung die damalige Vorstellung, daß seine Eltern von seinen Wünschen – Frauen nackt zu sehen – wüßten (Verbindung zwischen der Phantasie und den Erektionen), daß er sie vielleicht unwissentlich sogar direkt geäußert habe (zwanghafter Zweifel) und daß die Gedanken ihn beunruhigten und ihm ein »unheimliches Gefühl« eingaben, daß etwas geschehen könnte, wenn er nur daran dächte (magisch-zwanghaftes Denken).

Dieses Bündel von Erinnerungen an die Erfahrungen mit den beiden Gouvernanten und mit der Mutter hat augenscheinlich einen besonderen Charakter, den es zunächst herauszuarbeiten gilt: Der Patient hat sie nicht mühsam rekonstruiert oder sie nach und nach erinnert. Er hat vielmehr schon in den ersten Behandlungswochen FREUD den ganzen Komplex enthüllt. Man muß in diesem Zusammenhang erneut auf eine bestimmte Typologie der Wiedererinnerung in der Psychoanalyse verweisen. In der zwanghaften Struktur bringen die Patienten häufig ohne weiteres reichlich Erinnerungen bei, und der Rückzug auf die Vergangenheit kann ein Aspekt ihres Widerstandes gegen die Übertragung sein (MAURICE BOUVET [39]).

Wie FREUD gegen Ende dieses Kapitels des »Rattenmannes« anmerkt, waren die infantilen sexuellen Erfahrungen dieses Patienten »besonders reichhaltig und wirkungsvoll«. Über den soziologischen Bezug hinaus, den sie mit der Beziehung zu den beiden Gouvernanten beitragen (vgl. den »Wolfsmann« [130]), muß man anerkennen, daß ihre Verwirklichung einen geradezu erstaunlichen Charakter gehabt hat. Aber handelt es sich hier nicht um Erinnerungen, die jenen Deck-Erinnerungen nahestehen, deren Bedeutung wir später untersuchen werden? Ebenso muß mit FREUD daran erinnert werden, daß »die Zwangsneurose viel deutlicher als die Hysterie erkennen (läßt), daß die Momente, welche die Psychoneurose formen, nicht im aktuellen, sondern im infantilen Sexualleben zu suchen sind«.

Der Rattenmann war überdies mit einer erstaunlichen Phantasie begabt, wie es nicht nur die Zwangsphantasie vom »Rattentopf« selbst, sondern auch die Lektüre der gesamten von FREUD zusammengestellten Krankengeschichte [116] zeigt. Es läßt sich wohl annehmen, daß die Aktivierung dieser Phantasie-Funktion wie bei vielen Zwangskranken eine besondere Manifestation des Widerstandes war.

[5] Diese Erinnerungen aus dem Bereich der infantilen Sexualität sind im Abschnitt b (»Die infantile Sexualität«) des ersten Kapitels mit dem Titel »Aus der Krankengeschichte« [= G. W. VII, S. 386 ff.] gesammelt.

Die Beschwörung von Erinnerungen aus dem Bereich der infantilen Sexualität setzt uns vor allem mit der Organisation dieser Neurose aus den ersten Anzeichen einer infantilen Neurose in Verbindung. Das Symptom war damals komplex: a) die Angst, daß die Eltern seinen Wunsch, Frauen nackt zu sehen, kennen könnten; b) der peinliche Affekt, der ein Gefühl der Unheimlichkeit hervorruft; c) die Unsicherheit darüber, ob er diese nicht einzugestehenden Wünsche nicht bereits offenbart habe; d) die Notwendigkeit, gegen diese Wünsche anzukämpfen, damit dem Vater kein Unglück zustoße. Dieser zwanghafte Komplex ist in der Erinnerung des erwachsenen Patienten mit der Scham des Kindes verbunden, das sich von seiner Mutter anläßlich seiner ersten Erektionen beruhigen ließ.

Die neurotische Organisation dieser im Erwachsenenalter evozierten, aber aus der Kindheit stammenden Symptome ist ganz typisch: a) verdrängter Schautrieb (Frauen nackt zu sehen wie die beiden Gouvernanten) und Zeigetrieb (der Mutter die ersten Erektionen vorzuweisen); b) Rückkehr des verdrängten Triebes in ersetzter und verschobener Form aufgrund der Triebmischung (dem Wunsch, daß dem Vater etwas zustoßen möge), wobei in der Triebentmischung und der daraus resultierenden aggressiven Spannung die den erotischen Trieben zugefügten Frustrationen zum Ausdruck kommen; c) Gegenbesetzung des Triebes oder besser – um jeder Doppeldeutigkeit dieses immer noch traditionellen Begriffes auszuweichen – Besetzung des Kampfes gegen den ersetzten Trieb, und zwar wegen des ihn begleitenden peinlichen Affektes.

Das Verständnis der Entstehung dieses Zwangsdenkens kann sich nur einstel[illegible] wenn man von c) zu a) zurückgeht, d. h. von der Gegenbesetzung der [illegible]ntmischung bis zurück zur Besetzung des originären Triebes, der ersetzt [illegible]rschoben wurde und dessen Repräsentanzen die Schau- und Zeigelust sind. Wie wir jedoch bereits mehrfach hervorgehoben haben, kann die Rekonstruktion von Ereignissen aus dem Bereich der infantilen Sexualität nur wertvoll werden, wenn man sich – wie es Freud seit Anfang dieses Jahrhunderts getan hat – für die topische und ökonomische Organisation interessiert. Die Wünsche repräsentieren die Triebe. Das Ich ist noch nicht genug entwickelt, um sie unerträglich zu machen. Aber die Evokation des Wunsches wird augenblicklich von jenem peinlichen Affekt begleitet, und die sich entwickelnde Zwangsneurose macht deutlich, daß sie die Konsequenzen historischer und wahrscheinlich traumatisierender Erfahrungen, zugleich aber die Organisation des kindlichen Unbewußten ausdrückt.

Das folgende lange, ebenfalls aus dem »Rattenmann« [116 = G.W. VII, S. 427f.] entlehnte Zitat gibt zu erkennen, wie Freud die Überarbeitung dieser Erinnerungen aus dem Bereich der infantilen Sexualität und deren Entwicklungsperspektive reflektierte:

»Man hat es in den Psychoanalysen häufig mit solchen Begebenheiten aus den ersten Kinderjahren zu tun, in denen die infantile Sexualtätigkeit zu gipfeln scheint und häufig durch einen Unfall oder eine Bestrafung ein katastrophales Ende findet. Sie zeigen sich schattenhaft in Träumen an, werden oft so deutlich, daß man sie greifbar zu besitzen vermeint, aber sie entziehen sich doch der endgültigen Klarstellung, und wenn man nicht mit besonderer Vorsicht und mit Geschick verfährt, muß man es unentschieden lassen, ob eine solche Szene wirklich vorgefallen ist. Auf die richtige Spur der Deutung wird man durch die Erkenntnis geführt, daß von solchen Szenen mehr als eine Version, oft sehr verschiedenartige, in der unbewußten Phantasie des Patienten aufzuspüren sind. Wenn man in der Beurteilung der Realität nicht irregehen will, muß man sich vor allem daran erinnern, daß die »Kindheitserinnerungen« der Menschen erst in einem späteren Alter (meist zur Zeit der Pubertät) festgestellt und dabei einem komplizierten Umarbeitungsprozeß unterzogen werden, welcher der Sagenbildung eines Volkes über seine Urgeschichte durchaus analog ist. Es läßt sich deutlich erkennen, daß der heranwachsende Mensch in diesen Phantasiebildungen über seine erste Kindheit *das Andenken an seine autoerotische Betätigung zu verwischen sucht,* indem er seine Erinnerungsspuren auf die Stufe der Objektliebe hebt, also wie ein richtiger Geschichtsschreiber die Vergangenheit im Lichte der Gegenwart erblicken will. Daher die Überfülle von Verführungen und Attentaten in diesen Phantasien, wo die Wirklichkeit sich auf autoerotische Betätigung und auf Anregung dazu durch Zärtlichkeiten und Strafen beschränkt. Ferner wird man gewahr, daß der über seine Kindheit Phantasierende *seine Erinnerungen sexualisiert,* d. h., daß er banale Erlebnisse mit seiner Sexualbetätigung in Beziehung bringt, sein Sexualinteresse über sie ausdehnt, wobei er wahrscheinlich den Spuren des wirklich vorhandenen Zusammenhanges nachfährt. Daß es nicht die Absicht dieser Bemerkungen ist, die von mir behauptete Bedeutung der infantilen Sexualität nachträglich durch die Reduktion auf das Sexualinteresse der Pubertät herabzusetzen, wird mir jeder glauben, der die von mir mitgeteilte ›Analyse der Phobie eines fünfjährigen Knaben‹ im Gedächtnis hat. Ich beabsichtige nur, technische Anweisungen zur Auflösung jener Phantasiebildungen zu geben, welche dazu bestimmt sind, das Bild jener infantilen Sexualbetätigung zu verfälschen.

Nur selten ist man wie bei unserem Patienten in der glücklichen Lage, die tatsächliche Grundlage dieser Dichtungen über die Urzeit durch das unerschütterliche Zeugnis eines Erwachsenen festzustellen. Immerhin läßt die Aussage der Mutter den Weg für mehrfache Möglichkeiten offen. Daß sie die sexuelle Natur des Vergehens, für welches das Kind gestraft wurde, nicht proklamierte, mag seinen Grund in ihrer eigenen Zensur haben, welche bei allen Eltern gerade dieses Element aus der Vergangenheit ihrer Kinder auszuschalten bemüht ist. Es ist aber ebenso möglich, daß das Kind damals wegen einer banalen Unart nicht sexueller Natur von der Kinderfrau oder der Mutter selbst zurechtgewiesen und dann wegen seiner gewalttätigen Reaktion vom Vater gezüchtigt wurde. Die Kinderfrau oder eine andere dienende Person wird in solchen Phantasien regelmäßig durch die vornehmere der Mutter ersetzt. Wenn man sich in die Deutung der diesbezüglichen Träume des Patienten tiefer einließ, fand man die deutlichsten Hinweise auf eine episch zu nennende Dichtung, in welcher sexuelle Gelüste gegen Mutter und Schwester mit jener Züchtigung des kleinen Helden durch den Vater zusammengebracht wurden. Es gelang nicht, dieses Gewebe von Phantasieumhüllungen Faden für Faden abzuspinnen; gerade der therapeutische Erfolg war das Hindernis. Der Patient war hergestellt, und das Leben forderte von ihm, mehrfache, ohnedies zu lange aufgeschobene Aufgaben in Angriff zu nehmen, die mit der Fortsetzung der Kur nicht verträglich waren. Man mache mir also aus dieser Lücke in der Analyse keinen Vorwurf. Die wissenschaftliche Erforschung durch die Psychoanalyse ist ja heute nur ein Nebenerfolg der therapeutischen Bemühung, und darum ist die Ausbeute oft gerade bei unglücklich behandelten Fällen am größten.

Der Inhalt des kindlichen Sexuallebens besteht in der autoerotischen Betätigung der vorherrschenden Sexualkomponenten, in Spuren von Objektliebe und in der Bildung jenes Komplexes, den man den *Kernkomplex der Neurosen* nennen könnte, der die ersten zärtlichen wie feindseligen Regungen gegen Eltern und Geschwister umfaßt, nachdem die Wißbegierde des Kleinen, meist durch die Ankunft eines neuen Geschwisterchens, geweckt worden ist. Aus der Uniformität dieses Inhalts und aus der Konstanz der späteren modifizierenden Einwirkungen erklärt es sich leicht, daß im allgemeinen stets die nämlichen Phantasien über die Kindheit gebildet werden, gleichgültig, wieviel oder wie wenig Beiträge das wirkliche Erleben dazu gestellt hat. Es entspricht durchaus dem infantilen Kernkomplex, daß der Vater zur Rolle des sexuellen Gegners und des Störers der autoerotischen Sexualbetätigung gelangt, und die Wirklichkeit hat daran zumeist einen guten Anteil.«

Manche Autoren sind der Ansicht, daß die psychoanalytische Rekonstruktion lediglich bloße Konstruktion sei: die fundierte Arbeit von S. VIDERMAN [337b] erörtert zunächst die Geschichte des Subjekts in der analytischen Situation und geht dabei von metapsychologischen Prämissen zur primären und sekundären Verdrängung aus. Sie macht deutlich, daß jene – die primäre – einen ursprünglichen unbewußten Kern bildet und daß die Gesamtheit der Triebe, *per definitionem,* nie bewußt gewesen ist. Die Rückkehr des Verdrängten kann sich nur aufgrund der Ergebnisse der sekundären Verdrängung einstellen.

»[...] Die Verdrängung im eigentlichen Sinne oder Nach-Verdrängung, d. h. das was der ›nachträglichen Verdrängung‹ unterworfen war, kann die Ebene der Erinnerung wieder erreichen, deren Bestandteil sie war, bevor sie unter dem doppelten *regressiven* Druck seitens der verdrängenden Instanz (der unbewußte Anteil des Ich) verschwand; der wird von seiten des primären unbewußten Kerns *angezogen, während das Urverdrängte* aufgrund derselben Abwehr-Maskierungen *nicht anders ins Bewußtsein zurückkehren kann als mittels der schlicht wahrscheinlichen ›Konstruktionen‹ des Analytikers, die aus eben dem Grunde mit einem erheblichen Unsicherheitsfaktor belastet sind«* (S. 17, Hervorhebungen v. d. Autoren).

Soweit die zentrale Hypothese dieses Buches, das seinerseits die »Geschichte« des Patienten in Zweifel zieht, wobei die analytische Situation die einzige offene Bresche für die psychische Realität bildet, die sie in der Übertragung wiederholt.

VIDERMAN beschreibt so in der Tat die Struktur des analytischen Raumes, der allmählich die gesamte Dimension der Übertragung einbegriffen hat. Zunächst mißverstanden, später als Instrument des Widerstandes aufgefaßt, spielt sie in der psychoanalytischen Behandlung die Hauptrolle bei der Umformung des analytischen Bereiches.

»Die Vergangenheit ist gänzlich in die Gegenwart eingeschlossen und zergeht in diesem Umschwung vollends. Mit dem, was uns davon in Händen bleibt, müssen wir Bezugspunkte ausfindig machen (oder erfinden), deren Angemessenheit und Glaubwürdigkeit wir abzuschätzen versuchen sollten« (S. 43).

Der Autor sieht sich dann veranlaßt, die Gegenübertragung einzuführen, der in jedem Falle wenigstens dieselbe Bedeutung zukommt, zumal dem Analytiker alles Helfen, Behandeln, Wiederherstellen und Agieren untersagt und das interpretierende Sprechen sein alleiniges Werkzeug ist, das seinem Unbewußten eine wichtige Rolle aufbürdet.

Schließlich bezieht VIDERMAN Stellung zum Problem der Beziehungen zwischen Sprache und Unbewußtem. Er stimmt LACAN nicht zu, wenn der behauptet, das Unbewußte sei wie eine Sprache strukturiert, anerkennt aber seinerseits, daß es eine linguistische Struktur hat: »Wir finden im Unbewußten um so sicherer eine linguistische Struktur, als wir selbst sie hineintragen müssen, um anzufangen (und damit irgend etwas anfängt); anderenfalls hätten wir nichts darüber aussagen können« (S. 57).

Die unbewußte Phantasie wirft ein Sprachproblem auf, weil sie nur in einer sie strukturierenden Sprache zum Ausdruck kommen kann – der des Analytikers: er rekonstruiert eine Geschichte; weil er sie konstruiert hat. So die zentrale Hypothese von S. VIDERMAN, die er mit einer Formel zu erweisen sich bemüht, die wir in ihrer exemplarischen Knappheit hier zitieren: »Der Phantasie einen Namen geben, heißt sie mit einer Existenz ausstatten, die ebenso das Unbedingte eines Anfangs ist« (S. 60).

Diese Formulierung scheidet VIDERMAN von LACAN, demzufolge die Sprache (oder sein Diskurs) sagt, was anderswo passiert; aber das, was die Phantasie außerhalb der Sprache, der Trieb außerhalb seiner Repräsentanz ist, bleibt für VIDERMAN gerade unerkennbar. So ist auch die Interpretation nicht Auffindung, sondern Erfindung. S. VIDERMAN legt nahe, die Existenz eines dritten Ohres beim Analytiker anzunehmen. Es funktioniert – als imaginäres Werkzeug – jenseits des eigentlichen Gehörs. Deshalb ist im Rahmen der Universalität der Sprache die Sprache des Symptoms in seiner Besonderheit ein Unikat. Aber die möglichen Erfolge der Interpretation, die ein Symptom auflösen kann, rechtfertigen keineswegs den Köder der Geschichte, wie er mit der traumatischen Theorie entstanden ist, die VIDERMAN als Kinderkrankheit der Psychoanalyse einschätzt.

Deshalb bemüht sich der Autor – anläßlich der Rekonstitution einer infantilen Neurose, und zwar der des »Wolfsmannes« –, die Nichtigkeit der Theorie des erlebten Traumas zu erweisen. Es ist nicht möglich, die Entfaltung der These von VIDERMAN über die Beziehungen zwischen Traum und Urszene und über die Glaubwürdigkeit der Gruscha-Episode hier breit wiederzugeben. Ein ausführlicheres Zitat mag das besorgen:

»Mit der Behauptung, es gebe keine andere Möglichkeit – ›entweder ist die von seiner Kindheitsneurose ausgehende Analyse überhaupt ein Wahnwitz, oder es ist alles so richtig, wie ich es oben dargestellt habe‹ – steht FREUD unvorsichtigerweise mit gebundenen Händen da. Denn die Dinge haben sich nicht so ereignet, wie er sie beschrieben hatte; nichtsdestoweniger ist sein Bericht weder Fabel noch Aberwitz, sondern macht im Verein mit der ›Traumdeutung‹ [105] die beiden Gipfelleistungen seiner entschlossenen Vernunft und erfinderischen Kühnheit aus.

Es war sein Analytiker (und nicht das, was in seiner Analyse vor seiner Erinnerung wieder auftauchte), der fünfundzwanzig Jahre später ihm sagte, nicht was sich wirklich ereignet hatte (denn es hat keine epistemologische Bedeutung, auf dieser Tiefenschicht von der konstitutiven Verdrängung des Unbewußten auszugehen, zwischen Phantasie und Geschichte) – und es hat nicht die Bedeutung, die FREUD ihm bei der ersten Niederschrift seiner Beobachtung zuschrieb. Die Analyse hat keine historische, sondern eine hypothetische, vollkommen zusammenhängende Szene rekonstruiert, in der die historischen Elemente Magnetpunkte bilden, die den späteren Phantasien eine Kohärenz verleihen, um sich in der imaginären Struktur der Urphantasie zu verbinden. [...] Zwischen der – erlebten oder phantasierten – Urszene, wie sie im Unbewußten und im Wolfstraum aufbewahrt liegt, gibt es keine Verbindung – *außer der Sprache des Analytikers,* und gerade aufs *Wort* muß man ihm glauben oder davon absehen« (S. 106f.).

S. VIDERMAN zieht sogar, um der Wahrheit näherzukommen, die persönlichen Assoziationen FREUDS heran. So hatte z. B. der kleine, fünfjährige Junge sich in den Finger zu schneiden geglaubt, der doch heil geblieben war. FREUD denkt dabei an das »Befreite Jerusalem« des Tasso: Ganz wie bei Tancred bedeutete der mit dem Finger geritzte Baum eine Frau, und der kleine Wolfsmann identifizierte sich mit dem sadistischen Vater und der kastrierten Mutter beim Koitus. Der verletzte

Finger blutete wie seine Mutter, als sie sich beim Arzt über ihre Blutungen beklagte, die das Kind für die Folgeerscheinungen der sexuellen Beziehungen hielt.

Der Autor erkennt gleichwohl, daß die Konstruktion eines Sinnes nur dann einen therapeutischen Effekt hat, wenn sie die Überzeugung des Patienten herbeiführt. Sie darf nur einen »einmaligen« Sinn haben, ohne daß das deshalb auch ausschließt, daß das Ereignis nur eine »Wiederholung des Sinnes« ist und die Geschichte nur die »Wiederholung von Figuren, die die organische Präfiguration ankündigte«.

Die Artikulation der primären Phantasien und der sie lediglich modulierenden Geschichte bildet so das Liniengewebe, das im analytischen Raum gebrochen wird. Daraus sollte keine gerade Linie gemacht werden, keine historische Entwicklungsbahn, in der sich die analytische Vernunft verliert – so die uns mitgegebene Warnung.

S. VIDERMAN gerät mithin auch angesichts des von FREUD in »Eine Kindheitserinnerung des Leonardo da Vinci« [118] begangenen Irrtums nicht außer Fassung. Bekanntlich richtet sich die Rekonstruktion der Homosexualität des Malers an der Bedeutung des Geiers aus, den FREUD zum Angelpunkt der grundlegenden Phantasie macht, als er, bei jener Kindheitserinnerung des Malers, sich auf seine Kenntnisse der ägyptischen Mythologie stützte, die Leonardo offenbar unbekannt war: Die Muttergöttin »Mut«, die Göttin mit dem Geierkopf, ist mit Brüsten, aber auch mit einem erigierten Penis dargestellt.

Und doch schien die rekonstruktive Ausbeute von FREUD sich in Rauch aufzulösen, als 1952 – nahezu ein halbes Jahrhundert nach der Publikation seiner Hypothese – eine Spezialistin der italienischen Literatur, IRMA A. RICHTER, darauf hinwies, daß Leonardo in seiner Kindheitserinnerung nicht vom Schwanz eines Geiers sprach, den er ihm in den Mund gestoßen habe, sondern von dem eines Milans. Obwohl dieser Irrtum FREUDS in vieler Hinsicht unbegreiflich ist, stört er VIDERMAN doch gar nicht: Die FREUDsche Analyse der Phantasie Leonardos verweist auf das originäre Modell, auf dessen unbewußte Form: Die Wahrheit (Erinnerung, Traum, Phantasie, sogar Phantasie von der Mutter) ist die, die Freud vorgelegt hat, weil er aufgrund verschiedener Irrtümer der zu Rate gezogenen Übersetzungen (obwohl er doch selbst italienisch konnte) – gelesen hat, daß der Maler *den Vogel für einen Geier hielt.* Ebenso hat PFISTER, als er im Louvre in der hl. Anna Selbdritt des Leonardo den Umriß eines Geiers im Faltenwurf der Jungfrau erkannte, sich – VIDERMAN zufolge – nicht getäuscht, weil er ihn mit den Augen von FREUD gefunden und wahrgenommen hat.

»Wir stehen in der Klarheit einer plötzlichen Erkenntnis« – so der Titel des folgenden Kapitels. Er ist der »Traumdeutung« [Kap. III] entlehnt, jenem Werk, in dem FREUD den Reichtum seiner assoziativen Phantasie fortgesetzt vor Augen führt: Die Traumphantasien werden intelligibel nur durch die Sprache des Analytikers, was – wie VIDERMAN hervorhebt – nicht bedeuten soll, daß sie Phantasien *des* Analytikers seien: Sie haben weder Form noch Verbindung, aus der er sie ableiten könnte; erst indem er ihnen einen Namen gibt, läßt er sie existieren.

Diese allgemeinen Aspekte der analytischen Konstruktion mußten S. VIDERMAN zwangsläufig veranlassen, das Problem des Ödipuskomplexes aufzuwerfen, der, wenigstens auf den ersten Blick, für jeden von uns historische Grundlagen zu haben scheint. FREUD hat ihn offenbar anfangs für beide Geschlechter auf identische Weise beschrieben. VIDERMAN gerät darüber nicht in Erstaunen, weil er sich bei seiner Durchmusterung der FREUDschen Unschlüssigkeiten auf einen doppelten Zwang derselben Art festlegt: »den einer Realität, die Enttäuschungen auferlegt und das Subjekt zwingt, einem Wunsch zu entsagen, dessen Unerfüllbarkeit es erkennt; den von Naturgesetzen andererseits, denen eine prädeterminierte Entwicklung durch die Gesetze der Gattung einbeschrieben ist« (S. 216f.). Aber der Junge muß seiner masturbatorischen Lust aufgrund der Kastrationsdrohung entsagen. Eben die läßt den Ödipuskomplex entstehen, der auf die präödipale Beziehung zur Mutter gegründet ist. Das Mädchen macht im Gegensatz dazu eine ödipale Erfahrung auf unbegrenzte Zeit durch, die auf der Entdeckung ihrer Kastration beruht.

Aber diese in der Anatomie wurzelnde Differenz – Quelle der Bedrohung für jenen, Tatsache für dieses – verzeichnet lediglich das biologische Schicksal, das die realen Ereignisse des Lebenslaufes darzustellen erlaubt. Die wirkliche Spur des Wunsches beschreibt eine Kreisbahn, wo, ineinander verflochten, Wünsche und Triebkräfte koexistieren, die aus der Kastrationsdrohung und dem Ödipuskomplex zwei Seiten ein und desselben, für die ganze Menschheit verbindlichen Gesetzes machen: Kastration und Ödipuskomplex sind phantasmatische Urerfahrungen. Die historische Analyse des Ödipuskomplexes bleibt auf der Ebene der Bedürfnisse und der Entwicklungskonsequenzen der frühen Reifeprozesse des Neugeborenen stehen. Der Ödipuskomplex des Wunsches ist mit der Existenz des Subjektes erweiterbar und beeinflußt seine Zukunft. »Gerade das verbietende Gesetz begründet den Wunsch nach dem, was verboten ist, das Hindernis der Kastration und deren Drohung tragen dazu bei, aus dem ödipalen Wunsch etwas ganz anderes zu machen als ein Bedürfnis« (S. 252).

Wir müssen hervorheben, daß S. VIDERMAN, der sich auf die Dichotomie von Struktur und Geschichte stützt, überdies eine Hypothese entwickelt, derzufolge allein die Oberflächenkonflikte eine Geschichte konstituieren, während die Struktur der Urphantasien nur dank der assoziativen und schöpferischen Fähigkeiten des Analytikers durchschaubar wird.

Das veranlaßt ihn, die Übertragung in ihrem Sinn und ihrem Ausmaß erneut zu untersuchen. Die häufig auftretende Notwendigkeit, in der Konstruktion eines Sinnes weiter und tiefer zu gehen, bestimmt S. VIDERMAN, die Beziehungen zwischen Übertragung und Widerstand auszuloten und darauf hinzuweisen, daß die Ungleichheit der Positionen und Kräfte beim Patienten und seinem Analytiker allein dem letzteren zu interpretieren erlaubt, vor allem auf der Ebene der Phantasien, die originäre und nie bewußtgewordene Triebe bearbeiten. Von diesem Gesichtspunkt aus liegt die Interpretation nicht in der Dimension des reinen Sinnes; sie wird den Schein der Wahrheit nur dann annehmen, wenn sie sich auf die libidinösen, in die Übertragungskonstellation investierten Energien stützt, wie sie die analytische Situation zu formen hilft.

Schließlich schlägt S. VIDERMAN eine dreifache Schichtung des analytischen Materials und eine dreifach gestaffelte Ebene von Sicherheit hinsichtlich des Wertes der analytischen Konstruktionen vor:

1. absolute Sicherheit hinsichtlich dessen, was unterdrückt worden ist, wenn das Symptom die Stelle der Erinnerung einnimmt, und wenn die Interpretation letztere zum Vorschein bringt und die Kontinuität des Erinnerungsrasters wiederherstellt und das Symptom damit überflüssig macht;

2. annäherungsweise Sicherheit, wenn die Repräsentanzen des sekundär verdrängten und von den Abkömmlingen des Unbewußten angezogenen Triebes nur noch theoretisch erkennbare Spuren hinterlassen. Historisch gesehen ist hier ein »Loch« geblieben, das eingekreist werden muß, indem man mit Hilfe der Übertragungsregression (und eventuell des Traumes) das zu rekonstruieren versucht, was einmal die Ereigniskette war;

3. vollständige Unsicherheit bezüglich dessen, was sich auf die Urverdrängung und die endgültig mit den Trieben verknüpften Repräsentanzen bezieht.

Der Psychoanalytiker sieht sich, Viderman zufolge, also unausweichlich mit der Urphantasie konfrontiert. Er kann sie nur dann interpretieren, wenn er die folgende Hypothese anerkennt:

»Nicht das historische Ereignis hat die Bedingungen und die späteren Folgen dessen, was es eintreten ließ, hervorgebracht: es ist selbst Folge der realisierten unbewußten Wünsche und Phantasien, vollkommen kontingente Realisation, Geschehen, das sich vollziehen konnte (und unter den historischen Bedingungen des primitiven Lebens zweifellos auch vollzogen wurde), ohne daß das, was eingetreten ist, den blinden Einbruch des *Fatums* oder der historischen Notwendigkeit bezeichnet, die uns in eine zur Wiederholung von Verbrechen und Bestrafung verdammte Zivilisation einsperrte, in der die Ontogenese die Geschichte der Gattung ohne Ziel und Ende immer aufs neue ablaufen ließe« (S. 336).

Die Interpretation muß also, um sie schließlich wieder zu verbinden, die horizontale Untersuchung der historischen Ereignisse, die eine zeitliche Abfolge gehabt haben, der vertikalen Achse gegenüberstellen, die jene Urphantasien freilegt.

»Es liegt hier jene Mischung des Realen und des Imaginären vor, wie sie die im analytischen Bereich in Erscheinung tretenden Figurationen charakterisiert. Gerade aus diesem Zusammentreffen der Realität der historischen Vergangenheit, wie sie vom Subjekt erlebt wurde, und der grundlegenden Formen seiner Phantasiewelt entsteht eine spezifische Geschichte am Schnittpunkt der horizontalen Achse seiner historischen Zeit und der vertikalen seiner phantasmatischen. Nur aus diesem Blickwinkel lassen sich Zeitabschnitte seiner Geschichte erhellen, wird eine Prognose nicht mehr nur für seine Vergangenheit möglich, sondern auch, und sei es undeutlich, für das, was ihm zustoßen, was aus ihm werden kann« (S. 342f.).

»Hegel erhob den Anspruch, daß wir die Wahrheit zu *verfertigen* hätten«, schreibt S. Viderman am Schluß seines Buches, und ebendiese These muß diskutiert werden, jenseits der Geschicklichkeit, mit der für sie eingetreten wurde.

Gleichwohl sollte man, ungeachtet des Eindrucks zwingender Beweiskraft, zu der die Lektüre führen kann, klaren Kopf behalten: Wahr ist, daß der Psychoanalytiker in seiner gleichschwebenden Aufmerksamkeit assoziiert und eine Rekonstruktion oder Konstruktion ins Auge faßt.

Aber die sorgfältige Analyse des Textes von S. Freud (»Konstruktionen in der Analyse«, 1937 [145]) macht deutlich, daß es sich für ihn weder darum handelte zu »verfertigen« noch zu erfinden, sondern eine Konstruktion vorzuschlagen, die im metaphorischen Feld der Archäologie verbleibt. Der Psychoanalytiker, schreibt er, tut eine archäologische Arbeit, hat aber nicht die Bruchstücke von Ziegeln in Händen, die die Mauer wiederherzustellen erlaubten. Geben wir also zu, daß diese Bruchstücke von Ziegeln vom Patienten und von der assoziativen Arbeit des Analytikers beigesteuert werden.

Eben der *schlägt* Interpretationen *vor*; er sucht nicht die Zustimmung seines Patienten, sondern eine Öffnung des *insight*; mehr als um Bewußtwerdung handelt es sich um eine Reorganisation des Materials und um eine Modifikation des psychischen Geschehens, vor allem in dessen Ökonomie.

Die Erfindungen, die »Verfertigungen« von FREUD beruhen – das sei festgehalten – auf dem, was man angewandte Psychoanalyse nennt (nicht nur in »Eine Kindheitserinnerung des Leonardo da Vinci« [118], sondern auch in »Der Moses des Michelangelo« [125 b], in »Der Wahn und die Träume in W. Jensens Gradiva« [111] usw.). Und selbstverständlich gibt es die Interpretation des Traumes des Wolfsmannes, bei der FREUD sich mit der Realität herumschlägt und nicht auf die »Rekonstitution« verzichtet – wie bei der eines Kriminalromans, einer Gattung, bei der sich S. VIDERMAN lange aufhält, um zu zeigen, daß das Genie FREUDS den Mangel an Beweisen ersetzt hat.

Der Titel dieses klinischen Essays, den FREUD ihm ursprünglich gegeben hatte – »Aus der Geschichte einer infantilen Neurose« –, ist erhellend, weil einerseits diese infantile Neurose, die sich zweizeitig entwickelt hatte und sich um den Wolfstraum herum bildete, vor schwierige diagnostische Probleme stellt, wie es überdies die weitere Entwicklung des Falles nach der ersten Analyse von FREUD zeigt (heute würde man von Präpsychose sprechen), und weil es sich andererseits darum gehandelt hat, die Grundlagen und die Organisation der infantilen Neurose zu rekonstituieren und wir die Interpretationen FREUDS kaum kennen: wir wissen lediglich, daß er, irritiert über die Stagnation dieser Behandlung, ihr Ende ankündigte, was dann auch das Versiegen des signifikanten Materials zur Folge hatte.

Wir schlagen also vor, die *schriftlichen* Interpretationen FREUDS nicht mit denen gleichzustellen, die er insgesamt gegeben hat[6]. Darüber hinaus ist festzuhalten, daß nur wenige analytische Interpretationen diesen Namen verdienen; sie zielen eher auf Annäherungen, auf Neueröffnungen ab, und so nehmen sich denn auch die aus, die VIDERMAN anläßlich ausgewählter klinischer Beispiele mitteilt.

Kommen wir jedoch auf die rekonstruktive Bedeutung der psychoanalytischen Behandlung zurück: Das Beispiel des Wolfsmannes macht deutlich, daß es sich darum handelt, die Geschichte einer infantilen Neurose vorzulegen, jene, die in der Entfaltung des Wiederholungsmechanismus der Übertragungsneurose wiederauflebt.

Nun hat aber die infantile Neurose eine Geschichte, in die sich die spezifischen Eigentümlichkeiten der organisierenden Imagines mitsamt den Abwehrinstanzen im psychischen Geschehen einschalten. Bekanntlich ist alles psychische Gesche-

[6] Unter diesem Gesichtspunkt ist die Lektüre der Ratschläge von Interesse, die er 1927 SMILEY BLANTON im Verlauf einer Analyse gab, die in einem vom Autor geführten Tagebuch festgehalten wurde (FREUD riet dazu, nicht zu interpretieren, weil man sich damit der Gefahr aussetze, den assoziativen Prozeß zu blockieren, während die einzige Aufgabe des Analytikers darin bestehen müsse, seinem Patienten zu ermöglichen, seine Widerstände zu überwinden und seinem Unbewußten eine Lücke zu lassen). S. BLANTON, *»My Analysis with Sigmund Freud«*, New York [Hawthorn] 1927, 1971.

hen überdeterminiert und die Auflösung von Symptomen durch Wiedererinnern eine Hoffnung der frühen Psychoanalyse. Im allgemeinen ist die Interpretationsarbeit – wie wahrscheinlich einige Übersetzer haben sagen wollen, die *durcharbeiten* mit *perlaborer* wiedergeben – eine Tiefenarbeit durch die Widerstände und ständig neubearbeiteten und wiederaufgenommenen Phantasieschichten hindurch, in denen verschiedene Konfliktebenen zum Ausdruck kommen.

Bereits 1914 hob FREUD den stufenweisen Fortschritt in den drei Begriffen seiner Trias »Erinnern, Wiederholen, Durcharbeiten« hervor. Zwischen dem ersten Begriff, Erinnern, der sich auf die dem Patienten zur Verfügung stehende Gesamtheit von Erinnerungen an der Grenze zwischen Vorbewußtem und Bewußtem im Sinne der ersten Topik bezieht, deren Beschwörung aufgrund der sie begleitenden Katharsis entlastend wirkt, und jenem dritten, Durcharbeiten, der auf das verdrängte Material Bezug nimmt, steht das Wiederholen. Festzuhalten bleibt, daß gerade die Versagung des Ausagierens [*la non-répétition en actes*] die Übertragung in Gang setzt und die Durcharbeitung ebenso wie die Interventionen oder Interpretationen des Analytikers ermöglicht.

Demzufolge glauben wir nicht, daß hier Anlaß bestünde, die ödipale und die prägenitale Interpretationsebene einander entgegenzusetzen; wir sind nicht sicher, daß das Netz, mit dem VIDERMAN die Konstruktion des analytischen Raumes definitorisch vergleicht, ein vollkommen annehmbares analoges Modell abgibt. Man muß den analytischen Raum mit seinen drei Dimensionen zwischenschalten und zeigen, auf welche Weise das ödipale Netz die tiefstliegenden Äußerungen der Phantasiearbeit von Partialtrieben einfängt oder durchläßt – dieses Netz, das einen Raster bildet, der auf einer tieferliegenden Schicht von vertikalen Netzen aufruht, die zu ebener Erde (im biologischen Sinne) verknüpft sind, verflochten oder offen, je nach den Umständen und der Arbeit des Patienten und seines Analytikers im allgemeinen.

Das heißt, daß wir sehr wohl zugeben, daß ein solches das psychische Geschehen definierende Netz besteht. Wiederholt hat FREUD zu bedenken gegeben, daß wir das Unbewußte, das Urverdrängte (das überdies die Abkömmlinge des sekundär Verdrängten zur Zeit der Überich-Bildung anzieht) nie erfassen. Der Widerstand des Es – wir wissen es – ist unüberwindlich.

Wir kennen also vom Leben (und vom Tode) nichts als die sie konnotierenden Triebrepräsentanzen, unsere Wünsche in Hinsicht auf den anderen oder unsere gegen ihn gerichteten Todeswünsche, selbst wenn Lebens- und Todestriebe sich nur durch ihre Funktionsweise zu erkennen geben, Lust und deren Widerpart, Realität, für die einen, Nirwana für die anderen. Deshalb muß zugestanden werden, daß die in Gestalt mnestischer Spuren aufbewahrten Erfahrungen (FREUD hatte, wie die zeitgenössische Neurobiologie zu erhärten scheint, recht mit der Annahme, daß alles – Repräsentanzen, Affekte, Worte – Objekte dieser Spuren sei) nicht ausreichend das berücksichtigen, was unser unbewußtes psychisches Geschehen ausmacht.

Es steht zu hoffen, daß die Fortschritte der Genetik uns eines Tages das zu verstehen ermöglichen, was man jetzt bequemerweise noch hereditäre Erinnerungsspuren nennt. Basisorganisationen wie die der Sprache sind bekanntlich vorprogrammiert. Trifft das auch für die Struktur der Ödipus-Phantasie zu, die sich doch aus den frühen Entwicklungsprozessen des Neugeborenen erklärt? Das verschlägt wenig, wenn man es umgeht, der Struktur den Vorrang vor dem Ereignis zu geben und – wie wir – der Ansicht ist, daß die Struktur die Bildung der Phantasien lenkt, die sie von ihrer »Einprägung« an bearbeiten; ebenso aber ist es die Geschichte, die die Wirksamkeit dieser Kernstrukturen verstärkt oder hemmt.

Hätte die Psychoanalyse darüber hinaus also andere therapeutische Ambitionen als die, die Last der Ereignisse in der Wiederholung der Vergangenheit einzuschränken und folglich eine spezifische Rekonstruktion erforderlich zu machen?

Wir müssen, um das besser zu verstehen, auf die psychoanalytische Beobachtung des Kindes zurückkommen. Die direkte Beobachtung hilft uns, besser zu sehen und – wir haben es oft gesagt – zu verstehen und zu konstruieren: Im Spiel des Kindes kommen seine Phantasien zum Ausdruck, ohne daß man sie noch explizit namhaft machen müßte. Angemessener wäre es zu sagen, daß das Spiel dem Kind ermöglicht, seiner Angst durch defensive Kompromißbildungen auszuweichen. Es ist nicht sicher, daß das Verständnis – oder das Aussprechen – der zugrundeliegenden Phantasien sie hervorbringt, aber diese Verfahrensweisen würden demjenigen, der sich ihrer bedient, einen psychoanalytischen Prozeß in Gang zu setzen helfen, wenn der erforderlich ist – und darauf werden wir zurückkommen.

Im Vorbeigehen sei daran erinnert, daß FREUD die Wiederholung und ihren Automatismus in jenem Spulenspiel untersucht hat, das er bei seinem achtzehnmonatigen Enkel beobachtete, und daß die symbolische Bearbeitung von Anwesenheit und Abwesenheit, mithin die Phantasie einer doppelten Beziehung zur Mutter, wo die Präsenz des Fremden mit der Absenz gleichgestellt wird, von ihm außerhalb jeder psychoanalytischen Situation konstruiert worden ist (»Jenseits des Lustprinzips« [134]).

Keines dieser Probleme ist SERGE VIDERMAN entgangen, der sich mehrfach auf das Kinderspiel bezieht. Er macht zunächst deutlich, daß er – wie E. CASSIRER, auf den er sich dabei stützt – sich für den Prozeß der Designation nicht interessiere, weil das Wort für ihn die Sache und das Aussprechen dem Besitz dieser Sache gleichwertig sei.

So referiert er die Geschichte einer Patientin, die ein Kindheitserlebnis erzählt und von einem Nabel spricht, anstatt das Wort Penis zu benutzen, obwohl sie das zur Bezeichnung der Sexualorgane erforderliche Vokabular vollkommen beherrschte. Dieser Lapsus oder Irrtum ist »unbewußt« geschehen. VIDERMAN ist der Ansicht, daß die analytische Situation für diesen Irrtum volle Aufklärung bietet: das »nichtausgedrückte« Denken verdoppelt nicht das ausgedrückte. Es hat nur Existenz, weil und wenn es selbst ausgedrückt ist (S. 116). Dieses in einer Fußnote mitgeteilte Beispiel zielt darauf, einen Abschnitt des Textes zu erhellen, in dem S. VIDERMAN einmal mehr versichert, daß »jenseits einer ersten Realität des Ereignisses die Analyse eine zweite Realität einkreist, die die Idealität der Kräfte und Figuren ist: das reziproke Spiel der Triebe und Bilder«.

Augenscheinlich hat VIDERMAN leichtes Spiel, wenn er, anläßlich jenes Spiels mit einem Auto, das nicht anhalten wollte und an dem MELANIE KLEIN [193] Detail für Detail die Urszene zu rekonstruieren beansprucht hat, daran erinnert, daß die archaischen Phantasien, wie sie von ihr beschrieben wurden, nicht die Realität der Eltern-Figuren betreffen: es handelt sich um reine unbewußte Imagines.

Ebenso ist er hinsichtlich der oralen Einverleibungsphantasien, die gleichfalls von M. KLEIN beschrieben wurden, der Ansicht, daß ihre spezifische Eigentümlichkeit – und d. h. ihr originaler Charakter – nicht von der Beobachtung, sondern von der Formulierung abhängt, die ihr Eigengewicht erst in der analytischen Situation erhält. In demselben Spiel könnten beispielsweise folgende Phantasiebildungen zum Ausdruck kommen:

1. Ich will an der Brustwarze saugen;
2. ich will meine Mutter verschlingen (aufgrund von Angst intensiv gefühlter Wunsch);
3. ich will die Brust in mir behalten (Frustration);
4. ich will sie in Stücke reißen (entmischte Aggressivität);
5. ich will sie überschwemmen (urethrales Stadium);
6. ich werde von der Brust gebissen (schizoid-paranoide Angst).

Alles scheint mithin VIDERMAN zu bestätigen, so groß nämlich ist die Distanz zwischen dem vom Kind inszenierten Spiel und den interpretierenden Formulierungen, die als Antwort darauf gelten können.

Eine Reihe von Einwänden scheint uns jedoch geeignet, diesen Ausführungen zu begegnen:

1. Wie kann jedes Spiel der Ausdruck von Phantasien sein, die der Analytiker aussprechen muß, um sie zu erschaffen, und die eindeutig sind, wo doch die vom Kind gebotenen Symptombilder mit Rücksicht auf sein Alter und seinen Zustand von mangelnder oder gar Desorganisation so sehr differieren?

2. Wie kann man seine Geschichte außer acht lassen, wo doch der Kinderanalytiker die Veränderung kennt, die die Verschiedenartigkeit der erlebten relationalen Eindrücke bei der Phantasiearbeit bewirkt?

3. Wie kann man seine Entwicklung außer acht lassen, wenn selbst die Wertigkeiten der – nach M. KLEIN transferierten, nach A. FREUD externalisierten – Imago-Projektionen eine mehrere Zeitabschnitte umfassende Geschichte haben? Der schizo-paranoiden Phase der in ein gutes und ein böses Partialobjekt gespaltenen Mutter folgt die depressive Phase, in der das Kind, weil es deren Einheit kennt, die Mutter wieder »zusammensetzen« will.

4. Wie kann man für das Verständnis dieser Geschichte und dieser Entwicklung die Ergebnisse der Neurobiologie und vor allem jenes grundlegende Postulat außer acht lassen, daß die Besetzung eines Objektes seiner Perzeption vorausgeht, d. h. daß eine präobjektale Beziehung besteht, die von der Imago des Partialobjektes aus phantasiert wird; schließlich das, was FREUD als Hypothese vorgeschlagen hat, um die beiden *aufeinanderfolgenden* Prinzipien des psychischen Geschehens zum Ausdruck bringen: Die Differenzierung im Bereich der Mutter-Säugling-Einheit setzt voraus, daß der Versuch der Befriedigung auf halluzinatorischem Wege (Lustprinzip unter der Herrschaft der Primärprozesse) von der Halluzination des Objektes (Außenwelt) abgelöst wird (Realitätsprinzip mit den es definierenden Sekundärvorgängen am Rande des psychischen Geschehens).

Nun versetzt uns aber die Kinderanalyse hinsichtlich der Thesen S. VIDERMANS in eine günstige Lage: Der kleine Patient, wenigstens wenn er hinreichend jung ist, spricht *nicht* und gibt sich z. B. mit dem Spiel zufrieden. Zwischen der Situation des *hic et nunc* und der Urphantasie liegt nur die Dichte seines Spiels ohne Beziehung auf das, was in seinem gegenwärtigen, familiären oder Alltagsleben vor sich geht. Der psychoanalytische Prozeß erfordert also, um in Gang zu kommen und sich weiter zu entwickeln, die im strengen Sinne rekonstruktive Arbeit, wie zur Zeit der »Traumdeutung« zu Beginn der Psychoanalyse.

Unter diesen Bedingungen – und gerade das möchten wir hervorheben – sind zwei Positionen möglich:

1. die Anwendung der KLEINschen Methode, bei der das *weil* unausweichlich dazu führt, den *zerstörerischen elterlichen Koitus auszusprechen,* in dem der Penis das Äquivalent der Brust und der Fäkalien ist;
2. die Interpretation des Kinderspiels, zu der die *häufig genug mit Hilfe der Eltern rekonstruierte Geschichte* hinzukommt.

Diese zweite Methode erscheint uns allein korrekt; sie schließt die Interpretation der prägenitalen Phantasien nicht aus. Wir behalten uns vor, an einer späteren Stelle dieser Arbeit, vor allem anläßlich der Technik der Kinderanalyse, auf diesen Punkt zurückzukommen. Hier mag es genügen, daß die Phantasie, wie sie vom Analytiker, der die Situation bearbeitet und das Spiel interpretiert, ausgesprochen wird, nicht die Urphantasie ist, sondern die, die aus der sich im *hic et nunc* entwikkelnden Situation resultiert, zu einem Zeitpunkt, wo das Kind seine Abwehreinstellungen gegen die im Augenblick auf den Analytiker projizierten Imagines entwickeln muß. Eben diese These glauben wir jedenfalls auch in der Arbeit von RENÉ DIATKINE und JANINE SIMON [69b] gefunden zu haben.

Das Buch von C. STEIN [324b] mit dem in unserem Zusammenhang suggestiven Titel »*L'enfant imaginaire*« ist in seinem zweiten Teil dem Ödipuskomplex vorbehalten. Der Autor vertritt darin die Ansicht, daß, wenn die Bildung des Ödipuskomplexes in der Übertragung Wiederholung ist, »sie Wiederholung eben dessen ist, was sich einst unter dem Schutz einer für anfänglich gehaltenen Sprache konstituiert hat« (S. 110).

Schon dieses Zitat stellt die theoretische Position von C. STEIN hinlänglich dar, derzufolge es – wie ersichtlich – die Sprache ist, die, wenn auch nicht das Initialereignis konstituiert, so doch die Thronbesteigung des Ödipuskomplexes bezeichnet.

Die Inzest-Angst scheint sich für ihn nicht in einer simplistischen Symmetrie – Verlangen nach der Mutter, Furcht vor dem Vater – auszuprägen; sondern die Furcht vor dem Vater ist durch die Bestrafung darstellbar, während die Furcht vor der Mutter der Schrecken ist: »Die Inzest-Angst ist der Todesangst gleichwertig.«

Es ist die Macht der Sprache des Analytikers, die dieser Auffassung gemäß den Patienten zum Subjekt seiner Wünsche macht, indem sie der Hemmung durch den Widerstand ein Ende setzt. Der »Mythos vom Subjekt« bildet sich durch eine doppelte Identifikation. Es identifiziert sich tatsächlich mit dem Vater, den es im Besitz der Macht über die Sprache wähnt, und mit der Mutter als Produkt der Allmacht der Gedanken.

Deshalb findet der Ödipuskomplex seinen *Ursprung* in der analytischen Situation, wobei Ursprung und Anfang nicht gleichgesetzt werden dürfen. In der Analyse ist er ein falscher Anfang, eine Wiederholung. Aber der Ödipus-Mythos erhält seine volle Bedeutung erst, wenn er in die Vergangenheit projiziert wird. »Was der Patient in der Hemmung durch den Widerstand erwartet, ist die Sprache des Analytikers; wenn er sie aber erwartet, so deshalb, weil er sie bereits gehört hat; folglich hat das ursprüngliche Ereignis im ersten unvermuteten Auftreten der väterlichen Sprache bestehen müssen« (S. 177). Darüber hinaus bleibt festzuhalten, daß C. STEIN die Reihe von einander vertretenden Repräsentanzen, die von der Sprache zum Penis führen, später als symbolische Kette beschreibt.

Jedenfalls aber setzt der Produktionsprozeß ein, der sich mit der Sprache des Vaters und durch alle Ersatzketten hindurch ankündigt, und damit die anekdotische Version des Ödipuskomplexes, dessen dramatischer Machtbereich die Kastrationsdrohung ist; ebenso schaltet sich das Produkt der Analyse ein – die Konstruktion. Deshalb gibt gerade die Begegnung mit der Sprache des Analytikers dem Patienten diese Begegnung als Urszene zu erkennen, als Vereinigung der Eltern, aus der er entstanden ist.

Aber die Urszene ist *ursprünglich* ... »Die Interpretation der Auswirkungen der Sprache des Psychoanalytikers hat mir erlaubt, allen Nachdruck auf den tatsächlich originären Charakter der gehörten Sprache zu legen, und gerade deshalb kann sie immer wieder als Wiederholung einer ursprünglichen mythischen Sprache gelten« (S. 322). C. STEIN zufolge könnte man annehmen, daß die väterliche Sprache lediglich mit dem Ziel aufgetreten ist, die von der Urszene auf das Kind ausgeübte Faszination zu brechen. Das aber ist unmöglich, weil die Urszene kein Ereignis ist, sondern eine »Repräsentanz der Phantasie des Unbewußten«. Man sollte wirklich nicht eine realistische (oder wissenschaftliche) Theorie mit dem interprätatorischen Mythos der Psychoanalyse durcheinanderwerfen.

Die kurze Analyse des Buches von C. STEIN, die wir soeben gegeben haben, zeigt jedenfalls, daß zwei jüngere Arbeiten eine ahistorische Auffassung der analytischen Behandlung vertreten. Für beide zielt die Rekonstruktion nicht darauf ab, die Geschichte und den Ereignisraster zu vergegenwärtigen, die bei der Phantasiebildung ebenso eine Rolle gespielt haben wie die organisierenden Strukturen; die Aufdeckung der infantilen Amnesie wäre sonst nur ein Köder. Die theoretischen Positionen beider Autoren sind dennoch verschieden. S. VIDERMAN ist der Ansicht, daß die Sprache des Analytikers die Wahrheit des analytischen Raumes begründe, in dem sonst nur die oberflächlichsten, unser psychisches Leben konnotierenden Dramen als Ereignisse gewertet werden könnten. C. STEIN hält dafür, daß die Sprache des Interpreten die Sprache des einsetzenden Ödipus-Komplexes und seiner Ersatzketten wiederholt, indem sie sie begründet.

Für beide Autoren jedenfalls ist der Ödipuskomplex, Kernstruktur unseres geistigen und Phantasielebens, ebenso das Produkt einer Kombinatorik wie eine Begegnung, der mit der vom Analytiker *vorgeschlagenen* Wahrheit nach S. VIDERMAN, mit der vom Analytiker *ausgesprochenen* Wahrheit nach C. STEIN.

Diese langen klinischen und theoretischen Erörterungen haben jedoch kein anderes Ziel gehabt als den Nachweis, in welchem Sinne man auch weiterhin der analytischen Behandlung einen konstruktiven und historischen Wert zuweisen kann:

Erlebte Erfahrung und psychische Organisation des Kindes scheinen in der psychoanalytischen Archäologie grundlegend verbunden zu sein. Das wird aus den folgenden Kapiteln erneut ersichtlich werden, die auf bestimmte vorrangige Aspekte des psychoanalytischen Materials zurückkommen.

Die daraus resultierenden prophylaktischen Schlußfolgerungen sind in der Tat einfach. Ebenso sind sie für die breite Öffentlichkeit annehmbar, für die alle Ergebnisse der Psychoanalyse sich in einem Präventiv-Kreuzzug gegen Verführungsversuche und traumatische körperliche Aggression zusammenfassen.

Die kathartische, eine Abreaktion einleitende Technik spiegelt diese theoretische Perspektive wider. Von FREUD angewandt, bevor er die Auswirkungen der Übertragung in Rechnung zu stellen vermochte, gibt sie nur ein Bild der allerprimitivsten Psychoanalyse. Ein bestimmter Anwendungsbereich war ihr durch die Einführung der Narko-Analyse oder den erneuten Gebrauch der Hypnose gesichert – Methoden, die den Widerstand nicht berücksichtigen, jenen hauptsächlichen Hebel der heutigen psychoanalytischen Technik.

All das ist jedoch an der überreichlichen Theater-, Roman- und Filmproduktion vorbeigegangen, die den frühen Aspekten der psychoanalytischen Behandlung mehr oder weniger verhaftet geblieben ist. Zweifellos existieren, wie wir gesehen haben, bestimmte reale Gefahren mit der Verbreitung der »Ereignis«-Theorie für Erwachsenen-Neurosen weiter: sie begrenzt die präventiven Bemühungen im Bereich der Mentalhygiene und verführt dazu, den tieferliegenden Einfluß der pathogenen Kontinuität der Umgebung, namentlich der intrafamiliären Charakterneurosen außer acht zu lassen. Andererseits aber war die maßlose Popularisierung von Begriffen wie dem des Komplexes, den FREUD überdies bei JUNG entlehnte, doch auch nicht völlig negativ, weil sie deutlich macht, wie und in welchem Ausmaß undurchschaute Gefühle auf unser Verhalten einwirken.

Schließlich und vor allem hat sich die Öffentlichkeit mit der Vorstellung vertraut gemacht, daß psychische Phänomene eine unbewußte Qualität haben, in der der mysteriöse Grenzbereich menschlichen Verhaltens zum Ausdruck kommt.

KAPITEL IV

Die Deckerinnerung

Mit der Analyse der Bedeutung von Erinnerungen – nicht jener, die für die Kindheit offenbar spektakuläre Bedeutung haben, sondern derer, die sich auf das unscheinbare Alltagsleben beziehen – macht FREUD die Möglichkeiten der rekonstruktiven Arbeit in der Psychoanalyse und damit die Differenz im psychischen Geschehen des Erwachsenen und des Kindes deutlich.

Wir halten es also für sinnvoll, hier eine genaue Detailanalyse seiner Arbeit mit dem Titel »Über Deckerinnerungen« [104] folgen zu lassen.

In deren erstem Teil erörtert FREUD die Bedeutung der Kindheitserinnerungen:

»Es bezweifelt niemand, daß die Erlebnisse unserer ersten Kinderjahre unverlöschbare Spuren in unserem Seeleninnern zurückgelassen haben; wenn wir aber unser *Gedächtnis* befragen, welches die Eindrücke sind, unter deren Einwirkung bis an unser Lebensende zu stehen uns bestimmt ist, so liefert es entweder nichts oder eine relativ kleine Zahl vereinzelt stehender Erinnerungen von oft fragwürdigem oder rätselhaftem Wert. Daß das Leben vom Gedächtnis als zusammenhängende Kette von Begebenheiten reproduziert wird, kommt nicht vor dem sechsten oder siebenten, bei vielen erst nach dem zehnten Lebensjahr zustande. Von da an stellt sich aber auch eine konstante Beziehung zwischen der psychischen Bedeutung eines Erlebnisses und dessen Haften im Gedächtnis her. Was vermöge seiner unmittelbaren oder bald nachher erfolgten Wirkungen wichtig erscheint, das wird gemerkt; das für unwesentlich Erachtete wird vergessen. Wenn ich mich an eine Begebenheit über lange Zeit hin erinnern kann, so finde ich in der Tatsache dieser Erhaltung im Gedächtnis einen Beweis dafür, daß dieselbe mir damals einen tiefen Eindruck gemacht hat. Ich pflege mich zu wundern, wenn ich etwas *Wichtiges* vergessen, noch mehr vielleicht, wenn ich etwas scheinbar Gleichgültiges bewahrt haben sollte.

Erst in gewissen pathologischen Seelenzuständen wird die für den normalen Erwachsenen gültige Beziehung zwischen psychischer Wichtigkeit und Gedächtnishaftung eines Eindrucks wieder gelöst. Der Hysterische z. B. erweist sich regelmäßig als amnestisch für das Ganze oder einen Teil jener Erlebnisse, die zum Ausbruch seiner Leiden geführt haben, und die doch durch diese Verursachung für ihn bedeutsam geworden sind oder es auch abgesehen davon, nach ihrem eigenen Inhalt, sein mögen. Die Analogie dieser pathologischen Amnesie mit der normalen Amnesie für unsere Kindheitsjahre möchte ich als einen wertvollen Hinweis auf die intimen Beziehungen zwischen dem psychischen Inhalt der Neurose und unserem Kinderleben ansehen.«

Um sich eine klare Vorstellung über die Erinnerungen normaler Erwachsener zu bilden, beruft sich FREUD zunächst auf eine im dritten Band der *»L'année psychologique«* (1897) publizierte Arbeit von V. und C. HENRI. Diese Arbeit entstand aufgrund eines 23 Personen vorgelegten Fragebogens. Aus ihm wird ersichtlich, daß das Alter, auf das sich der Inhalt der allerfrühesten Kindheitserinnerungen bezieht, im allgemeinen das von zwei bis vier Jahren ist. Bei bestimmten Personen reicht die Erinnerung jedoch noch weiter zurück, manchmal sogar bis vor das

Ende des ersten Lebensjahres. Es ist schwierig, sich über die Gründe für die individuellen Unterschiede in diesem Bereich klarzuwerden; soviel aber läßt sich sagen, daß die Personen, deren erste Kindheitserinnerungen bis ins zarte Alter zurückreichen, später über weitere einzelne Erinnerungen verfügen und sich ihrer Erfahrungen wie einer fortlaufenden Erinnerungskette bewußt sind, die auf eine sehr viel entferntere Vergangenheit zurückweist als bei denen, deren erste Erinnerungen später liegen.

Der Inhalt dieser Erinnerungen selbst ist nun überaus verschieden. Es ist nicht in jedem Falle richtig, daß die wichtigsten Ereignisse auch die lebhaftesten Spuren hinterlassen. Diese Vorstellung, die dem gesunden Menschenverstand zu widersprechen scheint, ist nur bei einer gewissen Anzahl von Fällen berechtigt, bei denen bestimmte Zufälle des persönlichen oder Familienlebens die Hauptmasse von Erinnerungen bilden. In anderen Fällen scheint die erlebte Geschichte dem Gedächtnis ganz andere Konturen gegeben zu haben, und FREUD erwähnt Beispiele von Erwachsenen, die sich eine sehr lebhafte Erinnerung an Ereignisse bewahrt haben, die – wie der Verlust von Puppen oder Spielzeugen – einen durchaus gleichgültigen Charakter gehabt haben können.

FREUD kommt auf die Hypothese von V. und C. HENRI zurück, derzufolge die Tatsache, daß die alltäglichen und indifferenten Ereignisse im Gedächtnis bewahrt, während die gegenwärtigen und im Sinne der Eltern umstürzenden vergessen würden, eine der typischen Funktionsweisen des psychischen Geschehens charakterisiere.

FREUD nimmt insbesondere das von V. und. C. HENRI genannte Beispiel eines Philologieprofessors auf, dessen früheste Erinnerung, ins Alter von drei Jahren zurückreichend, ihm einen gedeckten Tisch zeigte und auf diesem Tisch eine Eisschüssel. Zur gleichen Zeit war aber die Großmutter jenes Mannes gestorben – ein Ereignis, das das Kind nach der Aussage der Eltern sehr erschütterte. Heute weiß der Professor nichts mehr von jenem Todesfall, er erinnert sich lediglich an die Schüssel mit Eis.

V. und C. HENRI sind der Ansicht, daß die vergessenen Fragmente wahrscheinlich all das enthielten, was diesen Eindruck merkenswert machte. FREUD anerkennt die Bedeutung dieser Erklärung, würde es aber vorziehen zu sagen, daß bei diesen Erlebnissen eher etwas »weggelassen« als »vergessen« worden sei.

Um die Auslese zwischen Erinnertem und Vergessenem verständlich zu machen, weist FREUD auf die beiden einander entgegengesetzten Kräfte hin, deren eine mit der Wichtigkeit des kindlichen Erlebnisses, deren andere mit dem Widerstand gegen die Wiedererinnerung dieser Erfahrung verbunden ist. Daraus ergibt sich der folgende Kompromiß:

»Der Kompromiß besteht hier darin, daß zwar nicht das betreffende Erlebnis selbst das Erinnerungsbild abgibt – hierin behält der Widerstand recht –, wohl aber ein anderes psychisches Element, welches mit dem anstößigen durch nahe Assoziationswege verbunden ist; hierin zeigt sich wiederum die Macht des ersten Prinzips, welches bedeutsame Eindrücke durch die Herstellung von reproduzierbaren Erinnerungsbildern fixieren möchte. Der Erfolg des Konflikts ist also der, daß anstatt des ursprünglich berechtigten ein anderes Erinnerungsbild zustande kommt, welches gegen das erstere um ein Stück in der Assoziation *ver-*

schoben ist. Da gerade die wichtigen Bestandteile des Eindrucks diejenigen sind, welche den Anstoß wachgerufen haben, so muß die ersetzende Erinnerung dieses wichtigen Elements bar sein; sie wird darum leicht banal ausfallen. Unverständlich erscheint sie uns, weil wir den Grund ihrer Gedächtniserhaltung gern aus ihrem eigenen Inhalt ersehen möchten, während er doch in der Beziehung dieses Inhalts zu einem anderen, unterdrückten Inhalt ruht. Um mich eines populären Gleichnisses zu bedienen, ein gewisses Erlebnis der Kinderzeit kommt zur Geltung im Gedächtnis, nicht etwa weil es selbst Gold ist, sondern weil es bei Gold gelegen ist.«

In allen diesen Fällen bildet der die Erinnerung begleitende schmerzliche Affekt die Notwendigkeit einer Abwehr aus, daher die Ersatz- oder Verschiebungsphänomene auf der Kontiguitätsassoziation, die zur Kompromißbildung führen. Diese mit Konflikten, Ersatz, Verschiebung und Verdrängung in Zusammenhang stehenden Prozesse sind eine der Hauptarbeitsweisen psychoneurotischer Symptome. Wieder einmal ist es von Interesse zu sehen, was das psychische Geschehen in Fällen von Psychoneurosen zum Verständnis psychischer Funktionsweisen der Kindheit beiträgt.

Freud gibt ausführlich die Geschichte eines seiner Patienten[1] wieder, der, nachdem er den Aufsatz von V. und C. Henri gelesen hatte, ihm die Geschichte seiner eigenen diesbezüglichen Erfahrung vortrug. Dieser Mensch, dessen Vater geschäftliche Mißerfolge erlitten hatte, mußte im Alter von drei Jahren seinen Geburtsort verlassen und in eine große Stadt übersiedeln, und aus ebendiesem Zeitabschnitt datieren die meisten seiner Erinnerungen. Die vorhergehende Periode ist mit sehr spärlichen und lückenhaften Erinnerungen ausgefüllt, die er in drei Gruppen einteilt: die erste enthält Szenen, die ihm seither wiederholt von seinen Eltern beschrieben wurden; er wußte aber nicht zu sagen, ob er über deren Erinnerungsbild von Anfang an verfügte oder ob er es sich erst aufgrund der von den Eltern gehörten Erzählungen geschaffen hatte. Die zweite Gruppe betrifft die Erinnerungen an Ereignisse und Personen, von denen er nicht weiß, ob sie mit den nachhaltigsten Begebenheiten dieser Zeit zusammengehören. Zum Beispiel erinnert er sich gar nicht mehr an die Geburt einer Schwester, die zweieinhalb Jahre jünger ist als er, ebensowenig an die Abreise, den Anblick der Eisenbahn und die lange Reise, die er machte. Von einer Phobie vor Zügen befallen, erinnert er sich nicht einmal, von einer Verletzung im Gesicht, die sogar chirurgisch genäht werden mußte, besonders beeindruckt gewesen zu sein. Aber diese Erinnerungen tauchten mit Deutlichkeit erst wieder im Verlauf seiner Analyse auf.

Freud legt den Hauptakzent seiner Darstellung auf die von seinem Patienten beschworenen Erinnerungen der dritten Gruppe und vor allem auf den folgenden Bericht, der ausführlich zitiert zu werden verdient:

»›Hier handelt es sich um ein Material – eine längere Szene und mehrere kleine Bilder –, mit dem ich wirklich nichts anzufangen weiß. Die Szene erscheint mir ziemlich gleichgültig, ihre Fixierung unverständlich. Erlauben Sie, daß ich sie Ihnen schildere: Ich sehe eine viereckige, etwas abschüssige Wiese, grün und dicht bewachsen; in dem Grün sehr viele gelbe Blumen, offenbar der gemeine Löwenzahn. Oberhalb der Wiese ein Bauernhaus, vor dessen Tür zwei Frauen stehen, die miteinander angelegentlich plaudern, die Bäuerin im Kopftuch und eine

[1] Bernfeld [33] hat zeigen können, daß es sich um ein Ergebnis seiner Auto-Analyse handelt, das Freud hier aufdeckt.

Kinderfrau. Auf der Wiese spielen drei Kinder, eines davon ich (zwischen zwei und drei Jahren alt), die beiden anderen mein Vetter, der um ein Jahr älter ist, und meine fast genau gleichaltrige Cousine, seine Schwester. Wir pflücken die gelben Blumen ab und halten jedes eine Anzahl von bereits gepflückten in den Händen. Den schönsten Strauß hat das kleine Mädchen; wir Buben aber fallen wie auf Verabredung über sie her und entreißen ihr die Blumen. Sie läuft weinend die Wiese hinauf und bekommt zum Trost von der Bäuerin ein großes Stück Schwarzbrot. Kaum daß wir das gesehen haben, werfen wir die Blumen weg, eilen auch zum Haus und verlangen gleichfalls Brot. Wir bekommen es auch, die Bäuerin schneidet den Laib mit einem langen Messer. Dieses Brot schmeckt mir in der Erinnerung so köstlich und damit bricht die Szene ab.

Was an diesem Erlebnis rechtfertigt nun den Gedächtnisaufwand, zu dem es mich veranlaßt hat? Ich habe mir vergeblich den Kopf darüber zerbrochen; liegt der Akzent auf unserer Unliebenswürdigkeit gegen das kleine Mädchen; sollte das Gelb des Löwenzahns, den ich natürlich heute gar nicht schön finde, meinem Auge damals so gefallen haben; oder hat mir nach dem Herumtollen auf der Wiese das Brot so viel besser geschmeckt als sonst, daß daraus ein unverlöschbarer Eindruck geworden ist? Beziehungen dieser Szene zu dem unschwer zu erratenden Interesse, welches die anderen Kinderszenen zusammenhält, kann ich auch nicht finden. Ich habe überhaupt den Eindruck, als ob es mit dieser Szene nicht richtig zuginge; das Gelb der Blumen sticht aus dem Ensemble gar zu sehr hervor, und der Wohlgeschmack des Brotes scheint mir auch wie halluzinatorisch übertrieben. Ich muß mich dabei an Bilder erinnern, die ich einmal auf einer parodistischen Ausstellung gesehen habe, in denen gewisse Bestandteile anstatt gemalt plastisch aufgetragen waren, natürlich die unpassendsten, z. B. die Tournüren der gemalten Damen. Können Sie mir nun einen Weg zeigen, der zur Aufklärung oder Deutung dieser überflüssigen Kindheitserinnerung führt?‹

Ich hielt es für geraten zu fragen, seit wann ihn diese Kindheitserinnerung beschäftige, ob er meine, daß sie seit der Kindheit periodisch in seinem Gedächtnis wiederkehre, oder ob sie etwa irgendwann später nach einem zu erinnernden Anlaß aufgetaucht sei. Diese Frage war alles, was ich zur Lösung der Aufgabe beizutragen brauchte; das übrige fand mein Partner, der kein Neuling in solchen Arbeiten war, von selbst.

Er antwortete: ›Daran habe ich noch nicht gedacht. Nachdem Sie mir diese Frage gestellt haben, wird es mir fast zur Gewißheit, daß diese Kindererinnerung mich in jüngeren Jahren gar nicht beschäftigt hat. Ich kann mir aber auch den Anlaß denken, von dem die Erweckung dieser und vieler anderer Erinnerungen an meine ersten Jahre ausgegangen ist. Mit siebzehn Jahren bin ich zuerst wieder als Gymnasiast zum Ferienaufenthalt in meinen Geburtsort gekommen, und zwar als Gast einer uns seit jener Vorzeit befreundeten Familie. Ich weiß sehr wohl, welche Fülle von Erregungen damals Besitz von mir genommen hat. Aber ich sehe schon, ich muß Ihnen nun ein ganzes großes Stück meiner Lebensgeschichte erzählen; es gehört dazu, und Sie haben es durch Ihre Frage heraufbeschworen. Hören Sie also: Ich bin das Kind von ursprünglich wohlhabenden Leuten, die, wie ich glaube, in jenem kleinen Provinznest behaglich genug gelebt hatten. Als ich ungefähr drei Jahre alt war, trat eine Katastrophe in dem Industriezweig ein, mit dem sich der Vater beschäftigte. Er verlor sein Vermögen, wir verließen den Ort notgedrungen, um in eine große Stadt zu übersiedeln. Dann kamen lange harte Jahre; ich glaube, sie waren nicht wert, sich etwas daraus zu merken. In der Stadt fühlte ich mich nie recht behaglich; ich meine jetzt, die Sehnsucht nach den schönen Wäldern der Heimat, in denen ich schon, kaum daß ich gehen konnte, dem Vater zu entlaufen pflegte, wie eine von damals erhaltene Erinnerung bezeugt, hat mich nie verlassen. Es waren meine ersten Ferien auf dem Lande, die mit siebzehn Jahren, und ich war, wie gesagt, Gast einer befreundeten Familie, die seit unserer Übersiedlung groß emporgekommen war. Ich hatte Gelegenheit, die Behäbigkeit, die dort herrschte, mit der Lebensweise bei uns zu Hause in der Stadt zu vergleichen. Nun nützt wohl kein Ausweichen mehr; ich muß Ihnen gestehen, daß mich noch etwas anderes mächtig erregte. Ich war siebzehn Jahre alt, und in der gastlichen Familie war eine fünfzehnjährige Tochter, in die ich mich sofort verliebte. Es war meine erste Schwärmerei, intensiv genug, aber vollkommen geheim gehalten. Das Mädchen reiste nach wenigen Tagen ab in das Erziehungsinstitut, aus dem sie gleichfalls auf Ferien gekommen war, und diese Trennung nach so kurzer Bekanntschaft brachte die Sehnsucht erst recht in die Höhe. Ich erging mich viele Stunden lang in einsamen Spaziergängen durch die wiedergefundenen herrlichen Wälder, mit dem Aufbau von Luftschlössern beschäftigt, die seltsamerweise nicht in die Zukunft strebten, sondern die Vergangenheit zu verbessern suchten. Wenn der Zusammenbruch damals nicht eingetreten wäre, wenn ich in der Heimat geblieben wäre, auf dem Lande aufgewachsen, so kräftig geworden wie die jungen Männer des Hauses, die Brüder der Geliebten, und wenn ich dann den Beruf des Vaters fortgesetzt hätte und endlich das Mädchen geheiratet, das ja all die Jahre über mir hätte vertraut werden müssen! Ich zweifelte natürlich keinen Augenblick, daß ich sie unter den Umständen, welche meine Phantasie schuf, ebenso heiß geliebt hätte, wie ich es damals wirklich empfand. Sonderbar, wenn ich sie jetzt gelegentlich sehe – sie hat zufällig hierher geheiratet –, ist sie mir ganz außerordentlich gleichgültig, und doch kann ich mich genau erinnern, wie lange nachher die gelbe Farbe des Kleides, das sie beim ersten Zusammentreffen trug, auf mich gewirkt, wenn ich dieselbe Farbe irgendwo wieder sah.‹

›Das klingt ja ganz ähnlich wie Ihre eingeschaltete Bemerkung, daß Ihnen der gemeine Löwenzahn heute nicht mehr gefällt. Vermuten Sie nicht eine Beziehung zwischen dem Gelb in der Kleidung des Mädchens und dem so überdeutlichen Gelb der Blumen in Ihrer Kinderszene?‹

›Möglich, doch es war nicht dasselbe Gelb. Das Kleid war eher gelbbraun wie Goldlack. Indes kann ich Ihnen wenigstens eine Zwischenvorstellung, die Ihnen taugen würde, zur Verfügung stellen. Ich habe später in den Alpen gesehen, daß manche Blumen, die in der Ebene lichte Farben haben, auf den Höhen sich in dunklere Nuancen kleiden. Wenn ich nicht sehr irre, gibt es auf den Bergen häufig eine dem Löwenzahn sehr ähnliche Blume, die aber dunkelgelb ist und dann dem Kleid der damals Geliebten in der Farbe ganz entsprechen würde. Ich bin aber noch nicht fertig, ich komme zu einer in der Zeit naheliegenden zweiten Veranlassung, welche meine Kindheitseindrücke in mir aufgerührt hat. Mit siebzehn Jahren hatte ich den Ort wiedergesehen; drei Jahre später war ich in den Ferien auf Besuch bei meinem Onkel, traf also die Kinder wieder, die meine ersten Gespielen gewesen waren, denselben um ein Jahr älteren Vetter und dieselbe mit mir gleichaltrige Cousine, die in der Kinderszene von der Löwenzahnwiese auftreten. Diese Familie hatte gleichzeitig mit uns meinen Geburtsort verlassen und war in der fernen Stadt wieder zu schönem Wohlstand gekommen.‹

›Und haben Sie sich da auch wieder verliebt, diesmal in die Cousine, und neue Phantasien gezimmert?‹

›Nein, diesmal ging es anders. Ich war schon auf der Universität und gehörte ganz den Büchern; für meine Cousine hatte ich nichts übrig. Ich habe damals meines Wissens keine solchen Phantasien gemacht. Aber ich glaube, zwischen meinem Vater und meinem Onkel bestand der Plan, daß ich mein abstruses Studium gegen ein praktisch besser verwertbares vertauschen, nach Beendigung der Studien mich im Wohnort des Onkels niederlassen und meine Cousine zur Frau nehmen sollte. Als man merkte, wie versunken in meine eigenen Absichten ich war, ließ man wohl den Plan wieder fallen; ich meine aber, daß ich ihn sicher erraten habe. Später erst, als junger Gelehrter, als die Not des Lebens mich hart anfaßte, und ich so lange auf eine Stellung in dieser Stadt zu warten hatte, mag ich wohl manchmal daran gedacht haben, daß der Vater es eigentlich gut mit mir gemeint, als er durch dieses Heiratsprojekt mich für den Verlust entschädigt wissen wollte, den jene erste Katastrophe mir fürs ganze Leben gebracht.‹

›In diese Zeit Ihrer schweren Kämpfe ums Brot möchte ich also das Auftauchen der in Rede stehenden Kindheitsszene verlegen, wenn Sie mir noch bestätigen, daß Sie in denselben Jahren die erste Bekanntschaft mit der Alpenwelt geschlossen haben.‹

›Das ist richtig; Bergtouren waren damals das einzige Vergnügen, das ich mir erlaubte. Aber ich verstehe Sie noch nicht recht.‹

›Sogleich. Aus Ihrer Kindersszene heben Sie als das intensivste Element hervor, daß Ihnen das Landbrot so ausgezeichnet schmeckt. Merken Sie nicht, daß diese fast halluzinatorisch empfundene Vorstellung mit der Idee Ihrer Phantasie korrespondiert, wenn Sie in der Heimat geblieben wären, jenes Mädchen geheiratet hätten, wie behaglich hätte sich Ihr Leben gestaltet, symbolisch ausgedrückt, wie gut hätte Ihnen Ihr Brot geschmeckt, um das Sie in jener späteren Zeit gekämpft haben? Und das Gelb der Blumen deutet auf dasselbe Mädchen hin. Sie haben übrigens in der Kindheitsszene Elemente, die sich nur auf die zweite Phantasie, wenn Sie die Cousine geheiratet hätten, beziehen lassen. Die Blumen wegwerfen, um ein Brot dafür einzutauschen, scheint mir keine üble Verkleidung für die Absicht, die Ihr Vater mit Ihnen hatte. Sie sollten auf Ihre unpraktischen Ideale verzichten und ein ‚Brotstudium' ergreifen, nicht wahr?‹«

Im weiteren Verlauf dieser langen Diskussion zwischen FREUD und seinem Patienten stellt der sich die Frage, ob diese Pseudo-Kindheitserinnerung nicht letztlich eine Aufeinanderprojektion von zwei Reihen von Phantasien ist, die die Authentizität der seinem Analytiker erzählten Szene im Grunde vollkommen zweifelhaft erscheinen läßt. FREUD anerkennt jedoch, daß die Szene authentisch ist, daß sie aber unter unzähligen anderen Szenen ausgewählt wurde, weil sie sich aufgrund ihres an sich gleichgültigen Inhalts zur Darstellung zweier signifikanter Phantasien gebrauchen ließ. »Ich würde eine solche Erinnerung, deren Wert darin besteht, daß sie im Gedächtnis Eindrücke und Gedanken späterer Zeit vertritt, deren Inhalt mit dem eigenen durch symbolische und ähnliche Beziehungen verknüpft ist, eine Deckerinnerung heißen.«

Die Diskussion zwischen FREUD und seinem Patienten setzt sich fort. Wieder verdient sie zitiert zu werden, denn der Patient bezweifelt weiter die Echtheit der von ihm beschworenen und diskutierten Erinnerungen:

»›Jedenfalls werden Sie aufhören, sich über die häufige Wiederkehr dieser Szene in Ihrem Gedächtnis zu verwundern. Man kann sie nicht mehr eine harmlose nennen, wenn sie, wie wir gefunden haben, die wichtigsten Wendungen in Ihrer Lebensgeschichte, den Einfluß der beiden mächtigsten Triebfedern, des Hungers und der Liebe, zu illustrieren bestimmt ist.‹

›Ja, den Hunger hat sie gut dargestellt; aber die Liebe?‹

›In dem Gelb der Blumen, meine ich. Ich kann übrigens nicht leugnen, daß die Darstellung der Liebe in dieser Ihrer Kindheitsszene hinter meinen sonstigen Erfahrungen weit zurück bleibt!‹

›Nein, keineswegs. Die Darstellung der Liebe ist ja die Hauptsache daran. Jetzt verstehe ich erst! Denken Sie doch: einem Mädchen die Blume wegnehmen, das heißt ja: deflorieren. Welch ein Gegensatz zwischen der Frechheit dieser Phantasie und meiner Schüchternheit bei der ersten, meiner Gleichgültigkeit bei der zweiten Gelegenheit.‹

›Ich kann Sie versichern, daß derartige kühne Phantasien die regelmäßige Ergänzung der juvenilen Schüchternheit bilden.‹

›Aber dann wäre es nicht eine unbewußte Phantasie, die ich erinnern kann, sondern eine unbewußte, die sich in diese Kindheitserinnerungen verwandelt?‹

›Unbewußte Gedanken, welche die bewußten fortsetzen. Sie denken sich: wenn ich die oder die geheiratet hätte, und dahinter entsteht der Antrieb, sich dieses Heiraten vorzustellen!‹

›Ich kann es jetzt selbst fortsetzen. Das Verlockendste an dem ganzen Thema ist für den nichtsnutzigen Jüngling die Vorstellung der Brautnacht; was weiß er von dem, was nachkommt. Diese Vorstellung wagt sich aber nicht ans Licht, die herrschende Stimmung der Bescheidenheit und des Respekts gegen die Mädchen erhält sie unterdrückt. So bleibt sie unbewußt . . .‹

›Und *weicht* in eine Kindheitserinnerung *aus.* Sie haben recht, gerade das Grobsinnliche an der Phantasie ist der Grund, daß sie sich nicht zu einer bewußten Phantasie entwickelt, sondern zufrieden sein muß, in eine Kindheitsszene als Anspielung in *verblümter* Form Aufnahme zu finden.‹

›Warum aber gerade in eine Kindheitsszene, möchte ich fragen?‹

›Vielleicht gerade der Harmlosigkeit zuliebe. Können Sie sich einen stärkeren Gegensatz zu so argen sexuellen Aggressionsvorsätzen denken als Kinder treiben? Übrigens sind für das Ausweichen von verdrängten Gedanken und Wünschen in die Kindheitserinnerungen allgemeinere Gründe maßgebend, denn Sie können dieses Verhalten bei hysterischen Personen ganz regelmäßig nachweisen. Auch scheint es, daß das Erinnern von Längstvergangenem an und für sich durch ein Lustmotiv erleichtert wird. *Forsan et haec olim meminisse juvabit.*‹

›Wenn dem so ist, so habe ich alles Zutrauen zur Echtheit dieser Löwenzahnszene verloren. Ich halte mir vor, daß in mir auf die zwei erwähnten Veranlassungen hin, von sehr greifbaren realen Motiven unterstützt, der Gedanke auftaucht: Wenn du dieses oder jenes Mädchen geheiratet hättest, wäre dein Leben viel angenehmer geworden. Daß die sinnliche Strömung in mir den Gedanken des Bedingungssatzes in solchen Vorstellungen wiederholt, welche ihr Befriedigung bieten können; daß diese zweite Fassung desselben Gedankens infolge ihrer Unverträglichkeit mit der herrschenden sexuellen Disposition unbewußt bleibt, aber gerade dadurch in den Stand gesetzt ist, im psychischen Leben fortzudauern, wenn die bewußte Fassung längst durch die veränderte Realität beseitigt ist; daß der unbewußt gebliebene Satz nach einem geltenden Gesetz, wie Sie sagen, bestrebt ist, sich in eine Kindheitsszene umzuwandeln, welche ihrer Harmlosigkeit wegen bewußt werden darf; daß er zu diesem Zweck eine neue Umgestaltung erfahren muß, oder vielmehr zwei, eine, die dem Vordersatz des Anstößige benimmt, indem sie es bildlich ausdrückt, eine zweite, die den Nachsatz in eine Form preßt, welche der visuellen Darstellung fähig ist, wozu die Mittelvorstellung Brot – Brotstudium verwendet wird. Ich sehe ein, daß ich durch die Produktion einer solchen Phantasie gleichsam eine Erfüllung der beiden unterdrückten Wünsche – nach dem Deflorieren und nach dem materiellen Wohlbehagen – hergestellt habe. Aber nachdem ich mir von den Motiven, die zur Entstehung der Löwenzahnphantasie führten, so vollständig Rechenschaft geben kann, muß ich annehmen, daß es sich hier um etwas handelt, was sich überhaupt niemals ereignet hat, sondern unrechtmäßig unter meine Kindheitserinnerungen eingeschmuggelt worden ist.‹«

Es ist jedoch FREUD, der sich erneut zum Anwalt der Echtheit dieser Erinnerung macht: Ihm zufolge können die unterdrückten Phantasien in Kindheitserinnerungen verschoben werden; aber unter der Bedingung, daß eine Erinnerungsspur existiert, deren Inhalt Berührungspunkte mit der Phantasie bietet, die in die beschworene Kindheitserinnerung zurückprojiziert wird. Überdies kann der Inhalt der Phantasien in verschiedenen Berührungszonen mit der benutzten Kindheitsszene erneut bearbeitet werden, die in der Erinnerung selbst wieder Veränderungen unterliegen kann; daher dann die Entlastungswirkung der Kindheitserinnerung beim Prozeß der Bildung von Deckerinnerungen.

Deshalb beruht die Bedeutung der Deckerinnerungen nicht auf ihrem jeweiligen Inhalt, sondern auf der Beziehung, in der sie zu *verdrängten* psychischen Inhalten stehen. Die einen sind auf Inhalte der frühen Jugend, die anderen auf relativ später Erlebtes bezogen, ihr Wert aber ergibt sich immer daraus, daß sie Beziehungen zu unterdrückten Erlebnissen der frühen Kindheit erfassen lassen.

Im Schlußteil dieser Arbeit wirft FREUD schließlich die Frage auf, ob es Kindheitserinnerungen wirklich gibt, genauer: ob das, was wir Kindheitserinnerungen nennen, sich wirklich auf unsere Kindheit bezieht. Was die Deckerinnerung angeht, so hat er einen Ausarbeitungsprozeß vor Augen, der dem sehr nahe kommt, den er für die Traumarbeit beschreibt. Wie beim Traum stellt die Deckerinnerung das Subjekt nicht ins Zentrum der Situation, sondern bietet eine szenische Darstellung, in der es weiß, daß es dieses Kind ist, und sich sieht, wie ein Beobachter außerhalb der erinnerten und bearbeiteten Szene es sehen würde.

Mit Bezug auf eine spätere Phase der psychoanalytischen Theorie läßt sich sagen, daß diese Deckerinnerungen

»den Zwecken der Verdrängung und Ersetzung von anstößigen oder unliebsamen Eindrükken dienen. Auch diese gefälschten Erinnerungen müssen also zu einer Lebenszeit entstanden sein, da solche Konflikte und Antriebe zur Verdrängung sich bereits im Seelenleben geltend machen konnten, also lange Zeit nach der, welche sie in ihrem Inhalt erinnern. Auch hier ist aber die gefälschte Erinnerung die erste, von der wir wissen; das Material an Erinnerungsspuren, aus dem sie geschmiedet wurde, blieb uns in seiner ursprünglichen Form unbekannt.«

In dieser, in der »Psychopathologie des Alltagslebens« [107] wiederaufgenommenen Arbeit macht FREUD mithin die *Entstehung* der Deckerinnerungen verständlich, die wie die des Traumes aufgefaßt werden kann – ein ausgezeichnetes Beispiel für Primärprozesse, die gegebenenfalls sekundär bearbeitet werden können.

O. FENICHEL [85] hat auf der Beziehung zwischen diesen Deckerinnerungen und traumatisierenden Erlebnissen bestanden: letztere werden durch eine weniger traumatische Erinnerung ersetzt, die das sich entwickelnde Ich leichter akzeptieren kann. Im genetischen Bereich benutzte also das Ich um so eher Deckerinnerungen – d. h. Kompromißbildungen als Ersatz für traumatische Erfahrungen –, wenn es früh gegen die mit diesen letzteren verbundene Angst anzukämpfen hatte.

PHYLLIS GREENACRE [162] liefert ihrerseits eine systematische psychopathologische Analyse der Deckerinnerung, die sie als häufig zentrales Thema der Neurose einschätzt, das bis zum Ende der Behandlung rigide verteidigt wird. Sie macht dabei fünf Komponenten namhaft:

a) Die Ichentwicklung (Realitätssinn). Wenn das Kind Frustration und Angst dank dieser Entwicklung ertragen lernt, verspürt es kaum das Bedürfnis nach dem in der Deckerinnerung enthaltenen Kompromiß;

b) die Intensität der traumatischen Erfahrung und ihr so häufig visueller Charakter können zur Deutlichkeit der Bilder in der Deckerinnerung beitragen: Sie haben dann geradezu Brillanz;

c) das Stadium der Libido-Entwicklung, wobei die Deckerinnerung sich weit mehr auf die ödipale Phase als auf die ihr folgende Latenzzeit beziehen wird;

d) die Entwicklung des Über-Ichs: Die Situation des in der Deckerinnerung von außen beobachtenden Zuschauers steht nicht nur mit den angedeuteten Phänomenen von Depersonalisierung in Zusammenhang, die aus dem durch das Trauma hervorgerufenen Schrecken resultieren und auf die ersetzte und wiederbeschworene Erinnerung übertragen werden, sondern vielleicht auch mit Über-Ichfunktionen, die auf Verdrängung hinarbeiten, d. h. auf Negation der Partizipation des Subjekts;

e) der spezifische Charakter der Mischung von aggressiven und libidinösen Trieben trägt zum Gefühl der Fremdheit der Deckerinnerung bei.

Deshalb stellt uns diese kurze Zusammenfassung einer jüngeren Arbeit über Deckerinnerungen weiter vor dasselbe, bereits von FREUD hartnäckig aufgeworfene Problem: es bildet das Zentralthema dieses Teiles unserer Arbeit, die dem durch die Erwachsenenbehandlung vermittelten psychoanalytischen Verständnis des Kindes vorbehalten ist:

1. Die psychoanalytische Rekonstruktion muß, um ihren Problembereich auszuschreiten, wenn auch nicht zum Trauma, so doch wenigstens zu den traumatisierenden Erfahrungen vordringen;

2. die Organisation der wiederauftauchenden Erinnerungen hängt vom Zustand der Ichentwicklung und ihrer Veränderungen zum Zeitpunkt der wiedererinnerten Eindrücke ab;

3. diese Organisation, wie sie durch die Behandlung Erwachsener erfaßt wird, eröffnet uns einen Zugang zur Einsicht in das psychische Geschehen des Kindes.

Diese Schlußfolgerungen sollen erneut durchdacht werden, wenn wir die Bedeutung der Urszene abschließend zusammenfassen.

KAPITEL V

Die Urszene

Es handelt sich hier um einen in psychoanalytischen Texten oft leichthin gebrauchten Begriff. Im strengen Sinn des Wortes meint »Urszene« die Gesamtheit von Erinnerungen, die sich auf die Beobachtung des Koitus von Eltern oder Erwachsenen beziehen. Nun sprechen aber die Kinderanalytiker – und vor allem MELANIE KLEIN – von Urszenen auch bei Spielen, wie etwa dem Aufeinanderprallen von Spielzeugautos, die ihr zufolge eine sadistische Auffassung des Sexuallebens Erwachsener zu verstehen geben. Im allgemeinen wäre es sinnvoller, von Phantasien der Urszene zu sprechen, weil diese Formulierung die doppelte Bewegung von Erlebnis und Triebarbeit besser wiedergibt, aber auch, weil sie daran erinnert, daß diese Phantasien eine der konstanten Gegebenheiten der Ödipussituation und ihrer prägenitalen Grundlagen sind, deren Bedeutung überdies variabel ist.

Eben diesem Typus von Problemen sieht sich der Analytiker von Erwachsenen gegenüber, wenn die Urszene im Verlauf einer Analyse sich andeutet, wie es – wir haben es gesehen – geschehen kann, wenn es sich um Deckerinnerungen oder – wir werden es später sehen – um traumatische Erinnerungen handelt.

In einem Brief an FLIESS (Nr. 126 vom 21. XII. 1899) schreibt FREUD [101]:

»Tief unter allen Phantasien verschüttet, fanden wir eine Szene aus seiner Urzeit (vor 22 Monaten) auf, die allen Anforderungen entspricht, und in die alle übriggelassenen Rätsel einmünden; die alles zugleich ist, sexuell, harmlos, natürlich etc.«

Bekanntlich ist der »Wolfsmann« [130], dessen erste Ausgabe auf das Jahr 1918 zurückgeht, der Bericht über eine lange, 1914 beendete Behandlung. Diese Untersuchung kreist hauptsächlich um die Rekonstruktion einer infantilen Neurose, und zwar ausgehend von der analytischen Arbeit an einem Kindheitstraum, der eine Urszene wiederherzustellen ermöglicht.

FREUDS Interesse für jene Urszenen – ein Begriff, der LAPLANCHE und PONTALIS [214] zufolge in einem doppelten (pathogenen und historischen) Sinne aufgefaßt werden muß, dem von originären und primitiven Szenen – blieb später, wie im Falle des »Wolfsmannes« [1], auf die Beobachtung des elterlichen Koitus gerichtet. Wie dem auch sei: die gesamte theoretische Anstrengung im »Wolfsmann« ist im wesentlichen auf die Rekonstruktion der ersten Beobachtungen und Triebregun-

[1] Vgl. die zitierte Fußnote bei LAPLANCHE und PONTALIS. »*Urszene, Urphantasie:* das gleiche Präfix *ur-*. Man begegnet ihm in anderen FREUDschen Begriffen wieder, namentlich in *Urverdrängung*. Wir hätten in der französischen Übersetzung lieber für alle diese Begriffe gleichlautend das Adjektiv ›originaire‹ verwendet. Aber der Ausdruck ›*scène primitive*‹ ist in der Psychoanalyse bereits fest verankert. Sollte man besser von ›*fantasmes primitifs*‹, von ›*refoulement primitif*‹ sprechen? ›*Primitif*‹ hat den Nachteil, die archaische Bedeutung von *ur-* maßlos überzubewerten und etwas Abgegriffenes, Unvollendetes, ein geringeres Sein zu evozieren . . .«

gen des Kindes bezogen. FREUD bemüht sich, uns von der Realität der übrigens ohne Schwierigkeit rekonstruierten Erinnerungen zu überzeugen – einen so kohärenten und abgerundeten Eindruck macht diese Rekonstruktion –, obwohl er in den späteren Auflagen seine ersten Schlußfolgerungen von 1918 wieder in Zweifel zog.

Bei dieser Gelegenheit kommt Freud mehrfach auf die Bedeutung und die Allgemeingültigkeit der Urszene zu sprechen:

»Für die Richtigkeit der hier vorgeschlagenen Auffassung wird es aber den meisten Lesern geradezu entscheidend scheinen, was ich aus den analytischen Ergebnissen an anderen Fällen hinzugeben kann. Die Szene einer Beobachtung des Sexualverkehrs der Eltern in sehr früher Kindheit – sei sie nun reale Erinnerung oder Phantasie – ist in den Analysen neurotischer Menschenkinder wahrlich keine Seltenheit. Vielleicht findet sie sich ebenso häufig bei den nicht neurotisch Gewordenen. Vielleicht gehört sie zum regelmäßigen Bestand ihres – bewußten oder unbewußten – Erinnerungsschatzes.«

Und später:

»Sehen wir näher zu, so müssen wir eigentlich bemerken, daß der Kranke in dieser Bedingung seiner Heilung nur die Situation der sogenannten Urszene wiederholt: Damals wollte er sich der Mutter unterschieben; das Kotkind hat er, wie wir längst vorher angenommen hatten, in jener Szene selbst produziert. Er ist noch immer fixiert, wie gebannt, an die Szene, die für sein Sexualleben entscheidend wurde, deren Wiederkehr in jener Traumnacht sein Kranksein eröffnete. Das Zerreißen des Schleiers ist analog dem Öffnen der Augen, dem Aufgehen der Fenster. Die Urszene ist zur Heilbedingung umgebildet worden.«

Der »Wolfsmann« war ein erwachsener Patient, der an hartnäckiger Verstopfung und undeutlichen Komplexen im Gefolge einer gonorrhoischen Infektion litt. Er war das zweite Kind einer reichen Familie russischen Ursprungs, wurde vor dem Traum, der das Zentralthema des FREUDschen Analyse-Berichts bildet, zum Objekt sexueller Verführungsversuche zunächst einer älteren, im Verhalten leicht perversen Schwester, die überdies einige Jahre später Selbstmord beging, später dann einer englischen Gouvernante und hatte in der Folge komplizierte Beziehungen von sadomasochistischem Zuschnitt zu seiner alten Amme Nanja, vor der er sich entblößte und die ihm gegenüber mehr oder weniger unverhüllte Kastrationsdrohungen aussprach.

Der manifeste Inhalt des vom Patienten erzählten Traumes ist bekannt: Es ist Winter, er liegt ruhig im Bett, das Fenster öffnet sich von selbst. Er sieht sieben weiße Wölfe, die unbeweglich auf den Ästen eines Nußbaumes sitzen. Dieser wiederholte Traum ängstigte das Kind aufgrund des sehr nachdrücklichen Wirklichkeitsgefühls, das er vermittelt, vor allem aber wegen der Ruhe und starren Aufmerksamkeit, mit der die Wölfe es ansehen.

Nach der ersten assoziativen Arbeit an diesen Traumbildern stellt sich eine bestimmte Anzahl von Fragen, die FREUD aufführt: die Realität des Ereignisses, sein weit zurückliegendes Datum, das Problem des ruhigen und starren Blickes der Wölfe, die Kastration, die Angst.

Die vertiefte Interpretation des Traumes wurde durch eine Hypothese begünstigt, mit der der *insight* FREUDS den Beweis für seine analytischen Fähigkeiten erbrachte: Er nahm an, daß das Gefühl von Wirklichkeitsnähe, das mit der ruhigen Unbeweglichkeit der Wölfe in Zusammenhang stand, einen invertierten Wunsch nach Deformation zum Ausdruck brachte: die Unbewegtheit konnte die Bewegung ersetzen, ebenso wie die starre Betrachtung seitens der Wölfe bedeuten konnte, daß der Träumer vor sich zu verbergen wünschte, daß er selbst sie starr ansehen wollte.

Der »Wolfsmann« brachte nun im Gespräch über seine infantile Neurose einige wichtige Beiträge: In jener ersten Zeit – der der Angsthysterien – hatte er eine Wolfsphobie, die häufig von der perversen Aggressivität seiner Schwester ausgelöst wurde, die ihm in Kinderbüchern Bilder von Wölfen oder anderen wilden Tieren in aufrechter Haltung zeigte.

Ebenso hatte ihm sein Großvater die Geschichte eines Schneiders erzählt, der, von einem großen Wolf bedroht, mit der Elle nach ihm schlug und ihm den Schwanz ausriß. Später wurde der Schneider von dem Wolf und seinem Rudel angegriffen, und zwar bis auf einen Baum hinauf, auf den er sich geflüchtet hatte. Die Wölfe stiegen einer auf den anderen und wollten ihn so erreichen und herunterfallen lassen, als er den Einfall hatte, den alten verstümmelten Wolf, der für die anderen die Stütze bildete, aufzufordern seinen Schwanz vorzuzeigen. Der Wolf entfloh beschämt, und mit ihm sein Rudel.

Der erste Angsttraum war schließlich zur Zeit seines vierten Geburtstages aufgetreten, am Weihnachtstag, als er von der Kärglichkeit der ihm vom Vater überreichten Geschenke enttäuscht war.

Der Traum wird also – wie wir später noch sehen werden – in seinen komplexen Beziehungen zur Urszene analysiert. Die erste Beobachtung des elterlichen Koitus wurde von FREUD ins Alter von eineinhalb Jahren verlegt, in eine Zeit, wo der an Malaria erkrankte Junge im Zimmer seiner Eltern schlief. Er vermutete ferner, daß die Szene sich wahrscheinlich während der durch die Sommerhitze veranlaßten Siesta abgespielt hatte und daß das Kind Augenzeuge eines Geschlechtsverkehrs *a tergo* wurde – ein Erlebnis, das auf verschiedenen Wegen zur Wolfsphobie führte.

Die detaillierte Analyse des Traumes, d. h. die Darstellung der Beziehungen zwischen dem manifesten Trauminhalt und den latenten Traumgedanken, verdient hier zitiert zu werden:

»ES IST NACHT, ICH LIEGE IN MEINEM BETTE. Das letztere ist der Beginn der Reproduktion der Urszene. ›Es ist Nacht‹ ist Entstellung für: ich hatte geschlafen. Die Bemerkung: Ich weiß, es war Winter, als ich träumte, und Nachtzeit, bezieht sich auf die Erinnerung an den Traum, gehört nicht zu seinem Inhalt. Sie ist wichtig, es war eine der Nächte vor dem Geburtstag resp. Weihnachtstag.

PLÖTZLICH GEHT DAS FENSTER VON SELBST AUF. Zu übersetzen: Plötzlich erwache ich von selbst, Erinnerung der Urszene. Der Einfluß der Wolfsgeschichte, in der der Wolf durchs Fenster hereinspringt, macht sich modifizierend geltend und verwandelt den direkten in einen bildlichen Ausdruck. Gleichzeitig dient die Einführung des Fensters dazu, um den folgenden Trauminhalt in der Gegenwart unterzubringen. Am Weihnachtsabend geht die Türe plötzlich auf, und man sieht den Baum mit den Geschenken vor sich.

Hier macht sich also der Einfluß der aktuellen Weihnachtserwartung geltend, welche die sexuelle Befriedigung mit einschließt.

DER GROSSE NUSSBAUM. Vertreter des Christbaumes, also aktuell: überdies der Baum aus der Wolfsgeschichte, auf den sich der verfolgte Schneider flüchtet, unter dem die Wölfe lauern. Der hohe Baum ist auch, wie ich mich oft überzeugen konnte, ein Symbol der Beobachtung, des Voyeurtums. Wenn man auf dem Baume sitzt, kann man alles sehen, was unten vorgeht, und wird selbst nicht gesehen. Vgl. die bekannte Geschichte des Boccaccio und ähnliche Schnurren.

DIE WÖLFE. Ihre Zahl: *sechs oder sieben.* In der Wolfsgeschichte ist es ein Rudel ohne angegebene Zahl. Die Zahlbestimmung zeigt den Einfluß des Märchens von den sieben Geißlein, von denen sechs gefressen werden. Die Ersetzung der Zweizahl in der Urszene durch eine Mehrzahl, welche in der Urszene absurd wäre, ist dem Widerstand als Entstellungsmittel willkommen. In der zum Traum gefertigten Zeichnung hat der Träumer die 5 zum Ausdruck gebracht, die wahrscheinlich die Angabe: es war Nacht, korrigiert.

SIE SITZEN AUF DEM BAUM. Sie ersetzen zunächst die am Baum hängenden Weihnachtsgeschenke. Sie sind aber auch auf den Baum versetzt, weil das heißen kann, sie schauen. In der Geschichte des Großvaters lagern sie unten um den Baum. Ihr Verhältnis zum Baum ist also im Traum umgekehrt worden, woraus zu schließen ist, daß im Trauminhalt noch andere Umkehrungen des latenten Materials vorkommen.

SIE SCHAUEN IHN MIT GESPANNTER AUFMERKSAMKEIT AN. Dieser Zug ist ganz aus der Urszene, auf Kosten einer totalen Verkehrung in den Traum gekommen.

SIE SIND GANZ WEISS. Dieser an sich unwesentliche, in der Erzählung des Träumers stark betonte Zug verdankt seine Intensität einer ausgiebigen Verschmelzung von Elementen aus allen Schichten des Materials, und vereinigt dann nebensächliche Details der anderen Traumquellen mit einem bedeutsameren Stück der Urszene. Diese letztere Determinierung entstammt wohl der Weiße der Bett- und Leibwäsche der Eltern, dazu das Weiß der Schafherden, der Schäferhunde als Anspielung auf seine Sexualforschungen an Tieren, das Weiß in den Märchen von den sieben Geißlein, in dem die Mutter an der Weiße ihrer Hand erkannt wird. Wir werden später die weiße Wäsche auch als Todesandeutung verstehen. [Es scheint in der Tat weiter keinen deutlichen Hinweis zu diesem Punkt zu geben. Vielleicht besteht eine Beziehung zu der Episode mit dem Totenhemd.]

SIE SITZEN REGUNGSLOS DA. Hiemit wird dem auffälligsten Inhalt der beobachteten Szene widersprochen; der Bewegtheit, welche durch die Stellung, zu der sie führt, die Verbindung zwischen der Urszene und der Wolfsgeschichte herstellt.

SIE HABEN SCHWÄNZE WIE FÜCHSE. Dies soll einem Ergebnis widersprechen, welches aus der Einwirkung der Urszene auf die Wolfsgeschichte gewonnen wurde und als der wichtigste Schluß der Sexualforschung anzuerkennen ist: Es gibt also wirklich eine Kastration. Der Schreck, mit dem dies Denkergebnis aufgenommen wird, bricht sich endlich im Traume Bahn und erzeugt dessen Schluß.

DIE ANGST, VON DEN WÖLFEN AUFGEFRESSEN ZU WERDEN. Sie erschien dem Träumer als nicht durch den Trauminhalt motiviert. Er sagte, ich hätte mich nicht fürchten müssen, denn die Wölfe sahen eher aus wie Füchse oder Hunde, sie fuhren auch nicht auf mich los, wie um mich zu beißen, sondern waren sehr ruhig und gar nicht schrecklich. Wir erkennen, daß die Traumarbeit sich eine Weile bemüht hat, die peinlichen Inhalte durch Verwandlung ins Gegenteil unschädlich zu machen. (Sie bewegen sich nicht, sie haben ja die schönsten Schwänze.) Bis endlich dieses Mittel versagt und die Angst losbricht. Sie findet ihren Ausdruck mit Hilfe des Märchens, in dem die Geißlein-Kinder vom Wolf-Vater gefressen werden. Möglicherweise hat dieser Märcheninhalt selbst an scherzhafte Drohungen des Vaters, wenn er mit dem Kinde spielte, erinnert, so daß die Angst, vom Wolf gefressen zu werden, ebensowohl Reminiszenz wie Verschiebungsersatz sein könnte.

Die Wunschmotive dieses Traumes sind handgreifliche; zu den oberflächlichen Tageswünschen, Weihnachten mit seinen Geschenken möge schon da sein (Ungeduldstraum), gesellt sich der tiefere, um diese Zeit permanente Wunsch nach der Sexualbefriedigung durch den Vater, der sich zunächst durch den Wunsch, das wiederzusehen, was damals so fesselnd war, ersetzt. Dann verläuft der psychische Vorgang von der Erfüllung dieses Wunsches in der heraufbeschworenen Urszene bis zu der jetzt unvermeidlich gewordenen Ablehnung des Wunsches und der Verdrängung.«

Diese Aufdeckung der verschiedenen Motive, die sich im Angsttraum des Kindes zusammenfinden, erlaubt die Langzeitauswirkungen der Urszene zu ermessen, und einmal mehr muß die Analyse der Konsequenzen der Koitusbeobachtung und des pathogenen Geschehens der Urszene bei FREUD entlehnt werden.

1. Die Beobachtung dieses Geschlechtsverkehrs erweckt urplötzlich libidinöse Strömungen:

a) Es schien dem Jungen, daß diese ihn grausam anmutende Szene der Mutter offenbar Befriedigung verschaffte[2];

b) er überzeugte sich von der Wirklichkeit der Kastration, deren Möglichkeit ihm bereits der Anblick urinierender kleiner Mädchen nahegelegt hatte, durch die Drohung seiner Amme Nanja, wenn er sich vor ihr entblößte, und durch die Stockschläge, die sein Vater einer Schlange verabreichte;

c) der Traum war ängstigend und ermächtigte das Kind, seine Amme herbeizurufen (Verschiebung des positiven ödipalen Triebes mit temporärer Regression); zugleich wurde der Wunsch, dem Vater als Sexualobjekt zu dienen, zurückgewiesen und verleugnet (Verdrängung des invertierten oder homosexuellen ödipalen Triebes und Objektverschiebung, wobei der Vater durch den Wolf ersetzt wird). Diese Verschiebung des Vaters auf den Wolf erlaubt gegen die Kastration zu protestieren, wie es bereits die vom Großvater erzählte Geschichte des Schneiders nahelegte. Der Vater-Wolf steigt auf den kastrierten Wolf, der aber schämt sich und läuft davon. Andererseits macht die Zweiteilung der auf den Vater gerichteten Wünsche – in verdrängte und ihn auf sein gefährliches Abbild (den Wolf) verschobene – die Organisation der Phobie verständlich;

d) die Verdrängung des homosexuellen Triebes mit dem Vater als Objekt ist Ausdruck des phallischen Narzißmus, der durch die Kastrationsdrohung ins Spiel gebracht wird, die ihrerseits vom Wunsch, eine Frau zu sein, begleitet werden kann;

e) deshalb gestaltet sich der Wunsch, vom Vater berührt zu werden (*Passivität*) in den regressiven Wunsch um, geschlagen zu werden (*Masochismus*) – ohne Rücksicht auf das Geschlecht dessen, der sich sadistisch gebärdet, sei es nun zunächst Nanja, sei es schließlich der Vater, wobei die Phantasie den Wunsch ausdrückt, auf den Penis geschlagen zu werden;

f) gleichzeitig veranlaßt die Entdeckung der Vagina – oder wenigstens einer Öffnung, in die eingedrungen und in der Lust empfunden werden kann, wie bei der Mutter oder einer beliebigen Frau – zur Entdeckung einer doppelten Entsprechung: Passivität = Weiblichkeit, Aktivität = Männlichkeit. Daher dann die Rückkehr zum passiv-masochistischen Verlangen, dem Vater als Sexualobjekt zu dienen, anstatt auf den Penis oder das Gesäß geschlagen zu werden;

[2] FREUD macht überdies darauf aufmerksam, daß diese Feststellung mehr als fünfundzwanzig Jahre nach der Beobachtung der Szene getroffen wurde. Dafür, ob er in seinem zweiten Lebensjahr Gelegenheit gehabt hat, einem Koitus in Normalposition beizuwohnen oder nicht – mithin einem Typus von Geschlechtsverkehr, der weit eher den Eindruck eines sadistischen Aktes seitens des Mannes hätte hervorrufen können –, kann der Kranke einen verbalen Ausdruck erst viel später geben: »Es ist dies einfach ein zweiter Fall von *Nachträglichkeit.* Das Kind empfängt mit 1½ Jahren einen Eindruck, auf den es nicht genügend reagieren kann, versteht ihn erst, wird von ihm ergriffen bei der Wiederbelebung des Eindrucks mit vier Jahren, und kann erst zwei Dezennien später in der Analyse mit bewußter Denktätigkeit erfassen, was damals in ihm vorgegangen. Der Analysierte setzt sich dann mit Recht über die drei Zeitphasen hinweg und setzt sein gegenwärtiges Ich in die längst vergangene Situation ein.«

g) das Schicksal der Analerotik steht mit der Verdrängung ihrer homosexuellen Komponente in Zusammenhang: dem Vater als Objekt dienen. Was der Verdrängung teilweise entgeht, ist der Wunsch, ihm ein Kind zu schenken. Die Stuhlentleerung, die den Koitus der Eltern unterbricht, ist möglicherweise die Produktion jenes *Kot-Kindes*. Aber der Kot ist zugleich Rückkehr zum regressiven Herbeirufen Nanjas, eines in der Konstellation der widersprüchlichen ödipalen Triebe geduldeten Objekts.

Wir legen eine schematische Skizze der Trieb- und Objektbearbeitungen vor, wie sie die Beobachtung der Urszene und die komplexen Besetzungen auslösen, die sich in den widersprüchlichen Wünschen des ängstigenden Wolfstraumes zusammenfinden.

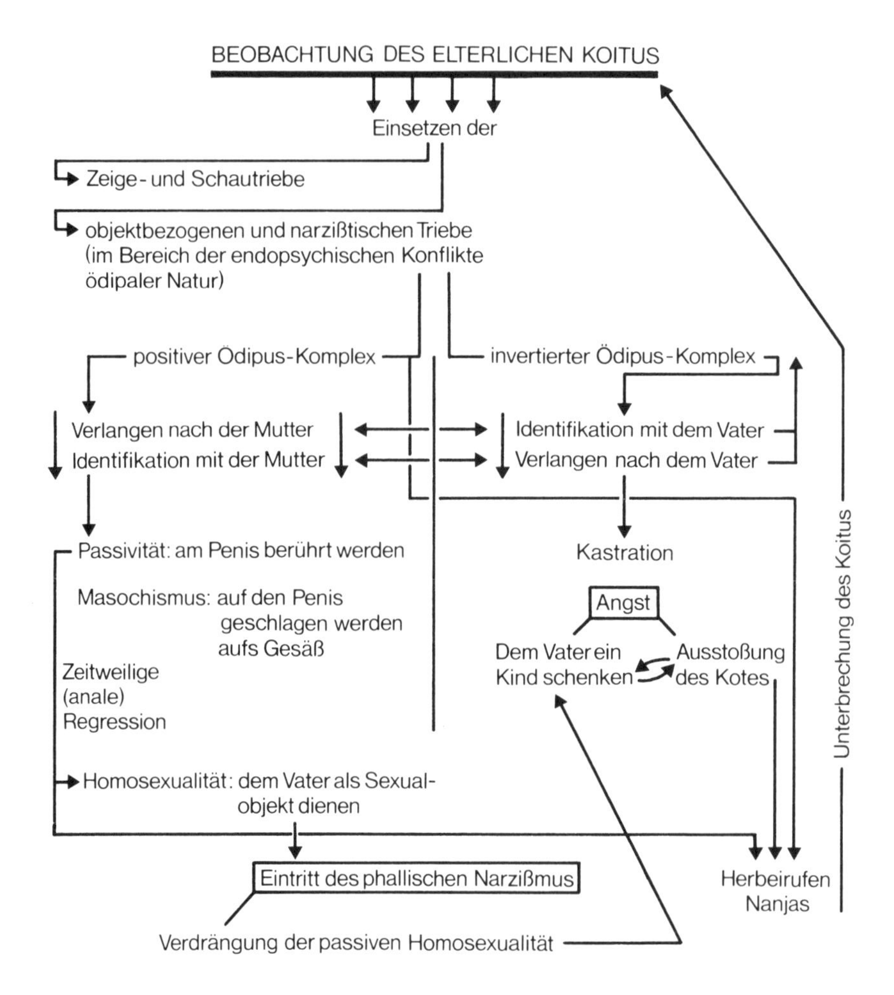

2. Die Urszene und ihr Wiederaufleben im Angsttraum haben nicht nur die gerade schematisch beschriebenen und dargestellten Triebregungen freigelegt; die unterschiedlichen Eindrücke behalten auch, obwohl sie als Traumquellen aus verschiedenen Altersstufen – von eineinhalb bis vier Jahren – stammen, ihre volle Wirksamkeit.

Wie wir im vorhergehenden Schema gesehen haben, hat dieser vielschichtige Traum im wesentlichen die Funktion, die Kastration unter ihrem negativen – Verlust des Penis – und unter ihrem positiven Aspekt – dem Wunsch, wie die Mutter auf dem Wege der Analerotik durchdrungen zu werden – zurückzuweisen.

Deshalb wurde die durch Verführung auf besondere Weise beeinflußte infantile Sexualität, überdies verwirrt durch die Beobachtung des elterlichen Koitus, die wie ein zweites Verführungstrauma wirkt, auf entscheidende Weise durch die nachträgliche Bearbeitung der Urszene im späteren Traum geprägt; Verbot der positiven ödipalen Triebe aufgrund der Kastrationsdrohung, gegen die die Phobie schützt, Verbot des invertierten ödipalen Triebes aufgrund des Einsetzens des Narzißmus und der Verdrängung der Homosexualität, wobei die Analerotik auf seiten der Wunschäußerung abgesperrt, in den Sphinkter-Abkömmlingen jedoch gutgeheißen wird.

Freud hat auf der Suche nach ebenso begründeten wie annehmbaren Hypothesen über die Wurzeln der Urszene lange gezögert, die Realität der psychoanalytischen Rekonstruktionen als bestätigt anzunehmen. In der ersten Auflage des »Wolfsmannes« ebenso wie in den im Zuge der späteren Ausgaben hinzugefügten Fußnoten versuchte er die Einwände dieser und jener Seite zu entkräften, weil er sicher war, daß der Wolfsmann diesen Koitus seiner Eltern wirklich beobachtet und möglicherweise spätere Phantasien ausgearbeitet hatte.

a) Es könnte hier eingewendet werden, daß die rekonstruierte Urszene sich lediglich aus rezenten Erinnerungen ergibt, die aufgrund der regressiven Tendenzen der Kranken als zur Kindheit gehörig dargestellt werden. Freud ist der Ansicht, daß man zwischen aus Erinnern und Rekonstruktion oder – wie er später sagen wird – Konstruktion [145] gewonnenen Gedächtnisleistungen differenzieren müsse: die archäologische Arbeit des Psychoanalytikers benutzt gleichwohl die Materialien von Erinnerung und Traum. Sie setzen die am wenigsten ausgearbeiteten Vorstellungen in Gang, aber erst die Interpretation gibt der analytischen Rekonstruktion ihren Wahrheitsgehalt[3].

Im Falle des Wolfsmannes ist die Situation aufgrund des direkten Zugangs zum Material der infantilen Neurose besonders günstig. Es ist überdies wahrscheinlich, daß die Kinderpsychiater heute von neurotischen Symptomen nach Art einer präpsychotischen Struktur bei ihm sprechen würden; die dafür bezeichnende schwache Sicherung des Ichs eröffnet uns sehr direkte Zugangswege zur Organisation und Disposition der Triebe.

b) Anderswo äußert Freud eine Vermutung, derzufolge der Wolfsmann möglicherweise Gelegenheit gehabt habe, bei seinen Besuchen der Schafherden, die sein

[3] Vgl. oben die Position von S. Viderman. S. 51 ff.

Vater besaß, den Koitus von Tieren zu beobachten; so habe er später jene Position *more ferarum* seinen Eltern zuschreiben können.

Gegen diese Vorstellung spricht die Rekonstruktion der Erinnerungen, die dem Traum zeitlich vorausliegen; sie führen zu Gruscha, die vor Nanja das Objekt der Wünsche des Kranken war. Der Wolfsmann mit seinem Zwang, nur vulgäre Frauen zu begehren, vor allem wenn er Gelegenheit hatte, sie von hinten zu beobachten, konnte sich erinnern, daß er ins Zimmer uriniert hatte, als er Gruscha auf den Knien den Boden scheuern sah.

Es wäre also möglich, daß diese Position der Mutter aufgrund der Verschmelzung der Bilder[4] von Dienerin und Mutter beigelegt wurde.

c) Wie wir heute, so bekämpft auch FREUD, als er sich klarmacht, daß es in diesem Falle unwichtig sei zu wissen, ob die Urszene nun reales Ereignis oder Phantasie sei, die von JUNG entwickelte Hypothese eines phylogenetisch ererbten Erfahrungsbestandes – eine Hypothese, die gleichwohl auch von zeitgenössischen Analytikern aufrechterhalten wird, wenn sie sich auf das mögliche Einwirken von *hereditären Erinnerungsspuren* berufen (F. PASCHE [268]). In jedem Falle kann man nicht umhin, FREUDS vernünftiger Replik zuzustimmen:

»In der Anerkennung dieser phylogenetischen Erbschaft stimme ich mit JUNG (*Die Psychologie der unbewußten Prozesse,* 1917, eine Schrift, die meine *Vorlesungen* nicht mehr beeinflussen konnte) völlig zusammen; aber ich halte es für methodisch unrichtig, zur Erklärung aus der Phylogenese zu greifen, ehe man die Möglichkeiten der Ontogenese erschöpft hat.«

Wie sollte man angesichts dieser Diskussion nicht den bewundernswerten Einsatz und den außerordentlichen archäologischen Erfolg FREUDS anerkennen, dessen zusammenfassendes Ergebnis die letzte Fußnote des »Wolfsmannes« in der Ausgabe von 1923 bietet:

»Geboren am Weihnachtstag.

1½ Jahre: Malaria. Beobachtung des Koitus der Eltern oder jenes Beisammenseins derselben, in das er später die Koitusphantasie eintrug.

Kurz vor 2½ Jahren: Szene mit Gruscha.

2½ Jahre: Deckerinnerungen an die Abreise der Eltern mit Schwester. Sie zeigt ihn allein mit der Nanja und verleugnet so Gruscha und Schwester.

Vor 3¼ Jahren: Klage der Mutter vor dem Arzt.

3¼ Jahre: Beginn der Verführung durch die Schwester, bald darauf Kastrationsdrohung der Nanja.

3½ Jahre: Die englische Gouvernante, Beginn der Charakterveränderung.

4 Jahre: Wolfstraum, Entstehung der Phobie.

4½ Jahre: Einfluß der biblischen Geschichte, Auftreten der Zwangssymptome.

Kurz vor 5 Jahren: Halluzination des Fingerverlustes.

5 Jahre: Verlassen des ersten Gutes.

Nach 6 Jahren: Besuch beim kranken Vater [Ausatmungszwang].

8 Jahre: }
10 Jahre: } Letzte Ausbrüche der Zwangsneurose.«

[4] Der Patient hatte große Hemmungen, FREUD gegenüber den Vornamen einer von ihm begehrten ordinären Frau auszusprechen. Es handelte sich um Matrona.

Nach dieser FREUDschen Beweisführung glauben wir uns berechtigt, die Entwicklung des Begriffs der Urszene und den Sinn ihrer Anerkennung näher zu untersuchen.

Sicher ist, daß die unbewußten Phantasien des Kindes sich ständig auf Schuldgefühle beziehen, wie sie auftreten, wenn es im Rahmen der Ödipussituation die Beziehungen der Erwachsenen wahrzunehmen, zu verstehen und sie zu durchkreuzen versucht. Die Kinderanalytiker kennen die Folgen, die insbesondere Unterhaltungen mit ihren Eltern bei ihren Patienten hervorbringen: Neugier auf der Basis von Schuldgefühlen, Negation des Wunsches, ein Elternteil auszuschließen, um mit dem Analytiker allein zu bleiben usw. Deshalb kann man sich auf die Beständigkeit des Phantasiegeschehens der Urszene in der Übertragungssituation verlassen. Diese Übertragungssituation zielt beim Erwachsenen wie beim Kind aufgrund der Tendenz zur Wiederholung vergangener Eindrücke darauf ab, diese verschiedenen Bedeutungen zu symbolisieren, für die Erinnerung, Phantasie und deren Ausagieren nur durch Deutungsarbeit ökonomisch eingeschränkt werden können.

Wir möchten hier – und später noch einmal – unsere Distanz zu bestimmten Auffassungen der KLEIN-Schule deutlich machen, die in jeder Spielsituation den ausagierten Ausdruck einer masturbatorischen, auf die Urszene bezogenen Phantasie sieht. Es heißt die eigentliche Funktion des Spiels und die sekundären Phantasiebearbeitungen mißverstehen, wenn man symbolische Bedeutungen nur in Form ihrer primitivsten Inhalte auffaßt. So wird die erlebte Geschichte geradezu geleugnet, weil das Kind ohne weiteres und ständig in eine Urszenen-Situation hineinversetzt wird, die der Trieborganisation keinen Raum läßt und es vollkommen enterotisierten Objekten gegenüberstellt[5].

Die Position der Anhänger MELANIE KLEINS ist zweifellos nicht grundsätzlich von der jener Analytiker verschieden, die sich auf JACQUES LACAN berufen. Zum Problem der »Verwerfung« [*forclusion*] schreiben etwa LAPLANCHE und PONTALIS [214]: »... es läßt sich jedoch annehmen, daß das Fehlen einer subjektiven Bearbeitung oder einer charakteristischen Symbolisierung der ersten Lebenszeit nicht das Erbteil einer wirklich erlebten Szene ist. Dieser aus dem Inneren ausgestoßene ›fremde Körper‹ wird ganz allgemein an das Subjekt nicht durch die Wahrnehmung einer Szene, sondern durch das Begehren der Eltern und die ihm zugrundeliegende Phantasie herangetragen.«

Man begegnet hier LACANS Vorstellung vom Symbol wieder, vom »Namen des Vaters« als Negation des »Aufklaffens [*béance*] der Mutter«. Überdies definiert JACQUES LACAN bekanntlich das Unbewußte als Sprache, deren Ergänzungsreihen ebenso zu einer Geschichte der Zivilisation gehören, wie sie LÉVI-STRAUSS beschrieben hat.

FREUD hatte bereits mit Erfolg die Theorie des phylogenetischen Symbols bestritten, und die Diskussion ausführlich wiederaufzunehmen, lohnte der Mühe

[5] Vgl. etwa die Interpretation, die MELANIE KLEIN am Ende der ersten Sitzung ihrem Patienten Richard gibt: Sie sagt ihm, daß er zwar glaube, sein Pappi sei lieb, daß er aber, wenn ihn, Richard, nachts die Angst plage, insgeheim fürchte, Pappi könne der Mammi etwas antun. Von der zweiten Sitzung an, nach einem Einfall, der auf eine Kollision zwischen Erde und Sonne anspielt, nimmt sie die Interpretation der Auffassung wieder auf, die Richard ihres Erachtens von der Urszene hat ([196]; dt. »Der Fall Richard«, München [Kindler] 1975, S. 27f. und 30f.).

nicht, wenn man sich nicht merkwürdigerweise aktuellen konvergierenden Theorien gegenübersähe, die von seinem wissenschaftlichen Denken abweichen: sie alle laufen darauf hinaus, die strukturierende Realität erlebter Erfahrung in Abrede zu stellen. Bei MELANIE KLEIN wird das Objekt mit der Triebrepräsentanz, die es besetzt, vermischt und verflüchtigt sich vollends. Bei LACAN ist das Objekt ein Symbol, dem das – in Begehren transformierte – Bedürfnis, das man danach verspürt, keine Realität zubilligt – es sei denn, daß man in der Formel »Verlangen nach der Mutter«, um das Verlangen aufzuwerten, vergessen hat, daß die Mutter auch ein personales Symbol ist. Eben das hat F. PASCHE präzisiert, der die Tatsache hervorhebt, daß unsere Symbole Ergebnisse unserer Phantasiearbeit und der sie strukturierenden Erfahrungen auf der Basis von Primär- und Sekundärprozessen sind. Der Akzent, den wir mithin am Schluß dieses Kapitels notgedrungen auf die Bedeutung der erlebten Geschichte legen, führt uns zwanglos dazu, das analytische Verständnis der Traumen im Rahmen von Erwachsenenbehandlungen in Angriff zu nehmen.

KAPITEL VI

Versuch über das Wesen des Traumas

Wie aus der Analyse der Urszene ersichtlich wurde, führen die Nachwirkungen der erlebten Erfahrung und die sie bezeugende Phantasieorganisation dazu, das Problem der traumatischen Auswirkungen bestimmter Situationen oder Ereignisse erneut aufzuwerfen, die während der Kindheit eintraten und von den Patienten im Verlauf einer psychoanalytischen Behandlung erinnert oder wiederaufgefunden wurden.

Wir haben bereits zu zeigen versucht [1], warum die breite Öffentlichkeit der naiven Einstellung verhaftet geblieben ist, daß psychische Leiden bei Erwachsenen das Ergebnis schwerer traumatischer Chocs seien. Es handelt sich da um eine Art Schuldentlastung (allein die Opfer von *Tragödien* sind Kranke) und eine spezifische Neigung, Kindern eine echte Beziehung zu verweigern (sie müßten gegen jede Gefahrensituation in Schutz genommen werden).

Das Verständnis der *Auswirkungen der Frustrationspathologie* hat in den letzten Jahren dazu geführt, die traumatisierenden Folgen bestimmter Mangel- oder »Entbehrungs«-Situationen erneut anzuerkennen. Das Fehlen mütterlicher Pflege ist seit dem Zweiten Weltkrieg Gegenstand vertiefter Untersuchungen gewesen, und deren Konsequenzen sind nicht nur beim Hospitalismus von Kindern, sondern ebenso eingehend bei der Bildung bestimmter Persönlichkeitstypen, sogar bei Charakterneurosen und selbst bei manchen Geisteskrankheiten nachgewiesen worden. Ganz allgemein läßt sich sagen, daß die direkte Beobachtung von Kindern durch Psychoanalytiker für das analytische Verständnis des Kindes entscheidend gewesen ist, weil gerade letztere ihren Gegenstand nicht als isoliertes, in Entwicklung begriffenes Wesen unter dem Einfluß von Reifungsprozessen gesehen haben. *Sie waren vielmehr der Ansicht, daß die umgebende Außenwelt ein wichtiger Faktor für Fortschritt oder Schwankungen in der Entwicklung sei;* diese Betrachtungsweise, die die Grundlage für Untersuchungen über die Objektbeziehungen des Kindes bildet, führt zu einer Neubewertung der traumatisierenden Erfahrungen, denen es ausgesetzt sein kann.

Die Klärung dieses Problems ist überdies ebenso dringlich für Erwachsenenanalytiker, die annehmen, daß bestimmte *pathologische Bildungen* namentlich im *Charakterbereich* die Folge traumatischer Auswirkungen früher Erfahrungen vor allem im Zusammenhang mit der Mutter sind [2]. Gerade in technischen Theorien, die *der Korrektur der emotionalen Erfahrung* eine wichtige Rolle einräumen, müssen sich diese Sachverhalte widerspiegeln.

[1] Vgl. Teil I (Kap. II), Teil IV (Kap. II) und die dort zitierten Arbeiten vor allem von Bowlby, A. Freud, Racamier, Spitz und Soulé.

[2] Vgl. S. Nacht, »*La distorsion du Moi*« [255].

Diesen Autoren gemäß trägt die spezifische Eigenart der sich während der psychoanalytischen Behandlung beim Erwachsenen bildenden Übertragungsbeziehung mehr als jede andere Annäherungsweise zum Verständnis des traumatischen Charakters infantiler Erfahrungen bei – so etwa die Auffassung von S. D. LIFTON [235], der die psychologischen Probleme der Amygdalectomie [Mandelentfernung] untersucht hat. Er ist der Ansicht, daß dieser Eingriff nachhaltige Wirkungen nach sich ziehen kann, weil er im allgemeinen bei sonst gutem Gesundheitszustand vorgenommen wird und die Aggressivität der Eltern legalisiert, die vollkommen guten Gewissens gehandelt zu haben glauben; weiter hält er dafür, daß ihre Auswirkungen durch Rekonstruktion besser als durch direkte Untersuchung (selbst in Verbindung mit Langzeituntersuchungen) eingeschätzt werden können.

Die FREUDsche Auffassung des Traumas hat sich offensichtlich gewandelt – von den ersten Untersuchungen über Hysterie bis hin zu den ökonomischen und metapsychologischen Analysen. Gleichwohl waren bereits die »Studien über Hysterie« [102] weit entfernt von jener naiven und seither popularisierten Auffassung vom großen und einzigen Trauma:

»Nicht selten finden sich anstatt des einen großen Traumas bei der gewöhnlichen Hysterie mehrere Partialtraumen, gruppierte Anlässe, die erst in ihrer Summierung traumatische Wirkung äußern konnten und die insofern zusammengehören, als sie zum Teil Stücke einer Leidensgeschichte bilden.«

Weiter schreiben FREUD und BREUER:

»In noch anderen Fällen sind es an sich scheinbar gleichgültige Umstände, die durch ihr Zusammentreffen mit dem eigentlich wirksamen Ereignis oder mit einem Zeitpunkt besonderer Reizbarkeit eine Dignität als Traumen gewonnen haben, die ihnen sonst nicht zuzumuten wäre, die sie aber von da an behalten.«

Seit den »Studien über Hysterie« kam FREUD oft auf das Trauma zurück, nicht nur bei der einschneidenden Revision der Verführungstheorie, sondern auch in den Untersuchungen über die Angst. Die Bedeutung des Traumas spiegelt sich noch in dem Gegensatz wider, den er zur Zeit der »Vorlesungen zur Einführung in die Psychoanalyse« [129] zwischen Aktualneurosen – eben den traumatischen – einerseits und narzißtischen und Übertragungsneurosen andererseits konstruierte. Bei der Aktualneurose ist die Angst die gewissermaßen direkte Folge einer nicht abgeführten Spannung, die die Bedingungen und allgemeinen Lebensumstände zum Vorschein kommen läßt. Während des Ersten Weltkrieges mußte FREUD zwangsläufig sein Interesse den sogenannten traumatischen Neurosen zuwenden: Bekanntlich schlugen sich seine konkreten diesbezüglichen Überlegungen in seinem Aufsatz »Jenseits des Lustprinzips« [134] und in der Beschreibung des Wiederholungszwanges und des Todestriebes nieder.

Die Tendenz zur Trägheit, der Wiederholungszwang und die masochistische Triebneigung warfen zum Zeitpunkt ihrer Analyse zahlreiche metapsychologische Probleme auf, die im historischen wie im ökonomischen Bereich zur Vertiefung der Einsicht in das Gewebe der Ich-Organisation führen mußten. In »Hemmung, Symptom und Angst« [141] aus dem Jahre 1926 formulierte Freud seine letzte Theorie der Angst – Angst als Signal einer bevorstehenden Gefahr. Diese Theorie schlägt die Brücke zwischen den beiden Entwicklungspolen seines Denkens, zumal er mit ständigen Akzentverschiebungen – sei es auf die Rolle biologischer Kräfte und Triebrepräsentanzen, sei es auf die psychologischer Objekte – arbeitete. Gerade in *dieser seiner letzten metapsychologischen Definition des Traumas* findet die psychoanalytische Theorie am deutlichsten zur Einheit von ökonomischer Dimension und Konfliktbeschreibung: »In der Beziehung zur traumatischen Situation, gegen die man hilflos ist, treffen äußere und innere Gefahr, Realgefahr und Triebanspruch zusammen. Mag das Ich in dem einen Falle einen Schmerz, der nicht aufhören will, erleben, im anderen eine Bedürfnisstauung, die keine Befriedigung finden kann, die ökonomische Situation ist für beide Fälle die nämliche, und die motorische Hilflosigkeit findet in der psychischen Hilflosigkeit ihren Ausdruck.«

Anna Freud hat in ihrem Beitrag zum Symposion von 1961 [98], das unter der Schirmherrschaft des *»Fonds de Recherches et de Developpement psychanalytiques«* stand, angemerkt, daß diese – letzte – Definition Freuds es nachgerade erschwert, sich weiterhin auf die des alten und pathogenen Traumas zu berufen, wie es zuerst von Freud untersucht wurde.

Bereits in den »Vorlesungen zur Einführung in die Psychoanalyse« (1916) [129] schrieb er:

»Ja, der Ausdruck traumatisch hat keinen anderen Sinn als einen solchen ökonomischen. Wir nennen so ein Erlebnis, welches dem Seelenleben innerhalb kurzer Zeit einen so starken Reizzuwachs bringt, daß die Erledigung oder Aufarbeitung desselben in normalgewohnter Weise mißglückt, woraus dauernde Störungen im Energiebetrieb resultieren müssen.«

Freud bestätigte diese Definition schließlich in den »Neuen Vorlesungen« (1932) [144]:

»Wir sehen aber auch noch etwas anderes; vielleicht ist dies die Lösung, die wir suchen. Nämlich, daß es sich hier überall um die Frage der relativen Quantitäten handelt. Nur die Größe der Erregungssumme macht einen Eindruck zum traumatischen Moment, lähmt die Leistung des Lustprinzips, gibt der Gefahrsituation ihre Bedeutung.«

Diese Freudschen Definitionen machen deutlich, daß die *direkte* Beobachtung des Kindes die Einschätzung der traumatischen Qualität bestimmter Ereignisse schwerlich ermöglicht. Festzuhalten bleibt hier, mit anderen Autoren, die zu zitieren wir Gelegenheit haben werden, daß die *psychoanalytische Rekonstruktion* die einzige Methode für das Verständnis dessen ist, was vom Subjekt in der Kindheit erfahren und erlebt wurde. Tatsächlich steht das Trauma nicht mit situationsbedingten externen Ursachen in Zusammenhang: die spektakulärsten Ereignisse können folgenlos bleiben, während alltägliche Lebenssituationen, selbst wenn das Kind sie bereits bei anderen Gelegenheiten zu meistern gelernt hat, sich manchmal als desorganisierend erweisen.

Die traumatische Qualität bestimmter in der Analyse wiederaufgefundener Ereignisse, vor allem bestimmter Verführungsszenen, kann nur erfaßt werden, wenn man die *zeitliche Abfolge* in Rechnung stellt, in der sie eingetreten sind. Die Frage ist berechtigt, ob die Verführung oder das traumatische Ereignis nicht sogar zu einer Zeit vorgefallen sind, wo das Kind unter Berücksichtigung seiner Phantasieorganisation ihr Eintreten gar nicht provoziert hat. Eben das hat bereits ABRAHAM im Jahre 1907 angemerkt, und viele andere Kinderanalytiker nach ihm[3]. Die Erinnerung an diese Ereignisse ist überdies bis zur analytischen Behandlung unterdrückt; sie erst weist ihr ihre wirkliche Bedeutung zu, und zwar nicht aufgrund ihres eigenen Wesens, sondern aufgrund des Schuldgefühls, das den herausfordernden Reiz zum Ausdruck bringt, den die heute ausagierten Phantasien ausgelöst haben.

In diesem Zusammenhang versucht ANNA FREUD [98] das zu systematisieren, was sich heute über das »Trauma« aussagen läßt. Sie stellt die individuellen Unterschiede im Ertragen von Unlust, Angst und Gefahr in Rechnung, die mit schmerzhaften Erfahrungen verbunden sind. Eben das nennt sie »Sensitivierung«. Ebenso berücksichtigt sie Altersunterschiede, wobei die Gefahr *vor* der eigentlichen Ichentwicklung größer ist, und die diesbezügliche Variationsbreite für jedes Individuum. Um das zu erweisen, wählt sie den paradoxen Widerstand gegen das Trauma als Beleg, der von ihm selbst hervorgebracht wird, wie es etwa bei Kriegs- oder Deportationserfahrungen der Fall ist. Auch die Persönlichkeitsstruktur spielt eine Rolle für die Fähigkeit der Beherrschung von Gefahr-Stimulatien, zumal der Hysteriker paradoxerweise Traumen erträgt, während der Zwangskranke sich davor zu schützen versteht. Ebenso macht sie hier deutlich, daß beispielsweise der Phobiker, wenn er seine ganze Angst auf das phobogene Objekt projiziert, das niemals vollkommen zu umgehende Zusammentreffen mit ihm zur Quelle eines traumatisierenden Austausches zu machen trachtet.

Im Schlußteil dieser Arbeit schlägt ANNA FREUD vor, die Analyse der Bedeutung von Traumen auf präzise Angaben hinsichtlich ihrer Beschaffenheit, ihrer Handgreiflichkeit, ihrer zerstörerischen Auswirkungen auf die Ich-Organisation und deren Entwicklung zu beschränken.

ERNST KRIS hat sich bemüht – in jener Arbeit, auf die wir uns bereits mehr als einmal berufen haben [206] –, den genauen Stellenwert der Rekonstruktionsarbeit angesichts traumatischer Elemente dingfest zu machen:

»Wir scheinen nicht immer in der Lage zu sein – und nur selten mit der wünschenswerten Schärfe –, zwischen den Auswirkungen zweier Arten von traumatischen Erfahrungen zu unterscheiden: den Auswirkungen einer einzigen Erfahrung, wenn die Realität hart und manchmal plötzlich in das Leben des Kindes eingreift – das chocartige Trauma –, und den Auswirkungen langedauernder Situationen, die aufgrund der Häufung frustraner Spannungen zustandekommen – das Ketten-Trauma.«

Der Autor merkt überdies mit ANNA FREUD an, daß ein erwachsener Patient über diese *traumatische Kette* wie über ein *isoliertes Ereignis* berichten kann, während doch die ständige Bearbeitung in Rechnung gestellt werden muß, zu der wieder-

[3] Vgl. L. FRANKL, »*Self Preservation and the Development of Accident Proneness in Children and Adolescents*«, in: *The Psychoanal. Study of the Child* XIV [92].

holte traumatische Ereignisse geführt haben. Diese Auffassung hat J. SANDLER veranlaßt, den Begriff eines »Deck-Traumas[4]« [295] vorzuschlagen.

Die Auffassung von KRIS nähert sich der, die MASUD KHAN vorgetragen hat, als er von »kumulativen Traumen« [190] sprach. Er beschreibt die Mutter als »Schutzschild« gegen traumatische Situationen und hält, mit Bezug auf WINNICOTTS Beschreibung der »Einheit des umsorgten Kleinkindes und der umsorgenden Mutter«, alle unscheinbaren Situationen für traumatisch, die sich im Zuge der Geschichte dieser Verschmelzungseinheit hemmend bemerkbar machen können, nicht nur die Trennung, wie BOWLBY [43] es möchte, sondern auch die Überängstlichkeit der Mutter bei Entwicklungsstörungen des Kindes und die allmählichen und verzögernden Reaktionen, die sie provozieren.

Aber diese Theorien über das Trauma laufen Gefahr, den Wert des Begriffes abzuschwächen, zumal die Frage berechtigt ist, ob nicht das Leben eines jeden von uns durch die versteckten Auswirkungen unausweichlicher Veränderungen in den ersten präobjektalen und Objektbeziehungen geprägt wurde. Es wäre angebracht zu wissen, was an diesen Ereignisketten signifikant gewesen ist, und zwar ebenso im Bereich pathologischer Bildungen wie in dem der Reaktionsformen und Entwicklungsstadien. WILLI HOFFER [180], der von »stillen Traumen« zur Zeit des Differenzierungsstadiums gesprochen hat, wo die fehlende Hilfeleistung der Umgebung besonders traumatisierend ins Gewicht fällt, und PHYLLIS GREENACRE [162], die nachdrücklich die Folgen betont hat, die diese Traumen für die narzißtischen Besetzungen haben können, haben gezeigt, daß der Begriff des Traumas mit seiner Ausweitung Gefahr läuft, vage zu werden und mit anderen Begriffen zusammenzufallen, von denen er schwer unterscheidbar wird – wie dem der Fixierung oder dem der Regression.

Wie aus unserer Analyse der Urszene im »Wolfsmann« ersichtlich wurde, kann ein Trauma sich auch zu einem späteren Zeitpunkt als dem auswirken, wo es sich einstellte. FREUD konnte deutlich machen, daß der »Wolfsmann« die Urszene im Alter von eineinhalb Jahren beobachtet hatte; obwohl aber dieses Trauma seither für die Organisation des psychischen Geschehens des Kindes eine Rolle gespielt hatte, konnte es deren Folgen nur anhand jenes Traumes erleben, dessen Verbindung mit der Urszene erst zur Zeit der Analyse im Erwachsenenalter erklärbar wurde: »(Die Sexualentwicklung) wird zuerst durch die Verführung entscheidend beeinflußt und nun durch die Szene der Koitusbeobachtung abgelenkt, die wie eine *zweite Verführung* wirkt[5].«

Schon im »Entwurf einer Psychologie« (in den »Anfängen der Psychoanalyse« [103]) hatte FREUD im Zusammenhang mit dem hysterischen πρῶτον ψεῦδος gezeigt, daß »eine Erinnerung verdrängt wird, die nur *nachträglich* zum Trauma geworden ist«. Es handelt sich um den Fall Emma, der nicht in das publizierte Werk FREUDS aufgenommen wurde, hier aber zur Klärung des Begriffs des zweizeitigen Traumas vorgestellt zu werden verdient. Die Patientin, die außerstande ist, allein

[4] Es handelt sich um Erinnerungen an Eindrücke, die entscheidende traumatische Bedeutung für das Individuum haben, die aber frühere, noch entscheidendere Erfahrungen verdecken können. Vgl. J. SANDLER, »*The Classification of Superego Material in the Hampstead Index*«, in *Psychoanal. Study of the Child*, XVII.

[5] Hervorhebung v. d. Autoren.

ein Geschäft zu betreten, erinnerte sich, daß sie im Alter von zwölf Jahren zwei Verkäufer in lautes Lachen hat ausbrechen hören, und meinte, daß sich die Männer über ihre Kleidung lustig machten. Aber die Analyse brachte zum Vorschein, daß in ihrem achten Lebensjahr ein Händler sie durch die Kleider hindurch in die Genitalien gekniffen hatte. Sie war noch einmal zu diesem Händler gegangen, hatte es dann aber aufgegeben, weil sie sich vorwarf, ihn provoziert zu haben. Den assoziativen Zusammenhang zwischen beiden Szenen liefert das Lachen, das der Verkäufer und das des Händlers. In beiden Fällen war das Kind, später das junge Mädchen, ohne Begleitung; daher die Angst, daß die Verkäufer ihre Attacke *wiederholen* könnten. Denn seit dem Initialtrauma hatte sich eine neue, durch die Pubertät ausgelöste, aber mit der Entwicklung verbundene Situation ergeben: die Möglichkeit der sexuellen Entbindung, die sich in Angst umsetzt. Die Erinnerung an die Gesten des Näschereienhändlers trifft mit einem *neuen Zustand zusammen und wird traumatisch.* Der Beweis dafür ist, daß einer der Verkäufer dem zwölfjährigen Mädchen gefallen hat, daher die Vorstellung, nicht allein im Geschäft bleiben zu können. Die einzige bewußte Verbindung zwischen den beiden Szenen ist die Kleidung (die Verkäufer haben sich über ihre Kleider lustig gemacht, der Händler hat sie berührt).

»Man könnte sagen, es sei ganz gewöhnlich, daß eine Assoziation durch unbewußte Mittelglieder durchgeht, bis sie auf ein bewußtes kommt, wie es hier geschieht. Wahrscheinlich tritt dann jenes Glied ins Bewußtsein, welches ein besonderes Interesse erweckt. In unserem Beispiel ist aber gerade das bemerkenswert, daß nicht jenes Glied ins Bewußtsein tritt, welches ein Interesse weckt (Attentat), sondern ein anderes als Symbol (Kleider). Fragt man sich, was die Ursache dieses eingeschobenen pathologischen Vorganges sein mag, so ergibt sich nur eine einzige, die *Sexualentbindung,* die auch im Bewußtsein bezeugt ist. Diese ist an die Attentatserinnerung geknüpft, allein es ist höchst bemerkenswert, daß sie an das Attentat, als es erlebt wurde, nicht geknüpft wurde. Es liegt hier der Fall vor, daß eine Erinnerung einen Affekt erweckt, den sie als Erlebnis nicht erweckt hatte, weil unterdes die Veränderung der Pubertät ein anderes Verständnis des Erinnerten ermöglicht hat.«

In diesem Zusammenhang hat J. SANDLER von einem »retrospektiven Trauma« gesprochen.

Die verschiedenen Aspekte der im Verlauf der Erwachsenenanalyse rekonstruierten Traumen, ihre Verbindung zu Fixierungen und daraus resultierenden Organisationen und zur Angst, die, gemäß der letzten Theorie FREUDS, gewissermaßen das Instrument ist, das das Ich vor der traumatischen Gefahr warnt, machen deutlich, daß die Untersuchung des genauen Stellenwertes von Traumen – mit Ausnahme günstig gelagerter Fälle, jenen massiven und einzigen Traumen – unmöglich wird, wenn man nicht versucht, deren Konsequenzen im Bereich der Ich-Organisation und der narzißtischen und Objekt-Besetzungen zu erfassen.

Nun ist aber die Situation des Erwachsenenanalytikers ebenso günstig wie unbequem für die Bewertung der Bedeutung von traumatisierenden Situationen und Ereignissen, wie sie auf der Rekonstruktionsszene in Erscheinung treten. Die vorhergehenden Überlegungen haben die Schwierigkeiten deutlich gemacht: der frühe Zeitpunkt der Auswirkungen, die Unscheinbarkeit der Ursachen, die Häufung von Eindrücken, die Kette von Ereignissen, die in ein einziges Trauma einmünden, die Bedeutung endopsychischer Traumen und die Nachträglichkeit der traumatischen Auswirkung eines Ereignisses sind Beispiele für die unüberbrückbaren Schwierigkeiten der Einschätzung.

Der Kinderanalytiker ist, wie wir sehen, besser gerüstet, um die wirkliche Bedeutung eines Ereignisses zu beurteilen, wenn er sich bewußt hält, daß die für ihn in Erscheinung tretenden Bildungen nur die beweglichen Prästrukturen sind, deren Schicksal zu erfassen er sich bemüht[6].

Jedenfalls bleibt es eine schwierige Aufgabe, die Rolle der Traumen in der erlebten Geschichte der Patienten zu isolieren, wenn man die Schwierigkeiten in Rechnung stellt, die sich bei der Unterscheidung der Rolle der Ereigniskette und der der daraus resultierenden Folgen ergeben. Man könnte sagen, daß die Traumen, die im strengen Sinne und in metapsychologischen Begriffen durch die *Unfähigkeit des Ich definiert* werden, *die mit einer Situation verbundene Gefahr zu meistern,* die Prototypen der angstauslösenden Gefahr sind. Die internen und externen traumatisierenden Faktoren führen von sich aus zu Ich-Veränderungen (vor allem zu Regressionen, die durch die Fixierungsstellen bestimmt werden, die ihrerseits den bereits erlebten traumatischen Situationen aufs genaueste entsprechen). Der Ich-Regression entspricht die Trieb-Regression. Die Ich-Veränderungen können strukturbildend werden und die Entwicklung der Triebe und die Organisation ausgleichender Instanzen ermöglichen. Das Wiederauftauchen von Trieben in regressiver Form führt zur Symptombildung.

Es bleibt schwierig, die pathogene Bedeutung bestimmter Traumen genau zu bestimmen, zumal die gesamte vorhergehende Diskussion lediglich die Variabilität und die Unscheinbarkeit der äußeren Umstände und internen Faktoren gezeigt hat, die sich auswirken oder – im Gegenteil – ohne wirkliche Bedeutung bleiben können. Die Arbeiten von Kinderanalytikern machen ihre Komplexität deutlich und insistieren darauf, daß *sie immer unter bestimmten Entwicklungsbedingungen des Ich wirksam werden,* die überdies die traumatisierenden Bedingungen der ersten Objektbeziehungen und der ihnen zugrundeliegenden endopsychischen Konflikte widerspiegeln können.

Beim Erwachsenen erlaubt die Beschwörung oder das Erinnern eines Traumas im Verlauf einer analytischen Behandlung darüber hinaus nicht die Beurteilung des Zeitpunkts seines Eintretens (ARLOW [17]). Es gibt eine bestimmte Kontinuität zwischen prägenitalen Zerstückelungs- und ödipalen Kastrationsphantasien, wobei ihre Bildung vom Wesen der traumatisierenden Erfahrungen ebenso wie von der Ichentwicklung abhängt.

Zweifellos war FREUD in »Hemmung, Symptom und Angst« [141] der Auffassung, daß der Prototyp der Gefahrsituation der *Objektverlust* sei. Manche Autoren (vor allem BOWLBY [43]) haben darin ein Argument zugunsten ihrer eigenen Position gesehen, die die Existenz einer Primärverbindung zwischen Mutter und Kind aufzuweisen bemüht ist, einer Verbindung, deren Ausdrucksweisen augenscheinlich von den Reifeprozessen, ebenso aber von Instinktmechanismen mit

[6] Vgl. die jüngeren Arbeiten von ANNA FREUD [99] zu diesem Thema.

verschiedenen Auslösern nach bekannten ethologischen Mustern abhängen. Die Matrix der Angst wären dann die Trennung und die Trauer.

Es ist hier nicht der Ort, diese These zu diskutieren, auf die zurückzukommen wir Gelegenheit haben werden. Hier wäre nur zu sagen, daß sie die Analyse der psychischen Ökonomie vernachlässigt, d. h. des »Ausmaßes von Gefahr«, dem das Kind zu einem Zeitpunkt entgegensehen muß, wo seine unsichere Beziehung zur Außenwelt sich auf seine Abhängigkeit beschränkt, was seine narzißtischen Besetzungen ins Spiel bringt.

Diese Position steht ebenso im Widerspruch zur letzten Triebtheorie, der der Bipolarität von Lebens- und Todestrieben. FREUD kam, als er 1926 von Objektverlust als der traumatischen Situation *par excellence* sprach, auf ein Schema zurück, das er schon im »Entwurf einer Psychologie« [103] FLIESS vorgelegt hatte:

»Zunächst, wenn das Trauma (Schmerzerlebnis) kommt – die allerersten entgehen überhaupt dem Ich –, zur Zeit, da es schon ein Ich gibt, geschieht eine Unlustentbindung, aber gleichzeitig ist auch das Ich tätig, Seitenbesetzungen zu schaffen. Wiederholt sich die Besetzung der Erinnerungsspur, so wiederholt sich auch die Unlust, allein auch die Ichbahnungen sind schon vorhanden, die Erfahrung zeigt, daß zum zweiten Male die Entbindung geringer ausfällt, bis sie mit weiterer Wiederholung auf die dem Ich genehme Intensität eines Signals einschrumpft.«

Wie bekannt, arbeitete FREUD hier mit dem Begriff der Quantität:

»Es wird dann durch Nichtgebrauch der Weg zur Unlustentbindung allmählich seinen Widerstand vergrößern. Bahnungen sind ja dem allmählichen Verfall (Vergessen) unterworfen. Erst dann ist diese Erinnerung eine gebändigte Erinnerung wie eine andere.«

Man könnte also sagen, daß die Erinnerungen an pathogene Traumen, deren Auswirkungen noch jetzt wirksam sind, dieser Regel nur aufgrund der gegen das Ich gerichteten Aggressivität entgehen, das ihr Schicksal bestimmt, wobei die Triebmischung nicht ausreicht, das Ich dem Todestrieb ausweichen zu lassen.

FREUD entwickelte mehrfach die Vorstellung, daß die Objekt-Differenzierung nicht nur zur grundlegenden Angst vor dem Objektverlust führe, sondern daß sie die *Geburtsangst* reproduzieren könne. Die Wendung, die RANK [279] dieser Theorie gab, ist bekannt; er systematisierte sie exzessiv und entfernte sich damit von klassischen Auffassungen der Psychoanalyse. 1926 akzeptierte FREUD in seiner zweiten Angsttheorie gleichwohl die Vorstellung, daß »als solches vorbildliches Erlebnis [...] sich uns für den Menschen die Geburt bietet, und darum sind wir geneigt, im Angstzustand eine Reproduktion des Geburtstraumas zu sehen« (»Hemmung, Symptom und Angst« [140]).

Einige Seiten später schreibt er:

»Was aber ist eine ›Gefahr‹? Im Geburtsakt besteht eine objektive Gefahr für die Erhaltung des Lebens; wir wissen, was das in der Realität bedeutet. Aber psychologisch sagt es uns gar nichts. Die Gefahr der Geburt hat noch keinen psychischen Inhalt. Sicherlich dürfen wir beim Fötus nicht voraussetzen, was sich irgendwie einer Art von Wissen um die Möglichkeit eines Ausgangs in Lebensvernichtung annähert. Der Fötus kann nichts anderes bemerken als eine großartige Störung in der Ökonomie seiner narzißtischen Libido. Große Erregungssummen dringen zu ihm, erzeugen neuartige Unlustempfindungen, manche Organe erzwingen sich erhöhte Besetzungen, was wie ein Vorspiel der bald beginnenden Objektbesetzung ist; was davon wird als Merkzeichen einer ›Gefahrsituation‹ Verwertung finden?«

Später übt FREUD einschneidende Kritik an den RANKschen Hypothesen:

»Man kann ihm zweierlei vorwerfen: Erstens, daß er auf der Voraussetzung beruht, das Kind habe bestimmte Sinneseindrücke, insbesondere visueller Natur, bei seiner Geburt empfangen, deren Erneuerung die Erinnerung an das Geburtstrauma und somit die Angstreaktion hervorrufen kann. Diese Annahme ist völlig unbewiesen und sehr unwahrscheinlich; es ist nicht glaubhaft, daß das Kind andere als taktile und Allgemeinsensationen vom Geburtsvorgang bewahrt hat. Wenn es also später Angst vor kleinen Tieren zeigt, die in Löchern verschwinden oder aus diesen herauskommen, so erklärt RANK diese Reaktion durch die Wahrnehmung einer Analogie, die aber dem Kinde nicht auffällig werden kann. Zweitens, daß Rank in der Würdigung dieser späteren Angstsituation je nach Bedürfnis die Erinnerung an die glückliche intrauterine Existenz oder an deren traumatische Störung wirksam werden läßt, womit der Willkür in der Deutung Tür und Tor geöffnet wird. Einzelne Fälle dieser Kinderangst widersetzen sich direkt der Anwendung des RANKschen Prinzips. Wenn das Kind in Dunkelheit und Einsamkeit gebracht wird, so sollten wir erwarten, daß es diese Wiederherstellung der intrauterinen Situation mit Befriedigung aufnimmt, und wenn die Tatsache, daß es gerade dann mit Angst reagiert, auf die Erinnerung an die Störung dieses Glücks durch die Geburt zurückgeführt wird, so kann man das Gezwungene dieses Erklärungsversuches nicht länger verkennen.«

BELA GRUNBERGER [166], der sich ebenfalls auf den Bruch der unmittelbaren Verschmelzungseinheit beruft, untersucht die Veränderungen der narzißtischen »Vollständigkeit« [*complétude*] von ihrer Entstehung an: *Das Kind im Schoße der Mutter verwirklicht diesen Zustand der Vollständigkeit dank der Einheit, die es mit ihr bildet, d. h. in der Verschmelzung von* Inhalt *und* Beeinhaltendem. GRUNBERGER stellt die Hypothese auf, daß das Leben – wie die analytische Behandlung – eine virtuelle Verwirklichung der »Vollständigkeit« ist und daß das Geburtstrauma, wie es in Ergänzungsreihen zu den verschiedenen Stadien der Libidoentwicklung wiedererlebt wird, durch die narzißtische »Bestätigung« wiedergutgemacht wird.

Wir haben in diesem Kapitel die Bedeutung der im Verlauf einer psychoanalytischen Erwachsenenbehandlung rekonstruierten Traumen zu verstehen versucht. Das Gewicht, das wir ihnen bei der Rekonstitution des Gewebes der Persönlichkeitsorganisation eingeräumt haben, läßt uns nicht wieder auf die primitive Analyse der Konflikte zwischen Trieben und Außenwelt zurückfallen, weil wir, einmal mehr, das, was das Kind war und wurde, lediglich im Verhältnis zu qualitativen und quantitativen Dimensionen haben einschätzen können – denen der Besetzungen.

KAPITEL VII

Schluß

FREUD hat die Entwicklung der infantilen Sexualität und die Umwandlungen der Libido im wesentlichen dank der Einsichten beschrieben, die er sich bei der psychoanalytischen Erwachsenenbehandlung erworben hatte. Die Erinnerung und die Übertragungswiederholung dessen, was nicht erinnert wurde, gehen in der Deutungsarbeit auf, die die Rekonstruktionen – besser: die Konstruktionen – möglich macht.

Die Geschichte der psychoanalytischen Theorie umgreift, wie wir bereits mehrfach gezeigt haben, die Entwicklung, die FREUD von der Analyse der pathogenen Traumen bis hin zur metapsychologischen Untersuchung der endopsychischen Kräfte und Konflikte durchlaufen hat. Nie ist das Objekt jedoch zugunsten des Triebes vernachlässigt worden.

Wenn es – und das haben wir deutlich machen zu können geglaubt – leicht einzusehen ist, warum die breite Öffentlichkeit unter Beihilfe der Vulgarisatoren der Psychoanalyse die Theorie des Traumas und der Verführung zu ihrer Entlastung bevorzugt hat, so lassen sich ebenso leicht die kulturellen und soziologischen Gründe vorstellen, die den Erfolg eines bestimmten Kulturalismus in der Psychoanalyse lanciert haben: für diese theoretische Strömung existieren lediglich abstrakte Konflikte zwischen den Rechten des Individuums und dem repressiven Druck der Gesellschaft.

Wir haben angenommen, es sei angemessen, die Untersuchung des Traumas bei der Entwicklung des Kindes nicht nur ausgehend von frühen Erfahrungen und ihrem Einfluß auf die individuellen Besonderheiten der Objektbeziehung, sondern auch von den Erregungsquantitäten aus in Angriff zu nehmen, die das sich entwikkelnde Ich während massiver oder schleichender traumatischer Einwirkung beherrschen muß.

Man kann also nicht vorbehaltlos jener ganzen Richtung zustimmen, die in der Theorie das Hauptgewicht auf das Ereignis und in der Technik auf die Korrektur der emotionalen Erfahrung legt. Auf dem Kongreß für Psychiatrie von 1950 [11] hat FRANZ ALEXANDER die Entwicklung der Psychoanalyse in drei Phasen eingeteilt: der ersten entspricht die Entdeckung des Unbewußten; sie führte auf technischem Gebiet zur Rekonstruktion. Die zweite Phase korrespondiert mit der Analyse der defensiven und integrativen Ichfunktionen; ihr therapeutisches Instrument war dabei die Handhabung der Übertragung. ALEXANDER schlägt vor, die Rekonstruktion durch die *vision de soi* – so die Übersetzung für *insight* – zu ersetzen, und nimmt an, daß der Wunsch nach Reorganisation, der sich aus dieser neuen Einsicht ableitet, durch die Korrektur der emotionalen Erfahrung begünstigt werde, und das leitet zur dritten Phase über.

Unglücklicherweise sind bei der ökonomischen Organisation pathologischer Zustände, deren Behandlung wir in Angriff nehmen, ökonomische Kräfte im Spiel: es ist keineswegs leicht, sie zu verschieben, und die Perspektive neuer Befriedigungsmöglichkeiten reicht da nicht aus.

Mit anderen Worten: es handelt sich tatsächlich nicht darum, in der psychoanalytischen Behandlung das Unbewußte dank des Erinnerns durch das Bewußte zu ersetzen; wir möchten vielmehr die Umarbeitung der Primärprozesse in Funktionen begünstigen, die teilweise in das System Bw integriert sind, das seinerseits den Gesetzen der Sekundärprozesse gehorcht.

Wenn wir, wie ersichtlich, den Akzent ständig auf die ökonomische Dimension gelegt haben, die auf die psychische Organisation einwirkte und in der psychoanalytischen Strukturuntersuchung erfaßt wurde, so hat uns das doch nicht dazu verleitet, der Vorstellung nachzugeben, die *Phantasie sei objektlos*. Der Fortschritt und die Veränderung der Objektbesetzungen leiten ihre Bearbeitung durch die erlebten Erfahrungen. Wir sind nicht, wie LAPLANCHE und PONTALIS, der Ansicht, daß die Phantasie die Triebe ummodelt, und zwar nach den symbolischen Formen einer vorgeprägten Sprache, der des Unbewußten und der Ethnologen; sondern glauben im Gegenteil, daß es sich um die Sprache der Triebe handelt, wenn ihre Repräsentanzen auf einen psychologischen Status Anspruch erheben können, in den das Objekt sie überführt.

So haben wir bei der Erwachsenenbehandlung das Hauptgewicht auf die psychoanalytische Rekonstruktion gelegt, sowohl bei der Deckerinnerung wie bei der Urszene und dem Trauma, ohne uns allzusehr mit der Realität der erlebten Erfahrungen zu befassen.

Die Frage ist jetzt an der Zeit, ob die Analyse von Kindern für deren analytisches Verständnis ergiebiger ist als die von Erwachsenen. Sie wird Gegenstand der Ausführungen des zweiten Teiles dieses Buches sein. Später wird dann auch die Frage nach den Grenzen gestellt werden müssen, die diesen psychoanalytischen Rekonstruktionen beim Kind wie beim Erwachsenen durch die direkte, mit neurobiologischen und psychologischen Einsichten angereicherte Beobachtung gesetzt werden.

FREUD seinerseits hatte deutlich erfaßt, was in diesem Zusammenhang von der Erwachsenenanalyse erwartet werden durfte und was nicht. Auf den ersten Seiten des »Wolfsmannes« schrieb er:

»Meine Beschreibung wird also von einer infantilen Neurose handeln, die nicht während ihres Bestandes, sondern erst fünfzehn Jahre nach ihrem Ablauf analysiert worden ist. Diese Situation hat ihre Vorzüge ebensowohl wie ihre Nachteile im Vergleiche mit der anderen. Die Analyse, die man am neurotischen Kind selbst vollzieht, wird von vornherein vertrauenswürdiger erscheinen, aber sie kann nicht sehr inhaltsreich sein; man muß dem Kind zuviel Worte und Gedanken leihen und wird vielleicht doch die tiefsten Schichten undurchdringlich für das Bewußtsein finden. Die Analyse der Kindheitserkrankung durch das Medium der Erinnerung bei dem Erwachsenen und geistig Gereiften ist von diesen Einschränkungen frei; aber man wird die Verzerrung und Zurichtung in Rechnung bringen, welcher die eigene Vergangenheit beim Rückblick aus späterer Zeit unterworfen ist. Der erste Fall gibt vielleicht die überzeugenderen Resultate, der zweite ist der bei weitem lehrreichere [1].«

[1] Auf diesen bereits zitierten Abschnitt muß erneut nachdrücklich hingewiesen werden.

Aus dieser Sicht ist die psychoanalytische Rekonstruktion auch ergiebiger als die anamnestische Erkundigung, um eine bereits zitierte Passage wiederaufzunehmen:

»Mitteilungen solcher Art darf man in der Regel als Material von uneingeschränkter Glaubwürdigkeit verwerten. Es läge darum nahe, die Lücken in der Erinnerung des Patienten durch Erkundigungen bei den älteren Familienmitgliedern mühelos auszufüllen, allein ich kann nicht entschieden genug von solcher Technik abraten. Was die Angehörigen über Befragen und Aufforderung erzählen, unterliegt allen kritischen Bedenken, die in Betracht kommen können. Man bedauert es regelmäßig, sich von diesen Auskünften abhängig gemacht zu haben, hat dabei das Vertrauen in die Analyse gestört und eine andere Instanz über sie gesetzt. Was überhaupt erinnert werden kann, kommt im weiteren Verlauf der Analyse zum Vorschein.«

Andererseits war sich Freud über die infantilen Ereignisse und die krankheitsorganisierende Pathologie im klaren:

»Ich behaupte, daß der Kindheitseinfluß sich bereits in der Anfangssituation der Neurosenbildung fühlbar macht, indem er in entscheidender Weise mitbestimmt, ob und an welcher Stelle das Individuum in der Bewältigung der realen Probleme des Lebens versagt.«

Die Distanz zwischen dem Zeitpunkt der Analyse und den Ereignissen ermöglicht die Erinnerung »mit den bewußten Prozessen des Augenblicks«. Die Erwachsenenanalyse eröffnet also das »Verständnis der Organisation der infantilen Neurose und des Warum der Krankheit von Erwachsenen«.

Festzuhalten bleibt, daß Freud [133 = »Über die Psychogenese eines Falles von weiblicher Homosexualität«] die Grenzen der psychoanalytischen Rekonstruktion ebenso unbestechlich festgelegt hat:

»Solange wir die Entwicklung von ihrem Endergebnis aus nach rückwärts verfolgen, stellt sich uns ein lückenloser Zusammenhang her, und wir halten unsere Einsicht für vollkommen befriedigend, vielleicht für erschöpfend. Nehmen wir aber den umgekehrten Weg, gehen wir von den durch die Analyse gefundenen Voraussetzungen aus und suchen diese bis zum Resultat zu verfolgen, so kommt uns der Eindruck einer notwendigen und auf keine andere Weise zu bestimmenden Verkettung ganz abhanden. Wir merken sofort, es hätte sich auch etwas anderes ergeben können, und dies andere hätten wir ebensogut verstanden und aufklären können. Die Synthese ist also nicht so befriedigend wie die Analyse; mit anderen Worten, wir wären nicht imstande, aus der Kenntnis der Voraussetzungen die Natur des Ergebnisses vorherzusagen.«

ZWEITER TEIL

Die Rekonstruktion der kindlichen Vergangenheit durch Psychoanalyse des Kindes

Einleitung

Die Psychoanalyse von Kindern, wie sie nunmehr seit mehreren Jahrzehnten ausgeübt wird, hat zu einem besseren Verständnis der ersten Organisationsstufen ihrer Entwicklung beigetragen, vor allem weil man sogenannte Frühbehandlungen an Kindern von weniger als fünf Jahren, vor oder nach der Blütezeit der ödipalen Phase, unternommen hat. Nicht weniger bedeutsam scheint der Beitrag psychiatrischer Teams unter dem Einfluß psychoanalytischer Theorien vor allem in Kinderbetreuungszentren für das Verständnis der Entwicklung von Kindern zu sein.

Es liegt nicht in unserer Absicht, hier einen historisch-kritischen Überblick über die Praxis der Kinderanalyse oder die davon beeinflußten Psychotherapien zu geben; wir wollen vielmehr das Material nutzen, das sie zum analytischen Verständnis des Kindes beiträgt. Halten wir hier fest, daß die Entstehung und Bildung seiner Phantasien ohne Berufung auf die spezifische Erfahrung von Psychoanalytikern mit Kindern als Patienten nicht hätten verstanden werden können.

Tatsächlich ist die Psychoanalyse, wenn sie an Patienten dieses Alters ausgeübt wird, eine Methode, die auf das Verständnis der Vergangenheit und der im Verlauf der Entwicklung wirkenden Kräfte abzielt, und zwar mit Hilfe deutender Rekonstruktionen. Man ist zweifellos zu der Annahme berechtigt, daß dank des direkteren und in mancher Hinsicht schwächer verteidigten Zugangs die Behandlungen von Kindern zahllose Elemente zur Erfassung der ersten Phasen von Objektbeziehungen im psychischen Leben beitragen. Ebenso haben wir die Bedeutung des Spiels auf vertiefte Weise zu untersuchen, das man als Königsweg bezeichnet hat, um zur Tiefenorganisation der ersten Persönlichkeitsumrisse vorzudringen.

Nichtsdestoweniger sollte man, wenn auch das Spiel ein bemerkenswertes Instrument zum Verständnis der Träume und schließlich der Phantasien des Kindes ist, der voreiligen Gleichstellung von *Beschreibung* dieser Phantasien und ihrer *Entstehung* gegenüber vorsichtiger sein. Das ganze Problem der erneuten Bearbeitung durch die erlebte Erfahrung wird hier sorgfältig diskutiert werden müssen.

Die Anwendung von Psychotherapien bei autistischen und psychotischen Kindern liefert besonders aufschlußreiches und bisher wenig bearbeitetes Material über die Organisation der internalisierten Konflikte und hat etwa den Psychoanalytikern aus der Schule Melanie Kleins erlaubt, die frühen Stufen prägenitaler Organisationen zu beschreiben. Es ist aber nicht möglich, aus dem Material eines Spieles das Verständnis der ältesten Entwicklungsschichten abzuleiten. Wir werden Gelegenheit haben, das deutlich zu machen, wenn wir die Notwendigkeit eines Bezuges auf die Metapsychologie darzustellen haben. Andererseits können bestimmte Erfahrungen des Kleinkindes nur durch den gesamten Prozeß der Gegen-Identifikation rekonstruiert werden, den WINNICOTT [346] sehr genau abgegrenzt hat:

»Wenn das durch die analytische Arbeit formulierte ›immer tiefer‹ das gleiche bedeutete wie ›immer früher‹, dann wäre die Annahme erforderlich, der unreife Säugling von wenigen Wochen könne die Umwelt wahrnehmen. Wir wissen jedoch, daß der Säugling die Umwelt nicht als Umwelt wahrnimmt, besonders dann nicht, wenn die Umwelt gut oder gut genug ist. Die Umwelt löst tatsächlich Reaktionen aus, wenn sie in irgendeiner wichtigen Hinsicht versagt, aber das, was wir eine gute Umwelt nennen, wird als selbstverständlich hingenommen. Der Säugling hat in den frühesten Stadien keine Kenntnis von der Umwelt, d. h. keine, die hervorgeholt und als Material in der Analyse präsentiert werden könnte. Die Vorstellung vom Umwelthaften muß der Analytiker hinzufügen.

Wenn uns ein Analytiker im Verstehen des vom Patienten dargebrachten Materials in größere Tiefen einführt, genügt es nicht, daß er sagt, die Bedeutung des äußeren Faktors werde anerkannt. Wenn eine vollständige Kinderpsychologie formuliert wird, die durch direkte Beobachtung nachgeprüft werden kann, muß der Analytiker das vom Patienten gelieferte früheste Material phantasievoll durch eine Umwelt ergänzen, die Umwelt, *die impliziert wird,* die aber der Patient in der Analyse nicht schildern kann, weil er sie niemals wahrgenommen hat.«

Die Verwicklung der Umwelt in die Phantasieproduktion des Kindes führt möglicherweise zu einer leichten Modifizierung unserer Rekonstruktion der Entstehung der Objektbeziehung, und zwar durch die metapsychologischen Überlegungen, die FREUD nicht entgangen waren, als er 1911 seinen Aufsatz »Formulierungen über die zwei Prinzipien des psychischen Geschehens« [120] schrieb: darin nahm er als *Grundlage* des psychischen Geschehens unter dem *Primat* des Lustprinzips das »Bild der Einheit des Säuglings und der umsorgenden Mutter« als einheitliche Funktion mit eigenem Schicksal an.

Gerade in seinem Beitrag zum XXII. Internationalen Kongreß für Psychoanalyse, der der Theorie der Eltern-Kind-Beziehung vorbehalten war, hielt WINNICOTT die These aufrecht, daß die Übertragung mehr als die direkte Beobachtung des Kleinkindes zur Erfassung bestimmter Aspekte des Objektbezuges beitrage:

»Tatsächlich läßt sich nicht so sehr dank der direkten Beobachtung des Kleinkindes als vielmehr dank der Übertragung in der analytischen Situation genauer verstehen, was in den ersten Lebensjahren vor sich geht.«

WINNICOTT definiert die Phase der Unreife und Abhängigkeit als die Phase des Erlernens dessen, was er das »Halten« [*soutien*] nennt – eine Phase, in deren Verlauf die Angst an die drohende Vernichtung geknüpft ist.

Einige Abschnitte aus seiner Arbeit verdienen hier zitiert zu werden:

Der Ausdruck »halten« [*soutien* [1]] wird hier nicht nur benützt, um das wirkliche, physische Halten des Säuglings zu bezeichnen, sondern auch die gesamten Umwelt-Vorkehrungen, die vor dem Konzept des *Zusammenlebens* liegen. Mit anderen Worten, er bezieht sich auf eine dreidimensionale oder räumliche Beziehung, zu der allmählich die Zeit hinzutritt. Dies

[1] Der englische Ausdruck ist *holding,* Gerundivum des Verbums *to hold* [*tenir*], d. h. in den Armen halten usw. Der Autor selbst erklärt wenig später, was er darunter versteht. Wir benutzen im Französischen das Wort *soutien,* das uns der Vorstellung WINNICOTTS sehr nahe zu kommen scheint.

überschneidet sich mit Trieberlebnissen, die mit der Zeit Objektbeziehungen bestimmen, wird aber vor diesen eingeleitet. Zu diesem ersten Stadium gehört die Lenkung von Erfahrungen, die dem Dasein inhärent sind, wie z. B. die *Vollendung* (und daher auch die *Nicht-Vollendung*) von Prozessen, die von außen vielleicht rein physiologisch aussehen, die aber zur Psychologie des Säuglings gehören und in einem komplexen psychischen Bereich stattfinden, bestimmt durch das Gewahrsein der Mutter und ihr Einfühlungsvermögen.

Die geistig-seelische Gesundheit des Individuums im Sinn von Freisein von Psychose oder Psychoseneigung (Schizophrenie) wird durch diese mütterliche Fürsorge begründet; wenn es gut geht, wird sie kaum bemerkt; sie ist gleichsam nur eine Fortsetzung der physiologischen Versorgung, die den pränatalen Zustand kennzeichnet. Diese Fürsorge der Umwelt ist auch eine Fortsetzung der Gewebe-Lebendigkeit und der funktionalen Gesundheit, die (dem Säugling) stillschweigend eine lebenswichtige Ich-Stützung verschafft. So hängen Schizophrenie oder infantile Psychose oder eine Psychosegefährdung zu einem späteren Zeitpunkt mit einem Versagen der Umwelt-Fürsorge zusammen.«

WINNICOTT merkt hier an, daß solche Fehlentwicklungen durch die Arbeiten von MELANIE KLEIN über bestimmte frühe Abwehrmechanismen mittels Spaltung, Projektion oder Introjektion genauer verständlich werden konnten. Aber die Rekonstruktion der Umgebung ist erforderlich, wenn man die Auswirkungen der scheiternden Fürsorge der Umgebung nicht nur bloß beschreiben will. Sie tritt beispielsweise unter bestimmten technischen Bedingungen der Übertragungsbeziehung in Erscheinung, die WINNICOTT mit einer Formulierung aus den ersten Seiten des FREUDschen Aufsatzes über die zwei Prinzipien des psychischen Geschehens gut verdeutlicht hat:

»Er [der Säugling] halluziniert wahrscheinlich die Erfüllung seiner inneren Bedürfnisse, verrät seine Unlust bei steigendem Reiz und ausbleibender Befriedigung durch die motorische Abfuhr des Schreiens und Zappelns und erlebt darauf die halluzinierte Befriedigung.«

Der Autor zeigt so, daß in der Phase, in der die Triebregungen sich in den sekundären Formen der Bearbeitung des Ichs bilden und das Realitätsprinzip den *Primat* des Lustprinzips modifiziert, das Kleinkind seine Erfahrung des Haltens ausleben und entwickeln kann, indem es der Mutter Zeichen gibt. In der psychoanalytischen Übertragung

»ist es sehr wichtig, daß der Analytiker, außer wenn der Patient in die früheste Säuglingszeit und einen Zustand der Verschmelzung regrediert ist, *nicht* die Antworten weiß, es sei denn, der Patient gibt ihm das Stichwort. Der Analytiker sammelt die Hinweise und gibt die Deutungen, und es geschieht oft, daß Patienten die Hinweise und Stichwörter nicht geben und dadurch sicherstellen, daß der Analytiker nichts tun kann. Diese Einschränkung der Macht des Analytikers ist für den Patienten wichtig, genau wie seine Macht, repräsentiert durch die richtige, im richtigen Augenblick gegebene Deutung, die auf die Hinweise und die unbewußte Mitarbeit des Patienten gegründet ist, der das Material liefert, welches die Deutung aufbaut und rechtfertigt.«

WINNICOTT besteht, wie ersichtlich, darauf, daß die Übertragungsbeziehung und der in der psychoanalytischen Behandlung von ihr ins Spiel gebrachte Widerstand es sehr viel mehr als die direkte Beobachtung möglich machen, diese Periode erlebter Erfahrung zu rekonstituieren, in der das Kind nurmehr ein gelegentliches Bedürfnis nach dem Halten der Mutter hat, weil es sie erkennt und eine differenzierte Objektbeziehung mit ihr eingeht. Deshalb rechtfertigt WINNICOTT die Vorteile der psychoanalytischen Behandlung für das Verständnis bestimmter früher Fälle von psychischer Fehlentwicklung:

»FREUD konnte die infantile Sexualität auf neue Weise entdecken, weil er sie aus seiner analytischen Arbeit mit psychoneurotischen Patienten rekonstruierte. Wenn wir seine Arbeit so erweitern, daß sie auch die Behandlung des *Borderline*-Psychotikers mit umfaßt, können wir die Dynamik des Säuglingsalters und der infantilen Abhängigkeit und die ›Mutterpflege‹ rekonstruieren, die dieser Abhängigkeit gerecht wird.«

Es ist richtig, daß FREUD den Fall des kleinen Hans für das Verständnis infantiler Neurosen und ihrer Rolle bei der Bildung von Erwachsenen-Neurosen ausgiebig heranzog. Der Fall Hans ist die klinische Darstellung einer Pferdephobie bei einem fünfjährigen Jungen. Die erste Veröffentlichung fällt in das Jahr 1909, und ihr unmittelbares Ziel war zweifellos die Verifikation bestimmter Hypothesen durch psychoanalytische Beobachtung, wie sie bereits in den »Drei Abhandlungen zur Sexualtheorie« aufgestellt worden waren.

»Aber auch der Psychoanalytiker darf sich den Wunsch nach einem direkteren, auf kürzerem Wege gewonnenen Beweis jener fundamentalen Sätze eingestehen. Sollte es denn unmöglich sein, unmittelbar am Kinde in aller Lebensfrische jene sexuellen Regungen und Wunschbildungen zu erfahren, die wir beim Gealterten mit soviel Mühe aus ihren Verschüttungen ausgraben, von denen wir noch überdies behaupten, daß sie konstitutionelles Gemeingut aller Menschen sind und sich beim Neurotiker nur verstärkt oder verzerrt zeigen?«

Deshalb hat FREUD seine Schüler und Freunde lange gedrängt, Beobachtungen über das Sexualleben von Kindern anzustellen, um so ein Material zusammenzutragen, das augenfällige Beweise für die von ihm aufgestellten Hypothesen lieferte.

So nahm er auch die erste Verbindung zu Hans zu einer Zeit auf, als der noch nicht einmal drei Jahre alt war. FREUD hob einige Interessen des kleinen Hans hervor, vor allem die für seinen »Wiwimacher«. Hans erwirbt, als er seine Mutter nach deren eigenem »Wiwimacher« fragt, den er sich als dem seinen ähnlich vorstellt, den Kastrationskomplex, dessen Bedeutung FREUD in den Analysen von Neurotikern und dessen deutliche Spuren er in den Mythen nachweist. Er zeigt hier einerseits, daß die Existenz oder Nichtexistenz dieses »Wiwimachers« das Lebendige vom Leblosen zu unterscheiden erlaubt, ebenso aber, daß die Frau ein analoges Sexualorgan zum »Wiwimacher« des Mannes und des Pferdes hat. In Hinsicht auf den Kastrationskomplex sagt FREUD: »Wer sich in den Analysen Erwachsener von der Unausbleiblichkeit des Kastrationskomplexes überzeugt hat, wird es natürlich schwierig finden, ihn auf eine zufällige und doch nicht so allgemein vorkommende Androhung zurückzuführen, und wird annehmen müssen, daß das Kind sich diese Gefahr auf die leisesten Andeutungen hin, an denen es ja niemals fehlt, konstruiert.«

Die Geburt seiner kleinen Schwester Anna, als er genau dreieinhalb Jahre alt ist, stellt ein großes Erlebnis im Leben von Hans dar. In diesem Zusammenhang nimmt FREUD die Untersuchung des Neugierverhaltens für den Geburtsvorgang – z. B. die Geschichten vom Storch – wieder auf und hebt hervor, auf welche Art und Weise das Kind seine Eifersucht im Verlauf von sechs Monaten überwindet. Es bemerkt die Kastration seiner Schwester, glaubt aber noch, daß ihr »Wiwimacher« größer werden wird. Dann treten bei Hans, ganz wie beim Erwachsenen, das Phänomen einer Objektwahl ebenso wie eine bemerkenswerte Unschlüssigkeit, eine Neigung zur Polygamie und bestimmte Züge von Homosexualität in Erscheinung, was FREUD zu der ironischen Schlußfolgerung Anlaß gibt: »Unser kleiner Hans scheint wirklich ein Ausbund aller Schlechtigkeiten zu sein!«

In der Folge zeigt Hans, daß er erotische Triebregungen verspürt, wenn er mit Vater oder Mutter im Bett liegt; er meldet seinen Wunsch an, mit kleinen Mädchen zu schlafen, namentlich mit seinen Nachbarinnen. Er liefert den Beweis für einen Verführungsversuch seitens der Mutter, als die ihn urinieren ließ und er mit aller Deutlichkeit verlangte, ihn zu berühren. Dasselbe passierte, als er seinen Vater bei einem Spaziergang ihm die Hose öffnen und seinen Penis hervorholen ließ. Dieser Exhibitionismus verfällt nichtsdestoweniger ziemlich schnell der Verdrängung; Hans legt ein schamhaftes Verhalten an den Tag und verträgt es nicht mehr, von Berta und Olga beim Wiwimachen beobachtet zu werden. Schließlich erkennt er im Alter von viereinhalb Jahren ausdrücklich den Unterschied zwischen männlichen und weiblichen Geschlechtsorganen an, statt ihn zu leugnen.

Man kann nicht behaupten, daß diese von FREUD dargestellte Behandlung eine wirkliche Psychoanalyse gewesen ist, zumal Hans den »Professor« nur ein einziges Mal gesehen hat; es blieb jedoch nicht ohne Folgen, daß der Professor dem kleinen Jungen erklärte, daß das Pferd ein verschobenes Bild des Vaters, ein Ersatz für die Triebe des kleinen Ödipus sei. Es ist sicher nicht übertrieben, hier von einer wirklichen Übertragung zu sprechen, denn der Vater des Kindes, Schüler von FREUD, erzählte Hans von seinen Unterhaltungen mit dem Meister und gab ihm Deutungen im Namen des letzteren.

Tatsächlich behandelte der Vater von Hans, der mit FREUD über seinen Sohn vor dem Ausbruch der Phobien gesprochen hatte, ihn persönlich und mit dessen Hilfe: er trug ihm das Material vor, FREUD half es ihm zu verstehen und riet ihm zu einigen Interventionen. Diese Technik steht der sehr nahe, die von einigen mit der Überwachung ihrer jungen Kollegen betrauten Psychoanalytikern angewendet wird. Sie machen gewissermaßen eine Psychoanalyse mit Mittelspersonen. Diese Arbeitsweise vermehrt in der Tat die Nachteile der Kontrollsituation, indem sie dem jungen Analytiker jede Möglichkeit nimmt, die innere Freiheit wiederzufinden, die er anstreben können sollte [257]. Zu der Zeit, als dieser Fall publiziert wurde, war die psychoanalytische Behandlung nahezu ausschließlich auf die Deutung des Inhalts des Materials und der Phantasien ausgerichtet, und deshalb bekam die benutzte Technik kaum je das in den Griff, was wahrscheinlich von außen bewirkt wurde.

Die von FREUD angewandte Verfahrensweise ist auch weiterhin benutzt worden, und AUGUSTA BONNARD [36] hat nach dem Zweiten Weltkrieg eine analoge Behandlung referiert: Beim Besuch der Mutter eines Kindes schlug sie der ihre Deutungen vor, die dem Kind später weitergegeben wurden.

Welchen Stellenwert eine solche Methode auch haben mag: auf den ersten Blick könnte man der Meinung sein, daß FREUD hinsichtlich der Anwendungsmöglichkeiten der Prinzipien psychoanalytischer Technik auf Kinder ein wenig skeptisch gewesen ist:

»Ich meine, es wäre einer anderen Person überhaupt nicht gelungen, das Kind zu solchen Bekenntnissen zu bewegen; die Sachkenntnis, vermöge der der Vater die Äußerungen seines 5jährigen Sohnes zu deuten verstand, hätte sich nicht ersetzen lassen, die technischen Schwierigkeiten einer Psychoanalyse in so zartem Alter wären unüberwindbar geblieben. Nur die Vereinigung der väterlichen und der ärztlichen Autorität in einer Person, das Zusammentreffen des zärtlichen Interesses mit dem wissenschaftlichen bei derselben, haben es in diesem einen Falle ermöglicht, von der Methode eine Anwendung zu machen, zu welcher sie sonst ungeeignet gewesen wäre.«

Gleichwohl konnte MARIE BONAPARTE [35] – unter Berufung auf FREUDS Auffassung, deren Quelle sie bedauerlicherweise nicht angibt – schreiben:

»Deshalb war FREUD der Ansicht, daß im gegenwärtigen Zustand der Zivilisation, wo den Menschen seit der Kindheit so viele folgenschwere Versagungen und pathogene Repressionen auferlegt werden, die Analyse von Kindern keinen Luxus, sondern eine Notwendigkeit darstelle – das günstigste Alter wäre der Beginn der Latenzperiode, bei fünf oder sechs Jahren, zum Zeitpunkt des Einsetzens der ersten Verdrängungen.«

Dieser Standpunkt deckt sich nahezu mit dem von Analytikern KLEINscher Provenienz, die – wie wir später sehen werden – der Ansicht sind, daß alle Kinder von einer psychoanalytischen Behandlung profitieren würden und der sie ihre eigenen Kinder in der Praxis auch unterziehen. Aktuelle Erhebungen zum Thema der Behandlungsbedürftigkeit schätzen, daß 20% der Kinder zu diesem oder jenem Zeitpunkt ihres Lebens aus einer psychoanalytischen Intervention Nutzen ziehen würden.

Die Darstellung der Behandlung des kleinen Hans gab FREUD offensichtlich Gelegenheit, mehr als nur die Bestätigung bestimmter Hypothesen zur Frühreife des Sexuallebens in Angriff zu nehmen. Wir wollen – auf sicher etwas schematische Weise – in einer bestimmten Zahl von Entwicklungsschritten eine Bestandsaufnahme der Beiträge zum psychoanalytischen Verständnis des Kindes geben, wie sie sich aus diesem klinischen Essay ergeben:

1. FREUD fragt sich, wie die Zukunft von Kindern aussehen mag, die von Anhängern der Psychoanalyse in Freiheit aufgezogen und erzogen wurden. Das Beispiel des kleinen Hans wäre möglicherweise nicht ermutigend, wenn die Psychoanalytiker sich nicht im Laufe der Jahre eine annähernd genaue Vorstellung über den Beitrag ihrer Theorie zu Pädagogik und Erziehung und zur Gefahr des Übermaßes und der Schäden von Frustration [2] gemacht hätten. Überdies läßt sich nicht sagen, daß die Eltern des kleinen Hans zur Verdrängung der Sexualität nicht beigetragen hätten, weil sie ihren Sohn anläßlich von Onanieäußerungen tatsächlich mehrfach bedroht haben.

[2] Vgl. zu diesem Problem Teil IV, Kap. III der vorliegenden Arbeit.

2. Der Beitrag FREUDS zur Untersuchung der Bedeutung neurotischer Symptome des Kindes wird von zeitgenössischen Psychiatern nicht geleugnet. Im »Kleinen Hans« zog FREUD die Bedeutung dieser Symptome in Zweifel, weil manche von ihnen zur normalen Entwicklung des Kindes gehörten, weil ihr Auftreten teilweise von familiären Reaktionen abzuhängen schien und weil schließlich das Problem ihrer Modifizierung, sogar ihrer spontanen Heilbarkeit gestellt werden konnte. Und das heißt die bereits erkannte Schwierigkeit der Definition der Bedeutung und des prognostischen Wertes dieser Symptome aussprechen.

Gleichwohl hat FREUD in eben dieser Untersuchung die Hypothese aufgestellt, daß psychoneurotische Fehlentwicklungen von Erwachsenen bei Individuen in Erscheinung träten, die bereits in ihrer Kindheit unter neurotischen Störungen gelitten hätten. Der klinische Essay »Der Wolfsmann« [130] mit dem Untertitel »Aus der Geschichte einer infantilen Neurose« ist ganz und gar auf die Rekonstruktion dieser neurotischen Verfassung und auf die Untersuchung ihrer Auswirkungen zu jener – späteren – Zeit ausgerichtet, als der Kranke an einer Gonorrhöe leidet.

3. Allein das von FREUD gesammelte Material ist bereits über weite Strecken von großem Interesse. Es erhellt zunächst die psychopathologische Bedeutung der Phobien und den Übergang von Angst zu Zwang, d. h. die schuldgefärbte Erotisierung der Angst, die von jenen Pferden ausgeht, deren Auspeitschung Hans mitangesehen hatte und die hingestürzt waren, dann auch die mit der Aggressivität gegen den Vater verbundene Angst, die leichter erlebt wurde, wenn es sich um ein Pferd handelte, und zwar dergestalt, daß das Bild des Vaters geschützt und intakt erschien. Die Verschiebung des Objektes der aggressiv getönten Triebe genügt dennoch nicht, um der Angst auszuweichen, denn die Triebentmischung macht die ödipale Entwicklung schwer erträglich. Überdies konnten Hans die Verbindungen zwischen Vater und Pferd (durch die assoziativen Verbindungen zwischen Schnurrbart und Scheuklappen) gedeutet werden.

Die Vorläufer und das Einsetzen der Ödipusentwicklung wurden in diesem klinischen Essay bereits auf der Grundlage von Hans' Identifikation mit seiner Mutter untersucht, die – vom Fallen des »Lumpf« (Defäkation) aus – zur Untersuchung des Problems des Kotkindes und der Rivalität mit seiner kleinen Schwester führte. Die gesamte Entwicklung der Analerotik auf theoretischem und technischem Gebiet, wie sie später im »Wolfsmann« untersucht wurde, hat hier ihre Voraussetzungen.

4. FREUD erörterte im »Kleinen Hans« die ihm interessant erscheinenden Ergebnisse einer Psychoanalyse dieser Art von Fällen. Er war der Ansicht, daß der kleine Hans, den er 1922 wiedersah, sich ohne die Behandlung nicht so günstig entwickelt hätte. Nebenbei bleibt festzuhalten, daß dieser neunzehnjährige, junge Mann, sich weder der Phobie noch der anschließenden Behandlung mit seinem Vater erinnerte; so waren die Neurose und auch die Psychoanalyse Gegenstand einer gelungenen Verdrängung geworden.

5. Auf den letzten Seiten des »Kleinen Hans« nimmt FREUD auch bestimmte Erziehungsprobleme in Angriff. Er hebt hervor, daß die Triebbeherrschung den Ersatz der *Verdrängung* durch die *Verurteilung* ermöglicht habe und fügt hinzu, daß

er, wenn er Herr der Situation gewesen wäre, Hans die einzige Aufklärung zu geben gewagt hätte, die seine Eltern ihm verweigerten:

»Ich hätte seine triebhaften Ahnungen bestätigt, indem ich ihm von der Existenz der Vagina und des Koitus erzählt hätte, so den ungelösten Rest um ein weiteres Stück verkleinert und seinem Fragedrang ein Ende gemacht. Ich bin überzeugt, er hätte weder die Liebe zur Mutter noch sein kindliches Wesen infolge dieser Aufklärung verloren und hätte eingesehen, daß seine Beschäftigung mit diesen wichtigen, ja imposanten Dingen nun ruhen muß, bis sich sein Wunsch, so groß zu werden, erfüllt hat. Aber das pädagogische Experiment wurde nicht so weit geführt.«

KAPITEL I

Die Psychoanalyse des Kindes

Nach dem »Kleinen Hans« machte HERMINE VON HUG-HELLMUTH[1] darauf aufmerksam, daß das Spiel von Kindern ausgezeichnete Möglichkeiten zum Verständnis ihrer Phantasien liefere, den Kindern sie auszudrücken und dem Psychoanalytiker sie zu deuten Gelegenheit gebe. In diesem Sinne kann MELANIE KLEIN als Initiatorin der psychoanalytischen Technik bei Kindern angesehen werden, während ANNA FREUD eine eher vorsichtige Position einnahm, die größeres Echo in der psychiatrischen Bewegung und in den Zentren der *child guidance* fand.

Es ist in diesem Zusammenhang üblich, die Kontroverse zwischen beiden Autorinnen wiederaufleben zu lassen. Abgesehen davon, daß sie hinreichend bekannt ist, hat sie sich bei ihren Schülern wenigstens teilweise abgeschwächt, die sich, ohne in Eklektizismus zu verfallen, der Bedeutung ihrer wechselseitigen Argumentation bewußt sind, und es ist hier wohl nur sinnvoll, die von beiden Autorinnen vorgebrachten Argumente kurz zusammenzufassen.

Wie wir gesehen haben, erhoffte sich FREUD, daß von der Kinderanalyse nicht nur therapeutischer Einfluß, sondern auch pädagogischer Wert ausgehen werde. Dem steht die Position von MELANIE KLEIN entgegen, die der Ansicht war, daß der Kinderanalytiker sich jeder pädagogischen Einflußnahme enthalten müsse. Sie empfahl die Anwendung des Spiels beim Kind nicht nur bei Frühbehandlungen, sondern auch in späterem Alter: Es handelt sich im wesentlichen um Spiele mit kleinen repräsentativen Objekten. Ihr zufolge[2] ist dieses Spiel das Äquivalent einer masturbatorischen Phantasie. Die Hemmung beim Spiel hat die Bedeutung der intellektuellen Hemmung beim Erwachsenen; sie wird durch systematische Deutungen aufgehoben, die dringlich sind und die therapeutische Situation einbeziehen müssen, in der sich zunächst eine wirkliche Übertragung der frühesten, nahezu immer prägenitalen Gefühlsstrebungen einstellt, die aber bereits die frühesten *Kerne* der Ödipussituation widerspiegeln: das Objekt ist dann die »mütterliche Umgrenzung, die den darin inkorporierten väterlichen Penis umfaßt«. Ausgehend vom Verständnis und der Deutung der Spielsequenzen beschreibt MELANIE KLEIN in umfassender Weise die Phantasien der Partialobjekte, auf die wir später zurückkommen werden. Aus dieser Beschreibung ergibt sich auch die Rekonstruktion einer »zentralen depressiven Position«, die mit sechs

[1] Es ist von Interesse, darauf hinzuweisen, daß ein Brief FREUDS an die Autorin in das Vorwort von deren Buch »Aus dem Seelenleben des Kindes« (Leipzig 1913; frz. Übersetzung von CLARA MALRAUX, Paris [Gallimard] 1928) aufgenommen wurde. Dieses vom elften Lebensjahr an und dann über mehrere Jahre hinweg geführte Tagebuch erhellt die sexuelle Neugier und die Schuldgefühle eines kleinen Mädchens. Es handelt sich da um einen wichtigen Beitrag zu bestimmten Aspekten der Entwicklung von Kindern [183].

[2] Unter den Büchern von MELANIE KLEIN muß vor allem auf die Arbeit mit dem Titel »Die Psychoanalyse des Kindes« (1932; erneut München/Basel [Reinhardt] ²1971 und in »Geist und Psyche«, München 1973 [Kindler]; frz. Übersetzung von J.-B. BOULANGER, Paris [P.U.F.] 1959) hingewiesen werden [193].

Monaten eintritt und später von ihr in zwei aufeinanderfolgende Perioden eingeteilt wurde: die paranoide (oder paranoische) Position, die sich – als Gegenschlag gegen die Aggressivität der oralsadistischen Phase – auf die Angst, von der Mutter angegriffen zu werden, bezieht; dann die im eigentlichen Sinne depressive Phase, in der das Kleinkind, wenn es zur Perzeption des mütterlichen Objektes vordringt, seine Aggressivität in schuldgefärbter Weise und mit dem Wunsch nach Wiederherstellung auslebt. Diese zentrale Position sei auch der Einsatzpunkt für Psychosen und legitimiere – in jedem Falle, wo das möglich sei – die psychoanalytische Behandlung des Kindes, wenigstens in prophylaktischer Hinsicht. Die genialen Einsichten von MELANIE KLEIN sind dank der Bemühungen genetischer oder strukturalistischer Psychoanalytiker in Frankreich oder in den angelsächsischen Ländern[3] besser verständlich geworden; die Autorin hat jedoch kaum Nachfolge gefunden, was den Umkreis der psychiatrischen Ausbildung betrifft, wo Indikationen von Psychotherapie soweit wie möglich auf Fälle beschränkt werden, in denen sie unbedingt erforderlich ist. Wir werden im Kapitel über die Phantasiebildung in eine vertiefte Diskussion über die theoretischen Grundlagen der KLEINschen Metapsychologie eintreten, die sich im wesentlichen auf die theoretische Beschreibung von KARL ABRAHAM [2] stützt: ABRAHAM wollte, um die prägenitalen Stadien der Libidoentwicklung vertiefend zu differenzieren, die somatische Entwicklung in Rechnung stellen, die gewissermaßen deren Skelett bildet. So entsprach etwa der Periode des Zahnens der Übergang vom oralen Stadium des präambivalenten, aggressionslosen Saugens zum oralsadistischen und kannibalistischen Stadium, das sich in den Einverleibungsphantasien und den Zerstükkelungswünschen (oder -ängsten) widerspiegelt. Wir werden darlegen, warum wir nicht der Ansicht sind, daß diese theoretische Position dem eigentlichen psychoanalytischen Bereich angehört, obwohl sie Gegenstand erneuter Phantasiebearbeitungen werden kann.

ANNA FREUD hat sich bekanntlich bemüht, den klinischen Tatbeständen sehr nahe zu bleiben[4]. Ihre Argumentation beruht auf drei Reihen von Feststellungen:

1. Das Spiel stellt auf psychoanalytischem Gebiet lediglich einen strittigen Annäherungsweg dar, der von der beim Erwachsenen angewandten Methode der sogenannten freien Assoziation ziemlich verschieden ist. Das Spiel ist genauer Ausdruck, ziemlich analog dem im Traum ausgearbeiteten Text, von dem aus der Erwachsene zu assoziieren sich bemüht. Wie bereits GLOVER angemerkt hat, läuft das psychoanalytische Verständnis des Spiels Gefahr, auf allzu systematisch gedeutete Ausdrucksweisen und symbolische Erklärungen zurückzuführen, so wie es in der frühen Psychoanalyse der Fall war – Ausdrucksweisen, die man als »forcierte« Phantasietherapie bezeichnen könnte. Aus dieser Argumentation hat sich die Untersuchung der Abwehrmechanismen des Ich und das ergeben, was man die neue Technik der Ich-Analyse genannt hat.

2. Das Ich des Kindes ist in voller Entwicklung begriffen, vor allem bevor das

[3] Vgl. unten Teil III, Kap. II zur genetischen Psychologie.

[4] Vgl. in diesem Zusammenhang zwei Arbeiten: ANNA FREUD, »Das Ich und die Abwehrmechanismen«, Wien [Intern. psychoanal. Verlag] 1936; erneut München [Kindler] [5]1971 (frz. Übersetzung von A. BERMAN, Paris [P.U.F.] [3]1964 [= 97], und die Aufsatzsammlung aus den dreißiger Jahren: »Einführung in die Technik der Kinderanalyse«, München/Basel [Reinhardt] [4]1966 [= 95] und in »Geist und Psyche«, München 1973 [Kindler].

Schicksal der Ödipus-Organisation voll fixiert ist. Das Über-Ich ist noch nicht vollkommen stabilisiert, ebensowenig wie die Formen der Ich-Organisation, die noch weitgehend vom Einfluß der Umgebung abhängen. Man kann also nicht von der Bildung einer wirklichen Übertragungsneurose sprechen.

3. Es ist überdies für den Psychotherapeuten unmöglich, eine strikt neutrale Haltung einzunehmen, und schwierig, jede pädagogische Strebung im weitesten Sinne zurückzuweisen.

ANNA FREUD war, wenigstens vor dem Zweiten Weltkrieg, der Ansicht, daß Indikationen von Psychoanalyse nur auf Fälle beschränkt werden sollten, wo das Kind lediglich einem sehr verminderten familiären Druck ausgesetzt war – bei Kindern, die einem psychoanalytischen Milieu angehörten oder in spezialisierten Internaten untergebracht waren. Sie empfahl eine Technik, bei der die Übertragung gewissermaßen vorbereitet wurde: Da die Angst in den ihre Familien irritierenden Verhaltensstörungen zum Ausdruck kam, mußte man die Kinder für die Idee, sich behandeln zu lassen, erst einmal gewinnen. Man mußte sich entweder zu ihrem Verbündeten machen, indem man etwa einem ängstlichen, von seiner Phobie isolierten Kind zeigte, daß man es respektierte, daß man ihm jedoch helfen könne, sie zu überwinden, oder sie durch die Praxis vergnüglicher Spiele verführen, die ihnen erlaubte, sich dem Psychotherapeuten anzuvertrauen.

Die Schule von ANNA FREUD steht, auf der Grundlage dieser theoretischen Auffassungen und Praktiken, auf jeden Fall am Anfang der Entwicklung einer Psychotherapie unter psychoanalytischem Einfluß. Das Spiel ist gewissermaßen Verführungsinstrument, wiewohl es dem jungen Kind sich auszudrücken erlaubt, während die ihm zugrundeliegende Beziehung interpretiert werden kann. Zugleich wird das familiäre Milieu zum Gegenstand einer therapeutischen Manipulation, gemäß den Methoden, die gemeinhin auf die psychosoziale Beeinflussung der Eltern angewendet werden, wie sie gewöhnlich in den Kinderkliniken gehandhabt wird.

Die Schüler von MELANIE KLEIN und ANNA FREUD sind, wenigstens in ihrer Gesamtheit, diesen beiden einander widersprechenden theoretischen Richtungen treu geblieben. MELANIE KLEIN hat sich bis zu ihrem Tode oft über von ihr bei Kindern angewandte Deutungsmethoden geäußert [194], während ANNA FREUD und ihre Schüler eine psychoanalytische Klinik ins Leben gerufen haben, die *Hampstead Clinic*, aus der unzählige theoretische und technische Untersuchungen hervorgegangen sind[5]. Es läßt sich sagen, daß letztere den Bereich der Indikation von Psychoanalyse bei Kindern beträchtlich erweitert und zum psychoanalytischen Verständnis des Kindes und zur Ausarbeitung einer analytischen Kinderpsychologie erheblich beigetragen haben. Wir werden in den der Entwicklung des Kindes vorbehaltenen Kapiteln ausführlich dazu Stellung nehmen.

Der Gegensatz zwischen beiden Schulen ist ziemlich lebhaft geblieben, wie es das beim XXII. Internationalen Kongreß für Psychoanalyse organisierte Symposium (1961) über Kinderanalysen gezeigt hat [34]. Aus den beiden folgenden Zita-

[5] Diese Arbeiten werden im allgemeinen in den jährlichen Bänden der Sammlung *Psychoanalytic Study of the Child* publiziert. Z. B. »Die Hampstead-Methode« v. BOLLAND/SANDLER in »Psyche des Kindes«, München 1977 [Kindler].

ten wird leicht ersichtlich werden, in welcher Hinsicht sich die beiden Protagonisten des Symposiums entgegentraten. ESTHER BICK schreibt etwa:

»KLEIN hat immer auf einem Hauptkriterium für die Deutung des vom Kind gelieferten Materials bestanden: der Angst, die in der therapeutischen Situation in Erscheinung tritt und eine sofortige Intervention erfordert, welche psychische Schicht sie auch immer zum Ausdruck bringt. Dem geplanten Einsatz von Deutungen liegt eine Auffassung zugrunde, die sich auf die Möglichkeit des Kindes stützt, eine gegebene Deutung mit seinem bewußten Persönlichkeitsanteil anzunehmen; sie hat keinen Platz in der Arbeit eines Analytikers, der überzeugt ist, daß die Deutung der Angst Entlastung mit sich bringt und nicht als Bedrohung erlebt wird.«

ILSE HELLMANN, die auf der Notwendigkeit eines therapeutischen Bündnisses besteht, schreibt: »Die tiefen intrapsychischen Konflikte und die unbewußten Phantasien, in denen sie zum Ausdruck kommen, sind für das Ich unerträglich«; sie schlägt vor, die beim Kind vorhandene Übertragungsfähigkeit von der Bildung einer Übertragungsneurose zu unterscheiden, die sich in der therapeutischen Beziehung graduell entwickelt und das Resultat einer erneuerten Erfahrung ist, anhand derer sich die Phantasien allmählich auf die Person des Analytikers zentrieren.

Es liegt nicht in unserer Absicht, in dieser Kontroverse Partei zu ergreifen. Die sofortige Deutung des infantilen Materials führt manchmal zu technischen Positionen, die dem gesunden Menschenverstand und den gewohnten Prinzipien der Analyse widersprechen, die, wenn sie nicht »wild« sein will, mit dem Widerstand und den Gegenbesetzungen oder Abwehrmechanismen arbeiten muß, in denen er sich ausdrückt. Die Erfahrung zeigt jedoch, daß bei bestimmten – vor allem psychotischen – Kindern, bei denen das Unbewußte gewissermaßen im Rohzustand zutage tritt, frühe und tiefe Deutungen eine verändernde Qualität haben können.

Wir haben vor allem die historischen Elemente des Gegensatzes zwischen beiden psychoanalytischen Schulen in Kürze darstellen wollen, um besser zu verstehen und zu analysieren, wie die Psychiater psychoanalytischer Provenienz die von ihnen untersuchten Verhaltensstörungen klassifizieren. In einem späteren Kapitel wollen wir eine für die psychoanalytische Theorie erarbeitete Klassifikation vorschlagen[6].

Für den Augenblick begnügen wir uns damit, an bestimmte historische Elemente zu erinnern, die dazu beigetragen haben, die Kinderpsychiatrie zu dem zu machen, was sie unter dem Einfluß von Psychoanalytikern geworden ist. Einer der Autoren (LEBOVICI, 1950 [216]) hat zu präzisieren versucht, wie man von da aus zur Diagnostik der infantilen Neurose vordringen könne. Es handelte sich darum, die klinischen Mittel einzukreisen, um im Umkreis von Verhaltensstörungen die bereits endgültig fixierten Fälle nachzuweisen, die nicht durch einfache Milieutherapie gebessert werden konnten, bei Berücksichtigung des zugleich eindeutigen und labilen Charakters der Symptome, der größtmöglichen Toleranz der Eltern angesichts der lauten oder versteckten Angstäußerungen und der spontanen Neugestaltungen von psychischen Strukturen der Kindheit.

Der Gegensatz zwischen strukturellen und reaktiven Störungen nimmt die dia-

[6] Vgl. Teil IV, Kap. I.

gnostischen Bemühungen der Teams von Kinderpsychiatern in hohem Maße in Anspruch. Im Lichte jüngerer Arbeiten mit geradezu epidemischer Tendenz [226] scheint dieser Gegensatz gleichwohl nicht vollkommen begründet. Die Untersuchung mesologischer und vor allem sozioökonomischer Strukturen bestätigt nicht die Hypothese, derzufolge reaktive Störungen häufig sind, die als Antwort etwa auf schlechte Wohnbedingungen oder allgemeines Elend gelten können. Solche Faktoren scheinen nur vermittelnd zu wirken; von Reaktionsstörungen sprechen heißt Entwicklungsphasen beschreiben, in denen die Verhaltensweisen von Kindern eine monotone Reaktion auf zum großen Teil verinnerlichte, aber durch die Intervention der Eltern wieder reaktivierte Konflikte zum Ausdruck bringen. Die »Transaktion« der frühen Objektbeziehung setzt diese schraubenförmigen Effekte gewissermaßen fort. Die Haltung der Eltern, die sehr früh zur Bildung der Kerne beigetragen hat, die bei Kindern pathologische Strukturen ankündigen, bestätigt und verstärkt sich angesichts der Antwortreaktionen der Kinder. Sie ist zugleich Erwiderung auf die inzwischen intrapsychisch gewordene Organisation der eigenen infantilen Konflikte der Eltern. Der soziale und kulturelle Druck verstärkt die Übertragung pathologischer Charakterbildungen von einer Generation zur anderen – so sehr widerspricht nämlich die zeitgenössische Lebensorganisation, wenigstens in bestimmten Aspekten, dem freien Ausdruck unserer sozial annehmbaren Triebe.

Die psychiatrische Klinik des Kindes, die das Stadium der Deskription von Symptomen und Verhaltensstörungen weitgehend hinter sich gelassen hat, kann sich nicht länger auf die Hervorhebung von Strukturen oder Prästrukturen stützen. Bestimmte neurotische Züge, sogar bestimmte psychotische Mechanismen, können bei familiär und schulisch gut angepaßten und sich günstig entwickelnden Kindern beobachtet werden, wenn sie über längere Strecken anhand von Langzeituntersuchungen kontrolliert werden.

Das Einstellen von Verhaltensstörungen erfordert bekanntlich eine anamnestische Rekonstruktion und eine Untersuchung mittels klinischer und psychologischer Methoden. Anna Freud hat eine methodische Aufstellung [96] vorgeschlagen, aus der bestimmte Elemente hier zitiert zu werden verdienen:

1. Die Untersuchung der Triebregungen führt zur Berücksichtigung des Triebausdrucks in verschiedenen Entwicklungsphasen und eventueller Regressionen; die libidinöse Verteilung muß unter Berücksichtigung der Besetzungen des Selbst und der Außenwelt und der Verteilung des primären und des sekundären Narzißmus in Beziehung zur Objektlibido untersucht werden; die Triebregungen werden schließlich noch zusätzlich in der Typologie der narzißtischen oder anaklitischen Beziehungen nach ihren prägenitalen Aspekten und im Verhältnis zum Alter des Kindes eingeschätzt.

2. Es ist angezeigt, die dem Kind zur Verfügung stehenden Ausdrucksweisen seiner Aggressivität zu untersuchen, ihre Präsenz oder Absenz, ihre Richtung – sei es, daß die Aggressivität die Außenwelt, sei es, daß sie das Subjekt selbst in seinen mehr oder weniger exteriorisierten masochistischen Triebregungen besetzt.

3. Die topische Organisation stützt sich im wesentlichen auf die Untersuchung von Ich und Über-Ich: Die Eigenschaften des Ich müssen vor allem in seinen ex-

pressiven und kommunikativen Funktionen erfaßt und rekonstituiert werden, ob es sich nun um Primär- oder Sekundärprozesse handelt; ebenfalls muß die Organisation der Abwehrmechanismen einbezogen werden, indem man präzisiert, ob sie für einen bestimmten Trieb spezifisch sind oder allgemein gegen die Triebbetätigung gerichtet, ob sie altersgemäß, ob sie geschmeidig, ob sie wirksam sind, ob sie von der Außenwelt abhängig oder autonom sind (was einer angemessenen Ichentwicklung entspricht), ob sie schließlich die Entwicklung des Ich lähmen.

4. Die Entwicklung von Ich und Über-Ich muß im Verhältnis zur Geschichte des Subjekts untersucht werden, indem man zu erfassen versucht, welchen Störungen die Ich-Organisation in bestimmten Lebenssituationen ausgesetzt war: Trennung von der Mutter, Geburt von Brüdern oder Schwestern, Krankheiten oder chirurgische Eingriffe, Hospitalisierungen, Schuleintritt, Übergang von der Familie zur Gemeinschaft, Übergang von Spiel zu Arbeit.

5. Die Untersuchung der Fixierungspunkte oder Regressionen ergibt sich entweder aus der Beschreibung der Hauptcharakterzüge oder aus dem verstehenden Eindringen in die Phantasietätigkeit. In allen Fällen müssen die zeitweiligen und dauernden, die reversiblen und irreversiblen Regressionen deutlich gemacht werden.

6. Die Untersuchung der dynamischen Konflikte darf sich nicht auf die Hervorhebung der Konflikte mit Familie und Umwelt beschränken. Ebenso müssen die intrasystematischen und intersystematischen Konflikte vertiefend herausgearbeitet werden: Konflikte zwischen Es und Ich, zwischen Ich und Objekt und Konflikte zwischen widersprüchlichen Trieben.

7. Die Beschreibung der Hauptcharakterzüge hat offensichtlich ihre Bedeutung; sie umfaßt insbesondere die der Frustrationstoleranz, der Sublimierungsmöglichkeiten, der Reaktionshaltung in Fällen von Angst und die der Auswirkungen der Entwicklungsvorgänge hinsichtlich aggressiver Tendenzen.

Eine ebenso vollständige klinische und historische Untersuchung würde möglicherweise erlauben, bestimmte diagnostische Großkategorien festzulegen:

1. Das Kind gibt Störungen zu erkennen, die innerhalb der Grenzen der Variationsbreite von Normalität liegen.

2. Die beobachteten Symptome sind passager und stehen in Zusammenhang mit bestimmten Entwicklungsverläufen.

3. Die beobachteten Symptome beruhen auf einer Dauerregression, die am Anfang ihrer Bildung steht und die Persönlichkeitsentwicklung verarmen läßt.

4. Es kommen Dauerprozesse mit destruktivem Charakter vor, die die Organisation der Normalwelt im Lichte von Entwicklungsprozessen verhindern, die für die Entfaltung des Kindes eine Rolle spielen.

Die Zusammenfassung bestimmter Ergebnisse einer vertieften Untersuchung, wie Anna Freud sie vorschlägt, ist von dem Interesse diktiert, nachzuweisen, daß die psychoanalytische Annäherung in der Klinik nur unter der Bedingung gültig ist, daß nicht nur von der Symptombeschreibung, sondern von der Rekonstitution der Konflikte ausgegangen wird. Ebenso muß erwähnt werden, daß die gekoppelte Untersuchung der instrumentalen Schwierigkeiten und Defizite bestimmte prognostische Perspektiven modifiziert. Auch die psychosomatischen Äußerungen, die bestimmte Dispositionen zur Nicht-Ausarbeitung von Sekundärprozessen erhellen, sind von großem Interesse.

Der Psychiater mit psychoanalytischer Ausbildung kann unter diesen Bedingungen versuchen, pathologische Bildungen vorherzusehen, die erst beim Erwachsenen in Erscheinung treten werden. Die normal zu nennenden Variationen umfassen wahrscheinlich auch einige neurotische Züge, die sich mit einer gesunden Ichentwicklung die Waage halten, während die offensichtlich geschlossenen und pathologischen Bildungen beim Erwachsenen zu offenbar gänzlich verschiedenen Strukturen führen können.

Wir werden später auf die Arbeitsbedingungen und Methoden des psychoanalytisch vorgebildeten Kinderpsychiaters eingehen; hier mußten wir jedoch vorerst deutlich machen, auf welche Weise psychoanalytische Behandlungen von Kindern deren Entwicklung zu untersuchen ermöglicht haben[7].

[7] Vgl. Teil IV, Kap. III: »Psychoanalyse und Erziehung.«

KAPITEL II

Der Psychoanalytiker und das Kinderspiel

Der Kinderpsychoanalytiker ist, wenn er in den von ihm geleiteten Behandlungen verschiedentlich Spielmethoden benutzt, gehalten, die Funktion des Spiels zu reflektieren. Man hat oft darauf hingewiesen, was es dem Beobachter zu erkennen gibt: »Im Spiel enthüllt sich das Kind in seiner ganzen Frische, in seiner ganzen Spontaneität. Im Spiel ist es außerstande, die Gefühle zu verbergen, die es bewegen« (MADELEINE RAMBERT [277]).

Eine Aktivität mit einer in den Augen des Kindes so offensichtlichen Bedeutung muß als Ausdruck seiner gegenwärtigen Möglichkeiten der Persönlichkeitsorganisation ebenso wie als Strukturationsprinzip angesichts späterer Organisationen aufgefaßt werden. Nun hat gerade FREUD in einer psychoanalytischen Arbeit mit dem Titel »Jenseits des Lustprinzips« [134] eine Spielsequenz untersucht, die er bei einem Jungen von eineinhalb Jahren beobachtete: Es war dessen erstes Spiel, und der unter demselben Dach mit ihm wohnende FREUD hatte Gelegenheit, es während mehrerer Wochen zu beobachten:

»Das Kind war in seiner intellektuellen Entwicklung keineswegs voreilig, es sprach mit 1 1/2 Jahren erst wenige verständliche Worte und verfügte außerdem über mehrere bedeutungsvolle Laute, die von der Umgebung verstanden wurden. Aber es war in gutem Rapport mit den Eltern und dem einzigen Dienstmädchen und wurde wegen seines ›anständigen‹ Charakters gelobt. Es störte die Eltern nicht zur Nachtzeit, befolgte gewissenhaft die Verbote, manche Gegenstände zu berühren und in gewisse Räume zu gehen, und vor allem anderen, es weinte nie, wenn die Mutter es für Stunden verließ, obwohl es dieser Mutter zärtlich anhing, die das Kind nicht nur selbst genährt, sondern auch ohne jede fremde Beihilfe gepflegt und betreut hatte. Dieses brave Kind zeigte nun die gelegentlich störende Gewohnheit, alle kleinen Gegenstände, deren es habhaft wurde, weit weg von sich in eine Zimmerecke, unter ein Bett usw. zu schleudern, so daß das Zusammensuchen seines Spielzeugs oft keine leichte Arbeit war. Dabei brachte es mit dem Ausdruck von Interesse und Befriedigung ein lautes, langgezogenes o-o-o-o hervor, das nach dem übereinstimmenden Urteil der Mutter und des Beobachters keine Interjektion war, sondern ›fort‹ bedeutete. Ich merkte endlich, daß das ein Spiel sei, und daß das Kind alle seine Spielsachen nur dazu benütze, um mit ihnen ›Fortsein‹ zu spielen. Eines Tages machte ich dann die Beobachtung, die meine Auffassung bestätigte. Das Kind hatte eine Holzspule, die mit einem Bindfaden umwickelt war. Es fiel ihm nie ein, sie zum Beispiel am Boden hinter sich herzuziehen, also Wagen mit ihr zu spielen, sondern es warf die an einem Faden gehaltene Spule mit großem Geschick über den verhängten Rand seines Bettchens, so daß sie darin verschwand, sagte dazu sein bedeutungsvolles o-o-o-o und zog dann die Spule am Faden wieder aus dem Bett heraus, begrüßte aber deren Erscheinen jetzt mit einem freudigen ›da‹. Das war also wohl das komplette Spiel, Verschwinden und Wiederkommen, wovon man zumeist nur den ersten Akt zu sehen bekam, und dieser wurde für sich allein unermüdlich als Spiel wiederholt, obwohl die größere Lust unzweifelhaft dem zweiten Akt anhing.

Die Deutung des Spieles lag dann nahe. Es war im Zusammenhang mit der großen kulturellen Leistung des Kindes, mit dem von ihm zustande gebrachten Triebverzicht (Verzicht auf Triebbefriedigung), das Fortgehen der Mutter ohne Sträuben zu gestatten. Es entschädigte sich gleichsam dafür, indem es dasselbe Verschwinden und Wiederkommen mit den ihm erreichbaren Gegenständen selbst in Szene setzte. Für die affektive Einschätzung dieses Spieles ist es natürlich gleichgültig, ob das Kind es selbst erfunden oder sich infolge einer Anregung zu eigen gemacht hatte. Unser Interesse wird sich einem anderen Punkte zuwenden. Das Fortgehen der Mutter kann dem Kinde unmöglich angenehm oder auch nur gleichgültig gewesen sein. Wie stimmt es also zum Lustprinzip, daß es dieses ihm peinliche Erlebnis als Spiel wiederholt? Man wird vielleicht antworten wollen, das Fortgehen müßte als Vorbedingung des erfreulichen Wiedererscheinens gespielt werden, im letzteren sei die eigentliche Spielabsicht gelegen. Dem würde die Beobachtung widersprechen, daß der erste Akt, das Fortgehen, für sich allein als Spiel inszeniert wurde, und zwar ungleich häufiger als das zum lustvollen Ende fortgeführte Ganze.

Die Analyse eines solchen einzelnen Falles ergibt keine sichere Entscheidung; bei unbefangener Betrachtung gewinnt man den Eindruck, daß das Kind das Erlebnis aus einem anderen Motiv zum Spiel gemacht hat. Es war dabei passiv, wurde vom Erlebnis betroffen und bringt sich nun in eine aktive Rolle, indem es dasselbe, trotzdem es unlustvoll war, als Spiel wiederholt. Dieses Bestreben könnte man einem Bemächtigungstrieb zurechnen, der sich davon unabhängig macht, ob die Erinnerung an sich lustvoll war oder nicht. Man kann aber auch eine andere Deutung versuchen. Das Wegwerfen des Gegenstandes, so daß er fort ist, könnte die Befriedigung eines im Leben unterdrückten Racheimpulses gegen die Mutter sein, weil sie vom Kinde fortgegangen ist, und dann die trotzige Bedeutung haben: Ja, geh' nur fort, ich brauch' dich nicht, ich schick' dich selber weg. Dasselbe Kind, das ich mit 1½ Jahren bei seinem ersten Spiel beobachtete, pflegte ein Jahr später ein Spielzeug, über das es sich geärgert hatte, auf den Boden zu werfen, und dabei zu sagen: Geh in K(r)ieg! Man hatte ihm damals erzählt, der abwesende Vater befinde sich im Krieg, und es vermißte den Vater gar nicht, sondern gab die deutlichsten Anzeichen, daß es im Alleinbesitz der Mutter nicht gestört werden wollte [1]. Wir wissen auch von anderen Kindern, daß sie ähnliche feindselige Regungen durch das Wegschleudern von Gegenständen anstelle der Personen auszudrücken vermögen [2]. Man gerät so in Zweifel, ob der Drang, etwa Eindrucksvolles psychisch zu verarbeiten, sich primär und unabhängig vom Lustprinzip äußern kann. Im hier diskutierten Falle könnte er einen unangenehmen Eindruck doch nur darum im Spiel wiederholen, weil mit dieser Wiederholung ein andersartiger, aber direkter Lustgewinn verbunden ist.

Auch die weitere Verfolgung des Kinderspieles hilft diesem unserem Schwanken zwischen zwei Auffassungen nicht ab. Man sieht, daß die Kinder alle im Spiele wiederholen, was ihnen im Leben großen Eindruck gemacht hat, daß sie dabei die Stärke des Eindrucks abreagieren und sich sozusagen zu Herren der Situation machen. Aber andererseits ist es klar genug, daß all ihr Spielen unter dem Einflusse des Wunsches steht, der diese ihre Zeit dominiert, des Wunsches: groß zu sein und so tun zu können wie die Großen. Man macht auch die Beobachtung, daß der Unlustcharakter des Erlebnisses es nicht immer für das Spiel unbrauchbar macht. Wenn der Doktor dem Kinde in den Hals geschaut oder eine kleine Operation an ihm ausgeführt hat, so wird dies erschreckende Erlebnis ganz gewiß zum Inhalt des nächsten Spieles werden, aber der Lustgewinn aus anderer Quelle ist dabei nicht zu übersehen. Indem das Kind aus der Passivität des Erlebens in die Aktivität des Spielens übergeht, fügt es einem Spielgefährten das Unangenehme zu, das ihm selbst widerfahren war, und rächt sich so an der Person dieses Stellvertreters.

Aus diesen Erörterungen geht immerhin hervor, daß die Annahme eines besonderen Nachahmungstriebes als Motiv des Spielens überflüssig ist. Schließen wir noch die Mahnungen an, daß das künstlerische Spielen und Nachahmen der Erwachsenen, das zum Unterschiede zum Verhalten des Kindes auf die Person des Zuschauers zielt, diesem die schmerzlichsten Eindrücke zum Beispiel in der Tragödie nicht erspart und doch von ihm als hoher

[1] Als das Kind fünfdreiviertel Jahre alt war, starb die Mutter. Jetzt, da sie wirklich »fort« (o-o-o-o) war, zeigte der Knabe keine Trauer um sie. Allerdings war inzwischen ein zweites Kind geboren worden, das seine stärkste Eifersucht erweckt hatte.

[2] Vgl. »Eine Kindheitserinnerung aus ›Dichtung und Wahrheit‹«, *Imago* V, 1917 [= G. W. XII, S. 13ff.].

Genuß empfunden werden kann. Wir werden so davon überzeugt, daß es auch unter der Herrschaft des Lustprinzips Mittel und Wege genug gibt, um das an sich Unlustvolle zum Gegenstand der Erinnerung und seelischen Bearbeitung zu machen. Mag sich mit diesen, in endlichen Lustgewinn auslaufenden Fällen und Situationen eine ökonomisch gerichtete Ästhetik befassen; für unsere Absichten leisten sie nichts, denn sie setzen Existenz und Herrschaft des Lustprinzips voraus und zeugen nicht für die Wirksamkeit von Tendenzen jenseits des Lustprinzips, das heißt solcher, die ursprünglicher als dies und von ihm unabhängig wären.«

Man kann also die oben beschriebene Spielsequenz in drei Phasen einteilen:

1. Ein Kind von eineinhalb Jahren, das nur bruchstückhafte Sprachbeherrschung zeigt, ist in den Augen seiner Umwelt ohne Tadel; es respektiert im allgemeinen die Anweisungen der Erwachsenen und berührt keine verbotenen Gegenstände. Es protestiert und weint nie während der Abwesenheiten der Mutter, die manchmal lange dauern können. Die Aktivität, die darin besteht, alle ihm unter die Hände kommenden Gegenstände weit wegzuschleudern, wobei es laut jauchzend einen Laut ausspricht, den Mutter und Beobachter als das Wort »fort« deuten, wird für das Kind zum Spiel, weil es so Gefallen daran findet, den Erwachsenen aufzufordern, ihm das, was es weggeworfen hat, wiederzubringen.

2. Die Aktivität dieses Kleinkindes wird in einem noch deutlicheren Sinne zum Spiel, wenn es sich der an einem Faden aufgehängten Holzspule bedient, den es in der Hand behält. Es jauchzt vor allem dann, wenn es sie zurückholt und dabei »da« sagt, nachdem es sie weggeworfen und dabei »fort« gerufen hat.

3. Die spielerische Aktivität, die sich allmählich – im Verhältnis zur Entwicklung des Kindes – mit umfassender Bedeutung auffüllt, wird schließlich in den Dienst seiner Aggressivität gestellt, wenn es im Alter von zweieinhalb Jahren ausruft: »Geh in K(r)ieg!« und sein Spielzeug dabei auf die Erde wirft (sein Vater war damals Soldat).

Die Untersuchung dieser Spielsequenz hat zahlreiche Kommentare auf den Plan gerufen. Sie bezeugt mit aller Deutlichkeit die Entwicklung der Objektbeziehung. In dem Maße, wie das Kind das Objekt zunächst nur wahrnimmt, wenn es seiner bedarf, später dann auch, wenn es es sieht, läßt sich sagen, daß das Spiel, das darin besteht, ein Objekt verschwinden zu lassen, wobei man genau weiß, daß es zurückkommen kann, das Bewußtsein der Permanenz des Objekts bestätigt. In dem Maße, wie das Spiel sich in einer symbolischen Aktivität ausprägt, besteht für das Kind, um volle Befriedigung daraus zu ziehen, offenbar kein Bedürfnis mehr nach einem Erwachsenen. Mit der fortschreitenden Objektdifferenzierung wird es mehr und mehr zum symbolischen Verfahren zur Meisterung der schwierigen Beziehungen zu den introjizierten Imagines.

In einer neueren Arbeit über kindliche Obsessionen erklärte einer der Autoren (Lebovici [218]) im Verein mit René Diatkine das Spulenspiel zum Prototyp von Zwangsverhalten, das bezeichnend für eine bestimmte Entwicklungsphase der Objektbeziehung sei und zugleich eine strukturierende Rolle bei der Beherrschung der Beziehungen zur Umwelt spiele.

Es ist sicher richtig, daß dieses Beispiel des Spulenspiels besonders günstig gelagert ist, denn es muß von bestimmten Voraussetzungen des Spiels, wie etwa rein funktionalen Aktivitäten, unterschieden werden. Es ist in der Tat Spiel zu zweit, soziales Spiel. Wenn das Kind das Objekt wegwirft, sammelt die Mutter es wieder ein; es hat also die Funktion eines Rufens nach der Mutter und ist signifikativ für die mühsam erworbene Erkenntnis, daß die Mutter ein lebendes Wesen ist, das zurückkommen kann, wenn es verschwindet und man es ruft.

Wir werden wiederholt darauf zurückkommen, daß diese Aktivität eine wechselseitige Kommunikation zwischen Mutter und Kind bestätigt, daß sie aber zum Spiel nur wird, weil die Mutter auf den Ruf antwortet und weil sie vielleicht – etwas weitergehend – dieses Verhalten eines sonst so braven Kindes tadelt.

Wenn man sich die Analyse dieses Spieles vor Augen hält, die ERIK H. ERIKSON in »Kindheit und Gesellschaft« [77] gegeben hat, lassen sich verschiedene Aspekte der von ihm ermöglichten Beherrschung ins Auge fassen, die mit der des Alptraums gegenüber dem traumatischen Element verglichen werden kann, das ihn manchmal vorbereitet:

1. Das Kind legt sich, anstatt die Abwesenheit der Mutter passiv zu ertragen, ein aktives Verhalten zurecht, das sie zurückzukommen nötigt. R. SPITZ [321] vertritt in seiner Analyse des »Nein« die Auffassung, daß ein grundlegendes Moment bei der Entwicklung des Kinderspiels in diesem Übergang von Passivität zu Aktivität im Zuge einer Identifikationsbewegung mit der frustrierenden Mutter liege.

2. Das Kind, das ein Objekt wegwirft und so glücklich die Aufmerksamkeit der Mutter auf sich lenkt, bezeigt ihr durch sein Verhalten seine Aggressivität, als wollte es sagen: »Ich werfe dich weg, weil du mich ja verläßt.« In einer Fußnote des zitierten Textes aus »Jenseits des Lustprinzips« merkt FREUD an, daß die Rückkehr der Spule bei dem beobachteten Kind Jubeläußerungen auslöste:

»Als eines Tages die Mutter über viele Stunden abwesend war, wurde sie beim Wiederkommen mit der Mitteilung begrüßt: Bebi o-o-o-o!, die zunächst unverständlich blieb. Es ergab sich aber bald, daß das Kind während dieses langen Alleinseins ein Mittel gefunden hatte, sich selbst verschwinden zu lassen. Es hatte sein Bild in dem fast bis zum Boden reichenden Standspiegel entdeckt und sich dann niedergekauert, so daß das Spiegelbild ›fort‹ war.«

Mit seinem Spiel vor dem Spiegel identifizierte sich das Kleinkind so mit der Person, die wegging und es allein ließ, um später wiederzukommen. Die Einverleibung des frustrierenden Objekts, später die Identifikation mit diesem Objekt durch Introjektion führt zur Beherrschung seines Bildes: »Wenn du weggehst, wirst du wiederkommen, wie die Spule wiederkommt, wenn ich sie verschwinden lassen habe oder wie mein Bild im Spiegel wiederkommt, wenn ich es beim Spielen nicht mehr gesehen habe.«

3. ERIK H. ERIKSON beschreibt überdies eine aggressive und rückversichernde Funktion des Spulenspiels. Die Mutter ist gekränkt, wenn sie heimkommt, weil sie merken muß, daß das Kind ohne sie spielen kann: »Ich spiele und bin guter Dinge auch ohne dich!«; aber das Spiel wertet sie auch auf: »Mein Junge ist schon groß genug, sich ein Spiel auszudenken.«

Für WINNICOTT [348] haben diese Objekte, die er Übergangsobjekte nennt, eine wesentliche Bedeutung für die Entwicklung der Objektbeziehung, weil sie eine organisatorische Zwischenstufe zwischen dem Bedürfnis nach dem Objekt und seiner halluzinatorischen Phantasie markieren.

Sicher ist, daß das Spiel, das Spiel zu zweit ist, in einer wichtigen Phase der Entwicklung bestimmter rein funktionaler Aktivitäten des Kindes angesiedelt ist. Man hat bemerkt, daß es zweifellos schwierig ist, den signifikativen Augenblick in der Entwicklung dieses Wegwerfverhaltens zu erfassen, das wahrscheinlich um den achten Lebensmonat herum in Erscheinung tritt. Dieses besondere Verhalten müßte unter dem Blickwinkel der Intelligenzentwicklung und der Handhabung des symbolischen Denkens untersucht werden.

Der Übergang vom funktionalen Spiel zum Spiel im eigentlichen Sinne ist Gegenstand zahlreicher Kommentare gewesen. P. GUILLAUME [168] ist der Ansicht, daß bereits bei höheren Lebewesen bestimmte experimentelle Spiele vorkommen. CHARLOTTE BÜHLER beschreibt Aktivitäten dieses Typus schon vom vierten Lebensmonat ab. HENRI WALLON (*»L'évolution psychologique de l'enfant«* [340]) hat bekanntlich der Entwicklung, die vom funktionalen Spiel zum Denken führt, große Bedeutung zugeschrieben: »Das funktionale Spiel liefert den Beweis für die Funktion in allen ihren Möglichkeiten.«

Die Kreisreaktion von BALDWIN ist eine dieser funktionalen Aktivitäten, die zunächst durch Zufall realisiert und später willentlich wiederholt werden. WALLON zufolge handelt es sich um eine sensomotorische Reaktion, mit der Empfindungen und Bewegung zu Gesten werden und das Erlernen von Wahrnehmung ermöglichen.

Die Kreisreaktion betrifft eher Gesten, in die der Körper des Kindes einbegriffen ist. Wir werden sie auf dem Gebiet der Voraussetzungen des Spiels untersuchen, dessen Begriff durch den Gebrauch von Objekten bezeichnet wird, die das Kind handhabt und die es zu meistern beansprucht.

Das Problem besteht darin, auszumachen, ob das Jauchzen und der zunächst sensorische, später aus der Handlung gezogene Genuß allein schon das Spiel charakterisieren.

Nach J. CHATEAU [54] lassen sich an den nach und nach in die Handhabung des Objektes integrierten Aktivitäten bestimmte Spielaspekte erkennen, weil das Kind dabei sensorische Lust empfindet, weil es sie, um das einmal genossene Vergnügen wiederzufinden, zu wiederholen imstande ist und weil das Objekt schließlich als Instrument und nicht als das benutzt wird, was es für sich genommen ist.

Jedenfalls ist CHATEAU der Ansicht, daß das Spiel nicht allein durch den Begriff der Entlastung von akkumulierten Spannungen definiert werden könne, und er reiht sich – wenigstens in diesem Zusammenhang – bereitwillig unter die Psychoanalytiker ein, wenn sie der Verschiebung grundlegende Bedeutung für die funktionale Analyse des Spiels einräumen.

MAURICE BÉNASSY hat – mit anderen Autoren – in einem Diskussionsbeitrag zu unserer bereits zitierten Arbeit über infantile Obsessionen [22] dargelegt, daß die funktionalen Aktivitäten – wie signifikant auch immer – zum Spiel erst durch die Intervention eines anderen werden:

»Gerade die Mutter-Kind-Beziehung, die sogenannte Objektbeziehung, macht die ganze Originalität dieses Spiels aus. Es schließt eine nicht nur auf die Umwelt, sondern auch eine auf die Personen gerichtete Aktion ein. Bemerkenswert ist, daß man allmählich darin übereinstimmt, daß ungefähr vom Alter von drei Wochen ab das Kind seine Mutter wiedererkennt; willentliche Bewegungen werden erst später beobachtet. Die Objektbeziehung ist, wie SPITZ sagt, die zeitlich erste. Sonst wird es für mich schwierig, diese verlängerten Spiele, die Lernprozesse und ohne Zweifel sensomotorische und (oder) relationale Vergnügen sind, als Entwürfe von Ritualen aufzufassen.«

A. GREEN [160b] hat in einem profunden Kommentar seine Lektüre – eine doppelte Lektüre – des Spulenspiels vorgetragen: indem es eine bestimmte Objektbeherrschung wiedergibt, läßt es sich zunächst als »Analogon« der Triebfunktion auffassen, als »Metaphase der Triebaktivität, die in ihrer Bewegung auf das Objekt abzielt, das sie nicht erreichen kann, und dabei die Angst vor seinem Verlust auslöst, die vom lustbetonten Wiederfinden überwunden wird«. Tatsächlich bestehen zwei Objekte (ein anwesendes und ein abwesendes) und zwei Subjekte: das der klassischen Interpretation, derzufolge das Subjekt, das Ich, die Spule handhabt, und das einer anderen Deutung, dergemäß »das Subjekt hier nicht mehr handelndes, sondern etwas ist, das mit Hilfe der Umstände den Anspruch eines Subjektes, sich als solches zu äußern, nur aushalten kann, wenn es Aktivität passiviert«. Diese »Passivierung« erfordert die Präsenz eines dritten, der den Status des Beobachters hat (FREUD). Sie veranlaßt das Subjekt, die Absenz zu deuten und zu spielen. Die Wunschbefriedigung wird von der zwingenden Absenz hervorgebracht. Die Illusion ist fröhlich, weil die Spule auf die Absenz anspielt oder sie symbolisiert. Aber dieses Spiel erfordert ein bestimmtes Zubehör, mit dem das Subjekt sich im Prozeß seiner Wiederholung entfalten kann. Gerade die Besetzung seiner Bedeutung, der Prozeß der Absenz, verleiht dem spielenden Subjekt den Status des Spielers, also eines Ich. Aus der Absenz entsteht aber gerade die unbewußte Phantasie, die das Spiel konstituiert.

Nach einem Vergleich der Wiederholung des Spiels mit der Windung der doppelten Schraube des genetischen Codes schlägt A. GREEN vor, im Spulenspiel nicht nur die Wiederholung des Verlusts (der Brust), sondern auch die Identifikation mit dem weggehenden anderen zu sehen. Das Kind des Spieles kann Kummer und Traurigkeit verstummen lassen, rächt sich aber auch an der Mutter, die ihm antizipierend das Verlassenwerden zeigt, dem es aufgrund des Inzesttabus ausgesetzt sein wird. Das Spiel ist jedoch nur möglich, weil die ihm zugrundeliegende Phantasie unbewußt ist und sich auf die Handhabung der Spule reduziert. Es gibt nur den anderen, den die Generationen überblickenden Beobachter, FREUD, den Analytiker, der seine Bedeutung erfassen kann, wo sie sich zeigt. Das Spiel, das sich gut spielen läßt, ist das der Triebe von einverleibender Bejahung und ausstoßender Negation. Soweit der Sinn der zweiten Lektüre GREENS – intrapsychisches Triebspiel, Spulenspiel für das Kind, das es ausspricht, Beherrschungsspiel für den, der es erfaßt.

Wir haben es für notwendig gehalten, ausführlich auf die Analyse des Spulenspiels und auf mehrere dadurch angeregte Kommentare einzugehen. Diese Diskussion legt den Gedanken nahe, daß das Spiel, das den Fortschritt in der Beherrschung des introjizierten Objektes bestätigt, im Grenzgebiet der Mechanismen symbolischen Handelns[3] angesiedelt ist. In neueren Diskussionen wird darauf beharrt, daß dieses Verhalten nur deshalb spielerisch ist, weil es eine Zweierbeziehung – Mutter und Kind – umfaßt, die überdies stark nuanciert und komplex ist. Eine vergleichende Untersuchung von deren Entwicklung bleibt zu unternehmen; es lassen sich jetzt jedoch die Voraussetzungen dafür beschreiben. Alle funktionalen Aktivitäten, die sich durch Kreisprozesse anreichern, verdienen in der Tat nicht den Namen vorspielerischer Aktivitäten.

J. DE AJURIAGUERRA war kürzlich bei einer Diskussion der Ansicht, daß autonome Bewegungen des Kindes bereits als Vorbereitungen zum Spiel aufgefaßt werden könnten: Bestätigen etwa die Jubeläußerungen, die das blickerwidernde Lächeln ergänzen (nach SPITZ [319] der »erste Organisator« im dritten Lebensmonat), nicht die körperliche Besetzung der Wahrnehmung der Präsenz der Mutter? Ebenso liefert die Tatsache, daß das Kind – zu einer Zeit, wo es dazu imstande ist – ein ihm angebotenes Objekt annimmt oder ablehnt, ein Unterscheidungsmerkmal für den Spieltypus. So lassen sich die Voraussetzungen des Spiels angesichts der körperlichen Besetzungen leicht erraten.

Das Problem besteht also darin, auszumachen, ob sich unter die vorspielerischen auch die zahlreichen Aktivitäten einreihen lassen, die das rein funktionale Stadium überwunden haben. Das träfe etwa für Fälle zu, wo das Kleinkind mit der Hand vor den Augen spielt, zufällig den Daumen in den Mund steckt usw.

Die Zustimmung zu einer solchen Auffassung, die nur die Aktivitäten des vorspielerischen Typus durch die libidinöse Besetzung der Funktion, die sie ins Spiel bringen, charakterisiert, wäre sicher nicht einhellig. Was diese vorspielerischen Aktivitäten vielleicht besser kennzeichnet, ist der Umstand, daß sie ein auf die Mutter gerichtetes Handeln möglich machen, und zwar durch die libidinöse Besetzung des Könnens, sei es direkt, sei es indirekt, wenn sie später wirklich zum Ersatzspiel werden. Wenn das psychotische Kind die stereotypen und rituellen Aktivitäten eines ursprünglichen Autismus wiederholt, spielt es mit seinen Händen. Aber wir würden es nicht so verstehen, daß es sich hier um ein Spiel handelt, weil die Aktivität nur auf sich selbst bezogen ist, ohne jedes Verhältnis zur Objektbeziehung, außer als Symbol der Einverleibung der guten und der bösen Brust. Wir werden später auf den Prozeß der Spielprojektion zurückkommen, wie er nach FREUD durch MELANIE KLEIN unter dem Namen *splitting* augenfällig gemacht wurde. Hier sei nur soviel gesagt, daß er eines der Hauptattribute des Spiels ist, das das mütterliche Objekt oder ihr halluziniertes Bild in Bewegung setzen muß.

So entspricht die vorspielerische Aktivität der genau abgestimmten und fröhlichen Handhabung eines mütterlichen Ersatzobjekts. Sie setzt die Objektivierung (oder die Besetzung einer Repräsentanz) voraus, wird aber durch das Stadium des Übergangsobjekts nicht umfassend definiert, das wir bereits erwähnt haben und das eine unerläßliche Voraussetzung dafür darstellt.

[3] In einer Arbeit über Funktionsstörungen des Kleinkindes hat einer der Autoren (M. SOULÉ, 1966: in: M. FAIN, L. KREISLER und M. SOULÉ [200]) zeigen zu können geglaubt, daß der Merycismus des Kleinkindes dem Spulenspiel vergleichbar ist; wenn aber das Aufstoßen beherrscht wird, wird die symbolische Dimension nicht erreicht.

Sie setzt auch eine Antwort des Erwachsenen – vor allem eine der Mutter – voraus, die, wenn sie an diesem Verhalten die Fortschritte des Kindes abliest, davon nicht auch unbedingt stark beeindruckt ist: Paradox gesagt könnte man behaupten, daß, wenn die vorspielerische Aktivität dem Kind erlaubt, sich der Mutter zu entledigen, die sie für aggressiv halten und die narzißtische Wunde kompensieren kann, die diese Aktivität ihr durch eine Nuance von Mißachtung zufügt.

Die funktionale Aktivität bestätigt für sie die Gesundheit des Kleinkindes: Wenn es saugt, tut es seine Pflicht; wenn es seinen Daumen lutscht, übt es sich im Saugen oder tröstet sich, daß es gerade nicht saugt. Wenn es sich mit dem Nuckel zufriedengibt, den man ihm in den Mund gesteckt hat, findet es erneut das Vergnügen, das es bei der Eroberung seines Daumens entdeckte. Aber das Vergnügen ist von der Mutter autorisiert: sie selbst provoziert es, um in Ruhe gelassen zu werden.

Das Spiel beginnt mit den »Spielzeugen«, denn das sind von der Mutter beigesteuerte Objekte, die sie entweder nur duldet oder anhand derer sie sich selbst beim Spiel des Kindes amüsiert. Die funktionale geht in vorspielerische Aktivität über, wenn der Ersatz von der Mutter toleriert wird; das Spiel beginnt, wenn sie Klappern und Spielzeuge besorgt, und weil sie ihnen keinen besonderen Wert beimißt.

Mit dem Spiel nimmt das Kind an einem Dialog oder wenigstens an einer Beziehung zum Erwachsenen teil, der ihm eine soziale Bedeutung beilegt. Die spielerische Aktivität des Kindes, die Nicht-Arbeit und nicht ernsthaft ist, wird vom arbeitenden und ernsthaften Erwachsenen nicht ohne Mißtrauen und Neid betrachtet. In mehreren seiner Arbeiten – vor allem in »Kindheit und Gesellschaft« [77] – macht ERIKSON auf die Bedeutung dieser Verhaltensweisen und tiefliegenden Gefühle angesichts des Kinderspiels deutlich: Das Kind findet hier den Stoff, sich die soziale Realität einzuverleiben, zumal es den Gefühlen der Erwachsenen seiner Umgebung beim Spiel entgegentreten muß: so vermittelt gerade das allmähliche Erlernen und Meistern des Gehens dem Kind ein fröhliches Gefühl und verwandelt diese Aktivität in ein wirkliches Spiel.

Wenn es jedoch fröhlich herumläuft, löst das Kind bei der Mutter und bei seiner Umwelt im allgemeinen Reaktionen aus, die eine wichtige Rolle für die Aneignung bestimmter sozialer Realitäten spielen. Manche Mütter werden sich bereitwillig und nicht ohne eine Nuance mehr oder weniger aggressiven Mißtrauens über die rastlosen Neuanfänge amüsieren, zu denen das Kind bei seinen ersten Gehversuchen ansetzt. Andere – und zwar sicher mehr – Mütter werden stolz sein, ihr Kind laufen zu sehen. Das Kind muß zwangsläufig, durch die subtilen Kommunikationsmittel, wie sie sich zwischen ihm und der Mutter einpendeln, die verschiedenen Gefühle nachempfinden, die seine spielerische Aktivität auslöst. Ihr metaphorischer Ausdruck wird gewissermaßen über diesen Kanal geleitet. Alles geschieht so, wie wenn die Mutter bei seinen ersten gelungenen Schritten sagte: »Der kann aber laufen ... der wird es aber weit bringen ... der kann es ganz allein, ohne daß man ihn an der Hand halten müßte ... der marschiert mit erhobenem Kopf.«

Diese Metaphern für die verschiedenen Gefühle, die eine Mutter unter solchen Umständen empfinden kann, machen auch deutlich, daß die funktionale Aktivität des Kindes, die – wie wir gesehen haben – vorspielerischen Charakter hat, ihren vollen Wert erst mit Rücksicht auf ihre soziale Bedeutung erhält. Mit ERIKSON muß man letztlich anerkennen, daß das Spiel für die Erwerbung von Wirklichkeitssinn nur dann Wert hat, wenn es von den Erwachsenen nicht über die Schulter angesehen wird. In dem Maße, wie es in unserer Gesellschaft allzu häufig als Nicht-Arbeit gilt, wird es zu einem der Verfahren, mit denen die Erwachsenen das Gefühl der Personalisierung des Kindes in Abrede stellen. Mit anderen Worten: die Gefühle, die der Erwachsene angesichts der spielerischen Aktivität des Kindes mehr oder weniger deutlich zum Ausdruck bringt, liefern die schlüssigsten Bilder für die Veränderungen, die solche Verhaltensweisen im Identifikationsprozeß auslösen. Auch die von ERIKSON in diesem Zusammenhang angeführten ethnographischen Referenzen verdienen hier zitiert zu werden:

»Das heranwachsende Kind muß bei jedem Schritt ein belebendes Wirklichkeitsgefühl aus dem Bewußtsein ziehen, daß seine individuelle Art der Lebensmeisterung (seine Ichsynthese) eine erfolgreiche Variante einer Gruppenidentität ist und in Übereinstimmung mit der Raum-Zeit und dem Lebensplan seiner Gesellschaft steht.

In dieser Hinsicht lassen sich die Kinder nicht durch leeres Lob und herablassende Ermutigung betrügen. Unter Umständen müssen sie sich mit solchen künstlichen Stützen ihres Selbstbewußtseins anstelle von etwas Besserem begnügen. Aber ihre Identität kann echte Stärke nur aus der aufrichtigen und beständigen Anerkennung einer wirklichen Leistung beziehen – d. h. einer Leistung, die in der Kultur etwas gilt. Wir haben versucht, dies anhand unserer Diskussion über die Probleme der Indianererziehung darzustellen, wollen hier aber einem Berufenerem das Wort überlassen[4].

DR. RUTH UNDERHILL erzählte mir, wie sie in Arizona unter einer Gruppe von älteren Papagos saß und der Hausherr sich an seine kleine dreijährige Enkelin wandte und sie aufforderte, die Türe zu schließen. Die Türe war gewichtig und ging schwer zu. Das Kind versuchte es, aber die Tür bewegte sich nicht. Mehrmals wiederholte der Großvater: »Ja, mach die Tür zu.« Niemand sprang auf, um dem Kind zu helfen, niemand nahm ihm die Verantwortung ab. Andererseits gab es keine Ungeduld, denn schließlich war das Kind klein. Sie saßen ernsthaft und warteten, bis es dem Kind gelang und der Großvater ihm feierlich dankte. Die Voraussetzung dabei ist, daß solch eine Aufgabe nicht gestellt wird, ehe das Kind sie bewältigen kann. Ist es aber einmal aufgefordert, so hat es allein die Verantwortung, gerade als wäre es erwachsen. Der wesentliche Punkt solch einer Erziehung liegt darin, das Kind von früh an auf verantwortliche soziale Teilnahme zu prägen, während gleichzeitig die gestellten Aufgaben seiner Fähigkeit angepaßt sind. Der Kontrast zur Einstellung in unserer Gesellschaft ist sehr groß. Ein Kind leistet bei uns keinerlei Beitrag zur Arbeit unserer industriellen Gesellschaft, außer wo es mit einem Erwachsenen in Konkurrenz tritt. Seine Arbeit wird nicht an seiner eigenen Kraft und Geschicklichkeit gemessen, sondern an den hochgeschraubten industriellen Erfordernissen. Selbst wo wir die Leistungen eines Kindes in der Familie loben, sind wir außer uns, wenn solch ein Lob als gleichbedeutend mit dem Lob für einen Erwachsenen aufgefaßt wird. Das Kind wird gelobt, weil die Eltern gut gestimmt sind, gleichgültig ob die Aufgabe vom Standpunkt eines Erwachsenen aus gut oder schlecht erfüllt wurde, und das Kind erwirbt keinen vernünftigen Standard, an dem es seine Leistungen messen könnte. Der Ernst einer Cheyenne-Indianerfamilie, die den ersten Schneevogel eines kleinen Knaben mit einem zeremoniellen Fest begrüßt, ist sehr verschieden von unserem Verhalten. Bei seiner Geburt erhält der Knabe einen Spielbogen und Pfeile zum Geschenk, und von der Zeit an, wo er herumlaufen kann, werden ihm vom Familienoberhaupt brauchbare Bogen und Pfeile, die jeweils seiner Größe entsprechen, geschenkt. Er wird auf Vögel und Tiere in stufenweiser Reihe aufmerksam gemacht, beginnend mit denen, die am leichtesten zu treffen sind. Jeweils wenn er das erste Tier einer Art nach Hause bringt, feiert die Fa-

[4] RUTH BENEDICT, »*Continuities and Discontinuities in Cultural Conditioning*«, in: *Psychiatry I* (1938).

milie das entsprechend und nimmt seinen Beitrag so ernsthaft entgegen wie den Büffel, den der Vater bringt. Tötete der Knabe schließlich selbst einen Büffel, so stellt das nur den letzten Schritt einer durch die ganze Kindheit sich hinziehenden Prägung dar und nicht eine neue Rolle, die im Widerspruch zu seinen Kindheitserfahrungen stand.

So dämmert uns also, daß die Theorien des Spieles, die von unserer Kultur vertreten werden, und die in der Annahme verwurzelt sind, daß auch bei Kindern das Spiel durch den Umstand definiert wird, daß es ›keine Arbeit ist‹, in Wirklichkeit nur eine Form darstellen, unsere Kinder von einer frühen Ausbildung ihres Identitätsgefühls auszuschließen. Aber bei den Primitiven liegen die Dinge eben relativ einfach. Ihre Kulturen sind exklusiv. Ihr Bild des Menschen beginnt und endet mit einer Vorstellung vom starken oder reinen Yurok oder Sioux, der innerhalb seiner jeweiligen bestimmten Naturausschnitte beheimatet ist. In unserer Zivilisation weitet sich das Bild vom Menschen aus. Während es individualisierter wird, tendiert es auch dazu, ungezählte Millionen aus neuen Regionen, Nationen, Kontinenten und Klassen mit zu umfassen. Neue Synthesen ökonomischer und emotionaler Sicherheit werden in den Bildern neuer Entitäten gesucht, die auf umfassenderen Identitäten beruhen.

Primitive Stämme haben eine direkte Beziehung zu den Quellen und Mitteln der Produktion. Ihre Technik stellt eine unmittelbare Erweiterung des menschlichen Körpers dar. Ihre Magie ist eine Projektion von Körperkonzepten. Die Kinder dieser Gruppen nehmen an den technischen und magischen Untersuchungen teil. Körper und Umgebung, Kindheit und Kultur können voller Gefahr sein, aber sie stellen immer eine einheitliche Welt dar. Diese Welt mag klein sein, aber sie ist magisch kohärent. Andererseits macht es die Ausdehnung unserer Zivilisation, ihre Schichtungen und ihre Spezialisierung den Kindern unmöglich, mehr als nur Ausschnitte der Gesellschaft, die für ihre Existenz relevant sind, in ihre Ich-Synthese aufzunehmen. Die Tradition selbst ist zur Umgebung geworden, an die man sich anzupassen hat. Die Maschinen sind keineswegs mehr Werkzeuge und Erweiterungen der physiologischen Funktionen des Menschen, sondern zwingen ganze Gesellschaftsgruppen zu erweiterten Organen der Maschinerie zu werden. In manchen Klassen wird die Kindheit zu einem abgetrennten Lebensausschnitt mit eigenen Gebräuchen und Traditionen.

Aber die Erforschung der Neurosen unserer Zeit weist auf die Bedeutsamkeit dieser Verschiebung zwischen der Erziehung des Kindes und der sozialen Wirklichkeit hin. Wir finden in den Neurosen unbewußte und vergebliche Versuche, sich mit den magischen Begriffen einer homogenen Vergangenheit an die heterogene Gegenwart anzupassen, mit Begriffen einer Vergangenheit, deren Fragmente in der Erziehung noch immer übermittelt werden. Anpassungsmechanismen aber, die einst eine evolutionäre Anpassung, stammesmäßige Integration, Kasteneinheit, nationale Gleichartigkeit ermöglichten, sind in einer industriellen Zivilisation sinnlos und verloren.

So ist es kein Wunder, daß manche unserer kranken Kinder beständig aus ihren Spielen in irgendwelche zerstörerischen Tätigkeiten ausbrechen, wobei sie mit unserer Welt in Konflikt zu geraten scheinen. Die Analyse zeigt aber, daß sie nur ihr Recht demonstrieren wollen, eine Identität in dieser Welt zu finden. Sie weigern sich, etwas Abgesondertes zu werden, das ›Kind‹ heißt, das spielen muß groß zu sein, weil man ihm keine Gelegenheit gibt, ein kleiner Partner in einer großen Welt zu sein.«

Wenn das Kind bei seinen aufeinanderfolgenden, sein Ich organisierenden Identifikationsversuchen, aufgrund der willentlich mißtrauischen Haltung seiner Umgebung in Schwierigkeiten gerät, so muß auch gesagt werden, daß es ihr dies heimzahlt und seine Spiele häufig genug gegen den Erwachsenen einsetzt. Die Bedeutung des Kinderspiels ist in den Arbeiten von MELANIE KLEIN über die Phantasie [192] ausführlich dargestellt worden. Gleichwohl gebührt ANNA FREUD [97] das Verdienst, auf ihre Bedeutung als Identifikation mit dem Angreifer hingewiesen zu haben. ANNA FREUD zitiert in diesem Zusammenhang eine Phantasie des kleinen Hans, und zwar die vom Installateur. Wenn der in einem Traum von Hans die kleinen Hähne abschraubt, um sie durch große zu ersetzen, so gibt Hans damit seinen Kampf gegen die Kastrationsangst mittels der Phantasie der Identifikation mit dem Angreifer zu erkennen. Kinderpsychoanalytikern ist ebenso wie aufmerksamen Eltern die Bedeutung von Spielen vertraut, in denen vor allem Jungen sich mit kriegerischen Plänen beschäftigen, die ihnen ihre Angst in gewissem Ausmaß zu beherrschen ermöglichen. Nicht ausgeschlossen ist, daß auch das mit seiner Puppe spielende kleine Mädchen mit diesem Spiel ihre Angst und ihre Schuldgefühle gegenüber der Mutter zu meistern lernt, die als ödipale Rivalin erlebt wird.

Einfache Beobachtung des Kinderspiels führt offenbar zu zwei einander auf den ersten Blick widersprechenden Positionen. Für die einen Autoren ist das Spiel fortgesetzte, freie und spontane Belustigung; es führt zur Konstruktion, ist also gestalterisch; die spielerische Aktivität ist in sich geschlossen und ständig mit Bedeutung aufgeladen. Andere Autoren sind der Ansicht, daß gerade mittels des Spiels das Kind seine erste Beziehung zur Welt herstellt und Zugang zu den Objekten findet.

Offenbar kommt in diesen beiden Positionen eine Kontroverse zum Ausdruck, deren Echo bereits das vorangegangene Kapitel gewesen ist: die KLEINsche Theorie des Kinderspiels stützt sich im wesentlichen auf seinen *Inhalt,* während zahlreiche andere Autoren die Auffassung vertreten, daß es untrennbar mit der *Situation* zusammenhängt, in der es beobachtet wird. Bekanntlich hat ERIK H. ERIKSON viele seiner Arbeiten den Gestaltungsversuchen in Kinderspielen gewidmet. Ihm zufolge [77] unterscheidet sich das Spiel von anderen psychologischen Kommunikationsformen, vor allem von solchen, in denen das Vehikel der Sprache eine Rolle spielt. Es vollzieht sich in der Tat in einem Bereich, den er räumliche Konfiguration nennt. Er selbst hat mit dem Versuch des Aufbaus einer differentiellen Geschlechterpsychologie zur Zeit der Präadoleszenz eine Klassifikation dieser Konfiguration unternommen [76]. Bei 468 Kindern, darunter 236 Jungen und 232 Mädchen, hat er festgestellt, daß der »Inhalt« des Spieles und seine Gestaltung, d. h. seine räumliche Entfaltung (Bewegungen des Kindes, Handhabung der Spiele, Anordnung der Spielzeuge), mit der erlebten Vergangenheit zusammen gesehen werden müssen. Bei Jungen und männlichen Erwachsenen wird Gefahr im allgemeinen als von außen kommend beschrieben, während bei jungen Mädchen und Frauen als Gefahr das gilt, was die Ordnung der inneren Objekte bedroht. Die Jungen versuchen sich an architektonischen Gestaltungen, die Mädchen statten eher ein Zimmer aus. Zusammenstürze lassen sich eher bei den Konstruktionen der Jungen beobachten; der Autor sieht darin ein kulturelles Symbol für die Erektion.

Welches Verdienst diese sehr detaillierten und zuweilen mit erstaunlicher Strenge geführten Untersuchungen auch immer haben: man muß sich darüber klar sein, daß die phänomenologische Analyse des Kinderspiels weiter fortgesetzt zu werden verdient, und zwar unter der Bedingung, daß sie zum Verständnis seiner Bedeutung führt. In dieser Hinsicht müssen manche Irrtümer vermieden werden, und wir stellen uns an die Seite ERIKSONS, der die Gefahr betont, die darin liegt, das Spiel wie einen Traum zu behandeln und seinem manifesten Inhalt einen latenten entgegenzusetzen, der erst dank der Psychoanalyse erkennbar wird und das Unbewußte des Kindes enthüllt.

Wenn man sich auf die Analyse der repräsentativen Spiele beschränkt – Spiele, die mit kleinen Objekten gespielt werden –, sollte man nicht außer acht lassen, daß der spielerische Ausdruck sehr verschiedene Ebenen umfaßt, die nicht zusammenfallen dürfen.

1. In vielen Fällen konstruiert das junge Kind – und manchmal auch der Präadoleszent – mit seinen Spielen eine Welt, die eine repräsentative Bedeutung hat und der das spielende und konstruierende Kind einen Großteil seiner Nöte aufbürdet.

2. Der Beobachter – und vor allem der Psychoanalytiker – muß zwangsläufig gewahr werden, daß das konstruierende Kind nicht immer das ausdrückt, was es konstruieren und darstellen wollte. Sein Zögern, seine wirklichen Fehler im Spiel sind ebensooft Prozesse, in denen die ungenügenden Gegenbesetzungen des Spiels dem Ausdruck der Triebe einen Weg bahnen, die sich gemäß der psychoanalytischen Topik auf der Ebene des Vorbewußten äußern.

3. Schließlich muß die Organisation des repräsentativen Spiels als signifikativ für die psychische Organisation gelten. Sie symbolisiert die Konflikte, sie bestätigt die Abwehrstruktur des Ich; sie erlaubt die Einschätzung der Bedeutung der autonomen Ich-Sektoren entsprechend dem Ausmaß der spielerischen und nicht-gehemmten Aktivität.

Diese wenigen Bemerkungen, die in anderer Form wiederaufnehmen, was bereits gegen Ende des vorhergehenden Kapitels gesagt wurde, muß sich bewußt halten, wer die Bedeutung des Kinderspiels verstehen will und sich dabei auf das grundlegende Werk von MELANIE KLEIN bezieht.

MELANIE KLEIN hat bekanntlich das Spiel für die Hauptmethode bei der psychoanalytischen Behandlung von Kindern gehalten. In »Die Psychoanalyse des Kindes« [193] und in »Contributions to Psychoanalysis« [192] lassen sich ungezählte Anmerkungen zum Kinderspiel finden.

MELANIE KLEIN analysiert etwa Jungen- und Mädchenspiele: Wenn das Mädchen mit Puppen spielt, so drückt es damit nicht nur den Wunsch aus, Mutter zu sein, sondern zugleich das Bedürfnis, sich gegen die Angst zu versichern, daß ihr die Mutter alles genommen hat, was sich in ihrem Körperinneren befindet; mit Puppen spielen heißt sich vergewissern, daß die Mutter dem Mädchen die Möglichkeit läßt, selbst Kinder zu haben. Ebenfalls nach MELANIE KLEIN symbolisiert der Junge, wenn er Eisenbahn spielt, die Durchdringung des Körperinnern der Mutter und den Kampf, den er gegen den väterlichen Penis führt; er sichert sich letztlich gegen die Aggressivität der Mutter.

MELANIE KLEIN unterscheidet bei der Untersuchung der genetischen Entwicklung des Spiels, die Verwendung repräsentativer Spiele und die imaginativer Phantasien im Spiel: im letzteren Fall spielt das Kind z. B. Doktor, Krankenschwester usw. Ihr direkterer Ausdruckswert kommt diesen Spielen aufgrund ihrer Symbolik und folglich aufgrund der von ihnen ausgelösten verbalen Assoziationen zu.

In diesem Zusammenhang ist man gehalten, die KLEINsche Theorie der Personifikation im Spiel erneut zu überdenken: ihr zufolge ist der Spielinhalt tatsächlich mit masturbatorischen Phantasien identisch, deren Entlastung das Spiel ermöglicht. Es ist in dieser Hinsicht mit dem Traum vergleichbar und hat wie er dieselbe Funktion der Erfüllung infantiler Wünsche. Deshalb bestätigt die Personifikation im Spiel die Nicht-Gehemmtheit der Phantasietätigkeit; beim normalen Kind ungezwungen sich auslebend, ist sie bei Schizophrenen erloschen, deren Wunsch dahingeht, die Realität in Abrede zu stellen. Die im Spiel (wie im Traum des Erwachsenen) in Erscheinung tretenden Figuren sind Vermittlungen zwischen den grausamen Aspekten des Über-Ich und den der Realität nahestehenden Identifikationen, zwischen den prägenitalen und den ödipalen Imagines.

Von dieser Theorie ausgehend, wiederholt MELANIE KLEIN ihre Hypothese des *splitting* und setzt der Welt der internalisierten Partialobjekte die der Objekte personifizierender Spiele entgegen, die zu deren projektivem Ersatz werden. Dieser Mechanismus steht mithin am Beginn der spielerischen Projektion, die die Spannungsmilderung innerer Konflikte begünstigt.

Unter diesen Bedingungen bahnt die Art und Weise der Personifikation im Spiel, MELANIE KLEIN zufolge, den Zugang zu einigen diagnostischen Klassifikationen:

a) Das paraphrene Kind unterdrückt seine Phantasien und versucht der spielerischen Verwirklichung auszuweichen;

b) das paranoide Kind ordnet seine Wirklichkeitsbeziehung seinen spielerischen Phantasien unter;

c) neurotische Kinder färben ihre Spiele ständig mit ihren Selbstbestrafungsbedürfnissen;

d) normale Kinder schließlich, die die Realität aushalten, können sie in Übereinstimmung mit ihrer Phantasie erleben.

Wenn es richtig ist, daß diese diagnostische Kategorisierung nur unter großen Schwierigkeiten angewendet werden kann, scheinen die Schlußfolgerungen der Arbeit von MELANIE KLEIN für die Personifikation im Spiel dagegen annehmbarer zu sein: Sie macht darauf aufmerksam, daß die Personifizierung eines der Übertragungselemente ist, daß sie mit dem Fortschritt der Behandlung geschmeidiger wird und daß diese Fortschritte nur möglich werden, wenn der Psychoanalytiker die Rollen, die das Kind ihn mehr oder weniger direkt zu personifizieren auffordert, nicht nur akzeptiert, sondern auch wirklich auf sich nimmt.

Schlußfolgerungen wie diese müssen jedoch noch differenziert werden, und MELANIE KLEIN hat sich das überdies nicht entgehen lassen, wenn sie anmerkt, daß die Personifikation in der Latenzperiode rigider wird: »Die Imagination ist gezwungen, und die zunehmende Bedeutung des rationalen Elements im Spiel des Kindes scheint mir nicht nur einer tiefen Verdrängung der Imagination, sondern auch dem zwanghaften Übergewicht der Realität zuzuschreiben zu sein« [192].

Im gesamten Werk von MELANIE KLEIN wird jedoch überall deutlich, daß das Spiel nicht nur Wunschbefriedigung ist, sondern auch Triumph und Herrschaft über die Realität dank jenes Prozesses der Projektion der inneren Gefahren auf die äußere Welt; daher die Bemerkung: »Das Spiel transformiert die Angst des normalen Kindes in Lust.«

Eine derartige durchaus annehmbare Formulierung steht vollkommen in Einklang mit der Analyse der Funktionen des Spiels, wie wir sie gegeben haben. Nun hat aber die Theorie MELANIE KLEINS, indem sie sich bis zum Gleichgewicht zwischen Trieben, Phantasien und sie ausdrückenden Spielen verstieg, sich von der

Beschreibung der zentralen depressiven Periode aus zu einer metapsychologischen Konzeption der Angst als Kampf zwischen Lebens- und Todestrieben erweitert.

Das Spiel wird damit zur direkten Darstellung des Kampfes dieser Triebe, d. h. guten und bösen Objekten, die internalisiert und ständig »extrojiziert« werden. Welche Vorsichtsmaßnahmen MELANIE KLEIN bei der Deutung der Übertragung auch eingebaut hat: sie kann, obwohl sie die Zweckmäßigkeit der Arbeit an den Abwehrmechanismen in Rechnung stellt (Projektion der inneren auf die äußere Welt) doch nicht umhin, die Deutung des Kinderspiels direkt und in seinen Tiefenaspekten vorzunehmen.

In diesem Zusammenhang ist ihr letztes Buch, das ein Analysenfragment eines sechsjährigen Kindes bietet, aufschlußreich, wie einer der Autoren (S. LEBOVICI, »La vie et l'œuvre de Melanie Klein« [221]) gezeigt hat. Ebenso haben die Beiträge von Analytikern KLEINscher Provenienz zum Internationalen Kongreß für Psychoanalyse von 1965 deutlich gemacht, daß diese Techniker, geradezu zwangsläufig, das Kinderspiel umstandslos als Aspekt der Urszene interpretieren mußten.

MELANIE KLEIN ist der Ansicht, daß die Interpretation des Spiels in der Psychoanalyse einen »dringlichen« Charakter hat: sie allein erlaubt die Angstentlastung, die die Aggressivität im Zusammenhang mit den Übertragungsverschiebungen bestimmt, und zwar von den frühesten Aspekten der Partialobjektbeziehung aus. Welche Objekte auch behandelt, welches Alter das Kind auch haben mag, die Deutung muß im Vorübergehen durch einen Bezug auf den Übertragungsverlauf gegeben werden und die Angst deutlich machen, die die ausgedrückten Phantasien in bezug auf den Analytiker auslösen.

Ein solches technisches Verfahren verkennt tatsächlich, daß das Kind, wenn es mit oder in Gegenwart des Analytikers spielt, der neutral und ebenso frustrierend wie wohlwollend ist, eine neue und entscheidende Erfahrung macht, die der »Erfahrung der emotionalen Korrektur« nahesteht, in der manche Erwachsenenanalytiker das Hauptmoment des dynamischen Prozesses der Behandlung sehen.

Es heißt aber auch außer acht lassen, daß das Kind *mehr* erwartet von einem Erwachsenen, der es spielen läßt, aber nicht antwortet, obwohl er ihm nicht mißtraut, und daß es ihn folglich hinter seinem Schweigen zu beeinflussen versucht; daher die Provokationen und aggressiven Ausbrüche, die nicht unter dem vereinfachenden Blickwinkel der negativen Übertragung gedeutet werden können.

Es heißt schließlich vergessen, daß die Haltung wohlwollender Neutralität des Psychoanalytikers wie beim Erwachsenen die Übertragungsregression begünstigt, zu der zusätzlich noch die Verwendung kleiner Verführungsspiele beiträgt (R. DIATKINE [67]).

Ein Beobachtungsdatum bleibt in diesem Bereich gleichwohl bestehen, das überdies technisch ausgewertet werden kann: das Kind antwortet in seinen Spielen direkt auf die verbalen Interventionen des Analytikers. Einem kleinen Mädchen, das sehr turbulent und launisch spielte, zeigte ein Therapeut zum Beispiel den Selbstbestrafungsaspekt seines Verhaltens. Das behandelte Kind nahm sofort ein Schaf und ein Lamm in sein Spiel auf, die es an sich drückte. Es zeigte damit, indem es seinen Analytiker provozierte, daß es sich zu versichern suchte, daß es die geduldigste aller Mütter sei. Eine Intervention war angemessen, um dem Kind zu zeigen, wie es mit seinem Spiel auf die Deutung reagiert hatte. Diese zweite Intervention ist eine Deutung im strengen Sinne; sie zielt darauf ab, dem Subjekt den Sinn seines Verhaltens aufzudecken, den es nicht kennt, den es aber ins Auge fassen und mit anderen ähnlichen, unter gewöhnlichen Bedingungen erlebten Erfahrungen verbinden kann.

Alles, was bisher über die Funktion und Bedeutung des Kinderspiels gesagt wurde, erlaubt uns hier nur einige kurze Anmerkungen zur Verwendbarkeit des Spiels in der Psychoanalyse und Kinderpsychotherapie.

Die kreativen und expressiven Möglichkeiten des Spiels machen zweifellos deutlich, daß es für sich selbst genommen bereits einen gültigen Modus von Psychotherapie darstellt. Die Psychoanalytiker sollten selbstverständlich, wie wir gerade gezeigt haben, die mit ihrer Gegenwart verknüpften relationalen Implikationen nicht außer acht lassen, die sich wie folgt zusammenfassen lassen:

a) Das Spiel in Gegenwart eines Erwachsenen, der die Spielzeuge liefert und die Freiheit läßt, zu spielen wie und was man will, bildet das Hauptmoment der Dynamik der sich einstellenden Erfahrungskorrektur.

b) Der eigentliche Spielinhalt ist durch die Übertragungsbeziehung gefärbt, zu deren Entwicklung die Gegenwart eines neutralen Analytikers, der aber doch nicht mitspielt, beiträgt.

c) Eine Ausnahme muß bei jungen Kindern in sogenannten Frühbehandlungen gemacht werden, wenn das Kind vom Analytiker verlangt, selbst zu spielen – und das verstärkt zwangsläufig die Schwierigkeiten, die nun im Bereich dieser Beziehung ins Auge gefaßt werden müssen.

d) Der Analytiker, der nicht mitspielen will, wird häufig dazu gezwungen. Er muß es tun, ohne das Spiel des von ihm behandelten Kindes mitzuspielen.

e) Jedenfalls ist das Spiel reich an regressiven Anteilen, die eine der Modalitäten des Widerstandes gegen die Behandlung bilden können.

f) Zugleich muß die Gefahr beachtet werden, daß das Kind im Spiel die Übertragung agiert, gemäß dem Mechanismus des *acting out.* Hier bedeutet sein Spiel dann Widerstand gegen die Übertragung, indem das Kind vermeidet, sie zu verbalisieren (S. Lebovici, 1967[5]).

g) Wenn man sich nicht mit einer Korrektur der emotionalen Erfahrung in Gegenwart eines wohlwollenden Erwachsenen zufriedengeben will, muß beachtet werden, daß das Kinderspiel – in welcher Form auch immer – eine Reaktionsbildung mit dem Ziel der Gegenbesetzung der Triebkräfte und Repräsentanzen darstellt, die seinen latenten Inhalt ausmachen (R. Diatkine, 1971 [71b]).

In den Grenzen dieser Vorbehalte ist das Spiel in der Kinderanalyse vor allem für das kleine Kind nützlich, unentbehrlich und sogar unausweichlich.

Wenn man zahlreiche Spielzeuge und kostspielige oder perfektionistische Apparaturen für erforderlich hält, so ist das eher ein Problem der Gegenwiderstände des Analytikers. Das kleine Kind spielt mit jedem beliebigen Material, so als würde seine spielerische Aktivität von der Verführung beeinträchtigt, die den Wi-

[5] »Der Beitrag der Psychoanalyse des Kindes zum Verständnis des acting-out«, Beitrag zum Internationalen Kongreß für Psychoanalyse, in: *Int. J. of Psychoanalysis.*

derstand hervorbringt, wie ihn die Einführung komplizierter und kostspieliger Mittel bedingt.

Nach dem Eintreten der Latenzperiode entfällt das Spiel weitgehend, und alle Einwände von ANNA FREUD gegen diese therapeutische Technik können im allgemeinen gutgeheißen werden.

Gleichwohl kann es eine gewisse Verwendbarkeit im diagnostischen Bereich weiterbehalten; es handelt sich nicht so sehr darum, daß es den in Rede stehenden Typus von Konflikten präzisieren hilft, zumal man berücksichtigen muß, daß die Verwendung von repräsentativen Spielzeugen dazu neigt, die Gestaltungen der Urszene, wenn es sich um Erwachsenenfiguren und die symbolischen Aspekte prägenitaler Konflikte, wenn es sich um Tierfiguren handelt, zu begünstigen. Dennoch kann man, wenn man einige Spielsequenzen untersucht, sich eine Vorstellung von der Ich-Organisation, vom Typus der Abwehrmechnismen und von ihrer Geschmeidigkeit bilden: hier bekommt die Gestaltung einen besonderen Umriß.

Die Deutung von Spielen muß unsereres Erachtens jedoch maßvoll und sparsam eingesetzt werden. Hier sollte die technische Theorie Berücksichtigung finden, die den Interventionen eine Anwendung nach Wahl einräumt, die aber begrenzt sein sollte, außer etwa in bestimmten Fällen, wo die massive, an Autismus grenzende Hemmung zu Veränderungen des gewöhnlichen Verhaltens führt.

Die Tragweite dieser Bemerkungen zum Kinderspiel liegt jedoch nicht nur auf technischem Gebiet. Sie ermöglichen die Formulierung einiger Regeln zur Diagnostik, aber auch zum Verständnis der kindlichen Entwicklung. Gleichwohl müssen jetzt bestimmte Vorbehalte, auf die wir zurückkommen, wenn wir den Stellenwert der direkten Beobachtung des Kindes durch Psychoanalytiker ins Auge fassen, angemeldet werden. Sie beziehen sich darauf, daß das Spiel des Kindes oder seine spielerischen Produktionen, wie etwa die Zeichnung, unter Umständen Schlußfolgerungen nahelegen, die ausschließlich seinen Tiefeninhalt – unter Vernachlässigung der Formen, in die sich die Es-Abkömmlinge einkleiden – auswerten. Wie ANNA FREUD [99] anmerkte, würde eine solche Haltung in die Frühgeschichte der Psychoanalyse zurückführen: jene Periode also, wo man sich etwa nur für den latenten Inhalt von Träumen interessierte und die grundlegende Tatsache außer acht ließ, daß ihr manifester Inhalt ebenfalls, wenn auch *indirekt*, die tiefliegenden Organisationstendenzen des Ich zu erkennen gibt, einer Instanz, deren Funktionsweise *Unbewußtes* enthüllt.

Diese Anmerkungen sollten allen präsent bleiben, die – wie wir jetzt – die Bedeutung der kindlichen Phantasien zu verstehen versuchen, die sich in seinen Spielen ausdrücken und für die MELANIE KLEIN einen Katalog aufgestellt zu haben das außerordentliche Verdienst gebührt.

KAPITEL III

Der ontogenetische Status der Phantasie

Es liegt hier nicht in unserer Absicht, den psychoanalytischen Gesamtbestand von Erkenntnissen über die Phantasie auszubreiten – was zur Folge hätte, zahlreiche Kapitel der psychoanalytischen Klinik und Theorie erneut aufzurollen. Bei der Durchmusterung der Einsichten, die die Erwachsenenanalyse zum Verständnis der Entwicklung des Kindes hat beitragen können, ist bereits deutlich geworden, daß das Phantasiematerial ganz unbestreitbar nützlich war, wenn es sich darum handelte, Abkömmlinge des Unbewußten zu erkennen und eine Vorstellung von den Grundlagen der Triebarbeit zu vermitteln. Die gesamte Theorie der psychoanalytischen Rekonstruktion stützt sich in der Tat auf die Diskussion der Differenz von Phantasie und Realität. Hier bleibt nur die Entwicklung des FREUDschen Denkens zu rekapitulieren. In ihren Anfängen war die psychoanalytische Theorie auf die Fixierungsstellen des Traumas und der Verführung ausgerichtet. Es ist bekannt, wie sich FREUD während der dramatischen Krise, die sich zur Zeit der Niederschrift der »Traumdeutung« und seiner Selbstanalyse einstellte, die Einsicht eröffnete, daß das von seinen Patienten gelieferte Material ursprünglich Phantasiematerial war. Die Diskussion über Phantasie und Realität hat weite Strecken des FREUDschen Werkes in Anspruch genommen, und wir haben vor allem bei der Analyse der Bedeutung der Urszene und des Traumas darauf hingewiesen. Bei der Auseinandersetzung mit der Entfaltung der Technik der Kinderanalyse und mit der Tragweite des Spiels für das Verständnis der kindlichen Entwicklung drängte es sich auf, die in den spielerischen Produktionen sich ausdrückenden Phantasien in Betracht zu ziehen. Deshalb ist es jetzt wichtig, den Versuch einer Definition des Ursprungs der unbewußten Phantasien vor dem Hintergrund der Schriften FREUDS zu unternehmen. So läßt sich ihre Entwicklung beim Kind besser verstehen, und wir werden schließlich auch ihre Funktion zu definieren versuchen.

Die Metapsychologie der Phantasie – vor allem der unbewußten – ist Thema eines Symposiums beim Internationalen Kongreß für Psychoanalyse in Stockholm (1963) gewesen, dessen Protokolle mit anderen Beiträgen in der ›*Revue française de psychanalyse*‹ [283] veröffentlicht worden sind. Bekanntlich ist der begriffliche Unterschied zwischen Phantasie und Traum oder Tagtraum in den Arbeiten FREUDS nicht immer deutlich; so war er in den »Studien über Hysterie« [102] von 1895 der Ansicht, daß die Hysterie ihrem Wesen nach auf der Existenz von Hypnoid-Zuständen beruhe. In dieser Phase gehörte für ihn auch der Tagtraum zu diesen semihypnotischen Zuständen.

Als FREUD die Theorie des Traumas wiederaufnahm, versuchte er mehrfach, die Phantasie als Anleihe bei einem von anderen unterschiedenen psychischen Prozeß zu definieren. In der »Traumdeutung« [105] trifft er so gut wie keine deutliche Unterscheidung zwischen Phantasie und Traum. Gleichwohl gelten – wie er in der »Gradiva« [111] von 1907 zeigt – die Phantasien als Vorläufer von Wahnschöpfungen und nähern sich in gewissem Maße den Halluzinationen an. In eben dieser Form lassen sie sich, wenn auch ziemlich selten, im Verlauf der psychoanalytischen Sitzung beobachten.

Ob nun bewußt und manifest oder unbewußt und durch Analyse aufgedeckt: die Phantasien sind Ausdruck der Erfüllung eines Wunsches und können als Wunschphantasien definiert werden. In den »Formulierungen über die zwei Prinzipien des psychischen Geschehens« [120] von 1911 sieht FREUD in den Phantasien eine Art von Denken:

»Mit der Einsetzung des Realitätsprinzips wurde eine Art Denktätigkeit abgespalten, die von der Realitätsprüfung freigehalten und allein dem Lustprinzip unterworfen blieb. Es ist dies das *Phantasieren,* welches bereits mit dem Spielen der Kinder beginnt und später als *Tagträume* fortgesetzt die Anlehnung an reale Objekte aufgibt.«

In dem Maße, wie sie das Ich gegen die von der Triebspannung ausgelöste Angst in Schutz nehmen, sind die Phantasien Tagträumen vergleichbar, in denen die Unzulänglichkeiten der Realität durch die Produktion von Wunscherfüllungen kompensiert werden. Aus diesen verschiedenen Beobachtungen leitet sich der Schluß ab, daß die Phantasie mit dem Auftauchen von Sekundärprinzipien als Sendboten der Vorherrschaft des Realitätsprinzips in Verbindung steht. Es ist gewissermaßen noch eine Kompensation für das von ihm auferlegte Opfer, die das Auftreten einer Phantasietätigkeit bestimmt, in der sich die aufgegebenen Lustquellen verwirklichen. In seinem Beitrag zum Symposium über die Phantasie hat J. SANDLER [296] vor dem Hintergrund der klassischen FREUDschen Arbeiten als Referenz die Komponenten der Phantasie untersucht: »Durch alle seine psychoanalytischen Arbeiten hindurch zieht sich FREUDS Bemühung um die Beziehung zwischen Erinnerungen und Phantasien. Im Jahre 1897 definiert er die Phantasien in einem Brief an FLIESS als Fassaden, die den Erinnerungen den Weg versperren sollen. Zugleich dienen sie dazu, die Erinnerungen zu modifizieren und zu reinigen. Sie werden von vorausgehenden Eindrücken aus gebildet, die erst in der Folge wiederbenutzt werden; sie kombinieren also die vergangenen Eindrücke ebenso wie durch Hörensagen in Erfahrung gebrachte zurückliegende Ereignisse.« In »Über den Traum« [106] zeigt FREUD, daß die Tagträume und die Träume einen großen Teil ihrer Eigenschaften gemeinsam haben; er glaubt, daß ihre Analyse einen ausgezeichneten und sehr direkten Annäherungsweg zum Verständnis der Träume hätte abgeben können. Wie die Träume befriedigen sie Wünsche; sie basieren zum großen Teil auf infantilen Eindrücken und ziehen in bestimmtem Maße aus einer Zensurlockerung Vorteil. Der Wunsch, der am Werk ist, hat das Material wiederbearbeitet und ihm eine neue Form gegeben. Die Beziehung der Phantasien zu den Kindheitserinnerungen, aus denen sie sich bilden, ist ziemlich ähnlich der bestimmter Barockpalais in Rom zu den alten Ruinen, deren Mauerwerk und Säulen das Material für die jüngeren Konstruktionen abgegeben haben.

In der »Gradiva« [111] untersucht FREUD erneut die Beziehung von Phantasien und Erinnerungen. Er faßt sie als modifizierte und deformierte Abkömmlinge von

Kindheitserinnerungen auf, die gehindert wurden, sich in modifizierter Form einen Weg ins Bewußtsein zu bahnen. Es besteht bei ihnen ein »Heutiges«. FREUD spricht von Phantasien als dem Kompromißresultat des Kampfes zwischen dem Verdrängten und dem, was in der Gegenwart sich durchsetzt. Als Ergebnis dieses Kompromisses werden die Erinnerungen in Phantasien umgewandelt.

Die Kindheitserinnerungen selbst lassen jedoch den Einfluß des Kampfes erkennen, der zu Tagträumen führt. In »Eine Kindheitserinnerung des Leonardo da Vinci« [118] besteht FREUD darauf, daß die Kindheitserinnerungen im Gegensatz zu bewußten Erinnerungen nicht in dem Augenblick, wo sie erlebt werden, fixiert werden, sondern erst in späterem Alter, wenn die Kindheit bereits vergangen ist, zutage treten. Sie werden im Verlauf dieses Prozesses modifiziert und in den Dienst späterer Tendenzen gestellt, dergestalt, daß es normalerweise nicht leicht ist, sie von Phantasien deutlich zu unterscheiden.

Erneut hebt FREUD in »Der Schriftsteller und das Phantasieren« [113] hervor, daß der Motor der Phantasie ein unbefriedigter Wunsch ist; er macht deutlich, daß jede Phantasie eine Wunscherfüllung ist, eine Korrektur der unbefriedigenden Wirklichkeit. Die beiden Hauptrichtungen von treibenden Wünschen sind ehrgeizige und erotische Wünsche. Die affektive Verbindung mit dem Realobjekt wird abgeschwächt, wenn das größer werdende Kind zu spielen aufhört; tatsächlich aber wird diese Verbindung in der Phantasie aufrechterhalten.

In demselben Aufsatz weist FREUD weiter darauf hin, daß die Phantasien nicht starr und unveränderlich sind, sondern neuen Lebenseindrücken sich anschmiegen und sich mit jeder Schwankung der Lebenslage auch selbst verändern. Sie empfangen etwas, was man eine »Zeitmarke« nennen könnte. FREUD zeigt, daß die Phantasie sich in drei Zeitmomenten entwickelt:

1. »ein aktueller Eindruck, ein Anlaß in der Gegenwart, der imstande war, einen der großen Wünsche der Person zu wecken«;
2. der greift zurück auf die »Erinnerung eines früheren, meist infantilen Erlebnisses, in dem jener Wunsch erfüllt war« und
3. schafft nun »eine auf die Zukunft bezogene Situation, welche sich als die Erfüllung jenes Wunsches darstellt«.

Wie man sieht, deckt die Einsicht in die Phantasietätigkeit weniger psychoanalytisches Material im eigentlichen Sinne als ihre Nähe zu Traum und bestimmten pathologischen oder literarischen Produktionen auf.

Aus theoretischer Sicht muß – vor allem beim Vergleich mit dem Traum – zwischen bewußten Phantasien (oder Tagträumen und Träumereien) und unbewußten Phantasien unterschieden werden, weil letztere ihren Ursprung in der Notwendigkeit und den Folgen der Verdrängung haben. Daraus ergibt sich – wie FREUD bereits in »Hysterische Phantasien und ihre Beziehung zur Bisexualität« [112] und in der »Gradiva« [111] beschrieben hatte –, daß sich unbewußte und unbewußt bleibende von den häufiger vorkommenden Phantasien unterscheiden, die einmal bewußte Phantasien oder Tagträume waren und später vergessen wurden oder durch Verdrängung unbewußt geworden sind. In seinem diesem Problem gewidmeten Aufsatz – »Das Unbewußte« [128] – stellt FREUD fest, daß die Verdrängung die die Triebe repräsentierende Phantasie nicht hindert, im Unbewußten weiterzuarbeiten und sich da mit ihren Abkömmlingen zu organisieren. Die Phantasie wuchert um so üppiger, wenn sie von ihren vorbewußten Abkömmlingen abgeschnitten ist. Sie vermittelt den Eindruck, daß der Trieb außergewöhnlich stark ist; daher dann die eventuelle Verstärkung der Verdrängung.

Ebendiese Folgen der Verdrängung untersucht J. SANDLER [296], der etwa schreibt:

»Es muß festgehalten werden, daß – wie FREUD es bereits in seinen ›Vorlesungen zur Einführung in die Psychoanalyse‹ [129] getan hat – die Tagträume im Unbewußten und Bewußten so lange toleriert werden, wie die daran gebundene Libidosumme ein bestimmtes quantitatives Niveau nicht überschreitet. Wenn diese Libidosumme zu groß wird, wie es unter Bedingungen hoher Frustration der Fall sein kann, wird die Besetzung der Tagträume so intensiv, daß sie auf ihre Realisierung drängen; dann tritt der Konflikt in Erscheinung, dergestalt, daß die Phantasien des Tagtraumes der Verdrängung und der Anziehungskraft von seiten des Unbewußten unterliegen. Die Libido zieht sich dann auf ihren Fixierungspunkt im Unbewußten zurück, und es muß ein neuer Ausgangspunkt für die akkumulierte Libido gefunden werden, z. B. die Kunst. Wenn das nicht geschieht, treten Symptome in Erscheinung.«

In seinem Aufsatz »Das Unbewußte« [128] macht FREUD darauf aufmerksam, daß die Objektbesetzung aus verdrängten Phantasien besteht und daß gerade sie in der Übertragung neugeschaffen wird.

Ein für das Verständnis des psychischen Geschehens sehr wichtiges Merkmal der unbewußten Phantasien liegt darin, daß ihnen psychische Realität anstelle einer materiellen zukommt. Während das Subjekt weiß, daß seine bewußten Tagträume nicht real sind, gilt das nicht auch für die unbewußten Phantasien, die behandelt werden, als wären sie tatsächlich reale Begebenheiten. »Deshalb haben im Unbewußten die verdrängten Erinnerungen und die verdrängten Tagträume denselben Status.«

Gleichwohl meint SANDLER, daß Phantasie und Traum folgendermaßen unterschieden werden können: Der Traum stellt eine nächtliche Arbeit dar, die einen infantilen Wunsch erfüllt. Die Phantasie ist im Gegensatz dazu, in dem Maße, wie sie einen verdrängten Tagtraum repräsentiert, Ausdruck eines unbefriedigten Wunsches, selbst wenn er unbewußt und bearbeitet ist.

Unter Berücksichtigung der FREUDschen Arbeiten zur Phantasie und der unentbehrlichen Ergänzungen, wie sie die spätere Entwicklung seiner Theorie vor allem hinsichtlich der zweiten Topik und der Beschreibung der drei psychischen Instanzen bietet, ist Sandler der Ansicht, daß der Prozeß der Phantasiebildung im wesentlichen die Sekundärmechanismen des psychischen Geschehens definiert:

»Vorausgesetzt, daß die ideellen Inhalte (die Repräsentanzen) aus einer großen Anzahl von Quellen fließen (nichtorganisierte Empfindungen, organisierte Gedanken, Wahrnehmungen, Erinnerungsbilder, Phantasien usw.), scheint es unangemessen, den Terminus der Phantasiebildung zu benutzen, wenn man deren Umarbeitung zum Inhalt von Triebwünschen gemäß dem Primärprozeß bezeichnen will. Nur dann, wenn das Ich an der Organisation des Inhalts zu imaginären, wunscherfüllenden Produktionen teilnimmt, kann man von Phantasiebildung sprechen.«

Bekanntlich hat SUSAN ISAACS [184] im Jahre 1943 die theoretische Position von MELANIE KLEIN hinsichtlich der Phantasietätigkeit geklärt, eine Position, die sich von der FREUDS durchaus unterscheidet. Nach SUSAN ISAACS sind die Phantasien primäre Konflikte der unbewußten psychischen Prozesse und psychische Repräsentanzen der libidinösen und destruktiven Triebe. Sie schalten sich sehr früh in die Entwicklung ein und werden ebenso als Abwehr- wie als Wunscherfüllungsmechanismen ausgebildet. Die Phantasien werden zunächst als Empfindungen erlebt und nehmen später die Form plastischer Bilder und dramatischer Darstellungen an. Im Jahre 1945 hat E. GLOVER [153] die metapsychologischen Implikationen dieser Phantasie-Theorie untersucht und darauf aufmerksam gemacht, daß sie Triebe und Ich-Funktionen ununterscheidbar zusammenfallen läßt. Dabei ergibt sich eine Art Vermischung von Phantasiebildungsprozeß und halluzinatorischer Befriedigung.

So wird verständlich, daß HANNA SEGAL [305] beim Stockholmer Symposium mit der folgenden Theorie auftreten konnte:

»Mir scheint, daß die Art und Weise, wie ISAACS den Begriff der Phantasie handhabt, eine Brücke zwischen den beiden FREUDschen Triebauffassungen schlägt. Die Vorstellungen, die den Trieb repräsentieren, wären dann die originären Urphantasien. In dieser Hinsicht wird die Aktivität eines Triebes im psychischen Geschehen durch die Phantasie der Befriedigung dieses Triebes durch ein geeignetes Objekt ausgedrückt und dargestellt. Da die Triebe von Geburt an aktiv sind, kann man voraussetzen, daß eine rudimentäre Phantasietätigkeit von diesem Augenblick an besteht; der erste Hunger und die ersten Triebregungen zur Befriedigung dieses Hungers werden von der Phantasie eines dazu geeigneten Objektes begleitet. Weil die Phantasie ein direkter Abkömmling der Triebe an der Grenze zwischen somatischer und psychischer Aktivität ist, werden diese originären Phantasien sowohl als somatische wie auch als psychische Phänomene erlebt. Soweit das Lust-Unlust-Prinzip am Werk ist, sind die Phantasien allmächtig, und es besteht keine Differenz zwischen Phantasie und Erfahrung von der Realität. Die phantasierten Objekte und die daraus gezogenen Befriedigungen werden als psychische Ereignisse erlebt. FREUD setzt voraus, daß das Kind auf Frustrationssituationen anfangs durch die halluzinatorische Reaktion der Wunschbefriedigung antwortet. Diese primitiven Halluzinationen sind Ausdruck des Phantasielebens, wenn man diesen Begriff so benutzt, wie SUSAN ISAACS und MELANIE KLEIN es vorgeschlagen haben.«

Indem sie dieser Auffassung auf den Grund geht, die den Ursprung des Denkens auf die Phantasie zurückführt, fährt HANNA SEGAL folgendermaßen fort:

»Wir wissen, daß das Realitätsprinzip nur eine Modifikation des Lustprinzips ist – eine Modifikation, die von der Realitätsprüfung bewirkt wird; ich möchte vorschlagen, im Denken eine Modifikation der unbewußten Phantasie zu sehen, eine Modifikation, die ihrerseits von der Realitätsprüfung provoziert wird. Der Reichtum, die Tiefe und die Genauigkeit des Denkens einer Person hängen von der Qualität und der Formbarkeit seines unbewußten Phantasielebens ebenso wie von seiner Fähigkeit ab, es von der Realität auf die Probe stellen zu lassen.«

WINNICOTT [348] faßt die Phantasie bekanntlich als eines der Ergebnisse der Einheit von Kind und mütterlicher Fürsorge auf. In diesem Bereich kann die Halluzination von Lust nur dazu führen, ein Objekt zu halluzinieren, ohne daß es deshalb auch wahrgenommen und erkannt würde.

M. FAIN [80] [80c] nimmt auf originelle Weise die Interpretation der Mutter-Kind-Einheit wieder auf, und zwar mit seiner Beschreibung der Besetzung des Neugeborenen durch den mütterlichen Narzißmus. Diese Besetzung ist, ihm zufolge, jedoch nicht total; ein Teil der Libido bleibt erotisch, und neben der halluzinatorischen Befriedigung des Neugeborenen als Produkt dieser narzißtischen Einheit bleibt, wie man sehen wird, die halluzinatorische Repräsentanz einer Befriedigung des anderen (des Vaters oder Liebenden) bestehen, die die Urszene vorbildet.

Diese Repräsentanz ist gleichwohl nicht unterschieden von der rauhen und »in Stücke hauenden« Realität, und das Neugeborene wird vom reizdämpfenden System der Mutter beschützt: es ermöglicht dem Säugling, »sich für nichts verantwortlich zu fühlen«.

Der Schutz erstreckt sich in glücklichen Fällen zugleich auch auf die inneren Reizauswirkungen auf das Kind, die Folgen für den inneren Bereich des mütterlichen Systems, für den Bereich der Primäridentifikation haben; das erlaubt M. FAIN zu schreiben: »Das Es des Kindes wird zum Ich der Mutter.«

Der Anteil der erotischen Libido der Mutter, der nicht in diese narzißtische Einheit eingebracht wird, ist der der »Liebenden«. Wenn die Mutter Frau ihres Geliebten wird, setzt sie das Triebpotential im Es des Kindes frei. Um ihren Mann zufriedenzustellen, übt sie eine Zensur aus, die *Zensur der Liebenden.* Wie beim Traum ist diese Zensur der Motor des Schlafes und des Bedürfnisses nach Repräsentanzen, d. h. der Phantasie. »Zensur und Repräsentanzen führen zur Aufrechterhaltung des Schlafes des Kindes – eines Schlafes, der es vom Wunsch des Vaters fernhält, der dann indirekt an der Basis der Traumarbeit steht, einer psychischen Arbeit, bei der ein Resultat vorauszusehen praktisch unmöglich ist« (S. 292). Die symbolischen Grundlagen sind so bereitgestellt.

In dieser exemplarischen Sequenz sieht M. FAIN jedoch mögliche Lücken, wenn die Mutter in ihrer Rolle als Reizschutz schwach ist. Das Urchaos der rauhen Primärrealität bringt dann ein primäres Loch [*béance*] hervor; daraus ergibt sich ein Abwehrmechanismus, der den unwahrscheinlich gewordenen Phantasieausweg verhindert; dieser Vorgang heißt bei M. FAIN primäre Fetischisierung – ein elementarer Leugnungsmechanismus. Eine andere Ablenkung besteht darin, die Reduktionseigenschaften des Todestriebes zu nutzen, wie es schlafgestörte Babys (die nicht träumen) tun, die nicht einschlafen, wenn die Mutter sie nicht wiegt, und dann auch nur in diesem einzigen Augenblick. Dieser Mechanismus wäre das Modell eines Denkens ohne Phantasie, des operativen Denkens der psychosomatisch Kranken.

Wenn man vom Denken MELANIE KLEINS absieht, wie es HANNA SEGAL ausführlich dargestellt hat, muß man erkennen, daß die Mehrzahl der Psychoanalytiker nach FREUD dem Phantasieleben eine besondere Qualität unter den psychischen Prozessen zuschreiben. Die Phantasie als solche wird nicht etwa durch den Analysanden mitgeteilt; es ist vielmehr die Deutung, die sie anläßlich ihres Auftauchens in den Ideenassoziationen rekonstruiert.

Aus eben diesem Grunde beschreiben BÉNASSY und DIATKINE auf dem Stockholmer Symposium mit LAGACHE die Phantasie als Ergebnis der fortgesetzten Beziehung zwischen Mutter und Kind in demselben Sinne wie die von Körperbild und Sprache:

»Das Kind kennt nur seine manifeste Phantasie. In der erneuten Analyse der Phantasie des kleinen Hans, wie sie Anna Freud geliefert hat, wird zwar nicht ausgesprochen, aber stillschweigend vorausgesetzt, daß Hans die latente Bedeutung seiner manifesten Phantasie nicht kennt« [24].

Die Ausdrucksmittel der manifesten Phantasie werden von der Umwelt beigesteuert (der Installateur, die Badewanne). Dasselbe läßt sich von der Beobachtung Freuds sagen: das Spulenspiel ist hier lediglich ein Verhalten (einschließlich eines vokalen Verhaltens), das gedeutet wird, nicht aber eine Erzählung. Die Angst im Alter von zwanzig Monaten kann als Wahrnehmungsirrtum der Umgebung gedeutet werden, und die Erzählung mit fünfunddreißig Monaten als aktuelle verbalisierte Phantasie, hervorgerufen durch eine Wahrnehmung, die die Erinnerung an eine bestimmte Angst wiederaufleben läßt. Schließlich sagt das Kind in der von Jones berichteten und von Isaacs zitierten Phantasie – »Damit hast du mich gebissen!« – und zeigt auf die Brustwarze der Mutter, die im Begriff ist, ein Kleinkind zu säugen; daraus wird ersichtlich, daß die Sprache wie die Wahrnehmung des saugenden Kleinkindes von der Umgebung beigesteuert werden und daß gerade die Sprache Projektion und Identifikation ausdrückt.

Wie könnte es auch anders sein, zumal das Neugeborene sterben muß, wenn es keine angemessene psychische Umgebung, oder retardieren, wenn es keine soziale Umgebung hat?

Das Spiel ist manifestes Verhalten in Zusammenhang mit einer latenten Phantasie. Der Übergang vom einen zum anderen ist fließend. Eine Phantasie ist interiorisiertes Spiel, das sich als Spielaktivität exteriorisieren kann. Für sich selbst genommen bietet das Spiel bestimmte Analogien zur Sprache; es ist in der Zeit organisierte Aktivität, zeitliche Serialisation (*timing*) und Drama, bevor die Sprache die Serialisation genauer bestimmt, es ist Vorläufer der Syntax. Es umfaßt eine soziale Anerkennung und selbst einen sozialen Bezug. Die Mutter spielt mit dem kleinen Kind und hilft ihm, ein Körperbild zu konstruieren. Bestimmte Spiele aber hören dank der Verschiebung auf, nur Übungen zu sein und werden mit verbotenen, gefährlichen und konfliktgeladenen Affekten belastet. Deshalb lassen sich im Spiel zwei verschiedene Aspekte der Phantasie erfassen.

»Die analytische Deutung gab dem Spiel oder der vom Kind erlebten Phantasie eine neue Form. Eine Phantasie *mit* seinem Analytiker aussprechen, heißt ihr eine akzeptierte, mithin akzeptable Form geben, heißt die Einsamkeit des Wunsches und der Angst verlassen« [24].

Diese wenigen Anmerkungen führen aufs neue die Bedeutung des Spiels für das Verständnis der kindlichen Phantasien vor Augen. Außerdem muß darauf bestanden werden, daß das Klima, in dem das Spiel im Verlauf einer Kinderanalyse sich vollzieht, eine Situation schafft, in der es mit dem dem Patienten durch das Verhalten des Analytikers auferlegten Handeln die Triebspannung vergrößert und die Triebabkömmlinge von Es und Ich im Verhältnis zur gegenwärtigen ungewöhnlichen Situation und zur erlebten Vergangenheit mobilisiert. Die Relationsweisen, die sich dann im Spiel ausdrücken, und die es antreibenden Phantasien dürfen aber nicht etwa auch zu der Vermutung führen, man könne damit die Triebarbeit erfassen. Die Phantasiearbeit hat ihre besondere Eigenart, selbst wenn sie durch das Spiel als in der Kinderanalyse häufig benutztem Mittel besonders reaktiviert wird. Halten wir darüber hinaus fest, daß man im Verlauf psychotherapeutischer Sitzungen ebenso wie bei klinischer Untersuchung die Fähigkeit des Kindes einschätzen lernt, durch Phantasieaktivität auf verschiedene Situationen zu reagieren.

In ihrem Buch *»Da la psychanalyse précoce«* [69b] haben René Diatkine und Janine Simon gezeigt, daß die unbewußten *Phantasien* des Kindes sehr bald zur Äußerung des Wiederholungsautomatismus werden, so als hätten sie eine »Geschichte«. Zweifellos hat das Kind, selbst das sehr kleine, eine Geschichte; die Autoren bleiben jedoch überzeugt,

1. daß die flüchtigen Ereignisse in diesen Wiederholungen Bedeutung bekommen können, die ihrerseits nicht zu Wiedererinnerungen werden können;
2. daß die unbewußten Phantasien durch die ersten Spaltungen gebildet werden, die die Ambivalenz hinsichtlich des inneren Objekts auslöst;
3. daß das Spiel (und die spielerischen Produktionen des Kindes) deren manifester Text sind, während die unbewußte Phantasie latent bleibt;
4. daß der Psychoanalytiker, wenn er den latenten Text ausspricht, der unbewußten Phantasie zur *verbalen* Entstehung verhilft,
5. und daß diese These nicht notgedrungen mit der Spaltungstheorie von M. Klein und ihren Schülern zusammenfällt, derzufolge die Spaltung auf die äußeren Objekte des Lebens- und des Todestriebes projiziert wird (Diatkine [71c]).

Man ist also gehalten, die Bedeutung der Phantasien des Kindes zu erfassen.

Das Vorbild für diese Arbeit ist von Freud im »Wolfsmann«, einem Essay, auf den wir uns mehrfach bezogen haben, und in einem Aufsatz mit dem Titel »Ein Kind wird geschlagen« [132] geliefert worden. Es handelt sich dabei um einen bei Patienten weiblichen Geschlechts beobachteten masturbatorischen Tagtraum, dem Freud zufolge die Entwicklung der folgenden unbewußten Phantasie zugrundelegt: In einer ersten Phase stellt sich beim Kind, als Erinnerung an Vorgänge, deren Zeuge es war, und infolge infantiler Wünsche, die durch ihre Bearbeitung zu unbewußten Phantasien geworden sind, die folgende Phantasie ein: »Der Vater schlägt das mir verhaßte Kind.« In einer zweiten Phase gestaltet sich diese Phantasie in eine sekundär erotisierte masochistische Phantasie um. Die analytische Rekonstruktion macht es möglich, hinter der Phantasie »ein Kind wird geschlagen« die folgende masochistische Phantasie aufzudecken: »Er (der Vater) liebt nur mich, nicht das andere Kind, denn dieses schlägt er ja.« Die endgültige Ausarbeitung dieser unbewußten Phantasie führt zur bewußten Phantasie, die die onanistische Befriedigung herbeiführt: »Man« (ein Mann als Ersatz des Vater-Bildes) schlägt ein Kind (einen Jungen als Ersatz des Bildes des Rivalen, mit dem das Subjekt sich identifiziert). In der ersten Phase dieser von Freud beschriebenen Phantasie führt die unbewußte Phantasie, der bereits fortgeschrittenen ödipalen Organisation zum Trotz, nicht zur onanistischen Befriedigung; aber das sie begleitende Schuldgefühl steht am Beginn der Verdrängung: »Nein, dein Vater zieht dich deinem Rivalen nicht vor, den er schlägt, weil er dich ja auch schlägt.« Diese masochistische Phantasie macht erotisierte regressive Kompensationen möglich. Es muß hervorgehoben werden, daß zur Zeit der die Masturbation begleitenden bewußten Phantasie sich die onanistische Befriedigung auf der Grundlage der oben beschriebenen unbewußten Phantasie einstellt.

Nach S. Freud hat namentlich seine Tochter Anna Freud – vor allem mit der Wiederaufnahme der Geschichte des kleinen Hans und seines Traumes vom Installateur – auf der Abwehrbedeutung bestimmter Phantasien bestanden. Bekanntlich hat, nach den Arbeiten von Karl Abraham über die Beobachtung und die frühe Entwicklung des Spiels in der Psychoanalyse von Kindern im Alter von weniger als drei Jahren, Melanie Klein mit der Beschreibung der frühkindlichen Phantasien Aufsehen erregt. Ihr zufolge sind die Bedürfnisse des Kindes in den ersten Lebensmonaten im wesentlichen oral. In dem Maße, wie sie zufriedengestellt werden, entwickelt das Kind gute Beziehungen zur Mutter, die es als positives Partialobjekt erlebt – die Autorin nennt das das gute Objekt oder die gute Brust. Zur gleichen Zeit unterliegt das Kind aber im oralen Bereich Frustrationen, die um so deutlicher markiert sind, als im zweiten oralen Stadium, dem oralsadistischen nach Abraham, die oralen Bedürfnisse ebenso intensiv wie aggressionsgeladen sind. Später, zu Beginn des Erlernens der Sphinkterkontrolle, werden dem Kind neue anale Frustrationen auferlegt. In dieser Phase wünscht es, gerade im Verhältnis zu diesen Frustrationen, sich die gute mütterliche Nahrung einzuverleiben, die es sich im Umkreis des Bauches der Mutter enthalten vorstellt. Bei diesem Typus von aggressiver Beziehung will es den Bauch zerreißen, sich die Eingeweide der Mutter – d. h. die gute Nahrung (die gute Brust) – und auch den Penis des Vaters einverleiben, der als Penis-des-Vaters-im-Bauch-der-Mutter aufgefaßt wird. Tatsächlich hätte also das Kind von dieser Phase an eine bestimmte Auffassung von den elterlichen Sexualbeziehungen. Es wäre sich der Bedeutung des von der Mutter verschlungenen Penis bewußt, in Analogie zu seiner Auffassung der Mutter als negativem Partialobjekt, das das Kind verspeisen will, das sie doch nähren sollte. So will, in der Vorstellung des Kindes, die böse Mutter die Brust bewahren, sich den väterlichen Penis und auch das Kind selbst in eben dem Maße aneignen, wie es sich gegen die Mutter aggressiv zeigt oder sie verschlingen will. Man sieht also, daß Melanie Klein sich mit dieser Auffassung von ödipalen Beziehungen in eben dem Maße zu sprechen erlaubt, wie das frustrierende Objekt das Elternpaar selbst ist, d. h. die Mutter, die sich den Penis des Vaters einverleibt hat, wie sie sich auch ihr eigenes Kind einverleiben will. Andererseits ist dieser Typus von Beziehung durch reziproke Phänomene von Einverleibung und Ausstoßung bestimmt. Die urethrale Machtstellung des Jungen und die anale Potenz von Junge und Mädchen sind für das Kind der Modus aggressiven Verhaltens, das durch die Ausstoßung zufriedengestellt wird, während die gute Brust introjiziert wird. Der Typus von ambivalenten Beziehungen zwischen Mutter und Kind – positives Partialobjekt und positive Beziehung der Einverleibung der guten Brust, negative Beziehung der Ausstoßung der bösen Brust – bildet das frühe Über-Ich, das analog zum Ideal-Ich einen guten Aspekt: die einverleibte gute Brust, und einen negativen und bestrafenden Aspekt hat: das böse Objekt der Ausstoßung. Melanie Klein beschrieb in einer späteren Phase ihrer Theoriebildung die zentrale depressive Position, die mit der Aggressivität des Kindes angesichts des bösen Objekts in Zusammenhang steht. In einer ersten Periode hat diese Angst persekutorischen Charakter, wobei das Kind sich von Zerstückelung bedroht fühlt und in der Phantasie die Zerstückelung der Mutter herbeiwünscht. Die zweite Phase wäre dann die depressive im eigentlichen Sinne, wobei das Kind sich der Unversehrtheit der Mutter bewußt geworden ist und sie in seinen Phantasien wieder zusammensetzen will.

In dieser Phase der Entfaltung ihrer Theorie insistiert MELANIE KLEIN vor allem auf dem Phänomen der Spaltung (*splitting*), mit der die inneren Gefahren nach außen projiziert werden – ein Vorgang, der die Gefahr des bösen Objekts ins Spiel bringt: die Externalisierung innerer Gefahren ist eine der ersten Methoden des Ich zur Angstabwehr. Gegen Ende ihres Lebens neigte MELANIE KLEIN dazu, ein Gleichgewicht zwischen Lebens- und Todestrieben einerseits und guten und bösen Objekten andererseits anzunehmen; sie machte damit die Angst als Basis der Phantasieorganisation zum eigentlichen Ausdruck des Kampfes zwischen Lebens- und Todestrieben:

»Die internalisierte gute Brust und die verschlingende böse Brust bilden die Kerne des Über-Ichs in seinen guten und bösen Aspekten. Es sind die Repräsentanzen des Kampfes zwischen Lebens- und Todestrieben im Ich.« [195].

Im Referat eines der Autoren (LEBOVICI [217]; zusammen mit R. DIATKINE) über *»Les fantasmes chez l'enfant«* haben wir die Verwandtschaft von Kastrationsangst und Zerstückelungsangst zu Beginn dieser Phantasien gezeigt. Die Rekonstitution der Entstehung der Objektbeziehung beim Kind macht deutlich, daß die Ausarbeitung unbewußter Phantasien ebenso die Objektbeziehung – als Beziehung zu einem unterschiedenen Objekt – wie die prägenitale Beziehung in Rechnung stellen muß, bei der das Kind, ohne es zunächst wahrzunehmen, ein mütterliches Präobjekt fühlt, das sich durch die Vergünstigungen und Frustrationen im Verlauf einer langen, Zug um Zug sich fortsetzenden Entwicklung allmählich individualisiert, wie wir noch zeigen wollen.

Im Verlauf der psychoanalytischen Behandlung von Kindern führen die Deutungen der Kastrationsangst in der ödipalen Phase wie in der Latenzperiode häufig zu tiefer Regression. Die Spiele, die bis dahin annähernd genitalen Charakter hatten, erhalten nun genauere Bedeutung hinsichtlich der Einverleibung und Ausstoßung von Partialobjekten. Die Imago des kastrierenden Vaters wandelt sich zu der der verschlingenden Mutter. Die Kastrationsangst selbst wird zur Zerstückelungsangst, die der Todesangst sehr nahekommt. Das Ich des Kindes steht dieser Transformation nie indifferent gegenüber, und gerade in dieser Phase läßt sich im Verlauf der Behandlung das Auftreten einer spielerischen oder Phantasieaktivität beobachten, die von diesen realen Quellen losgelöst ist und oft in einem nicht endenwollenden onanistischen Spiel sekundär erotisiert wird – wie es MELANIE KLEIN in seinen ebenso tragischen wie erstaunlichen Aspekten beschrieben hat.

Der Zusammenhang zwischen Zerstückelungs- und Kastrationsphantasien, zwischen präobjektalem und Objekt-Stadium läßt sich an den Phantasien der Ödipus-Organisation deutlich ablesen. Hier schreibt sich das Kind zum Zeitpunkt der

Triangulation selbst die Wünsche zu, die es dem Vater in der phantasierten Beziehung zur Mutter beilegt. Gerade auf dem Niveau der oralen und analen Fixierungen enthüllen sich diese ersten Ödipus-Organisationen in Form spielerischer Phantasien, und die Rivalität zwischen Vater und Kind ist der Hauptzeuge dafür.

Gleichwohl ist es selbstverständlich – und wir haben mehrfach darauf hingewiesen –, daß die Exteriorisierung ganz unbearbeiteter Phantasien für das psychoanalytische Verständnis des Kindes nicht den Schluß zuläßt, daß sie die direkte Übersetzung erster erlebter Erfahrungen sind. Sie kommen durch eine lange Entwicklung vermittelt zum Ausdruck, und ihr primitiver Charakter läßt es nicht zu, auf ihre Frühzeitigkeit zu schließen. Die halluzinatorische Befriedigung des Objektes läßt sich, insofern sie an der Basis der Phantasieorganisation steht, nur von einem differenzierten Stadium der Objektbeziehung aus beobachten, und die Ausarbeitung der Objektbeziehungen kann sich nur mittels der Phantasien vollziehen, deren Ursprung wahrscheinlich in diese für das psychologische Geschehen entscheidende Phase fällt.

Nicht alle Psychoanalytiker sind sich darin einig, daß die Ontogenese der Phantasie gemäß diesen historischen Grundlagen entwickelt werden muß, die auf der psychoneurobiologischen Entwicklung des Kindes beruhen; wir werden im folgenden Teil dieses Buches darauf zurückkommen.

Die obige kurze Analyse des Ursprungs und der Entwicklung von Phantasien beim Kinde führt also dazu, im Umkreis der unbewußten Phantasien einerseits die zu unterscheiden, die am Rande des psychischen Geschehens entstehen und Wunschphantasien sind – unbewußte Phantasien, die sich direkt äußern oder die späteren Tagträume auslösen können –, und andererseits die verdrängten Abkömmlinge von Tagträumen und Phantasien auszugliedern, die dann unter der Herrschaft des Unbewußten stehen. Bei der Untersuchung der Funktion dieser Phantasien ist man mithin versucht, sie in der doppelten Strömung der Verdrängung und der Funktionsweise des Es und seiner Abkömmlinge auf der Ebene des Ich anzusiedeln. Man erfaßt hier die Beziehung zwischen den Phantasien und den Träumereien und Tagträumen – ein Gegensatz, der sich aus der Verdrängung und der Funktionsweise des Es ergibt. Wie der Traum funktioniert die Phantasie im Zeichen einer topischen und formalen Regression. Sie kann die Ich-Funktionen nur durch ihre Abkömmlinge modifizieren, die sehr viel differenzierter als der einfache Tagtraum sind und beim Kind das Spiel, beim Erwachsenen und beim Kind darüber hinaus aber noch zahlreiche andere Funktionsformen umfassen. SANDLER führt sie im einzelnen folgendermaßen auf: »Wahrnehmungsbild (Apperzeption), Wünsche, Handlungen, auf Tagträume gerichtete Gedanken, manifester Übertragungsinhalt, Wahnvorstellungen, wissenschaftliche Theorien, hypnagogische Phänomene, künstlerische und literarische Schöpfungen.« Diese Verschiedenartigkeit des Ausdrucks von Phantasien durch ihre Abkömmlinge erlaubt SANDLER zu schreiben:

»Es ist sicher, daß viele nicht-phantasmatische Abkömmlinge gleichzeitig mit oder in enger Verbindung zu Wunschbefriedigungsphantasien auftreten; bei anderen ist das jedoch nicht der Fall, sie sind eher Alternativen zu Phantasien. Im Verlauf der psychoanalytischen Behandlung deuten wir häufig einen Abkömmling als Resultat einer zugrundeliegenden Phantasie. Selbst wenn es nicht genau zutrifft, kann der Patient Material beitragen, das diese Deutung zu bestätigen scheint. Er weiß zur Genüge, daß wir gerade durch die *Deutung* ihm *alternative (virtuelle) Abkömmlinge* vor Augen geführt haben. Das ist das bedeutsame Moment im therapeutischen Prozeß, der letztlich zu einem Mehr an *insight* und zur Bewußtmachung des Unbewußten führt« [296].

Alle diese Überlegungen scheinen für die Theorie der Technik der Kinderanalyse bedeutsam zu sein. Die eilige Gleichsetzung von Phantasie und spielerischem Ausdruck kann, wie wir gesehen haben, in einer vertieften Analyse fraglich erscheinen. Es wäre immerhin möglich zu sagen, daß beim Kind wie beim Erwachsenen das analytische Material aus der Gesamtheit der unbewußten Phantasien besteht, die sich ihrerseits in der Gesamtheit der Abkömmlinge auf der Ich-Ebene äußern. Wie Bénassy und Diatkine schreiben,

»ist die Phantasie ein Modus der Objektbeziehung neben anderen. Unbestreitbar begünstigt die analytische Situation die Phantasieaktivität in dem Maße, wie bei Handlungshemmung die Triebbefriedigung *per definitionem* gestört ist. Diese Auffassung mag evident erscheinen, wenn man an die bewußten Phantasien denkt – kompensatorische Tagträume in Beziehung zu unbefriedigten Wünschen –, aber sie wird gleichwohl auch auf die bewußten Phantasien angewendet. Ohne in die Kontroverse über den Ursprung der unbewußten Phantasien in Beziehung zu den Primärprozessen und zur Ich-Aktivität einzutreten, weisen wir darauf hin, daß das konstante Verhalten des Analytikers und die dem Patienten auferlegte ›Handlungshemmung‹ die Triebspannung vergrößern und die Triebabkömmlinge des Es und des Ich in Beziehung zu der ungewöhnlichen aktuellen Situation und zur erlebten Vergangenheit mobilisieren. Der sich daraus ergebende dramatische Ablauf stellt einen *manifesten* Aspekt (Diskurs des Patienten oder, im Falle eines Kindes, verschiedene ihn ersetzende Produktionen) und einen *latenten* Inhalt dar, die unbewußte Phantasie, mittels derer wir die Aktivität der libidinösen oder aggressiven Triebe erfassen können, gleich ob ihr Ursprung im Es liegt oder ob sie sich als Ich- oder Überich-Energie gebildet haben. Eine sprachliche Leichtfertigkeit, die hier wirklich in die Irre führen kann, bestünde darin, sich diese Formen des dramatischen Ablaufs, diese Beziehungsmodi als ebenso viele Elemente vorzustellen, die im unbewußten Seelenleben beheimatet wären, wie es der Analytiker aufdeckt, das aber außerhalb einer jeden Situation existierte. Daraus ergibt sich dann der große Wert der Kritik von Glover an der Konfusion von Phantasien und psychischen Repräsentanzen von Trieben« [24].

In dieser Hinsicht ist es bedeutsam, den Stellenwert der Phantasieaktivität im Verlauf klinischer Untersuchung von Kindern und psychoanalytischer Behandlung zu präzisieren. Im Rahmen klinischer Untersuchung erlaubt die Verwendung von Spielen dem kleinen Kind im Alter unter fünf Jahren, seine Phantasien spielerisch auszudrücken. Es tut das mit Leichtigkeit und Mannigfaltigkeit; offensichtlich muß aber berücksichtigt werden, daß die unbewußten Phantasien in symbolischen Spielen mittels der Ich-Abkömmlinge zum Ausdruck kommen. Wenn das Kind größer wird, mobilisiert die klinische Untersuchung die Phantasieaktivität nicht so rasch. Ein psychoanalytisches Verhalten des Examinators kann sie jedoch in Gang setzen, obwohl sie im Verlauf der Latenzperiode mehr und mehr von Abwehrmechanismen gehemmt wird. Sehr häufig ist das Kind unfähig, seine gleichwohl vorbewußten Träumereien zu verbalisieren; es hat dann den Eindruck, wenn der Examinator es sprechen zu lassen versucht, der umfassendsten Leere gegenüberzustehen. Zur Zeit der Präadoleszenz sind die Tagträume extrem häufig und ergiebig und haben mehr oder weniger deutlichen onanistischen Charakter. Im Rahmen klinischer Untersuchung bilden sie sich auf der Ebene des Systems Vbw. Gerade ihre Unterdrückung verhindert ihren offenen Ausdruck in Gegenwart des Examinators. Sie bieten häufig einen sehr ausgearbeiteten und – im Verhältnis zu den Trieben, die sie organisiert haben – sehr fernliegenden Inhalt. Höchstens ihr oft sadomasochistischer Inhalt kann die Bedeutung der Mischung von Libido und Aggressivität deutlich machen. Diese Phantasien werden später, im Zuge der Adoleszenz, deutlicher onanistisch und bringen die genitale Organisation der auf der Ich-Ebene wenig bearbeiteten Triebe zum Ausdruck. Das heißt, daß die Phantasien dieser Lebensperiode zahlreiche perverse Elemente enthalten, die den Reichtum des Sexuallebens des Adoleszenten zeigen, wie ihn FREUD in den »Drei Abhandlungen zur Sexualtheorie« [109] vor Augen geführt hat.

Diese Entwicklung muß für das Verständnis der Ursprünge der Phantasieproduktion bei der psychoanalytischen Behandlung von Kindern in Rechnung gestellt werden, die diese besonderen experimentellen Bedingungen hinzufügt. Wie BÉNASSY und DIATKINE verdeutlichen, kann die Behandlung nicht mit einer Untersuchung oder Inventarisierung der Mechanismen gleichgesetzt werden, die außerhalb jeder relationalen Bedingung stehen. Ein anderer Irrtum bestünde darin, sich vorzustellen, daß das Kind ein geheimes Bedürfnis nach Kommunikation hat und einfach durch seine Ich-Schwäche an der Äußerung seiner Bedürfnisse gehindert wird. Beim kleinen Kind bringt die analytische Situation eine ungewöhnliche Nähe zum Erwachsenen hervor, der nicht so reagiert, wie das Kind es erwartet, wenn er auch den Kontakt nicht abbricht. Die neue Beziehung wird auf ebenso libidinöse wie aggressive Weise intensiv besetzt. Die aus dieser sehr intensiven Ambivalenz resultierende Angst nötigt das Kind, bewußte Phantasien zu ihrer Bemeisterung auszuarbeiten, gemeinhin auf dem Wege ihrer Verleugnung. Dergestalt sind die ersten Produktionen einer Kinderanalyse (gleich ob Zeichnung, Spiel oder erfundene Geschichte) eine abwehrende Transkription unbewußter Phantasien, die die analytische Situation beim Kind im Verhältnis zu seinen Triebansprüchen und seiner erlebten Erfahrung in Gang setzt. Sie haben deshalb eine unverzügliche Übertragungsimplikation, wie beim Erwachsenen der erste Traum während einer analytischen Behandlung. Der Analytiker formt durch seine Deutungsarbeit diese Produktionen zu Elementen von informativen Botschaften um; es sollte jedoch nicht außer acht gelassen werden, daß das Spiel des Kindes während der ersten Sitzungen eine wesentlich negative und kommunikationsverweigernde Funktion hat.

Wenn es folglich gefährlich ist, abgeschlossenes Material wie die Zeichnung oder das repräsentative Spiel zur Erforschung des infantilen Unbewußten zu verwenden, wäre es nicht weniger anfechtbar, es deshalb deuten zu wollen, weil es sich vor unseren Augen abspielt, während die Phantasie einzig und allein in der sich einstellenden analytischen Beziehung zum Ausdruck kommt.

Diese Argumente legen es nahe, die Position der Analytiker KLEINscher Provenienz zu überdenken, die im Kinderspiel letztlich eine Darstellung der Urszene mit hundert verschiedenen Akten sehen. Man hat den Eindruck, daß, wenn man diese Deutung in Form von Übertragungsanspielungen auf die Angst gibt, die die Wiederbelebung der Urszenen-Phantasie angesichts des Analytikers bewirkt, der dem von ihm behandelten Kind letztlich einen Schlüssel liefert, ohne ihm deshalb auch zu erlauben, die Triebarbeit in Form von Phantasien und Tagträumen zu modifizieren, die sich durch die Abkömmlinge des Ich ausdrücken.

Es scheint sich hier um ein Problem zu handeln, das nicht gänzlich verschieden von dem ist, wie man es bei der Erwachsenenanalyse antreffen kann. Manche schwer phobischen Patienten, vor allem solche, die an phobischem Zwangsantrieb leiden, zeigen beispielsweise mit ziemlich großer Regelmäßigkeit einen Überfluß an Phantasieproduktionen, die namentlich die pathogenen prägenitalen Fixierungen widerspiegeln, wenn man sich die Symptome vor Augen hält, d. h. die Angst, auf sich oder andere aggressiv einzuwirken. Im Verlauf psychoanalytischer Behandlung bringen diese Patienten mit großer Häufigkeit, und gewöhnlich sehr früh, ganz tief anal und oral durchsetzte, im Bereich der analytischen Situation erlebte Phantasien bei. Gegenstand dieser Phantasien ist häufig der Körper des Analytikers. Man bemerkt auch, daß diese Patienten Zusammenhänge zwischen Veränderungen der analytischen Situation und der Phantasieorganisation zu verstehen imstande sind. Dieser Tatsache zum Trotz bleibt die Organisation der Sekundärprozesse lange schwach, und die gesamte Behandlung entwickelt sich im Zeichen der psychischen Realität der Primärprozesse. Unter solchen Bedingungen trägt die Deutung der Angst, die die sadomasochistische Organisation dieser analen und oralen Phantasien innerhalb der sich einpendelnden Übertragung auslöst, wahrscheinlich nichts bei. Man muß sich auf andere Sektoren des psychischen Geschehens stützen, um etwa die sekundären Vorteile dieser permanenten Phantasiebildung deutlich zu machen, bevor man an die Eingliederung dieses primitiven Phantasielebens denken kann.

Eine solche Situation läßt sich auch in der Kinderanalyse beobachten. Bei sehr jungen Patienten, jedenfalls vor der Latenzperiode, führt die Klarheit der spielerischen Produktionen, ob Zeichnung oder repräsentatives Spiel, häufig zur Überbewertung des prägenitalen Inhalts, um so mehr als die sadomasochistische Bedeutung der beschworenen Phantasien unvermeidlich durch die therapeutische Situation mobilisiert wird, wenn das Kind auch die Angst, mit einem Erwachsenen allein zu sein, der sich seiner annimmt, verleugnet. Ihm eiligst Deutungen in Begriffen von Fixierung und prägenitaler Organisation zu liefern, scheint mithin fraglich und läuft auf eine offenbar gefährliche Isolierung der therapeutischen Situation hinaus, so als bestünde sie ausschließlich darin, sadomasochistische Phantasien wiederaufleben zu lassen und einen Deutungsschlüssel dafür mitzuliefern, den das Kind in aller Eile zu verwenden fähig werden soll.

In derselben Hinsicht läßt sich fragen, ob ein technisches Interesse daran besteht, das ältere Kind – vor allem in der Latenzperiode – dazu zu drängen, den Gegenstand seiner vorbewußten Phantasien preiszugeben. Das heißt unausweichlich auf eine technische Position zurückfallen, die GLOVER im Zusammenhang der Kinderanalyse die »erzwungener« Phantasien nennt, die der Frühgeschichte der Psychoanalyse und vor allem den Behandlungen, die FREUD zunächst an Hysterikern vornahm, sehr nahe kommt. Gleichwohl muß man sich bewußt halten, daß der fortgesetzte Ausdruck von Rohphantasien in der Psychotherapie von präpsychotischen Kindern dazu führt, diesen Deutungsraster zu handhaben, den das

Kind mitunter benutzen kann, seine Triebe zu bearbeiten und die Stetigkeit des für die Ich-Organisation immer gefährlichen Ausagierens zu umgehen.

Damit soll jedoch die von ANNA FREUD aufgestellte allgemeine Regel nicht vergessen gemacht werden, derzufolge im Rahmen der Psychoanalyse vor allem von Kindern die Phantasien und die Tagträume, in denen sie zum Ausdruck kommen können, mittels der Relation und im Bereich der Ich-Abkömmlinge erkannt werden sollen. Das heißt, daß sie auch Systeme, die mit der Gegenbesetzung zusammenarbeiten, bilden können und im Bereich der Abwehrorganisationen und des Widerstandes gedeutet werden müssen.

In derselben Hinsicht könnte der Vorteil diskutiert werden, den die Deutung spielerischer Tagträume als Ausdruck von gemeinhin prägenitalen Phantasien bietet, bei denen die Angst vor dem Objekt – gemäß dem von MELANIE KLEIN beschriebenen Spaltungsmechanismus – auf den Analytiker projiziert wird. Wir haben bereits erwähnt, daß sie die Kinderspiele als Äquivalent von masturbatorischen Phantasien deutet und sich ständig auf Phantasien der Urszene bezieht, bei denen die Gefahr des internalisierten Partialobjektes auf den Analytiker projiziert wird; sie ist der Ansicht, daß deren Deutung in allen Fällen dringlich ist, damit die Übertragungsbeziehung in Gang gesetzt wird und die an die prägenitalen Triebregungen gebundene Angst sich allmählich auflöst. Selbst wenn man die Nachteile solcher Deutungen beiseite läßt, die, wie wir gezeigt zu haben glauben, vor allem eine verbalisierte Auslegung anläßlich erlebter, phantasierter und auf der Ich-Ebene ausgedrückter Erfahrungen ermöglichen, müßte man auch noch überzeugt sein, daß die Phantasien fortgesetzt eine Übertragungsbeziehung einschließen. Ohne Zweifel bilden sich die spielerischen Phantasien je nach dem Ausmaß der Beziehungsentwicklung; nichts beweist jedoch, daß es sich um eine Übertragungsbeziehung im strengen Sinne handelt, d. h. daß sie die Projektion der inneren Imagines je nach dem Ausmaß der Entwicklung einer Relation zum Objekt einschließt, das der Analytiker konstituiert. Möglicherweise muß das therapeutische Bündnis in Rechnung gestellt werden, das sich zwischen dem Patienten und seinem Analytiker einpendelt und jenem dank des Wohlwollens des letzteren sich auszudrücken und seine in seinen spielerischen Produktionen erlebte Phantasieerfahrung zu rekonstruieren erlaubt.

Wenn wir geglaubt haben, auf die Gefahren zu tief ansetzender Deutungen hinweisen zu müssen, die die Beziehung zwischen Phantasien und spielerischen Tagträumen im Verlauf analytischer Behandlungen nicht in Rechnung stellen, so lassen sich diese gerade formulierten Vorbehalte eher noch auf alle Produktionen des Kindes anwenden, die man außerhalb des therapeutischen Bereiches beobachtet. Wir lassen nicht außer acht, daß FREUD gezeigt hat, daß die Entwicklung wißbegieriger Tendenzen mit der Sublimierung der voyeuristischen Triebe im Zuge der prägenitalen Periode verknüpft ist; nicht alle Produktionen des Kindes können jedoch zum Ausdruck kommen, indem sie auf den Triebinhalt zurückgreifen, von dem aus sie sich historisch entwickelt haben. Das häufige Interesse von Kindern an prähistorischen Tieren darf nicht als direkter Ausdruck ihres prägenitalen Lebens und ihrer oralen Fixierungen gedeutet werden, wenn sie auch verständlich machen mögen, warum Kinder so oft wirkliche zwanghafte Tendenzen entwickeln können, diese prähistorischen Ungeheuer einzustufen, zu zeichnen oder ihre Gebisse darzustellen. Dennoch darf nicht vergessen werden, daß die Arbeit der Triebe sich mittels des Ich vollzieht, das sie aufbauen, und daß die Sublimierung bestimmten Ich-Funktionen ermöglicht, sich konfliktfrei zu entwickeln. Wir werden später – beim Bezug auf die Metapsychologie – sehen, daß der Bereich der Sublimierung ungenau abgegrenzt ist und manche Autoren – so HARTMANN, KRIS und LÖWENSTEIN – von neutralisierten Ich-Funktionen und von autonomen Sektoren des Ich zu sprechen veranlaßt hat. Die Existenz solcher konfliktfreier Sektoren ist unbestreitbar und gemahnt für das Verständnis des psychischen Geschehens des Kindes an die Behutsamkeit, mit der man aus den spielerischen Produktionen des Kindes auf den sie organisierenden und lenkenden Triebinhalt schließen sollte.

So treten die Phantasie-Funktionen als wesentliche Momente der Persönlichkeitsorganisation des Kindes und seiner Entwicklung in Erscheinung. Wir haben gesehen, wie die spielerischen Aktionen des Kindes im Verlauf klinischer Untersuchung verwendet werden, und skizzenhaft verdeutlicht, daß sie im Verhältnis zu der einer klinischen Untersuchung zugrundeliegenden *Beziehung* und auch im Verhältnis zur *Entwicklung* des Kindes hervortreten. Es besteht ein großer Unterschied zwischen dem, was sich am Rande des Ödipuskonfliktes, zur Zeit der Latenzperiode, während der Post-Latenz und zur Zeit der Adoleszenz beobachten läßt. Andererseits spiegeln die Phantasieproduktionen auch die pathologischen Organisationen wider, für die wir auf der Grundlage klinischer Untersuchung eine Bilanz zusammengestellt haben. Manche Kinder können vor allem während der Latenzperiode eine schwere Hemmung bei der Exteriorisierung ihrer Tagträume zeigen, während andere, gleichaltrige – in präpsychotischen Zuständen – mit größter Leichtigkeit ihre Phantasien im Rohzustand preisgeben, so wie sie sich unter dem Diktat der Primärprozesse einstellen. Was man die Nicht-Integration der Phantasien im präpsychotischen Zustand nennen könnte, macht auch verständlich, warum man von einer relativen Heilung durch »Obsessionalisierung« und psychoanalytische Strukturierung sprechen kann, wenn die Ich-Abkömmlinge die Phantasiearbeit nicht mehr beherrschen.

Die Funktion der Phantasiebildung ist von Psychosomatikern der Pariser Schule in ganz anderer Hinsicht untersucht worden [180]. MICHEL FAIN ist der Ansicht, daß das Auftreten von Phantasieaktivität untrennbar von der Organisation der Motorik ist, die sich zeitgleich mit der analen Phase einstellt. »Die Trennung, wie sie BICHAT zwischen animalischem und vegetativem Leben vornimmt, entwickelt sich nach und nach. Es existiert ein Soma und eine Psyche.« Die Entwicklung auf der Ebene der Repräsentanz kann folgendermaßen beschrieben werden: Zu Beginn steht sie in sehr engem Zusammenhang mit der organischen Dynamik. In dem Maße, wie die organischen Bedürfnisse nicht mehr global von der Umgebung abhängig sind, werden differenziertere Befriedigungsmöglichkeiten ausprobiert: die einen speisen in direktem Kontakt mit der Umwelt den primären narzißtischen Fundus; die anderen sind mit der Reizung der erogenen Zonen verknüpft. Schematisch lassen sich unterscheiden:

a) Befriedigung der sensomotorischen und alimentären Bedürfnisse (primäre narzißtische Bedürfnisse). Daraus leiten sich Repräsentanzen ab, die am Beginn der Realitätserkenntnis und des Sekundärprozesses stehen (M. FAIN und C. DAVID [81]);

b) Reizung der erogenen Zonen zu Beginn der Entstehung der ersten Repräsentanzen, während diese Zonen sich zugleich differenzieren. (In einer ersten Phase unterscheidet sich die erogene Zone nur wenig von einem organischen Bedürfnis, dessen Wurzeln sehr tief liegen.)

In einer zweiten Phase trägt die Reizung der erogenen Zonen zur Aufrechterhaltung des Gefühls der narzißtischen Verschmelzung bei, und dieses Gefühl wird jetzt auf der Ebene der sensomotorischen Empfindungen gespeist, die die humoralen und viszeralen Reize zurücktreten lassen.

Die mit den erogenen Zonen verbundenen Repräsentanzen werden in einer dritten Phase autonom und individualisieren sich innerhalb der Verschmelzungssituation. Hier würden wir den Ausdruck »Phantasie« gern vermeiden. Dieser Begriff, mag er eine bewußte oder eine unbewußte psychische Aktivität bezeichnen, setzt eine bestimmte Ich-Organisation voraus. Es ist sogar wahrscheinlich, daß die Verdichtung hier umfassend wird und daß eine Reihe von Zuständen sich zu einem einzigen zusammenschiebt. Die ersten Repräsentanzen, die aus einem embryonalen Seelenleben hervorgehen und mit den erogenen Zonen in Zusammenhang stehen, müssen voneinander unabhängige Inselchen bilden.

Von dem Augenblick an, wo sich erogene Zonen mit ihrer eigenen Repräsentanz ohne offenkundige Hindernisse aus dem narzißtischen Fundus ausdifferenzieren, sind alle Weichen für die spätere Entwicklung in Richtung auf den normalen oder pathologischen psychischen Verlauf gestellt.

Beim Auftreten der Beherrschung der Motorik wird die spezifisch anale Erogeneität aus der erogenen Zone im eigentlichen Sinne abgezogen, und zwar dank der symbolischen psychischen Repräsentanz der sogenannten erogenen Zone. Die Zurückhaltung, das Abfließen und die Reaktionsbildung prägen die gesamte psychische Aktivität. Der ungezähmten und imaginären Spielaktivität tritt die utilitaristische Reaktionsaktivität entgegen. Soweit schematisch der lenkende Einfluß des Zentralnervensystems. Das innere Milieu hat sich davon abgelöst und ist autonom geworden. Die bewußte Phantasie tritt zur selben Zeit auf, und zwar auf eine Weise, auf die wir nicht mehr zurückkommen wollen. Ihre Arbeitsweise, die zur Konstitution einer zurückgehaltenen Welt im Körperinnern, »hinter den Augen«, führt, legt ihr einen erotischen Wert bei, der auf die gesamte psychische Aktivität ausstrahlt.

Mit anderen Worten: wir sind der Ansicht, daß sich im psychosomatischen Bereich eine Entsprechung zu KARL ABRAHAMS Beschreibung der zweiten Phase des analen Stadiums finden läßt. Alles verläuft so, wie wenn die mit der Zurückhaltung des Objekts im Körperinneren verknüpfte Erotik ihren umfassenden Ausdruck nur in einer deutlichen Trennung von psychischer Aktivität und somatischer Dynamik fände. Diese zurückhaltende Analerotik, mit der die an die interiorisierte Phantasiebildung geknüpfte Lust verbunden ist, kann sich ohne offensichtliche äußere Manifestation einstellen. Bei der Diskussion des Begriffs der prägenitalen Konversion, der auf die psychosomatische Medizin anwendbar wäre, ist MICHEL FAIN der Ansicht, daß die Desexualisierung, die die Umwandlung einer psychoneurotischen Störung in eine somatische begleitet (diese Desexualisierung erlaubt dem Ich, die vorher geschwächte Funktion um den Preis einer somatischen Störung zurückzugewinnen), ohne neue Identifikation, ohne Umwandlung von Objektlibido in narzißtische Libido erfolgt.

»Wenn die Regression die psychische Ebene nicht verläßt, führt sie immer zu einer Resexualisierung bestimmter Ich-Funktionen, zur Modifizierung der libidinösen Triebziele und letztlich zu einem besonderen Konfliktausdruck. Wenn dieser Konfliktausdruck seinerseits unterdrückt wird, kann die neue Regression auf einen Verlust der libidinösen Energiequalität, später dann auf einen Reizmodus mit somatischer Auswirkung hinauslaufen. Die durch diesen Prozeß zurückgewonnene Funktion scheint nicht mehr mit narzißtischer Libido besetzt zu sein. Sie ist, um einen FREUDschen Ausdruck aufzunehmen, nicht mehr ›eine Liebesepisode des Es‹, sie ist rein operational, ›autonom‹, wie andere sagen würden. Diese Modifikation ist eine Todesepisode des Ich und möglicherweise ein Vorspiel zum Tode.«

Umgekehrt bestehen die Psychosomatiker auf der Bedeutung der Mentalisierungsprozesse, die Ausdruck einer umfassenden Phantasiebildung sind:

»Die bewußte oder unbewußte, normale oder pathologische Phantasiearbeit hält die destruktiven Tendenzen vom Soma fern. Diese aus der psychosomatischen Klinik hervorgegangenen Einsichten tragen bedeutsame Nuancen zur klinischen Einschätzung des Ich bei. Ist es lediglich nützliches Skelett oder bleibt es, seiner Funktionsweise nach, mit Repräsentanzen besetzt, die in der Folge zum unbewußten Phantasieraster werden, der dem Individuum in jedem Augenblick und auf allen Altersstufen präsent zu sein ermöglicht? Der Begriff der Zeit mit seinem wenigstens individuellen Stellenwert drängt sich uns zusätzlich auf« [81].

Der Akzent wird von den Psychosomatikern der Pariser Schule auf die Bedeutung der Phantasiebildung gelegt, wobei sie selten eine Warnung versäumen, wenn sie Kritik an der Bedeutung anmelden, mit der in den letzten Jahren in den USA oder bei bestimmten Pariser Analytikern die Integrationsmechanismen des Ich ausgestattet wurden. Nach Ansicht jener Psychosomatiker laufen diese Untersuchungen, die auf die Integration der psychoanalytischen Theorie in unseren Erkenntnisbestand auf entwicklungspsychologischem Gebiet abzielen, zugleich auf ein relatives Desinteresse am Inhalt von unbewußten oder verdrängten Produktionen hinaus und haben an einem bestimmten Prozeß von Desexualisierung Anteil, der der Psychoanalyse gegenüber in offene Destruktion auszuarten droht.

Wir glauben gleichwohl nicht, daß die Struktur unserer Wünsche ausreicht, die Gestaltung unserer Phantasien zu verdeutlichen. Die existieren aber, denn wie könnte man Psychoanalytiker sein, wenn man nicht überzeugt wäre, daß sie den Raster dessen bilden, was man das »Material« heißt. Unaussprechlich, werden sie in die Sprache des Erwachsenen übersetzt. Sie werden vom Analytiker, der ihnen Konsistenz und Wirklichkeit verleiht, konstruiert und ausgesprochen und von daher, wenigstens in glücklichen Fällen, durch eine andere Geschichte modifiziert, die sich *anderswo, aber im Hier und Jetzt* abspielt, die Geschichte des in der Psychoanalyse angestrengten Prozesses.

Die Kinderpsychoanalyse lehrt uns, wie wir glauben, daß das reinkarnierte Fleisch der elterlichen Imagines im Körper des Kindes Gestalt annimmt, und durch den Körper und die Triebe, die in den erogenen Zonen den Wunsch anfachen, geht etwas hindurch von diesem Urverdrängten, das wir als die Grundlage der psychischen Realität zu erkennen lernen, die in unseren Phantasien zum Ausdruck kommt, die wir ihrerseits als Subjekte unserer Wünsche anzunehmen lernen können.

Wir werden auf diese Einwände zurückkommen, die die Gesamtrichtung einer psychoanalytischen Psychologie betreffen, d. h. einer Psychologie, die unter Berücksichtigung der Resultate direkter Beobachtung des Kindes sie mit den Ergebnissen der Rekonstruktion zu konfrontieren versucht, wie sie aus der Psychoanalyse von Erwachsenen und Kindern hervorgehen. Wir werden sehen, daß diese Konstruktion den metapsychologischen Bezug nicht ausschließt, und wir werden Stellung beziehen müssen hinsichtlich der Autoren, die auf die Integration der Psychoanalyse in den Erkenntnisbestand in Ethnologie und Entwicklungspsychologie abzielen, aber auch zu jenen, die sich weigern, Entwicklung anders als anhand der vom Unbewußten ausgearbeiteten Produktionen zur Kenntnis zu nehmen. Zuvor aber werden wir auf den Gesamtkomplex von Einsichten Bezug nehmen, die aus der direkten Beobachtung des Kindes hervorgegangen sind.

DRITTER TEIL

Das psychoanalytische Verständnis des Kindes und seine direkte Beobachtung

KAPITEL I

Einige Überlegungen zur direkten Beobachtung des Kleinkindes durch Psychoanalytiker

FREUD hatte bereits in seinen »Drei Abhandlungen zur Sexualtheorie« [109] auf die Bedeutung der Beobachtung des Kindes für das Verständnis seiner Entwicklung verwiesen. Das Beispiel des Spulenspiels, auf das wir aufmerksam gemacht haben, gibt deutlich zu erkennen, was er von dieser Methode erwartete, die ihn auf die Spur verschiedener metapsychologischer Hypothesen brachte. Die auf FREUD folgende Analytikergeneration maß der Beobachtung von Kindern durch ihre Familien große Bedeutung bei, während die Fortschritte der Analyse jene, die solche Analysen selbst in Angriff nahmen, in die Lage versetzte, Beobachtungen dieser Art in Kinderkrippen, Schulen und den verschiedenen Institutionen für normale oder delinquente Kinder und Jugendliche auszubauen. Hier muß das Beispiel AICHHORNS angeführt werden. Die Bewegung der psychoanalytischen Kinderpsychologie, wie HARTMANN sie nannte – ein Ausdruck, der von ANNA FREUD [99] häufig wiederaufgenommen worden ist –, ist der Ansicht, daß unser psychoanalytisches Verständnis des Kindes sich nicht ausschließlich aus der Anwendung der psychoanalytischen Methodik ergibt. ANNA FREUD zufolge handelt es sich darum, die gewöhnliche analytische Methode, die vor allem mit dem unbewußten und verdrängten Material arbeitet, mit den Ergebnissen direkter Beobachtung anzureichern, die sich auf das Verhalten und auf das richtet, was man die psychische Oberfläche nennen könnte. Die Kombination dieser beiden Methoden, der analytischen und der direkten, sollte es ermöglichen, tiefer in die Struktur der sich entwickelnden Persönlichkeit einzudringen.

Einige methodologische Bemerkungen müssen hier jedoch vorangestellt werden, bevor eine vorläufige Bilanz der Ergebnisse der direkten Beobachtung von Kindern unternommen werden kann [219]. Im allgemeinen wird angenommen, daß die Beobachtung eine wissenschaftliche Verfahrensweise ist, mit der sich alle Besonderheiten eines Phänomens aus sich selbst, ohne Zuhilfenahme von Experimenten, dingfest machen lassen. Die Beobachtungswissenschaften, die man gewöhnlich den Humanwissenschaften entgegensetzt, wären also durch einen Prozeß charakterisiert, der die Einführung jeder experimentellen Versuchsanordnung ausschließt. Die Psychologie und die Metapsychologie – und namentlich die Kinderpsychologie – sind allmählich zu Wissenschaften geworden, die sich weitgehend auf Beobachtung stützen. Bis zum Ende des letzten Jahrhunderts basierten psychologische Einsichten auf den Ergebnissen der Introspektion, die durch eine mehr oder weniger intuitive und verstehende Psychologie erweitert wurden: die der Schriftsteller, Essayisten und Romanciers. Eine psychologische Revolution markierte die Verwendung des Verhaltensbegriffes: HENRI PIERON [273] machte seit 1908 auf die große Bedeutung dieses Begriffes in der Psychologie aufmerksam, als er etwa schrieb:

»Wenn ich bei Tieren oder Menschen Handlungen antreffe, die ihr objektiver Charakter von Reflexen unterscheidet, und wenn ich diese Handlungen willentliche nenne, so trifft hier sprachlich eine ganz und gar objektive Bedeutung mit der zusammen, die ich zur Charakterisierung mancher meiner Handlungen verwende, die infolge subjektiver Einschätzung als willentlich gelten, deren objektiver Charakter jedoch genau derselbe ist wie der der sogenannten willentlichen Handlungen bei anderen Individuen als ich.

Diese sprachliche Gemeinsamkeit ergibt für mich selbst, wo der subjektive und der objektive Gesichtspunkt zusammenfallen, interessante Beziehungen zwischen beiden Bereichen. Ich bin seither versucht, die bei mir konstatierten Beziehungen durch Analogie auf andere Organismen anzuwenden und zu glauben, daß jedesmal, wenn ein willentlicher Akt objektiv in Erscheinung tritt, eine subjektive Korrelation, d. h. ein Bewußtseinsphänomen, besteht.«

Wenn man für die Beobachtung des Kleinkindes Interesse aufbringt, ist es vielleicht sinnvoll, sich der eindringlichen Ratschläge zu erinnern, die KURT GOLDSTEIN auf den ersten Seiten seiner Einleitung zu »Der Aufbau des Organismus« [157] gegeben hat:

»So erscheint es uns als die zum mindesten erste Aufgabe der Biologie, die *lebenden Wesen in systematischer Weise in ihrem jeweiligen So-Sein so eindeutig zu beschreiben,* daß wir sie in ihrer Besonderheit erfassen, daß wir sie wiedererkennen, unterscheiden, ›erkennen‹, daß wir entscheiden können, ob und wie sie miteinander vergleichbar sind und in irgendeiner Beziehung zueinander stehen, die wir Abstammung voneinander etc. nennen können.«

Die Untersuchung des Verhaltens und Gebarens von Kindern ist tatsächlich nicht einfach und erfordert einige methodologische Vorsichtsmaßnahmen, auf die in Kürze eingegangen werden muß, wenn sie wirklich zu der wertvollen Methode werden soll, die sie in Hinsicht auf die Einordnung der Erkenntnisse der Kinderpsychoanalyse und ihrer Eingliederung in andere Erkenntnismethoden zu sein beansprucht.

Tatsächlich hat die Psychoanalyse es ermöglicht, jene allgemeine Hypothese endgültig zu verwerfen, dergemäß die fortschreitende Reifung des Nervensystems aus sich allein heraus die Verhaltensentwicklung beim Kind und beim Erwachsenen erklärt. Die Metapher von GESELL, nach der die Beziehungen zwischen Natur und Milieu die von Hand und Handschuh seien, wobei der Handschuh sich die Hand einfach zum Vorbild nimmt, kann nicht länger aufrechterhalten werden.

Gerade eine kritische Analyse der Arbeiten von GESELL würde leicht deutlich machen, daß die Einführung einer sehr exakt ausgearbeiteten Methodologie der Beobachtung des Kindes, selbst wenn sie für die darauf beruhenden Beschreibungen gültig bleibt, nicht auf eine ihr vorausgehende theoretische Leitidee verzichten könnte: die Beobachtung des Verhaltens des Säuglings und des Kleinkindes ließe sich nicht auf einfaches Registrieren reduzieren, wie präzis es auch sei.

Beobachtung des Verhaltens und einfaches Registrieren führen zwangsläufig zu einer begrifflichen Darstellung, in die sich unausweichlich bestimmte theoretische Leitschemata einschalten, die den Bereich der jedem Autor eigenen und bei ihm gewohnten Referenzen ausmachen.

Man hat den Psychoanalytikern häufig den Versuch der Verifikation einer theoretischen Explikation ihrer Technik anhand von isolierten Beobachtungen vorgeworfen, die sie an bestimmten Kindern zusammentragen konnten. Manche psychoanalytischen Arbeiten verdienen solche Vorwürfe wirklich; bei genauerer Reflexion wird jedoch leicht ersichtlich, daß viele Beobachter von Kindern den wirklichen retrospektiven Projektionen gegenüber nicht genug auf der Hut waren, mit denen sie bestimmte persönliche Hypothesen zu verifizieren versuchten. Spezifiziert nicht etwa WATSON, wenn er drei Urgefühle – Angst, Zorn und Liebe – unterscheidet und sie wechselseitig als Folgen von Lärm, Bewegungshinderung und Zärtlichkeit auffaßt, auf ziemlich künstliche Weise drei Situationen, die wohl nicht so allgemein sind, wie er annimmt?

Wir glauben eher unterstellen zu können, daß die Psychoanalytiker – und vor allem die mit der Praxis der Kinderanalyse vertrauten Psychoanalytiker – besser als irgend jemand sonst gerüstet sind, solchen Klippen wenigstens in bestimmtem Maße auszuweichen. Man muß sich bewußt halten, daß die Beziehung Beobachter–Beobachteter nicht neutral ist und daß sie von einer emotionalen Situation getragen wird, die der Beobachter so genau wie möglich durchschauen sollte. Die Beobachtung muß zwangsläufig die Identifikation ins Spiel bringen. Verschiedene theoretische Begriffe machen den Versuch einer Konzeptualisierung der Erkenntnis des anderen, so etwa *Einfühlung* [im Original deutsch] oder Empathie. Ebenso anerkennt die Transzendenztheorie, daß sich aus der Erkenntnis des anderen Fortschritte in Richtung der Selbsterkenntnis ergeben. Phänomenologische Begriffe wie der der Annäherung an den anderen können hier verwendet werden; wir beziehen uns vor allem auf den Begriff des »Verstehens« von JASPERS, wo das Verhalten die Existenz der Persönlichkeit des anderen enthüllt. Uns scheint jedoch, daß der psychoanalytische Begriff der Identifikation mit einem Objekt – hier dem beobachteten Subjekt – den affektiven Phänomenen, die das Verhalten des Beobachters unausweichlich mitbestimmen, nach Kräften Rechnung trägt. Es ist, selbst für ein kleines Kind, nicht gleichgültig, von einem Erwachsenen beobachtet zu werden, selbst wenn der nicht direkt in die Abfolge seiner Verhaltensäußerungen eingreift. Soweit heißt das, daß man sich auf ein Bündel von Übertragungsphänomenen beziehen kann und muß, deren Auswirkungen der Psychoanalytiker nach Kräften durchschauen sollte.

Außerdem muß hier daran erinnert werden, daß der Psychoanalytiker die Bestätigung seiner Intentionen von ihrem therapeutischen Wert zu erwarten lernt, der ihm die Triftigkeit seines *insight* vor Augen führt. Mit anderen Worten: er ist gerüstet, die Beziehungen zwischen seiner Beobachtung und seinem Eingreifen zu verstehen. Weit entfernt, diese Interrelation zu bedauern, die ihm zuweilen vorgeworfen wird, obwohl sie im Bereich der Humanwissenschaften durchaus üblich ist, selbst auf der Ebene dessen, was man elementarste Verhaltensbeobachtung nennt, kann der Psychoanalytiker sie auf sich nehmen, zumal er weiß, daß die Anwendung des Realitätsprinzips nur insofern Wert hat, als es einen Lustgewinn für die wissenschaftliche Erkenntnis abwirft, wie es das FREUDsche Gesamtwerk nahelegt, vor allem der Aufsatz »Formulierungen über die zwei Prinzipien des psychischen Geschehens« [120]. Da liegt, wenigstens idealiter, einer der ökonomischen Aspekte der analytischen Funktion, aber Psychoanalytiker befinden sich, wenn sie z. B. als Eltern beobachten, durchaus nicht mehr in dieser Situation, die für die Bestätigung der Beobachtungsdaten und des daraus resultierenden Vergnügens so günstig ist.

Beobachtungen von Psychoanalytikern an ihren eigenen Kindern laufen in der Tat Gefahr, sich bestimmten methodologischen Einwänden auszusetzen. Selbst wenn die Eltern besser als irgend jemand sonst geeignet sind, sich mit dem beobachteten Subjekt, ihrem Kind, zu identifizieren, entspricht die Auswahl an beobachteten Verhaltenssequenzen, die sie unausweichlich treffen, mehr oder weniger zwangsläufig der Gesamtheit von theoretischen Hypothesen, auf die sich auch ihre tägliche Praxis stützt. So korrespondiert diese Selektion vielleicht mit dem, was sie einfach deshalb bemerken, weil sie es für bezeichnende Fakten halten: Wenn ein Kind, das auf sein älteres Geschwister eifersüchtig ist, weil es ihm ein Spielzeug verweigert hat, hinter den Kulissen bemerkt, daß man um so eher stirbt, je älter man ist, können die Eltern, wenn sie Psychoanalytiker sind, gewahr werden, wie früh selbst beim kleinen Kind Todeswünsche zum Ausdruck kommen. In der Tat ist die Formulierung solcher Wünsche unzweifelhaft. In den Augen des Psychoanalytikers ist sie bezeichnend, weil seine ganze Erfahrung ihn über die Bedeutung der Mischung libidinöser und aggressiver Triebe belehrt. Wie wir jedoch im vorhergehenden Kapitel ausführlich dargestellt haben, sind diese Wünsche nicht signifikativ für das Kind, das sie ausdrückt. Anders gesagt: im Bereich des gewöhnlichen Verhaltens des Kindes nimmt diese oder jene von den Eltern-Psychoanalytikern beobachtete Sequenz nur in bezug auf ihre professionelle Ausbildung und den ihr zugrundeliegenden theoretischen Raster Gestalt an.

Es ist auch angezeigt anzumerken, daß Psychoanalytiker in ihren Familien im allgemeinen einen liberaleren Erziehungstypus einführen: deshalb wird auch die Leichtigkeit verständlich, mit der sich beim ganz kleinen, in einer solchen Familie aufgewachsenen Kind Spiele und Phantasien einstellen, die die Tabus der traditionellen Erziehung oft mit Schuldgefühlen besetzen. Es ist jetzt möglich, die wechselseitigen Beziehungen zwischen Psychoanalyse und direkter Beobachtung des Kindes ins Auge zu fassen. Man kann das von verschiedenen Gesichtspunkten aus tun, die wir nacheinander in Betracht ziehen wollen.

Zunächst stellt die psychoanalytische Behandlung von Kindern, jenseits ihres rekonstruktiven Wertes, den wir im vorhergehenden Teil dieses Buches ausführlich behandelt haben, selbst auch eine Beobachtungsmethode dar.

Wir weisen erneut auf die genialen Einsichten von Melanie Klein hin, werden aber nicht mehr auf die Einwände eingehen, die die theoretischen Arbeiten von Melanie Klein und ihren Schülern bei verschiedenen Autoren und uns selbst ausgelöst haben, und zwar anläßlich der Beobachtung von Kindern in längerer psychoanalytischer Behandlung. Wir haben vor allem auf die Kritik von Glover hingewiesen, als wir bestimmte Gedankengänge wiederaufnahmen, die im Referat von R. Diatkine und einem der Autoren (Lebovici [217]) über *»Les fantasmes chez l'enfant«* dargestellt werden. In einer neueren Arbeit – *»Normality and Pathology in Childhood«* [99] – weist Anna Freud ihrerseits auf die Gefahr eines psychoanalytischen Verhaltens für das Verständnis des Kindes und für die Validierung von Beobachtungsdaten hin. Das ausschließliche Interesse mancher Analyti-

ker für den Inhalt unbewußter Produktionen läuft in der Tat Gefahr, bestimmte Hypothesen aufzustellen, die die Entwicklungsgegebenheiten des Kindes allzusehr außer acht lassen.
Wie ANNA FREUD in Erinnerung ruft, können die Abkömmlinge des Unbewußten im Verlauf analytischer Sitzungen ebenso wie bei direkter Beobachtung eine interessante Spur für die Einsicht in die tiefstliegenden Tendenzen bilden. Bedauerlicherweise ergeben sich gewöhnlich bestimmte Widersprüche zwischen den Möglichkeiten des Tiefenverständnisses und einem vernünftigen therapeutischen Verhalten: letzteres darf nicht über das hinausgehen, was der kooperierende Patient ertragen kann, und die Widerstände nicht außer acht lassen, die nur in dem Maße überwunden werden können, wie es die Deutungsarbeit erlaubt.

Gerade dank der Kinderanalyse und den Arbeiten von ANNA FREUD ist allmählich auch die Bedeutung der Reaktionsbildungen und der Abwehrmechanismen verständlich geworden, die die Triebe gegenbesetzen.

Aus der Untersuchung dieser Abwehrmechanismen haben wir gelernt, ihre Bedeutung für das außeranalytische Verhalten des Kindes zu bewerten. Wir wissen beispielsweise, daß das Kind, weil es seine Todeswünsche hinsichtlich eines seiner Brüder ausdrückt, nachts ängstlich wird und die Atemzüge dessen, der im selben Zimmer schläft, zu hören versucht. Ebenso wissen wir, daß die mehr oder weniger zwanghaften Tendenzen, die offenbar die Charakterzüge prägen und durch minutiöse Ordnung, eifersüchtig gehütete Reinlichkeit und Sammeltendenzen definiert werden, ebenso Kontrollversuche in Hinsicht auf die analsadistischen Triebe sind, die als Bedrohung empfunden werden.

Es ist heute eine Banalität, die Organisation von Charakterzügen anhand dieser Reaktionsbildungen zu beschreiben, die die Gegenbesetzungen gegen die Arbeit bestimmter Triebe definieren. Deshalb können die Verbindungen zwischen Charakterformationen und Symptomen in der Geschichte dieser aufeinanderfolgenden Reaktionsbildungen deutlich erfaßt werden, die nur insofern zu Symptomen werden können, wie sie durch die verdrängten Triebabkömmlinge überwuchert werden.

Im allgemeinen sind die Psychoanalytiker besser als irgend jemand sonst darauf vorbereitet, aus der direkten Beobachtung zu lernen, wie wir mehrfach gezeigt haben. Die Beiträge dieser Methode zum Verständnis des Kindes haben gewisse Grenzen. Sie beziehen sich zunächst auf die Originalität der psychoanalytischen Rekonstruktion, und wir werden ausführlich darauf eingehen, wenn wir später die Notwendigkeit eines Bezuges auf die Metapsychologie deutlich machen.

Hier möchten wir – wie ANNA FREUD in ihrem letzten Buch – daran erinnern, daß bestimmte Vorsichtsmaßnahmen zur Dämpfung des Enthusiasmus junger Kinderanalytiker unerläßlich sind. Im allgemeinen kommen die Abkömmlinge des Unbewußten in den Kinderspielen allzu durchsichtig zum Ausdruck; daher die Versuchung zur wilden Psychoanalyse. Man muß ebenso lernen, die in Zusammenhang mit den Gegenbesetzungen stehenden Formationen zu beobachten, indem man die Funktionsweisen des Ich definiert.

Außerdem muß darauf hingewiesen werden, daß diese Beobachtung mit aller Vorsicht vor sich gehen muß und nicht den am Beginn der Reaktionsbildung stehenden Triebabkömmling ausfindig zu machen versuchen soll. Wenn die Reaktionsbildung auch einen Verhaltenszug deutlich macht, so ist sie doch nicht für einen bestimmten Trieb spezifisch. So wird die direkte Beobachtung, die im wesentlichen der präverbalen Periode, in der sie auch die Mutterbeziehung einschließen muß, vorbehalten bleibt, bis zur Adoleszenz ergiebig sein, vor allem dann, wenn sie sich auf die Funktionsweise des Ich konzentriert, was auch außerhalb der psychoanalytischen Behandlung möglich ist, sei es bei diagnostischen, sei es bei anderen Untersuchungen. Überdies bleibt festzuhalten, daß der Psychoanalytiker nicht auf die Beobachtungsmethoden zur Einschätzung konfliktfreier Sektoren verzichten sollte, was nicht bedeutet, daß er die HARTMANNsche Theorie der autonomen Ich-Sektoren übernimmt.

Auf diese Weise haben die Kinderanalytiker ihren Stein zur Analyse der Entstehung von Charakter und Verhalten beigetragen. Manche von ihnen sind weiter gegangen und haben eine Synthese der Ergebnisse direkter Beobachtung von Psychoanalytikern mit denen bestimmter Psychologen versucht. Das ist der Fall bei PIAGET, der sich mit der Zeit von seinem früheren Ausgangspunkt – dem Verhältnis von Affektivität und Intelligenz – weit entfernt hat. Beim Kongreß der französischsprachigen Psychoanalytiker von 1933 hielt RAYMOND DE SAUSSURE ein Referat über diesen Problembereich [298]. Hauptarbeitsfeld jener Autoren, die man als Schweizer psychoanalytische Schule bezeichnet hat – vor allem von CHARLES ODIER [261] für die Erwachsenen- und von MADELEINE RAMBERT [277] für die Kinderanalyse –, wurde später die Einbeziehung der Konsequenzen der Psychologie von PIAGET in den Bereich psychoanalytischer Untersuchungen von nicht nur theoretischem, sondern auch therapeutischem Zuschnitt. GEORGES MAUCO bemüht sich in seiner Arbeit mit dem Titel *»De l'inconscient à l'âme infantile«* [249] um eine vertiefende Gegenüberstellung von FREUD und PIAGET. Kürzlich hat W. G. COBLINER [55] versucht, den Graben zwischen FREUD und PIAGET zuzuschütten. Wir wollen ausführlicher auf diese Arbeit eingehen, weil sie die in diesem Zusammenhang neueste ist. Der Autor ist tatsächlich der Ansicht, daß FREUD und PIAGET Genetiker sind, beide mit der Analyse dessen befaßt, was man Anpassungsmechanismen genannt hat. Beide Schulen anerkennen die Hypothese, daß die psychologische Entwicklung auf der Interrelation zwischen inneren (Reifungs-)Faktoren und Erlebnisfaktoren basiert. Der originäre Beitrag der Psychoanalyse liegt in der spezifischen Rolle, die sie den intrapsychischen Faktoren bei der Entwicklung zuschreibt, während PIAGETS Leistung darin besteht, beschrieben zu haben, was er die psychischen Strukturen als Basis des mentalen Geschehens nennt, die er als konstituierende Elemente auffaßt, ohne deren Rolle als konfliktuöse Kräfte darzustellen.

Offenbar waren, wie COBLINER hervorhebt, die anfänglichen Interessen von FREUD und PIAGET grundverschieden. PIAGET hat für die Beobachtung von Kindern nur insoweit Interesse aufgebracht, als sie zur Ausarbeitung einer Epistemologie beitrug. FREUD war im Gegensatz dazu eher am menschlichen Seelenleben in seinen konkreten Funktionsweisen interessiert. Zahllose Psychoanalytiker haben geglaubt, sich bestimmte Positionen von PIAGET zu eigen machen zu können, und COBLINER merkt an, daß viele Verallgemeinerungen seiner Theorie von anderen, in der Behandlung oder der direkten Beobachtung engagierten Psychoanalytikern mehr oder weniger bewußt benutzt worden sind. Er weist insbesondere darauf hin, daß ANTHONY, LEITCH, ESCALONA, ERIKSON, KRIS, RAPAPORT und WOLFF, die in den englischsprachigen Ländern Gesamtdarstellungen der PIAGETschen Thesen geboten haben, samt und sonders Psychoanalytiker sind[1].

COBLINER, der von der Vorstellung ausgeht, daß PIAGET, wie FREUD, die Adaptationsmechanismen des Individuums untersucht habe, versucht zu zeigen, in welchem Sinne PIAGETS Theorien das Modell des psychoanalytischen Denkens – im Verständnis des Autors – veranschaulichen. Er hebt das besonders bei seiner Analyse des Adaptationsbegriffes hervor, der es PIAGET zufolge dem Organismus ermöglicht, die inneren Strebungen und psychischen Kräfte zu meistern. In seiner Arbeit über diese Regulierungsmechanismen beschreibt PIAGET drei Kontrollmittel, die eine Rolle bei der Persönlichkeitsbildung spielen: den Rhythmus, die Regulierung und die Gruppierung. Diese Grundstrukturen der Theorie PIAGETS weisen COBLINER zufolge bestimmte Analogien zu den von FREUD beschriebenen Prinzipien des psychischen Geschehens auf. In der Tat ist PIAGET der Ansicht, daß die psychische Regulierung nicht durch externe physische Agenten, sondern auf innerem Wege geregelt werde, und dieses Prinzip kann dem von FREUD beschriebenen doppelten Prinzip des psychischen Geschehens, dem Lust-Unlust-Prinzip, angenähert werden. Der von PIAGET zur Erklärung der Triebkontrolle eingeführte Begriff des Wertes kommt offensichtlich dem FREUDschen Begriff des Über-Ich sehr nahe. Die Auffassung der ontogenetischen Stadien, wie sie PIAGET beschrieben hat, verstärkt die Analogie, die COBLINER in Hinsicht auf FREUDS Thesen nachzuweisen sich bemüht.

Gleichwohl bleiben diese Analogen ziemlich künstlich, und zwar um so mehr als die systematischen Beschreibungen von PIAGET den Differenzierungen fernstehen, wie sie FREUD in die affektive und Triebentwicklung des Kleinkindes eingeführt hat, bei der, wie wir im ersten Teil dieses Buches gesehen haben, bestimmte mögliche Fixierungsstellen konkretisiert werden müssen. Die jüngeren Arbeiten von ANNA FREUD über den Entwicklungsverlauf, denen die Untersuchung der »Organisatoren« der Entwicklung der Objektbeziehung vorausging, wie sie RENÉ SPITZ in mehreren Arbeiten, auf die wir zurückkommen werden, deutlich gemacht hat, verleiten dazu, den Eindruck einer Analogie zwischen FREUD und PIAGET zu weit zu treiben. FREUD und PIAGET haben wahrscheinlich eher auf der Ebene der Analyse ökonomischer Kräfte als auf der der ontogenetischen Beschreibung deutlich analoge Vorstellungen. PIAGET nimmt in der Tat an, daß die Differenzierung und die Integration der verschiedenen Stadien unveränderlich sind und ein gegebenes Phänomen bilden. Das *primum movens* der Libido wird bei FREUD zur Grundlage, die das Verständnis der Triebarbeit bei der Organisation des menschlichen Seelenlebens ermöglicht.

COBLINER unternimmt dieselbe Suche nach Analogien auch bei den Begriffen

[1] In den französischsprachigen Ländern benutzt J. DE AJURIAGUERRA in nichtpublizierten Arbeiten Begriffe von PIAGET, etwa den der Operabilität. Ebenso ist R. DIATKINE der Ansicht, daß bestimmte psychopathologische Aspekte der infantilen Psychose im Lichte dieser Tests gut verständlich werden, an denen die Veränderungen der Objektbeziehung abgelesen werden können. Vgl. auch J. GRESSOT, PIAGET, in *Psychiatr. enfant*, IV, 1 (1961 [163]).

der Assimilation und Anpassung, wie PIAGET sie beschrieben hat, und versucht, sie in zeitgenössischen Untersuchungen zur Psychologie des Ich dingfest zu machen, und zwar anhand der Begriffe der autoplastischen und alloplastischen Reaktionsformen, wie sie FREUD und FERENCZI seinerzeit ausgearbeitet hatten. So gelangt COBLINER schließlich zu der Auffassung, daß die Psychoanalyse eine grundlegende Rolle bei der Entwicklung der Vorstellungen PIAGETS gespielt habe, in dessen ersten Publikationen zwischen 1920 und 1930 sich überdies zahlreiche Anspielungen auf sein Verhältnis zur Psychoanalyse finden lassen. Beim internationalen Kongreß für Psychoanalyse in Berlin im Jahre 1922 bot er einen Beitrag mit dem Titel »Symboldenken und Denken des Kindes«, und 1933 gab er folgenden Hinweis: »Es besteht ein Parallelismus zwischen affektiver Entwicklung und der Entwicklung des Denkens, weil die Gefühle und die Trieboperationen nicht zwei einander äußerliche Realitäten bilden, sondern die beiden komplementären Aspekte jeder psychischen Aktivität« [270].

Dennoch muß man sich bewußt halten, daß PIAGET sich seither von der Psychoanalyse entfernte, vor allem mit seinem Vergleich der affektiven und intellektuellen Schemata: »Der Unterschied zwischen den beiden Auffassungen von Gedächtnis und Symbolik wird im besonderen durch die Interpretation der Schemata bezeichnet.«

Der ersten Auffassung gemäß sind es die unbewußten Erinnerungen und die damit verbundenen Gefühle, die das gegenwärtige Verhalten des Individuums bestimmen. Die affektiven oder komplexen Schemata beruhen so selbst auf dem Gedächtnis, und ihre Anpassung an die Gegenwart kommt gerade in einer Reihe von Übertragungen und Identifikationen zum Ausdruck.

Der zweiten Auffassung (der von PIAGET) zufolge verdichten sich die erlebten Erfahrungen und die früheren Reaktionen darauf zu Schemata, die das gegenwärtige Verhalten festlegen. Diese Schemata sind wesentlich aktiv und bilden – weit entfernt, auf unbewußten Erinnerungen zu fußen – ihrerseits die Grundlage für das Gedächtnis bei der Rekonstitution der Vergangenheit.

Uns scheint – und damit treten wir in Gegensatz zu COBLINER –, daß der Wert eines Vergleiches zwischen FREUD und PIAGET nicht auf relativ gezwungenen Assimilationen und Analogien beruht, sondern eher auf der Verwendbarkeit mancher Thesen von PIAGET – und gerade seiner neueren zur »Operabilität« – für das Verständnis bestimmter klinischer Fakten, während seine Auffassung der Entwicklung des Denkens offenbar durch den Beitrag der Psychoanalyse bereichert werden kann.

Nichtsdestoweniger bleibt festzuhalten, daß PIAGET, ohne sich wahrscheinlich darüber klar gewesen zu sein, zuzeiten durch die Psychoanalyse beeinflußt worden ist. So tritt er 1923 mit der Untersuchung bestimmter primitiver Sprachelemente der Theorie entgegen, die in der Onomatopöie und im Schrei nichts weiter als den Ausdruck eines verlängerten Saugbedürfnisses sieht, und zeigt, daß das Kind, wenn es den Saugakt fortsetzt, nach der Mutter ruft und eine halluzinatorische Befriedigung erhält – ein direkt bei FREUD entlehnter Begriff.

Abgesehen von diesen Bemerkungen, kann die PIAGETsche Theorie des »permanenten Objekts« jedoch nur vollständig begriffen werden, wenn man sich auf theoretische Untersuchungen zur Entstehung der Objektbeziehung und auf die Analyse der differenzierten Objektbeziehung stützt. Die psychoanalytische Hypothese, derzufolge die Besetzung des mütterlichen Objektes seiner Wahrnehmung und seinem Wiedererkennen vorausgeht – wir kommen darauf zurück –, macht verständlich, daß die Mutter als Lust- und Unlustquelle wiedererkannt und als solche besetzt werden kann. Die Objektpermanenz wird durch die Besetzung des mütterlichen Objektes gesichert. Es handelt sich da um eine unentbehrliche Ergänzung zur Theorie von PIAGET. Manche Autoren, wie J. BOWLBY, haben – wie wir später sehen werden – die Theorie der Objektpermanenz bei der Diskussion der Mutter-Kind-Beziehung verwendet und nachzuweisen versucht, daß die Triebbindungen den Objektbindungen vorausgehen. Wir werden sehen, daß diese Dichotomie zwischen Trieb und Objektbeziehung in einer kohärenten Theorie der Psychoanalyse nicht anerkannt werden kann; es läßt sich aber immerhin sagen, daß in dem Augenblick, wo das Kind die Objektpermanenz errichtet und das libidinöse Stadium des differenzierten Objektes erreicht hat, es psychische Operationen bewerkstelligen und – im strengen Sinne des Wortes – denken kann. Die Handhabung permanenter Objekte vollzieht sich nicht mehr nur mit den Händen und dem Körper, sondern auch mittels psychischer Prozesse. Die Erprobungsreihen können sich nicht nur auf gegenwärtige, sondern auch auf verschwundene Objekte beziehen. Der Begriff der Dezentrierung, wahrscheinlich einer der grundlegenden Ausgangspunkte der Theorie PIAGETS, der die Vorstellung nahelegt, daß der Ursprung des psychischen Geschehens in den Besetzungsverschiebungen von der Objektwelt aus in Richtung reversibler Operationen liegt, scheint durch FREUDsche Gesichtspunkte beeinflußt, denen zufolge das psychische Geschehen von sich entwickelnden interindividuellen Beziehungen und von sie widerspiegelnden intrapsychischen Prozessen abhängt.

Mit dem Hinweis auf den Begriff der Dezentrierung, der so oft von zeitgenössischen Psychoanalytikern vorgebracht worden ist und die Struktur der Sprache als Modell für das psychische Geschehen wertet, und mit Bezug auf strukturalistische Schemata, in denen das »Ich« nicht allein als Akteur, sondern auch als Träger eines Systems vorkommt, das ihm aufzudecken ausschließliches Ziel der Analyse ist, läßt sich nicht ohne Schadenfreude fragen, ob sich solche Psychoanalytiker, die sich unter dem Banner des Strukturalismus zusammenfinden, nicht wieder mit Perspektiven von PIAGET berühren – Perspektiven einer genetischen Epistemologie, die durch die neuerliche Karriere des logischen Formalismus wiederbelebt wird. PIAGET glaubt seine Entwicklung wirklich auf eine schematische Formulierung reduzieren zu können und meint, daß die Suche nach mathematischen Modellen den Ausgangspunkt der Epistemologie bilde. Es ist nicht ohne Reiz, dieselbe neuplatonische Tendenz die Verfechter jener *à la mode*-Theorien beeinflussen zu sehen.

Obwohl sie ein Echo in den Arbeiten AJURIAGUERRAS [6] gefunden hat, ist die Konfrontation von FREUD und WALLON weit weniger häufig versucht worden. Gemäß der biologistischen Auffassung HENRI WALLONS verläuft die psychologische Organisation – so der Titel einer seiner Arbeiten – *»De l'acte à la pensée«* [339]. MARCEL BERGERON definiert sie wie folgt:

»Für den, der das Verhalten und die jeder Entwicklungsphase eigenen Existenzbedingungen nicht willkürlich trennt, ist jede Phase ein System von Beziehungen zwischen den Mitteln des Kindes und seiner Umgebung – ein System, das sie sich wechselseitig spezifizieren läßt, wobei die Umgebung aus allem dem besteht, was den Verfahrensweisen eine Handhabe bietet, über die das Kind zur Befriedigung seiner Wünsche verfügt. Gerade damit ist sie aber die Gesamtheit der Stimulantien, an denen sich seine Aktivität übt und regelt. Jede Phase ist ebenso Entwicklungsmoment wie Verhaltenstypus« [31].

Wie dem auch sei: der Beitrag der Psychoanalyse zur Beobachtung des Kindes wird durch einige Erwägungen begrenzt und zugleich spezifiziert. Wir wollen insbesondere das Argument WINNICOTTS [346] wiederaufnehmen, der daran erinnert, daß die Tiefenorganisation des Kindes, wie sie im Zuge psychoanalytischer Behandlung aufgedeckt wird, nicht zwangsläufig mit historisch frühen Positionen korrespondiert. Diese Unterscheidung läßt ihn die folgenden Schlußfolgerungen ziehen:

»Der Direktbeobachter von Säuglingen muß bereit sein, dem Analytiker die Formulierung von Gedanken über das sehr frühe Säuglingsalter zu gestatten, die psychisch wahr sein mögen und doch nicht nachzuweisen sind; es kann tatsächlich manchmal möglich sein, durch direkte Beobachtung zu beweisen, daß das, was in der Analyse gefunden worden ist, zu dem behaupteten Zeitpunkt wegen der durch die Unreife bedingten Beschränkungen gar nicht wirklich existiert haben könnte. Was in der Analyse wiederholt gefunden wird, wird nicht dadurch zunichte gemacht, daß durch direkte Beobachtung bewiesen wird, es sei falsch. Die direkte Beobachtung beweist nur, daß die Patienten bestimmte Erscheinungen vorverlegt und dadurch dem Analytiker den Eindruck vermittelt haben, Dinge seien in einem Alter geschehen, in dem sie nicht geschehen sein können.

Manche Vorstellungen klingen von meinem Standpunkt aus richtig, wenn ich Analyse betreibe, und klingen doch falsch, wenn ich mir die Säuglinge in meiner Klinik ansehe. KRIS (1951) fährt fort: Beobachtungen [...], die man in den verschiedensten Milieus durchgeführt hat, bestätigen die Anschauung jener, die die Bedeutung der konkreten Umwelt des Kindes für seine Entwicklung betont haben. Die konkrete Umwelt kann von vielen Analytikern auf subtile Weise unterschätzt werden, wenn sie auch vorsichtig sagen, sie wüßten um den Umweltfaktor und nähmen Rücksicht auf ihn. [...] Wenn das durch die analytische Arbeit formulierte ›immer tiefer‹ das gleiche bedeutete wie ›immer früher‹, dann wäre die Annahme notwendig, der unreife Säugling von wenigen Wochen könne die Umwelt wahrnehmen. Wir wissen jedoch, daß der Säugling die Umwelt nicht als Umwelt wahrnimmt, besonders dann nicht, wenn die Umwelt gut oder gut genug ist. [...] Der Säugling hat in den frühesten Stadien keine Kenntnis von der Umwelt, d. h. keine, die hervorgeholt und als Material in der Analyse präsentiert werden könnte.

Wenn uns ein Analytiker im Verstehen des vom Patienten dargebrachten Materials in größere Tiefen führt, genügt es nicht, daß er sagt, die Bedeutung des äußeren Faktors werde anerkannt. Wenn eine vollständige Kinderpsychologie formuliert wird, muß der Analytiker das vom Patienten gelieferte früheste Material phantasievoll durch eine Umwelt ergänzen, die Umwelt, *die impliziert wird,* die aber der Patient in der Analyse nicht schildern kann, weil er sie niemals wahrgenommen hat. Ich habe dies in meiner veröffentlichten Fallbeschreibung veranschaulicht. Dort hatte der Patient das Gefühl, er habe Arme und Beine an den Körper gezogen und drehe sich in einer Bewegung des Sich-Zurückziehens um sich selber, und ich deutete ein Medium, das impliziert wurde, aber nicht berichtet werden konnte. Ein Säugling ohne seine Umwelt kann weder emotional noch körperlich weiterleben. Zunächst einmal würde der Säugling ohne Umwelt endlos fallen. Der Säugling, der gehalten wird oder in einem Bettchen liegt, merkt nicht, daß er vor dem endlosen Fallen bewahrt wird. Ein kleines Versagen beim Halten bringt aber dem Säugling schon ein Gefühl des endlosen Fallens. In der Analyse kann der Patient von einem Gefühl des Fallens berichten, das auf die ersten Tage zurückgeht, aber er kann niemals berichten, er sei in diesem frühen Stadium der Entwicklung gehalten worden.

[...] Ich meine, wenn dieser wesentliche Unterschied zwischen Tiefe und Frühe erkannt wird, wird es für Direktbeobachter und Analytiker leichter sein, sich zu einigen. Immer werden die Direktbeobachter den Analytikern sagen, die hätten ihre Theorie zu früh angewandt. Die Analytiker werden den Direktbeobachtern weiterhin sagen, daß es in der menschlichen Natur viel mehr gibt, als sich direkt beobachten läßt.«

In ebendieser Hinsicht muß die These der Genetiker und der amerikanischen »Strukturalisten« hervorgehoben werden, derzufolge die energetischen Besetzungen, die Fixierungen und die Regressionen – im Verhältnis zu den Entwicklungsphasen – Gegenstand wirklicher Übertragungen werden, die Fehlerquellen für die deutende Rekonstruktion von Erinnerungen bilden können; so kann etwa die von einem Kleinkind zu Beginn seiner ersten Gehversuche gefühlte Angst später auf seinen Phallus verschoben und in der Analyse als Kastrationsangst wiedererlebt werden.

Diese These wurde von Jacob Arlow [17] in seinem Beitrag zum Internationalen Kongreß für Psychoanalyse in Stockholm (1963) wiederaufgenommen. Arlow macht da deutlich, daß eine Erfahrung derselben Qualität in verschiedenen Entwicklungsphasen ganz und gar verschiedene Auswirkungen zeitigen kann. Eine intensive Triebfrustration während der ersten Lebensmonate kann die verheerendsten Auswirkungen auf die Entwicklung mancher wesentlicher Ich-Funktionen nach sich ziehen. Später eintretende Frustrationen können im Gegensatz dazu stimulierende Effekte haben. Mit einem Beispiel für eine in einer Kinderanalyse exteriorisierte Phantasie, die zu unterschiedlichen oralen Symptomen führen kann, weist der Autor darauf hin, daß das Niveau dieser Regression im Verlauf dieser Symptome nicht zwangsläufig das der oralen Phase ist; es sei eine topische Regression in Richtung einer oralen Phantasie, die während der phallischen ödipalen Phase entstanden sei.

»Die kannibalistischen Phantasien bezeichnen nicht notwendigerweise eine Regression des Konfliktes oder eine Wiederholung von Ereignissen der oralen Phase.«

Arlow macht auf die folgende methodologische Anmerkung aufmerksam, die hervorgehoben zu werden verdient:

»Das mangelnde Verständnis für den Begriff der Regression und die Tendenz, sich alle Triebabkömmlinge als in der Entwicklungsphase entstanden zu denken, in deren Verlauf der Trieb, von dem sie abstammen, dominierte, haben zur Folge gehabt, daß der Ursprung der Phantasien und der die Symptombildung unterstützenden Konflikte immer weiter in die individuelle Biographie zurückdatiert wurde. Diese Denkweise führt zu einer Auffassung der unbegrenzten Zurückverlegung; ebenso dann zu dem Eindruck, daß die für die Charakterbildung wesentlichen Erfahrungen, die auch Einfluß auf die Symptombildung haben, in den ersten Lebensmonaten gemacht werden und daß die späteren Ereignisse sekundär sind. Wenn die pathogene Konfliktperiode sich bis in die frühesten Phasen des psychischen Geschehens erstreckt, wird es in der analytischen Praxis um so schwieriger, den genauen psychischen Inhalt des Wunsches oder der Gefahrsituation zu definieren. Die Erinnerung ist nahezu unmöglich, und die Rekonstruktion muß sich auf vorgefaßte Begriffe stützen, um sich einen Rückbezug auf physiologische Systeme offenzuhalten.«

Diese methodologischen Vorbehalte scheinen grundlegend zu sein; sie legen nahe, darauf zu beharren, daß die Phantasieorganisation und deren Äußerung es nicht erlaubt, sich auf eine gegebene Entwicklungsphase zu beziehen. Es handelt sich da um einen Angelpunkt der Kontroverse, in die Anhänger der Ontogenese und jene Psychoanalytiker verwickelt sind, die im Gegensatz dazu meinen, daß die Psychoanalyse sich phylogenetischer Hypothesen nicht entziehen darf. Wir werden Gelegenheit haben, auf diese gegensätzlichen Standpunkte zurückzukommen. Abgesehen von den Fällen, wo die analytische Behandlung von Kindern interessante Beiträge zu ihrer Beobachtung liefert, ist es jetzt erneut angezeigt, auf das wachsende Interesse der Psychoanalytiker für die direkte Beobachtung von Kindern außerhalb der analytischen Situation hinzuweisen. Diese Bemühung zielt nicht nur auf die Validierung der Hypothesen ab, die die Rekonstruktion im Verlauf dieser Behandlungen nahelegt; die technischen Erfordernisse sind jedoch derart, daß jeder Praktiker nur eine kleine Anzahl von Kindern behandeln kann und daß die psychoanalytische Beobachtung unter diesen Bedingungen zu sehr wertvollen Formulierungen führt, die aber durch den Rückbezug auf die Beobachtung des normalen Kindes validiert werden müssen. Gleichwohl ist dieser Aufgabenkreis trotz seiner Bedeutung nur teilweise für das Interesse von Psychoanalytikern an der direkten Beobachtung des Kindes verantwortlich. Allmählich hat sich das entwickelt, was man die psychoanalytische Psychologie des Kindes genannt hat, die als Ergebnis von direkten Beobachtungsresultaten dazu geführt hat, sich die metapsychologischen Hypothesen FREUDS wieder bewußt zu machen.

Beim XX. Internationalen Kongreß für Psychoanalyse (Paris 1955) war ein Symposium dem Beitrag der direkten Beobachtung des Kindes zur Psychoanalyse gewidmet [282]. Zweifellos müssen sich, wie wir bereits gezeigt zu haben glauben, direkte Beobachtung und Psychoanalyse, anstatt einander steril entgegenzutreten, unterstützen; daher das Interesse der Psychoanalytiker an der direkten Beobachtung.

Wir erheben hier nicht den Anspruch, eine detaillierte Analyse der zahlreichen Arbeiten zu diesem Problemkreis zu unternehmen. Wir werden lediglich auf einzelne, von denen aus sich fruchtbare Perspektiven in die Zukunft eröffnen, ausführlicher eingehen.

Im Jahre 1949 erschien die französische Übersetzung von »Heimatlose Kinder« [48], einer Arbeit von ANNA FREUD und DOROTHY BURLINGHAM, die die Verhaltensweisen von Kindern in einer Nursery in Hampstead während der Bombardements von London untersuchten. Es handelte sich wahrscheinlich um die ersten Beobachtungsversuche von Psychoanalytikern an Kindern in Gruppen; sie gaben den Autorinnen Anlaß, die unter diesen besonderen Umständen beobachteten Beziehungen zu Ersatzeltern und die zu realen Eltern zu diskutieren. So kann etwa die Nurse als Mutterersatz aufgefaßt werden, aber der Aufbau dieser phantasierten Mutter verschafft nie die Befriedigung, die eine wirkliche Mutter bietet. Der Anhänglichkeit des Kindes entspricht auf seiten der Mutter deren Liebe und mütterliche Identifikation, die in der *nursery* nicht entstehen. Wenn die Nurse die Mutter auch ersetzen kann, so wird der Platz des Vaters im allgemeinen doch ausgespart, und die Beziehung zum Vater bleibt rein phantasmatisch, ohne daß das Kind zwischen Imaginärem und Wahrgenommenem zu unterscheiden vermöchte.

ANNA FREUD und DOROTHY BURLINGHAM machen darauf aufmerksam, daß die experimentellen Umstände, unter denen sie sich hier entfalten, die aufeinanderfolgenden Entwicklungsstadien des Kindes um so deutlicher machen:

»Wie oben geschildert, tun unsere elternlosen Heimkinder ihr möglichstes, um ihre eigenen Vater- und Mutterfiguren wenigstens in der Phantasie aufzubauen, und diese imaginären Personen spielen in ihrem Leben eine wichtige Rolle. Aber diese Phantasieprodukte erfüllen vor allem die Liebessehnsucht des Kindes und können nicht die Funktionen erfüllen, die den realen Eltern der Außenwelt zugehören. Sie sind selbst Verkörperungen der im Kind vorhandenen Wünsche, Strebungen und Konflikte; ihr Bild verändert sich mit den im Kind vor sich gehenden Entwicklungen. Wo das Kind unter dem Einfluß anderer Erzieherpersonen eine Gewissensentwicklung durchmacht, nimmt auch das Phantasiebild von Vater und Mutter moralische Züge an; aber diese Züge sind die Folge der kindlichen Gewissensbildung, nicht, wie im Falle einer wirklichen Elternbeziehung, ihre Ursache« [48].

RENÉ SPITZ [314] erregte zunächst durch eine Arbeit über in Kinderkrippen aufgezogene Kinder und über die Folgen von Hospitalismus Aufmerksamkeit. Seine wesentlichsten Ergebnisse teilte er jedoch in einer Arbeit mit dem Titel *»The first year of Life«* [319; dt.: »Vom Säugling zum Kleinkind«] mit. SPITZ machte sich die direkte Beobachtung zahlreicher Kinder aus verschiedenen Milieus zunutze und verglich sie mit Kontrollgruppen. Für ihn kommt das Kind in einem Zustand von Nichtdifferenziertheit zur Welt und ist jeden psychischen Geschehens bar. Es gibt mithin weder Objekt noch Objektbeziehung, und SPITZ' Untersuchung stellt – anhand von Ergebnissen direkter Beobachtung – dar, was sich zwischen Geburt und dem Ende des ersten Lebensjahres bis hin zum Beginn der ödipalen Triangulation ereignet. Wir werden in unserer Analyse der Entstehung der Objektbeziehung auf die Arbeiten von SPITZ zurückkommen; bereits jetzt wird jedoch deutlich, daß die Originalität seiner Leistung in der Einführung einer methodischen Auffassung der Entstehung der Objektbeziehung liegt – jenseits einer neuen Methodologie bei der Beobachtung der Entwicklung des Kindes.

In diesem sehr unvollständigen historischen Abriß der wichtigsten Arbeiten von Psychoanalytikern zur direkten Beobachtung des Kindes muß noch Bezug genommen werden auf die bedeutsamen Arbeiten von ERNST KRIS, der an der Yale University zahlreiche Untersuchungen auf der Grundlage von Langzeitbeobachtungen an Kindern in Angriff nahm, und zwar mit psychoanalytischer Methodik. Diese durch metapsychologische Überlegungen erweiterten Untersuchungen bilden im wesentlichen das Feld von Referenzen, auf die HARTMANN, KRIS und LÖWENSTEIN sich zur Definition der psychoanalytischen Psychologie des Kindes, der Bildung seines psychischen Apparates und seiner Ich-Struktur bezogen.

Wir wollen hier nur das von KRIS in Zusammenarbeit mit ROSE COLEMAN und SALLY PROVENCE angewendete Verfahren [56] in Betracht ziehen. Diese Untersuchung wird seit 1950 im Kinderzentrum der Yale University in der Abteilung von MILTON SENN und – nach dem Tode von KRIS – unter Leitung seiner Frau MARIANNE angestellt. Die Beobachtung, die sich auf eine auf die Arbeitsweise einer Abteilung hin orientierte Forschungsreihe stützt, ist einem Forscherteam anvertraut, das aus Technikern mit therapeutischer und präventiver Ausbildung verschiedener Spezialisierungsgrade besteht: Pädagogik, Pädiatrie, Psychoanalyse und Sozialarbeit. Alle Mitglieder des Teams sind mit der Psychoanalyse vertraut, und ein Großteil von ihnen hat persönlich von einer psychoanalytischen Ausbildung profitiert. Es handelt sich also um eine multidisziplinäre Mannschaft.

Die zur Beobachtung bestimmten Familien wurden in Geburtshilfekliniken ausgewählt. Man entschied sich für psychisch gesunde Mütter; man versicherte sich, daß die Familien weiterhin in New Haven wohnen würden, und zwar wenigstens für die nächsten fünf Jahre; man bemühte sich um ihre Mitarbeit, indem man sie bat, sich einem Untersuchungsteam anzuschließen; als Ausgleich dafür erhielten sie umfassende pädiatrische Hilfe, und man gab ihnen die Versicherung, daß die untersuchten Kinder zum gewünschten Zeitpunkt in den Kindergarten des Forschungsinstitutes eintreten könnten.

Seit der Schwangerschaft wurden die ausgewählten Elternpaare durch einen Sozialarbeiter beobachtet, der mittels Hausbesuchen in regelmäßigem Kontakt zu ihnen blieb, die sich auch nach der Geburt des Kindes fortsetzten. In diesem Augenblick trat der Pädiater auf den Plan, der selbst die Entwicklungstests vornahm. Der Sozialarbeiter und der Pädiater bildeten so ein Team, das sogenannte *family team.* Die anderen Mitglieder des Teams arbeiteten an der klinischen Untersuchung gesunder Kinder: sie hatten keinen direkten Kontakt zu den Familien, stellten ihre Beobachtungen – die des Kindes und der bezeichnenden Verhaltensweisen der Mutter-Kind-Interaktion – mittels Einwegspiegeln [*screen*] an.

Kris nennt diesen Beobachtungstypus *action research.* Der Begriff ist schwer übersetzbar. Es handelt sich um eine wissenschaftliche Verfahrensweise, die die affektiven Auswirkungen auf die beobachteten Subjekte nicht ausklammert. Der Autor macht deutlich, daß er die bei diesem Typus von Verhaltensbeobachtung zu gewärtigenden Einwände zu berücksichtigen weiß, ist jedoch der Ansicht, daß die Erhebung dann Gültigkeit beanspruchen kann, wenn der Beobachter sich der verschiedenen von ihm ausgehenden Einflüsse vollkommen bewußt ist.

Die Untersuchungen wurden in jedem Fall auf eine beschränkte Anzahl von Problemen begrenzt. Kris ist jedenfalls der Meinung, daß die Untersuchung wirklichen Wert nur für das erste Lebensjahr hatte, daß sie schon für das zweite weitaus weniger wertvoll und jenseits dieses Zeitpunkts gar nicht mehr ergiebig war.

Zwischen drei und fünf Jahren fand die Beobachtung im Kindergarten unter der Leitung eines Pädagogen und eines Analytikers statt; es handelte sich dabei um die Beobachtung von Spielen wie bei einer kinderanalytischen Sitzung. Selbstredend setzten auch der Sozialarbeiter und der Pädiater ihre Beobachtungen fort, und der Psychologe nahm seinerseits seine Entwicklungs- und Projektionstests bis zum Alter von drei Jahren vor.

Kris glaubt, daß dieser Beobachtungstypus den Namen einer Langzeitstudie verdient, und zwar einerseits aufgrund der Stabilität der untersuchten Population, bei der eine wirkliche Übertragung auf die Institution zustandekam, andererseits aufgrund der Stabilität der Beobachter.

Hier gibt gerade die Kontinuität der Beobachtung ihr ihren vollen Wert: es ist beispielsweise unendlich viel leichter, das Verhalten eines dreieinhalbjährigen Kindes zu verstehen, wenn man es im Alter von drei Wochen oder drei Monaten gekannt hat. So können die gesammelten Daten in einer zeitlichen Perspektive gedeutet werden. Wenn eine Mutter von ihrer Vergangenheit spricht, brauchen wir uns nicht damit zufriedenzugeben, den Wert ihrer Auskünfte abzuschätzen, sondern müssen uns fragen, aus welchen Gründen sie sie zu diesem oder jenem Zeitpunkt gibt. Dann erst können diese Auskünfte unter dem Gesichtspunkt dessen bewertet werden, was man aufgrund der früheren Informationen voraussagen zu können glaubte.

Unter diesen Bedingungen wird die Beobachtung zugleich zu einem Instrument prognostischer Analyse. Später wird ersichtlich werden, wie MARIANNE KRIS den Wert ihrer Voraussagen hat einschätzen können. KRIS war der Ansicht, daß man sich nicht so sehr darum bemühen müsse, die unmittelbare Zukunft vorauszusagen als vielmehr die signifikativen Elemente aufzusuchen, die die gültigen oder falschen Voraussagen zu korrigieren ermöglichten.

Man hätte sich von den Resultaten dieser Erhebung über den Versuch der Validierung bestimmter psychoanalytischer Gegebenheiten aus weiterorientieren können. Tatsächlich war dem nicht so, denn KRIS glaubte, daß zahlreiche Vorstellungen aus dem Umkreis der Psychoanalyse in der Praxis nicht verifizierbar seien; er zielte eher auf ihre Integration in den Gesamtbestand von Erkenntnissen über die infantile Entwicklung ab.

Zwei kurze Beispiele mögen die Richtung deutlich machen, die er eingeschlagen hat. Die Psychoanalyse hat die Annahme eingeführt, daß die Verhaltensstörungen des Erwachsenen auf infantilen Konflikten beruhen. Beobachtungen zeigen, daß die Konflikte und die sogenannten Krisen im Verlauf des Entwicklungsprozesses des Kindes unausweichlich sind. Diese Krisen müssen jedoch eher als die für die Entwicklung wichtigsten Faktoren angesehen werden, wobei die einen für brauchbare Fähigkeiten, die anderen für Mängel und Schwächen des Ich verantwortlich sind. Eine vorübergehende Trennung kann etwa zu Ich-Defiziten führen, aber auch die Entwicklung von Restitutionsmechanismen stimulieren, die zu einer besseren Anpassung führen.

Sehr viele Autoren haben darüber hinaus die motorische Entwicklung ausschließlich auf der Grundlage der Reifungsprozesse beschrieben; später hat man auf die Bedeutung der ersten präobjektalen und Objektbeziehungen aufmerksam gemacht. Offenbar müssen die Reaktionen der Umwelt auf diese Entwicklungsprozesse in Rechnung gestellt werden, die sowohl von der Beziehung als auch von der Reifung gesteuert werden. KRIS untersucht vor allem die Bedeutung der motorischen Entlastungen, die in den Dienst der Triebbeherrschung gestellt werden können, während sie bei anderen Individuen sich als unzulänglich für die Internalisierung der Aggression erweisen, und das kann zur Ausarbeitung von primitiven Phantasien führen, wie sie von Kinderanalytikern wiederaufgefunden werden.

Unter diesen Bedingungen sollte die Bewertung der Entwicklung nach Kräften das berücksichtigen, was man die Ausrüstung nennen könnte, indem sie zeigt, auf welche Weise sie in den Beziehungen weiterwirkt, die zur Ich-Strukturierung beitragen. Natürlich kann die Umgebung die Verhaltensweisen, in denen sich die natürlichen Prädispositionen umsetzen, fördern oder hemmen.

Letztlich führt die Darstellung der Ergebnisse zu dem, was KRIS eine dynamische Biographie nennt; sie umfaßt:

1. die Beschreibung der Ausrüstung des Kindes;
2. die Beschreibung der Beziehungen zwischen Ausrüstung und Anpassungs- und Abwehrmechanismen;
3. die Untersuchung der Entwicklungskrisen;
4. die Untersuchung der sozialen Anpassung, die auf die Analyse der Interaktion zwischen Kind und Familie ausgerichtet ist;
5. die Untersuchung der Auswirkungen elterlicher Verhaltensweisen.

Die direkte Beobachtung des Kindes könnte sich weiter nützlich erweisen bei Voraussagen, deren retrospektive Kontrolle durch COLEMAN, KRIS und PROVENCE großes wissenschaftliches Interesse verdient.

Hier ein einziges Beispiel dafür: In seiner anfänglichen Untersuchung sah KRIS einen Bereich bedeutender Schwierigkeiten voraus, wenn Kinder von »perfektionistischen« Müttern (d. h. von Müttern mit zwanghaften Charaktertendenzen) dem Erlernen der Sphinkterkontrolle – als der offensichtlichen Quelle von pathogenen und reziproken Konflikten – ausgesetzt würden. Die nach dem Tod von ERNST KRIS vorgenommene retrospektive Untersuchung dieser Fälle machte für MARIANNE KRIS deutlich, daß dem nicht immer so war. Insbesondere Kinder mit hohem Geburtsgewicht – im allgemeinen deshalb auch gute Esser – hatten ihren Müttern ausreichende Befriedigungen im oralen Bereich verschafft, so daß sie zur Zeit der Konflikte im Zusammenhang mit der Erlernung der anal-urethralen Kontrolle weitgehend tolerant wurden.

Diese Voraussage ist – wie ersichtlich – nur möglich, wenn man das Kind in seiner Beziehung und gerade im Bereich seiner Beziehung zur *Mutter* untersucht, die ebenfalls beobachtet werden muß. MARIANNE KRIS [205] hat gezeigt, daß die Voraussage dazu führen kann, einen großen Bereich von Schwierigkeiten, nicht aber die spezifischen Details des mütterlichen und kindlichen Verhaltens vorauszusetzen. Jedenfalls müssen die Auswirkungen der Reifung und der Fortschritte des Kindes auf die Mutter berücksichtigt werden, und allgemein läßt sich sagen, daß die Voraussage eher für die konfliktuösen Sektoren als für die konfliktfreien Bereiche zutreffen wird.

Während von Psychoanalytikern sehr spezialisierte Untersuchungen, im allgemeinen mit Langzeitcharakter, unternommen wurden, darf man die Bedeutung des Alltagsverhaltens des Kindes in banalen oder standardisierten Situationen nicht vernachlässigen. ANNA FREUD hat in ihrem letzten Buch einige Beispiele dafür geliefert. Abgesehen von der so oft untersuchten und mit analen Trieben in Zusammenhang stehenden Reaktionsbildung auf die Sauberkeitserziehung, macht sie deutlich, daß man beim Kind auch die Indikatoren für Konflikte phallischer Art untersuchen sollte. Auch Schüchternheit und Bescheidenheit sind Reaktionsbildungen, die sich in Opposition gegen die exhibitionistischen Tendenzen gebildet haben, ebenso wie die Clownerie häufig als Verzerrung dieses phallischen Exhibitionismus in Erscheinung tritt. Die Lebhaftigkeit kann eine Überkompensation verschiedener Kastrationsängste sein, während die Klage, schlecht oder nicht so wie die Kameraden behandelt zu werden, als durchsichtige Abwehr von passiven Wünschen auftreten kann.

Die Beobachtung des Kindes in standardisierten Situationen ist nicht ohne Interesse; so erlaubt die Art und Weise, wie das Kind bei körperlichen Krankheiten[2] vor allem die Aufmerksamkeit seiner Umgebung auf sich zu lenken versucht oder im Gegenteil in Einsamkeit oder Schlaf flüchtet, auf seine narzißtische Verfassung oder auf seine Besetzungen der Außenwelt zu schließen. Insbesondere dann, wenn es medizinischen und Diätvorschriften oder motorischen Beschränkungen gegenüber gefügig ist, nimmt man an, daß es einen vernünftigen Charakter hat, während man in diesem Verhalten doch das passive Bedürfnis nach Pflege und Liebe nachweisen müßte – ein Bedürfnis, das häufig durch Schuldgefühle verstärkt wird, die das Kind glauben machen, daß seine Krankheit eine Art von Bestrafung ist. Die hypochondrischen Ansprüche mancher Kinder sind ein deutliches Zeichen dafür, daß sie sich von der Mutter ungenügend geliebt fühlen und mit Fürsorge und Schutz, die sie ihnen hätte geben können, nicht gerade überschüttet wurden.

In jeder Beobachtungsreihe müssen die einfachen Korrelationen außer acht gelassen werden, die besagen, daß etwa das Nahrungsverhalten automatisch mit den oralen Fixierungen in Zusammenhang stünde. Die Eßstörungen müssen im Verhältnis zum Entwicklungsniveau gesehen werden. Essen heißt besonders begünstigte Beziehungen zur Mutter wiederaufleben lassen: es kann auch eine Absage an manche ebenfalls orale Lustgewinne, wie den des Saugens, bedeuten; es kann überdies heißen, daß das Kind eine neue Ebene oralen Ausdrucks akzeptiert. Mit anderen Worten: jede Beobachtung muß im Lichte der Entwicklung untersucht werden.

Das Sammeln von Beobachtungen an Kindern kann sich also nicht nur in der analytischen Situation, sondern unter bestimmten Umständen auch außerhalb dieser Situation ergeben, lassen sich doch unter diesen Bedingungen bestimmte Ich-Funktionen erfassen. Anna Freud schreibt etwa:

»Es gibt schließlich bestimmte Sektoren, wo – im Gegensatz zur analytischen Exploration – die direkte Beobachtung wahlweise verwendet werden kann. Der Analyse sind Grenzen gesetzt, und zwar einerseits durch die Kommunikationsmittel, über die das Kind verfügt, andererseits durch das, was in der analytischen Übertragung Erwachsener zutage tritt und zur Rekonstruktion der infantilen Erfahrung benutzt werden kann. Vor allem gibt es keinen sicheren Weg, der von der Analyse in die präverbale Periode führt. Hier hat in den letzten Jahren die direkte Beobachtung den psychoanalytischen Erkenntnisbestand hinsichtlich der Mutter-Kind-Beziehung und hinsichtlich des Einwirkens der Umwelt im Verlauf des ersten Lebensjahres beträchtlich erweitert. Überdies sind die verschiedenen Formen früher Trennungsangst zum erstenmal in Kinderheimen, Krippen, Kinderkliniken usw., nicht aber in der Analyse ins Blickfeld getreten. Diese Einblicke schlagen für die direkte Beobachtung als Haben zu Buche. Andererseits aber muß auf der Soll-Seite vermerkt werden, daß keine dieser Entdeckungen gemacht worden ist, bevor nicht die Beobachter eine psychoanalytische Ausbildung erhalten hatten, und daß die meisten vitalen Gegebenheiten – so die libidinösen Entwicklungsreihen und die infantilen Komplexe –, ihren manifesten Abkömmlingen zum Trotz, von direkten Beobachtern nicht bemerkt wurden, bevor sie nicht durch analytische Arbeit rekonstruiert worden waren« [99].

Gerade in dieser integrativen Perspektive werden wir im folgenden die Entstehung der Objektbeziehung untersuchen. Wirklich erhellt das, was wir von ihrer Ent-

[2] Vgl. das Kapitel »Psychoanalyse und Pädiatrie«, S. 460ff.

wicklung im Verlauf des ersten Lebensjahres verstehen lernten, manche Schlußfolgerungen ebenso wie die Rekonstruktion aus der analytischen Behandlung von Erwachsenen und Kindern. Wenn man diese verschiedenen Informationsquellen einander gegenüberstellt, lassen sich die Ursprünge des relationalen Geschehens auf eine Weise beschreiben, die den von der direkten Beobachtung des Kleinkindes gelieferten Ergebnissen offenbar nicht widerspricht. Ganz im Gegenteil glauben wir, daß die psychoanalytische Untersuchung der Objektbeziehung, ihrer Entstehung und ihrer Entwicklung für das Verständnis der Erfahrungen des Säuglings und des Kleinkindes unersetzlich ist. Diese Erfahrungen können entscheidenden Einfluß auf die großen Linien der Persönlichkeitsorganisation – in ihren normalen und pathologischen Aspekten – haben, die in dieser Lebensphase einsetzt.

KAPITEL II

Die Entstehung der Objektbeziehung

Es gibt kaum jüngere, mehr oder weniger direkt von der Psychoanalyse beeinflußte Arbeiten, in denen nicht der Objektbeziehung Erwähnung getan würde. Die psychiatrische Nosographie – in der Klinik von Erwachsenen wie von Kindern – wird sicherlich durch diese Untersuchungen erneuert und vertieft, die den Begriff der *relationalen Dimension* in die statische und kontingente Beschreibung abgeschlossener Symptome einführt: sie gibt der historischen Kontinuität und der Persönlichkeitsorganisation einen Sinn; sie liegt der dynamischen Typologie zugrunde, die in strukturalen Analysen vertieft wird.

Die Kinderpsychiater mit psychoanalytischer Ausbildung mußten sich zwangsläufig um die Beschreibung der Objektbeziehung bemühen. Indem sie sie richtig auffaßten und ihre Entstehung untersuchten, machten sie deutlich, auf welche Weise sich in die Embryologie des Verhaltens und in die Entwicklung, die die Reifung und die Integration der aufeinanderfolgenden neurologischen Funktionen erklärt, die *äußere Realität mit ihrer strukturierenden Rolle* einschaltet. Eben auf diesem Wege der Analyse der Objektbeziehung lassen sich psychoanalytische Tatbestände in neurobiologische Untersuchungen zur Entwicklung des Kindes integrieren.

Wir haben versucht – auf die Gefahr hin, ein wenig schematisch zu verfahren –, die Ausführungen des folgenden Kapitels didaktisch zu halten. Zu diesem Zweck haben wir die Beiträge und Forschungsergebnisse jedes der bedeutenden Autoren isoliert dargestellt. Wir werden lediglich deren allgemeine Tragweite und ihre Grenzen diskutieren. Der Stil mag möglicherweise etwas deskriptiv erscheinen, die Darstellung der Arbeiten mancher Autoren zu umfangreich und die Zitate bereits bekannt; das Ergebnis sollte jedoch Leser, die nicht Psychoanalytiker sind, instandsetzen, annäherungsweise von so häufig entstellten Begriffen Kenntnis zu nehmen. Wir haben die Untersuchungshypothesen und die metapsychologischen Erörterungen ans Kapitelende verwiesen, gerade um den Leser hier finden zu lassen, was er bisher lediglich in verstreuten Einzelarbeiten hat entdecken können, deren Vokabular eine zuweilen komplexe und nicht einheitliche Terminologie voraussetzt.

Der Gebrauch des Begriffes »Objekt« hat derart überhandgenommen, daß Psychoanalytiker KLEINscher Provenienz ihre Deutungen sowohl beim Kind als auch beim Erwachsenen in Begriffen des einverleibten oder »ausgestoßenen« Objektes geben. So vergißt man bald das qualitative Objekt und spricht von Relation, um leichthin und ziemlich vage die Übertragungsphänomene zu verschleiern, vor allem wenn die Beziehung Arzt-Patient untersucht wird. Es ist zweifellos erfreulich, die medizinische Psychologie sich auf der soliden Basis der psychoanalytischen Theorie aufbauen zu sehen. Aber der Begriff der Objektbeziehung wird, in dem Maße, wie er allgemein anerkannt wird, doppeldeutig.

Die aufmerksame Lektüre zahlreicher Arbeiten von Psychoanalytikern zu diesem Problemkreis macht offenbar deutlich, daß solche Widersprüche nicht selten sind. Sie lassen im allgemeinen die Erwachsenenanalytiker, darauf bedacht, die Strukturen in Begriffen von Objektbeziehungen zu beschreiben, in Gegensatz zu den Kinderanalytikern treten, die sich bemühen, die reifungsfördernde Rolle der Umgebung mittels der Entstehung der Objektbeziehung zu erfassen. Diesem zweiten Gesichtspunkt werden wir selbstverständlich sehr viel Platz einräumen, aber nichtsdestoweniger auch die Arbeiten von Erwachsenenanalytikern in Betracht ziehen, die häufig zur Rolle des Objektes bei der Ich-Strukturation Stellung nehmen [1].

Der Begriff ›Objekt‹ wird gewöhnlich nicht in dem Sinne verstanden, den ihm Psychoanalytiker geben. Wir haben das bereits gesehen, als wir die Unterschiede zwischen dem permanenten Objekt von PIAGET und dem libidinösen Objekt FREUDS zu analysieren versuchten.

In etymologischer Hinsicht umfaßt das Wort ›Objekt‹ auch die Bedeutung von ›werfen, schleudern‹ *(jacere)*. Deshalb ist ›Objekt‹ das, was man *vor* sich wirft *(ob-jacere)*, und Subjekt das, was sich *unter* einem *(sub)* befindet. ›Objekt‹ wird im scholastischen Latein des XIV. Jahrhunderts gebraucht: *objectum* ist der Gegenstand, der die Sinne affiziert.

Im *Littré* finden sich die folgenden Definitionen:

1. Alles, was sich dem Auge darbietet.

»Les images des objets ne se forment pas seulement ainsi au fond de l'œil, mais elles passent encore au dela jusques au cerveau.« [Die Bilder der Gegenstände entstehen nun nicht nur auf diese Weise im Hintergrund des Auges, sondern sie gelangen auch von dort ins Gehirn.]

Descartes, *La Dïoptrique*, V

2. Alles, was die Sinne affiziert.

Die Farben sind Objekte des Gesichtssinnes, die Gerüche Objekte des Geruchssinnes, Geschmacksempfindungen Objekte des Geschmackssinnes und Töne Objekte des Gehörs [2].

3. Begriff der Philosophie.

Alles was sich außerhalb des Geistes findet, in Gegensatz zu ›Subjekt‹, das alles bezeichnet, was innerhalb der Seele zu Hause ist.

– Sache in einem unbestimmten Sinn.

4. Alles, was sich dem Geist darbietet und ihn beschäftigt.

5. Alles, was Gegenstand einer Wissenschaft, einer Kunst oder eines literarischen Werkes werden kann.

6. Alles, was Ursache, Gegenstand oder Motiv eines Gefühls, einer Leidenschaft ist.

In der poetischen Literatur nähert sich ›Objekt‹ dem Sinne nach dem Objekt der Leidenschaften an.

»Elle voit (quel objet pour les yeux d'une amante!)
Hippolyte étendu, sans forme et sans couleur.«
[Und rauchend noch, sie sieht – sieht Hippolyt –

[1] Deren systematische Analyse ist vor allem MAURICE BOUVET zu verdanken, dessen gesammelte Werke inzwischen publiziert worden sind [39].

[2] »Objet est la chose vers laquele est la puissance active ou passive ou l'opération. – Couleur est object de voiement ou de vision, saveur est object de goust et de gouster, et chaleur et froideur sont objects de touchement.« Nicolaus Oresmius (XIV. Jahrhundert).

O welch ein Anblick für die Liebende! –
Dahingestreckt, gestaltlos, ohne Leben.]

Racine, *Phèdre,* Akt V, 6; V. 311f.

»Rome, l'unique objet de mon ressentiment!
Rome, à qui vient ton bras d'immoler mon amant!«
[Rom, Rom allein ist meiner Rache Ziel!
Rom, dem du den Geliebten hingeopfert!]

Corneille, *Horace,* Akt IV, 5; V. 1301f.

7. Gegenstand des Willens.

Zweck oder Ziel, das man sich setzt. Das, was wir uns im Handeln zu erreichen oder zu verwirklichen vornehmen.

8. Figurativ und besonders häufig: die geliebte Frau.

»Jamais leur passion n'y voit rien de blâmable,
Et dans l'objet aimé tout leur devient aimable; ...«
[Er wird an seinem Lieb nichts Häßliches entdecken,
Nein, alles wird bei ihm Bewunderung erwecken.]

Molière, *Le Misanthrope,* Akt II, 5; V. 713f.

Das Adjektiv ›objektiv‹ bezeichnet in der scholastischen Terminologie und bei DESCARTES das, was sich auf eine vermittelnde Entität zwischen der Außenwelt und dem Denken bezieht, wobei das Auffassungsvermögen in dieser Hinsicht nicht mit der Außenwelt, sondern mit den Vorstellungen von dieser Welt in Verbindung steht, die man für die einzigen Objekte des Denkens hielt.

»Denn ohne Zweifel sind diejenigen, welche mir Substanzen darstellen, etwas mehr [als nur gewisse Weisen des Denkens] und enthalten, daß ich so sage, mehr vorgestellte Realität [*plus realitatis objectivae*] in sich als jene, die bloß Weisen zu sein oder Akzidentien repräsentieren.«

Descartes, *Meditationes,* III. 13
[= Hamburg (Meiner) 1956, Phil. Bibl. 250]

KANT trennt ›subjektiv‹ und ›objektiv‹ (d. h. jede Idee, die den Geist von äußeren Objekten her erreicht).

»Diese neue Auffassung, die jetzt allein gebräuchlich ist, verdankt sich der Kantischen Philosophie. Man nennt in der deutschen Philosophie subjektive Ideen die, die in der Natur unserer Intelligenz und in deren Möglichkeiten ihren Ursprung haben, und objektive Ideen alle die, die durch Sinneswahrnehmungen erzeugt werden« [Madame de Staël, *De l'Allemagne,* III, 6].

Ganz anders die Definition FREUDS. In der Psychoanalyse bezeichnet der Begriff Objekt das Objekt der Triebbesetzung. Dabei kann es sich ebenso um ein äußeres Objekt als Träger von Projektionen wie um das Ich selbst handeln.

»Das *Objekt* des Triebes ist dasjenige, an welchem oder durch welches der Trieb sein Ziel erreichen kann. Es ist das variabelste am Triebe, nicht ursprünglich mit ihm verknüpft, sondern ihm nur infolge seiner Eignung zur Ermöglichung der Befriedigung zugeordnet. Es ist nicht notwendig ein fremder Gegenstand, sondern ebensowohl ein Teil des eigenen Körpers. Es kann im Laufe der Lebensschicksale des Triebes beliebig oft gewechselt werden; dieser Verschiebung des Triebes fallen die bedeutsamsten Rollen zu. Es kann der Fall vorkommen, daß dasselbe Objekt gleichzeitig mehreren Trieben zur Befriedigung dient, nach ALFRED ADLER der Fall der *Triebverschränkung.* Eine besonders innige Bindung des Triebes an das

Objekt wird als *Fixierung* desselben hervorgehoben. Sie vollzieht sich oft in sehr frühen Perioden der Triebentwicklung und macht der Beweglichkeit des Triebes ein Ende, indem sie der Lösung intensiv widerstrebt« [127].

Das Interesse psychoanalytischer Autoren für die Objektbeziehung ist zweifellos nicht so neu, wie man im allgemeinen gern annimmt. Ganz im Gegensatz zur geläufigen Auffassung hat FREUD die ganze Tragweite des Problems erfaßt und sich nicht damit zufriedengegeben, das Triebziel als Objekt zu definieren. Er hatte seit seiner Beschreibung der infantilen Sexualität die Bedeutung des Übergangs von autoerotischen zu Objekt-Positionen ins Auge gefaßt. Und von den ersten tastenden Spuren seiner metapsychologischen Arbeit an war er sich der Bedeutung des Objektes bewußt. In seinem Aufsatz »Triebe und Triebschicksale« [127] macht er deutlich, auf welche Weise das Kleinkind – im Verhältnis zu seinem Entwicklungsstand – schließlich zur Unterscheidung von inneren und äußeren Reizquellen vorstößt. Gerade da liegt die Basis für das Wiedererkennen des Objektes, und zwar gemäß dem fundamentalen Axiom: *Das Objekt wird besetzt, bevor es eigentlich wahrgenommen wird*[3].

Die Bedeutung dieser Hypothese, die allein die Integration der Psychoanalyse in den neurobiologischen Erkenntnisbestand hinsichtlich des Kindes ermöglicht, läßt die Schwankungen des FREUDschen Denkens zu Beginn dieses Jahrhunderts weit in den Hintergrund treten. Im vorhergehenden Kapitel haben wir dargestellt, wie FREUD seine gesamte Theorie des traumatisierenden Objektes wieder in Frage stellte, um sich um die Bedeutung der erlebten Vergangenheit und der sie weiterverarbeitenden Phantasien zu bemühen, d. h. um die Bedeutung des Objektes abzuschwächen.

Es war wiederum FREUD, der das Hauptgewicht auf Strukturbeschreibungen legte, die man bis auf die »Essais de Psychanalyse« [frz. Sammelband, Paris 1927] zurückdatieren kann und die zu einer vertieften Analyse der Objektbeziehung führen mußten. Aber bereits ABRAHAM [2] hatte die frühen Stadien der Libidoentwicklung beschrieben und das anobjektale orale Stadium dem analen objektbezogenen Stadium entgegengesetzt; und MELANIE KLEIN hatte ihre ersten Arbeiten zur Beziehung zu einem Partialobjekt zur Diskussion gestellt.

Wie dem auch sei: in den Jahren um 1920 formulierte FREUD [134] seine Theorie der psychischen Struktur und des Ich und legte das Hauptgewicht auf die Todestriebe. Die Theorie der Angst wurde in diesem Zusammenhang neu formuliert. Es läßt sich sagen, daß von diesem Zeitpunkt an ein neuer – nach dem Ausdruck von KRIS [173]: »umweltbezogener« [*environnementaliste*] – Aspekt der psychoanalytischen Theorie dingfest zu machen ist. Diese Tendenz ist gleichermaßen entfernt von einem reinen Biologismus, der die FREUDsche Theorie verschiedentlich beeinflußt hatte, wie von einem ausschließlichen Kulturalismus, der auf verschiedene abweichende Theorien einwirkt. Auf diesen letzteren gründet sich die psychoanalytische Psychologie des Kindes, wie sie aus den Arbeiten von HARTMANN, KRIS und LÖWENSTEIN hervorgeht.

[3] D. h. mit Affekten besetzt.

Historisch gesehen läßt sich zugeben, daß diese Strömung sich an einer Synthese der neuen Angsttheorien versucht, die zur Beschreibung der Abwehrmechanismen [97] führten, wie sie in ihrem Entwicklungsverlauf von ANNA FREUD und Arbeiten der KLEIN-Schule untersucht wurden, die ihrerseits, von der Frühanalyse aus, zu rekonstruktiven Hypothesen vorstoßen. Sie zog vor allem aus der direkten Beobachtung des Kindes Vorteil und erlaubt es, die Einsicht in die Entstehung der Objektbeziehung zu vertiefen.

Diese Untersuchungen, die in den Zeitraum des Zweiten Weltkrieges fallen (SPITZ [314], [315], MARGARET FRIES [151], MARGARET RIBBLE [285]), hatten nicht nur das Kind zum Gegenstand, sondern namentlich das Kind in seiner natürlichen Umgebung, und versuchten, das Verhältnis zwischen der Mutter-Persönlichkeit und der Entwicklung des Kindes zu präzisieren.

Die genetischen Psychoanalytiker[4] beschreiben die Objektbeziehung als Folge eines Entwicklungszusammenhangs zwischen Mutter und Kind. Sie bemühen sich vor allem um die Untersuchung der Präsenz des Objekts, seiner Wiedererkennung oder seiner Absenz. Die Bedeutung der Entfaltung einer guten Objektbeziehung für die spätere Entwicklung des Kindes ergibt sich aus der Gesamtheit dieser Arbeiten, und vor allem aus denen von SPITZ. Einzig die günstige Entwicklung der Beziehung zu einem Objekt erlaubt die Automatisierung der Ich-Funktionen und die erfolgreiche Neutralisierung der Triebenergien, die sich, in ihren libidinösen und aggressiven Aspekten, im selben Objekt vereinigen müssen.

Diese direkten Beobachtungen wurden nach und nach durch Langzeitbeobachtungen mit großer Laufzeit vervollständigt. Sie ließen prognostische Versuche zu, bei denen – wie MARIANNE KRIS gezeigt hat – sich gerade aus den Irrtümern die meisten Einsichten ergaben.

So ist die analytische Psychologie des Kindes im wesentlichen auf die Beschreibung der Objektbeziehung in ihrem dyadischen Aspekt gegründet, wie sie sich aus der analytischen Rekonstruktion, aus der direkten Beobachtung des Kindes und aus Prognoseversuchen im Verlauf von Langzeituntersuchungen ergibt.

Neben diesen vor allem amerikanischen Arbeiten haben in Frankreich R. DIATKINE und S. LEBOVICI [67] zu zeigen versucht, daß die Phantasien des Kleinkindes, die die Beziehungen zu einem Partialobjekt deutlich machen, aus der Situation des Kindes und aus der Reifung seines Nervensystems resultieren. AJURIAGUERRA, DIATKINE und GARCIA BADARACCO [6] haben ihrerseits die Analyse der frühen Ich-Funktionen im Bereich eines dynamischen Verständnisses der neurobiologischen Entwicklung des Kindes fortgesetzt. Auch SPITZ versuchte die spezifischen Aspekte der Objektbeziehung festzulegen, die von einer genauen Beschreibung des Objektes abhängen. Die von SPITZ unterschiedenen psychotoxischen Syndrome haben, auch wenn sie den sie kritisierenden Pädiatern allzu systematisch erschienen, nichtsdestoweniger das Verdienst, Untersuchungen zur genetischen psychosomatischen Pathologie einen Weg eröffnet zu haben.

[4] Dieser Begriff – genetische Psychoanalytiker und genetische Psychoanalyse – hat in Frankreich Heimatrecht erhalten. In den Vereinigten Staaten scharen sich die Analytiker um die sogenannte strukturalistische Schule – ein Ausdruck, der in Frankreich, auf die Gefahr einer möglichen Verwechslung mit der strukturalistischen Theorie hin, nicht benutzt werden kann. Die amerikanischen Analytiker sprechen von Strukturalismus, wenn sie sich auf die zweite Freudsche Topik beziehen, die das psychische Geschehen durch die drei »Strukturen«, Systeme oder Instanzen des Es, Ich und Über-Ich definiert.

So scheint uns, daß alle Arbeiten zur Analyse der Objektbeziehung – und vor allem die psychoanalytischen – sich zwei großen, einander entgegengesetzten Tendenzen zuordnen lassen.

1. Die *Erwachsenenanalytiker* haben, wie ersichtlich, nach FREUD die Beziehung in ihrem entwickelten Aspekt als Grundlage der Persönlichkeitsstruktur untersucht. Es handelt sich mithin um die Beschreibung der verschiedenen Stadien oder Typen, die den analysierten Erwachsenen in Relationsbegriffen charakterisieren. In zahlreichen Fällen wäre es angemessener, von einem Relationstypus zu sprechen, der seinen Ausdruck eher in der Übertragungs- als in der Objektbeziehung findet – so weitgehend wird das Objekt in den psychopathologischen Beschreibungen dieser Autoren außer acht gelassen. Das libidinöse Objekt ist nur noch ein Objekt des Ich und wird von jeder äußeren Realität unabhängig.

Dieselben Positionen werden von verschiedenen, an der Entwicklung des Kindes interessierten, psychoanalytischen Schulen vertreten. MELANIE KLEIN, die auf das Verständnis der Ich-Entstehung die Befunde anwendet, die sie bei Kindern hat sammeln können, die das verbale Stadium erreicht hatten, dringt schließlich durch geniale Einsicht zur Beschreibung der Zweiteilung des Partialobjekts vor; sie verstand auch die psychotischen Qualitäten der ersten Ich-Positionen angesichts des Objektes deutlich zu machen. Die Lektüre ihrer Arbeiten hinterläßt nichtsdestoweniger ein Gefühl von Unbehagen, so lebhaft ist der Eindruck, daß das reale Objekt tatsächlich keine strukturierende Rolle spielt; überdies beschreibt MELANIE KLEIN in ihren letzten Arbeiten die frühe Objektbeziehung als Ergebnis des Kampfes zwischen Lebens- und Todestrieben. So wird die Realität des Objektes letztlich in Abrede gestellt, wie F. PASCHE und M. RENARD [265] zu Recht angemerkt haben. Alle, die sich auf ethologische Referenzen stützen, vertreten Standpunkte, die stärker als sonst üblich die Bedeutung entwickelter Triebkomponenten in Rechnung stellen (J. BOWLBY [42]), und legen dem strukturierenden Objekt keine besondere Bedeutung mehr bei.

2. Die *Psychiater* und *Kinderanalytiker* ihrerseits sind unvermeidlich auf die in Entwicklung begriffenen Relationsweisen und deren Entstehung ausgerichtet. Bis zur gefestigten Ich-Bildung spielt die äußere Realität, wie ANNA FREUD in »Das Ich und die Abwehrmechanismen« [97] gezeigt hat, eine prägende Rolle, und das Kind bleibt lange von ihr abhängig. Das libidinöse Objekt hat mithin in seiner Realität mehr Gewicht, und der Relationstypus ist, wie bereits gesagt, »transaktional«.

Wir werden uns vor allem bemühen, in dieser Arbeit einige im allgemeinen bei der Kommunikationstheorie entlehnte Hypothesen aufzustellen, die die Objektbeziehung möglicherweise als Entwicklungssystem zu beschreiben erlauben, das sich aus der »Transaktion« zwischen Subjekt und Objekt ergibt.

I. Das Neugeborene

SPITZ beschreibt das Neugeborene als von der Außenwelt relativ isoliert, und zwar durch eine erhöhte Reizschranke. Sein Zustand stellt das präobjektale Stadium dar und entspräche mithin dem Stadium des primären Narzißmus im Sinne der Psychoanalyse. Der von SPITZ benutzte Begriff der »Nicht-Differenziertheit« ist hier sicher angemessen. Das Neugeborene unterscheidet sich nicht von seiner Umgebung und kann die mütterliche Brust mithin tatsächlich nur als Teil von sich selbst empfinden. Das »Ich« ist vom »Nicht-Ich« nicht geschieden.

J. DE AJURIAGUERRA, R. DIATKINE und J. GARCIA BADARACCO beschreiben die Verfassung des Säuglings in dieser Phase noch genauer [6]:

1. Der tonische Fundus wird durch Hypertonie bestimmt, die bei der Beugung der Gliedmaßen überwiegt und zur axialen Hypotonie in Gegensatz steht (der Säugling kann sich weder aufrecht halten noch sitzen noch seinen Kopf aufrichten).

2. Eine bestimmte Zahl von extero- oder interozeptoven Reizen können Bewegungen der Glieder im Sinne der Streckung auslösen. Es lassen sich zwei Typen von hypertonischen Reaktionen unterscheiden:

a) diffuse Spannungszustände mit Streck- und Beugebewegungen der Gliedmaßen, die der Unlustreaktion entsprechen;

b) der Moro-Reflex, der durch die Öffnung und kreuzweise Anordnung der Arme und eine vorübergehende axiale Hypertonie charakterisiert wird, kann durch eine bestimmte Zahl von unvermittelten Reizen ausgelöst werden, vor allem durch den vertikalen und den Fall nach rückwärts.

3. Eine bestimmte Zahl von Orientierungsreflexen zeigt jedoch, daß unter bestimmten Bedingungen äußere Stimuli wirksam werden können, so der Reflex der Mund-Zungen-Orientierung.

4. Auf theoretischem Gebiet läßt sich ein interessantes Phänomen beobachten. Es handelt sich um die ersten Umrisse des leerlaufenden Brustsuchens, die man unter bestimmten Sonderbedingungen auslösen kann (H. THOMAS). Dieser Automatismus verschwindet schnell, ebenso wie der statische Anpassungsreflex. Die Existenz einer umrißhaften automatischen Aktivität, die vollständig verschwindet, um erst sehr viel später wiederaufzutauchen, wirft das schwierige und schwer zu lösende theoretische Problem der Integration der inneren Aktivitäten bei der Reifung der Funktionen auf.

5. In dieser Phase existiert noch keinerlei Greifaktivität. Die Finger sind gebeugt, und jeder passive Streckversuch führt zur Verstärkung der Beugung (Reaktion der Beugemuskeln).

6. Lichtreize können bestimmte Reaktionen auslösen: Pupillen-Reflexe, Unlustreaktionen bei sehr hellem Licht und den optischen Stellungsreflex nach PEIPER. Es ist jedoch, nach WALLON [340], leicht festzustellen, daß das Kind unfähig ist, etwas anderes als einfache Reflexe im Zusammenhang mit Lichtveränderungen oder Bewegungen und Verlagerungen von Objekten vorzubringen.

7. Ebenso gibt es auditive Reize, die von einer bestimmten Intensität ab eine bestimmte Reaktion auslösen können.

Alles in allem kann der Säugling auf bestimmte nichtunterschiedene Stimuli in manchen physiologischen Verfassungen und in einer privilegierten Zone (der Mundhöhle) reagieren. Seine restliche Aktivität kann nur in Begriffen tonischer Reaktionen beschrieben werden, die intensiven Stimuli gleichgültig gegenüberstehen.«

In dieser Phase, wo es Wahrnehmung nur als Wahrnehmung interozeptiver Bedürfnisse gibt, hängen die Reaktionen des Kindes von der Wahrnehmung von Bedürfnissen ab, die durch dieses System zum Ausdruck kommen, und externe Stimuli werden nur wahrgenommen, insofern sie die Reizschranke durchbrechen. Sie provozieren dann Reaktionen, die man kaum als Unlust einzuschätzen wagt. Das Gegenstück zu letzterer müßte dann Ruhe heißen. Das Neugeborene schwankt zwischen einem Zustand von Nichtbefriedigung und Ruhe.

SPITZ [320] hat die Bedingungen des Auftauchens und des Verschwindens dieses

Unlustzustandes untersucht. In jedem Fall führt das Verschwinden des intensiven Stimulus, der die Unlust ausgelöst hat, sofort zur Rückkehr des Ruhezustandes. Man kann also nicht von Lust oder Angst sprechen. Gleichwohl entwickeln sich gerade über diesem binären System die Grundlagen des psychischen Lebens im Zuge der Gesamtentwicklung der zunächst präobjektalen, später objektalen Beziehung, wie wir später sehen werden.

Die Reaktionen des Neugeborenen korrespondieren bereits, gemäß den Gesetzen der Reflexbildung, mit den Gegebenheiten der Umwelt. In dieser Hinsicht ist es nicht verfehlt, von ersten Signalen zu sprechen, die vom Objekt ausgehen, aber nicht vom Objekt, insoweit es libidinöses Objekt ist, sondern insoweit es auf die Tiefensensibilität einwirkt: es handelt sich um Gleichgewichtsveränderungen, die – nach HETZER [179] – von SPITZ [319], der dessen Arbeit zitiert, deutlich beobachtet wurden.

»Wenn man nach dem achten Lebenstag ein Brustkind aus dem Bettchen und in Stillage auf den Arm nimmt (das heißt in horizontaler Lage), dann dreht der Säugling seinen Kopf in Richtung auf die Brust der Person, die ihn aufgenommen hat, ganz gleich, ob diese ein Mann oder eine Frau ist (BÜHLER, 1928). Im Gegensatz dazu dreht dasselbe Kind, wenn man es in vertikaler Lage aus dem Bettchen nimmt, seinen Kopf nicht.«

Die Signale werden in zunehmendem Maße spezifisch, aber der Säugling erkennt bis zum Beginn des zweiten Lebensmonats die Nahrung nur, wenn er Hunger hat.

»Die elementarsten Automatismen können nicht von der Verfassung des Organismus im Verhältnis zu den Bedürfnissen abgelöst werden, d. h. im Verhältnis zu den ersten Triebäußerungen, und das schließt ein, daß die Entwicklung der allereinfachsten Formen von nervöser Aktivität eine bestimmte Strukturierung dessen herbeiführt, was selbst in seiner einfachsten Form erprobt wird. Eine bestimmte Zahl von Reflexen ist nach der Befriedigung eines Bedürfnisses weniger deutlich; so stellt sich der Mund-Zungen-Reflex der Orientierung des Mundes in Richtung der Haut-Mund-Zone, die durch den Kontakt leicht stimuliert wird, nicht mehr ein, wenn der Säugling nach dem Stillen satt ist, und wird in eben dem Maße zunehmend wieder deutlich, wie die nächste Stillzeit sich nähert. Es läßt sich mithin sagen, daß die sensorische Figur nur dann signifikativ wird, wenn sie sich auf dem Hintergrund des Bedürfnisses abspielt.«

Gegen Ende des zweiten Lebensmonates beginnt das menschliche Wesen seinen Platz in der Umgebung des Säuglings einzunehmen: es wird von diesem Augenblick an visuell wahrgenommen, und das narzißtische Stadium weicht der folgenden Phase: Wenn ein Erwachsener sich dem Säugling nähert, der in Erwartung einer Mahlzeit schreit und weint, so beruhigt er sich und hält den Mund hin. Diese Reaktion stellt sich so jedoch nur dann ein, wenn er Hunger hat.

Die Beschreibung des narzißtischen Stadiums spiegelt den Begriff des neo-natalen Zustands wider. Es wäre nicht angemessen, ihn an den Anfang einer Analyse der Objektbeziehung zu stellen, wenn wir uns nicht verpflichtet sähen, uns auf bestimmte Texte von FREUD zur Analyse des Narzißmus im Gegensatz zur Entwicklung der Objektbeziehung zu berufen.

In »Triebe und Triebschicksale« [127] stellt FREUD das narzißtische dem Objektstadium gegenüber:

»Stellen wir uns auf den Standpunkt eines fast völlig hilflosen, in der Welt noch unorientierten Lebewesens, welches Reize in seiner Nervensubstanz auffängt. Dies Wesen wird sehr bald in die Lage kommen, eine erste Unterscheidung zu machen und eine erste Orientierung zu gewinnen. Es wird einerseits Reize verspüren, denen es sich durch eine Muskelaktion (Flucht) entziehen kann, diese Reize rechnet es zu einer Außenwelt; andererseits aber auch noch Reize, gegen welche eine solche Aktion nutzlos bleibt; diese Reize sind das Kennzeichen einer Innenwelt, der Beweis für Triebbedürfnisse. Die wahrnehmende Substanz des Lebewesens wird so an der Wirksamkeit ihrer Muskeltätigkeit einen Anhaltspunkt gewonnen haben, um ein ›außen‹ von einem ›innen‹ zu scheiden.

[...] Das Ich findet sich ursprünglich, zu allem Anfang des Seelenlebens, triebbesetzt und zum Teil fähig, seine Triebe an sich selbst zu befriedigen. Wir heißen diesen Zustand den des Narzißmus, die Befriedigungsmöglichkeit die autoerotische. Die Außenwelt ist derzeit nicht mit Interesse (allgemein gesprochen) besetzt und für die Befriedigung gleichgültig. Es fällt also um diese Zeit das Ich-Subjekt mit dem Lustvollen, die Außenwelt mit dem Gleichgültigen (eventuell als Reizquelle Unlustvollen) zusammen. Definieren wir zunächst das Lieben als die Relation des Ichs zu seinen Lustquellen, so erläutert die Situation, in der es nur sich selbst liebt und gegen die Welt gleichgültig ist, die erste der Gegensatzbeziehungen, in denen wir das ›Lieben‹ gefunden haben.

Das Ich bedarf der Außenwelt nicht, insofern es autoerotisch ist, es bekommt aber Objekte aus ihr infolge der Erlebnisse der Icherhaltungstriebe und kann doch nicht umhin, innere Triebreize als unlustvoll für eine Zeit zu verspüren. Unter der Herrschaft des Lustprinzips vollzieht sich nun in ihm eine weitere Entwicklung. Es nimmt die dargebotenen Objekte, sofern sie Lustquellen sind, in sein Ich auf, introjiziert sich dieselben (nach dem Ausdruck FERENCZIS) und stößt andererseits von sich aus, was ihm im eigenen Innern Unlustanlaß wird.«

Im selben Text findet sich die folgende bedeutsame Fußnote:

»Ja, der narzißtische Urzustand könnte nicht jene Entwicklung nehmen, wenn nicht jedes Einzelwesen eine Periode von *Hilflosigkeit* und *Pflege* durchmachte, während dessen seine drängenden Bedürfnisse durch Dazutun von außen befriedigt und somit von der Entwicklung abgehalten würden.«

Dieses narzißtische Stadium entspräche also der ersten Lebensperiode, in der das Neugeborene in einem Zustand relativer Indifferenz hinsichtlich der Außenwelt lebt, gegen die es in gewisser Weise durch eine erhöhte Reizschranke geschützt wird. Seine Bedürfnisse gehen gerade aus der inneren Reizung hervor und drücken sich bei Unwohlbefinden durch sein Aufwachen und seine Schreie aus, die rhythmischen Charakter in Zusammenhang mit den ersten Umrissen der Reflexbildung annehmen. Es gibt noch keine Möglichkeit der Unterscheidung des Objektes; die Außenwelt und vor allem die Mutter sind nicht Objekt, obwohl die Mutter sich als Objekt des Rufens eines Subjektes fühlt, dessen Reaktionen sich vor ihren Augen zu individualisieren beginnen, zumal sie seine Schreie hört und versteht.

Die narzißtische Besetzung hat ihr eigenes Schicksal, das FREUDS Lehre präzisiert hat. Wir werden darauf zurückkommen und Einblick in die Rolle gewinnen, die sie für die Objektwahl von Kindern und Erwachsenen spielt. Wir geben – auf ein wenig schematische Weise – zu, daß das narzißtische Stadium zeitlich den ersten Lebenswochen entspricht: es zieht sich bis ins Alter von acht bis zwölf Wochen hin[5].

[5] Manche Autoren haben es sogar in die pränatale Phase verlegen wollen.

1. Die Geburt

Otto Rank [279] faßte bei der Entwicklung seiner Theorie des Geburtstraumas dieses Ereignis und die es begleitenden physiologischen Umwälzungen als tiefen Choc im psychologischen, aber auch im physiologischen Sinne auf. Dieser Choc bringe ein Angstreservoir hervor, und die Geburtsangst werde in Zukunft zur Quelle und zum Prototyp für jede spätere Angst. Es handle sich demzufolge um eine gleichsam meßbare Energie.

Freud wandte sich sehr bald gegen diese Auffassung. Wenn sie auch eine objektive Gefahr für die Erhaltung des Lebens darstellt, so erlaubt doch nichts, der Geburt eine psychologische Bedeutung zuzuschreiben. Spitz seinerseits anerkennt dieses berühmte Geburtstrauma als Prototyp für Unlustreaktionen ebensowenig.

Phyllis Greenacre [161] hat diese Analyse auf physiologischer Grundlage wiederaufgenommen, die unseren gegenwärtigen Erkenntnissen der realen Veränderungen, wie sie im Augenblick der Geburt erlebt werden, besser entspricht. Die Beobachtung des Säuglings hält dazu an, eine bei bestimmten Individuen sehr frühe Prädisposition zur Angst in Rechnung zu stellen. Die Autorin ist mithin der Ansicht, daß die Konstitution, die pränatalen Erfahrungen, die unmittelbar auf die Geburt folgende psychologische Situation und die Sauerstoffbedürfnisse des Neugeborenen dazu beitragen, eine Vor-Angst [*préangoisse*] entstehen zu lassen, die die Verhaltensweisen, wie sie später bei Äußerungen wirklicher Angst in Erscheinung treten, präfiguriert.

2. Das Leben des Fötus

Im Rahmen der Fragestellung über die pränatalen Ursprünge von Angst hat Phyllis Greenacre [161] den Zuckungsreflex beim dreißig Wochen alten Fötus und die Einwirkung verschiedener Reizquellen untersucht – so die von Stoffwechselstörungen, Infektionen, Dysfunktion, Sensibilisierung usw. Aus den vorhergehenden Beobachtungen schließt Greenacre, daß die psychophysische Verfassung der Mutter Einfluß auf den Verhaltenstypus des Fötus ausübt. Sie stimmt so mit dem Volksglauben überein, der bestimmte Angstzustände beim Kind (Phobien usw.), abgesehen von der späteren psychologischen Beeinflussung durch die Mutter, ursächlich mit ängstlichen oder traumatisierenden Affektzuständen der Mutter während der Schwangerschaft selbst zusammenhängen sieht. Ebenso meint Krapf [199] im Zusammenhang der psychologischen Bedeutung der Sauerstoffregulierung beim Fötus, daß die biochemisch bedingten Bewegungen des Fötus keine andere Bedeutung als die von Angst haben. Das Geburtstrauma sei lediglich die Wiederholung primärer, *in utero* erlebter Ängste.

Der fötale Sauerstoffmangel sei, Krapf zufolge, nicht nur der Ausgangspunkt des »subjektiven« Angsterleidens, sondern auch das »objektive« Einwirken einer Fluchtbewegung. Bestimmte Bewegungen des Fötus ergäben sich aus seinen Reaktionen auf Veränderungen der Sauerstoffzufuhr. Bestimmte Bewegungen der Mutter können einen Fall des Fötus in dem ihn umgebenden Milieu auslösen. Krapf beschreibt beim Fötus alle Arten ursprünglicher Strebungen – die ausgeglichene Ruhe der Befriedigung, die ängstliche Flucht vor Frustration, die mehr oder weniger aktive Verteidigung gegen die Angst und die ungestüme Aggressivität eines im Wachstum begriffenen Wesens, das seine Freiheit fordert.

In ihren gemeinsamen Arbeiten stellen AJURIAGUERRA, DIATKINE und BADARACCO [6] die Frage nach der eigentlichen Natur dieser Phänomene und erwägen, ob sie in ein seinerseits fragliches Seelenleben integriert werden können. Deshalb erheben sie Widerspruch gegen FERENCZIS Hypothesen [88], die eine Phase absoluter Omnipotenz annehmen, in deren Verlauf das Ich des Fötus *in utero* sich in einer Situation totaler Bedürfnisbefriedigung befindet.

Im Idealfall kann das intrauterine Leben als spannungslose Periode beschrieben werden, die in einem vollkommenen Nirwana erlebt wird, dessen genaue homöostatische Regulierung jederzeit gesichert ist. Der geborgene Fötus bildet darin seine Regulierungsmechanismen innerhalb sehr enger Grenzen im Rahmen der Gleichgewichtsposition aus, ohne daß sich eine Irritation im eigentlichen Sinne abzeichnete. Physiopathologische Untersuchungen der Schwangerschaft haben jedoch im Laufe der beiden letzten Jahrzehnte die Unbeständigkeiten des Uterus-Lebens allmählich erfaßt und später präzisiert – Unbeständigkeiten, die es weniger ungestört erscheinen lassen. Schlechte Ernährungsbedingungen, Mängel der Sauerstoffzufuhr, hormonale oder enzymatische Dysharmonien können Irritationen und Spannungen im Organismus des Fötus hervorbringen, die um so gefährlicher sind, als die Regulierungs- und Adaptationsmechanismen noch nicht oder nur unvollständig existieren und leicht außer Kraft gesetzt werden können. Die einfachsten *feed-backs* sind erst umrißhaft vorhanden oder geraten in Unordnung und kehren sich um. Bestimmte Unverträglichkeiten zwischen Mutter und Fötus, Virusinfektionen usw. hinterlassen endgültige Spuren.

Wenn man so noch nicht von ›Seelenleben‹, ja noch nicht einmal von irgendeiner Integration auf höherem Niveau sprechen kann, ist es eine vernünftige Hypothese, anzunehmen, daß der Organismus oder wenigstens bestimmte Regulierungsmechanismen Spuren davon aufbewahren und eine Konditionierung durchmachen, die zum Zeitpunkt des relationalen Geschehens entwickeltere Reaktionen umfaßt, und – genauer – eine Ätiopathogenese der frühen psychosomatischen Affektionen des Kindes liefern. Die Konflikte und die Spannungen, wie sie jetzt in der Beziehung zur Welt psychisch erlebt werden, stoßen auf bedingte funktionale Mechanismen oder beleben sie neu, jene gestörten *feed-backs*, die fatalerweise manche Entlastungen auf somatische Wege leiten, wie zur Zeit, als alles Geschehen nur neurologisch, sogar humoral ablief.

So findet SPITZ [319] am Ursprung bestimmter psychosomatischer Affektionen des Säuglings (atypische Hautentzündung) eine kongenitale Prädisposition, die sich ihrerseits teilweise aus den Bedingungen des intrauterinen Lebens ergibt. Einer der Autoren (M. SOULÉ [308]) hat bei der Analyse der pränatalen Antezedenzien asthmatischer Kinder gefunden, daß in 42 % der Fälle die Schwangerschaft, sei es somatisch, sei es psychisch, gestört war, während sich in der Kontrollgruppe die Zahl von 9 % ergibt. Ferner läßt sich sehr häufig bei Frauen, die mehrere Kinder haben, die schwierige Geburt eines asthmatischen Kindes den harmlosen Schwangerschaften bei nicht-asthmatischen Kindern gegenüberstellen.

Diese Hypothesen und Recherchen, die nur mit Vorsicht benutzt werden dürfen, haben den Vorteil, die Perspektive genauer festzulegen, in der die Realität einen letztlich ziemlich späten Ansatzpunkt findet. Die Objektbeziehung ist zu dem Zeitpunkt, zu dem sie sich in einem entwickelten Rahmen abspielt, bereits das Werk eines Organismus, der schon eine vollständige Geschichte in einem anderen Rahmen hinter sich hat. Die Konstitution, die Substanz und die Prädisposition müssen ihrerseits als Zustand aufgefaßt werden, der das Ergebnis einer vorhergehenden dynamischen Entwicklung ist, die die Welt und ihre Wechselfälle bereits markiert haben.

Spitz, der die genetische Bedeutung des Lewinschen Phänomens (die Leinwand des »Leertraums«) und des Isakower-Phänomens (lästige und unangenehme Veränderungen des Körperbildes beim Einschlafen oder bei Krankheit, die zum Teil die Mundpartie, zum Teil die Hautoberfläche und zum Teil die Sensibilität der Hand betreffen) aufzufinden versucht, stößt dabei zur klinischen Untersuchung der Anfänge der Wahrnehmungsentwicklung beim Kind vor.

Das Neugeborene, das durch die Reizschranke vor äußeren Wahrnehmungen geschützt ist, nimmt allein die originären Körperempfindungen wahr; es verfügt über lediglich eine, in der Mundhöhle lokalisierte Wahrnehmungszone, die in sich die Charakteristika der inneren und der äußeren Wahrnehmung vereinigt. Ferner verfügen allein der Mund und sein Umfeld über die Disposition, auf Stimuli durch ein Verhalten zu antworten, das auf ein für das Überleben nutzbares Ziel gerichtet ist.

Mit Bezug auf Ethologen wie Wexhull und Lorenz wendet Spitz den Begriff des »angeborenen Auslösemechanismus« an (A.A.M. [engl. I.R.M. = *innate releasing mechanism*]).

> »Es muß dabei einen besonderen neurosensoriellen Mechanismus geben, der die Reaktion auslöst und für die selektive Erregbarkeit angesichts einer sehr speziellen Kombination von Stimuli-Signalen verantwortlich ist. Wir nennen diesen Mechanismus A. A. M.« (Tinbergen, 1951).
>
> »Diesen Mechanismus, der bei den Sinnesorganen einsetzt, beim ausgelösten Zentrum aufhört und die Sensibilität für besondere Eigenschaften des Objektes einschließt, nennen wir A. A. M.« (Baerends, 1950).

Beim Neugeborenen sieht das Verhalten folgendermaßen aus: Die gesamte äußere Mundregion, das »Mäulchen« (Nase, Wange, Kinn und Lippen), antwortet auf die Stimulierung, indem es den Kopf in Richtung des Stimulus wendet und damit eine »schnappende« Mundbewegung verbindet. Die Funktion dieser Reaktion ist die Einverleibung der Brustwarze. Wir nennen diese Verhaltensweise den Wühlreflex[6].

Es handelt sich um einen der sichersten Reflexe bei der Geburt. Sein Sicherheitsgrad ist lediglich niedriger als der des Greifreflexes (*grasping reflex*), der in der Schließung der Hand bei Stimulierung der Handfläche besteht.

[6] Es muß hinzugefügt werden, daß André Thomas und Sainte-Anne d' Argassies die Beschreibung dieses Reflexes durch den Nachweis der sogenannten Hauptpunkte vervollständigt haben, der ebenfalls die funktionale Bedeutung dieses Mechanismus bestätigt. [335] und [294].

»Mir scheint bei diesem Phänomen wichtig, daß das Mundinnere, die Mundhöhle, die Funktion der Partizipation an zugleich inneren und äußeren Wahrnehmungszielen erfüllt. Jede Wahrnehmung beginnt in der Mundhöhle; in dieser Funktion spielt die Mundhöhle die Rolle einer vermittelnden Brücke zwischen innerer und äußerer Wahrnehmung (Spitz).

In diesem unvergleichlichen Organ versammeln sich die Repräsentanten mehrerer Sinne an ein und derselben Körperzone: des Geschmacks-, Temperatur-, Geruchs- und des Schmerzsinnes, und sogar die Tiefensensibilität, die am Schluckakt beteiligt ist.

Der Saug- und Schluckakt ist auch die erste aktive und koordinierte Muskelaktivität des Kindes. Die dabei beteiligten Muskeln sind die ersten, deren Beherrschung erlernt wird.«

In diesem Zusammenhang macht Spitz auch auf den Unsinn aufmerksam, der darin liegt, beim Neugeborenen von Hunger zu sprechen, während doch das Erleiden von Durst und Trockenheit der Schleimdrüsen, der Mundhöhle und des Rachenraumes sehr viel bitterer für ein Wesen ist, das ganz unvermittelt aus seinem feuchten, aquatischen ins »Land«-Leben hinüberwechselte und dessen Speicheldrüsen erst später ihre Tätigkeit aufnehmen. Die Trockenheit dieser Körperzone liefert mithin dem Kind eine der ersten Unlusterfahrungen.

Ebenso bedeutsam ist es jedoch, sich die anderen Wahrnehmungskomponenten der Gesamtsituation vor Augen zu führen, die in einer einzigen, nichtdifferenzierten Situations-»Gestalt«[7] erlebt werden, die gewissermaßen insgesamt auf diese Urhöhle projiziert wird.

Drei Organe nehmen von der Geburt an daran teil:

A – *Die Hand*

Sie ist an der Nahrungsaufnahme mit kontinuierlichen Fingerbewegungen beteiligt, die die Brust ergreifen, umkrallen und kratzen. Es sei daran erinnert, daß die Stimulierung der Tiefensensibilität zu diesem Zeitpunkt deutlicher erlebt wird als die der Hautoberfläche. Beim Brustkind geht das Schließen der Hand im Rhythmus des Saugens vor sich. Das Kind empfindet es als den Mundbewegungen des Saugens zugehörig. So wird die Sensibilität im Bereich der Hand zunächst propriozeptiv, später dann exterozeptiv erfahren.

B – *Das Labyrinth (Innenohr)*

Bei Lageveränderungen läßt sich ann[illegible] Kind äußere und auditive, verschwommene, lärmende und beunru[illegible] Reize interozeptiv wahrnimmt.

Wir wollen diesen Stimulus, der zum e[illegible]flexbedingten Reaktionsverhalten führt, hier lediglich erwähnen: Das Neugeborene verspürt das Zurechtgelegtwerden für die Nahrungsaufnahme als interozeptive Empfindung, mit der ganzen Unbestimmtheit, Verschwommenheit und Abwesenheit der konkreten Lokalisierung, die die charakteristischen Merkmale der protopathischen Empfindung sind.

C – *Die äußere Hautoberfläche*

Sie ist bis zur Geburt von einem flüssigen Milieu eingehüllt, das sie gegen jeden Kontakt abschirmt und sie überdies durch eine talgartige Schicht schützt. In der Folge wird sie der Rauheit, Unebenheit und Trockenheit der Textilien ausgesetzt,

[7] Im Original deutsch (Anm. d. Ü.)

in die Säuglinge gewickelt werden. Die Haut als Organ hat für die physiologische und psychologische Entwicklung eine unerwartete funktionale Bedeutung. Das Ablecken junger, nicht-menschlicher Säugetiere durch ihre Mütter aktiviert deren genital-urethrales, gastro-intestinales und Atmungssystem. Die Unlustempfindungen der Hautoberfläche sind, aufgrund der Nicht-Differenziertheit der Perzeptionssektoren, zweifellos nicht verschieden von denen im Mund-, Nasen-, Kehlkopf- und Rachenbereich.

So folgert Spitz:

»Die Empfindungen der Wahrnehmungsorgane verdichten und vereinigen sich in einem einheitlichen Situationserlebnis zu Empfindungen der aufnehmenden Einverleibung – einem Erlebnis, bei dem keines der erwähnten Organe vom anderen geschieden werden kann. Diese Wahrnehmungserfahrung ist untrennbar von der Bedürfniserfüllung, die ihr parallel läuft und durch extensive Spannungsreduzierung von einem Reizzustand mit Unlustcharakter zur unlustbefreiten Ruhe führt. [...]

Die Mundhöhle, in der sich intero- und exterozeptive Wahrnehmungssysteme vereinigen, bildet die Grundlage einer Perzeptionsweise (man könnte das ›Mundhöhlenwahrnehmung‹ nennen), in der Innen und Außen austauschbar sind und in der sich außerdem verschiedene andere Empfindungen und Wahrnehmungen zur Geltung bringen. Diese intra-orale Erfahrung besteht darin, die Brust in sich aufzunehmen, wobei der Säugling von den Armen und der Brust der Mutter völlig eingeschlossen wird.«

Die Erfahrung der Nahrungsaufnahme bringt mithin eine bestimmte Zahl von Aktivitäten ins Spiel, die sich dabei koordinieren und sinnvoll werden:

a) Die eher *physiologischen* als psychologischen *Faktoren,* die bei der Nahrungsaufnahme mit einer Unlustspannung und deren Reduzierung in Zusammenhang stehen.

b) Die *motorischen Faktoren,* die sich auf festgelegte psychologische Weise mit der unkoordinierten und diffusen Aktivität entwickeln, die diese Phase charakterisiert.

c) Die *perzeptiven Faktoren der Erfahrung der Nahrungsaufnahme* (Saugen und Schlucken), die die Mitwirkung der propriozeptiven Organe der Mundhöhle bestimmen.

d) Die *sensoriellen Erfahrungen* der Hand und damit der gesamten Hautoberfläche.

e) Damit zugleich die *interozeptiven Erfahrungen,* die von der *Reizung des Labyrinthes* ausgelöst werden müssen.

Dieses Bündel von Faktoren, die sich aus dem durch ein Bedürfnis ausgelösten Affekt entwickeln, bestimmt die unmittelbare Wahrnehmung zur Zeit der Erfahrung der Nahrungsaufnahme. Auf dieser Grundlage bildet sich die Fernwahrnehmung, die allen kognitiven Prozessen zugrundeliegt. Die ersten Wahrnehmungselemente sind – wie ersichtlich – verschwommen und beruhen auf propriozeptiven Anteilen: auf diese Weise entsprechen die Finger-Handflächen-Reaktionen keiner koordinierten Bewegung, sondern einer diffusen Form von Handbewegungen beim Saugen.

Die Mundhöhle und die Hände bilden ein Ganzes, die »Urhöhle«, die in der

Lage ist, zur Stillzeit als Perzeptionselement aufzutreten, d. h. in dem Augenblick, wo der Kreislauf von Bedürfnissen und Bedürfnisbefriedigung einsetzt. Die visuelle Erfahrung verschmilzt zu diesem Zeitpunkt mit der totalen Erfahrung der Nahrungsaufnahme, und das Kind ist sicherlich unfähig, zu unterscheiden, ob etwas innerhalb oder außerhalb von ihm ist. Mit fortschreitender Reifung wird es dann zweifellos fähig, zu verstehen, was das Warten auf Nahrung für es bedeutet. Das *Gesicht der Mutter,* das es jetzt erkennt, bedeutet, wie es jetzt weiß, das *Auftauchen-der-Nahrung-im-Mund.* Das aus der Distanz Wahrgenommene wird also sowohl zum Gesicht der Mutter als auch zur Nahrung, die sie beibringt. Zugleich entwickelt das Kind möglicherweise ein vages Bewußtsein von seiner Hand- und Mund-Aktivität.

In die *Entwicklung dieses Wahrnehmungsmodus* schalten sich also ein

a) die *Wahrnehmung dessen, was außen ist* und durch unser sensorisches System vermittelt wird; und

b) die intero- und exterozeptive Wahrnehmung. Wesentlich ist hier, daß mit diesen Perzeptionen eine Triebbefriedigung verbunden ist: *Gerade die Präsenz eines Affektes verleiht ihnen ihren Erfahrungswert.*

Derart könnte man die verschiedenen Ebenen der perzeptiven und kognitiven Integration versuchsweise präzisieren, die dem *Säugling im Alter von drei Monaten* erreichbar sind: man kann von einem *Denken in Bildern* sprechen. Ihm liegt eine coenästhetische Organisation zugrunde, die durch die Gesamtheit der Wahrnehmungen charakterisiert und durch das coenästhetische System und die intero- und propriozeptiven Rezeptoren vermittelt wird. Im Alter von drei Monaten ist der Säugling wahrscheinlich in der Lage, eine diakritische Fernwahrnehmung auf der Grundlage visueller Bilder zu machen, während diese, wie man gelten lassen kann, zugleich kurzlebige mnemonische Spuren hinterlassen.

II. Die Vorstufe des Objektes
Das »Gestalt«-Signal
Die Reaktion des Lächelns

Der drei Monate alte Säugling nimmt weder einen menschlichen Partner noch eine Person (die Individuen sind austauschbar) noch gar ein Objekt wahr, sondern lediglich ein Signal. Nicht das menschliche Gesicht als Ganzes bildet das Signal: es handelt sich um eine bevorzugte *Gestalt,* die SPITZ ein *Gestalt*-Signal nennt und die aus dem Gesamtbild von Stirn, Augen und Nase besteht, die sich in Bewegung befinden.

Den Beweis dafür liefert die Tatsache, daß das Kind zu lächeln aufhört, wenn das Gesicht langsam abgewendet und ins Profil gedreht und damit für das Kind nicht mehr erkennbar wird, und daß man dasselbe Antwortlächeln erhält, wenn man sich – unter denselben Bedingungen – einer Maske aus Pappmaschè bedient. Sobald diese *Gestalt* modifiziert wird, wird das sogenannte Objekt nicht mehr erkannt und verliert seine Objektqualität.

SPITZ hat diese *Gestalt* nun eine Vorstufe des Objektes genannt, »denn das, was das Kind daran wiedererkennt, sind nicht die wesentlichen Eigenschaften des libidinösen Objektes, das im Zuge aller Veränderungen, die seine äußeren Attribute umformen, unveränderlich bleibt«.

»Im Gegensatz dazu sind die ›Dinge‹ *nur* durch äußere Attribute charakterisiert; die wesentlicheren historisch entwickelten Attribute fehlen ihnen. Darum jede Veränderung, jede Modifizierung dieser äußeren Attribute das Wiedererkennen des ›Dings‹ problematisch oder unmöglich machen. Zeichen-Gestalten sind in Wirklichkeit ein Kennzeichen der ›Dinge‹, ihr integrales Attribut. Als solche sind sie von Dauer, aber diese äußerliche Beständigkeit ist mit den Eigenschaften des Objektes der Libido unvereinbar. Daraus folgt, daß die Gestalt, auf die der Säugling reagiert, nicht von Bestand ist. Weil sich jedoch diese Zeichen-Gestalt im Verlauf der Entfaltung von Objektbeziehungen zu einem Signal entwickelt, bekommt sie eine Qualität, die die ›Ding‹-Attribute transzendiert. So ist ihr ein Platz in der Entstehungsgeschichte der Libido sicher, das sich aus ihr entwickelt.«

Diese Phase wird durch eine spezifische Reaktion des Säuglings auf das menschliche Gesicht charakterisiert: das Lächeln.

Schon im Alter von zwei oder drei Wochen folgt das Kind, wenn es ein menschliches Gesicht sieht, ihm in gespannter Aufmerksamkeit in allen seinen Bewegungen, und es ist das einzige Ding, dem es sich in dieser Zeit so zuwendet. Ebenso schaut das Brustkind während des Stillens das Gesicht der Mutter unverwandt an, ohne die Augen abzuwenden, bis es an der Brust einschläft.

Gesell [152] hatte bereits darauf aufmerksam gemacht, daß das menschliche Gesicht dem Kind in jeder Situation von Bedürfnis- und Unlustentlastung oder von erreichter Befriedigung zugewendet ist. Man kann mit einem Kind nicht umgehen, ohne ihm das Gesicht von vorn zuzukehren, wobei man es mit Blicken fixiert, den Kopf bewegt und meistens zu ihm spricht.

Das Gesicht ist mithin derjenige optische Reiz, der dem Kind während der ersten Lebensmonate am häufigsten dargeboten wird. Im Laufe der ersten sechs Lebenswochen wird es im Gedächtnis des Kindes als erstes Erinnerungssignal niedergelegt[8].

Die Bedeutung dieses Signals schlägt sich im dritten Lebensmonat in einer ganz spezifischen und besonderen Reaktionsform nieder: Es antwortet jetzt mit einem Lächeln auf das Gesicht des Erwachsenen, unter der Bedingung, daß der ihm das Gesicht von vorn zukehrt, daß die Augen deutlich sichtbar sind und daß er sich und sein Gesicht langsam bewegt. Auf dieser Altersstufe ruft nichts anderes, nicht einmal die Nahrung, beim Kind diese Reaktion hervor. Hinsichtlich derer kann das Verhalten sich verändern, aber selbst angesichts einer vollen Milchflasche lächelt das Kind gewöhnlich nicht, und Spitz schließt daraus:

»Dieses Signal gehört zum Gesicht der Mutter und leitet sich daraus ab; es steht mit der Nahrungsaufnahme und dem Gefühl von Schutz und Sicherheit in Zusammenhang. Es entwickelt sich später weiter und macht schließlich aus der Mutter als ganzer Person ein wirkliches Objekt. Deshalb habe ich diese auf einen Teil des menschlichen Gesichts begrenzte Antwort eine präobjektale Beziehung genannt, während ich das Signal, anhand dessen das Wiedererkennen sich vollzieht, eine Vorstufe des Objektes nenne.«

[8] Es handelt sich dabei um einen Mittelwert zwischen sechsundzwanzig Tagen bei Frühgeburten und einem sehr viel späteren Zeitpunkt bei den anderen.

Es sei daran erinnert, daß FREUD, in seinem Essay »Eine Kindheitserinnerung des Leonardo da Vinci« [118], bei der Analyse des »leonardoschen« Lächelns, das sich auf den Lippen aller von ihm gemalten Frauen – und vor allem der heiligen Anna und Marias – findet, meinte, es handle sich da um eine archaische Erinnerung, die Leonardo an zwei Frauen bewahrte, die sich in der Kindheit seiner angenommen haben, und vor allem an seine wirkliche Mutter, die Bäuerin Katharina, der man ihn bald entriß.

III. Die Phase bis zum sechsten Lebensmonat

AJURIAGUERRA und seine Mitarbeiter vergegenwärtigen die Entwicklung des Säuglings im Verlauf der ersten sechs Monate folgendermaßen [6].

Die Fähigkeit des Säuglings, in eine Objektbeziehung einzutreten, hat sich entwickelt:

- Abschwächung der Hypertonie und Auftreten einer axialen Tonizität (er erhebt seinen Kopf im dritten und lernt sitzen im sechsten Monat).
- Abschwächung der hypertonischen Reizreaktionen, die dem Kind seine primitive Position aufzugeben ermöglicht, in die es sozusagen eingemauert war. Die seitliche Beweglichkeit der Arme tritt in Erscheinung und macht einen Bereich direkter Aktion zugänglich.
- Die Organisationsaktivitäten machen sich zunehmend von den Bedürfnislagen unabhängig, mit denen sie vorher verknüpft waren.
- Die vorher wirkungslosen noziceptiven Reize lösen mehr und mehr spezialisierte Ausweichreaktionen aus. Tonische Gleichgewichtsreflexe treten in Gegensatz zur Plötzlichkeit und Nichtadaptation des Moro-Reflexes.
- Die Abschwächung der Spannung der Beugemuskeln der Finger geht einher mit dem Verschwinden des *grasping reflex* (durch Stimulierung der Handfläche ausgelöstes Greifen). Dieser ganz automatische und zunächst undifferenzierte Reflex wird komplizierter und von einem Auge-Hand-Verhältnis abhängig. Dann tritt die Fähigkeit, ein Objekt nach Belieben zu ergreifen und fallen zu lassen, in Erscheinung. Aber die Unlust (Hunger oder intestinaler Schmerz) führt noch immer zu tonischen Reaktionen, in deren Verlauf diese umrißhaften Aktivitäten nicht mehr möglich sind. Das Verhalten der Mutter, die diesen Reaktionen zuvorkommen oder sie auslösen kann, wird bei dieser neuen Form des relationalen Geschehens bestimmend.

Um den vierten Lebensmonat herum vollzieht sich die Koordination von visueller Wahrnehmung und Fingerbewegungen (PREYER und TOURNAY). Das Kind beobachtet seine Finger insbesondere beim Greifen, und es stellt sich eine Beziehung zwischen visuellen und propriozeptiven Empfindungen her, die geeignet ist, die wiederholte Untersuchung dieser neuen Empfindungsverbindung herbeizuführen.

Um den sechsten Lebensmonat herum scheint sich das Interesse des Kindes auf die unteren Gliedmaßen zu verlagern; es gibt jedoch zu diesem Zeitpunkt keinerlei Beweis für die unterscheidende Differenzierung des eigenen Körpers und der Außenwelt. Die Erforschung des Raumes bleibt, wenn sie sich auch vervollkommnet, noch deutlich stückwerkhaft. Das Kind kann sein Gegenüber nie in seiner Gesamtheit wahrnehmen und nur begrenzte räumliche Bereiche erforschen.

Zusammengefaßt:

»Das charakteristische Merkmal dieser Periode ist die Fähigkeit, immer spezifischere Reaktionen auf immer zahlreichere und bestimmtere Reize zu entwickeln. Diese Fähigkeit ist jedoch ganz und gar von der Variationsbreite des tonischen Fundus abhängig: Eine Reifungstendenz führt zur Abschwächung der Hypertonie, die aber in isolierten Bahnen von Unlustreaktionen immer wieder auftauchen kann. In diesen Fällen stellt sich eine wirkliche Regression ein, und alle neu entwickelten Aktivitäten verschwinden augenblicklich.«

IV. Der Begriff des Organisators

In Analogie zu vergleichbaren Phänomenen in der Chemie läßt sich von einem Übergangszustand in der Entwicklung des Säuglings während des ersten Lebensjahres sprechen – einer Periode, in der sich das Kind durch einen Prozeß fortgesetzter Übergänge und heftiger und schneller Transformationen entwickelt (die man zusätzlich transitiv, weil nicht vermittelt, nennen kann). Sie werden mit der Entwicklung der Signale und der Sprache intransitiv.

Ferner haben die zu dieser Zeit und in diesem Zustand durchlebten Erfahrungen eine bedeutend größere Tragweite als ähnliche Erfahrungen, die später von einer schon mehr strukturierten und gefestigten Persönlichkeit gemacht werden.

Das gesamte erfahrungsgeprägte Wertsystem ist schließlich vollständig verschieden von dem, wie es ein anthropomorphistischer Vergleich nahelegt. Ereignisse, die dem Erwachsenen katastrophenartig erscheinen mögen, werden vom Säugling kaum wahrgenommen – und umgekehrt. So lassen sich die schweren Nachwirkungen »affektiver« Traumen bei einem hilflosen und schwachen, von seiner Umwelt direkt abhängigen Säugling nachfühlen – Traumen, die beim Erwachsenen keinerlei Wirkung zeigen würden und von schwer nachweisbaren Veränderungen im Pflegeverhalten der Mutter herrühren.

In dieser Entwicklung zeichnen sich jedoch spezifische Phasen ab, in deren Verlauf das Kind eine besondere Verletzlichkeit an den Tag legt. Die Bedeutung solcher Schübe im Verlauf des ersten Lebensjahres läßt Spitz – mit einem aus der Embryologie entlehnten Begriff – von »Organisatoren« sprechen[9].

»Meine Beobachtungen haben ergeben, daß während dieser kritischen Perioden sowohl eine Integration der Entwicklungsströmungen untereinander in den verschiedenen Sektoren der Persönlichkeit stattfindet als auch mit den Funktionen und Fähigkeiten, die der Reifungsprozeß entstehen läßt. Das Ergebnis dieser Integration ist eine Umstrukturierung des psychischen Systems auf einer Ebene höherer Komplexität. Diese Integration ist ein heikler und verletzlicher Prozeß; wenn er gelingt, entsteht das, was ich einen ›Organisator‹ der Psyche genannt habe. [...] Wenn das Kind auf der richtigen Stufe mit Erfolg einen Organisator erreicht und gefestigt hat, kann seine Entwicklung in Richtung auf den nächsten Organisator weitergehen.

[9] Es handelt sich um Strukturen, die sich da entwickeln, wo mehrere Linien der biologischen Entwicklung konvergieren. Sie dienen als Induktoren für einen ganzen Bereich, der für seine eigene Strukturierung nunmehr von ihnen abhängig wird. *Vor* dem Auftreten eines solchen Organisators kann ein Gewebestück von einem Teil des Körpers, z. B. aus der Augengegend, an eine vollkommen andere Stelle, z. B. auf die Rückenhaut, verpflanzt werden, wo es sich dann ebenso wie die es umgebende Haut entwickelt, das heißt, es wird ebenfalls Epidermis. Transplantiert man jedoch das gleiche Gewebestück *nach* dem Entstehen des Organisators für die Augengegend, dann entwickelt sich das verpflanzte Gewebe als *Augengewebe, selbst wenn es ringsum von Rückenhaut umgeben ist.*

Wenn jedoch die Festigung des Organisators mißlingt, geht die Entwicklung nicht weiter. Die psychischen Systeme, die durch die Interaktion mit der Umwelt hätten integriert werden sollen, bleiben dann auf der unvollendeten, weniger differenzierten Entwicklungsstufe stehen, die vor der Bildung des Operators liegt. [...] Daraus entsteht eine Störung in der Entfaltung der kindlichen Persönlichkeit, denn nun sind die Kräfte der Entwicklung und die der Reifung nicht mehr im Gleichgewicht.«

Die soziale Antwort des blickerwidernden Lächelns gegen Ende des dritten Lebensmonats bildet für SPITZ den ersten Organisator. Wir werden die anderen entsprechend dem jeweiligen Stand dieser genetischen Analyse der Objektbeziehungen ins Auge fassen.

V. Die Achtmonatsangst Die Unlustaffekte

Nach dem dritten Lebensmonat äußert das Kind Unlust, wenn sein menschlicher Partner es verläßt, nicht aber, wenn man ihm ein Spielzeug wegnimmt. Dieses Wegnehmen führt erst vom sechsten Monat an zu Unlustäußerungen.

Von da an sind die Lust- und Unlustaffekte, beide in gleicher Weise für die Entwicklung der Persönlichkeit, des Denkens und des Handelns erforderlich, in verschiedenen psychischen Prozessen eng verflochten.

Von dieser frühen Phase an wird die Bedeutung der Frustration bei der Bildung des eigentlichen Seelenlebens augenfällig. Zwischen dem sechsten und dem achten Lebensmonat, wenn die diakritisch wahrnehmende Unterscheidungsfähigkeit fortgeschritten ist, antwortet das Kind nicht mehr auf jeden Neuankömmling mit einem Lächeln, es unterscheidet zwischen Freund und Fremdem. Wenn man sich ihm auf aktive Weise nähert, wie es sie nicht kennt, äußert es Unlust durch ein sehr bezeichnendes Verhalten, sei es, daß es weint oder schreit, sei es, daß es sich ganz oder nur seine Augen zu verbergen versucht, oder sei es, daß es gehemmt bleibt.

Bei der Untersuchung der Genese dieser Reaktion faßt SPITZ drei Phasen im Verlauf des ersten Lebensjahres ins Auge:

a) In den ersten Lebenswochen (und während der Geburt selbst) lassen sich ganz archaische Unlustäußerungen beobachten; es sind lediglich physiologische Spannungszustände als Antwort auf Zustände innerer Unausgeglichenheit. Wir werden sehen, daß sie für die Umwelt einen expressiven Wert bekommen.

b) Im Verlauf des zweiten Vierteljahres tritt die Angstreaktion in Erscheinung. Sie richtet sich auf ein physisches Objekt der Umgebung (Person oder Ding, mit denen das Kind unangenehme Erfahrungen gemacht hat). Es handelt sich da um die Flucht vor einem Realobjekt, wie sie FREUD mit denselben Begriffen beschrieben hat, als er sie der Angst gegenüberstellte (»Hemmung, Symptom und Angst« [140]).

»Wenn sich jedoch ein Fremder dem acht Monate alten Kind nähert, wird es in seinem Wunsch enttäuscht, die Mutter wiederzuhaben. Die auftretende Angst ist also nicht eine Reaktion auf die Erinnerung an eine unangenehme Erfahrung mit einem Fremden; sie ist eine Reaktion auf die Wahrnehmung, daß das Gesicht des Fremden nicht mit den Gedächtnisspuren vom Gesicht der Mutter übereinstimmt. Dies veranschaulicht das Wirken der Apperzeption; bei diesem Vorgang wird ein gegenwärtiger Sinneseindruck mit Gedächtnisspuren aus der Vergangenheit verglichen. In der psychoanalytischen Ausdrucksweise heißt das: Dies ist eine Reaktion auf die innerseelische Wahrnehmung der reaktivierten wunschbedingten Spannung und die darauffolgende Enttäuschung« (Spitz).

Spitz, der diese Reaktion zum archaischen Prototyp der Angst im eigentlichen Sinne erklärt, hat dieses Phänomen in seinem Gesamtverlauf die Achtmonatsangst genannt. Das ist der »zweite Organisator«, der sich im Umkreis des Unlustaffektes bildet, wie er durch die Abwesenheit der Mutter hervorgerufen wird.

Die Beobachtungen von Pädiatern und eines der Autoren (M. Soulé [313]) haben deutlich gemacht, daß diese Angst bei Säuglingen aus Familien, in denen das affektive Klima und die Stimulierungen gut sind, eher in den siebten Monat fällt. Acht Monate ergeben sich meist dann, wenn man sich – wie in dem klinischen Material von Spitz – an Kinder hält, deren erste Lebensmonate nicht unter so günstigen Voraussetzungen gestanden haben.

VI. Die Entwicklung des Kindes im Zeitraum zwischen sechs Monaten und einem Jahr

»Der tonische Fundus hat sich beträchtlich erweitert. Die ursprüngliche Hypertonie ist praktisch verschwunden. Die axiale tonische Aktivität läßt nicht nur eine sitzende Stellung, sondern auch eine aufrechte Haltung zu. Der Moro-Reflex ist vollkommen verschwunden, und der Zuckreflex tritt in Erscheinung, der durch die Kontraktion der den oberen Gliedmaßen am nächsten liegenden Muskeln bezeichnet wird.«

Unlust- und Angstreaktionen kommen motorisch auf dieselbe Weise zum Ausdruck wie die primitive Unlustreaktion. Der Unterschied liegt darin, daß sie unter signifikanteren Bedingungen auftauchen, deren Verständnis eine Beziehung auf die personale Erlebniswelt erfordert. Die Hand-Aktivität erlangt in dieser Phase große Bedeutung. Das Kind kann, aufgrund des Verschwindens des *grasping reflex,* Objekte ergreifen und wieder fallenlassen. Dieses Spiel entwickelt sich auf thymischer Grundlage, die dem Kind die Bewertung des Objekts im Verhältnis zu Lust und Unlust ermöglicht, und das Spielobjekt bekommt dann einen primitiven symbolischen Wert. Ein Objekt greifen und fallen lassen, es wieder aufnehmen und erneut fallen lassen – das sind die wahrscheinlich grundlegenden Erfahrungen für die Beherrschung der Angst im Zusammenhang mit dem Verlust des libidinösen Objektes. Dieser primitive Abwehrmechanismus löst das Phänomen freudiger Befriedigung aus, wie es für diese Periode ganz charakteristisch ist. Das ist das von S. Freud [134] beschriebene und von uns bereits erwähnte Spulenspiel. Das Kind wirft das Spielzeug aus seinem Bett, außerhalb seiner Reichweite, es wird zurückgebracht, und es beginnt unter Freudenäußerungen das Ganze von vorn. Diese Bewegungen werden immer deutlicher willensbestimmt und bringen immer genauer lokalisierte Segmente ins Spiel. So vollzieht sich eine Besitzergreifung des Subjekts von seinem Körper und es läßt sich annehmen, daß gerade in dieser Phase der Ansatz zu einem Körperschema entwickelt wird.

Für SCHILDER [302] bildet die Somatognosie, wenn auch aus den Beiträgen der Sinne entstanden, aus ihnen jederzeit eine neue Form, die sie integriert und den sozialen Bereich unserer Wahrnehmungen und Handlungen absteckt.

Das Körperschema tritt also als unerläßliche psychoneurologische Entität in Erscheinung, als Integrationsform der sinnlichen Gewißheiten, die, indem sie sie in einer immer wieder zerstörten und immer wieder erneuerten Synthese überschreitet, Handlungen und Wahrnehmungen, Vorstellungen und Empfindungen, Erinnerungen und Emotionen umfaßt. Diese stark besetzte Form behält während vieler Monate einen labilen Charakter, und daraus ergeben sich dysharmonische Erfahrungen.

Für PICHON-RIVIÈRE [272] strukturiert sich das Körperschema um eine pränatale Axe, die von Stimuli des Fötallebens hervorgebracht wird und das bildet, was er das körperliche Protoschema nennt. In derselben Phase beginnt das Kleinkind sich im Spiegel wiederzuerkennen (PREYER [274]). WALLON [341] hat beharrlich auf die Bedeutung dieses Phänomens hingewiesen, dem LACAN [208] eine grundlegende Rolle bei der Ich-Bildung zuschreibt.

Wie AJURIAGUERRA und seine Mitarbeiter [6] deutlich machen,

»ist es bemerkenswert, in dieser Reaktion vor dem Spiegel freudige Reaktionen in Analogie zu den früheren auftreten zu sehen und zu konstatieren, daß dieses Wiedererkennen der Objektpermanenz oder seiner selbst zeitlich genau mit dem Auftreten der Angst zusammenfällt, die mit der Feststellung der Nicht-Identität des Gesichts der Mutter und des Fremden in Zusammenhang steht.

Diesem durch seine Verwendung im Kampf gegen die Angst aufgewerteten Identifikationssystem kommt große Bedeutung bei der Entwicklung des gestischen Verhaltens und bei der Sozialisierung von Verhaltensweisen zu, die mit der Integration des Körperschemas einhergehen. Wie WALLON sagt, läßt sich eine wirkliche Prägung der eigenen Körperhaltung des Kindes durch das Verhalten des andern miterleben, dessen Augenzeuge es wird.

Die charakteristischen Züge dieser Periode werden durch die Trennung des eigenen Körpers und der Objekte, durch die Differenzierung zwischen Unlust- und Angstreaktionen und zwischen Ruhehaltung und Lustäußerungen (Freude) bestimmt. Die Angst führt zum Wiederauftauchen älterer tonischer Dispositionen, die – mehr als in der voraufgehenden Phase – einen regressiven Stellenwert haben.«

So haben die genetische Psychoanalyse und die Arbeiten von SPITZ bei ständigem Rückbezug auf die jeder gegebenen Altersstufe des Kindes entsprechenden realen sensomotorischen Fähigkeiten es ermöglicht, die Bildung und spätere Entwicklung der Mutter-Kind-Beziehung deutlicher zu erfassen.

Wenn Psychoanalytiker von der erlebten »Vergangenheit des Kindes« sprechen, dürfen sie überdies nicht einem vom Erwachsenen ausgehenden Anthropomorphismus nachgeben, und wenn sie von der Beziehung zur Mutter reden, müssen sie deren Wege und Aktionsweisen sich bewußt machen. Weil die Objektbeziehung in ihren Entwicklungsphasen zunächst von Erwachsenenanalytikern untersucht wurde, wurde das Objekt – vor jeder Charakteristik der typologischen Strukturen – zuerst als innere Realität aufgefaßt. Bei der Entstehung der Objektbeziehung sahen wir, daß die Besetzung des Objektes seiner Wahrnehmung und seinem Erkennen vorausging; diese Wahrnehmung strukturiert ihrerseits das Ich des Kindes.

1. Die Dyade: In der Mutter-Kind-Beziehung läßt sich die Entwicklung sozialer Beziehungen *in statu nascendi* in Augenschein nehmen; der Soziologe GEORG SIMMEL [306] hatte bereits darauf hingewiesen und sie »Dyade« genannt.

SPITZ seinerseits schreibt:

»Es gehört zu den Besonderheiten dieser Beziehung, daß sich direkt vor unseren Augen ein Zustand sozialer Unbezogenheit, eine rein biologische Verbindung, Schritt für Schritt in das verwandelt, was schließlich zur ersten sozialen Beziehung des Individuums wird. Wir werden hier Zeugen eines Übergangs vom Physiologischen zum Psychologischen und Sozialen.«

In eben diesem Sinne hat man sagen können, daß die dyadische Objektbeziehung das Modell für interpersonale Beziehungen abgibt; sie bietet eine gute Grundlage für das Verständnis zwischenmenschlicher Beziehungen. Diese Hypothesen sind zu einem späteren Zeitpunkt von den Kulturalisten (KAREN HORNEY [182]) und vor allem von Psychoanalytikern wieder aufgenommen worden, die auf vertiefte Weise die Beziehungen zwischen Kultur und Ich-Bildung (E. H. ERIKSON [77]) zu erfassen versucht haben.

2. Ein anderer einzigartiger Aspekt der Mutter-Kind-Beziehung liegt in der Differenz zwischen der psychischen Struktur der Mutter und der des Kindes. Es läßt sich sagen, daß in der gesamten Soziologie nirgendwo eine ähnliche Divergenz zwischen zwei ähnlich eng verbundenen Wesen anzutreffen ist, wofern man nicht die Beziehungen zwischen einem Menschen und einem domestizierten Haustier als vergleichbar auffassen will (SPITZ).

Der physische Kontakt zur Mutter läßt bereits beim Neugeborenen die Muskelspannung sinken und erhält deshalb im Verlauf der ersten Erfahrungen beträchtliche Bedeutung.

3. Die strukturalen Differenzen zwischen Kind und Mutter sind erheblich; ihre wechselseitigen Umgebungen sind jedoch ganz und gar ungleichförmig. Für den Erwachsenen setzt sich die Umwelt aus einer großen Zahl verschiedener Faktoren zusammen (Gruppen, Individuen, leblose Dinge), die Kraftfelder darstellen, die sich in dynamischen Konstellationen aufbauen und letztlich mit der organisierten Persönlichkeit des Erwachsenen interagieren.

»Für das Neugeborene besteht die Umwelt gleichsam aus einem einzigen Individuum, der Mutter oder der Ersatzmutter. Sogar dieses einzige Individuum wird von dem Neugeborenen nicht als eine von ihm selbst gesonderte Einheit wahrgenommen. Es ist ganz einfach ein Teil in der Ganzheit seiner Bedürfnisse und ihrer Befriedigung.«

Die Mutter oder ihr Ersatz dient als Dolmetscher für die Kraftfelder der Umwelt. Sein erstes Lebensjahr verläuft in einem »geschlossenen System«, dessen Struktur erhellt werden muß.

4. Wenn man schließlich auch den Einfluß der Mutter auf die infantile Entwicklung weitläufig untersucht hat, hat man sich doch wenig zu erkennen bemüht, wie der Säugling auf die Mutter einwirkt, die ihrerseits ihr affektives Verhalten im Verhältnis zu der Art und Weise, wie sie diese Beziehung erlebt, ändern kann.

Dieses affektive Verhalten bestimmt die Beschaffenheit der Erfahrung selbst, vor allem während der ersten drei Lebensmonate, in denen sich die Erfahrungen des Kindes auf Affekte beschränken.

Im Bereich der Mutter-Kind-Dyade entwickelt sich unausgesetzt eine Reihe von Kreisprozessen, die die Aktionen und Reaktionen der beiden Glieder des untersuchten Paares zum Ausdruck bringen[10].

Auf nahezu paradoxe Weise hat JOHN BOWLBY [42], der sich mit einer genauen Untersuchung der destrukturierenden Folgen mütterlicher Unzulänglichkeiten hervorgetan hatte, auf der Bedeutung der Triebe für die Ich-Entstehung beharrt: er stützt sich dabei auf ethologische Gesichtspunkte, und seine Arbeit läuft letztlich darauf hinaus, die Bedeutung der Mutter für die Konstitution der Objektbeziehung abzuschwächen. Der Grundgedanke dieser seiner Arbeit, deren Bedeutung unseres Erachtens eine eingehende Analyse rechtfertigt, läuft darauf hinaus, den Begriff der *Abhängigkeit* (der auf der Einsicht in die Frühreife des menschlichen Säuglings beruht und die Grundlage für die sogenannte genetische Theorie der Entwicklung der Objektbeziehung bildet) durch den der *Anhänglichkeit* zu ersetzen, der die Bedeutung angeborener und triebhafter Mechanismen deutlicher zum Ausdruck bringt.

Der Autor ist der Ansicht, daß in der Psychoanalyse vier Hauptgruppen von theoretischen Konzepten die positiven Aspekte der Objektbeziehung des Kindes zur Mutter zu definieren versuchen:

a) Das Kind hat rein physiologische Bedürfnisse. Es handelt sich insbesondere um die nach Nahrung und Wärme. Die Mutter befriedigt sie, und das Kind lernt ihr gegenüber anhänglich zu sein, weil sie ihm zu essen gibt. Das ist die Theorie der *sekundären Tendenz.*

b) Das Kind hat ein *angeborenes Bedürfnis nach der Brust.* Deshalb ist es der Mutter gegenüber anhänglich. Soweit die Theorie des *primären Einsaugens des Objektes.*

c) *Das Kind hat ein angeborenes Bedürfnis nach somatischem und psychischem Kontakt mit einem menschlichen Wesen.* Dieses Bedürfnis ist relativ unabhängig von oralen Bedürfnissen. Das ist die Theorie des *primären Hängens am Objekt.*

d) Das Kind bedauert die Ausstoßung aus dem Mutterbauch und verlangt dahin zurückzukehren – die Theorie des *primären Wunsches nach Rückkehr in den Mutterleib.*

Ganz offensichtlich umfaßt die erste Theorie auch unsere Beschreibung der Objektbeziehung. BOWLBY versucht in seiner Arbeit die dritte und die vierte Theorie zu verteidigen. Ihm zufolge ist das während des ersten Lebensjahres beobachtete Anhänglichkeitsverhalten ein aus verschiedenen Triebreaktionen zusammengesetztes Ganzes, die anfangs relativ unabhängig voneinander sind. Das Kind äußert, nach BOWLBY, zugleich und sozusagen parallel spezifisch orale und Kontaktbedürfnisse. Sie werden im Entwicklungsverlauf integriert und konzentrieren sich um die Mutter. Sie liegen dem Anhänglichkeitsverhalten zugrunde.

[10] M. MAHLER, »*On Human Symbiosis and the Vicissitudes of Individuation*«, New York [Intern. Univ. Press] 1968, hat die Mutter-Säugling-Beziehung als durch einen Prozeß der »Separation-Individuation« charakterisiert beschrieben, deren Schwierigkeiten die symbiotische Psychose des Kindes aufbauen.

Bowlby ist bei seiner Untersuchung der *positiven und dynamischen Aspekte der Mutter-Kind-Verbindung* der Ansicht, daß sie in einer bestimmten Zahl von Triebreaktionen zum Ausdruck kommen, die ihrerseits primär und voneinander relativ unabhängig sind. Er unterscheidet fünf Komponenten, nämlich *Saugen, Sich-Anklammern, Folgen, Weinen* und *Lächeln.* Sie werden im Gesamtverlauf des ersten Lebensjahres integriert und führen zum Anhänglichkeitsverhalten, das der Autor zu beschreiben versucht.

Die drei ersten Komponenten (Saugen, Sich-Anklammern, Folgen) erreichen ihr Ziel nur, wenn eine reziproke, aber relativ eingeschränkte Reaktion seitens der Mutter erfolgt. Die beiden letzten (Weinen und Lächeln) nehmen sich das Verhalten der Mutter zum Vorbild. Bowlby beschreibt sie als auf die Mutter reagierende und eine Reaktion der Mutter auslösende soziale Stimuli. Die Beschreibung dieses Anhänglichkeitsverhaltens an die Mutter wird anschließend in seinen Details ins Auge gefaßt.

Die *Tränen* werden nicht ausschließlich von oralen Bedürfnissen hervorgerufen. Häufig bringt das Wiegen und das sanfte Zureden der Mutter sie zum Versiegen. Ein ebenfalls von der Mutter ausgehender Stimulus liegt dem *Lächeln* des Kindes zugrunde, dessen Auftreten sich sehr verschiedenartig gestalten kann. Das *Folgeverhalten* antwortet auf Stimuli von seiten der Mutter und hängt in seinen Äußerungen von ihnen ab. Es läßt sich in Phasen von Müdigkeit oder bei Angst beobachten. Es erreicht seinen Höhepunkt im Alter zwischen eineinhalb und zweieinhalb Jahren und tritt vor allem dann auf, wenn das Kind bei der Mutter eine leichte Feindseligkeit verspürt. Das Phänomen des »Sich-Anklammerns« wird sehr früh ausgelöst und äußert sich etwa in Handbewegungen während des Saugens. Es kann auf die Mutter oder auf das Übergangsobjekt im Sinne von Winnicott [348] gerichtet sein und kommt im Ausstrecken der Arme zum Ausdruck, das der Erwachsene als Wunsch aufgenommen zu werden deutet.

Winnicott beschreibt das Übergangsobjekt und das Übergangsphänomen folgendermaßen:

»Zur Bezeichnung des Zwischenbereichs des Erlebens zwischen dem Daumen und dem Teddybär, zwischen der Oralerotik und echten Objektbeziehungen, zwischen der primären schöpferischen Aktivität und der Projektion dessen, was bereits introjiziert worden ist, zwischen dem primären Nichtkennen der Dankesschuld und der Anerkennung der Dankesschuld (sag danke!), habe ich die Ausdrücke ›Übergangsobjekt‹ und ›Übergangsphänomen‹ eingeführt.«

Wie bereits ersichtlich wurde, setzt Winnicott voraus, daß das Kind die Phase der Einheit und die Möglichkeit, aus der inneren Realität Vorteil zu ziehen, sehr früh erreicht.

Der Begriff des Übergangsobjektes bringt eine andere Hypothese ins Spiel, derzufolge ein Mittelbereich besteht, in dem innere Realität und äußeres Lebensgeschehen gleichzeitig zur erlebten Vergangenheit beitragen.

»Ich untersuche daher das Wesen der *Illusion,* jenes Raumes, der dem Kleinkind zugebilligt wird und dem im Leben des Erwachsenen Kunst und Religion zugehören. Wir können die Achtung vor illusionärer Erfahrung mit anderen teilen, und wenn wir es wollen, können wir uns zusammentun und auf der Grundlage der Ähnlichkeit unserer illusionären Erlebnisse eine Gruppe bilden. Dies ist eine natürliche Wurzel der Gruppenbildung unter Menschen. Es ist jedoch ein Zeichen von Verrücktheit, wenn ein Erwachsener die Gutgläubigkeit anderer Menschen zu sehr strapaziert und sie zwingen möchte, eine Illusion mit ihm zu teilen, die nicht die ihre ist.

Ich hoffe, ich habe klargemacht, daß ich nicht präzise vom Teddybären des kleinen Kindes spreche, und auch nicht vom ersten Gebrauch, den der Säugling von seiner Faust (seinem Daumen, seinen Fingern) macht. Ich untersuche auch nicht das erste Objekt der Objektbeziehungen. Es geht mir um den ersten Besitz und um den Zwischenbereich zwischen dem Subjektiven und dem, was objektiv wahrgenommen wird.«

Den Übergangsobjekten, die rein funktionalen Spielaktivitäten dienen, fügt WINNICOTT den Begriff der Übergangsphänomene hinzu. Sie haben die Tendenz, in schwierigen Phasen aufzutreten, in denen das Kind erneut Übergangsobjekte benutzt. Das erste Besitztum wird sich dann gemeinsam mit autoerotischen Techniken angeeignet, mit denen Jungen und Mädchen den ersten Besitz eines »Nicht-Ich« verarbeiten, das nichts anderes als das Übergangsobjekt ist. WINNICOTT sieht im Übergangsobjekt den Ursprung der symbolischen Aktivität.

»Es trifft zu, daß das Stück Wolldecke (oder was immer es sein mag) symbolisch für ein Teilobjekt wie z. B. die Brust steht. Trotzdem ist das Wichtige an ihm nicht so sehr sein Symbolwert, sondern vielmehr seine Aktualität. Daß es nicht die Brust (oder die Mutter) ist, ist ebenso wichtig wie die Tatsache, daß es die Brust (oder die Mutter) vertritt.«

WINNICOTT definiert die Besonderheiten der Beziehung zu einem Partialobjekt folgendermaßen: Das Kind eignet sich Rechte an dem Objekt zu, das man ihm zur Verfügung stellt. Dieses Objekt wird zärtlich gehätschelt, leidenschaftlich geliebt und zuweilen verletzt. Es muß gleichwohl offenbar Wärme vermitteln, bewegungsfähig sein, eine bestimmte Textur haben und etwas anstellen können, das eine gewisse Beseelung anzuzeigen scheint. In den Augen des Erwachsenen ist das Objekt etwas dem Kind äußerliches; es selbst empfindet das jedoch keineswegs so. Es kommt aber ebensowenig von innen und ist keine Halluzination. Schließlich verfällt das Objekt fortschreitender Gegenbesetzung. Im Verlauf der normalen Entwicklung wird es nicht verinnerlicht, während das damit zusammenhängende Gefühl nicht zwangsläufig verdrängt wird. Es wird nicht vergessen, und das Kind trauert nicht darum. Es verliert schlicht seine Bedeutung, ganz einfach deshalb, weil die Übergangsphänomene sich über den gesamten vermittelnden Bereich erstrecken, der in der zwei Personen gemeinsamen Wahrnehmung die innere Realität von der Außenwelt trennt. Mit anderen Worten: die Übergangsphänomene umspannen den gesamten Bereich von Kultur.

Im Bereich der Theorie stellt das Übergangsobjekt die Brust oder das Objekt der ersten Beziehung dar; es geht der Einsetzung der Realitätsprüfung voraus. Das Kind verfügt im Verhältnis zu diesem Übergangsobjekt über eine omnipotente und magische Selbstherrlichkeit. Es geht dann zur Beherrschung durch Handhabung über, und das schließt fortan die Muskelerotik ein. Das Übergangsobjekt kann unter Umständen zum fetischisierten Objekt werden, ohne jedoch letztlich zum Fetisch-Gegenstand des sexuell Perversen zu werden. WINNICOTT unterscheidet das Übergangsobjekt vom inneren Objekt, wie es von MELANIE KLEIN beschrieben worden ist. Denn das Übergangsobjekt ist weder inneres noch äußeres Objekt. Das Kind verwendet das Übergangsobjekt, wenn das innere Objekt lebendig, real und hinreichend gut ist. Die Konstitution des inneren Objektes im Sinne von MELANIE KLEIN hängt jedoch von der Existenz des äußeren Objektes, der Brust, der mütterlichen Imago und der mütterlichen Fürsorge insgesamt ab. Wenn das äußere Objekt böse ist oder fehlt, verändert sich damit auch das innere Objekt und wird persekutorisch. Wenn diese Unzulänglichkeit größer wird, konstituiert das innere Objekt sich nicht, und das Übergangsobjekt verliert jede Bedeutung. So fällt das Übergangsobjekt nie unter die magische Kontrolle des Kindes wie das innere Objekt. Ebensowenig liegt es aber außerhalb seiner Kontrolle wie etwa die wirkliche Mutter.

Nach WINNICOTT erfordert das Verständnis des Übergangsobjektes ein genaues Eingehen auf den Prozeß, der den Übergang vom Lust- zum Realitätsprinzip ermöglicht – ein Übergang, der nur deshalb stattfinden kann, weil die Mutter hinreichend gut ist, d. h. sich den Bedürfnissen des Kindes aktiv anpaßt. Diese Anpassung läßt ganz offensichtlich in dem Maße nach, wie das Kind fähig wird, Anpassungsmängel hinzunehmen und die Folgen von Frustrationen besser zu ertragen. Die in ausreichendem Maße »gute« Mutter paßt sich den Bedürfnissen des Kindes anfangs vollkommen an. Im Verhältnis zur zunehmenden Reifung des Kindes wird diese Anpassung immer weniger eng, folgt sie damit der wachsenden Fähigkeit des Kindes, sich mit dieser Zurücknahme abzufinden. Daraus ergibt sich, daß bei normaler Entwicklung die fortgesetzte enge Anpassung der Mutter an die kindlichen Bedürfnisse nur störend wirken kann, während sie sich doch natürlicherweise abschwächen sollte. Wirklich ist

»eine genaue Anpassung der Zauberei ähnlich: das Objekt, das sich vollkommen verhält, ist nicht besser als eine Halluzination. Trotzdem muß *zu Anfang* die Anpassung fast vollkommen sein, und nur, wenn sie das ist, kann der Säugling beginnen, die Fähigkeit zu entwikkeln, eine Beziehung zur äußeren Realität zu erleben oder sich einen Begriff von der äußeren Realität zu machen.«

Aus dieser Auffassung wird ersichtlich, daß die den Bedürfnissen des Kindes sich vollkommen anpassende Mutter ihm die Illusion ermöglicht, daß die Brust ein Teil seiner selbst ist.

»Mit anderen Worten: der Säugling erschafft immer wieder aus seiner Liebesfähigkeit oder (wie man auch sagen kann) aus seinem Bedürfnis heraus die Brust aufs neue. Im Baby entwickelt sich ein subjektives Phänomen, das wir die Brust der Mutter nennen. Die Mutter stellt die wirkliche Brust gerade dort bereit, wo der Säugling sie zu erschaffen bereit ist, und noch dazu im richtigen Augenblick.«

Wenn alles gut verläuft, muß das Kind sehr bald zwischen dem objektiv Wahrgenommenen und dem unterscheiden können, was subjektiv, im Rahmen des gesamten Phantasiereichtums, aufgenommen wird. Dieses Problem kann nur gelöst werden, wenn ein vermittelnder Bereich besteht, der des dem Kind zugestandenen Übergangsobjektes, das zwischen seiner primären Kreativität und seiner objektiven Wahrnehmung auf der Grundlage von Realitätsprüfungen angesiedelt ist. So repräsentieren die Übergangsphänomene ein Vorstadium der Illusion. Diese Illusion ist keine andere als die, die dem Kind die Hypothese einer äußeren Realität aufzustellen erlaubt, die mit seiner personalen schöpferischen Fähigkeit korrespondiert. Sie wird durch den Umstand charakterisiert, daß die Mutter ihrem Kind zu gelegener Zeit die Brust gibt. Das Kind aber kann die Brust nur in dem Maße aufnehmen, wie es selbst sie geschaffen hat. In dieser Hinsicht läßt sich sagen, daß es zu dieser Zeit keinen Austausch zwischen Mutter und Kind gibt.

»Psychologisch gesehen trinkt der Säugling an einer Brust, die Teil seiner selbst ist, und die Mutter stillt ein Kind, das ein Teil von ihr ist. In der Psychologie beruht die Idee von einem wechselseitigen Austausch [*interchange*] auf einer Illusion.«

Mit den notwendigen Frustrationen, deren Unabdingbarkeit bereits oben dargestellt worden ist, tritt der Prozeß der Desillusionierung in Erscheinung, der die Szene für die Möglichkeit jener Frustration öffnet, die man gewöhnlich mit dem Begriff der Entwöhnung bezeichnet. Die Spannung im Zusammenhang mit Desillusionierung, Frustration und Entwöhnung kann nur ertragen werden dank der Existenz jenes vermittelnden Erfahrungsbereiches des Übergangsobjektes, der Übergangsphänomene und – nach WINNICOTT – der Kultur. Aber die Kontinuität der affektiven äußeren Umgebung und der Übergangsobjekte in Zeit und Raum spielt in dieser Hinsicht eine wesentliche Rolle. Wie ersichtlich, ist das Fetisch-Objekt, das von der Ichspaltung ausgehend mit Rücksicht auf die Halluzination des mütterlichen Phallus beschrieben wurde, völlig verschieden vom Übergangsobjekt im Sinne WINNICOTTS. Das Übergangsobjekt kann ganz offensichtlich zum mütterlichen Phallus werden, obwohl es zunächst und vor allem am Beginn der Hervorbringung der Brust der Mutter steht.

Die Psychoanalyse hat insbesondere auf dem Saugbedürfnis bestanden, und zwar in dem Maße, wie darin die Oralität zum Ausdruck kommt, der sie – nach BOWLBY – zu große Bedeutung eingeräumt hat. Er ist gleichwohl der Ansicht, daß dieses Bedürfnis sich länger als gewöhnlich angenommen beobachten läßt, und meint, daß Kinder bis zum Alter von zwei Jahren deutlich zeigen, daß sie nach der Flasche verlangen.

BOWLBY erinnert daran, daß jene fünf triebgebundenen reaktiven Verhaltensweisen deshalb zum Ausdruck kommen, weil sie dem Kind das Überleben ermöglichen. Sie wecken die mütterliche Fürsorge und ermöglichen dem Säugling den nahen Kontakt zur Mutter. Gleichwohl sind diese fünf Reaktionen *nur zufällig auf die Mutter gerichtet. Sie könnten sich auch auf ein anderes Objekt konzentrieren.* Das ist in unserer Zivilisation relativ unwahrscheinlich, weil alle sie auslösenden Stimuli von der Mutter ausgehen. BOWLBY macht diese kulturelle Gegebenheit durch die Einführung eines Neologismus verständlich, durch den Begriff der *Monotropie;* er ist – im Gegensatz zur Mehrzahl der Psychoanalytiker – der Ansicht, daß das Saugebedürfnis, das sich derart leicht auf ein anderes lebloses oder Übergangsobjekt überträgt, in der Tat weniger wichtig als das Bedürfnis des Folgens und Sich-Anklammerns ist.

Wie ersichtlich, appelliert BOWLBY in dieser seiner Beschreibung insbesondere an das angeborene Bedürfnis einer Beziehung zur Brust (die Theorie des primären Einsaugens des Objektes) und an das angeborene Bedürfnis, sich an ein Objekt anzuklammern und es zu berühren. Er trennt sich mithin von den in der Psychoanalyse klassisch gewordenen Theorien der sekundären Bedürfnisse, wie sie auch Gegenstand unserer Darstellung der Genese der Objektbeziehung sind.

Bevor diese Hypothesen durch ethologische Vergleiche abgestützt werden, die ihnen in BOWLBYS Darstellung in Wirklichkeit vorausgehen, sei daran erinnert, daß der Autor die psychoanalytische Literatur im Zusammenhang mit der Orientierung auf ein Objekt hin sehr detailliert durchmustert. Er macht deutlich, daß gerade die Theorie des sekundären Bedürfnisses den Auffassungen FREUDS und im allgemeinen auch denen der genetischen Psychoanalytiker zugrundeliegt. Gleichwohl stellt er fest, daß in der Praxis zahlreiche neuere Autoren – ANNA FREUD, RENÉ SPITZ und MARGARET RIBBLE – sich in Wirklichkeit von der sekundären Theorie losgelöst haben; sie beschreiben in zahlreichen klinischen Termini eine primäre soziale Verbindung, obwohl sie theoretisch dem Nahrungs- und Wärmebedürfnis des Säuglings Vorrang einräumen.

BOWLBY ist der Ansicht, daß die ungarische Schule von FERENCZI und BALINT sich in einer Richtung festlegt, die neubewertet werden muß, und zwar der des Bedürfnisses nach Kontakt und nach primärem Anklammern an das Objekt. Wahrscheinlich hat MELANIE KLEIN, obwohl sie an Vorstellungen festhielt, die sich mit einer wissenschaftlichen Analyse der Entstehung der Objektbeziehung nicht vereinbaren lassen, klinische Tatbestände anschaulich gemacht, die auf die Theorie des Wunsches nach Rückkehr in den Mutterleib – der ungarischen Schule gemäß – verweisen.

Im allgemeinen glaubt der Autor, daß alle Anhänger der sogenannten englischen analytischen Schule – PAULA HEIMANN, DONALD W. WINNICOTT – nicht genug Nachdruck auf die Bedeutung der Primärbedürfnisse legen, selbst wenn sie die Ausweitung der oralen Sphäre in Rechnung stellen. MARGARET RIBBLE spricht ihrerseits wohl von emotionaler Symbiose, sieht aber lediglich eine orale und Nahrungssymbiose.

In einem anderen Abschnitt seiner Arbeit, der die perzeptiven und kognitiven Aspekte der Mutter-Kind-Verbindung behandelt, versucht BOWLBY die Bedeutung dieser Primärphänomene des Anklammerns an die Mutter einsichtig zu machen. Es ist ihm zufolge evident, daß das Kind nicht ohne weiteres einer genauen Perzeption des menschlichen Gesamtobjektes fähig ist. SPITZ hat gezeigt, daß es eine vorläufige Phase gibt, in der das Kind eine Vor-*Gestalt* wahrnimmt, die lediglich Stimulus und Attribut des Objektes ist (präobjektale Beziehung). BOWLBY nimmt manche Vorstellungen von PIAGET wieder auf und glaubt, daß das Kind nicht vor dem Alter von neun Monaten wahrzunehmen in der Lage ist, daß die Objekte mit bestimmten spezifisch menschlichen Attributen ausgestattet sind. Er stellt fest, daß der Zeitpunkt, zu dem das Kind die Vorstellungen der liebenswerten guten Mutter und der hassenswerten bösen Mutter zu verbinden fähig ist, für seine spätere Entwicklung entscheidend ist. Man sollte gleichwohl nicht annehmen, daß das Kind, wenn es auf gleichsam sozialisierte Weise reagiert und beispielsweise lächelt, deswegen auch charakteristische menschliche Merkmale und deren Permanenz in Zeit und Raum wahrnähme. Das Kind ist von Geburt an mit der Fähigkeit ausgestattet, auf bestimmte elementare Stimuli zu reagieren, z. B. die Brust und den Blick; es wird zunehmend fähig, Fragmente der Welt wiederzuerkennen; es verschmilzt sie miteinander im Alter von etwa sechs Monaten; später, mit neun Monaten, nimmt es das Objekt als der Außenwelt zugehörig wahr und schreibt ihm autonome und personale Existenz zu.

Bowlby versucht seine Beschreibung der fünf oben erwähnten triebbestimmten Verhaltensweisen schließlich durch *ethologische Untersuchungen* abzustützen. Die Ethologen analysieren Verhaltenstypen, wie sie für jede Gattung charakteristisch sind. Diese Verhaltensweisen können instinktgebundene Reaktionen genannt werden, die von den triebgebundenen der Psychoanalyse unterschieden werden müssen. Die instinktgebundenen Verhaltensweisen können als Reaktionen auf interne oder externe Stimuli aufgefaßt werden, die durch Reproduktions- und Schutzfunktionen für das in Betracht gezogene Individuum der beobachteten Gattung charakterisiert werden.

Die internen stimulierenden Bedingungen sind physiologischer und beim Menschen in spezifischerem Sinne psychologischer Natur. Die äußeren Bedingungen können etwa einfache visuelle oder auditive *Gestalten* sein: die Auslösemechanismen der Ethologen, die instinktgebundene Reaktionen bewirken, die ihrerseits durch von anderen Stimuli ausgelöste Mechanismen stillgestellt werden.

Es ist zweifelhaft, ob die Arbeit von Bowlby zur Vertiefung der Einsicht in die Folgen bestimmter mütterlicher Unzulänglichkeiten beiträgt. In dem Maße, wie er die Bedürfnissphäre des Kindes ausweitet, wird offensichtlich, daß der Mangel an psychologischer Fürsorge in bestimmten Fällen wichtiger ist als der im eigentlichen Sinne orale.

Bowlbys Arbeit schlägt jedoch zugleich eine sehr heterogene Richtung ein – heterogen im Verhältnis zur Gesamtheit der genetischen Psychoanalytiker. Der Begriff des oralen und instinktgebundenen Sich-Anklammerns nimmt vor allem ethologische Referenzen für sich in Anspruch. Obwohl er durch eine genetische Analyse des Objektbegriffes im Sinne der Theorie von Piaget gestützt wird, weicht er doch den Konsequenzen der Frühreife des Säuglings ziemlich gründlich aus – jener Frühreife als äußerst wichtigem Begriff für jede Analyse, die auf die Integration psychoanalytischer Tatbestände in die neurobiologische Gesamtauffassung der infantilen Entwicklung abzielt.

Bowlbys Arbeit ist, wie ersichtlich, im wesentlichen auf die Übertragung von bei Tieren beobachteten, instinktgebundenen Verhaltensweisen auf den Menschen ausgerichtet. In methodologischer Hinsicht sind wir nicht sicher, ob diese Art von Gleichstellung verläßlich ist.

Mit der Notwendigkeit, die Beschreibung der Mutter-Kind-Verbindung im anaklitischen, präobjektalen Stadium über die orale und Ernährungssphäre hinaus auszuweiten (von deren hervorragendem Wert für die psychoanalytische Rekonstruktion abgesehen), kann man nur einverstanden sein. Wir ziehen es jedoch vor, anstatt innere Auslösemechanismen ins Spiel zu bringen, deren Wesen wir lediglich durch den Rückbezug auf eine ethologische Analyse des Köders kennen, uns auf ein unbestreitbares Faktum zu stützen: die Frühreife des Säuglings erlegt ihm Bedürfnisse und Abhängigkeit auf. Der Erwerb der Differenzierung stellt sich im Bereich der Beziehung her, die das Objekt ebenso spezifiziert wie das Ich und das Selbst. Somit wertet dieses triebgebundene Anhänglichkeitsverhalten, dessen Existenz gerechterweise anerkannt werden muß, diese Verbindung selbstredend auf.

Ethologische Perspektiven lassen sich jedoch bei der genetischen Analyse nutzen, die der Einsicht in die alles psychische Geschehen lenkende Ökonomie ihren Platz einräumt.

In eben dieser Hinsicht hat sich SPITZ mit seiner Untersuchung über die Anfänge der semantischen Kommunikation festgelegt: er hat dieses Problem namentlich in seiner Monographie *»No and Yes«* (1957; dt. »Nein und Ja«, 1960; frz. *»Le non et le oui«*, 1962 [321]) und in *»De la naissance à la parole«* [323 b] analysiert.

»Im Verlauf des gesamten ersten Lebensjahres verwendet das Kind, wie aktiv seine Kommunikation mit der Mutter auch sein mag, keinerlei semantische Zeichen und noch weniger Worte.«

In der darauf folgenden Phase werden die gelenkten und reziproken Kommunikationsversuche jedoch mehr und mehr in verbale Kommunikation umgewandelt:

»Von da an gestalten die Objektbeziehungen sich zunehmend unter Zuhilfenahme der Sprache, die die archaischen Formen des Austausches zwischen Mutter und Kind mehr und mehr ersetzt.«

Bis zum siebten oder achten Lebensmonat

»nimmt das Kind die von der Mutter ausgehenden Botschaften hauptsächlich durch taktilen Kontakt auf; nach den Umwandlungen im Zuge der Errichtung des zweiten Organisators werden manche Botschaften der Mutter jedoch durch Fernwahrnehmung verstanden.«

Mit AJURIAGUERRA und DIATKINE [6] kann man den Höhepunkt dieser motorisch-perzeptiven Entwicklung auf diese Phase (zwischen einem und fünf Jahren) verlegen.

- Das Auftauchen der Funktionen des pyramidalen Systems bezeichnet den Beginn einer Entwicklung, die sich über mehrere Jahre hinweg fortsetzt.
- Die Ausweitung des Ballismus – eine individuell mehr oder weniger große Fähigkeit zur Kontrolle der Hypertonie (deren Rolle bei emotionalen Reaktionen bekannt ist).
- Die Motilität wird zunehmend zielgerichtet, bei wachsender Beherrschung der Objekte gemäß dem tonischen Fundus und dem Verschwinden der Synkinästhesien.

»Das Gehvermögen vermehrt die Möglichkeiten der Raumerforschung. Es tritt als Kontaktmittel zur Außenwelt auf und ermöglicht dem Kind die Verbindung von nahen Raumabschnitten zu einem einheitlichen, von seinem eigenen Körper geschiedenen Raum (WALLON [341]).«

Parallel dazu entwickelt sich die Somatognosie; der Begriff des Körper-»Ganzen« scheint jedoch erst um das zweite Lebensjahr herum erworben zu werden (PIAGET):

»Später hat das Kind dank der erworbenen Bewegungsfähigkeit Raum zwischen sich und die Mutter gelegt, und die mütterlichen Interventionen vollziehen sich mehr und mehr durch Geste und Wort. [...] Denn es zögert nicht, seine Neugier und sein Aktivitätsbedürfnis zu befriedigen, und stürzt sich in die gefährlichsten Situationen. Bis dahin hatte die Mutter die unmittelbaren Wünsche des Kindes befriedigt; von jetzt an ist sie gezwungen, seine Initiativen abzuwenden, und das zu einer Zeit, in der der Aktivitätsdrang des Kindes zunehmend größer wird. Vom Hätscheln geht sie zum Verbot über, zu Anweisungen, zum Tadel und zur Schelte. Das zu dieser Zeit von ihr am häufigsten gebrauchte Wort ist ›nein! nein!‹, von einem Kopfschütteln begleitet, das das Kind daran hindert, alles zu tun, was es will. [...] Das verbietende Wort wird von einer physischen Tätigkeit begleitet, solange bis das Kind das verbale Verbot zu verstehen beginnt. Das Kind imitiert das verneinende Kopfschütteln als Bestandteil des Handelns der Mutter. Dieses Kopfschütteln wird für das Kind zum Symbol und zur letzten Spur des frustrierenden mütterlichen Handelns.«

Dieses »nein« ist zweifellos nicht die erste stimmliche Kommunikation des Kindes, deren Hauptphasen wir so in Erinnerung rufen wollen, wie sie AJURIAGUERRA und BADARACCO zusammenfassend nachgezeichnet haben:

»Nach der Geburt nimmt der durch coenästhetische Unlustzustände ausgelöste Schrei des Neugeborenen einen Signalwert für die Mutter an, die zuweilen sogar verschiedene Höhenlagen dabei unterscheiden kann. Im Verlauf der ersten sechs Monate treten die ersten prälinguistischen Organisationen in Erscheinung.«

Praktisch lassen sich zwei Perioden unterscheiden:

»1. Die Phase des Schreiens und Wimmerns. Dabei handelt es sich um ein artikuliertes expiratorisches Geräusch, das die tonischen Unlustreaktionen begleitet.«

LEOPOLD STEIN hat die Stimmphänomene des ersten Lebensmonats zu systematisieren versucht und gezeigt, daß sie bereits eine gewisse Komplexität darstellen.

»a) Lippenlaute, die den Saugbewegungen, dem Vorstülpen und Zusammenziehen der Lippen entsprechen.

b) Ein expiratorischer Luftröhren-Kehlkopf-Laut. Die Mischung beider Geräusche tritt in unterschiedlichem Zusammenhang auf.

2. Das Lallen tritt vom zweiten Monat an in Erscheinung. Dabei handelt es sich um immer zahlreichere artikulierte Laute, die die Organisation der beiden vorhergehenden Stimm-Phänomene voraussetzen. Sie treten nur in euphorischen Phasen auf, wohingegen die Unlustreaktionen zum Wiederauftauchen des primitiven Schreiens führen, das im Gegensatz dazu für die Umgebung zum bezeichnenden Signal wird.«

Nach dem sechsten Lebensmonat

»wird das Lallen harmonisch und moduliert, und das Kind gliedert und organisiert es wie wirkliche Sätze. Es tritt darin ein Element spielerischer Identifikation auf, das dem Beobachter nicht entgehen wird. Gegen Ende dieser Periode zeigen sich die ersten Elemente des sinnvollen Wiedererkennens der Sprache des anderen. Es handelt sich jedoch um Laut-Ganzheiten, die nur in einer bestimmten relationalen Situation signifikativ sind: also noch nicht um Sprache, sondern um Laut-Signale, die die nahe Befriedigung ankündigen. Es sei daran erinnert, daß das Kind sehr viel früher für den stimmlichen Ausdruck von Zorn hellhörig wird und daß sich von Beginn dieser Phase an durch die Stimme Unlustkrisen auslösen lassen. Ebenso muß auf die frühzeitige Bedeutung von Liedern, Singsang und Abzählreimen hingewiesen werden, die offenbar Bestandteile auch der ersten anaklitischen Elemente sind ...«

Nach dem ersten Lebensjahr tritt die Sprache in Erscheinung ...

»Ihr wirkliches Auftreten korrespondiert mit der Möglichkeit, in der Gesamtheit von wahrgenommenen Lauten eine Form wiederzuerkennen, die für ein erkennbares Objekt der umgebenden Welt signifikativ wird. [...] Die ersten Worte haben den Stellenwert von Einwort-Sätzen und repräsentieren die Handlungsintention ebenso wie das Objekt ...«

Spitz weist darauf hin, daß die

»sogenannten ›globalen‹ Wörter [i. e. die Einwortsätze] gleichzeitig alles repräsentieren, was das Kind wünscht, von der Mutter bis hin zur Milchflasche.

Das negative Kopfschütteln und das Wort ›nein‹ stellen im Gegensatz dazu einen Begriff dar: den Begriff der Verneinung, der Verweigerung im engen Sinn des Wortes. Es sind algorithmische Zeichen (Lalande). Zugleich bilden diese Zeichen den ersten abstrakten Begriff, der sich im geistigen Leben des Kindes herauskristallisiert« [319].

Dieses Phänomen läßt sich auf verschiedene Weise erklären: Einfache Imitation im Sinne des Pithiatismus; Akkumulation von Versagungserfahrungen seitens der Mutter (Intensivierung der Theorie des Lernens); das Prinzip von Zeigarnik, demzufolge aufgrund von mütterlichen Verboten unerledigte Handlungen besser im Gedächtnis haften bleiben.

Spitz zieht jedoch eine Erklärung durch den dynamischen Prozeß der Identifikation vor.

Das libidinöse Objekt erlegt mit jedem »nein« der Mutter den Es-Trieben des Kindes Frustrationen auf und ruft seine Unlust hervor.

»Diese spezifische affektive Besetzung sichert der Gedächtnisspur des verbietenden ›nein‹ in Geste oder Wort die Dauer. Das Kind läßt es sich nicht ohne Widerstand gefallen, wenn man es wieder in die Passivität zurückzwingen will (Anna Freud). Die verneinende Geste des Kopfschüttelns und das vom Objekt gesprochene Wort ›nein‹ werden dem Ich des Kleinkindes als Erinnerungsspuren einverleibt. Die affektive Unlustbesetzung wird von dieser Vorstellung getrennt; diese Trennung ruft einen Aggressionsdruck hervor, der sich dann vermittels Assoziation mit der Erinnerungsspur im Ich verknüpft« (Spitz).

Zwischen die entgegengesetzten Kräfte von Aktivität und Passivität, von Unlust und Aggressivität gestellt, bedient sich das Kind der Identifikation als Abwehrmechanismus, die in dieser Phase vorherrscht, und zwar in der von Anna Freud (1936) beschriebenen Form der Identifikation mit dem Angreifer.

»Bei dem fünfzehn Monate alten Kleinkind nimmt dieser Angriff die Form des ›nein‹ an (zuerst kommt die Gebärde, dann das Wort), die das Kind von seinem Liebesobjekt übernommen hat. Sobald diese Stufe erreicht ist, kann die Trotzphase (die uns im zweiten Lebensjahr so wohlbekannt ist) beginnen.«

FREUD hatte bereits in seinem Aufsatz über »Die Verneinung« [138] auf der Bedeutung dieser Fakten bestanden.

Wenn die Mutter ihrem Kind etwas verbietet, so erfahren drei Elemente seines Verhaltens (die Geste und das Wort, sein bewußtes Denken, seine Affektivität) unterschiedliche Veränderungen.

»Daraus folgt, daß das Kind bei seiner Identifizierung mit dem Angreifer mit Hilfe der negativen Geste sich nur diese Geste selbst angeeignet hat, zusammen mit dem Affekt ›gegen‹« (SPITZ).

SPITZ ist der Ansicht, es handle sich da um einen Hauptwendepunkt in der Entwicklung des Individuums und der Rasse, um den Beginn der Humanisierung der Art.

»Dies ist der Anfang des wechselseitigen Austausches von intentionalen und gerichteten Mitteilungen; mit dem Erscheinen der semantischen Symbole wird er zum Ursprung der verbalen Kommunikation. Das ist der Grund, warum ich den Erwerb des Zeichens der Verneinung und des Wortes ›nein‹ für den greifbaren Indikator der Bildung des dritten Organisators halte.

Das ›Nein‹ in Geste und Wort ist der semantische Ausdruck der Verneinung und des Urteils; zugleich ist es die erste Abstraktion, die das Kind bildet, der erste abstrakte Begriff im Sinne erwachsener Geistestätigkeit. Der Begriff wird mit Hilfe einer Verschiebung aggressiver Besetzungsquantitäten erworben; ich glaube, daß Verschiebungen aggressiver Besetzungen für jede Abstraktion charakteristisch sind. Eine Abstraktion ist niemals das Ergebnis einer Identifizierung an sich; sie ist das Ergebnis eines zweistufigen Vorgangs. Die erste Stufe besteht darin, daß wir aggressive Energie benützen, um gewisse Elemente dessen, was wir wahrnehmen, abzuspalten. Die zweite Stufe ist das Ergebnis der synthetischen Tätigkeit des Ichs (NUNBERG), durch die die vermittels der aggressiven Energie abgespaltenen Elemente entweder zu einem Symbol oder zu einem Begriff zusammengezogen werden. Der erste solche Begriff im Leben des Kindes ist die Verneinung.«

SPITZ weist dann darauf hin, daß das Kopfschütteln das häufigste Verneinungszeichen auf Erden ist und möglicherweise eine ontogenetische, vielleicht sogar eine phylogenetische Analyse ermöglicht.

Beim manchmal »Saug«-, manchmal »Orientierungs«-Reflex genannten Verhalten, das ANDRÉ THOMAS (1952) den »Nachweis der Hauptpunkte« genannt hat, dreht der Säugling, wenn sein »Schnäuzchen« stimuliert wird, den Kopf häufig in schneller Bewegung bei geöffnetem Mund in Richtung des Fingers, den er zu schnappen versucht, um mit dem Saugen zu beginnen. Im englischen Bereich heißt dieses Verhalten *rooting reflex* [Suchverhalten], abgeleitet vom »Wühlen der Ferkel« [335].

Es führt beim Stillen durch wiederholte und immer präzisere Betätigung schließlich die Brustwarze in den geöffneten Mund ein.

Zahlreiche neurologische Untersuchungen haben gezeigt, daß die »einseitige« asymmetrische Stimulierung des Schnäuzchens oder der Lippen diese Drehbewegung des Kopfes auslöst. Sobald die Stimulierung symmetrisch erfolgt, hört die Drehbewegung auf; der Mund schließt sich und das Saugen beginnt. Drehung und Saugen schließen sich also wechselseitig aus. Es handelt sich um ein affirmatives Verhalten. Es ergibt sich aus dem eigentlichen Wesen des Primärprozesses und führt zu FREUDS Versicherung zurück, daß es im Unbewußten kein »nein« gebe.

Im sechsten Monat tauchen diese Drehbewegungen in einer diametral entgegengesetzten Situation wieder auf:

»Wenn der sechs Monate alte Säugling satt ist, wenn er genug hat, dreht er den Kopf von einer Seite auf die andere, um der Brustwarze oder dem Löffel, kurz: der Nahrung auszuweichen – mit der gleichen Drehbewegung, die ihm unmittelbar nach der Geburt dazu gedient hat, die Nahrung zu suchen. Jetzt ist diese Bewegung jedoch in ein ausweichendes Verhalten, in eine Ablehnung umgewandelt worden.«

Diese zweite Phase stellt sich zu einem Zeitpunkt ein, wo die ersten Rudimente eines bewußten Ich sich bilden:

»Von außen gesehen, drückt das Verhalten des Kopfdrehens beim Kind eine Ablehnung aus, aber sie ist nicht an eine Person gerichtet, sie ist objektlos und noch ausschließlich eine Manifestation des psychophysischen Zustands, in dem sich das Kind befindet. Im dritten Stadium, etwa im fünfzehnten Lebensmonat, wird es zulässig, ein ähnliches Verhalten des Kopfdrehens als eine an eine andere Person gerichtete Mitteilung zu deuten und festzustellen, daß die kongenitale Motorik des Suchverhaltens in den Dienst des abstrakten Begriffs der Verneinung gestellt und in ein Kommunikationssystem eingeordnet worden ist.«

Spitz fragt sich, wo dieser archaische Prototyp des motorischen Schemas des Kopfschüttelns einzuordnen ist, und findet ihn in einer der Verhaltensweisen, die sich zusammen mit der Nahrungsaufnahme entwickeln.

»Wenn man einem drei bis sechs Monate alten Säugling beim Stillen die Brustwarze wegzieht, führt er Annäherungsbewegungen mit dem Kopf aus, indem er ihn nickend auf die Brust zubewegt. Diese Bewegung ist der Motorik des Kopfnickens sehr ähnlich, sie ist ihr erster Prototyp. Im Lauf der folgenden Monate wird diese Bewegung in das Annäherungsverhalten des Kindes eingefügt. Anders als das motorische Verhalten des Kopfschüttelns, das im Lauf der Entwicklung einen Funktionswandel durchmacht und zum Zeichen der Verneinung wird, behält das bejahende Kopfnicken seine affirmative Funktion. Im Lauf des zweiten Lebensjahres nimmt es seine semantische Bedeutung an und wird so zur bejahenden Geste; sehr wahrscheinlich geschieht dies mehrere Monate nach dem Erwerb der semantischen Verneinungsgeste.«

Kommunikation und Restrukturierung in der Eltern-Kind-Beziehung und ihr Einfluß auf das Erziehungsverhalten

Es ist hier angezeigt, die wechselseitige Restrukturierung zu analysieren, die sich in der Mutter-Kind-Beziehung einstellt, und deutlich zu machen, wie sie dem ganz frühen Erziehungsverhalten den Weg bereitet.

So sind zum Beispiel die elementarsten und gröbsten klinischen Fakten der Ausrüstung des Kindes in der Lage, Voraussagen hinfällig zu machen, die sich für das Erziehungsverhalten bestimmter Mütter aus der Analyse ihrer Persönlichkeit ableiten lassen.

Marianne Kris hat eine Arbeit über *prognostische Irrtümer* bei Langzeituntersuchungen zur Entwicklung des Kindes vorgelegt. Darin analysiert sie die folgenden Fakten:

Man sollte bei manchen rigiden, zwanghaften oder perfektionistischen Müttern pathogene Verhaltensweisen erwarten, die zu einer gestörten Relation bei der Aufnahme der Mutter-Kind-Beziehung führen. Nun weist aber die klinische Erfahrung nach, daß das nicht unabdingbar der Fall ist. So können zum Beispiel manche grobe Fakten das Verhalten der Mutter gründlich verändern und infolgedessen die Prognose umstürzen, die man aus der Persönlichkeit der Mutter hätte gewinnen können. So verschaffen bestimmte charakteristische physische Merkmale des Kindes (Aussehen, Ähnlichkeiten, Gewicht, Haar- und Augenfarbe usw.) der Mutter besondere Befriedigungen. Ebenso verhält es sich mit dem Appetit des Kindes. Die narzißtischen Vergünstigungen, wie sie komplikationslos verlaufende, in wechselseitiger Zufriedenheit schnell erledigte Mahlzeiten manchen Müttern verschaffen, können die Beziehung von Anfang an günstig beeinflussen. Nun steht aber der Appetit eines Kindes und seine Beschaffenheit offenbar mit seiner ursprünglichen Ausrüstung in Zusammenhang und in Beziehung zu seinem Geburtsgewicht. Ein schwacher Esser entmutigt eine ängstliche Mutter; er erregt die Aggressivität einer unbewußt feindseligen Mutter, vermittelt ihr den Eindruck der Nichtanerkennung der Mühe, die sie sich mit Hingabe und Opferbereitschaft gibt, und wertet sie deshalb ab. Das ein wenig dickere, gierig essende Kind entspannt sie und trägt eine »Lösung« bei, die sie von Schuld entlastet und sie sogar aufwertet, indem sie sie wieder in eben die mütterliche Rolle einsetzt, die sie von jeher nicht ausfüllen zu können fürchtete.

Sie ist zusätzlich komplexer bei Müttern, die selbst stillen. Die libidinösen Empfindungen, die die Saugbewegungen und die Konfrontation mit den Trieben erregen, zu der sie die Mütter zwingen, rühren von Konflikten her, die sich ohne Zweifel aus persönlichen Schwierigkeiten der Mütter ergeben, die jedoch durch das bloße Verhalten des Säuglings verschärft oder abgeschwächt werden können. Nehmen wir die einfachste: Der zufriedene, sehr schnell schluckende Säugling entlastet, wie wir gesehen haben, manche Mütter von Schuldgefühlen, die sich ohne diese altruistische und sozial aufgewertete Rechtfertigung nicht zu erfahren in der Lage sehen würden, was das Saugen ihnen im libidinösen Bereich zuwendet. Während der Säugling, der diese Nahrung verweigert, die Mutter mit ihrer Liebesfähigkeit allein und ohne Alibi läßt, zwingt er sie, sich mittels phobischer Mechanismen zu verteidigen, und frustriert deshalb ihr Unbewußtes. Das ist nur ein Beispiel unter zahlreichen möglichen anderen. Eine andere Mutter, abgestoßen vom oralen Verlangen des Säuglings, das sie als Freßgier und frühe Äußerung ungezähmter Triebe auffaßt, wird ihn durch verschiedene Mechanismen des Entfernthaltens zurückstoßen, die sehr früh und auf sehr grobe Weise in der bloßen Haltung der Mutter zum Ausdruck kommen können, die sie ihrem Kind beim Stillen aufnötigt.

Eine solche Mutter sagte uns:

»Schon von den ersten Tagen an konnte ich meinen Sohn nicht saugen sehen, und ich gab mir Mühe, ihm dabei nicht zuzuschauen, indem ich den Kopf abwandte und nach rechts vor mich hinsah. Was wollen Sie – sein starr auf mich gerichteter Blick, sein geöffneter Mund, der sich vor Gier überstürzte, dieser tierische Instinkt – er war ganz das Abbild seines Vaters ...«

Umgekehrt kann sich dieselbe Mutter bei einem schwächeren, wenig gierigen Kind wohler fühlen, das sie umsorgen und dessen Appetit sie wecken muß und mit dem sie sich identifizieren kann, zumal es ja wenig triebhafte Gier und große Sanftheit in bezug auf diese Instinkte zeigt.

Andere Gegebenheiten wirken ebensosehr direkt ein: soziale und familiäre Umstände der Geburt (ob das Neugeborene etwa die Wünsche der Mutter nach beruflicher oder ehelicher Befriedigung erfüllt oder frustriert usw.), geburtshilfliche Schwierigkeiten (schwere oder leichte Geburt) und Belastungen der Schwangerschaft usw.

Offenbar müssen wir ihre gesamte frühere affektive Entwicklung einbeziehen. In diesem Sinne läßt sich sagen, daß das Kind bereits seit den ersten Lebensjahren der Mutter eine Phantasie-Existenz in deren Seelenleben führt, bevor noch die physiologischen Voraussetzungen der Mutterschaft bei ihr erfüllt sind. Ihre persönliche Entwicklung modifiziert diese imaginäre Beziehung zu eben diesem künftigen Kind lebenslänglich, läßt jedoch noch manchen Zufällen zu dem Zeitpunkt Raum, wo sie mit dem Kind selbst konfrontiert ist: etwa Zufällen, die sich bestimmten Umständen der Schwangerschaft verdanken und einen radikal neuen Eindruck bei ihr hervorbringen, indem sie ihre Phantasiegestaltungen auf ganz verschiedene Weise neustrukturieren können. Ein anderes Beispiel – das Geschlecht des Kindes: Ein Junge erweckt unter gewissen Umständen ganz verschiedene Reaktionen, weil er Wiedergutmachung, phallisches Substitut, massiver narzißtischer Beitrag usw. sein kann. Ein wiederum anderes Beispiel – eine physische Ähnlichkeit, die die Mutter, die sie durchaus nicht erwartet hatte, einer unvermuteten Phantasie-Beziehung gegenüberstellt, die gewissermaßen die Spielrollen auf ganz verschiedene Weise neuverteilt.

Diese Fakten machen deutlich, daß jedes Kind aus derselben Sippe nicht wirklich dieselbe Mutter gehabt hat und mithin von einer völlig verschiedenen Vergangenheit geprägt worden ist, je nachdem ob es Junge oder Mädchen, ältestes oder jüngstes Kind ist, aber auch von dem, was die Mutter im Zeitraum zwischen ihm und seinem älteren Geschwister erlebt hat.

Wir sehen also, daß eine Mahlzeit – um nur dieses eine Beispiel zu nehmen – in wechselseitiger Befriedigung enden oder sich für jeden der beiden Partner in einer ungelösten Restspannung fortsetzen kann. Jede neue Mahlzeit – um nur wieder von dieser begrenzten und experimentellen Situation zu sprechen (obwohl sie wahrscheinlich den Erlebnisbereich verengt, indem sie etwa alles das unterschlägt, was das Kind in anderen Bereichen erfährt, auf die sich die Kommunikation in der Dyade oder außerhalb davon verlagert) – verläuft also nicht in derselben Weise wie die vorhergehende, sie weicht von der vorhergehenden Position und Transaktion ab und fügt ihr, im Sinne einer neuen Integration, alles das hinzu, was sich seither abgespielt hat. Der Kanal der wechselseitigen Kommunikation funktioniert unausgesetzt und formt die Mutter ebenso wie das Kind. Spitz bedient sich für das Kind des Ausdrucks »Modellierung« oder »Formung«; analog dazu könnte man für die Mutter die Ausdrücke »Neumodellierung« oder »Neuformung« verwenden; sie berücksichtigen die immer wieder in Frage gestellten Gleichgewichtsreihen, die die transaktionale Beziehung ausbilden. Man kann sie auch Übergangsbeziehung nennen, weil sie in Entwicklung begriffen ist. Sie bleibt transitiv, insofern sie präverbal ist, und die Sprache macht sie durch die von ihr eingeführte Distanz intransitiv (S. LEBOVICI [220]). In einem fortschreitenden Prozeß zunehmend komplexer Integrationen wird mithin die eine Transaktion in die andere überführt, und man kann schließlich den von THERESE BENEDECK eingeführten Begriff der Transaktionsspirale gutheißen, wenn man sich über die nacheinander erreichten Ebenen Rechenschaft ablegen will.

Wir wollen hier die Zusammenfassung wiedergeben, die einer der Autoren bereits anderswo geboten hat:

»Angesichts einer der ersten transaktionalen Beziehungen hat THERESE BENEDECK zu zeigen versucht, daß der die dyadischen Beziehungen strukturierende Spiralprozeß sich bis zur Adoleszenz fortsetzt und die Eltern dieselben Primärprozesse in ihren anderen Beziehungen verwenden. Sie definiert zunächst die Symbiose im narzißtischen Stadium als Grundlage der primären Einheit von Mutter und Kind; das Kind hat darin ein absolutes Bedürfnis nach der Mutter, was bei ihr nicht der Fall ist. Allmählich besetzt das Kind die Objekte, deren es bedarf. Das introjizierte Objekt wird mit den Frustrationen, die es bewirkt, absorbiert; es handelt sich dabei um die Gesamtheit der Primärprozesse, die die Kontinuität der Kommunikation definieren.

In dieser Kommunikation werden die oralen Erfahrungen der ›guten-nährenden-Mutter‹ und des ›versorgten-guten-Selbst‹ einander gleichgestellt, ebenso wie die der ›schmerzverursachenden-schlechten-Mutter‹ und des ›schlecht-versorgten-Selbst‹. Die Mutter wird für ihr Gute-Mutter-sein belohnt und frustriert, wenn sie sich selbst schlecht fühlt. In der emotionalen Symbiose werden also reziproke Kreisprozesse auf der Grundlage von Introjektionsprozessen ins Leben gerufen.

Hier introjiziert das Kind das Spiegelbild, das ihm das Verhalten des Objektes ihm gegenüber und der narzißtische Prozeß der Selbstwertschätzung liefert – mit eben dieser Möglichkeit, sich wohl zu fühlen, weil man die Mutter als wohltuend empfindet. Dieser selbe Prozeß erstreckt sich wechselweise auch auf die Mutter, die aus den belohnenden und erfolgreichen Erfahrungen der Mutterschaft Vertrauen zieht. Die Situation ist hier noch komplexer, denn die Mutter findet zu der von ihr ausgehenden Sicherheit durch den Anteil narzißtischer Identifikation in der primären Symbiose mit ihrer eigenen Mutter.

Die positiven Primärerfahrungen der Mutter setzen sie in die Lage, zu geben und zu lieben, während der Transaktionsprozeß Gefahr läuft, negativ zu verlaufen, wenn das Kind im Verlauf der anfänglichen Symbiose kein Vertrauen erworben hat: beim Kind häufen sich dann die aggressiven Besetzungen in Gestalt schlechter Objekte.

Eben diese Transaktionsprozesse mit positivem oder negativem Ausgang setzen sich, nach BENEDECK, auch jenseits der Entwicklung differenzierter Objektbeziehungen fort, selbst dann noch, wenn die Kinder ihrerseits Erwachsene und Eltern geworden sind.

Sie versucht das deutlich zu machen, indem sie darauf hinweist, daß der Vater ebenso dem biologischen Gesetz der Abhängigkeit von der Mutter unterworfen war; er identifiziert sich während der Schwangerschaft häufig mit der Mutter und erfährt den narzißtischen Beitrag, den die Reifung des Kindes ihm verschafft, in einem Transaktionsprozeß, der mit seiner eigenen oralen Geschichte in Zusammenhang steht.

In der psychiatrischen Klinik lassen sich nur die oberflächlichsten Folgen dieser komplizierten Prozesse beobachten; THERESE BENEDECK ist jedoch der Ansicht, daß die folgende Feststellung Gesetzeskraft hat: Das Ich des Kindes entwickelt sich offenbar auf den Sektoren weniger gut, die mit den nichtgelösten Konflikten der Eltern korrespondieren. Wirklich ermöglicht die transaktionale Beziehung eine geglückte Entwicklung bis zu der Ebene, auf der sie durch ein Bündel nicht gelöster elterlicher Konflikte durchkreuzt wird; daher dann die Unsicherheit des Kindes angesichts des Kommunikationsbruches.

Ebenso übt das Kind als Objekt Einfluß auf die Beziehungen der Eltern und auf ihre psychische Struktur aus. Wie wir gerade gesehen haben, arretieren ihre Konflikte die Fortschritte des Kindes; durch einen Kreisprozeß werden sie von ihnen erneut in Gestalt von Entwicklungshemmungen, Fixierungen und Regressionen erfahren, die sie ihrerseits zu reagieren veranlassen.

So kann die ›Transaktionsspirale‹ zwischen Kindern und Eltern eine Rolle für die Motivationen eines jeden Teilnehmers an der lebendigen und sich entwickelnden Beziehung spielen. Auf jeder der beiden Seiten aber ist das Verhalten des einen vom anderen voraussehbar. Die ›antizipatorische Erwartung‹ ermöglicht adaptive Verhaltensweisen, ohne daß sich die Transaktion in jedem Augenblick einschaltete. Antizipation und Imitation sind Bestandteile der Kommunikationssysteme. Ferner belohnt die Imitation die Eltern; daher dann der Transaktionsprozeß des Austausches von narzißtischen Vergünstigungen.

Diese Kommunikationsprozesse, die vor allem in den ersten Entwicklungsphasen deutlich sind, äußern sich auch weiterhin in den späteren Perioden und legen der Eltern-Kind-Beziehung den Charakter ›fortgesetzter Schöpfung‹ bei.«

In einem neueren Aufsatz, der die psychogenetische Beschaffenheit bestimmter Funktionsstörungen des Säuglings zu präzisieren versucht, erinnert einer der Autoren (M. Soulé [200]) daran, daß sie sich aus manchen frühen widersprüchlichen oder abweichenden mütterlichen Verhaltensweisen bilden können, daß diese mütterlichen Verhaltensweisen aber auch das Ergebnis des Verhaltens des Säuglings selbst sein können (vgl. unten das Kapitel »Psychoanalyse und Pädiatrie«).

So wirkt die Persönlichkeit der Eltern durch Verhaltensweisen auf das Kind ein, in denen ihre eigenen Strukturen zum Ausdruck kommen. Kinderpsychiatern und Psychoanalytikern bietet sich also anhand des klinischen Materials und des Übertragungs- und Wiederholungsverhaltens des Kindes (in direktem Verhältnis zu den elterlichen Imagines als interiorisierten Objekten, die fortwährend in die Außenwelt projiziert werden) die Möglichkeit, die Persönlichkeit der Eltern zu analysieren.

Zugleich aber führen die Verhaltensweisen der Kinder zu Restrukturierungen der Elternpersönlichkeit, und dieser Aspekt der Beziehung ist weniger häufig erhellt worden. Ohne dem begrifflichen Schwanken nachgeben zu wollen, das vom Begriff der Erziehung zu dem der Relation führt, scheint es uns nötig, diesen Gesichtspunkt zu präzisieren, bevor wir in das eigentliche Kapitel über Erziehung eintreten.

Wirklich scheint das Erziehungsverhalten teilweise direkt von den mehr oder weniger rationalisierten Abwehrmechanismen beeinflußt zu werden, die in der Persönlichkeit der Eltern diese Restrukturierungen hervorrufen oder neu formen, zu denen die Beziehungen zum Kind sie nötigen. Wenn sie in Frage gestellt werden, reagieren sie oder rationalisieren sie ihr Verhalten.

Es läßt sich zeigen, daß die psychopathologische Klinik des Kindes – handle es sich um Schulschwierigkeiten, Verhaltensstörungen oder präneurotische oder präpsychotische Zustände – immer das Ergebnis einer langen Reihe von wechselseitigen Tauschakten ist, bei denen jeder einerseits intolerant ist, andererseits aber einen bestimmten Nutzen einheimst, was die Intoleranz und den Konflikt wiederum verschärft.

»Diese Strukturen können nicht verstanden werden, wenn man nicht ihren relationalen Aspekt ins Auge faßt, d. h. wenn man nicht berücksichtigt, daß sie den anderen beeinflussen und sich im Verhältnis zum anderen bilden« (R. Diatkine und J. Favreau [69]).

Wir wollen jetzt die Theorie der Beziehung zwischen Mutter und Kind darstellen, wie WINNICOTT [349] sie entworfen hat.

WINNICOTTS Vorstellungen ergeben sich aus psychoanalytischer Rekonstruktionsarbeit am Material von Neurotikern, Psychotikern und (von ihm sogenannten) antisozialen Fällen. Der Autor ist der Ansicht, daß bereits das Neugeborene über ein psychisches Leben verfügt. Er versucht es nachzuweisen, indem er eine originelle Methodologie anwendet, die sich von der von uns oft erwähnten genetischen Perspektive, aber auch von Theorien KLEINscher Provenienz unterscheidet, wie sie aus der Analyse der Urphantasien entwickelt werden.

WINNICOTT nimmt an, daß eine absolute Abhängigkeit besteht, die das geistige Leben hervorbringt. Mehrfach erinnert er daran, wie er ausgerufen habe, daß »der Säugling gar nicht existiere«. Für ihn, der FREUDS berühmte Formulierung der Einheit des Säuglings und der mütterlichen Fürsorge wiederaufnimmt, wächst der Säugling mit der *ihn hegenden und haltenden Mutter* zusammen, indem er ihr die entsprechende Fürsorge angedeihen läßt, die ihr zuzuwenden sein Instinkt ihm ermöglicht, und zwar im Zuge einer Krise, die WINNICOTT nicht zögert psychotisch zu nennen. Mithin bestünde ein psychisches Geschehen vor der Bildung des Ich. Es ist durch das charakterisiert, was WINNICOTT das *»self«* nennt. Mit diesem Begriff meint WINNICOTT offenbar das erfahrungsgemäße Gefühl eines fortdauernden Seins.

»Ich will versuchen, diese Erscheinung auf die einfachste mögliche Weise zu beschreiben, wie ich sie sehe. Was das Baby und die Mutterbrust anbelangt (ich behaupte nicht, daß die Brust zur Übermittlung der Mutterliebe unentbehrlich ist), hat das Baby Triebregungen und räuberische Vorstellungen. Die Mutter hat eine Brust, kann Milch produzieren und hat die Vorstellung, sie würde sich gern von einem hungrigen Baby angreifen lassen. Diese beiden Erscheinungen treten nicht zueinander in Beziehung, bis Mutter und Kind *miteinander* die Erfahrung des Zusammenlebens machen. Die Mutter muß, da sie reif und körperlich voll ausgewachsen ist, diejenige sein, die Toleranz und Verständnis aufbringt, so daß sie es ist, die eine Situation schafft, die unter günstigen Umständen dazu führt, daß der Säugling eine erste Bindung an ein äußeres Objekt herstellt, ein Objekt, das vom Standpunkt des Säuglings aus außerhalb seines Selbst liegt.«

In diesem primitiven Zustand, den FREUD im Falle von Krankheit und bei tiefen Regressionen annimmt, verhält sich das Objekt für das Selbst so, als ob es nur existierte, wenn es herbeigewünscht wird. Alles verläuft so, als ob es sich näherte, wenn es schon nahe ist, als ob es verwundete, wenn es verwundet ist, und als ob es verschwände, wenn es nicht verlangt wird.

In eben dieser Hinsicht versichert WINNICOTT, daß die Befriedigung das Objekt in dem Maße, wie sie den Wunsch auslöscht, zunichte macht, und deshalb sind Neugeborene nicht immer glücklich und zufrieden, ganz im Gegensatz zu dem, was man nach einer sie zufriedenstellenden Mahlzeit gewöhnlich annimmt. WINNICOTT wiederholt häufig, daß die Mutter intuitiv auf alle Bedürfnisse ihres Kindes antworten können muß, wenn es zur Welt kommt, daß sie aber auch lernen muß, sich davon loszumachen und in geringerem Maße auf seine Bedürfnisse einzugehen, um es nicht allzusehr zufriedenzustellen und dem Selbst sich zu konstituieren und zu funktionieren zu ermöglichen.

Tatsächlich muß sich das einstellen, was WINNICOTT *»preconcern«* (Stadium vor der Besorgnis) nennt. Das normale Kind muß Gefallen an einer gewalttätigen Beziehung zur Mutter finden, einer Beziehung, die sich vor allem im Spiel äußert. Zu dieser Zeit benötigt es in der Tat gerade diese Beziehung und seine Mutter, weil allein sie eine solche gewalttätige Beziehung aushalten kann. Ohne dieses Spiel mit ihr kann es nichts anderes tun als sein gewalttätiges Selbst verbergen und ihm lediglich in Dissoziationszuständen Ausdruck verleihen. Wenn das nicht geschieht, verfällt es in einen Zustand wirklicher Desintegration und überläßt sich Trieben, die unkontrolliert, weil unabhängig sind. Sie werden gegen sich selbst gerichtet. Im sehr frühen Stadium bringt, nach WINNICOTT, das Selbst seine eigene Umgebung hervor, die ebenso die Triebmasse wie das von ihr hervorgebrachte Selbst widerspiegelt.

Wenn die Mutter sich diesem langen Prozeß nicht überläßt, kann das Selbst sich nicht entwickeln und bleibt versteckt, und ein abhängiges »falsches Selbst« bildet sich, das jetzt auf die Bedürfnisse der Umgebung und die der Mutter reagiert.

Aus eben diesem Grunde vermutet WINNICOTT bei der Untersuchung der Beziehungen zwischen Geist und Somatopsyche, daß der Geist in einer psychosomatischen Funktionen ausarbeitenden Entwicklung besteht.

»Nehmen wir an, daß eine gesunde Frühentwicklung des Individuums ein *fortdauerndes Sein* mit sich bringt. Das noch kaum entfaltete Leibseelische folgt einer bestimmten Entwicklungslinie, vorausgesetzt, daß es in seinem *fortdauernden Sein nicht gestört wird;* mit anderen Worten: für die gesunde Entwicklung des noch kaum entfalteten Leibseelischen ist eine *vollkommene* Umwelt nötig. Zunächst ist diese Notwendigkeit absolut.«

So setzt WINNICOTT voraus, daß eine gute Umgebung – eine anfangs absolut gute Umgebung – später schnell relativ wird. Die gute Mutter wird, wie er sagt, hinreichend gut, und unter diesen Bedingungen wird der Säugling fähig, die Mängel der Mutter durch seine psychische Aktivität zu verdecken. So ist er imstande, einerseits den Trieben entgegenzutreten und auch auf alle die sehr primitiven Ich-Bedürfnisse zu reagieren, darunter auch das Bedürfnis, nicht umsorgt und aktiv im Stich gelassen zu werden.

»Die psychische Aktivität des Kindes wandelt also eine hinreichend gute Umgebung in eine vollkommene um, d. h. sie wandelt einen relativen Adaptationsmangel in gelungene Anpassung um. Eben diese Fähigkeit des Säuglings, zu verstehen, ermöglicht es der Mutter, nicht ganz und gar vollkommen zu sein. Sie versucht bei normalem Verlauf der Dinge keine größeren Komplikationen aufkommen zu lassen, als das Kind zu verstehen und zu bewältigen in der Lage ist: sie versucht insbesondere, ihrem Kleinkind das Zusammentreffen von Umständen und Phänomenen zu ersparen, die es nicht zu erfassen weiß. Im allgemeinen arbeitet sie darauf hin, daß die Welt des Säuglings so einfach wie möglich ist.«

So wird also verständlich, was WINNICOTT das Selbst und das falsche Selbst nennt. Dieses falsche Selbst konstituiert sich, wenn das Kind gezwungen ist, sich den Bedürfnissen seines Milieus anzupassen, wenn die Umgebung in seine Rechte eingreift und es auf deren Überhandnehmen zu reagieren genötigt ist.

Anhand eben dieser Bedingungen beschreibt WINNICOTT die depressive Position in der normalen affektiven Entwicklung. Er hält sie für das Ergebnis eines langen Entwicklungsprozesses. Das »von der Mutter gehaltene« kleine Kind erreicht die depressive Position mit Hilfe der Zeit. Die Mutter erhält tatsächlich eine Situation aufrecht, damit das Kind die Möglichkeit findet, die Folgen seiner Trieberfahrungen zu bearbeiten. Mit der Benutzung des englischen Ausdrucks *to hold* [frz. *tenir* bzw. *maintenir*] zur Charakterisierung des wesentlichen Moments der Einheit von Säugling und mütterlicher Fürsorge will WINNICOTT besagen, daß die Mutter der koexistierenden Einheit von Liebe und Haß sich zu differenzieren und zueinander in Beziehung zu treten ermöglicht und so ihr Kind in die Lage versetzt, sie in seinem eigenen Inneren zu bemeistern. Er verlegt die depressive Position in die Entwöhnungsphase und auf den Zeitpunkt, wo das Kind Objekte-fallen-lassen spielen kann – im Sinne des von uns mehrfach erwähnten Spulenspiels.

Um diese depressive Position zu erreichen, muß das Kind sich als vollständige Person empfinden, die vollständige Beziehungen zu vollständigen Personen unterhält. Festzuhalten bleibt, daß WINNICOTT die Brust als vollständige Person auffaßt, *weil die Brust, der Körper der Mutter – und zwar gleich welcher Körperteil –, wenn das Kind zur vollständigen Person wird, von ihm als vollständiges Ding wahrgenommen wird.* Eben dann entwickelt sich die depressive Periode, die WINNICOTT lieber die Besorgnis-Phase nennen würde. Der Säugling muß sich wirklich jenen im wahrsten Sinne unbarmherzigen Empfindungen überlassen, denn diese Art von Liebe hat die Form eines zwanghaften Antriebes und führt dazu, das Objekt außerhalb des Selbsts zu verlagern. Zunächst unbarmherzig, empfindet das Kind dann Mitleid, und der Übergang von einer Phase zur anderen vollzieht sich graduell in der Phase etwa zwischen fünf und zwölf Monaten, unter bestimmten, von der Mutterschaft festgelegten Bedingungen. Eben diese ganze Entwicklung charakterisiert die depressive Periode, die Periode des Übergangs von Vor-Mitleid zu Mitleid und Besorgnis. Um die Entwicklung dieser depressiven Phase zu fördern, hat die Mutter zwei Funktionen zeitlich verbinden müssen. Sie sind im allgemeinen mittels ihrer Fürsorgetechnik an die Bedürfnisse des Kindes angepaßt, und der Säugling hat diese Technik – ganz wie ihr Gesicht und ihr Verhalten – als Bestandteil der Mutter wiederzuerkennen gelernt. Gleichzeitig aber ist die Mutter in Phasen von Triebspannung Aggressionsobjekt gewesen. WINNICOTT unterscheidet die Funktionen der Mutter entsprechend den Ruhe- oder Erregungszuständen des Kindes. So hat die Mutter zwei Funktionen, die diesen beiden Verfassungen des Kindes entsprechen – Ruhe und Erregung. Das Kind muß also als unabänderlich akzeptieren, daß diese in Ruhezuständen so geliebte Mutter dieselbe Person ist, die es in Erregungszuständen unbarmherzig angreift. Das Kind als vollständige Person kann sich mit der Mutter identifizieren, ist aber noch nicht zu unterscheiden in der Lage zwischen dem, was Intention bleibt, und dem, was sich in der Realität abspielt. Mit anderen Worten: das erregte Kind wird vom Trieb und von den Machtvorstellungen überrollt, die mit diesem Trieb zusammenhängen. Es erkennt also schließlich, daß die Mutter sich auf zwei mögliche Arten benutzen läßt. Eine neue Kategorie von Bedürfnissen ist in Erscheinung getreten, die auf der Triebspannung aufbaut, die sich eine Entlastungsmöglichkeit sucht. All das schließt einen Höhepunkt – wie ein Orgasmus – ein.

»Wie gesagt, es geschehen zwei Dinge. Das eine ist die Wahrnehmung der Identität der beiden Objekte, der Mutter der ruhigen Phasen und der Mutter, die auf dem Triebhöhepunkt benützt und sogar angegriffen wird. Das andere ist das beginnende Erkennen des Vorhandenseins von Gedanken, Phantasien, phantasievollen Ausschmückungen von Funktionen, das Annehmen von Vorstellungen und von Phantasien, die mit Tatsachen verknüpft, aber nicht mit ihnen zu verwechseln sind.«

Damit dieser so komplizierte Prozeß abläuft, muß die Umgebung hinreichend gut sein. Die Mutter muß gewissermaßen überdauern, bis das Kind mnemonisches Material angesammelt hat. Bis zu diesem Zeitpunkt kommt ein Verschwinden der Mutter nicht in Frage. WINNICOTT formuliert das anders, wenn er schreibt:

»Die Spaltung zwischen der Pflege-Umwelt und der erregenden Umwelt (den beiden Aspekten der Mutter) kann im Geist des Kindes nicht integriert werden, falls die Bemutterung nicht gut genug ist und die Mutter nicht über einen längeren Zeitraum die ›Angriffe‹ überlebt.«

Gerade auf der Ebene der Ernährung lassen sich die Folgen dieses für die depressive Phase charakteristischen Prozesses besser erfassen. Weil die Triebspannung sich auflöst, wenn es gegessen hat, fühlt sich das Kind *zugleich befriedigt und getäuscht.*

»Man nimmt allzu leicht an, auf eine Fütterung folge Zufriedenheit und Schlaf. Oft folgt auf dieses Geprelltwerden Kummer, besonders dann, wenn die physische Befriedigung dem Säugling die reizvolle Spannung nimmt. Er bleibt dann mit nicht abgeführter Aggression zurück – weil nicht genug Muskelerotik oder primitiver Impuls (oder Motilität) am Stillvorgang beteiligt waren – oder mit einem Gefühl der ›Erschlaffung‹, da plötzlich eine Quelle der Lust am Leben verschwunden ist und da das Baby nicht weiß, daß sie wiederkehren wird. Das alles kommt in der klinischen analytischen Erfahrung deutlich zum Vorschein, und die direkte Beobachtung von Säuglingen steht dazu mindestens nicht im Widerspruch.«

Wenn das Kind erfreulicherweise eine Triebentlastung verspürt, erhält die Mutter die Situation wirklich aufrecht, die Zeit entfaltet sich, und das Kind wird sich darüber klar, welche »ruhige« Mutter im Drängen der Trieberfahrung einbegriffen war. *Sie hat überdauert.*

So führt die Trieberfahrung beim Kind zu zwei Typen von Angst. Der erste ist der der Angst angesichts des triebbestimmten Liebesobjektes. Die Mutter bleibt nach einer Mahlzeit nicht dieselbe, die sie vorher war. Wenn man will, existiert – um eine Formulierung WINNICOTTS wiederaufzunehmen – da, wo sich vorher ein vollständiger, reichhaltiger Körper befand, jetzt ein Loch. Zugleich erfährt das Kind den anderen Typus von Angst an seinen inneren Objekten. Es hat eine Erfahrung gemacht und ist nicht mehr dasselbe wie vorher. Wenn das Kind eine Mahlzeit einsaugt, wird das etwas, was es eingesogen hat, als gut oder böse empfunden, und zwar je nachdem, ob es im Zuge einer befriedigenden oder einer widerspruchsvollen Trieberfahrung, eines exzessiven Zorns angesichts einer Frustration einverleibt wurde. In dieser Phase bestehen – nach der Vermutung WINNICOTTS – Phantasien über das Geschehen innerhalb des Selbst. Das satte Kind fürchtet nicht nur das im Körper der Mutter vorgestellte Loch, sondern ist auch in den Kampf innerhalb des Selbst verwickelt – einen Kampf zwischen dem, was als gut – d. h. als Unterstützung des Selbst –, und dem, was als böse – d. h. als das Selbst verfolgend – erlebt wird. Die beiden Elemente der Stützung und Verfolgung gehen untereinander eine Beziehung ein, solange bis eine Art Gleichgewicht erreicht ist. Das Kind hält also seine inneren Bedürfnisse zurück oder läßt sie nach außen treten. Mit der Ausscheidung gewinnt es eine gewisse Kontrolle zurück. In der Ausscheidung im körperlichen Sinne wird man nur der physischen Prozesse der Verdauung gewahr. Bei der Phantasie-Ausscheidung aber hat der imaginative Prozeß ein gutes und ein böses Potential. Zur gleichen Zeit, in der die physische Verdauung sich vollzieht, findet in der Psyche eine entsprechende Arbeit statt. Diese Arbeit nimmt Zeit in Anspruch, und das Kind, passiv dem unterworfen, was sich in seinem Inneren abspielt, kann lediglich deren Ergebnis abwarten. Bei gesunder Verfassung wird die personale innere Welt zum unendlich reichen Kern des Selbst. Wenn die Mutter überdauert, weil sie gute Mutter ist, ist sie imstande, etwas im Zusammenhang mit *ihrer eigenen* Leere zu unternehmen – der Leere in Brust und Körper, der im Zuge der Triebabfuhr imaginativ ausgehöhlt wurde. Hier schalten sich Wiedergutmachung und Wiederherstellung ein. Diese Prozesse sind nur dann möglich, wenn die Mutter das Wesen der schenkenden Hingabe erfaßt. So wird das Kind fähig, das Loch (als Folge seiner Liebe) zu ertragen, und hier liegt der Ursprung seiner Schuldgefühle, die die depressive Phase widerspiegeln.

Wenn es genügend Erfahrung gesammelt hat, kann das Kind Erinnerungen und mnemonische Spuren von als gut erlebten Erfahrungen aufbauen. Die »haltende« Mutter wird dann Bestandteil des Selbst und schließlich dem Ich assimiliert. Die wirkliche Mutter ist zunehmend weniger vonnöten, und das Individuum erwirbt ein inneres Geschehen, weil es ein inneres Milieu hat. So kann es neue Erfahrungen durchleben, in denen der Prozeß stattfindet, und es wird fähig, seinerseits die Funktion dessen zu übernehmen, der ohne Hintergedanken für irgend jemand anderen eine Situation aufrechterhält.

Winnicott leitet aus der Analyse der Entwicklung dieser depressiven Position einige Folgerungen ab. Er erinnert daran, daß, wenn dieser Prozeß unterbrochen wird und die Mutter nicht mehr überdauert, er Gefahr läuft, aufgegeben zu werden; daher dann die Triebhemmung und die allgemeine Verarmung infolge des Verlustes der Fähigkeit, Schuldgefühle zu erfahren. Während eben dieser Phase bedarf der Säugling jemandes, der geliebt wird und auch seine Macht im Sinne von Wiederherstellungs- und Wiedergutmachungsgeschenken akzeptiert. Der Erwachsene hilft nur, indem er gibt; er muß aber auch empfangen können. Diese depressive Position ermöglicht auch bestimmte Abwehrsysteme. In dieser Hinsicht treten Verstimmung und Traurigkeit im Spiel des Kindes in Erscheinung, das Objekte – wie die Spule – wegschleudert; und dieses Spiel zeigt die wachsende Fähigkeit des Kindes an, den Verlust zu bemeistern.

So wird der Begriff der guten Brust von außen her als der einer Brust definiert, die, einmal verschlungen, darauf wartet, wieder rekonstruiert zu werden. Mit anderen Worten: es handelt sich um nicht mehr und nicht weniger, als daß die Mutter die Situation auf die oben beschriebene Weise zeitlich aufrechterhält.

Eine gelungene Introjektion der Brust, die doch notwendig ist, kann pathologisch werden, wenn sie als Abwehrorganisation auftritt, denn die Brust ist dann die einer idealisierten Mutter. Diese Idealisierung weist auf die Abwesenheit von Hoffnung hinsichtlich des inneren Chaos und der Unbarmherzigkeit des Triebes hin. Im Gegensatz dazu beruhigt eine gute Brust, die sich auf angenehme Erinnerungen und auf das Bedürfnis der Mutter, gut zu sein, gründet.

Wenn diese Phase ausgeblieben ist, ist sie gewissermaßen nicht nachholbar, und die Mutter kann in dieser Hinsicht lediglich eine Haltung einnehmen, die WINNICOTT therapeutisch nennt. Der Analytiker darf sich jedoch nicht mit dem Versuch zufriedengeben, die Entwicklung der depressiven Position zu ermöglichen, indem er seinem Patienten das idealisierte Bild einer guten Brust künstlich vermittelt. Wie WINNICOTT in einer Arbeit mit dem Titel »Der Haß in der Gegenübertragung« ausführlich dargelegt hat, müßte sich der nicht auf kannibalische Weise angegriffene Analytiker von den Wiederherstellungs- und Wiedergutmachungsaktivitäten seiner Patienten ausgeschlossen fühlen. Er muß auf sich nehmen wollen, verschlungen zu werden – und nicht masochistisch introjiziert.

Aus dieser Darstellung von WINNICOTTS Vorstellungen über die depressive Position und ihre Entwicklung wird ersichtlich, daß eine solche Auffassung den genetischen Tatbeständen, wie wir sie nachgezeichnet haben, keineswegs widerspricht. Sie scheint vielmehr zu erhellen, wie man zu der Vorstellung kommen kann, daß die Phantasietätigkeit der Ich-Organisation vorausgeht.

KAPITEL III

Der notwendige Rückgriff auf die Metapsychologie

Die obige Beschreibung der Entstehung der Objektbeziehung scheint annähernd überzeugend. Sie ist ebenso das Ergebnis psychoanalytischer Rekonstruktion anhand von Kinder- und Erwachsenenanalysen wie von direkter Beobachtung durch Psychoanalytiker. Wie wir gesehen haben, empfahl FREUD diese Methode bereits seit den »Drei Abhandlungen zur Sexualtheorie« [109]. Sie macht deutlich – und zwar unseres Erachtens unumstößlich deutlich –, wie die Umgebung einwirkt, insbesondere, wie das Kind Beziehungen zu seiner Familie im Zuge einer Entwicklung aufnimmt, die zweifellos nicht einzig und allein nach Reifungsgesetzen und im Verhältnis zur ursprünglichen Ausrüstung verläuft. So bestätigen die Psychoanalyse und die Psychoanalytiker, weit davon entfernt, den Lehren von Neurobiologie und Psychobiologie zu widersprechen, daß der Rückgriff auf andere Erkenntnismethoden unerläßlich ist, wenn man verstehen will, wie die ersten Erfahrungen des Kindes sich in seine Entwicklung und in das spätere Schicksal der Persönlichkeitsorganisation einschalten. Diese Beschreibung scheint mithin unseren Hauptvorsatz zu rechtfertigen, nämlich den, den Beitrag der Psychoanalyse zum Verständnis des Kindes und seiner Entwicklung deutlich zu machen.

Die geduldigen Bemühungen von Forschern und Theoretikern der Psychoanalyse, wie sie hauptsächlich in englischsprachigen Ländern beheimatet sind oder zur Pariser Schule gehören, haben diese Beschreibung zum Abschluß gebracht. Sie bildet den Schnittpunkt, an dem unsere Einsichten in die Entwicklung des Kindes sich treffen – Einsichten gleich welcher Herkunft, aus Neurobiologie, Psychologie und Psychoanalyse.

In dieser Hinsicht läßt sich sagen, daß die Entdeckungen der Psychoanalyse den Arbeiten aus anderen Wissenschaftsdisziplinen durchaus nicht widersprechen. Sie stimmen namentlich mit denen zur biologischen, neurologischen und psychologischen Entwicklung überein. Eine solche Feststellung muß zwangsläufig befreiend auf alle jene wirken, die, ohne direkt über psychoanalytische Erfahrung zu verfügen, sich von dem haben abschrecken lassen, was man zuweilen als grundlose Spekulationen verdächtigt hat, ebenso auf Psychoanalytiker, die festzustellen imstande waren, daß ihre Erfahrung die Einsicht in die anfänglichen und für die Entwicklung des Kindes als entscheidend erachteten Phasen umfassend bereichert hat.

Uns scheint, daß diese Forschungsrichtung sich durchaus im Rahmen des FREUDschen Denkens bewegt, der sein ganzes Werk hindurch nie versäumt hat, sich auf die jeweils neuesten biologischen Erkenntnisse zu berufen. Wie wir überdies sehen werden, haben die Hilfsmittel, die FREUD dem Wissensstand und den psycho- und neurobiologischen Theorien seiner Epoche entlehnte, doch manche Zweideutigkeiten in den gegenwärtigen Diskussionen und Kontroversen hervorgebracht, wenn man sein Werk als geschlossenen Text ins Auge faßt – was im Verhältnis zu FREUDS eigenen Methoden einen Widersinn darstellt.

In gleicher Weise offen für alles, was er im Verlauf der analytischen Behandlungen hörte und beobachtete, wie für das Verhalten der kleinen Kinder seiner Umgebung, hat FREUD nie den Versuch zu erkennen aufgegeben, was späteren Bearbeitungen oder frühesten und namenlosesten Erfahrungen in der Phantasieproduktion seiner Patienten zugehörte. Dieses unausgesetzte Infragestellen, das – wie wir gesehen haben – die Revision der ersten Theorien über das sexuelle Trauma nach sich zog, führt im Spätwerk zur Beschreibung der zweiten Topik, d. h. zur dreigliedrigen Organisation der Psyche mit den drei Instanzen des Es, Ich und Über-Ich. Mehrfach ging FREUD mit sich über die Bedeutung der Phantasien und Produktionen zu Rate, die im Rahmen des psychoanalytischen Materials auftraten – etwa im Bericht des »Wolfsmannes« [130]. Wir haben den Erfolg des FREUDschen Verfahrens bei der Rekonstitution der allerersten Lebensjahre des Patienten gesehen und auch deutlich machen können, wie hartnäckig FREUD darauf beharrte, daß die Phantasien seines Patienten hinsichtlich dessen, was er wirklich erlebt hatte, und diejenigen, die das Ergebnis neurotischer Bearbeitung waren, auseinandergehalten werden müßten.

In dieser Hinsicht hat der Gesamtbestand von psychoanalytischen Arbeiten zur Entstehung der Objektbeziehung, wie er sich seit dem Zweiten Weltkrieg angesammelt hat, das ungeheure Verdienst, die Ontogenese der Phantasie mit aller Deutlichkeit zu erhellen. Wenn deren Beschreibung, wie MELANIE KLEIN sie gegeben hat, auch mehr als einem Leser unannehmbar erschienen ist, obwohl die Beobachtung von Kinderspielen diese ihre Auffassungen bestätigt, so sind die von ihr beschriebenen Partialobjekte offenbar das Ergebnis dessen, was das Kind in den Perioden, in denen die Objektpermanenz noch nicht erreicht wurde, und im Verlauf der Phase erfährt, die wir als die der präobjektalen Beziehung definiert haben.

Bestätigung der Phantasieorganisation in den frühesten Entwicklungsphasen und deutliche Grenzziehung gegenüber theoretischen Spekulationen über diese Phantasieproduktionen – das macht den Beitrag der Arbeiten zur Genese der Objektbeziehung aus, wie wir sie im vorhergehenden Kapitel dieses Buches dargestellt haben.

Es liegt kein Grund vor, Bestürzung angesichts der Grenzen zu äußern, die der Entwicklung bestimmter Hypothesen durch die Konfrontation von Psychoanalyse und Ergebnissen anderer Wissenschaftszweige gesetzt werden. Die leidenschaftlichen Diskussionen, die sich ständig am Werk FREUDS entzünden, sind der lebendige Beweis dafür, wie J. und E. KESTEMBERG in ihrem Beitrag zum XXVI. Kongreß der französischsprachigen Psychoanalytiker (»*Contribution à la perspective génétique en psychanalyse*« [188]) hervorgehoben haben:

»Wenn wir die Entstehung dieser Begriffe im Denken FREUDS überdenken, stellt sich heraus, daß jeder von ihnen im Zuge dieser Überlegungen ebensoviele explikative Hypothesen für immer wieder neu gestellte und differenzierte Probleme beiträgt, wie seine klinische Erprobung aufwarf. Immer dann – und so ist die Psychoanalyse entstanden –, wenn die Summe der Erkenntnisse, über die er verfügte, dem, was er beobachtete, nicht mehr genügen konnte, griff er auf andere Erklärungsmethoden zurück, bis er die gefunden hatte, die ihm vorläufig gültig erschien. Wir sagen ›vorläufig‹, denn er fühlte sich ständig zur kritischen Überprüfung der von ihm selbst gelieferten Erklärungen gedrängt, sei es, daß die neue Erfahrung ihm eine Revision nahelegte, sei es, daß sein theoretisches Vorgehen selbst ihn sich an Widersprüchen oder Unzulänglichkeiten stoßen ließ. Als illustratives Beispiel mag hier genügen, was aus seiner Hypothese des Traumas geworden ist. In dieser Denkweise, die sich in der fortwährenden Konfrontation von Begriff und Erfahrung ebenso wie in der Revision alter Auffassungen im Zuge einer neuen Entdeckung äußert, scheint uns die eigentliche Essenz des FREUDschen Verfahrens und der von ihm entwickelten Metapsychologie zu liegen. Sie begreift die konstante Angleichung der Begriffsbildung an das untersuchte Objekt ebenso ein wie die Möglichkeit einer schöpferischen und wissenschaftlichen Entwicklung. In dieser Hinsicht ist sie eng verwandt mit dem, was CLAUDE BERNARD als induktiv verfahrendes wissenschaftliches Denken definiert hat, das mittels schöpferischer Intuition und mittels Deduktionen vorgeht, wie sie sich aus den neuen Hypothesen ergeben, die die experimentelle Arbeit bestätigen oder entkräften muß. Wir lassen nicht außer acht, daß, wenn wir die Metapsychologie auf das wissenschaftliche Denken zurückführen, wir mit einem von FREUD und seinen Nachfolgern häufig geäußerten Wunsch übereinstimmen; zugleich aber vernachlässigen wir nicht die konstante, von FREUD häufig angesprochene Versuchung, die des im eigentlichen Sinne philosophischen Denkens ...«

Diese im Denken FREUDS häufig zum Ausdruck kommende Tendenz legt das Hauptgewicht auf die psychoanalytische Metapsychologie, derzufolge die Theorie ein Korpus von Hypothesen ist, die sich am geeignetsten erweisen, wenn man sich über klinische Tatbestände und über technische Aspekte der analytischen Arbeit Rechenschaft geben will. Sie bezieht sich bereitwillig – und maßvoll – auf den Bereich, der eine Theorie der Technik definiert oder »von der Theorie zur Technik überzugehen« empfiehlt.

Wir lassen nicht außer acht, daß sie möglicherweise zahlreiche zeitgenössische Psychoanalytiker abstößt, die der Vorstellung einer holistischen Psychoanalyse anhängen, die durch einen theoretischen Kern definiert wird, dessen Anwendungsbereich das klinische und technische Gebiet bildet. Sicherlich steht diese letztere Tendenz, die sich, mehr oder weniger anhänglich, in die große strukturalistische Strömung der zeitgenössischen Philosophie einreiht, ärztlichem Denken nicht sehr nahe. Wir müssen gestehen, daß die Psychoanalyse unseres Erachtens vor allem Psychotherapie ist, und daß der Psychoanalytiker im allgemeinen von dem Bedürfnis zu heilen angetrieben wird; wir lassen jedoch die Risiken der Gegenübertragung bei einem solchen Verhalten nicht außer acht, das Gefahr läuft, unseren eigenen Narzißmus allzusehr ins Spiel zu bringen und den Kranken, wenn er seiner Heilung nicht zustimmt, zum schlechten Patienten zu machen.

Allgemeiner noch glauben wir an die Ergiebigkeit des Dialoges zwischen Psychoanalytikern und Forschern anderer Wissenschaftszweige, gleich ob Pädiatrie, Neurologie, Ethologie, Experimentalpsychologie oder linguistische Psychologie.

Diese Stellungnahme spiegelt wahrscheinlich nicht die Auffassung aller Psychoanalytiker wider. Manche Analytiker fürchten bei dieser Konfrontation die mögliche Gefahr einer Amputation der psychoanalytischen Entdeckungen. Wie wir später sehen werden, sind sie der Auffassung, daß die Tendenz der psychoanalytischen Psychologie Gefahr läuft, den lebendigen Inhalt psychoanalytischer Entdeckungen verarmen zu lassen, weil sie eine Integration anderer Disziplinen in die Psychoanalyse erreichen möchte. Schließlich weigern sie sich, der Auffassung zuzustimmen, daß der Grenzbereich des psychischen Lebens mit der Errichtung der Objektpermanenz zusammenfalle. Sie vertrauen der Hoffnung, das Schicksal bestimmter psychischer Organisationen besser aus den Phantasien erschließen zu können, die ihres Erachtens stichhaltig über die sprachlosen Erfahrungen des Säuglings beim Eintritt in die Welt Auskunft geben können.

I. Definition

Der Begriff »Metapsychologie« erscheint zum erstenmal in einem Brief an FLIESS (13. 2. 1896; Nr. 41 [101]): »Die Psychologie – Metapsychologie eigentlich – beschäftigt mich unausgesetzt ...« Wiederum in einem Brief an FLIESS (10. 3. 1898; Nr. 84) fragt FREUD den Freund, ob er den Gebrauch des Begriffs Metapsychologie für gerechtfertigt hält.

»Ich werde dich übrigens ernsthaft fragen, ob ich für meine hinter das Bewußtsein führende Psychologie den Namen Metapsychologie gebrauchen darf.«

Diese Frage betraf die Traumtheorie, an der FREUD für sein späteres Buch arbeitete, und unmittelbar vorher schreibt er:

»Es scheint mir, als ob mit der Theorie der Wunscherfüllung nur die psychologische Lösung gegeben wäre, nicht die biologische, oder besser, metapsychische.«

Wenn man sich auf diesen Ursprung des Begriffes Metapsychologie bezieht, gerät eine sich daran orientierende Definition in die Gefahr der Doppeldeutigkeit. Muß man einfach den Bereich dessen im Auge behalten, was nicht einer Jedermannspsychologie oder einer Psychologie der Bewußtseinsintrospektion angehört, und muß die Metapsychologie auf jenen Bereich zurückgeführt werden, den FREUD in der Frühphase seines Werkes den des Unbewußten nannte? Das scheint nicht der Fall zu sein, weil er von der Notwendigkeit eines Rückgriffes auf Metabiologie und Metapsychologie spricht. Überdies machen die gesamte Korrespondenz mit FLIESS und viele andere FREUDsche Texte aus verschiedenen Entwicklungsphasen seines Denkens deutlich, in welchem Ausmaß er der Vorstellung einer Konfrontation von physiologischem und psychologischem Bereich anhing und wie sehr er das Korpus von biologischen Doktrinen und Hypothesen seiner Zeit sich zunutze machte. Wenn die Metapsychologie sich indessen nicht auf den Bereich des Unbewußten beschränken läßt, ist sie doch ebensowenig Spekulation, dank derer sich eine Brücke zwischen den Bereichen des biologischen und psychischen Lebens schlagen ließe.

Die 1915 veröffentlichten Aufsätze zur Metapsychologie machen jedenfalls deutlich, daß es sich für FREUD darum handelte, unter dem Namen Metapsychologie seinen Beitrag zur Theorie der Psychologie und des psychischen Geschehens zu liefern. STRACHEY erinnert in seiner editorischen Vorbemerkung zur »Metapsychologie« [327] daran, daß die unausgesetzte Beschäftigung FREUDS mit ihr sich historisch durch sein Gesamtwerk verfolgen lasse:

»FREUD veröffentlichte einen ersten vollständigen Rechenschaftsbericht über seine Auffassungen zur Psychologie im siebten Kapitel der ›Traumdeutung‹ (1900). Er arbeitete darin einen großen Teil seines früheren, nicht veröffentlichten Entwurfs in revidierter Form ein (vgl. ›Entwurf einer Psychologie‹ in ›Aus den Anfängen der Psychoanalyse‹ [101]). Abgesehen von kurzen und zufälligen Diskussionsbeiträgen, wie sie im 10. Kapitel seines Buches ›Der Witz und seine Beziehung zum Unbewußten‹ (1905) zu finden sind, vergingen zehn Jahre, bevor er das Feld theoretischer Spekulationen erneut betrat. Einem Aufsatz, der die ›zwei Prinzipien des psychischen Geschehens‹ (1911) untersuchte, folgten andere Arbeiten, so der dritte Abschnitt der Analyse des Falles Schreber (1911), der zuerst englisch geschriebene Aufsatz über ›Das Unbewußte‹ (1912) und die lange Auseinandersetzung mit dem Narzißmus (1914). Schließlich unternahm FREUD im Laufe des Frühjahrs und Sommers des Jahres 1915 noch einmal eine vollständige und systematische Darstellung seiner psychologischen Theorien.«

Die fünf unter dem Titel »Metapsychologie« versammelten Texte sind Bestandteile eines Ganzen, das FREUD ursprünglich in Form eines Buches mit dem Titel »Vorbemerkungen zur Metapsychologie« hatte veröffentlichen wollen, wie sich aus einer Fußnote im vierten Text entnehmen läßt. In dieser Fußnote fügt er hinzu, es sei die Intention dieser Reihe von Aufsätzen gewesen, die »Grundlagen einer annähernd stabilen Theorie der Psychoanalyse« aufzustellen. Die fünf Aufsätze, die jenes unter dem Titel »Metapsychologie« veröffentlichte Ganze ausmachen, sind folgende: »Triebe und Triebschicksale«, »Die Verdrängung«, »Das Unbewußte«, »Metapsychologische Ergänzung zur Traumlehre« und »Trauer und Melancholie« [1].

Die Kontinuität der theoretischen Bemühung FREUDS, wie sie in der Einführung von STRACHEY vergegenwärtigt wird, und die Titel der einzelnen Aufsätze machen seinen Ehrgeiz deutlich, eine psychoanalytische Theorie aufzubauen – eine Aufgabe, der er sich bis an sein Lebensende weiterhin unterzog, indem er ständige Neuerungen einbrachte, bis hin zur Beschreibung der zweiten Topik und der des Todestriebes in den *»Essais de Psychanalyse«* [134; = frz. Sammelband, Paris (Payot) 1927, ern. 1951].

Man kann sich nicht des Gedankens enthalten, daß der Begriff Metapsychologie – durch alle diese Doppeldeutigkeiten hindurch – nicht nur den Ehrgeiz, eine gültige Theorie der Psychoanalyse zu liefern, widerspiegelt, sondern auch die Neigung zu Spekulation und Philosophie. So schrieb FREUD aus Anlaß des Todestriebes in seinem Essay »Jenseits des Lustprinzips«:

»Was nun folgt, ist Spekulation, oft weitausholende Spekulation, die ein jeder nach seiner besonderen Einstellung würdigen oder vernachlässigen wird. Im weiteren ein Versuch zur konsequenten Ausbeutung einer Idee, aus Neugierde, wohin dies führen wird.«

So hat die Verbreitung des Begriffs Metapsychologie zwangsläufig eine gewisse Unsicherheit hervorgebracht, und zuweilen glaubt man sich zu der Frage berechtigt, ob man sich nicht damit zufriedengeben solle, einfach von psychoanalytischer Theorie zu sprechen.

[1] Diese Texte sind in einer neuen französischen Übersetzung von J. LAPLANCHE und J.-B. PONTALIS (1968 [126 b]) gesammelt.

E. und J. KESTEMBERG scheinen in ihrem zitierten Beitrag [188] nicht weit von FREUDS Auffassung entfernt zu sein, wenn sie schreiben:

»Die Metapsychologie erscheint uns mithin als ein Bündel von deskriptiven Hypothesen, die die Funktionsgesetze des menschlichen Seelenlebens wiedergeben, wobei jede Hypothese nur solange Gesetzeskraft hat, wie sie nicht durch eine Reihe von experimentellen Vergleichen entkräftet wird, und zwar auch in dem Maße, wie sie frühere Hypothesen bereichert und integriert, mit denen – wenn sie sich als richtig erwiesen haben – sie nicht in Widerspruch steht. Demnach können und müssen die metapsychologischen Begriffe unseres Erachtens auch als operationale Begriffe aufgefaßt werden.«

Für diese Auffassung, die sich wahrscheinlich von der FREUDS kaum entfernt, wäre die Metapsychologie mithin das Korpus von theoretischen Hypothesen der Psychoanalyse, und zwar jenseits des dauerhaften und definitiv gesicherten Bereiches dieser Theorie. Es ist bedauerlicherweise jedoch unsicher, ob eine solche Definition dem von FREUD angestrebten Wortgebrauch genau entspricht. E. und J. KESTEMBERG haben dem Begriff Metapsychologie eine Bedeutung geben wollen, wie man sie nach CLAUDE BERNARD manchen Hypothesen in der Experimentalmedizin zugesteht, um die deduktiv-hypothetische Methode wiederzuverwenden, die deren allgemein anerkannte Grundlage bildet. Aber vom »Entwurf einer Psychologie« [103] bis hin zum »Abriß der Psychoanalyse« [147] gehen allzu viele FREUDsche Arbeiten auf die Theorie des psychischen Geschehens ein, als daß man diskussionslos die deutlich eingeschränkte Bedeutung gutheißen könnte, die E. und J. KESTEMBERG dem Ausdruck in ihrem Beitrag gegeben haben.

Bei der Beschreibung der zwei Prinzipien des psychischen Geschehens im Jahre 1911 – des Lust- und des Realitätsprinzips –, die mehr oder weniger die primären und sekundären Systeme umfassen, bei der darauffolgenden Beschreibung der ersten Topik, die das unbewußte psychische Geschehen genauer faßt, und schließlich bei der der zweiten Topik, der dreigliedrigen Struktur der Psyche, scheint FREUD der Erkenntnis des psychischen Geschehens entscheidende Bedeutung beigelegt zu haben, und die Metapsychologie als Ganzes tritt dann als originärer Beitrag der Psychoanalyse zum Verständnis des menschlichen Seelenlebens in Erscheinung. Auf nahezu paradoxe Weise glauben die Autoren, die sich auf die analytische Psychologie, auf die genetische oder die strukturale[2] Psychoanalyse berufen – und zwar genau die, denen andere gegenwärtig vorwerfen, die Psychoanalyse bloßgestellt und ihren Sinn durch eine ihres Erachtens nutzlose Konfrontation mit anderen Wissenschaftszweigen entkräftet zu haben –, metapsychologische Arbeit zu leisten, und zwar in dem Maße, wie sie der psychoanalytischen Theorie und FREUDS Beschreibung der zweiten Topik bessere Grundlagen verschafft zu haben meinen. Wir kommen in diesem Zusammenhang auf die Auffassungen von HARTMANN, KRIS und LÖWENSTEIN zurück, deren Arbeiten seit dem Zweiten Weltkrieg in den Vereinigten Staaten viele Anhänger gefunden haben, ebenso auf die bereits erwähnten Arbeiten von SPITZ. Mit Überraschung muß etwa festgehalten werden, daß ANNA FREUD in ihrem neuesten Buch zur normalen und patholo-

[2] Im Sinne der amerikanischen Autoren der Schule von HEINZ HARTMANN.

gischen Entwicklung des Kindes [99] bei der klinischen Bewertung eines jeden Falles etwas vorschlägt, was sie »metapsychologisches Entwicklungsbild« nennt – Auszüge daraus wurden im zweiten Abschnitt dieses Buches geboten. Es handelt sich bei diesem Entwicklungsbild um die zusammenfassende Darstellung der Organisation des psychischen Geschehens, seiner verschiedenen Instanzen, der Rolle des Narzißmus usw.

Wenn man sich den erweiterten Sinn des Begriffes Metapsychologie einprägte, wie er sich aus den Bemühungen zahlreicher Psychoanalytiker, selbst derer, denen der Vorwurf der Entfernung von den metapsychologischen Hypothesen FREUDS gilt, zu ergeben scheint, verlöre dieser Terminus zweifellos die spekulative Aura, die ihm so häufig schadet. Wir haben gesehen, daß FREUD darauf aus Anlaß des Todestriebes in »Jenseits des Lustprinzips« [134] anspielte. Aber gerade die Diskussion um die Verwendbarkeit der Todestrieb-Hypothese, die die Psychoanalytiker entzweit, rechtfertigt den Rückgriff auf die Metapsychologie und macht deutlich, wie wichtig es ist, den Begriff in seinen verschiedenen von uns angesprochenen Bedeutungssträngen aufzufassen – dem eines Korpus von theoretischen Lehren der Psychoanalyse, dem vorläufiger Hypothesen auf dem Felde der Entwicklung der psychoanalytischen Theorie und dem von Spekulation über die eigentlichen Konsequenzen der beobachteten Fakten hinaus. Es ist bekannt, daß die Todestrieb-Theorie die Psychoanalytiker faktisch in zwei Lager teilt, wobei die einen den Rückgriff auf diese Hypothese für sinnlos halten und die anderen wiederum glauben, daß – ganz abgesehen von der Schwierigkeit, eine solche Bezeichnung zu akzeptieren – der Todestrieb einen der Grundpfeiler der psychoanalytischen Theorie in der Spätphase FREUDS und auch in der gegenwärtigen bilde.

Nun anerkennen aber dieselben Autoren, die – wie S. NACHT [256] – den Begriff des Todestriebes als widersprüchlich ablehnen, nichtsdestoweniger einen gleichwertigen Begriff, wenn sie von der Existenz eines primären Kernmasochismus ausgehen, dessen klinische Beschreibung den Folgen nahesteht, die FREUD den Todestrieb im psychischen Geschehen bewirken sah. Die Bedeutung, die der Aggressivität und ihrer Mischung mit der Libido-Entwicklung von allen Psychoanalytikern übereinstimmend zugebilligt wird, hebt die Todestrieb-Hypothese und FREUDS Arbeiten zur Aggression noch schärfer hervor (»Die Zukunft einer Illusion« [142], »Das Unbehagen in der Kultur« [143]). E. und J. KESTEMBERG führen in ihrem bereits mehrfach zitierten Beitrag in diesem Zusammenhang:

»Demnach können und müssen die metapsychologischen Begriffe unseres Erachtens auch als operationale Begriffe aufgefaßt werden. Deshalb haben wir von diesen Begriffen Eros und Thanatos ausgenommen, die, wie wir meinen, eher metaphysische Entitäten, Prinzipien an sich sind, an denen die auf menschlichem Niveau sich vollziehenden Emanationen teilhaben. Eros und Thanatos (mit den von ihnen einbegriffenen biologischen Bezügen) scheinen uns transzendentale Entitäten zu sein, während Libido und Konstanzprinzip (oder die Tendenz zur Ruhe oder zu Wiederholung) offenbar operationale Begriffe sind, im eigentlichen Sinne metapsychologische explikative Hypothesen, die die Modalitäten ebenso wie die Unklarheiten der Konflikte erhellen, die das menschliche Seelenleben als Organisation *sui generis* konstituieren.«

Diese methodologische Vorsicht bei der Definition des metapsychologischen Bereiches ist durchaus gutzuheißen, unter der Bedingung, daß bestimmte spekulative Hypothesen den metapsychologischen Status erhalten können, wenn die Kohärenz der Theorie das erfordert. Von der Bipolarität der Triebe, die angesprochen werden muß, wenn man auf die Tendenz zu Ruhe oder Wiederholung Bezug nimmt, stößt man möglicherweise zur Annahme eines Todestriebes vor, unter der Bedingung, daß man den Bereich unserer Disziplin absteckt und daran erinnert, daß wir uns nicht direkt mit den Trieben bzw. Instinkten beschäftigen wie die Ethologen – welche Ergiebigkeit ein Bezug auf deren Arbeiten auch haben mag –, sondern mit den Triebrepräsentanzen, wie sie sich aufgrund der Funktionsweise des Ich mitteilen [3] – und eben das machen die metapsychologischen Untersuchungen deutlich, auf die wir nunmehr direkt Bezug nehmen wollen.

II. Freuds theoretisches Werk

Es liegt nicht in unserer Absicht, hier eine zusammenfassende Darstellung der FREUDschen Metapsychologie zu geben. Wie könnte man sich auch zutrauen, auf einigen Seiten die Grundzüge seines Denkens zusammenzufassen? Seine psychoanalytische Theorie, wie sie in seinen Arbeiten dargelegt ist, hat sich überdies beträchtlich weiterentwickelt und ist von ihm ständig verbessert und präzisiert worden, was nicht ohne Modifikationen der Grundlagen abging. Und diese Entwicklung wirft nun eben das Problem einer Lektüre von FREUD auf. Offenbar besteht zuweilen die Tendenz, sein Werk als geschlossenes und abgeschlossenes Ganzes aufzufassen, und das hat FREUD selbst unseres Erachtens nicht gewollt. Deshalb hat sich unsere Bezugnahme auf FREUD nie im Sinne einer Hermeneutik verstanden, weil die Funktion des Hermeneutikers oder Interpreten einer heiligen Schrift

[3] In einem Beitrag zum XXV. Internationalen Kongreß für Psychoanalyse mit dem Titel »Diskussion zum Thema Aggression. Aggression – ein metapsychologischer Begriff?« kritisieren S. LEBOVICI und R. DIATKINE [229 b] die Anlehnung an Ethologie oder Soziologie bei der Konstruktion psychoanalytischer Begriffe.

Die Autoren kommen zu dem Ergebnis, daß Aggression und Aggressionstendenzen oder Aggressionsphantasien an zahllosen Alltagsbeispielen erkennbar werden, was jedoch nicht die Hypothese einer Tendenz zur Aggression rechtfertigt, deren Status dem der Libido vergleichbar wäre.

S. FREUD hat diese Sachverhalte in verschiedener Hinsicht untersucht:

1. Herrschaft über das Sexualobjekt, um dessen Widerstand zu brechen.
2. Einsatz der Motorik im Zuge der Triebabfuhr, bei der das Gegensatzpaar Aktivität-Passivität in metapsychologischer Hinsicht untersucht wird.
3. Überströmen der derart fusionierten und schlecht neutralisierten Aggressivität, während die Libido einer Sublimierungsarbeit unterliegt.

Der FREUDsche Begriff des Todestriebes hebt die Gültigkeit dieser Analysen keineswegs auf. Er ist Bestandteil einer kohärenten Theorie des psychischen Geschehens und kann ohne ständige Bezugnahme auf das Schicksal der libidinösen und narzißtischen Besetzungen nicht verstanden werden. Er tritt als Prinzip des psychischen Geschehens in Erscheinung – wie das Lustprinzip und sein Korollar, das Realitätsprinzip.

Aus diesem Grunde trägt die FREUDsche Theorie zu einem besseren Verständnis mancher Vieldeutigkeiten bei:

1. der Aggression und ihrer Bearbeitung durch die Funktionsweise des Ich;
2. die Aggressivität wird vom Schicksal des Todestriebes mitbetroffen, das sich nur unter Bezugnahme auf die FREUDsche Metapsychologie in ihrer Gesamtheit verstehen läßt, wo es unauflöslich mit dem Narzißmus und den Schwierigkeiten der Objektbesetzung verknüpft ist.

So kann die Aggression nicht als »notwendiges Übel« definiert werden (K. LORENZ [238]). Sie hängt von den Funktionsweisen des Ich ab, und in zahlreichen Fällen muß die psychoanalytische Behandlung darauf hinauslaufen, sie besser in die Phantasietätigkeit zu integrieren. Der Todestrieb ist Bestandteil der kohärenten metapsychologischen Perspektiven, und seine Existenz belehrt uns über die Nichtigkeit der *Illusion,* die es gern sähe, daß erzieherische und vorbeugende Bemühungen die unbewußten, direkt davon abhängenden Schuldgefühle und die aggressiven Phantasien, die deren direkte Übersetzung im Bereich des Ich sind, zu unterdrücken vermöchten.

uns nicht der geistigen Einstellung zu entsprechen scheint, mit der ein heutiger Analytiker zu Werke gehen sollte.

RICŒUR hat das Werk von FREUD, um den Preis einer beträchtlichen Anstrengung, zum Gegenstand einer sehr anregenden Lektüre gemacht, die eben gerade auf die Interpretation ausgerichtet ist [288]. Gerade er hat den Begriff der Hermeneutik und die ihr zugrundeliegende Methodik gebräuchlich gemacht; nun ist PAUL RICŒUR aber Philosoph, der FREUDS Schriften als Gesamtheit, als imponierendes Material auffassen konnte, mit dem sich arbeiten ließ, und das beweist die persönliche Mühe, die er für die Übersetzung bestimmter Termini auf sich nahm. RICŒUR hat sich daran versucht, die philosophische Tragweite des FREUDschen Werkes zu erfassen und dessen Epistemologie zu entwickeln.

MARTHE ROBERT [289] schlägt für die Lektüre von FREUD den Begriff der Exegese vor – ein Ausdruck, der nach *Littré* – lediglich die historisch-grammatische Erklärung eines geschriebenen Werkes bezeichnet:

»Ist es erlaubt, von Exegese im Zusammenhang mit einem Gelehrtenwerk zu sprechen, das so gewollt war und so fortbesteht, was man auch anstellt, um es in an seine Disziplin angrenzende Bereiche hinüberzuziehen? Zweifellos nicht, wenn man damit die gesamte empirische Forschung und theoretische Aktivität einzufangen hofft, mit der FREUD der Psychoanalyse ihre Solidität und wissenschaftliche Realität gegeben hat. Es ist jedoch erlaubt, wenn man anerkennt, daß FREUD – und gerade da liegt vielleicht seine originellste Leistung – bestimmte psychische Gegebenheiten, die vor ihm strenggenommen unlesbar blieben, als Texte von besonderem Zuschnitt gedeutet hat. Und das kann man *mit Recht* anerkennen, weil er selbst den Traum überall als Bilder-Buch deutet, dessen ursprünglicher Text nicht geschrieben worden ist, aber dank eines geeigneten Instrumentes immer wieder in Sprache zurückübersetzt werden und so zu seinem ersten Sinn zurückfinden kann.«

Die FREUD-Lektüre muß in der Tat berücksichtigen, daß FREUD selbst an einem neuartigen Bereich gearbeitet hat, den er, um ihn zu durchschauen, von Grund auf neu entziffert hat. So stellen uns die Ergebnisse, die er in seinen theoretischen Darstellungen niederlegte, Texten gegenüber, an denen sich endlos arbeiten läßt, zumal der Schöpfer der Psychoanalyse tot ist:

»FREUD hat immer mit Nachdruck hervorgehoben, daß seine Lehre kein abgeschlossenes Korpus darstelle, sondern eine für alle Möglichkeiten der Erfahrung und des Lebens allseits offene Theorie. Seine ausnahmslos empirischen Funde sind ihm praktisch nicht immer in einer Ordnung zugefallen, die die Logik zufriedengestellt hätte; sie mußten überdies eiligst *benannt* werden, und diese erzwungene Benennung, die im großen und ganzen die psychoanalytische Terminologie ins Leben gerufen hat, ist nicht immer einwandfrei im Sinne des Logikers oder des Linguisten. FREUD hat bei der Arbeit unter dem Druck des klinischen Materials und zuweilen ideologischer Tageskontroversen nicht umhin können, den Sinn seiner eigenen Begriffe auszudehnen oder zu modifizieren, ohne immer zur eigentlichen Definitionsarbeit überzugehen, die ihnen ihre Doppeldeutigkeit oder wenigstens ihre Mehrdeutigkeit genommen hätte. So hat er eine halbwegs komplizierte FREUDsche Semantik geschaffen, deren Tragweite problematisch bleibt, weil sie die Mitarbeit eines theoretischen Psychoanalytikers oder eines Germanisten, ja sogar die eines Wissenschaftshistorikers oder Literaturkritikers erfordert hätte. Daraus ergibt sich, daß FREUD seinen Nachfolgern im inneren Bereich eines äußerst komplexen theoretischen Apparates eine Reihe von Begriffen – darunter die wichtigsten – hinterlassen hat, die verschiedene Interpretationen zulassen, zwischen denen FREUD zu seinen Lebzeiten sich nicht entscheiden konnte, die jedoch seither zwangsläufig dem freien Ermessen eines jeden anheimfallen« [289].

Deshalb haben die Auslegungen bestimmter Philosophen oder Theoretiker der Psychoanalyse häufig den Nachteil, daß sie sich lediglich eines Ausschnittes von FREUD bemächtigen, um eine theoretische Tendenz zu rechtfertigen, die sie zu verteidigen suchen und mit der sie mutmaßlich den Gesamtsinn des theoretischen Werkes von FREUD verfälschen. Sie lassen sich jedoch entschuldigen, wenn man sich bewußt hält, daß sich bei der Lektüre FREUDS immer einige Abschnitte in seinem umfangreichen Werk finden lassen, die unsere eigene persönliche Entwicklung zum jeweiligen Zeitpunkt widerspiegeln und offenbar auf die Bemühungen ebenjener antworten, die dies oder jenes Bruchstück der psychoanalytischen Theorie auf Kosten ihrer Gesamtheit und der sie charakterisierenden Entwicklung aufwerten möchten. Deshalb ist es unmöglich, auf bestimmte Ausschnitte dieser Theorie wie auf letztgültige Texte Bezug zu nehmen, wenn man weiß, daß dies oder jenes zu Beginn dieses Jahrhunderts oder während des Ersten Weltkrieges geschriebene Kapitel der psychoanalytischen Theorie von FREUD in den »Essais de Psychanalyse« [134] deutlich widerlegt wird, als er die zweite Topik und den Todestrieb beschrieb.

In eben dem, was MARTHE ROBERT an Möglichkeiten der Lektüre dessen, was FREUD selbst im Seelenleben des Menschen las, deutlich macht, läßt sich eine bestimmte Kontinuität finden, die vom »Entwurf einer Psychologie« bis hin zum »Abriß der Psychoanalyse« reicht:

»Als Psychoanalytiker und Analytiker schlechthin fühlte er sich einfach nicht berufen, den Geist schwärmerisch hochzupreisen, sondern im Gegenteil ihn unablässig daran zu erinnern, welchen unerhörten Preis er für Vergessen und Verleugnen seiner dunklen Ursprünge zu zahlen hat. Daß diese undankbare, unsympathische und gezwungenermaßen prosaische Aufgabe wirklich das Prinzip seiner Lebensbestimmung war, bestätigt ein Satz, den er eines Tages einem Freund schrieb: ›Die Menschen haben immer gewußt, daß sie Geist haben; es kam mir zu, ihnen zu zeigen, daß sie auch Triebe haben.‹«

Die Bedeutung des »Entwurfs einer Psychologie« [103] beruht darauf, daß er den Ausgangspunkt von FREUDS Überlegungen zum Schicksal der alles psychische Geschehen begleitenden affektiven Belastung verdeutlicht, die das Problem der begrifflichen Fixierung dieses Geschehens in Termini aufwarfen, die auf das Schema des Reflexbogens Bezug nehmen konnten, bei dem jedem Reiz eine Reaktion entspricht. Mit anderen Worten: vom Beginn seines wissenschaftlichen Werkes an steht die Beschäftigung mit dem Energieproblem im Zentrum seines Denkens. Der Begriff des Primär- und des Sekundärprozesses, wie er zu dieser Zeit bereits aufgetaucht ist, bekommt im Denken FREUDS seinen scharfen und genauen Umriß, als er 1911 die zwei Prinzipien des psychischen Geschehens dingfest macht. Man könnte auch sagen, daß der Organismus im Grenzbereich des Lebens lediglich innere Bedürfnisse zufriedenzustellen versucht; er ist – mit anderen Worten – dem Lustprinzip unterworfen, und eben das entwickelt FREUD in seiner Analyse »Zur Einführung des Narzißmus« [124]. So wie aber das Neugeborene zugleich vollständig von seiner Außenwelt abhängig ist, kann man sich mit der folgenden Bemerkung FREUDS aus demselben Text einverstanden erklären:

»Es wird mit Recht eingewendet werden, daß eine solche Organisation, die dem Lustprinzip frönt und die Realität der Außenwelt vernachlässigt, sich nicht die kürzeste Zeit am Leben halten könnte, so daß sie überhaupt nicht hätte entstehen können. Die Verwendung einer derartigen Fiktion rechtfertigt sich aber durch die Bemerkung, daß der Säugling, wenn man nur die Mutterpflege hinzunimmt, ein solches psychisches System nahezu realisiert. Er halluziniert wahrscheinlich die Befriedigung seiner inneren Bedürfnisse [...].«

Nun stellte man sich aber gerade zu Beginn, unter dem Primat des Lustprinzips, und zu dem Zeitpunkt, wo die Sekundärprozesse am Werk sind, wenn man voraussetzt, daß der psychische Gleichgewichtszustand anfangs durch die dringenden Ansprüche innerer Bedürfnisse gestört wurde, alles, was man denkt und wünscht, einzig und allein halluzinatorisch vor, wie es noch jetzt nachts in unseren Träumen vorkommt. Dieser Versuch der halluzinatorischen Befriedigung wurde nur aufgegeben, weil die erwartete Befriedigung nicht eintrat und statt dessen Enttäuschung erfahren wurde. Der psychische Apparat mußte sich also entschließen, die in der Außenwelt herrschenden Umstände sich vorzustellen und zu modifizieren zu versuchen. So entstand ein neues Prinzip psychischer Aktivität: »Es wurde nicht mehr vorgestellt, was angenehm, sondern was real war, auch wenn es unangenehm sein sollte.« Auf diese Weise entstand das sekundäre System unter dem Primat des Realitätsprinzips, das, wie ersichtlich, lediglich Abkömmling des Lustprinzips ist. Im selben Text macht FREUD deutlich, auf welche Weise die motorische Abfuhr im Grenzbereich des Lebens zur Befreiung des psychischen Apparates von anwachsenden Unlust-Reizen dienen konnte. In dieser Phase muß sie zum Handeln werden und die äußere Realität zu verändern suchen:

»Ich werde es nicht als Korrektur, sondern nur als Erweiterung des in Rede stehenden Schemas ansehen, wenn man für das nach dem Lustprinzip lebende System Einrichtungen fordert, mittels deren es sich den Reizen der Realität entziehen kann. Diese Einrichtungen sind nur das Korrelat der ›Verdrängung‹, welche innere Unlustreize so behandelt, als ob sie äußere wären, sie also zur Außenwelt schlägt.«

Die Überlegungen zum Energieproblem, wie sie zu Anfang dieses Textes entwickelt wurden, bewogen FREUD, auch die Entstehung des Denkens als für die Sekundärprozesse und das Realitätsprinzip charakteristisches Moment nachzuweisen:

»Die notwendig gewordene Aufhaltung der motorischen Abfuhr (des Handelns) wurde durch den *Denkprozeß* besorgt, welcher sich aus dem Vorstellen herausbildete. Das Denken wurde mit Eigenschaften ausgestattet, welche dem seelischen Apparat das Ertragen der erhöhten Reizspannung während des Aufschubs der Abfuhr ermöglichten.«

Gleichzeitig kann unser psychischer Apparat jederzeit das ökonomische Prinzip des geringsten Aufwandes einsetzen, um es auf die uns zur Verfügung stehenden Triebquellen anzuwenden, indem er insbesondere die Phantasieaktivität ins Spiel bringt, die von der Realitätsprüfung unabhängig und einzig und allein dem Lustprinzip unterworfen bleibt.

So war FREUD von Beginn dieses Jahrhunderts an gehalten, die Notwendigkeit der Differenzierung zwischen einem primären und einem sekundären System des psychischen Geschehens in Betracht zu ziehen und topische und ökonomische Gesichtspunkte einzuführen, und zwar unabhängig von den Entwicklungsperspektiven, die er in den »Drei Abhandlungen zur Sexualtheorie« [109] definiert hatte. Diese Entwicklung wurde vom Libido-Schicksal unterstützt, aber FREUD hatte bereits an die Bestimmung des Narzißmus erinnert, als er das untersuchte, was sich im Grenzbereich des Lebens abspielte, wenn auch seine Auffassungen zu diesem Problemkreis sich bereits weitgehend verändert hatten. Im Jahre 1915 veröffentlichte er jene fünf Aufsätze, die metapsychologische Erwägungen im eigentlichen Sinne bildeten und den Schlußpunkt der Entwicklung seiner früheren Theorie setzten. Wirklich sah er sich einem neuen Erkenntnisanspruch gegenüber: nämlich dem einer Erklärung dafür, wie man das psychologische Geschehen unter Berücksichtigung einer Gegebenheit erklären konnte, die er für grundlegend hielt – die Konstanz des energetischen Niveaus der Reiz- bzw. Triebspannung.

Zu der Zeit, da FREUD kaum mehr von Primär- oder Sekundärprozessen sprach und in seiner ersten Topik das Unbewußte, Vorbewußte und Bewußte einander gegenüberstellte, leiteten die von uns bereits erwähnten »Essais de Psychanalyse« gleichwohl die Beschreibung der zweiten Topik und der drei Instanzen in die Wege.

In seinem Aufsatz über »Triebe und Triebschicksale« mußte sich FREUD zu erklären bemühen, auf welche Weise das psychische Geschehen mit der Tatsache vereinbar blieb, daß das Niveau der Reizspannung konstant war. Die diffuse motorische Abfuhr kann lediglich beim Neugeborenen die Rolle der Ableitung spielen. Wenn aber das Schema, dem FREUD treu geblieben ist – das Schema, für das die Metapher des Reflexbogens eintritt –, noch zusätzlich angewendet werden muß, so handelt es sich darum, zu verstehen, wie es beim älteren Kind und beim Erwachsenen zu erklären ist, daß die äußere Reizung weder zur motorischen Abfuhr führt noch zur einfachen Flucht vor der Reizquelle, wie etwa beim geköpften Frosch. Das heißt die Unumgänglichkeit anerkennen, das Ich als Form der Gestaltung der Triebe und ihrer Gegenbesetzung zu beschreiben, der sich FREUD einige Jahre später, in den *»Essais de Psychanalyse«*, gegenübersah. Um einer anderen grundlegenden Vorstellung Folge zu leisten, der des Prinzips des geringsten Energieaufwandes und der Unlustvermeidung (das, wie erinnerlich, das psychische Geschehen unter dem Primat des Lustprinzips definiert), beschrieb FREUD zur gleichen Zeit den dem Wiederholungsautomatismus zugrundeliegenden Zwang zur Rückkehr in den Ruhezustand, den er Todestrieb nannte.

Mit diesem Überblick über die nacheinander von FREUD eingenommenen Positionen haben wir zeigen wollen, daß die Metapsychologie keine Abfolge von einander widersprechenden theoretischen Beschreibungen ist, sondern ein kohärentes Ganzes bildet, das sich in der zweiten Topik umfassend verwirklicht. Die drei psychischen Instanzen und in gewissem Maße vielleicht auch der Todestrieb veranschaulichen das innere Gleichgewicht dieses theoretischen Gesamtzusammenhanges.

Die Kontinuität in der Entwicklung des FREUDschen Denkens, die wir haben hervorheben wollen, läßt uns annehmen, daß die Rekonstitution der Entstehung der Objektbeziehung, d. h. der Ich-Bildung, ohne Bezug auf die Metapsychologie nicht verstanden werden kann; es handelt sich letztlich um das Schicksal der libidinösen und narzißtischen Besetzungen, zu deren Erfassung – und das muß deutlich gesehen werden – die direkte Beobachtung gerade nichts beiträgt.

III. Arbeiten nach Freud

Die Notwendigkeit dieses Rückgriffs auf die Metapsychologie legitimiert es insofern nicht, daß man sich dieses oder jenes mit den Hilfsmitteln des wissenschaftlichen Denkens und der in den letzten Jahrzehnten des 19. Jahrhunderts vorherrschenden Theorien abgefaßten Textes von FREUD bedient, um dem entgegenzutreten, was die neurobiologische und psychologische Untersuchung des Kleinkindes uns heute lehrt.

Manche Autoren nehmen keinerlei Rücksicht auf die erlebte Geschichte oder deren biologischen Unterbau, die in ihren Arbeiten gewissermaßen nur die äußeren Grenzen des psychoanalytischen Bereiches definieren. Darauf läuft in etwa auch die These hinaus, die J. LAPLANCHE in seinem Buch »*Vie et mort en psychanalyse*« [212b] verficht.

Absicht des Autors ist es gleichwohl, mittels eines historisch-strukturalen Zugangs zum Werk von FREUD eine Problematik des Objektes in der Psychoanalyse herauszuarbeiten. FREUDS Werk stellt sich für LAPLANCHE weniger als »manifeste oder offizielle Geschichte« dar, »sondern mehr (als) latente, teilweise unbewußte Geschichte ... die von bestimmten, sich wiederholenden Themen unterströmt wird ...« (S. 5 [dt. S. 7]).

Die Widersprüche des Denkens und die Widersprüche des Objektes stellen sich im Zusammenhang mit Begriffen ein, von denen LAPLANCHE meint, daß sie auf ein strukturales Gleichgewicht bezogen werden müssen, in das sie sich einfügen; andernfalls verfiele man in die Seichtheit der Reduktion der aufeinanderfolgenden Aspekte des FREUDschen Denkens. Durch alle Bearbeitungen hindurch begegnet man bei FREUD einer grundlegenden »Invarianz«, und zwar seit dem »Entwurf einer Psychologie« (1895) [103], den der Autor in der gesamten metapsychologischen Arbeit wiederzuerkennen sich bemüht: seine Intention ist es, »eine Struktur der FREUDschen Theorie wiederher(zu)stellen ..., jenseits der aufeinanderfolgenden Ausformungen, in die sie übersetzt worden war« (S. 8 [10]); die vorgelegte Analyse des FREUDschen Textes ist »buchstäblich, kritisch und deutend« (S. 9 [11]).

Leben und Tod finden also an den äußersten geographischen und historischen Grenzen des Freudismus statt. Das Leben ist im Werk FREUDS massiv präsent, vom »Lebensdrang« des Entwurfs von 1895 bis hin zum Lebenstrieb, der unter dem Namen Eros, Sexualität und Biologie zusammenfaßt. LAPLANCHE ist jedoch der Ansicht, daß FREUD mehr zur Biologie beigetragen habe (vgl. »Das Interesse an der Psychoanalyse«, 1913) als umgekehrt: die FREUDsche Verwendung der Biologie erscheint ihm eher biologisierend oder spekulativ.

Ebenso verhält es sich mit dem Todestrieb, der, im Jahre 1920 beschrieben, wohl als Beitrag zur biologischen Theorie der Entropie verwendet werden kann, in der Psychopathologie jedoch nichts zu suchen hat. »Ob gebrochen oder gemäß zweifellos verschiedenen Modalitäten repräsentiert: weder das Leben noch der Tod können direkt Bezugspunkte der psychoanalytischen Praxis werden« (S. 15 [15]).

J. LAPLANCHE untersucht die vitale Ordnung und die Entstehung der menschlichen Sexualität unter Bezugnahme auf die »Drei Abhandlungen zur Sexualtheorie« [109]. Er merkt an, daß die Theorie des Todestriebes in den beiden letzten Auflagen dieses Buches (von 1920 und 1925) lediglich in einigen Fußnoten auftaucht.

Der Autor stützt sich auf die begriffliche Unterscheidung zwischen Trieb und Instinkt und deutet damit an, daß der Sexualtrieb den einzigen Trieb im strengen Wortsinne darstellt. Der Trieb hat als spezifisches Element seine Ökonomie, sein Drängen, seine »Arbeit«, während sein Ziel, das ihn besser charakterisiert als sein Objekt, in der Abschwächung einer an dieses Drängen und diese Arbeit geknüpften Spannung liegt. Die Triebquelle ist der einzige in den somatischen Bereich hinüberspielende Vorgang am Trieb, »eine Art biologisches X«: »... ein lokaler biologischer Reiz bekommt also im psychischen Leben seine Delegation, seine Repräsentanz als Trieb« (S. 25 [24]).

J. LAPLANCHE merkt überdies beiläufig an, daß die modernen Ethologen – vor allem die aus der LORENZ-Schule [238] –, ohne es zu erwähnen, die »hydraulische« Auffassung des FREUDschen Triebkonzepts übernommen haben. Aber der Trieb entsteht, indem er sich mit einer lebenswichtigen körperlichen Funktion entwikkelt oder sich an sie *anlehnt*. *Anlehnung*, in der *Standard Edition*, der englischen Werkausgabe FREUDS, unzutreffend mit *»anaclitism«* übersetzt, ist ein Begriff, der untrennbar von dem der Autoerotik und dem der erogenen Zone ist. Der Sexualtrieb hat eine Stütz- und Anlehnungsbeziehung zum Lebenstrieb und seiner Funktion.

Damit unterscheiden sich Bedürfnis und Wunsch: Ebendieser letztere kennzeichnet den eigentlichen Bereich FREUDS. Das Bedürfnis bezieht sich auf Nahrung, der sexuelle Prozeß verdoppelt es. Parallel zur Ernährung findet eine Lippenreizung durch die Brustwarze statt. Das Objekt des Triebes wird auf der Ebene der Funktion bereitgestellt: Ist es noch die Milch? Oder nicht vielmehr schon die Brust? Die orale Sexualität löst sich jedenfalls langsam von der Funktion der Nahrungsaufnahme ab, anhand derer sie sich entwickelt hatte.

J. LAPLANCHE weist hier darauf hin, daß gerade die Autoerotik das Objekt hervorbringt, und tritt in Gegensatz zu der von den KLEIN-Anhängern fortgesetzten ungarischen Schule, derzufolge von Anfang an eine primäre Objektbeziehung vorhanden ist. Er bestreitet jedoch die Theorie jener Autoren, die, unter dem Einfluß von WINNICOTT [347], das Objekt aus der Halluzination von Lust haben entstehen lassen, oder jener, die, wie wir, darauf bestehen, daß das Objekt besetzt wird, bevor es wahrgenommen oder wiedererkannt wird.

Die Autoerotik entsteht jedoch zugleich – nach LAPLANCHE – aus dem Verlust des Objektes in seiner äußeren Realität. Für diese Hypothese stützt er sich auf ein FREUD-Zitat aus der dritten der »Drei Abhandlungen zur Sexualtheorie« [109], das hier wiedergegeben zu werden verdient:

»Als die anfänglichste Sexualbefriedigung noch mit der Nahrungsaufnahme verbunden war, hatte der Sexualtrieb ein Sexualobjekt außerhalb des eigenen Körpers in der Mutterbrust. Er verlor es nur später, vielleicht gerade zur Zeit, als dem Kinde möglich wurde, die Gesamtvorstellung der Person, welcher das ihm Befriedigung spendende Organ angehörte, zu bilden. Der Geschlechtstrieb wird dann in der Regel autoerotisch, und erst nach Überwindung der Latenzzeit stellt sich das ursprüngliche Verhältnis wieder her. Nicht ohne guten Grund ist das Saugen des Kindes an der Brust der Mutter vorbildlich für jede Liebesbeziehung geworden. Die Objektfindung ist eigentlich eine Wiederfindung.«

Für LAPLANCHE bedeutet dieser Text – und er hebt diese Formulierungen hervor, um seine eigene Auffassung abzusichern –, daß *»einerseits von Anfang an ein Objekt vorhanden ist, daß aber andererseits die Sexualität nicht von Anfang an ein reales Objekt hat«* (S. 37 [34]). Später merkt er an, daß das Sexualobjekt nicht dasselbe wie das Objekt der Funktion ist, daß zwischen ihnen eine Nachbarschaftsbeziehung besteht, die fließende Übergänge vom einen zum anderen, von der Milch zur Brust ermöglicht, wie ihr Symbol.

»Daher rührt offensichtlich die Unmöglichkeit, das verlorene Objekt wiederzufinden; dieses *ist nicht das gleiche* wie jenes, das wiedergefunden werden soll. Damit kommen wir zur ›Lockspeise‹, bei der die infantile Sexualforschung beginnt« (S. 37 [34]).

Später macht J. LAPLANCHE den Versuch, von der erogenen Zone (der Stütze der Autoerotik) zum sexuellen Triebziel überzugehen, um zu demonstrieren, daß es mehr als die Funktion einbegreift. Das ausgewählte Beispiel bringt die Nahrungsaufnahme mit der »Einverleibung« in Verbindung, die eine *Phantasie* ist, die einen »kannibalischen« Trieb einschließt. So läßt sich von Einverleibung durch den Blick sprechen. Hier gibt es keine Nachbarschaft von funktionalem Objekt und Sexualobjekt mehr, sondern »Verschiebung auf analoger, metaphorischer Ebene«.

Es bleibt LAPLANCHE nur noch der Versuch der Spezifizierung dessen, was FREUD Triebquelle genannt hat:

»[...] die Sexualerregung (entsteht) als Nebenwirkung bei einer großen Reihe innerer Vorgänge, sobald die Intensität dieser Vorgänge nur gewisse quantitative Grenzen überstiegen hat. Was wir die Partialtriebe der Sexualität genannt haben, leitet sich entweder direkt aus diesen inneren Quellen der Sexualerregung ab oder setzt sich aus Beiträgen von solchen Quellen und von erogenen Zonen zusammen« [109].

LAPLANCHE definiert, um seine Demonstration zu vervollständigen – denn um eine Demonstration handelt es sich –, die Sexualität des Kindes als Perversion (hat nicht FREUD beim Kind von polymorph-perverser Sexualität gesprochen?), eine Perversion, die *»vom Instinkt abweicht, dessen Ziel verwandelt, dessen Objekt verschiebt und verinnerlicht, dessen Quelle zentriert auf eine vielleicht sehr kleine Zone, die erogene Zone«* (S. 43 [39]; Hervorhebung von LAPLANCHE).

Wir müssen einen Augenblick beim ersten Kapitel dieser Arbeit verweilen, das wir einer kritischen Würdigung zu unterwerfen vorhaben. Das Versprechen einer neuen FREUD-Lektüre ist gehalten worden, und von dieser Anstrengung zeugt eine grundlegende These: die der Differenz von Instinkt und Trieb, wobei letzterer sich an der Funktion artikuliert, wie das Begehren am Bedürfnis.

Beiläufig sei festgehalten, daß J. LAPLANCHE bestimmten Widersprüchen im Rahmen seiner These nicht entgeht, wenn er schreibt, daß die ethologischen Referenzen zur Objektkontingenz und zum inneren Auslösemechanismus (*internal release mechanism*) seine These über die Beziehungen zwischen Instinkt und Trieb implizit bestätigen; tatsächlich haben die Ethologen unseres Wissens diese Unterscheidung nie mitgemacht. Ganz offensichtlich könnten sie ein Phantasieobjekt nicht beschreiben.

Jedenfalls läßt sich LAPLANCHES Text nicht lesen, ohne daß man sich von der Strenge seines Denkablaufs und vom Rückhalt gefangennehmen ließe, den diese seine Demonstration an Texten FREUDS findet. Immer, wenn LAPLANCHE vom wiederzufindenden Objekt spricht, läßt er FREUD offenbar mehr sagen, als der Text bietet; er enthält zweifellos:

1. ein reales – und nicht bloß vorgestelltes – Objekt: die Brust;
2. seine Präsenz außerhalb des Organismus;
3. FREUD sagt jedoch lediglich, daß der Sexualtrieb *sein Objekt außerhalb des Organismus finde*;
4. Verlust des Objektes tritt dann ein, wenn das Kind die Person sich vorzustellen in der Lage ist, zu der die Brust gehört;
5. dann erst wird der Trieb autoerotisch, und die ursprüngliche Beziehung wird nach der Latenzperiode wiederhergestellt.

Mit anderen Worten: der Text läßt den Unterschied von Instinkt und Trieb nicht deutlich werden. Das Objekt des Triebes, die Brust, ist zunächst außerhalb. Seine Internalisierung setzt einen *langen Prozeß* voraus, nämlich:

1. das Wiedererkennen des Objektes;
2. die Einsetzung des Partialtriebes, ausgehend von der Autoerotik (These von LAPLANCHE);
3. die Internalisierung des Objektes und die ihr zugrundeliegende Phantasie, hier die der Einverleibung oder eher der Introjektion mit ihren fließenden Grenzen, die FERENCZI[4] hervorgehoben hat.

Gerade die Bedeutung dieser Zeit läßt uns bei der Demonstration von LAPLANCHE verweilen. Unseres Erachtens bringt LAPLANCHE sie zum Verschwinden, während wir glauben, daß sie den Begriff der erlebten *Vergangenheit*, des *Prozeßhaften* und *Historischen* einbegreift. MELANIE KLEIN vernachlässigt ihn wie LAPLANCHE. Das ist bei FREUD nicht der Fall, jedenfalls nicht gemäß unserer Lektüre.

Wir halten dafür, daß unsere »historisch-strukturale« und genetische These den Vorteil bietet, die entscheidende Bedeutung des Objektes zu akzentuieren, das besetzt wird, bevor es wahrgenommen wird, und dessen Wiedererkennung das Ich begründet, d. h. die das Triebleben und seine Phantasie-Arbeit regulierende Instanz.

WINNICOTTS These [347] nimmt in anderer Form die Untersuchung dieses Internalisierungsprozesses wieder auf, den wir hier nicht erneut zu beschreiben

[4] M. TOROK, »*Maladie du deuil et fantasme du cadavre exquis*«, in: *Revue française de Psychanalyse*, Nr. 3 (1968) [335 b].

brauchen, und zwar unter Bezugnahme auf den berühmten Text »Formulierungen über die zwei Prinzipien des psychischen Geschehens« (1911 [120]) und auf die Hypothese der Einheit des Kindes und der mütterlichen Fürsorge. Die Halluzination von Lust, die sie einschließt, führt in der Tat zur Halluzination des Objektes und zu den Veränderungen der Objektbeziehung, bei der die *mütterliche Fürsorge* eine Rolle spielt.

Die strukturalen Thesen (LAPLANCHE) und die genetischen Hypothesen berühren einander hier nicht mehr, wenn LAPLANCHE am Schluß seines Kapitels erklärt, daß die erogenen Zonen die Fürsorge der Eltern und vor allem der Mutter, und mithin ihre Phantasien, lokalisieren und die Gelenkstellen bilden, an denen *»jener innere Fremdkörper ins Kind* eindringt, der *die sexuelle Erregung* eigentlich ist« (S. 43 [39]; Hervorhebung von LAPLANCHE).

Das folgende Kapitel macht seine Denkweise dann vollends deutlich, wenn er es *»L'ordre vital dans le conflit psychique«* [Die vitale Ordnung im psychischen Konflikt] betitelt: Unter Bezug auf die FREUDsche Geschichte der psychischen Realität setzt er das Reale der Erinnerung und eine in der externen Erfahrung nicht verifizierbare Kategorie des Realen einander gegenüber, wobei letztere jedoch – wie die des »Strukturalen« – deren ganze Festigkeit habe.

Aus dieser Perspektive bleibt, unseres Erachtens, nichts anderes übrig, als die Entwicklung des Ich preiszugeben, wie ergiebig auch das Denken J. LAPLANCHES sein mag, selbst wenn er zu Beginn des dieser Instanz vorbehaltenen Kapitels so vorsichtig ist anzudeuten, auf welche Weise die Sexualität »in den kleinen Menschen aus der elterlichen Welt *eingepflanzt* wird, und daß sie deren Strukturen, Bedeutungen und Phantasmen entstammt« (S. 83 [75]).

Daher rührt auch die FREUD selbst erteilte Antwort. Sie beruht darin, die Bedeutung bestimmter Texte abzuschwächen, die mit der Anfangsthese in der Tat nicht übereinstimmen. Vom ersten dargestellten Konflikt zwischen Selbsterhaltungs- und Sexualtrieb begnügt LAPLANCHE sich zu sagen, daß er kaum klinische Aufmerksamkeit verdiene; der Autor muß jedoch noch weiter gehen und das Ich in einem ihm gemäßen Sinne definieren. Dafür bedient er sich dessen, was M. FOUCAULT die »Ableitung« von Entitäten nennt. Er verwirft die Ableitung aus angrenzenden Bereichen, die sogenannte metonymische Ableitung, bei der das Ich als Anpassungsinstanz im Sinne der amerikanischen *Ego psychology* beschrieben wird. Hier begreift das Ich seine Entstehung ein, und LAPLANCHE meint, daß das Bläschen-Schema aus »Jenseits des Lustprinzips« ein wenig brauchbares Modell abgibt, weil es voraussetzt, daß das Ich die äußere Realität verändert und sie mediatisiert. Ebenso schalte sich die Realität mittels der Konflikte ein, die sie in den dynamischen Aspekten dieser Instanz hervorbringe. Das bedeutet, daß FREUD in dieser ersten Ableitung der Realität eine eigene Kraft zuschreibt, was wiederum erklärt, daß diese Ichpsychologie sich an die »Realitätsprüfung« wende und auf die Lerntheorie Bezug nehme. Die Ichstärke ist beim Eros entlehnt, der die Triebe desexualisiert.

Soweit der Abriß dieser ersten Auffassung des Ich nach LAPLANCHE. Er hält sie für reduzierend und wenig brauchbar, daher dann die erneute Verurteilung jeder genetischen Position. Wir glauben jedoch mit anderen Autoren (RENÉ SPITZ [323],

Donald W. Winnicott [348]) gezeigt zu haben, daß das Ich sich anhand der Identifikationen mit dem Objekt bildet, das besetzt (präobjektale Beziehung) und später wahrgenommen (differenzierte Objektbeziehung) wird[5].

J. Laplanche zieht es vor, sich an eine »metaphorische« Konzeption des Ich zu halten:

»Diesmal wird das Ich nicht als Verlängerung des lebendigen Individuums verstanden, sondern als eine Verschiebung des Individuums oder seines Bildes an einen *andern* Ort, als eine Art intrapsychische Realität, als eine intrapsychische Ablagerung nach dem Bilde des Individuums« (S. 92 [82]).

Das Ich setzt jedoch kein Selbst oder Bild von sich, sondern eine *identifikatorische Entstehung* voraus.

Um sich jedoch von dieser Entstehung abzusetzen, deren Prinzipien wir gerade erläutert haben, ist Laplanche gezwungen, sich auf das realistische Schema des »Entwurfs« von 1895 [103] zu beziehen: die äußere Realität ist da nichts anderes als die Gesamtheit der mit den Wahrnehmungen übertragenen Reize. Der psychische Apparat nimmt sie wahr, ohne daß dafür ein Ich erforderlich wäre. Das Ich entsteht aus der Erfahrung der Befriedigung, die die innere Realität mitformt, wobei diese Erfahrung mit dem Namen Befriedigungserfahrung bezeichnet wird. J. Laplanche erinnert daran, daß wir sie mit Freud nicht verstehen können, wenn wir die Frühreife des Neugeborenen außer acht lassen – eine biologische Gegebenheit, die auch wir, wie man weiß, als für die psychische Organisation entscheidend erachten.

Was uns jedoch einmal mehr in Gegensatz zu J. Laplanche treten läßt, ist die radikale Trennung von innerer und äußerer Realität, von Struktur und Erfahrung, die der Autor einführen will – eine Trennung, die sich unseres Erachtens weder aus der Lektüre Freuds noch aus der analytischen Einsicht in das Kind ergibt. Für J. Laplanche (wie für die Schüler J. Lacans) ist das Ich überdies bekanntlich kein *Subjekt,* weder im Sinne der Klassischen Philosophie – Subjekt von Wahrnehmung und Selbstbewußtsein – noch Subjekt des Wunsches, wenn er sich auch auf den Psychoanalytiker richtet.

»Dieses *Objekt* ist allerdings zu Aktionen fähig und nimmt am Konflikt in einer doppelten Funktion teil: in einer hemmenden, d. i. bindenden Funktion ... und in einer abwehrenden Funktion ...« (S. 113f. [99]).

Um zu zeigen, daß das Ich lediglich eine Art von Objekt-Relais, von Umschalt-Objekt ist, das uns gegenüber nur trügerisch, als begehrendes Subjekt, in Erscheinung treten kann, möchte J. Laplanche die Freudsche Theorie des Narzißmus nutzen. Er muß jedoch die Thesen der »Formulierungen über die zwei Prinzipien des psychischen Geschehens« widerlegen – eines Textes, der uns in vieler Hinsicht grundlegend erscheint, weil er zeigt, wo und wie Freud das Biologische und das Psychologische unterscheidet. Es sei daran erinnert, daß die Halluzination von

[5] »Die Wahrnehmung spielt für das Ich die Rolle, welche im Es dem Trieb zufällt«, schreibt Freud in »Das Ich und das Es« [136].

Lust – also die Halluzination des Objektes – aus der für das Überleben unzulänglichen Beschaffenheit jener Einheit von Kind und mütterlicher Fürsorge entsteht.

Der Autor seinerseits hält diesen Begriff für doppeldeutig. Die halluzinatorische Befriedigung umfaßt seines Erachtens zwei Bedeutungen: die eine, von ihm verworfene ist die der Halluzination von Befriedigung, denn dieser Begriff setzt eine Repräsentanz voraus (wir aber glauben, daß alles auf die Möglichkeit der Präpräsentanz hinweist – in dem Sinne, wie sich sagen läßt, daß eine erste Spaltung eine Differenz von Selbst und Brust einführt und daß der spezifische Stellenwert des Lächelns bei der Annäherung eines menschlichen Gesichtes beobachtet werden kann). J. LAPLANCHE ist der Ansicht, daß dieser Text nur verstanden werden kann, wenn man von Befriedigung durch Halluzinationen spricht, d. h. durch das »objektive Korrelat« des Nahrungsbedürfnisses, also durch die Hervorbringung des Objektes.

Er stützt sich bei dieser seiner Demonstration auf den Aufsatz »Zur Einführung des Narzißmus« (1914 [124]). Der Narzißmus besetzt das Ich zu Anfang des Lebens nicht, sondern nimmt erst von der Autoerotik aus Gestalt an. Die Autoerotik ist der erste Zustand der infantilen Sexualität, keine biologische Verfassung.

Daher die Schlußfolgerung von J. LAPLANCHE im ersten Abschnitt seines Buches zur »vitalen Ordnung«. Der Trieb stammt nicht aus dem zwischen Biologischem und Psychologischem vermittelnden Bereich, wie FREUD in »Triebe und Triebschicksale« (1915 [127]) dargelegt hatte. Im Gegensatz dazu läßt nach LAPLANCHE »die Sexualität das Leben in Wirklichkeit außerhalb ihres Feldes; sie leiht von ihm nur die Prototypen für ihre Phantasien« (S. 142 [124]). Der Konflikt ist intrasexuell, und zwar zwischen freier triebhafter und ans Ich gebundener Sexualität.

Wir wollen hier die Analyse des zweiten Teiles von LAPLANCHES Buch beiseite lassen: er hat die Untersuchung des Todes in der Psychoanalyse und die des Todestriebes zum Gegenstand.

Wir, die wir von der Subtilität der Thesen von LAPLANCHE eingenommen sind, haben uns unsererseits alle Wachsamkeit bewahrt und geraten nicht in Erstaunen darüber, daß er in seinen allgemeinen Schlußfolgerungen schließlich den Ödipuskonflikt erörtert, der sich seinerseits am Ende der langen »Dequalifizierung des Triebes« lediglich als »Rückkehr einer anderen Struktur« einstellt, »derjenigen nämlich, die sich in den Formen zwischenmenschlichen Austausches zeigt; der Ödipuskomplex ist die historisch vorherrschende Figur dieser allgemeinen Logik« (S. 214 [185]).

Diese wenigen Zeilen genügen LAPLANCHE, seine Rechnung mit dem Vater, mit dem Vater unserer Geschichte und mit der Kastrationsdrohung, die er polarisiert, zu begleichen; sie machen uns einmal mehr fürchten, daß, wenn man sich auf die Prämissen des FREUDschen Werkes konzentriert, man seine Entwicklung und seine *Geschichte* vergißt. Überdies scheint LAPLANCHE wirklich bei der ersten Topik stehengeblieben zu sein, und die dreigliedrige Struktur der Psyche ist für ihn offensichtlich nur eine stilistische Formel.

Mit dem Versuch zu zeigen, daß das Ich keine orthopädische Anpassungsinstanz ist, sondern eine Bindungsfunktion hat, stellt sich LAPLANCHE als Strukturalisten hin:

»Der Strukturalismus hat es ermöglicht, sowohl für die Phantasie wie für den Mythos eine Kombinatorik zu finden und, ausgehend von FREUDS ›Traumdeutung‹, zu zeigen, daß die symbolische Struktur nicht mit der angeblich unbegrenzten Macht des Imaginären verwechselt werden darf« (S. 214 [186]).

Man sieht nur undeutlich, wo diese übrigens bewundernswert verfochtene These Raum für den Psychoanalytiker und seine Deutung läßt. Die erlebte Erfahrung ist für sie lediglich das Ergebnis der inneren Struktur oder der Kombination von Tauschakten. Bleibt hier wirklich ein Kind übrig, das lebt, Bedürfnisse hat und Frustrationen unterliegt, das Wünsche äußert und sich identifiziert?

Im Gegensatz dazu möge es genügen festzustellen – wie es kürzlich ANDRÉ BOURGUIGNON [38] getan hat –, daß jüngere Arbeiten von Neurophysiologen die FREUDsche Metapsychologie weitgehend bestätigen. Er bezieht sich in der Tat auf neuere neurophysiologische Untersuchungen über den Traum, vor allem auf die der Schule von Chicago (KLEITMAN) und der von Lyon (JOUVET).

»Durch elektroenzephalographische Aufzeichnungen (E.E.G.) läßt sich die Traumaktivität am leichtesten nachweisen. Wirklich wandelt sich drei- bis sechsmal pro Nacht der für den Schlaf charakteristische elektrische Hirnrhythmus und bekommt einen Aspekt, der dem des Rhythmus im Wachzustand annähernd vergleichbar ist. Diese Phasen von Traumaktivität werden überdies noch Phasen paradoxen Schlafes oder Schnellschlaf (mit schnellem E.E.G.-Rhythmus) genannt, in Gegensatz zu den Phasen traumlosen Schlafes, die langer Schlaf (mit langsamem E.E.G.-Rhythmus) heißen. Der Ausdruck ›Phase paradoxen Schlafes‹ bedarf eines Kommentares. Es handelt sich um ein Paradox im doppelten Sinne. In eben dieser Phase, in der die E.E.G.-Spur der des Wachzustandes am ähnlichsten ist, ist das Zentralnervensystem von der Außenwelt am meisten isoliert. Auch treten in dieser Phase, in der das Subjekt eine Pseudoparalyse der Muskeln zeigt, verschiedene sanfte und rasche Bewegungen in Erscheinung. Die während oder unmittelbar nach dieser Phase des paradoxen Schlafes aufgeweckten Individuen sind in 80 % der Fälle in der Lage, einen Traumbericht zu geben, während es schwierig ist, im Zuge des langsamen Schlafes eine Spur psychischer Aktivität zu entdecken.
Die Traumaktivität nimmt 20 bis 25 % der Nacht in Anspruch. Die erste Traumphase tritt nach ein bis zwei Stunden Schlafes auf und dauert kaum länger als fünfzehn Minuten. Auf die letzte Phase, die bis zu fünfundvierzig Minuten andauern kann, folgt gewöhnlich das Erwachen. So träumt man in der zweiten Nachthälfte gewöhnlich mehr, und die Dauer einer jeden Traumphase nimmt von Anfang bis Ende der Nacht zu.

Der Traum wird von einem ganzen Gefolge somatischer Äußerungen begleitet. Vom Beginn des Traumes an verändern sich Atmung und Blutzirkulation, die relativ stabil und gemäßigt waren, und werden schneller und vor allem irregulärer. Parallel dazu erhöht sich die arterielle Spannung, und der Blutzustrom zum Gehirn nimmt zu, um – zum Beispiel bei der Katze – die gleiche Intensität zu erreichen wie bei einem wachen Tier, das einer Maus auflauert. Gleichzeitig verschwindet der Muskeltonus und unterbindet jede anhaltende und angepaßte Muskelaktivität. Es treten jedoch kurze, phasenhafte Kontraktionen in den Muskeln der Extremitäten auf, die in schnelle Bewegungen der Augäpfel, des Mundes und der Hände und Füße umgesetzt werden. Sehr häufig wird das Ende des Traumes durch eine heftige Bewegung des Körpers markiert, die zu einer Lageveränderung führen kann. Einen der merkwürdigsten Begleitumstände bildet das konstante, ungefähr zwei Minuten vor Beginn des Traumes einsetzende Auftreten einer Penis-Erektion, wobei das Alter des Individuums keine Rolle spielt. Beim Neugeborenen ist diese Erektion ziemlich schwach und wenig dauerhaft, beim Erwachsenen ist sie intensiv und lange anhaltend, sie kommt noch beim Greis, selbst in sehr fortgeschrittenem Alter, vor.

Der Reizzustand der cortikalen, visuellen und namentlich der auditiven Zonen beweist schließlich, daß das sensorische System während des Traumes aktiv ist, wenn auch die Rezeptoren für externe Stimuli nur eine geringe Anzahl von Informationen durchlassen, etwa die, die die Bedeutung von Alarmsignalen haben. Während des Traumes besteht also eine Wahrnehmungsaktivität, die jedoch nahezu vollständig der Wahrnehmung der Traumhalluzination vorbehalten bleibt.

Soweit die somatischen Phänomene in Verbindung mit der Traumaktivität.

Jouvet kommt das große Verdienst zu, die Maschinerie des Traumes durch sehr scharfsinnige Experimente an Katzen deutlich gemacht zu haben. Der der Traumaktivität zugrundeliegende elementare Mechanismus hat seinen Sitz im Stammhirn, d. h. in den phylogenetisch und ontogenetisch sehr archaischen Nervenstrukturen, und genauer im Rautenhirn. Deshalb hat Jouvet hinsichtlich des Traumes von rhombenzephalem Schlaf und von archaischem Schlaf [*archéosommeil*] gesprochen.

Es ist überdies möglich, beim Tier einen Zustand experimentell herzustellen, in dem nur noch die Wach- und die Traumaktivität fortbestehen, während der banale Schlaf – der langsame und traumlose Schlaf – verschwunden ist.

Die Strukturen, die den Traum, und die, die den Schlaf auslösen, unterscheiden sich, und beide Phänomene unterliegen ebenfalls verschiedenen Mechanismen. Schließlich können die der Traumaktivität zugrundeliegenden Strukturen autonom funktionieren, in geschlossenem Zirkel, ohne Stimulierung durch eine andere Region des Nervensystems. Bei Mensch und Tier kann die Sperre der Hirnrindenaktivität den langsamen Schlaf verschwinden lassen, ohne allerdings die dem Traum eigene Nervenaktivität zu beseitigen. Das soll nicht heißen, daß die Hirnrinde sich nicht in die Traumbildung als psychologisches Phänomen einschalte. Menschliche Individuen ohne Hirnrinde bieten alle Begleitphänomene des Traumes, sind jedoch unfähig zu sprechen und folglich nicht in der Lage, ihre Träume zu erzählen, wenn sie welche haben.

Die Arbeiten Jouvets und seiner Schüler haben die Phylogenese und die Ontogenese dieser spezifischen Nervenaktivität genauer darzustellen erlaubt, die für die Traumarbeit erforderlich ist, aber zweifellos nicht ausreicht, ihr einen psychischen Inhalt zu liefern. Wenn man die tierische Entwicklungsleiter von den niederen Arten bis hin zum Menschen zurückverfolgt, bemerkt man, daß ein schlafähnliches Verhalten nur bei Mollusken und Insekten auftaucht. Eine E.E.G.-Analyse ist an Reptilien vorgenommen worden; auf dieser Entwicklungsebene läßt sich jedoch kein Äquivalent für die zunächst beim Menschen beschriebene Traumphase beobachten.

Diese dem Traum eigene Nervenaktivität tritt bei Vögeln in Erscheinung (beim Küken im Ei und nach dem Ausschlüpfen und beim ausgewachsenen Vogel); sie umfaßt jedoch lediglich 0,3 % der Schlaf-Gesamtdauer. Bei ausgewachsenen Wiederkäuern erreicht diese Proportion etwa 7 %, und bei Nagetieren 15 %. Bei den Fleischfressern und beim erwachsenen Menschen wird sie noch bedeutsamer, und zwar – wie erwähnt – 20 bis 25 %.

Aus phylogenetischer Sicht nimmt die Bedeutung der Traumaktivität in der Entwicklungsspanne zwischen Vogel und Mensch zu. Diese quantitative Zunahme, die zweifellos auch mit einer qualitativen Bereicherung des Traumes verbunden ist, geht mit einer erhöhten Komplexität der höheren Nervenstrukturen und -funktionen zusammen. Aus somatischer und verhaltensbezogener Sicht ist die Traumphase beim Menschen und bei anderen Säugetieren jedoch durchaus vergleichbar: dieselben Bewegungen des Schwanzes, der Klauen-Extremitäten, der Ohren und der Schnurrhaare (Lippenhaare). Zuweilen stößt das Tier undeutliche Laute aus. Dieses Verhalten – allen, die mit Hunden und Katzen eng zusammenleben, wohl vertraut – hat immer schon darauf schließen lassen, daß die Tiere träumen. Während aber hinsichtlich der E.E.G.-Aufzeichnung bei der Katze der Wach- und der Traumverlauf durchaus vergleichbar sind, ist beim Menschen die Traumaufzeichnung durch schnelle, ziemlich spezifische Wellenzüge charakterisiert.

Selbst wenn aber der Traum bei höheren Tieren mehr als wahrscheinlich ist, so bleibt uns sein psychischer Inhalt zweifellos für immer unbekannt. In seiner ›Traumdeutung‹ steuert Freud maliziös drei Sprichwörter bei. ›Wovon träumt die Gans?‹ – ›Vom Kukuruz‹ (Deutsches Sprichwort). ›Das Schwein träumt von Eicheln, die Gans vom Mais‹ (Ungarisches Sprichwort). ›Wovon träumt das Huhn?‹ – ›Von Hirse‹ (Jüdisches Sprichwort).

Wenn man die individuelle Entwicklung, die Ontogenese, ins Auge faßt, bemerkt man, daß die Traumaktivität – der Schnellschlaf im Sinne der Neurophysiologen – zuerst in Erscheinung tritt und mit einer Organisation des Zentralnervensystems korrespondiert, die während des gesamten weiteren Lebens ausnehmend stabil bleibt. Schon beim sechs Monate alten Säugling vorhanden, findet sie sich auch noch beim Hundertjährigen. Sie hat mithin alle charakteristischen Merkmale einer Basis-Aktivität.

Was im Zuge der Ontogenese variiert, ist die Häufigkeit und die Dauer der Traumphasen. Bei der neugeborenen Katze etwa treten stündlich sieben paradoxe Phasen von jeweils vier Minuten auf, während bei der ausgewachsenen Katze nur noch zwei von jeweils sechs Minuten zu beobachten sind.

Wichtig ist, daß von Geburt an, sobald die Beziehung zur Außenwelt sich einstellt, die Gesamtdauer der Traumphasen sich verringert und sich auf einem Niveau einpendelt, das bis zum Lebensende ungefähr gleich bleibt. Kurz nach der Geburt nimmt die paradoxe Phase ungefähr 67 % einer 24-Stunden-Einheit in Anspruch, im Alter von drei bis fünf Jahren nur mehr 8 % – ein Verhältnis, das mit dem des Erwachsenen identisch ist.

Im Gegensatz dazu tritt der langsame Schlaf weder so früh auf noch hat er die strukturale Konstanz der paradoxen Phase. Er ist weniger tief und weniger strukturiert in den einander entgegengesetzten Lebensphasen – in jener Phase, wo, wie beim Säugling, das relationale Geschehen sich erst umrißhaft entwickelt oder wo es verarmt und erlahmt wie bei gealterten Personen, die häufig an Tagesschlafsucht leiden. Der langsame Schlaf entspricht mithin deutlich der gewöhnlichen Auffassung, die im Schlaf einen Erholungs- und Wiederherstellungsprozeß sieht.

In einem allgemeineren Sinne haben – wie Fischer [89] gezeigt hat – diese Arbeiten auch psychoanalytische Implikationen. Bis vor einigen Monaten ist eine solche physiopsychoanalytische Konfrontation, wie sie unter anderen Fischer versucht hat, im Stadium des Entwurfs geblieben. Ganz neue Ergebnisse, wie sie für das Neugeborene von Olga Petre [269] anschaulich gemacht wurden, machen es möglich, die vorausgehenden Versuche außer acht zu lassen.

Wir haben gesehen, daß die paradoxe Phase sich auf physiologischem, strukturalem und funktionalem Gebiet sehr früh entwickelt, noch vor der Geburt, und daß sie ihre charakteristischen Merkmale für das ganze Leben behält. Das ist auf psychologischem Gebiet nicht der Fall. Die psychischen Materialien kommen in der Tat langsam zusammen und werden erst allmählich mit Sinn aufgefüllt.

Die Maschinerie der paradoxen Phase bringt den Traum im eigentlichen Sinne erst hervor, wenn der Organismus zunächst mit der inneren, dann auch mit der äußeren Welt in Verbindung getreten ist. Aus eben diesen beiden Quellen schöpft dieser Mechanismus seine ersten Materialien.

Von der Geburt an nehmen die externen Stimuli an Zahl und Variationsmöglichkeiten zu und werden zunehmend deutlicher unterscheidbar. Vor allem hört die automatische Befriedigung mancher Bedürfnisse des Organismus durch den Plazenta-Kreislauf auf. Sie erfordern deshalb die aktive Präsenz der Mutter oder ihres Ersatzes, und das unterwirft sie einer tiefgreifenden Veränderung. Reine Bedürfnisse kommen nicht vor; sie sind immer auf einen privilegierten Dritten, die Mutter, gerichtet. Schließlich hinterläßt die Austeilung von Befriedigung oder Nicht-Befriedigung von Wünschen und Bedürfnissen seitens der Mutter, ihre Antwort oder Nicht-Antwort auf Anrufe lebhafte und aktive »mnemonische Spuren«, die den psychischen Inhalt bereichern und strukturieren.

In dieser Phase funktioniert das Nervensystem ganz im Sinne dessen, was Freud den Primärprozeß genannt hat. In diesem Bereich beruht sein großes Verdienst darin, seiner Theorie des psychischen Apparates eine monistische, psychophysiologische Hypothese zugrundegelegt zu haben. Diese bei Fechner entlehnte Hypothese sieht den psychischen Apparat mit einer ›Tendenz‹ ausgestattet, ›die ihm innewohnende Reizquantität so niedrig wie möglich – oder wenigstens konstant – zu halten‹. Und Fechner hatte das Lustgefühl mit einem Zustand von Stabilität, d. h. von Nicht-Erregung, auf seiten des Nervensystems in Verbindung gesetzt. Diese einfache Hypothese hat sich als erstaunlich fruchtbar erwiesen.

Bei der Geburt gehorcht das Nervensystem also nahezu ausschließlich dem Lust-Unlust-

Prinzip. Seine Funktion ist es, ohne langes Zögern jeden Reiz als Quelle von Unlust, sei es auf motorischem, sei es auf sensorischem Wege, abzuleiten.

Wählen wir als Beispiel den Reiz, wie ihn das Nahrungsbedürfnis darstellt, das einen Appell und einen Wunsch umfaßt. In Abwesenheit der Mutter schreit und zappelt das Neugeborene, wenn es Hunger hat. Dieses Schreien und Zappeln sind für die Mutter ein Signal und zugleich ein Versuch der motorischen Reizabfuhr, ein wirkungsloser, weil nicht befriedigender Versuch. Der Säugling kann auch träumen, d. h. die Erfahrung einer vorher erlebten Befriedigung halluzinieren; aber diese sensorische Abfuhr ist illusorisch und vorübergehend. Diese halluzinatorische Wunscherfüllung ist der Primärprozeß der Arbeitsweise des psychischen Apparates.

Olga Petre hat kürzlich das Phänomen des Lächelns beim Neugeborenen untersucht. Ihr kommt das Verdienst zu, gezeigt zu haben, daß das Lächeln von Geburt an während der paradoxen Phase auftritt, während des Traumes, was Françoise Dolto schon vor langer Zeit vermutet hatte, während es im Wachzustand erst im dritten Lebensmonat – als Mittelwert – in Erscheinung tritt.

Die E.E.G.-Aufzeichnung macht deutlich, daß das wache und hungrige Neugeborene nach einer Periode des Schreiens und Zappelns unvermittelt damit aufhört und in eine Traumphase eintritt, in deren Verlauf das Lächeln auf einige Saugbewegungen der Lippen folgen kann. Dieser Wunscherfüllungstraum dauert drei bis vier Minuten, dann setzen die Schreie erneut ein.

Ebenso provozieren die Stimulierung von Mund und Lippen mit einem Schnuller oder das Herausziehen des Schnullers aus dem Mund, wenn er mit den Lippen festgehalten wurde, beim schlafenden Säugling (in der Phase des langsamen, traumlosen Schlafes) automatisch den Übergang zu einer Traumphase, die von Lächeln begleitet wird. Es braucht nicht daran erinnert zu werden, daß das Herausziehen der Brust oder der Milchflasche zu Beginn des Stillens eine völlig andere Reaktion als das Lächeln auslöst.

Was die Antwort auf den Wunsch im Wach- und im Zustand des langsamen Schlafes unterscheidet, ist die Tatsache, daß im ersten Falle der erste Versuch der Reizabfuhr auf motorischem Wege unternommen wird (Schreien, Zappeln), während er im zweiten Falle ohne weiteres den sensorischen Weg, die Halluzination der Befriedigung einschlägt, wie es das Lächeln bestätigt.

Wie die sensorische, halluzinatorische Abfuhr – im weitesten Sinne des Wortes – beim Neugeborenen die paradoxen Phasen begleitet, so verbindet sich eine diffuse motorische Abfuhr, in Gestalt plötzlichen Aufschreckens, mit den Phasen von langsamem, traumlosem Schlaf.

Sicherlich ist der Primärprozeß für das Nervensystem eine ökonomische Funktionsweise, die jedoch für das Überleben des Individuums gefährlich wird. Beim Neugeborenen ist sie durch die Kürze der paradoxen Phasen und mehr noch durch das Auftreten einer gleich langen Widerstandsphase nach jeder Traumepisode begrenzt, in deren Verlauf das Auftauchen eines Traumes unmöglich ist.

Dank der Neurophysiologie scheint die Existenz des Primärprozesses teilweise erwiesen zu sein. Das ist bedeutsam, denn auf der Existenz eben dieses Prozesses beruht die Theorie, derzufolge der Traum selbst beim Erwachsenen vor allem eine Wunscherfüllung ist.

Die Triebtheorie scheint ebenso von seiten der Neurophysiologie ein Stück weit bestätigt zu werden; sie stellt jedoch – wie Fischer [89] hervorgehoben hat – dem Experimentator schwierigere Probleme: um die These Freuds zu bestätigen, derzufolge der Trieb für den Traum die Rolle eines motorischen Agenten spielt, muß zunächst nachgewiesen werden, daß die paradoxe Phase experimentell erzeugt werden kann, und im Anschluß daran, daß ihr, abgesehen von jeder Stimulierungserfahrung, regelmäßig ein somatisches oder psychisches Phänomen vorausgeht, das die Existenz eines Triebreizes bestätigte.«

Dieser Text legt, jenseits seiner aktuellen Bedeutung, die Vermutung nahe, daß der Inhalt der psychischen Prozesse in den Anfangsphasen des Lebens reichhaltiger ist, als es die direkte Beobachtung des Kindes und die Rekonstitution der ersten

Stadien des psychischen Lebens, zu dessen Verständnis sie beigetragen hat, erwarten ließen.

Insgesamt machen die hier erwähnten Arbeiten deutlich, auf welche Weise FREUD, indem er sich auf die Hypothese FECHNERS stützte, derzufolge der *psychische Apparat die Tendenz hat, die in ihm enthaltene Erregungsquantität auf einem möglichst niedrigen Niveau zu halten,* zwanglos zu den metapsychologischen Beschreibungen der zweiten Topik vorstieß. Dieser topische und energetische Gesichtspunkt macht den eigentlichen Sinn der FREUDschen Epistemologie aus, die wir ins Auge fassen wollten, um zu zeigen, daß sie die unentbehrliche Ergänzung zur Analyse der Relationsbildung darstellt, wie wir sie bis hierher vorgelegt haben – einer Relationsbildung, deren Sinn und Intentionalität, die außerhalb psychoanalytischer Rekonstitution unverständlich bleiben müssen, die in der Kindheit durchlebten Erfahrungen und die direkte Beobachtung zu erfassen ermöglichen.

Viele Arbeiten nach FREUD reihen sich in die gerade nachgezeichnete Denkrichtung ein, und wir meinen, daß das auch für eine bestimmte Anzahl von ihnen zutrifft, die man in Frankreich gewöhnlich Arbeiten der genetischen psychoanalytischen Schule nennt. Diese Schule, die sich auf ANNA FREUDS Arbeiten über die Abwehrmechanismen als ihren Ausgangspunkt beruft, hat sich mit der Deutung der Ergebnisse direkter Beobachtung hervorgetan und damit den klinischen Entdeckungen MELANIE KLEINS eine annehmbare Grundlage bereitgestellt. Ihre metapsychologischen Auffassungen gehen aus der Analyse der Phase des permanenten Objektes hervor und steuern einen neuen Begriff bei, den der neutralisierten Energie. In dem Augenblick, wo – nach HARTMANN, KRIS und LÖWENSTEIN [173] – das permanente Objekt ein stabiles Funktionieren des Ich ermöglicht, ergibt sich ein Effekt der Neutralisierung psychischer Energie durch »Desexualisierung« und »Desaggressivierung«; daher dann das konfliktfreie Funktionieren der autonomen Ich-Sektoren. Die Genetiker haben offensichtlich gewisse Schwierigkeiten, diese Neutralisierung von der Sublimierung zu unterscheiden; indem sie jedoch in der Psychoanalyse den Ursprung bestimmter Ich-Funktionen zu verstehen versuchen, die in der traditionellen Psychologie beschrieben und in der Psychoanalyse gewöhnlich nicht in Betracht gezogen werden, verfolgen sie ihr Vorhaben, eine psychoanalytische Psychologie zu entwerfen, die, in dem Maße, wie sie die Perspektiven der sogenannten akademischen Psychologie erweitert, von keinem Psychologen widerlegt werden kann.

Die Beschreibung dieser »neutralen Energie« ist in angelsächsischen psychoanalytischen Kreisen weitgehend anerkannt worden. Sie liegt dem Gesamtkomplex dieser Untersuchungen zur psychoanalytischen Psychologie zugrunde und ist letztlich nicht weit davon entfernt, mit dem zu korrespondieren, was man die Ausrüstung mit potentiellen Reifungsfaktoren nennen kann. Sie mag auch in HARTMANNS und seiner Mitarbeiter Vorstellung den hereditären Grundlagen der Ichentwicklung entsprechen, die in den synthetisierenden und Anpassungsfunktionen des Ich[6] ihre Übertragung finden.

[6] Das zu behaupten ist nicht übertrieben, vor allem angesichts einer ins Französische übersetzten Textsammlung von HARTMANN zur Ich-Psychologie. H. HARTMANN, in: *Revue française de Psychanalyse* [172].

Manche französischen Psychoanalytiker sind diesbezüglich nicht weit davon entfernt, in eben dieser metapsychologischen Beschreibung HARTMANNS eine Absage an die energetische Libido-Theorie und somit eine wirkliche Abweichung von der psychoanalytischen Theorie zu bemerken. So gesehen, scheint die Kontroverse uns in eine Sackgasse zu münden, obwohl man der Ansicht sein könnte, daß die Beschreibung der Ausrüstung bei den amerikanischen Psychoanalytikern allzu summarisch ist, um das zu rechtfertigen, was man ihr gerade in der Form, die man ihr gegeben hat, zuschreibt.

Im Gegensatz dazu wird, wie wir glauben, der Akzent mit Recht auf die Beschreibung der Funktionsweise des Ich gelegt, unter Berücksichtigung nicht nur der Gegenbesetzung (Reaktionsbildung und Abwehrmechanismus), sondern auch der Verschiebung der Triebziele (Sublimierung, Neutralisierung nicht nur durch Desexualisierung, sondern auch durch Desaggressivierung). Daraus ergibt sich dann die interessante Beschreibung der »intrasystematischen Variationen«, d. h. der Variationen in der Funktionsweise des Ich. Sicher ist, daß die »entmischte«, d. h. nicht objektgerichtete Aggressivität, z. B. für die Über-Ich-Bildung konstitutiv ist, ebenso aber für die Ichschwäche und zwanghafte Kontrollversuche. Die symbolischen Funktionen des Ich, die MELANIE KLEIN übrigens genau untersucht hat, können durch das Überhandnehmen der Primärmechanismen entwertet werden, und damit führt die erneute Konfliktbildung zur Besetzung aller kognitiven Funktionen. Eine solche Situation kann zur Revision von Befunden der sogenannten instrumentalen oder Korrelationspathologie beim Kind führen[7]. Die Schwierigkeiten beim Erlernen der geschriebenen Sprache sind unter dem Oberbegriff der instrumentalen Störungen ungenau definiert, und gerade die Besetzung der Schwierigkeiten bei der Sprachentwicklung durch den nicht einbezogenen – oder – wenn man das vorzieht – nicht neutralisierten Trieb scheint uns für das psychopathologische Verständnis solcher Fälle am ehesten in Betracht zu kommen. Das erneute Überhandnehmen des Triebes macht daraus ein wirkliches phobisches Symptom, das wie eine Enklave im bewußten System oder im Ich funktioniert. Man kann sagen, daß die Konfliktbildung zum direkten Überhandnehmen des Triebes unter Begünstigung der unzureichenden und übermäßig konfliktbezogenen Gegenbesetzung führt.

Vielleicht hätte dieser Begriff der (intrasystematischen) Konfliktbildung bzw. Konfliktentlastung innerhalb des Ich mit Nutzen durch einen Bezug auf das Wiederauftauchen der Primärprozesse ergänzt werden können, die nicht ausbleiben, wenn die Triebverteilung unzureichend ist. In eben dieser eher klinischen als metapsychologischen Perspektive sehen wir jedenfalls die Verwendungsmöglichkeit des HARTMANNschen Begriffs der Neutralisierung.

Die Arbeiten von RENÉ SPITZ, der sich übrigens auf dieselbe Denklinie beruft, veranschaulichen ihrerseits diese Tendenz. In einem neueren Text [323] versucht SPITZ sich daran, das genetische Prinzip auf einige Abwehrmechanismen des Ich anzuwenden, um ihre physiologischen Prototypen zu entdecken.

[7] Im Kapitel zur Kinderpsychiatrie werden wir nach dieser Revision der Kategorie der sogenannten instrumentalen Störungen rufen, die uns häufig aus künstlichen oder pragmatischen Gründen ausgesondert zu werden scheinen.

»Um jeder irrigen Deutung unserer theoretischen Position zuvorzukommen, sei festgehalten, daß wir, wenn wir von neurophysiologischen und perzeptuellen Prototypen der Abwehrmechanismen sprechen, durchaus nicht zu verstehen geben wollen, daß irgendeiner dieser Abwehrmechanismen des Ich angeboren sei. Was angeboren ist, ist die variable Fähigkeit zu lernen und sind die variablen Anpassungsmodalitäten zur Nutzung der morphologischen und neurophysiologischen Gegebenheiten, die den Umweltbedingungen entgegenzutreten erlauben. Im Verlaufe dieses Prozesses entwickeln sich Einrichtungen mit einem höheren Niveau von Komplexität. Dazu zählen die Abwehrmechanismen des Ich, denen sich gewisse Eigentümlichkeiten der angeborenen neurophysiologischen Funktion zugesellen, die als Prototypen für die Anpassungseinrichtungen dienen, die infolge der Interaktionen mit der Umgebung ausgearbeitet werden. Es gibt Fälle, wo ich imstande wäre, bestimmte charakteristische Übergangsmerkmale hervorzuheben; es wird jedoch der Zukunft überlassen bleiben, eine annähernd strenge genetische Kette auszuarbeiten, um die Hypothese zu rechtfertigen, derzufolge die ontogenetische Entwicklung zur Verwendung von physiologischen Prototypen als Modelle für psychologische Mechanismen geführt hat.«

Für René Spitz ebenso wie für Heinz Hartmann bildet den Prototyp der Verdrängung das infantile Phänomen der Reiz- bzw. Abwehrschranke gegen äußere Stimuli. Freud entwickelte in »Zur Einführung des Narzißmus« (1914 [124]), in »Jenseits des Lustprinzips« (1920 [134]) und in »Notiz über den Wunderblock« (1925 [139]) die Vorstellung, daß die äußere Rinde als Schutzmittel gegen die von außen kommenden Reize diene, während die späteren Organisationen sich als Reizschutz herausdifferenzierten, indem sie lediglich minimale Quantitäten beförderten, sozusagen Stichproben der aus der Außenwelt stammenden Reize. Zehn Minuten nach der Geburt und dem Wirksamwerden der für sie charakteristischen Reize findet das Neugeborene die Ruhe wieder, und die Reizschranke tritt wieder in Kraft.

Heinz Hartmann [171] etwa sieht im Schließen der Augen eine Übergangsphase, ein Vorstadium der inneren Abwehr gegen die Innenwelt und die Außenwelt zugleich. Spitz seinerseits nimmt, um diese Geste zu erklären, zur Hypothese der Gegenbesetzung Zuflucht; und er zitiert Freud aus »Jenseits des Lustprinzips« [134] im Zusammenhang mit der spezifischen Unlust der physischen Schmerzempfindung:

»Von allen Seiten her wird die Besetzungsenergie aufgeboten, um in der Umgebung der Einbruchstelle entsprechend hohe Energiebesetzungen zu schaffen. Es wird eine großartige ›Gegenbesetzung‹ hergestellt [...].

Das Funktionsprinzip eines jeden dieser drei Phänomene (Reizschwelle und Schließen der Augen – einerseits beobachtbare Phänomene und andererseits energetische Gegenbesetzung als Reaktion auf den Schmerz) dient später als Prototyp für eine psychologische Operation, die in einem späteren Entwicklungsstadium abgeschlossen ist, wenn der Organismus bereits eine psychische Struktur hat.

Auf diesem Niveau werden die beschriebenen Funktionsprozesse in den Prozeß integriert, den wir den Verdrängungsmechanismus nennen. Es wird künftigen Forschern überlassen bleiben herauszufinden, ob sich ein genetischer Zusammenhang zwischen diesen prototypischen Phänomenen und der endgültigen Entwicklung des Verdrängungsmechanismus dingfest machen läßt.«

R. Spitz untersucht auch den Ursprung der Projektion. Die Abwesenheit einer Grenze zwischen »Ich« und »Nicht-Ich« beim Neugeborenen ist die notwendige

Bedingung nicht nur für die Projektion, sondern auch für die Introjektion. Im Gegensatz zu KARL ABRAHAM [2], der die Projektion mit der analen und urethralen Ausscheidung vergleicht, stellt SPITZ fest, daß das Kind während der ersten vier oder fünf Monate seines Lebens sich nicht deutlich macht, was sich in der Analregion abspielt (als Folge der unzureichenden Nervenentwicklung in dieser Phase); er ist der Ansicht, daß das Aufstoßen und Erbrechen im Alter von drei Monaten der für die Projektion verwendbare Prototyp ist.

Ebenso sind für RENÉ SPITZ zeitlich, aber auch durch wechselseitiges Aufeinandereinwirken ein physiologischer Prototyp, der neonatale Schlaf, und ein Abwehrmechanismus, die Regression, eng miteinander verbunden. Überdies ist der Schlaf des Neugeborenen bekanntlich eine Funktion, die sich erst allmählich einstellt und anfangs sehr verschieden von dem ist, was sie im fortgeschritteneren Alter ausmacht. Der Schlaf kann ebenfalls als Prototyp für andere Abwehrmechanismen dienen, etwa für das rückwirkende Ungeschehenmachen, und zwar insbesondere durch den Traum (ein spezielles Phänomen in Verbindung mit dem Schlaf), der zum glücklichen Ausgang von unerledigten Aufgaben aus Tagesresten ermächtigt. Im Gegensatz dazu hätte die Transformation als Prototyp die archaische Ambivalenz, deren Ursache die Nicht-Differenzierung auf allen Persönlichkeitssektoren des Neugeborenen ist und die sich selbst im Verhalten äußert.

Es ist häufig möglich, einen einzigen Abwehrmechanismus auf verschiedene deutlich unterschiedene Prototypen zurückzuführen, und umgekehrt kann einund derselbe physiologische Prototyp mehreren Abwehrmechanismen zugrundeliegen.

Zahlreiche Fragen bleiben in der Schwebe und sind noch zu beantworten: Welche Art von Mutter-Kind-Beziehung begünstigt einen besonderen Typus von Abwehrmechanismen? Zu welchem Zeitpunkt wandelt diese Beziehung einen physiologischen Prototyp in einen psychologischen Abwehrmechanismus um? Führen manche Relationstypen nicht zu häufig und zu früh zu einer vorzeitigen Aktivierung der Abwehrhaltungen auf somatischer Ebene, die so eine abweichende Ich-Bildung einleiten?

Diese bei SPITZ entlehnten Beispiele kennzeichnen die Richtung sehr vieler und interessanter Arbeiten dieser Schule, die neben H. HARTMANN, E. KRIS und R. LÖWENSTEIN die Namen von PHYLLIS GREENACRE, EDITH JACOBSON, JACOB ARLOW und BRENNER umfaßt. In ihrem zitierten Beitrag haben EVELYN und JEAN KESTEMBERG einen kurzen Abriß der *strukturalen Theorie* geboten, der durch eine Arbeit von R. LÖWENSTEIN [236] ergänzt wird – ein Beitrag, der die Theorien dieser Schule ebenso zu vergleichen erlaubt wie die Anleihen, die zuweilen bei ihnen gemacht wurden, und so deren Bedeutung akzentuiert.

Am Ende ihres Beitrages heben E. und J. KESTEMBERG hervor, daß der Rückgriff auf die direkte Beobachtung

»von den Autoren als besonders nützlich und ergiebig angesehen wird, und zwar nicht nach Maßgabe dessen, was sie selbst an schöpferischen Hypothesen zur Metapsychologie einbringt, sondern in dem Maße, wie sie die Revision dieses oder jenes Begriffes ermöglicht, der durch die Erfahrung völlig entwertet wurde.«

Als Beispiel wählen sie die Phantasie, deren »Tiefe« nicht für ihr »Alter« signifikativ ist: So können die Geburtsphantasien der Errichtung des Objektstadiums nur nachfolgen, denn die gegenwärtigen Erkenntnisse von Neurobiologie und Neurophysiologie machen deutlich, daß das Kind bei der Geburt die Ursprünge von Reizen und Empfindungen nicht unterscheiden kann und ganz und gar unfähig ist, Phantasievorstellungen zu entwickeln[8].

Später machen sie auf folgendes aufmerksam:

»Das erlaubt uns einen Begriff hervorzuheben, dem die Strukturalisten – wie wir selbst übrigens bereits angedeutet haben – große Bedeutung zuschreiben, nämlich die, daß die Entstehung einer Funktion ihre Funktionsweise durchaus nicht beschreibt und daß außerdem die Funktionsweise einer jeden Instanz, wenn sie einmal eingeführt ist, auf keine Weise auf ihren Ursprung reduziert werden kann; das schließt auch ein, daß der Inhalt der Phantasien nicht auf das Entwicklungsstadium zurückgeführt werden kann, das dieser Inhalt zum Ausdruck bringt.«

E. und J. Kestemberg haben die durch die Beschreibung des Selbst eröffneten Perspektiven erweitert und gezeigt, wie die Autoerotik durch den Kanal der präobjektalen Beziehung verläuft:

»Das Kind kann ein von der Mutter ausgehendes emotionales Lust- (oder auch Unlust-) Verlangen mitempfinden und zugleich sich selbst Lust verschaffen, indem es die, die die Mutter ihm bietet, aktiv wiederholt. Strenggenommen entwickelt sich gerade da die Autoerotik [...]. In dieser Hinsicht gibt die Autoerotik die Beziehung des Kindes zu seinen Objekten wieder, während sie zugleich eine frühe Identifikation mit der Lust- oder Aggressionsquelle, die die Mutter ist, zum Ausdruck bringt. Und eben dieser Phase können unseres Erachtens auch die Prämissen der späteren Phantasiebildungen anhand der Partialobjekte, wie Melanie Klein sie beschrieben hat, zugeschrieben werden.«

Vor kurzem (1971) hat D. Meltzer, der Wortführer der englischen Klein-Schule, in seinem Buch mit dem Titel *»Le processus psychanalytique*[9]*«* [252b] das Thema der Beziehung zwischen Autoerotik und Partialobjekt wiederaufgenommen, indem er den Stellenwert der erogenen Zonen in der Metapsychologie von M. Klein präzisiert. Er diskutiert den klassischen Begriff der Autoerotik, indem er die Möglichkeit des Aufbaus einer begrenzten Art von Abhängigkeit hinsichtlich der archaischsten Brust-Form, der zunächst externen, später internen »Toiletten-Brust« [*le sein-toilettes*], durch den Entwurf der Introjektionsmöglichkeit im Zuge einer Phase der sogenannten »Mischung von Zonen und Modi« beschreibt.

Man sieht, daß die Richtung dieser Untersuchungen und Arbeiten vor allem auf eine Vertiefung der psychoanalytischen Theorie abzielt, die, nach dem Willen Freuds, immer auf der Erfahrung beruhen muß. Deshalb verstehen wir nicht, was P. Ricœur veranlaßt, von einem »internen Umformulierungsversuch« zu

[8] Eine solche Auffassung wird von manchen Autoren wie M. Fain nicht geteilt, der sehr frühe Primärphantasien beschreibt (vgl. Teil II, Kap. III zur Phantasie).

[9] D. Meltzer versucht sich auf dem Wege wissenschaftlicher Annäherung an der Ausarbeitung eines einheitlichen Begriffs des analytischen Denkens und des analytischen Prozesses, ohne den die Einordnung von Prognostik und Klinik undenkbar ist. Indem er die Gesamtheit der klinischen Funde einer im eigentlichen Sinne psychoanalytischen Nosologie eingliedert, hält er dafür, daß sie theoretische Divergenzen kaum sichtbar machen, und sieht er kaum Differenzen zwischen Kinder- und Erwachsenenanalyse, zumal in beiden Fällen die Annäherung auf dieselbe klinische, genetische und biologische Weise geschieht. Er begründet so eine wirkliche Identität von analytischem und Reifungsprozeß.

sprechen, wobei er sich hier mit manchen Analytikern in Übereinstimmung befindet, die meinen, daß die Genetiker sich seit der anfänglichen Arbeit HEINZ HARTMANNS – »Ich-Psychologie und Anpassungsproblem« [171] – auf gefährliche Weise vom Denken FREUDS entfernt haben. (D. RAPAPORT hat in dem von SIDNEY HOOK herausgegebenen Sammelband [181] versucht, HARTMANNS Vorstellungen im Rahmen einer wissenschaftlichen Psychologie zu formulieren.)

Wir entlehnen die zusammenfassende Darstellung dieser seiner »Umformulierung« bei P. RICŒUR [288]:

»Die Umformulierung muß zunächst auf der Ebene der allgemeinen Prämissen geschehen, die die Psychoanalyse zu einer Tatsachenwissenschaft machen. RAPAPORT stellt drei Thesen auf, die die Tatsachen der Psychoanalyse in die beobachtbaren Tatsachen der wissenschaftlichen Psychologie einreihen.

1. Der Gegenstand der Psychoanalyse ist das *Verhalten*; darin unterscheidet sie sich nicht wesentlich vom ›empirischen‹ Standpunkt jeder Psychologie, höchstens darin, daß sie vom ›latenten‹ Verhalten handelt.

2. Die Psychoanalyse teilt den ›Gestalt‹-Standpunkt, der die gesamte moderne Psychologie erobert hat und demzufolge jedes Verhalten integral und unteilbar ist; in dieser Hinsicht sind die ›Systeme‹ und ›Institutionen‹ (Es, Ich, Über-Ich) keine ›Entitäten‹, sondern Aspekte des Verhaltens; wir sagen, daß ein Verhalten ›überdeterminiert‹ ist, wenn es auf mehrere Strukturen bezogen und auf vielfachen Ebenen analysiert werden kann.

3. Jedes Verhalten ist das Verhalten der ganzen Persönlichkeit; den Vorwürfen des Atomismus und Mechanismus zum Trotz genügt die Psychoanalyse dem ›organismischen‹ Standpunkt, aufgrund all jener Verbindungen, die sie zwischen den Systemen und Institutionen des Subjekts herstellt.

Akzeptiert man diese dreifache Angleichung der Psychoanalyse an die von der wissenschaftlichen Psychologie allgemein anerkannten ›Standpunkte‹ auf der Ebene der ›Tatsachen‹ selber, dann ist es möglich, auch die ›Modelle‹ neu zu formulieren, deren sich die analytische Theorie bedient, und sie den der akademischen Psychologie vertrauten ›Standpunkten‹ anzugleichen. Es ist interessant, die FREUDsche Metapsychologie in ein Bündel ›distinkter Modelle‹ zu zerlegen, auch wenn man sie danach mittels eines ›kombinierten Modells‹ wieder vereinheitlicht.

Der topische Standpunkt wird auf diese Weise mit dem Reflex-Bogen-Modell verglichen; der psychische Apparat reagiert mittels verschiedener Teile.

Der ökonomische Standpunkt wiederum ist ein Aspekt des entropischen Modells: von der Spannung zur Spannungsverminderung; jedes motivierte Verhalten kann unter dieses Modell fallen; die Wunscherfüllung und das Lustprinzip sind seine ersten Anwendungen und, indirekt, auch das Realitätsprinzip, insofern es ein einfacher Umweg des Lustprinzips bleibt.

Die »Stufen«-Theorie, die Rolle der Fixierung und der Regression unterstehen einem genetischen Standpunkt; zudem ist es mit Hilfe von HAECKELS biogenetischem Gesetz möglich, Phylogenese und Ontogenese in Übereinstimmung zu bringen, wie es in »Totem und Tabu« geschieht; darin ist die Psychoanalyse den Lerntheorien vergleichbar, ohne sie freilich je einzuholen, insofern sie mehr die Rolle und die Bedeutung der ursprünglichen Erfahrungen in der menschlichen Erfahrung betont; doch in ihrem eigenen Stil entwickelt sie sich parallel zu einer Lerntheorie, z. B. aufgrund ihrer Untersuchung der Objektwahl und ihrer evolutiven Geschichte der Systeme Ich und Über-Ich.

Schließlich kann man von einem JACKSONschen Modell bei FREUD sprechen: die Systeme bilden eine Hierarchie von Integrationen, in der das Übergeordnete das Untergeordnete hemmt oder steuert. Die Überlagerung von sekundärem und primärem System sowie die damit zusammenhängenden Begriffe der Zensur, Abwehr und Verdrängung gehören offensichtlich zu diesem Typus. In diesem Sinne ist das JACKSONsche Modell das wichtigste; Topik, Ökonomik, Genetik sind in allen FREUDschen Begriffen, die um den Konfliktbegriff kreisen, mit ihm verbunden.

Diese Modelle können nun mit »Standpunkten« verglichen werden, die heute von allen Psychologen anerkannt sind:

1. Jedes Verhalten ist Teil einer genetischen Reihe; die Phänotypen und Genotypen von LEWIN gehören zum selben genetischen Standpunkt. FREUDS Verdienst ist es, den genetischen Standpunkt dem ökonomischen untergeordnet zu haben.

2. Jedes Verhalten enthält unbewußte ›entscheidende Determinanten‹. Jede Psychologie stößt auf unbemerkte Bedingungen; FREUD aber thematisiert dieses Unbemerkte, erschließt es mit Hilfe einer Untersuchungsmethode, entdeckt die Eigengesetze dieser Faktoren und erkennt auf diese Weise, was *noticeable* werden kann und was nicht, wobei er jedoch die eine wie die andere Gruppe von Faktoren im Bereich der Psychologie und nicht der Biologie beläßt.

Um diesen Tatsachen Rechnung zu tragen, hat FREUD den ›topischen‹ Standpunkt (Unbewußt, Vorbewußt, Bewußt) und dann den ›strukturalen‹ Standpunkt (Es, Ich, Über-Ich) erarbeitet; aber schon die Begriffe Primär- und Sekundärsystem sowie die Technik der Konflikte implizieren diesen Übergang. Und seinerseits kündigt der strukturale Standpunkt, durch den Gebrauch der Gegenbesetzung, die heutige Entwicklung der *Ichpsychologie* an.

3. Jedes Verhalten ist letztlich triebbestimmt: dieser dynamische Standpunkt hat seit langem die Vorurteile der alten empirischen Psychologie und ihre *Tabula rasa* überwunden; die Psychologie hat für KANT und gegen HUME votiert. Doch FREUDS Verdienst ist es, den Vorrang der Sexualität in dieser Triebdynamik erkannt und damit die wilde Wurzel unserer Kultur gefunden zu haben.

4. Jedes Verhalten verfügt über psychische Energie und wird von dieser reguliert. Das Interessanteste ist hier nicht der energetische Charakter des Triebes, sondern der der Regulierung; alles, was FREUD über die gebundene Energie gesagt hat, über die Arbeit des Seelenlebens unter Verwendung kleinster Energiebeträge, über die Herabsetzung der Abfuhrtendenz mittels Erhöhung der Reizschwellen, über Neutralisierung und Desexualisierung, findet Bestätigungen oder Parallelen bei LEWIN und mehr noch in den Begriffen von *power engineering* und *information engineering* der Kybernetik. FREUDS Verdienst ist es, daß er zeigt, wie sich diese Regulierung mit Hilfe der Entlehnungsenergie der Triebabkömmlinge vollzieht.

5. Jedes Verhalten wird durch die Realität bestimmt. Dieser adaptive Standpunkt ist nicht nur der Psychologie mit ihrem fundamentalen Reiz-Reaktions-Schema, sondern auch der Biologie eigen, in der die Realität die Rolle der Umwelt spielt, und sogar der Erkenntnistheorie, in der sie Objektivität heißt. Die Psychoanalyse schließt sich, mit ihren sukzessiven Realitätstheorien, diesem Standpunkt an: die Realität war zuerst das, was der Neurotiker zurückweist; sodann war sie die Objektphase des Triebes, das Korrelat des Sekundärvorganges, und schließlich und vor allem das Anpassungsfeld des Ich.

Dieser ›adaptive‹ Standpunkt hat ein Korollarium hervorgebracht, das mit Recht in der amerikanischen Psychoanalyse einen gesonderten Standpunkt bildet: ›Jedes Verhalten ist gesellschaftlich determiniert‹; auch der klassische Freudianismus enthält bereits dieses Thema, das ihn der Sozialpsychologie annähert (Theorien über die Objektwahl nach dem Anlehnungstypus, über den Ödipuskomplex und die Identifizierung etc.), ohne daß man die Dissidenten, die Neufreudianer der kulturalistischen Schule, eigens nennen müßte.

Mit Hilfe all dieser Annäherungen kann die Psychoanalyse in die wissenschaftliche Psychologie mit ihren Schwerpunkten der Anpassung, der Strukturierung und der Evolution einbezogen werden. Der Beitrag der Psychoanalyse besteht darin, daß sie das entropische Modell geltend macht und damit zugleich den auf den Primärvorgang bezogenen Triebwirkungen besondere Aufmerksamkeit schenkt, während die akademische Psychologie der sensoriellen Erfahrung und dem Lernprozeß den Vorrang gibt. Aber die Rollen sind im Begriff, sich zu vertauschen. Einerseits dehnt die zeitgenössische Motivationspsychologie das Gebiet der akademischen Psychologie auf das der Psychoanalyse aus; andererseits stellt sich die Psychoanalyse durch ihre Umformulierung in Begriffen der genetischen Anpassung und progressiven Strukturierung wieder in das Feld der allgemeinen Psychologie. Die Entwicklung der Psychoanalyse in Richtung auf eine *Ichpsychologie* seit der großen Arbeit von HART-

MANN aus dem Jahre 1939 hat diese Evolution beschleunigt, da die Ich-Funktionen hauptsächlich Anpassungsfunktionen sind.

Auf diese Weise knüpfen sich immer engere Fäden zwischen Psychoanalyse und wissenschaftlicher Psychologie.«

In seiner Kritik dessen, was er Umformulierung oder Umgestaltung nennt, macht RICŒUR auf folgendes aufmerksam:

»Leider befriedigt diese Angleichung der Psychoanalyse an die Beobachtungspsychologie nicht den Psychologen und berücksichtigt nicht das der Psychoanalyse Eigentümliche. [...] Auf welche Weise kommt das, was der Psychologe Umweltvariable nennt, in der analytischen Theorie ins Spiel? Für den Analytiker sind dies keineswegs Tatsachen, wie sie von einem außenstehenden Beobachter erkannt werden; dem Analytiker kommt es allein auf die Dimensionen der Umwelt an, wie das Subjekt sie ›glaubt‹; entscheidend für ihn ist nicht die Tatsache, sondern die Bedeutung, die die Tatsache in der Geschichte eines Subjektes gewonnen hat; und man darf also nicht sagen, daß ›die Bestrafung eines sexuellen Verhaltens eine beobachtbare Tatsache ist, die Veränderungen im Organismus hervorruft‹; der Untersuchungsgegenstand des Analytikers ist die Bedeutung, die eben jene Ereignisse für ein Subjekt haben, die der Psychologe als Beobachter betrachtet und als Umweltvariable aufstellt.

Damit ist das Verhalten auch für den Analytiker keine abhängige, von außen beobachtbare Variable, sondern der Ausdruck für die Sinnänderungen der Geschichte des Subjekts, so wie sie in der analytischen Situation zutage treten. Man kann zwar immer noch von ›Veränderungen in der Wahrscheinlichkeit der Handlung‹ sprechen: in dieser Hinsicht läßt sich der Patient FREUDS auch im Rahmen der Verhaltenspsychologie behandeln; aber nicht in dieser Eigenschaft sind die Verhaltenstatsachen für die Analyse relevant. Sie gelten nicht als beobachtbar, sondern als signifikant für die Geschichte des Wunsches.«

Wir wollen uns bei diesen Einwänden von P. RICŒUR gegen jede genetische Auffassung nicht allzu lange aufhalten. Obwohl seiner »Lektüre Freuds« von jenen, die sich in Frankreich auf den Strukturalismus berufen, lebhaft widersprochen wurde, sind wir der Ansicht, daß RICŒUR, wenn er sich jeder Integration und jeder Konfrontation von Psychoanalyse und biologischen Disziplinen verweigert, eine der grundlegenden Prämissen des FREUDschen Denkens nicht akzeptiert hat, nämlich die, daß die Psychologie auf biologischen Grundlagen ruht und daß die Ursprünge des Ich körperlicher Art sind.

Die Lektüre FREUDS durch PAUL RICŒUR ist in Wirklichkeit eine Hermeneutik, die sich aus der philosophischen Arbeit dieses Autors ergibt, dessen Intention, sich im Rahmen der zeitgenössischen Kultur festzulegen, ihm das genaue Verständnis der doppelten metapsychologischen Bewegung ermöglicht hat, in der sich der Druck ökonomischer Kräfte und zugleich die Dynamik von Konflikten begegnen.

Wir stimmen eher mit R. DIATKINE überein, der, in seiner Arbeit *»L'agressivité et les fantasmes agressifs«* [70], hervorhebt, daß die Begriffe von Nachbardisziplinen in der Psychoanalyse verwendet werden können, während umgekehrt die Begriffe der Psychoanalyse in anderen Wissenschaftszweigen kaum anwendbar sind:

»Wenn wir einen langen Abschnitt den Auskünften vorbehalten haben, die uns die nichtanalytischen Beobachtungen liefern, sind wir schlicht und einfach dem Beispiel FREUDS gefolgt. Man erinnert sich der Bedeutung, die er LINDNERS Beobachtungen zum Wonnesaugen beigelegt hat. Er hat bedeutungsvolle Einsichten in die Charaktere der infantilen Sexualität daraus gewonnen, die ›sich in Anlehnung an eine lebenswichtige physiologische Funktion entwickelt‹.«

ABRAHAM und nach ihm FREUD und auch MELANIE KLEIN haben in den Bissen des Kleinkindes den Beweis für früh sich entwickelnde kannibalische Phantasien gesehen. MELANIE KLEIN vergleicht die im Verlauf der Analyse der sechsjährigen Erna beobachteten oral-sadistischen Phantasien mit der Erinnerung der Mutter, mehrfach verwundet worden zu sein, während das Kind an der Brust lag und bevor es noch Zähne hatte. Obwohl FREUD sich immer gehütet hat, diese Art von Beweisführung zu weit zu treiben, haben derartige Argumente doch die ursprüngliche Existenz des Sadismus anzuerkennen nahegelegt, der unseres Erachtens umgekehrt lediglich durch eine sehr frühe Projektion der dem lebendigen Organismus innewohnenden Tendenz zu Entzweiung und Zerstörung zum Ausdruck kommt.

Man kann eine Theorie nicht dadurch fundieren, daß man sie auf einige verstreute Beobachtungen stützt, und man muß allen Psychoanalytikern Dank wissen, die die Organisation und die ersten Relationen des Säuglings direkt beobachtet und so die jedem der beiden Bereiche eigentümlichen Grenzen deutlich gemacht haben. Ohne große methodologische Irrtümer zu begehen, können wir unterstellen, daß Libido und Aggressivität, wie wir sie in ihren gemeinsamen Äußerungen im Bereich der Analyse beobachten, keine in anderen Disziplinen brauchbaren Begriffe sind. Die bei Tieren untersuchten Instinkte sind komplexe Verhaltensweisen, die mit der grundlegenden Bipolarität der menschlichen Triebökonomie nicht identifizierbar sind, gleich ob sie von einem mechanistischen Standpunkt – wie von JACQUES LOEB und, in neuerer Zeit, von TILQUIN – oder von einem objektivistischen aus – wie von K. LORENZ und N. TINBERGEN – ins Auge gefaßt werden. Wie LORENZ[10] in seinen Einwürfen zum Beitrag von BÉNASSY [23] beim Kolloquium von SINGER-POLIGNAC deutlich gemacht hat, ist der Begriff eines Todestriebes für den Biologen bedeutungslos, weil er zwangsläufig die Existenz eines Lebenstriebes impliziert. Auch die *hormic psychology* von MACDOUGALL scheint mit der Hypothese der Trieb-Dualität nicht mehr vereinbar zu sein. Die Reaktion von LORENZ unterstreicht jedenfalls, wenn das überhaupt noch nötig gewesen wäre, die strukturale Originalität des FREUDschen Systems der Triebe, die deswegen nicht auch Mythen oder aristotelische Begriffe sein müssen.

Es hieße auch den angelsächsischen Psychoanalytikern aus der Schule von HEINZ HARTMANN den Prozeß machen, wenn man ihnen vorwürfe, sie hätten die hereditäre Ausrüstung nicht in Rechnung gestellt, um die Ergebnisse der direkten Beobachtung besser zu verstehen. Insbesondere die als autonom aufgefaßten Ichaktivitäten stehen im wesentlichen mit dem Reifungsprozeß in Zusammenhang und werden von diesen Autoren als relativ unabhängig vom Es ebenso wie von der Umwelt beschrieben.

Die direkte Beobachtung ermöglicht also die Wahrnehmung mancher Modalitä-

[10] LORENZ, K., »*The Objectivistic Theory of Instinct*«, in: P. P. GRASSET (Hg.), »*L'instinct dans le comportement des animaux et de l'homme*«, Paris [Masson] 1956, S. 51–76; vgl. Bibliographie [23] (Anm. d. Übers.).

ten der Entwicklung, die nicht nur von der Relation, sondern gerade von den charakteristischen Faktoren der anfänglichen Ausrüstung bestimmt werden.

Wir müssen also erneut auf die psychoanalytische Auffassung der Phantasie zurückkommen. Man wird gegenwärtig Zeuge einer Entwicklung, die die genetischen Positionen in der Psychoanalyse kritisiert, weil sie der Entstehung der Phantasien zuviel Bedeutung beilegten, zum Nachteil der Inhaltsanalyse. Eben darauf beziehen sich JEAN LAPLANCHE und J.-B. PONTALIS in ihrem Aufsatz mit dem Titel *»Fantasme originaire, fantasme des origines, origine du fantasme«* [214]; die Autoren insistieren vor allem auf dem Grundgedanken, daß FREUD der Historizität (als Kombination von Ereignis und genetischem Moment) ebensoviel Bedeutung beimaß wie dem *Anspruch, die Struktur der Phantasie selbst auf anderes als das Ereignis zu gründen.*

Einmal mehr nehmen LAPLANCHE und PONTALIS die Diskussion der Phantasien des Wolfsmannes auf. Bei der Lektüre des ersten Entwurfs dieses klinischen Berichts, »kurz nach Abschluß der Behandlung im Winter 1914/15«, ist man betroffen angesichts der leidenschaftlichen Überzeugung, die FREUD – wie einen Detektiv auf der Lauer – die Realität der Szene durch ihre Rekonstitution in ihren geringfügigsten Details zu erweisen drängt. Wenn eine solche Bemühung sich so lange nach der »Aufgabe« der Verführungstheorie wieder vordrängen kann, ist das dann nicht der Beweis dafür, daß FREUD sich nie damit abgefunden hatte, diese »Szenen« den Hervorbringungen reiner Imagination gleichzustellen? Im Rahmen der Verführungsszene unterdrückt, taucht die Frage zwanzig Jahre später im Zusammenhang mit der Beobachtung des elterlichen Koitus durch den Wolfsmann wieder auf. Die Entdeckung der infantilen Sexualität hat für FREUD das grundlegende Schema nicht hinfällig gemacht, das der Verführungstheorie zugrunde liegt: der gleiche Prozeß einer »nachträglichen« Wirksamkeit wird unveränderlich geltend gemacht. Wir stoßen wieder auf die beiden Ereignisse (hier die Szene und den Traum), die in der zeitlichen Abfolge getrennt sind, wobei das erste unverstanden und aus dem Seelenleben des Subjekts gleichsam ausgeschlossen bleibt, um dann in der Ausarbeitung der zweiten zeitlichen Phase wiederaufgenommen zu werden. Daß das Ganze in die ersten Kindheitsjahre verschoben wurde, ändert nichts am Kernpunkt des theoretischen Modells.

Bekanntlich hat FREUD dem Manuskript vor der Publikation im Jahre 1918 lange Auseinandersetzungen hinzugefügt, die sein Schwanken angesichts der JUNGschen Theorie des »Zurückphantasierens« deutlich machen. Er anerkennt, daß die Szene, die in der Analyse das Ergebnis einer Konstruktion ist, sehr wohl vom Subjekt selbst konstruiert worden sein könnte, hält aber nicht weniger hartnäckig daran fest, daß die Wahrnehmung wenigstens *Indizien* geliefert habe, und sei es nur für die Kopulation von Hunden.

In dem Augenblick aber, da FREUD offenbar mit sich zu Rate geht, was ihm ein *Boden* der *Realität* – der sich als derart brüchig für die Untersuchung erweist – liefern kann, führt er einen neuen Begriff ein, den der *Urphantasie.* Man wird hier Zeuge einer wirklichen Umwälzung der Anforderung der Verdrängung: da es sich als unmöglich erweist zu bestimmen, ob wir es bei der Urszene mit einem vom Subjekt erlebten Ereignis oder mit einer Fiktion zu tun haben, muß das, was die

Phantasie letztlich begründet, auf ein Diesseits verweisen, auf etwas, was sowohl das individuelle Erlebnis als auch das Imaginierte transzendiert.

Auch für uns macht der Wendepunkt des FREUDschen Denkens im Jahre 1897 erst nachträglich seinen vollen Sinn deutlich. Offenbar hat sich nichts verändert: dieselbe Suche nach einer wirklich *ersten* Realität setzt sich fort, dasselbe Schema einer Dialektik zwischen zwei aufeinanderfolgenden historischen Ereignissen wird wieder aufgenommen, dieselben bereits erlebten Enttäuschungen, so als hätte FREUD angesichts des Verschwindens des letzten Ereignisses von der Szene nichts gelernt. Aber parallel dazu ermöglicht, mit Hilfe dessen, was wir die zweite Strömung genannt haben, die Entdeckung des Unbewußten als eines *strukturierten Feldes,* das konstruiert werden kann, weil es selbst Anordnung, Dekomposition und Rekomposition von Elementen nach bestimmten Gesetzen ist, es der Suche nach dem Ursprung, sich in einer neuen Dimension zu entfalten.

Im Begriff der Urphantasie findet sich das, was man FREUDS Hang, den Felsen des Ereignisses aufzufinden, nennen könnte (wenn es sich in der Geschichte des Individuums aufgrund zahlreicher Brechungen und Umsetzungen verliert, muß es weiter zurückverfolgt werden), und das Bedürfnis zusammen, die Struktur der Phantasie selbst auf etwas anderes als das Ereignis zu gründen.

Wir haben bereits jene Formulierung FREUDS zitiert, die darauf hinweist, daß die Psychoanalyse uns einen Schatz von unbewußten Phantasien zu entdecken ermöglicht, der sich bei allen Neurotikern und wahrscheinlich bei allen Menschenkindern auffinden läßt. Für LAPLANCHE und PONTALIS und für alle Anhänger des Strukturalismus in Frankreich ist die Existenz dieser gängigen Phantasien der Beweis dafür, daß die ereignisbezogene Geschichte des Subjektes nicht das *primum* ist, daß ein früheres Schema unterstellt werden muß, das als Organisator zu wirken in der Lage ist. Mit J. LAPLANCHE und J.-B. PONTALIS haben S. LECLAIRE, D. GEHACHAN und S. VIDERMAN in ihrer Auseinandersetzung mit dem Beitrag von E. und J. KESTEMBERG [188] gefordert, daß der phylogenetischen Erklärung Bedeutung beigemessen wird, wie es schon FREUD folgendermaßen formulierte:

»Es scheint mir sehr wohl möglich, daß alles, was uns heute in der Analyse als Phantasie erzählt wird, die Kinderverführung, die Entzündung der Sexualerregung an der Beobachtung des elterlichen Verkehrs, die Kastrationsdrohung – oder vielmehr die Kastration, – in den Urzeiten der menschlichen Familie einmal Realität war, und daß das phantasierende Kind einfach die Lücken der individuellen Wahrheit mit prähistorischer Wahrheit ausgefüllt hat« [129].

Sicherlich würde ein solches Zitat, wäre es nicht aus dem Kontext des FREUDschen Denkens herausgerissen, der ihm so häufig widerspricht und mehr als einmal nahelegt, es nur als vorläufige Hypothese anzuerkennen, die Vorstellung stützen, derzufolge, wie J. LAPLANCHE und J.-B. PONTALIS schreiben,

»man versucht ist, in diesem ›Realen‹, das das imaginäre Spiel anzeigt und ihm sein Gesetz aufdrängt, eine Präfiguration der ›symbolischen‹ Ordnung wiederzuerkennen, wie sie C. LÉVI-STRAUSS und J. LACAN beschrieben haben, indem sie deren wechselseitige Disposition und Wirkungsbreite auf ethnologischem und psychoanalytischem Gebiet deutlich machten.«

Auf diese Szenen, die in die menschliche Prähistorie, deren Spur »Totem und Tabu« [121] zurückzuverfolgen beansprucht, verlegt und dem Urmenschen, dem Urvater zugeschrieben werden, berief sich FREUD weniger deshalb, um eine Realität wiederaufzufinden, die ihm auf der Ebene der individuellen Geschichte entgangen war, als vielmehr, um einem Imaginären Grenzen zu setzen, das in sich selbst sein Organisationsprinzip nicht erfaßt und mithin nicht den »Kern von Erfindungen« konstituiert hätte. Die erblichen mnemonischen Spuren, die FREUD mehrfach hypothetisch angenommen hat, und zwar in begrenztem Umfang, bedeuteten für alle Anhänger J. LACANS den Beweis für den zeitlichen Vorrang einer signifikanten Organisation im Verhältnis zum Wirkungsgrad des Ereignisses und zur Gesamtheit des Bezeichneten.

Daß das Unbewußte eine Struktur und folglich eine eigene Funktionsweise hat, kann niemand bezweifeln. Wir erfassen gleichwohl lediglich das Ereignis und die Geschichte eines jeden von uns, der es integriert oder ausgeschlossen läßt. Nun könnten aber gerade die, die sich für die Entstehung des psychischen Geschehens und die Ursprünge des Ich von den prärelationalen und relationalen Veränderungen aus interessieren, die folgenden Formulierungen anerkennen, die offenbar die Basis des Denkens von J. LAPLANCHE und J.-B. PONTALIS darlegen, wenn sie die Vorstellungen von J. LACAN zum Ausdruck bringen [214]:

»Was FREUD wirklich erfassen will, und zwar da, wo es sich bildliche Repräsentanz gibt, ist gerade die Zeit des Auftauchens des Wunsches. Es handelt sich da um ›eine Konstruktion‹ oder eine analytische Phantasie, die diesen Moment der Spaltung von *Vorher* und *Nachher* zu erreichen sucht, den sie beide noch enthalten: den mythischen Moment der Trennung von Befriedigung und Wunscherfüllung, zwischen den zwei Zeiten der realen Erfahrung und ihres halluzinatorischen Wiederauflebens, zwischen ausfüllendem Objekt und dem Zeichen, das das Objekt ebenso wie seine Abwesenheit vermerkt: den mythischen Moment der Verdoppelung von Hunger und Sexualität in einem Anfangspunkt.«

Nun ist aber dieser Übergang vom Bedürfnis zum Wunsch offenbar sehr genau von der genetischen Perspektive aus untersucht worden, die in den Bereich der Psychologie und der Phantasie einführt. Die Phantasie ist wesensgleich mit der Organisation des Wunsches, und der Zeitpunkt, zu dem die Phantasie entsteht, ist auf eine unseres Erachtens sehr deutliche Weise durch die Gesetze der Entwicklung und Internalisierung der Triebe bestimmt, die die Relation freisetzt, im Funktionsbereich der Primär- und Sekundärvorgänge, die durch die Modifikation des Primats des Lustprinzips ausgearbeitet werden und schließlich zum Realitätsprinzip führen. Deshalb glauben wir, wenn LAPLANCHE und PONTALIS in den letzten Zeilen ihrer Arbeit schreiben:

»Was die Frage angeht, wer für die Inszenierung verantwortlich zeichnet und darüber entscheidet, sollte der Psychoanalytiker sich nicht allein auf die Quellen der Wissenschaft und selbst nicht auf die des Mythos verlassen. Es wäre überdies erforderlich, daß er Philosoph würde.«

daß die Modalitäten der Inszenierung von der Psychoanalyse vollständig erhellt worden sind, die uns nicht über den Regisseur, wohl aber über die von ihm verwendete Methode ins Bild setzt.

Deshalb würde es genügen, hier an eine der letzten Arbeiten FREUDS zu erinnern, »Der Mann Moses und die monotheistische Religion« [148], um deutlich zu machen, daß der Mythos für ihn offenbar lediglich das Ergebnis der Wechselfälle individueller, in der Dimension eines Volkes erlebter Konflikte gewesen ist.

»Totem und Tabu«, die psychoanalytische Analyse dieser beiden Institutionen, scheint zu bestätigen, daß die Mythen im Denken FREUDS immer die Geschichte der Individuen widergespiegelt haben. In einer Fußnote des Kapitels zu »Totem und Tabu« in P. RICŒURS Buch [287] erinnert dieser daran, das FREUD sehr wohl gesehen hat, daß, nach L.-H. MORGAN, das »klassifizierende System« die Sprache dieser neuen Beziehungen ist; zum Problem der matrimonialen Klassen in einem zwei- und dreiklassigen System notiert er:

»Aber während die Totemexogamie den Eindruck einer heiligen Satzung macht, die entstanden ist, man weiß nicht wie, also einer Sitte, scheinen die komplizierten Institutionen der Heiratsklassen, ihrer Unterteilungen und der daran geknüpften Bedingungen zielbewußter Gesetzgebung zu entstammen, die vielleicht die Aufgabe der Inzestverhütung neu aufnahm, weil der Einfluß des Totem im Nachlassen war.«

Die Klassifikation ist also eine Verstärkung und möglicherweise ein Ersatz für das Verbot heiligen Ursprungs. FREUD steht hier dem zeitgenössischen Strukturalismus nahe, allerdings mit dem offensichtlich bemerkenswerten Unterschied, daß die Klassifikation im Verhältnis zu den mythischen Bindungen des Totems zweitrangig ist. Mit anderen Worten: wenn man sich in Erinnerung hält, daß FREUD sich bei seinen Schlußfolgerungen über das Tabu sehr viel sicherer und bei denen über das Totem sehr viel unsicherer fühlte, muß hervorgehoben werden, daß die ganze Arbeit zur Erklärung des Tabu-Ursprungs keine soziologische Deutung der Institution, sondern der Versuch einer Aufklärung der Inzestangst durch die Psychoanalyse ist.

Es scheint uns noch einmal daran zu erinnern nötig, daß die Phantasien für einen Freudianer anhand von Erfahrungen, freilich in einer besonderen Sprache, ausgearbeitet werden. Eben deshalb können wir, wenn wir mit unseren Kranken an ihren unbewußten Phantasien arbeiten, das, was sie sagen, nicht als den wirklichen Ausdruck dessen auffassen, was sie bewegt. Sich anders zu verhalten, hieße sich der Denkweise FERENCZIS verschreiben, wie sie in seinem »Versuch einer Genitaltheorie« [87] treffend dargestellt ist. Im Vorwort zur französischen Übersetzung dieser Arbeit faßt N. ABRAHAM die Gedankengänge des Autors folgendermaßen zusammen:

»[...] Unser Körper funktioniert ohne weiteres als Sprache. Wenn wir symbolisieren, tun wir nichts anderes, als ihn auszusprechen, indem wir uns den ursprünglichen Sinn organischer Semanteme zunutze machen.

Von solchen Hypothesen aus kann der entscheidende Schritt in Richtung auf das beabsichtigte Ziel unternommen werden – die Ausdehnung der psychoanalytischen Theorie auf den Bereich der Biologie. Wenn unser Körper von Beginn an Sprache ist, können die Grundbedeutungen nur aus einer noch ursprünglicheren Symbolisierung hervorgegangen sein, die in der Phylogenese, im Zusammenhang mit Traumen und Entbehrungen, die die Gattung betroffen haben, abgeschlossen wurde. Die Sprache der Organe und Funktionen wäre mithin ihrerseits eine Gesamtheit von Symbolen, die auf eine noch archaischere Sprache verweisen, und so fort. Das einmal angenommen, scheint es also ohne logischen Bruch möglich, den Organismus als hieroglyphenartigen Text aufzufassen, der sich im Verlauf der Geschichte der Gattung abgelagert hätte und den eine vertiefte Untersuchung zu entziffern imstande wäre. Diese unerwartete Art und Weise, das biologische Faktum ins Auge zu fassen, eröffnet einen Bereich radikal neuer Hypothesen. Eine neue Wissenschaft ist entstanden: die Psychoanalyse der Ursprünge oder Bioanalyse.«

Man kann in dieser Hinsicht anerkennen, daß NICOLAS ABRAHAM jenen Autoren recht gibt, die die Verwendung des phylogenetischen Modells fordern, wenn er später schreibt und damit FERENCZIS Denkweise Ausdruck gibt:

»Ganz wie eine analytische Sitzung einen Abschnitt der individuellen Geschichte wiederholt (für die der entsprechende ontogenetische Zeitpunkt sich rekonstituieren läßt) und wie andererseits die Ontogenese die Phylogenese wiederholt [11], müßte uns eine vertiefte Reflexion über eine analytische Sitzung bis zur am weitesten zurückliegenden Vergangenheit der Lebewesen führen können.«

Bekanntlich analysiert FERENCZI in seinem »Versuch einer Genitaltheorie« die Ejakulation als Amphimixis der Erotismen, und zwar besonders der Urethral- und der Analerotik:

»Alle diese Beobachtungen erweckten in mir die Ahnung, daß beim normalen Ejakulationsvorgang zweckmäßiges Ineinandergreifen analer und urethraler Innervationen unerläßlich und vielleicht nur durch gegenseitige Überdeckung beider unerkennbar ist, während bei der *ejaculatio praecox* die urethrale, bei der *ejaculatio retardata* die anale Komponente allein in Erscheinung tritt.«

Ausgehend von dieser Feststellung ist FERENCZI, bei Berücksichtigung verschiedener ergänzender Argumente, anzunehmen geneigt, daß der Koitus zunächst auf den Versuch, später auf das geglückte Unternehmen der »Rückkehr in den Mutterleib« gerichtet ist. Der Organismus verwirklicht diese Rückkehr zur intrauterinen Situation auf halluzinatorische Weise, im Sinne des Traumes, während der Penis, mit dem der gesamte Organismus sich identifiziert, dabei als Teil und symbolisch Erfolg hat:

»Im Lichte dieser, wie ich sagen möchte ›bioanalytischen‹ Auffassung der Genitalvorgänge wird es erst verständlich, warum der *Ödipuswunsch*, der Wunsch nach dem Geschlechtsverkehr mit der Mutter, so regelmäßig, in seiner Eintönigkeit beinahe ermüdend, bei der Analyse des Mannes als zentrale Strebung wiederkehrt. Der Ödipuswunsch ist eben der seelische Ausdruck einer viel allgemeineren biologischen Tendenz, die die Lebewesen zur Rückkehr in die vor der Geburt genossene Ruhelage lockt.«

Die Analyse des Sexualaktes nach FERENCZI faßt in der Begattungsfunktion eine ganze Reihe von Lust- und Angstmomenten in einen Akt zusammen:

[11] Diese so häufig wiederholte Formulierung des Biologen HAECKEL wird bekanntlich vom gegenwärtigen wissenschaftlichen Evolutionismus entschieden bestritten.

»die Lust der Befreiung von störenden Triebreizen, die Lust der Wiederkehr in den Mutterleib, die Lust der glücklich beendigten Geburt; andererseits die Angst, die man beim Geburtsakt erfahren hat und jene, die man bei der (phantasierten) Wiederkehr empfinden müßte. Indem die *reale* Wiederkehr auf das Genitale und dessen Sekret beschränkt wird, während sich der übrige Körper unversehrt erhalten kann (und die Regression ›halluzinatorisch‹ mitmacht), gelingt es im Orgasmus jedes Angstmoment auszuschalten und den Begattungsakt mit dem Gefühl voller Befriedigung zu beendigen.«

Von da aus geht Ferenczi zur Menschheitsgeschichte über; er stützt sich auf die Häufigkeit des Symbols des im Wasser schwebenden oder schwimmenden Fisches in den psychischen Produktionen und stellt sich die Frage, ob die ganze Mutterleibsexistenz der höheren Säugetiere nur eine Wiederholung der Existenzform jener Fischzeit wäre und die Geburt selbst nichts anderes als die individuelle Rekapitulation der großen Katastrophe, die so viele Tiere und ganz sicher auch unsere tierischen Vorfahren beim Eintrocknen der Meere zwang, sich dem Landleben anzupassen, vor allem auf die Atmung durch Kiemen zu verzichten und sich Luftatmungsorgane zuzulegen.

Die weitere Verfolgung dieser Gedankengänge veranlaßt Ferenczi, bestimmte Erklärungsversuche von Lamarck wiederaufzunehmen und sich die Frage zu stellen, was die Amphibien und Reptilien anregt, sich einen Penis zuzulegen. Das Motiv dafür entspricht nach Ferenczi dem Bemühen, die verlorengegangene Lebensweise wiederherzustellen, und zwar in einem feuchten Milieu, das zugleich Nährsubstanzen enthält, und das läuft darauf hinaus, die aquatische Existenz im feuchten und nahrungsreichen Inneren der Mutter wiederherzustellen. Die Mutter also ist, im Sinne der »Umkehrung des Symbols«, die sich manchmal als notwendig erweist, in Wirklichkeit das Symbol für den Ozean oder seinen partiellen Ersatz, und nicht etwa umgekehrt. Die Begattungsfunktion bei den Amphibien wird so zur Regression auf eine Lösung (Vereinigung mit einem anderen Lebewesen), die mit der identisch ist, die sich bereits bei früheren Katastrophen als vorteilhaft erwiesen hat. Ferenczi geht so weit anzunehmen,

»daß, stellt man sich einmal die Art vor, wie sich Männchen und Weibchen begatten und wie gleichzeitig (oder nach geringerem Zeitintervall, worauf es nicht ankommt) der Spermafaden das Ei befruchtet, man in der Tat den Eindruck [bekommt], als ahmten die Somata der Gatten die Tätigkeit der Keimzellen bis auf kleine Einzelheiten nach«.

Dieser Versuch einer Bioanalyse läßt Ferenczi die Phylogenese, die Ontogenese und die Perigenese gleichzeitig beschreiben, und zwar von der kosmischen Geschichte der Menschheit an, die er die von »Entwicklungskatastrophen« nennt. Der Entstehung organischen Lebens im Bereich der Phylogenese entspräche ontogenetisch die Reifung der Geschlechtszellen. Der Entstehung individueller einzelliger Wesen entspräche die »Geburt« der reifen Keimzellen aus der Keimdrüse. Dem Beginn der geschlechtlichen Fortpflanzung und der Artentwicklung im Meer entspräche die Befruchtung und die Embryonalentwicklung im Mutterleib. Mit der See-Eintrocknung und der Notwendigkeit der Anpassung ans Landleben, kann man im Bereich der Ontogenese von Geburtsvorgang sprechen. Dann vollzieht sich die Entwicklung von Tierarten mit Begattungsorganen, während dieser

Entwicklung beim Menschen die des Primats der Genitalzone im Sinne des FREUDschen Schemas entspricht. Die sechste und letzte Katastrophe ist die der Eiszeiten, die zur Menschwerdung führt und sich in der Latenzzeit, die deren Entwicklung markiert, reproduziert.

Dieser Versuch von S. FERENCZI erscheint uns auf merkwürdige Weise eine aktuelle Tendenz zu symbolisieren, die in der Geschichte eines jeden Menschen den Ausdruck allgemeiner Gesetze sieht. FREUD hatte die darin liegende Gefahr sehr wohl begriffen, als er seine phylogenetischen Hypothesen nur mit Vorsicht auf die unbewußten mnemonischen Spuren stützte.

Von Analogie-Methoden Gebrauch zu machen, wie es S. FERENCZI getan hat, um bestimmte, aus der menschlichen Entwicklung sich ergebende Befunde auf die kosmische Geschichte auszudehnen, heißt akzeptieren, was andere Autoren das »Gesetz« nennen und was eher Nominalismus als Strukturalismus heißen müßte, handelt es sich doch – ob man will oder nicht – darum, den Idealismus und sehr blasse religiöse Glaubensauffassungen wiedereinzuführen, um die Entwicklung des Menschen zu verstehen.

Nichts außer der poetischen Vorstellungskraft von S. FERENCZI verpflichtet dazu, seine Hypothese zu übernehmen, derzufolge »die Einführung biologischer Begriffe in die Psychologie und psychologischer Begriffe in die Naturwissenschaften unausweichlich ist«.

Man könnte dem entgegenhalten, daß die psychosomatische Medizin uns gerade mit der Benutzung des Körpers in dieser Sprache des Unbewußten in Berührung gebracht hat, weil – wie die Psychosomatiker der Pariser Schule (P. MARTY, M. FAIN, M. DE M'UZAN und C. DAVID [248]) gezeigt haben – der Körper, wenn die psychische Bearbeitung sich nicht einstellt, die Sprache der Primärprozesse spricht. FERENCZI selbst hatte bereits deutlich gemacht, daß bei den Hysterikern der Körper die Wünsche zum Ausdruck bringt. Das junge Mädchen bringt, wenn es errötet, damit den Wunsch zum Ausdruck, das männliche Organ zu empfangen – so wenigstens seine Hypothese. Heißt das, »daß bereits der Blutandrang zur Körperoberfläche eine gewissermaßen *apriorische* Bedeutung hat, zumal er ja die Abschwächung eines lokalen Reizes durch Intensivierung der Tauschvorgänge zur Folge hat«, wie NICOLAS ABRAHAM in seinem Vorwort zur französischen Ausgabe des »Versuchs einer Genitaltheorie« [87] schreibt?

Wenn man diese Perspektive einnimmt, muß man anerkennen, daß GEORG GRODDECK in »Das Buch vom Es« [164] die Sprache unseres Körpers auf sehr anschauliche Weise vor Augen geführt hat. Nach GRODDECK sind alle körperlichen Ausdrucksformen und die gesamte Sprache, in der wir sie erleben und beschreiben, in buchstäblichem Sinne als Emanationen des Es aufzufassen. Es ist wenig sinnvoll, hier die Beispiele weitschweifig aufzuzählen, mit denen GRODDECK seine Partnerin überzeugen will, mit der er einen Briefwechsel unterhält, um ihr zu erklären, was »den Grund des Menschen« ausmacht. So deformiert etwa das den Mund entstellende Ekzem den Mund des Liebenden,

»werde ich trotzdem geküßt, so ist das Glück groß, bleibt der Kuß aus, so war es nicht Mangel an Liebe, nur Abscheu vor dem Ekzem. Das ist einer der Gründe, warum der Knabe in der Entwicklungszeit auf der Stirn Eiterbläschen trägt, warum das Mädchen beim Ball auf ihrer nackten Schulter oder am Brustansatz Pickel bekommt, die nebenbei auch noch den Blick zu leiten verstehen ...«

Diese poetische Fiktion hat eine Überzeugungskraft, die uns über ihre wissenschaftliche Bedeutung hinausführt. M. FAIN forderte in seinen Einwürfen zum Beitrag von E. und J. KESTEMBERG den Rückgriff auf die Poesie der Phantasien, und sicherlich gewinnen sie eben auch durch ihre poetische Funktion und ihre mythische Bedeutung ein gewisses Gewicht in der Beziehung. FERENCZI hat sehr wohl recht, wenn er sagt, das junge Mädchen erröte, weil es sich schämt, denn diejenigen, die es erröten sehen, meinen auch, daß es sich schämt, und geben ihm gerade damit ein Gefühl von Schuld ein, wenn es sich für die Männer seiner Umgebung interessiert. In ebendieser Hinsicht haben die Phantasien der Mutter über ihr Kind einen schöpferischen Wert für die Beziehung, die sich – wie wir gezeigt zu haben glauben – im Zusammenhang mit dem Schrei des Kindes einstellt. Hier mag es genügen, daran zu erinnern, daß der rein expressive Schrei nur im Verhältnis zu der Tatsache signifikativ wird, daß die Mutter ihn zunächst als Ruf nach ihr wahrnimmt. Wenn das Schreien häufiger wird und sie stört, faßt sie es als gegen sie gerichtete Äußerung von Jähzorn auf. Wir haben gezeigt, in welchem Ausmaß alle ersten Äußerungen des Kindes im Bereich seiner Entwicklung und seiner Spiele ihre volle Bedeutung im Verhältnis zu den Phantasien der Mutter bekommen können. »Er wird bald kräftig genug sein, um zu laufen, und ich habe ihn zur Welt gebracht: er wird ohne mich fertig und will ohne mich auskommen usw.« Soweit bestimmte Metaphern, die ihre Phantasien durchlaufen, die ihrerseits auf das Kind einwirken.

In ihrer Überzeugungskraft müssen die Phantasien für das genommen werden, was sie sagen wollen, aber das überzeugt uns deswegen nicht auch von ihrem Ursprung, und alles scheint bis jetzt darauf hinzudeuten, daß sie zeitgleich mit Sekundärphänomenen der psychischen Arbeit auftreten.

Indessen bliebe der Beitrag der Psychoanalyse zum Verständnis des psychischen Primärgeschehens zu untersuchen. Die Konfrontation von psychoanalytischer Rekonstruktion und direkter Beobachtung ermöglicht es in dieser Hinsicht in der Tat nicht, die ersten Entwicklungsabschnitte zu erfassen.

Vor der Ich-Bildung und – um eine nie aufgegebene Hypothese aufzunehmen, die ihren Ursprung im »Entwurf einer Psychologie« [103] hat – im Verlauf der Primärvorgänge, wo die Psyche dem Trägheitsprinzip am nächsten steht, folgt die Abfuhr nach FREUD der Bahn der Wiederbesetzung von Erinnerungsbildern des begehrten Objektes und der zu ihm führenden Bewegung. Diese Reaktion bringt eine Halluzination hervor, die mit einer Vorstufe der Wahrnehmung verglichen werden kann.

Deshalb finden sich in »Das Ich und das Es« [136] die folgenden Formulierungen:

»Wie immer sich aber die spätere Resistenz des Charakters gegen die Einflüsse aufgegebener Objektbesetzungen gestalten mag, die Wirkungen der ersten, im frühesten Alter erfolgten Identifizierungen werden allgemeine und nachhaltige sein. Dies führt uns zur Entstehung des Ichideals zurück, denn hinter ihm verbirgt sich die erste und bedeutsamste Identifizierung des Individuums, die mit dem Vater der persönlichen Vorzeit. Diese scheint zunächst nicht Erfolg oder Ausgang einer Objektbesetzung zu sein, sie ist eine direkte und unmittelbare und frühzeitiger als jede Objektbesetzung. Aber die Objektwahlen, die der ersten Sexualperiode angehören und Vater und Mutter betreffen, scheinen beim normalen Ablauf den Ausgang in solche Identifizierung zu nehmen und somit die primäre Identifizierung zu verstärken.«

Die Bedeutung dieser Identifizierung, die der Konstitution des Objektes und folglich der Objektbindung vorausgeht, ist von F. PASCHE [266] erneut ins Blickfeld gerückt worden, der eine Beziehung zwischen dem massiven und unverrückbaren Charakter der Primäridentifikation und den oralen Bedürfnissen des depressiven Patienten annimmt. Er stellt sie sich folgendermaßen vor:

»Das Kind benimmt sich zuweilen, als ob es sich mit bestimmten Eigenschaften des anziehenden Elternteiles ausgestattet fühlte – Eigenschaften des Körperbaus, der Stimme, der Körperkraft, motorischer Glanztaten und der herrscherlichen Attitude, und all das mit einer Art unmittelbarer Partizipation und *magischer Erschleichung*, ohne daß diese Eigenschaften natürlich im geringsten erworben worden wären und bevor sie noch in einer Idealvorstellung des faszinierenden Objektes synthetisiert worden sind. Das Objekt ist überdies austauschbar, denn diese Identifikation tritt *vor* der Angst vor Fremden in Erscheinung, während umgekehrt die Mutter als anaklitisches Objekt bereits unterschieden und bevorzugt wird, wenn auch nur in bestimmten Teilen (Geruch, Kontakt ...); diese Identifikation geht also der Konstitution des Objektes und folglich der Objektbindung voraus. Es handelt sich auf seiten des Kindes nicht um Liebe, sondern lediglich um *Sein*; überdies ist dieses Alter das der Leistungen, das Kind wird noch nach dem bewertet, was es *tut*: Lächeln, Ergreifen von Dingen, erste Gehversuche, und ohne daß man schon von ihm verlangte, gut zu sein oder gar zu lieben.«

Zweifellos kommt in diesem Text die FREUDsche Auffassung der primären Identifikation zum Ausdruck. Viele Autoren haben jedoch diese FREUDsche Anschauung aufgegeben. Im vorhergehenden Kapitel, das teilweise der Entstehung des Ich und seiner Konstitution durch das Wiedererkennen des Objektes vorbehalten war, haben wir zu zeigen versucht, daß gerade die Permanenz des Objektes zum großen Teil für die Errichtung des Ich verantwortlich zeichnet, das es, wenn es gegenwärtig ist, besetzt und wahrnimmt und es halluziniert, wenn es abwesend ist. Ganz anders die Theorie von TAUSK [332]: für TAUSK – und im Gegensatz zu FREUD, für den die Grundlagen des Ich körperlicher Art sind – existiert von Beginn des Lebens an ein psychisches Ich, das bei Anfang der Existenz, zu einem Zeitpunkt, wo es weder Objekt noch Außenwelt gibt, allein funktioniert. Wenn es sich im Stadium des angeborenen Narzißmus mit Libido ausrüstet, identifiziert es sich mit sich selbst. Wahrscheinlich läßt sich in der These von TAUSK ein eigenhändiger Erklärungsversuch für die von FREUD beschriebene frühe Identifikation dingfest machen. Später entdeckt das psychische Ich im eigenen Körper, den es als etwas ihm selbst Äußerliches sieht, die Projektion des Objektes, das allmählich zu seiner Einheit findet. Eben dann können, dank des erworbenen Narzißmus, das psychische und das Körper-Ich gleichzeitig funktionieren. Das Ich setzt seine Entwicklung fort und erreicht das Stadium der Objektbeziehungen zu äußeren Objekten anhand von komplexen Situationen, die am Ursprung von Regressionen stehen können, die ihrerseits in der Schizophrenie (in der Maschine zur Beeinflussung des Denkens) zur Projektion des eigenen Körpers nach außen und zu einer neuen Unabhängigkeit des psychischen Ich führen, das regredierend zu seiner anfänglichen Autonomie zurückfindet.

Die Theorie des Ich von PAUL FEDERN [84] ist durchaus ebenso radikal, scheint jedoch für eine integrierende Auffassung der Psychoanalyse eher annehmbar zu sein. FEDERN zufolge existiert bei der Geburt wirklich von Anfang an ein Ich, ein rudimentäres Ich, das vom äußersten Grenzbereich des Lebens an mit dem Erleben zusammenfließt: das Ich-Gefühl, das eine unmittelbare Gegebenheit ist und am Ursprung des Narzißmus steht. Der Autor, der nicht narzißtische und Objektlibido, sondern Ich-Libido und Objektlibido einander gegenüberstellt, ist der Ansicht, daß die Libido das Ich zunächst als Subjekt (primärer Narzißmus), später als Objekt besetzen kann. Ebendiese Objektbesetzung des Ich ist das Ich selbst. Für das Kleinkind fällt das Ich mit der ganzen Welt zusammen, wobei der Gesamtkomplex narzißtisch besetzt wird. Die Grenzen des Ich existieren in dieser Phase noch nicht, und das Ich ist – nach FEDERN – »egokosmisch«. Erst die Frustrationen im Zusammenhang mit der Entfernung des Objektes bringen schließlich diese Grenzen des Ich hervor. Das Objekt beginnt in dem Augenblick zu existieren, wo es nicht mehr in die Ich-Grenzen eingeschlossen ist, und die Libido kann damit Objektcharakter annehmen. Eine solche Hypothese zur Existenz früher Ich-Funktionen ist, wie wir im vorhergehenden Kapitel deutlich gemacht haben, auf jeden Fall unerläßlich, wenn man das Schicksal der Objektbeziehungen erläutern will.

P. SCHILDERS Bemühung, einen Beitrag zur Psychologie des Ich und seiner im strengen Sinne neurophysiologischen Grundfunktionen zu leisten, hat ihn – vor allem in »*The Image and Appearance of the Human Body*« [302] – veranlaßt, eine psychoanalytische Theorie des Körperbildes und des Körperschemas auszuarbeiten. Auch er setzt die Existenz eines Narzißmus im fötalen und postnatalen Lebensabschnitt voraus: dieser primäre Narzißmus besetzt nach der Geburt, im Verlauf der autoerotischen Phase, die vorherrschenden erogenen Körperzonen. In der ödipalen Phase unterscheidet das Kind sich selbst deutlich von der Außenwelt und gibt der Genitalzone den Vorrang. Es restrukturiert sein Körperbild dann in der Phase des sekundären Narzißmus. Die erogenen Zonen sind die zunächst am stärksten besetzten und spielen bei der Entwicklung des Körperbildes eine bedeutende Rolle.

In gewissem Maße schlagen auch die verschiedenen Arbeiten B. GRUNBERGERS zum Narzißmus-Problem diese Richtung ein, dergemäß die Rudimente des Ich extrem früh im Sinne eines psychischen Geschehens funktionieren. Nach GRUNBERGER existiert der Narzißmus von Anfang an, und gerade zu dieser, dem Menschen eigentümlichen Dimension – einer konfliktlosen Dimension der pränatalen Glückseligkeit – treten die Triebkräfte in Gegensatz, die schrittweise ins Spiel kommen.

Die Theorien zum Narzißmus-Problem, die Widersprüche, die die Entwicklung des FREUDschen Denkens im Zusammenhang mit diesem Begriff zu erkennen geben, und die ungezählten psychoanalytischen Arbeiten, die das psychische Geschehen während der ersten Lebensmonate beschreiben, erschweren es also offenbar, ohne zureichende Reflexion weitläufig dargestellte Thesen zur Entstehung des Ich und zum Grenzgebiet psychischen Lebens aufrechtzuerhalten, das mit dem Einsetzen eines psychischen Geschehens zeitlich zusammenfällt.

Nach FREUD haben nun aber zahlreiche Psychoanalytiker bestimmte Prinzipien zu systematisieren versucht, die ihres Erachtens das psychische Geschehen des Kleinkindes bestimmen, und zwar in dem Bereich, den man seine Vorgeschichte nennen könnte. Als erstes Beispiel wählen wir die Theorie MELANIE KLEINS [196] über die Phantasien des weniger als ein Jahr alten Kindes und erinnern daran, daß ihre Erfahrung in der psychoanalytischen Behandlung von weniger als drei Jahre alten Kindern und ihre Beobachtung von deren symbolischen Spielen sie zur Erweiterung von K. ABRAHAMS [2] Beschreibung der beiden – analen und oralen – Stadien veranlaßten; wir wollen uns insbesondere dem oralsadistischen und dem analsadistischen Stadium zuwenden. Nach MELANIE KLEIN entwickelt das Kind während der zweiten Hälfte des ersten und der ersten Hälfte des zweiten Lebensjahres prägenitale Phantasien von ödipalem Zuschnitt, und zwar hinsichtlich der Mutter, auf die die Triebkonflikte zwischen Lebens- und Todestrieb projiziert werden. Die Mutter wird zum guten oder bösen Partialobjekt, und die gute Brust wird als Äquivalent des Penis aufgefaßt, als Objekt zur Introjektion. Diese kannibalische Introjektion löst durch die ihr zugrundeliegende Aggressivität die Angst aus, von der Mutter zerstört zu werden, die zur bösen Brust wird, die durch Ausstoßung zu zerstören die gesamte in Entwicklung begriffene urethral-anale Machtstellung bestrebt ist. Eben da liegt der Ansatzpunkt für den von MELANIE KLEIN dargestellten *splitting*-Prozeß, der durch die Projektion des bösen Objektes auf die ganze belebte oder leblose Umgebung charakterisiert wird; diese ganze lange Entwicklung wurde später von ihr als »Fixierungspunkt«, als frühe psychotische Position beschrieben, die in ihrer ersten Phase »paranoid« genannt wurde, und zwar aufgrund der Verfolgungsangst im Zusammenhang mit der destruktiven Aggressivität der anal- und oralsadistischen Phasen, die auf die gute Brust projiziert wird; eine spätere, sogenannte depressive Phase schließt sich an, bei der die Erkenntnis der Permanenz des Objektes zur Angst vor seinem Verlust und zum Wunsch, es aufgrund der Aggressivität wiederherzustellen, führt.

In dieser Perspektive existierten also ödipale Tendenzen von eben der Phase an, in der der »Vater in der Mutter«, d. h. der einverleibte Penis, aufgrund der ambivalenten Wünsche des Jungen und des Mädchens zum Rivalitätsobjekt wird. MELANIE KLEIN hat außerdem – und zwar anhand dieser Wünsche und der Triebe, deren Kampf sie direkt wiedergeben – die Abwehrmechanismen beschrieben, für die das *splitting* ein Beleg ist, deren anderer Aspekt jedoch die projektive Identifizierung ist.

Daß MELANIE KLEIN – wie andere Psychoanalytiker – die Ergebnisse einer solchen Phantasmagorie in den psychoanalytischen Spielen von Kleinkindern hat beobachten können, sollte nicht in Zweifel gezogen werden. Die Psychoanalytiker aber, die, in der ihnen wichtigen Sorge um wissenschaftliche Strenge, sich weiterhin genetischen Überlegungen widmen, vermögen sich nur schwer vorzustellen, daß diese Zerstückelungphantasien sich derart früh entwickeln. Im Verein mit RENÉ DIATKINE hat einer der Autoren (LEBOVICI [217]) den Zusammenhang zwischen Zerstückelungs- und Kastrationsphantasien deutlich zu machen versucht.

Die vom Kind in der präobjektalen Phase seiner Beziehungsbildung durchlebte Erfahrung kann sich in der Tat vom Objekt aus entwickeln, wie es in seiner rein funktionalen Bedeutung – als gegenwärtiges oder abwesendes, gutes oder böses Objekt, als gute oder böse Brust – erlebt wurde. Dieser Ansicht sind auch amerikanische Psychoanalytiker – so HARTMANN, KRIS und LÖWENSTEIN – ebenso wie SPITZ.

SUSAN ISAACS [184] geht mehr als MELANIE KLEIN im genetischen Sinne vor; sie stellt Halluzination, Introjektion und Phantasie in ihrer Arbeit mit dem Titel »*On the Nature and Function of Phantasy*« einander völlig gleich und schreibt:

»Wenn auch FREUD nie den Begriff der ›unbewußten Phantasie‹ benutzt, wo er die Introjektion beschreibt, so stimmt sein Denken doch offensichtlich mit unserer Hypothese der Existenz unbewußter Phantasien in der Ursprungsphase des Lebens überein.«

Bekanntlich hat E. GLOVER [153] die KLEINsche Metapsychologie gerade wegen dieser voreiligen Gleichstellung angegriffen und deutlich gemacht, welche theoretischen Gefahren eine solche Verquickung von Trieben und ausgearbeiteten Phantasien birgt. Wir glauben uns in ähnlicher Hinsicht festgelegt zu haben, als wir im vorhergehenden Kapitel zu zeigen versuchten, daß die Halluzination des Objektes und die Halluzination von Lust einander nicht gleichgestellt werden können, wobei die erste Phantasie als mit der Möglichkeit psychischer Handhabung des Objektes zusammenhängend aufgefaßt werden muß, und zwar von dem Augenblick an, wo seine Permanenz, unabhängig vom Bedürfnis und von Frustrationen, erkannt wird.

Diese Überlegungen werden kaum den Geschmack jener Autoren treffen, die das Unbewußte für zeitlos halten: das *wann* der Entstehung psychischer Prozesse ist für sie nicht von Interesse. Wir werden auf diese Auseinandersetzung zurückkommen, die uns wesentlich erscheint und der die KLEIN-Anhänger nicht vollständig ausgewichen sind. MELANIE KLEIN zufolge stehen die prägenitalen Stadien – nach K. ABRAHAM – mit der körperlichen Entwicklung in Zusammenhang; wie wir bereits gesehen haben, macht sie darauf aufmerksam, daß, nach der Saugphase, die Entwicklung der Zähne zum Verlangen, zu beißen, als somatischer Grundlage des oralsadistischen Kannibalismus überleitet, und in dieser Hinsicht machte sie sich eine genetische Perspektive zu eigen, ungeachtet ihrer Naivität.

SUSAN ISAACS zeigt sich da viel radikaler:

»Die Phantasien entstehen gleichwohl nicht aus der entwickelten Erkenntnis der Außenwelt; ihre Quelle liegt im Inneren, in den Triebregungen. Eßhemmungen zum Beispiel, die zuweilen bei sehr kleinen Kindern und sehr viel häufiger nach der Entwöhnung, im Verlauf des zweiten Lebensjahres auftreten, rühren (letztlich) von Ängsten her, die mit ersten oralen Wünschen – mit ihrer gefräßigen Haßliebe – in Zusammenhang stehen: der Angst, das eigentliche Liebesobjekt (durch Beißen, in Stücke reißen und Verschlingen) zu zerstören, nämlich die so wertvolle und so sehr begehrte Brust.«

Unter derartigen Bedingungen werden die Schwierigkeiten offensichtlich gelöst, und S. ISAACS geht soweit zu schreiben, daß die Phantasie lediglich die Folge einer Organreizung, etwa der des Mundes, sei. »Die Phantasien entwickeln sich und werden ausdrucksfähig dank der Erfahrung, ihre Existenz hängt jedoch nicht von dieser Erfahrung ab.«

Die grundlegende methodologische Schwierigkeit liegt hier darin, auszumachen, ob die erlebte Erfahrung – die sich zur Phantasie entwickelt, um die sie lenkenden Triebe zu nutzen – bereits eine Phantasie ist. Ihr den Status einer Phantasie zu geben, heißt tatsächlich, sie in Abrede zu stellen und folglich die Rolle der Historizität für das psychische Geschehen zugleich zu verdrängen. Zu behaupten, daß die oralen Triebe ihre Reizquelle im Umkreis des Mundes hätten, ist eine Hypothese, die, isoliert betrachtet, die Entwicklung auf eines jener Schemata zurückführt, bei denen, im Rahmen einer gegebenen Ordnung, der Akzent einzig und allein auf den Reifungsgrad gelegt wird. Dieser Rahmen würde dann für sich allein die Aufeinanderfolge der Stadien und Phantasien, die seine Geschichte anschaulich machen, festlegen. Das hieße auch vergessen, daß die Dramatik der Phantasie zunächst über die im Bereich unseres Körpers erlebten Konflikte ihren Weg nimmt. Allein die Aufeinanderfolge der erogenen Zonen weist auf die Ordnung hin, in der sich mit mehr oder weniger Genauigkeit die präobjektalen und noch autoerotischen, wenn auch anaklitischen Relationsweisen ablösen, d. h. die in Abhängigkeit stehenden. Diese Abhängigkeit führt auf der Ebene der Autoerotik eine Vorstufe des Objektes ein, d. h. ein Objekt, das lediglich funktionalen Wert hat, dessen narzißtische Implikationen jedoch zur Zeit von Fürsorge und von Körperkontakten – wie beim Fehlen dieser Kontakte – auch eine Rolle für die Entwicklung der Autoerotik und ihrer Phantasie-Bearbeitung spielen.

Mit anderen Worten: wir glauben nicht, daß man sich der Analyse des Verhältnisses von Biologie und Psychologie begeben kann, wenn man die Entwicklung des Kindes verstehen will. FREUD hat den Zeitpunkt, zu dem die Sekundärbearbeitung beginnt, für entscheidend gehalten (»Formulierungen über die zwei Prinzipien des psychischen Geschehens«, 1911 [1920]) und – wie ersichtlich – mehrfach (vor allem in »Zur Einführung des Narzißmus« [124] und »Triebe und Triebschicksale« [127]) auf der maßgebenden Rolle der Abhängigkeit bestanden, die das Kind veranlaßt, der Megalomanie der primärnarzißtischen Besetzung zu entsagen, um das Objekt zu besetzen zu lernen (und es später zu erkennen, wie wir gesagt haben). Daß das Unbewußte bereits früher in Funktion treten kann, scheint uns weniger interessant; denn wir erkennen das Seelenleben nur insoweit, als das Es und das Ich dem Beginn einer Differenzierung unterliegen. Die Stärke der Triebe und ihre Tendenz zu unmittelbarer Verwirklichung werden in der Geschichte des Menschen durch ihre Bearbeitung korrigiert, die unausweichlich das Objekt einführt. Diese Vorstellung scheint uns mit der Erfahrung und der Metapsychologie am besten verträglich; sie läßt uns überdies andere Hypothesen zum Verständnis der KLEINschen Beschreibungen vorschlagen.

Wir haben im vorhergehenden Kapitel gezeigt, daß die Phantasiearbeit den Entwicklungskräften (Niveau des Triebausdrucks), aber auch der zeitlichen Abfolge des präobjektalen Erlebens in Gestalt positiver oder negativer Werte Rechnung tragen, die R. SPITZ als Organisatoren gekennzeichnet hat, wobei – und darauf macht D. WINNICOTT aufmerksam [347] – in dieser Beziehung selbstredend immer die implizit mitgemeinte Eigenart der mütterlichen Fürsorge einbegriffen werden muß, in der sich jedoch der eigentliche Stellenwert der Phantasien der Mutter ausprägt.

Jedenfalls kann das psychische Geschehen, als dessen theoretische Version sich die Metapsychologie versteht, nicht einzig und allein aus der Perspektive der Phantasien analysiert werden. Der Gegensatz von Primär- und Sekundärvorgang, wie er von FREUD im »Entwurf einer Psychologie« skizziert und später im Essay »Formulierungen über die zwei Prinzipien des psychischen Geschehens« bekräftigt wurde, hat letztlich zur Definition der dreigliedrigen Struktur der Psyche (zweite Topik) geführt. Es trifft sich besonders glücklich, daß die modernsten Untersuchungen aus Neurophysiologie (Schlaf und Traum) und Neurochemie (das Netz-System) unsere Befunde hinsichtlich des Primärrahmens des psychischen Geschehens in gewissem Ausmaß bestätigen und uns zur Analyse der Funktionsweise des Es beim Kinde veranlassen.

Wir müssen uns bewußthalten, daß die genetische Untersuchung der Objektbeziehung uns nicht vollständig zufriedenstellt und daß die psychoanalytische Erfahrung selbst wahrscheinlich ergiebiger ist als die direkte Beobachtung. Manche Träume oder Phantasien beim Erwachsenen oder beim Kind weisen uns möglicherweise auf das hin, was die Morgendämmerung des psychischen Lebens zu der Zeit sein muß, da die vollkommene Abhängigkeit des Neugeborenen ihm im Bereich seiner Einheit mit der mütterlichen Fürsorge Lust zu halluzinieren ermöglicht. Es läßt sich vorstellen, daß die Projektion dieses anfänglichen Narzißmus auf den anderen zur Einsetzung eines megalomanischen Ichideals führt. B. GRUNBERGER auf der einen Seite – in zahlreichen Arbeiten über diesen anfänglichen Narzißmus – und E. und J. KESTEMBERG andererseits haben, wenn sie für dieses anfängliche Selbst eine lustvolle Funktionsweise fordern, den Rahmen dieses Geschehens erfaßt. Später zieht sich der Narzißmus auf das Ich zurück und besetzt die erogenen Zonen, von wo aus er auf die Vorstufe des funktionalen Objektes als Quelle anaklitischer Beziehungen projiziert wird. Manche Aspekte davon können, *mutatis mutandis*, in Zuständen psychotischer Desorganisation oder im beziehungslosen Zustand des frühinfantilen Autismus wiederaufgefunden werden.

Diesem System des zerstückelten Objektes, das ein zerstückeltes Ich begründet, das autoerotisch funktioniert und von den verschiedenen Varietäten der projektiven Identifizierung verteidigt wird, folgt die Permanenz des Objektes, die dem Ich seine volle Leistungsfähigkeit, nicht mehr unter dem Zeichen der Ohnmacht, sondern des Schuldgefühls verleiht. Der Angst vor Zerstückelung folgt die Kastrationsangst, während auf die »Ödipisierung« (der Zeit, in der das Verlangen nach der Mutter in der beim Kind üblichen prägenitalen Form auf den als von ihr in Erscheinung und Funktion verschiedenen Vater projiziert wird) die Ödipus-Entwicklung mit ihren unterschiedlichen Identifizierungen folgt (S. LEBOVICI und R. DIATKINE, 1953 [217]).

Wenn der Aufbauwert des Objektes zunächst im Zuge seiner Besetzung (präobjektales Stadium), später im Zuge seiner Wahrnehmung (Objektstadium) erkannt ist, scheint es uns wünschenswert, zugleich die Originalität der FREUDschen Triebanalyse faßbar zu machen.

Hier trägt der ethologische Bezug kaum etwas bei, außer daß er die Appetenzrolle des Köders und die der inneren Auslösemechanismen, wie sie von TINBERGEN [334] und LORENZ [238] untersucht wurden, erhellt. Auch machen vergleichende Anatomie und Physiologie die Bedeutung des Neotenie-Begriffs für das Verständnis der Entwicklung des Kindes und der Folgen seiner Abhängigkeit deutlich.

Die metapsychologische Beschreibung der Triebe ist jedoch auf einer gänzlich anderen und für die psychoanalytische Annäherung und deren energetische Konzeption sehr spezifischen Ebene angesiedelt. In den Texten zur Metapsychologie gilt FREUDS Interesse eher der »Quelle« und dem »Ziel« der Triebe als ihrem Objekt, das er als durchaus kontingent auffaßt. In dieser Hinsicht tritt das Ich als Bewirtschaftungsform der Triebe in Erscheinung, und zwar mittels der Besetzung des Objektes und der Gegenbesetzungen, in denen sich die Triebenergie selbst erschöpft. Aber bei Berücksichtigung des konstanten Reizniveaus, das das Triebsystem charakterisiert, müssen wir, wenn wir der Beschreibung der zweiten Topik treu bleiben wollen, darauf insistieren, daß der Bereich der Psychoanalyse der der »Repräsentanzen« von Trieben ist.

Wenn FREUD schreibt: »Jeder Trieb ist ein Stück Aktivität«, führt er den ökonomischen Standpunkt ein. Ihm zufolge ist es wesentlich, das *Ziel* der Triebe sich bewußtzuhalten: die Befriedigung, d. h. die Suche nach der Aufhebung des Reizzustandes in der Triebquelle. Das Objekt wird lediglich im Verhältnis zum Triebziel definiert:

»Das *Objekt* des Triebes ist dasjenige, an welchem oder durch welches der Trieb sein Ziel erreichen kann. Es ist das variabelste am Triebe, nicht ursprünglich mit ihm verknüpft, sondern ihm nur infolge seiner Eignung zur Ermöglichung der Befriedigung zugeordnet« [127].

Ebenso sind uns die Reizquellen, die in den Bereich der Biologie und nicht in den der psychoanalytischen Psychologie einschlagen, nur hinsichtlich dessen bekannt, was wir über das Triebziel als alleinigen Gegenstand unserer Untersuchung wissen. In dieser ökonomischen Beschreibung ist das Objekt kontingent, und FREUD sprach etwa von narzißtischen Objekten, um das Triebsystem im primären Narzißmus zu definieren, wobei das Ich folglich selbst zum Triebobjekt wurde.

Im Zuge der Analyse dessen, was er die »Eroberung des topisch-ökonomischen Standpunktes und des Triebbegriffes« nennt, schreibt P. RICŒUR [288]:

»Die Preisgabe des ›Objektes‹ als psychologischen Führer wird von FREUD in dem Artikel ›Triebe und Triebschicksale‹ vollzogen, der die früheren Errungenschaften der ›Drei Abhandlungen zur Sexualtheorie‹ thematisiert.

Wenn FREUD den Trieb als einen Grundbegriff setzt, der den empirischen Tatsachen zu einer systematischen Verkettung verhelfen soll, wie es in den experimentellen Wissenschaften geschieht, ist er sich dessen bewußt, sich nicht mehr auf der deskriptiven, sondern auf der systematischen Ebene zu bewegen. Diese Systematisierung impliziert nicht nur Konventionen (Definition von Reiz, Bedürfnis und Befriedigung), sondern Voraussetzungen, an deren erster Stelle wir die Konstanzhypothese finden, d. h. die automatische Regulierung ›durch Empfindungen der Lust-Unlust-Reihe‹, welche die Übereinstimmung von Lust-Unlust-Qualitäten und den ›auf das Seelenleben wirkenden Reizgrößen‹ voraussetzt. Wir befinden uns also auf dem bekannten Terrain der quantitativen Auffassung und haben es seit dem ›Entwurf‹ auch keineswegs verlassen.«

So ergibt es sich, daß das psychoanalytische Verständnis die Dimension der Geschichte und der aus ihr erklärbaren Konflikte einführt, weil die Abhängigkeitsbeziehung zu den Objekten, an denen diese Abhängigkeit sich entwickelt, selbst die sekundäre Funktionsweise hervorbringt, die auf die hypothetische megalomanische Einheit des Primärsystems folgt. Dieses Verständnis macht überdies metapsychologische Begriffe des Unbewußten und der zweiten FREUDschen Topik erforderlich, die die Funktionsweisen der psychischen Instanzen definieren.

So sieht man sich veranlaßt, das Problem des Unbewußten aufzuwerfen; wir wollen uns jedoch von jetzt an nicht mehr die Frage nach dem *warum* seiner Funktion vorlegen; es mag genügen, wenn wir uns auf den Schwerpunkt der Kontroverse um das Problem des *wie* beziehen. Hier muß erneut die Fehde um die Historizität in der Psychoanalyse aufgenommen und – um eine modische Sprache zu benutzen – Stellung zu Fragen genommen werden, die die Theoretiker der Psychoanalyse im Zusammenhang mit Diachronie und Synchronie bewegen.

Die lebhaften Auseinandersetzungen, die auf den Beitrag von E. und J. KESTEMBERG [188] folgten, die Arbeit von J. LAPLANCHE und J.-B. PONTALIS [214] mit dem Titel *»Fantasme originaire, fantasme des origines et origine des fantasmes«*, die *»Écrits«* von J. LACAN [210], die technischen und theoretischen Arbeiten von C. STEIN [325], der die psychoanalytische Erfahrung als inter-subjektive Beziehung beschreibt, die die »Vorhersage der Vergangenheit« ermöglicht, A. GREENS Aufsatz *»La diachronie dans le freudisme«* [159] und der Beitrag von O. FLOURNOY – *»Du symptôme au discours«* [91] –, in dem die Übertragung als historische Rationalisierung der Schwierigkeiten im Zusammenhang mit der intersubjektiven Erfahrung beschrieben wird, berühren sich paradoxerweise wieder mit den experimentellen Arbeiten mancher Mitglieder der sogenannten englischen Schule (SUTHERLAND und EZRIEL [79]), in denen das *hic et nunc* als experimentelle Annäherung an das Unbewußte aufgefaßt wird, für die der historische Bezug sinnlos scheint.

In einer Arbeit eines der Autoren (LEBOVICI [224]), die als Einführungsvortrag beim *»Colloque de la Société psychanalytique de Paris«* zum Problem der Interpretation gehalten wurde, ist deutlich gemacht worden, daß die KLEINsche Deutungstechnik letztlich nur – welches Material die Patienten auch immer beitragen – zu einem »Sie haben Angst, mir dies oder jenes zu sagen . . ., weil« führt. Dieses *weil* verweist immer auf die tiefstliegenden Schichten des Unbewußten, in denen die Angst, das *gute Objekt* zerstört zu haben und durch die innere Präsenz des *bösen Objektes* bestraft zu werden, zum Ausdruck kommt. Solche Deutungen in Objektbegriffen sind im selben Stil überdies von Anhängern der KLEIN-Schule gegeben worden (vgl. H. ROSENFELD, 1955 [291]). Letztlich handelt es sich darum, die erlebte Erfahrung auf den inneren, auf »Objekte« projizierten Kampf der Triebe zurückzuführen. Wir sind hier nicht weit entfernt von der technischen Tendenz, die sich durch die Aufgabe definiert sieht, dem »ausgesprochenen Diskurs« seinen »vollen Sinn« zu geben. Alles verläuft so, als bestünde die Aufgabe des Psychoanalytikers darin, seinem Patienten die Schlüssel für die sein psychisches Geschehen definierenden Strukturen zur Verfügung zu stellen, um ihn sich darin erkennen zu lassen. Wir ermessen daran den Einfluß des zeitgenössischen Strukturalismus, der die Psychoanalyse überflutet hat und sich ganz sicher nicht für die Verkettung erlebter Eindrücke, sondern für das ihnen zugrundeliegende Gesetz interessiert, abgesehen von und ohne Rücksicht auf das Subjekt der Erfahrung.

Wir glauben selbstverständlich, daß Prinzipien existieren, die das psychische Geschehen bestimmen, und wir wissen beispielsweise, daß die Folgen der angesichts des Ödipuskonfliktes eintretenden Triebmischung nicht ausgemacht werden können, ohne dessen Stellenwert als Knotenpunkt in der Organisation des menschlichen Seelenlebens zu kennen. Das Objekt aber hat eine Realität, psychische Realität, wie sie von FREUD definiert wurde; von seiner Abhängigkeit dem Objekt gegenüber getrieben, findet der Säugling sein Verlangen immer unbefriedigt, kann er lediglich seine Aggressivität auf den Vater projizieren; wenn er ein Junge ist, wird er nie seine »Lust« mit der Mutter verwirklichen können. Nicht weniger wahr ist, daß die Besetzung des Kindes seitens der Mutter konstituierender Bestandteil der Realität des Objektes ist. Zweifellos ist die Mutter durch ihre persönliche ödipale Organisation motiviert, bringt sie damit – einem modischen Ausdruck folgend – das »Gesetz des Vaters« ins Spiel. Aber dieser »Schlüssel« ist für die Definition der Objekt-Transaktion einer jeden Lebensperiode unzureichend, und es sollte nicht vergessen werden, daß FREUD darauf aufmerksam machte, daß einzig und allein die mütterliche Liebe ohne Ambivalenz sein kann. Man möge aber nicht darüber in Erstaunen geraten, daß die Kastrationsangst nicht fehlt und auch nicht ausbleiben kann, selbst wenn das Kind die Kastrationsdrohung nicht erfahren hat. Kinderpsychiater wissen jedoch, was Charakter und Verhalten der Eltern in dieser Entwicklung ins Spiel bringen.

Es ist zweifellos unerläßlich, daran zu erinnern, daß FREUD mehrfach auf die uns Gewalt antuende Erbschaft hingewiesen hat. Er sieht in ihr die Folge der ersten Konfliktbewältigung der Menschheit (die Ermordung des Vaters der Urhorde in »Totem und Tabu« [121]); er hat sie im Rätsel des »Wolfsmannes« [130] untersucht und in den *»Essais de psychanalyse«* [136] erneut bestätigt, als er das Über-Ich zum eigentlichen Ausdruck der Projektion unseres Todestriebes erklärte und diese Vorstellung durch die Beschreibung der primären Identifizierung rechtfertigte, mittels derer das Kind, vor jeder Erfahrung des Objektes, gerade die Eigenschaften des väterlichen und mütterlichen Objektes introjiziert.

Diese theoretischen Tendenzen ergeben einen FREUDschen Nachlaß, den mit Schweigen zu übergehen unehrlich wäre, selbst wenn die erblichen mnemonischen Spuren für ihn eine vorläufige Hypothese haben abgeben können, die lediglich als letztes Mittel angewendet werden sollte. Die phylogenetische Erbschaft schließt die Möglichkeiten der Anpassung an die Realität nicht aus; das ist im übrigen auch die These von LORENZ, wenn er »Angeborenes und Erworbenes« definiert und den Radikalismus des amerikanischen Behaviourismus kritisiert [238].

Wir sollten uns jedenfalls eingestehen, daß die überwältigende Mehrheit der psychoanalytischen Beiträge von theoretischem Zuschnitt uns das kindliche Seelenleben gerade dank der Rekonstruktion in Erwachsenenbehandlungen verstehen läßt und daß ihnen systematisch nichts entgegengehalten werden kann, was sie, angesichts unserer Erkenntnisse zur Entwicklung, widerlegte. FREUD hatte im Jahre 1914 vorgeschlagen, zwischen »Erinnern, Wiederholen und Durcharbeiten«

[125] zu unterscheiden. Wenn wir wissen, daß die Befunde der Konstruktion in der Psychoanalyse das Ergebnis der Übertragungsarbeit sind, können wir sie als für das Verständnis des kindlichen Seelenlebens nützliche Beiträge auffassen. Als Beispiel sei ein Vergleich der ödipalen Entwicklung beim Jungen und beim Mädchen gewählt. FREUD hatte zunächst die einfachste, die des Jungen beschrieben, die ihn bei seinem Verlangen nach der Mutter und bei seiner Ambivalenz dem Vater gegenüber sich mit ihm zu identifizieren treibt, wobei das Über-Ich gegen Ende dieser Entwicklung die Verbote lenkt, die sich in der Kastrationsangst verdichten. Umgekehrt läßt die Feststellung der Kastration das Mädchen nach der phallischen Phase, die durch die Klitorismasturbation nur unzureichend gefördert wurde, sich von der Mutter abwenden und Verlangen nach dem Vater verspüren. Deshalb sei die Kastrationsangst beim Jungen das Ergebnis der ödipalen Entwicklung, während beim Mädchen diese Entwicklung durch die Feststellung der Kastration ausgelöst werde. FREUD schätzte gegen Ende seines Lebens (»Die endliche und die unendliche Analyse«, 1937 [146]) die Tragweite der negativen oder inversen ödipalen Tendenzen ab und kam zu der Ansicht, daß der Mann niemals seine Passivität, die Frau niemals ihre Kastration vollständig akzeptiere. In der Tat läßt uns die psychoanalytische Behandlung von Erwachsenen mit der Permanenz dieser Phantasien auseinandersetzen, die man als Bearbeitung erlebter Eindrücke auffassen muß, und es sollte berücksichtigt werden, daß zahlreiche Frauen die *Kastration wirklich erlebt haben.* Auch die Analerotik, die sich im Zuge der kindlichen Entwicklung direkt beobachten läßt, bildet häufig eine Quelle libidinöser Fixierung, die beim Jungen durch diese invertierten ödipalen Strebungen gespeist wird. Die hier phantasierte weibliche Position wird als Möglichkeit der Befriedigung oder der Gefahr erlebt, vom Vater durchdrungen zu werden; sie kann auch die Phantasie der Erschleichung des väterlichen Penis enthalten, die manche Autoren als sehr bedeutsam für die ödipale Organisation und die weibliche Sexualität erachten (J. CHASSEGUET-SMIRGEL [52]). Die Mannigfaltigkeit der Phantasien im Verlauf von Erwachsenenbehandlungen erfordert im Zusammenhang mit diesem Beispiel mehrere Überlegungen.

1. Die analen Fixierungen und die daraus resultierende Analerotik können offensichtlich von Traumen begünstigt worden sein. Der Wolfsmann hatte möglicherweise einem elterlichen Koitus *more ferarum* oder einem Koitus von Schafen aus den Herden seines Vaters beigewohnt.

2. Wir haben in unserer Analyse des psychischen Traumas zeigen wollen, daß gerade der Wolfstraum das eigentliche Trauma bildet, das zweite und das wahre, das aufgrund schwer abzuschätzende Eindrücke wiederbearbeitet wird.

3. Jedenfalls war die Analerotik durch Regressionen, die durch ödipale Schuldgefühle ausgelöst wurden (Voyeurismus), und durch die von ihnen bestimmte Kastrationsangst begünstigt worden (Organisation der Wolfsphobie, zu der die Bösartigkeit der älteren Schwester des kleinen Jungen und die vom Großvater erzählten Märchen beitrugen). Die Wolfsphobie förderte ebenso das Schicksal der analen Passivität, wenn sie auch den Wunsch, vom Vater beschützt zu werden, und die Erotisierung dieses Wunsches nach sich zog, der in den anderen überging, vom Vater durchdrungen zu werden, um sich gegen die Beschwörung des phobo-

genen Objektes, den Wolf, zu schützen. Die Analerotik fand ihre inneren Grenzen in der Stuhlentleerung, die ihre Befriedigung verwehrte und die Amme in die Szene einführte, die zwar begehrt worden war, aber die Masturbation untersagt und mit Kastration gedroht hatte.

4. Gerade die Phantasien des Wolfsmannes ermöglichen also diese Konstruktion. Der Traum aber, ein wiederholter Traum, datierte in die Kindheit und erwies die Bedeutung, die die analen Fixierungen damals gehabt hatten. In einer Arbeit eines der Autoren (LEBOVICI, 1965 [228]; zusammen mit L. KREISLER) über *»L'homosexualité chez l'enfant«* haben wir gezeigt, daß die Analerotik ein Schnittpunkt ist, der eine wesentliche Rolle für die Entwicklung spielt und in dem sich die entmischte Aggressivität auf der analen Ebene der Entwicklung libidinöser Positionen ausprägt. Wenn sich dann phobische Positionen herausbilden, hat man allen Grund, die Entstehung von Reaktionsbildungen und eventueller phobisch-zwanghafter Symptome vorherzusehen. Wenn sich umgekehrt diese Aggressivität mit Libido mischt, kann die Analerotik zur Quelle hartnäckiger homosexueller Wünsche werden.

Mit anderen Worten: wir werden angesichts dieses typischen Beispiels des Wolfsmannes [130] Zeuge, auf welche Weise die drei von uns untersuchten psychoanalytischen Werkzeuge ein besseres Verständnis des Kindes ermöglichen.

1. Die Erwachsenenbehandlung macht deutlich, wie die Eindrücke bearbeitet werden und mittels welcher Veränderungen deren Konsequenzen zustandekommen.

2. Die Analyse des Kindheitstraumes ermöglicht es, den Mechanismus der Entwicklung von Reaktionsbildungen zu erfassen, d. h. von Charakterzügen und Symptomen.

3. Die Beobachtung macht die Rolle verständlich, die die Umgebung für diese verschiedenen Organisationen spielt.

All das fordert uns also auf, die Ergebnisse psychoanalytischer Erfahrung ohne Einschränkung – oder wenigstens in den Grenzen ihres Rekonstruktionswertes – hinzunehmen.

Wie die aktuellen Arbeiten zum Traum oder manche auf Beobachtung gestützte Analysen deutlich machen, wird, was noch vor einigen Jahren erstaunlich oder unannehmbar erschien, zunehmend akzeptabel. Für diese Entwicklung unseres Erkenntnisstandes hier ein Beispiel: J.-D. CALL [51] macht bei der Untersuchung des Annäherungsverhaltens des Säuglings beim Stillen deutlich, daß er hinsichtlich der spezifischen Stillweise der Mutter zu Antizipation und Anpassung in der Lage ist: »Alle Arten von Hand-Mund-Aktivitäten treten beim Säugling wie Bestandteile eines angeborenen Verhaltens in Erscheinung, und zwar noch vor jeder Art von äußerer Stimulierung.« Nach CALL kann bereits der zwei Tage alte Säugling das Objekt identifizieren, erinnern und halluzinieren,

»sowohl vor dem Stillen, wenn die Triebtendenz das Saugbedürfnis steigert und die von der das Kind haltenden Mutter ausgehenden Anzeichen das Erscheinen des Objektes aus der Richtung der Außenwelt signalisieren, als auch bei Unterbrechüng des Stillens.«

Wenn wir also zugeben, daß manche halsbrecherischen Theorien zur Entwicklung des Kindes eines Tages vielleicht bestätigt werden, so deshalb, um all jenen recht zu geben, die auf der Bedeutung der Rekonstruktion in der Psychoanalyse bestehen. Nunmehr muß jedoch zu präzisieren versucht werden, was diese Rekonstruktion ist, und das heißt die Dimension der Zeit in die Erfahrung einführen und die Auseinandersetzung über das Verhältnis zwischen Struktur und Geschichte erhellen.

Die Kritiker ontogenetischer Positionen erinnern mit Recht daran, daß *ursprünglich* [*primitif*] und *uranfänglich* [*primordial*] nicht zusammenfließen dürfen; daher der Einfall von LAPLANCHE und PONTALIS, »Urszene« mit *scène primordial* und nicht *scène primitive* wiederzugeben, was übrigens der *primal scene* der englischen Übersetzungen FREUDS entspricht.

ANDRÉ GREEN [159] macht darauf aufmerksam,

> »daß ein solches [ontogenetisches] Vorgehen schließlich immer darauf hinausläuft, die (älteste) orale Fixierung für alle Leiden verantwortlich zu machen und die Bedeutung der Fixierungen in späteren Phasen für nichtig zu erklären, womit allen Verwicklungen in Klinik und Theorie Tür und Tor geöffnet ist.«

Und er erinnert an die Formulierungen eines Briefes von FREUD an MARIE BONAPARTE von 1926, in dem er frühere Prototypen der Kastration, Geburt, Entwöhnung und Sphinkterdressur über den Haufen wirft. Genauer: er ordnet deren Tragweite der Kastration unter, die ihnen gleichwohl nachfolgt. »Denn einzig und allein der Penis ist Träger der gewaltigen narzißtischen Besetzung ...«

Wir stimmen mit GREEN darin überein, von der üblichen Neubearbeitung der Phantasien im Zuge oder im Gefolge der ödipalen Kernentwicklung zu sprechen; die konkrete Arbeit des Psychoanalytikers besteht jedoch darin, deren Zusammenhang mit anderen, prägenitalen Phantasien zu erfassen, wenn er nicht mechanisch interpretieren will. Gerade die Modalitäten dieses Zusammenhanges bestimmen und spezifizieren das Schicksal und folglich die Geschichte des Individuums. Jeder Patient – Kind oder Erwachsener – macht uns die Verbindung zwischen seiner Geschichte einerseits und den Fixierungen und Regressionen andererseits deutlich, die bestimmte Funktionsweisen des psychischen Geschehens charakterisieren. Überdies beziehen wir uns da nicht auf eine Anwendung des Gesetzes der Entwicklung der aufeinanderfolgenden libidinösen Stadien, denn das hieße an einen anderen Wechselrahmen appellieren; wir haben gesehen, daß die oralen Fixierungen in der Tat manche Unlust der analen Entwicklungsphase widerspiegeln können.

FREUD selbst hatte in »Hemmung, Symptom und Angst« [140] aus dem Jahre 1927 die historischen Prototypen der Kastrationsangst hervorgehoben, nämlich der Angst vor Objekt- und Liebesverlust. Es ist unbestreitbar, daß der Ödipuskomplex eine andere, wenn auch ideelle und instabile Ordnung ins Spiel bringt (vgl. den Beitrag von C. LUQUET-PARAT [240] zur Ödipussituation). Seine Ungewißheit verleiht ihm die Bedeutung einer neuen, für den Menschen spezifischen Ordnung, dessen dramatische Geschichte die Veränderungen widerspiegelt.
M.-C. und E. ORTIGUES verfechten in ihrem *»Œdipe africain«* [262] eine entge-

gengesetzte Theorie. Sie geben zunächst zu, daß ihre klinische Erfahrung im Senegal die FREUDsche Theorie der Universalität des Ödipuskomplexes bestätigt. Aber zugleich legen sie Auffassungen dar, die sich auf LACANS These zur Entstehung des Ödipuskomplexes berufen und die wir hier diskutieren wollen. Tatsächlich glauben die Autoren – wie MALINOWSKI [242] und PARIN und MORGENTHALER [264] – nicht, daß die sozialen Institutionen zur ödipalen Triebmischung beitragen. Im Gesamtkomplex der afrikanischen Gesellschaften beschützt das Tabu die Schwester, und die Rolle des Vaters wird vom Onkel mütterlicherseits übernommen. PARIN und MORGENTHALER sind der Ansicht, daß die Bedeutung des Lebens in Gruppen den Ödipuskomplex auf die Altersgruppe verteilt (Schwester und »älterer Bruder«, der die Rolle eines Über-Ich spielt).

M.-C. und E. ORTIGUES verwerfen jede genetische Analyse und legen dar, daß die ödipale Beziehung als einziger Urheber des Ödipuskomplexes vier – und nicht drei – Personen gegeneinanderstellt, denn der Vater hat eine Doppelrolle, die des erzeugenden und die des phallischen Vaters, er ist Träger des Verlangens nach der Mutter und Gesetzgeber. Auf eben dieser Ebene symbolischer Tauschakte bildet und strukturiert sich der Ödipuskomplex, wobei das Kind sich mit dem Phallus als Objekt des Verlangens nach der Mutter identifiziert. Die »Filiationsbeziehung« ist für die ödipale Dimension bezeichnend, sie ist im Bereich der Neurose angesiedelt. (Die Psychose neigt dazu, den Verwandtschaftsbereich in Frage zu stellen, d. h. der Signifikant des Vaters ist von den Quellen der Symbolisierung ausgeschlossen, daher die Unmöglichkeit sozialen Lebens).

Nach M.-C. und E. ORTIGUES ändert die »masturbatorische« Version des Mythos nichts daran.

»Wenn an die Stelle eines weiblichen Ahnen ein männlicher Ahne gesetzt wird, stößt man auf die gleiche Notwendigkeit. Der Umstand, mit einem Zeugungsorgan ausgerüstet zu sein, hat Adam nicht davon entbunden, außerhalb seiner selbst auf den gleichen symbolischen Phallus zu stoßen, die ›Rippe‹, aus der Gott die Mutter der Menschen schuf. Besser gesagt, in beiden Fällen tritt der Phallus zunächst im Zusammenhang mit der Frau in Erscheinung, und das begründet für das Subjekt die im anderen auftretende symbolische Schuld. Die Symbolik der Kastration ist ebenso universell wie das Inzestverbot, handelt es sich doch in beiden Fällen um dasselbe: das Zeugungsorgan ist individueller Willkür entzogen, es ist von Anfang an durch eine Bündnis-Schuld gekennzeichnet, und gerade im anderen, in der Frau, erkennt das Subjekt seine eigene Schuld.«

Dieser Zusammenhang veranlaßt M.-C. und E. ORTIGUES, die These MALINOWSKIS zu diskutieren, derzufolge die Tobriand-Insulaner die Rolle des Vaters bei der Zeugung nicht kennen, weil der »Name des Vaters« nicht der des Erzeugers ist, sondern der Name dessen,

»der, im Verhältnis eines jeden zu seinem eigenen Ursprung, nur an der Autorität seiner Sprache und seines Treueschwurs erkannt werden kann.«

Wenn sich diese These damit zufriedengäbe, die ödipale Beziehung in ihrer entwickelten Form zu definieren, hätten wir die Genugtuung einer überzeugenden Beschreibung; bedauerlicherweise wird dabei die Sprache mit einem Gewicht ins

Spiel gebracht, das sie wesensgleich mit der beschriebenen ödipalen Organisation erscheinen läßt:

»Angesichts des Kindes fühlt die gesamte Gesellschaft sich von der Frage betroffen: ›Wer bin ich? Wer bist du?‹ Niemand kann sagen, wer er ist, ohne eine bestimmte Auswahl unter den von der Sprache vorgegebenen logischen Möglichkeiten zu treffen: er kann sich als Sohn oder Tochter, Gatte oder Gattin, Vater oder Mutter usw. erkennen. Das Inzestverbot ist ein Korrollarium der Logik der vom Sprachreglement auferlegten Alternativen; in einem Benennungssystem muß die Wahl bestimmter Kombinationen andere untersagen ...«

Diese These scheint uns, selbst wenn sie strukturalistische Theorien widerspiegelt, aus mehreren Gründen unannehmbar.

1. Die Beschreibung des entwickelten Ödipuskomplexes fügt der FREUDschen Theorie nichts hinzu, denn das Über-Ich ist die dem Vater zuerkannte Autorität, dem die narzißtische Idealisierung die phallische Funktion verleiht, die ihrerseits noch zu den aggressiven Projektionen hinzukommt, die die Strenge des Über-Ichs zum Ausdruck bringen und sich auf diesem Entwicklungsniveau in Gestalt der Kastrationsangst entfalten.

2. Bei dieser Beschreibung läßt nichts auf das Gewicht der Triebe schließen; d. h. auf das der *organisierenden Kräfte,* deren Repräsentanz und Mischung die Formen des Ich organisieren, um es, insbesondere zur Zeit der Ödipussituation, zu einem neuen Organisationskern zu machen. Phylogenetisch und ontogenetisch charakterisiert, definiert ihr Mischungsverhältnis das psychische Geschehen auf dieser Ebene.

3. Diese Beschreibung der Rolle der Sprache hat nichts mit der von FREUD gegebenen zu schaffen. Zugegeben sei, daß es sich um eine Gegebenheit handelt, aus der Kind und Mann zugunsten ihrer Bedürfnisse Vorteil ziehen können (Welt des Signifikanten); die Beziehung zum anderen, zur Welt des Präobjektes und der Objekte ist jedoch nicht wesensgleich mit der Sprache, wie FREUD selbst sein gesamtes Werk hindurch sehr wohl gesehen und geschrieben hat. Der Zugang zu den Sekundärprozessen überträgt eine »kleine Besetzungsmenge« auf die Welt der Wörter. So können die Phantasien zu Stützpunkten unseres Seelenlebens werden und die Triebrepräsentanzen ausbilden.

4. Damit ist alles in die Wege geleitet, damit die Institution der Sprache von Beginn der semantischen Kommunikation an sich der ausgearbeiteten Formen unserer Wünsche annimmt, die die Welt der Triebe der Realität des internalisierten Objektes gegenüberstellt – internalisiert, weil wiedererkannt und halluziniert.

5. Daß die Sprache sich im Verhältnis zu Gesetzen hat entwickeln können, die ödipale Verbote sind, ist eine Hypothese, die unsere analytische Erfahrung allein nicht zu verfechten erlaubt. Sie muß an die Linguisten und Ethnologen verwiesen werden, wenn die sie für richtig halten.

6. Es sei nur soviel gesagt, daß die Entstehung des Ödipuskomplexes mit der Verteilung der Triebrepräsentanzen zusammenhängt und daß seine Universalität auf der Abhängigkeit des menschlichen Kindes beruht. In dem Augenblick, wo die Einsicht entstehen kann, daß das Verlangen nach der Mutter sowohl vom Kind wie vom Vater geteilt wird, führt die Ödipisierung zur ödipalen Organisation. Der

Vater wird für den Jungen zum Repräsentanten des Gesetzes, und wir wollen gern zugeben, daß die von der Sprache angebotenen logischen Möglichkeiten zur Strukturierung der ödipalen Phantasien beitragen, aber nicht mehr.

Wir selbst haben weiter oben die KLEINsche Theorie diskutiert und gezeigt, daß sie unausweichlich zur Beschwörung des »Ältesten« führt, der ambivalenten Introjektion des Partialobjektes, d. h. der frühesten Beziehungen zur Mutter.

Nun können aber Argumente dieses Zuschnitts, die manche Psychoanalytiker gegen eine diachronische Auffassung ins Feld führen, gegen sie selbst gewendet werden. Sie sind letztlich der Ansicht, die psychoanalytische Erfahrung bestehe darin, die Ordnung oder die Geschichte dieser Strukturen zu entschlüsseln. »Wir lehren das Subjekt, sein Unbewußtes als seine Geschichte zu erkennen, das heißt, wir helfen ihm, die geschichtliche Aktualisierung der Tatsachen zu vollenden, die im Laufe seines Lebens eine gewisse Zahl von historischen »Wendepunkten« bestimmt haben. Aber wenn sie diese Rolle gespielt haben, so waren sie selbst bereits geschichtliche Tatsachen und das bedeutet: in einem bestimmten Sinn anerkannt oder einer bestimmten Ordnung entsprechend zensiert.«

So drückte sich etwa J. LACAN [209] im Jahre 1953 aus, zu einem Zeitpunkt, als sein strukturalistisches Denken erst andeutungsweise in Hinsicht auf die hier in Rede stehende *Ordnung* durchzuscheinen begann.

Diese Ordnung halten manche Autoren, weniger systematisch als LACAN, für die Gewichtigkeit der phylogenetischen Erbschaft, zu der FREUD verschiedentlich im »Wolfsmann« [130] und in den *»Essais de Psychanalyse«* [134] Stellung genommen hat, und zwar im Zusammenhang mit dem Todestrieb als Stütze des Über-Ich und des Ideal-Ich, das den Menschen mittels narzißtischer Projektionen mit seiner Gattung verkette.

Eben deshalb nimmt A. GREEN in seiner von uns bereits erwähnten Arbeit die Unterscheidung von Bedürfnis und Wunsch wieder auf, und eben deshalb kritisiert er erneut die genetische Perspektive:

»Die strikte ontogenetische Perspektive geht häufig, wenn nicht immer mit einer biologischen Perspektive einher, der nämlich, sich vom Boden der ersten Bedürfnisse aus zu bemühen, die allmähliche Genese einer Entwicklung in Richtung auf das Seelenleben zu erklären. Diesem Vorgehen scheint uns, wenn es als grundlegendes Modell aufgefaßt wird, der Geist des FREUDschen Werkes zu widersprechen.«

Wirklich bringt GREEN, wenn er vorschlägt, daß »das, was die Nichtbefriedigung des Bedürfnisses hervorbringt, nicht durch die Bedürfnisbefriedigung aufgehoben wird«, die Vorstellung zweier »verschiedener Ordnungen« ins Spiel.

»Mit der Bewegung, durch die ein von der Nichtbefriedigung des Bedürfnisses hervorgebrachter Impuls gesetzt wird, eröffnet sich eine sie begleitende Sphäre, weil letztere, um wahrgenommen zu werden, durch die Vermittlung von Zeichen dargestellt werden muß: Schreie, Tränen, Unruhe. Irgend etwas im Bereich des Signifikanten widersetzt sich dem. Die unmittelbare Erfahrung unterscheidet sie nicht, insoweit sie miteinander verschmolzen auftreten; tatsächlich aber bilden sie zwei gegeneinander heterogene Bereiche und haben verschiedene Schicksale. Während die Reaktion, die das Bedürfnis stillt, es verschwinden macht, haben die Zeichen ihrerseits eine gänzlich andere Zukunft, sie werden vom anderen mit Sinn erfüllt.«

Diese Überlegungen sind vollkommen annehmbar, und wenn man es sich auch anzuerkennen schuldig ist, daß der Bereich der Psychoanalyse der des Wunsches ist, führt das doch nicht dazu, die These zu entwerten, derzufolge das Bedürfnis dem Wunsch vorausgeht.

Der Kernpunkt der Auseinandersetzung liegt also darin, das Gewicht von Zeit und Dauer in der psychischen Organisation zu erfassen und die Zeitlosigkeit des Unbewußten zu diskutieren. In seinem Kommentar zu diesem Problemkreis bezieht sich ANDRÉ GREEN zunächst auf die Unzerstörbarkeit des Wunsches, versucht er zu zeigen, auf welche Weise man von Zeitlosigkeit sprechen kann, wenn man die Vermittlung der »aktualisierenden Temporalisierung« anerkennt. Weil die »Aktualisierung schöpferisch« ist, weist er die Vorstellung zurück, daß man von einer abstrakten Transzendenz, einem *Fatum,* sprechen könne. »So ist die Zeitlosigkeit ein Begriff, dem seine Festigkeit daraus erwächst, daß er dem Problem des Vergehens und der Zerstörung durch die Zeit ebenso ausweicht wie dem des Wiedererscheinens und der Schöpfung durch die Zeit.« A. GREEN macht dieses »Überdauern« zum Angelpunkt des Widerstandes gegen die analytische Behandlung und die Auslöschungsweigerung zum Ursprung des Widerstandes gegen die Entwicklung der signifikanten Organisation. Das Ergebnis dieser Entwicklung ist das folgende:

»Man sieht mithin, daß man selbst in diesem Überdauern des Unbewußten, das die Frage der zeitlosen Zeitlichkeit des Unbewußten zurückweist, wieder auf eine semantische Kategorie trifft, die nicht mehr mit dem gewohnten Modell der Zeitlichkeit konfrontiert ist, weil das, was hier überdauert, in seinem Wunsch lediglich seiner Abschaffung durch seine Trennung, seinem Bruch mit dem Sein zu dienen scheint. Außerdem wird ersichtlich, daß jede Diskussion über den Begriff des Unbewußten lediglich Fortschritte erzielt, wenn sie die Dialektik von Lebens- und Todestrieben ausspielt.«

Wir glauben gerade diesen Standpunkt nicht teilen zu können. Wir kennen vom Unbewußten letztlich nur einige Funktionsweisen. Bekanntlich setzte die erste Topik, wie sie in den metapsychologischen Erwägungen über den Traum beschrieben wurde, Unbewußtes, Vorbewußtes und Bewußtes einander gegenüber, während die zweite, in den *»Essais de Psychanalyse«* [135] ausformulierte Topik ein unbewußtes Geschehen auf der Ebene von Es, Ich und Über-Ich beschrieb. Mit anderen Worten: wir werden niemals das Es erkennen, sondern lediglich die Abkömmlinge des Unbewußten, die sich in der Funktionsweise des Ich auswirken. Daß die Primärprozesse zu bestimmten Augenblicken zum Ausdruck kommen und daß sie uns lehren, uns mit einer anderen Sprechweise vertraut zu machen, deren charakteristische Merkmale, wie Verdichtung und Symbolisierung, auch vom Traum als Arbeitsweisen verwendet werden, das ist für den Psychoanalytiker geradezu evident. Diese Sprache ist zweifellos die des Unbewußten, die in der Tat unseren gewohnten Denkweisen und ihren Kategorien von Kausalität, Negation, Raum und Zeit ausweicht. Sie ist eine Funktionsweise, mit der wir uns vertraut machen müssen und die unser Seelenleben in seinen tiefsten Schichten beherrscht. Die Dauer prägt sich in jedem Augenblick unseres Lebens in den Bestand von mnemonischen Spuren mit ihrem Besetzungsbetrag ein, der sich im Bearbeitungsvorgang davon abspalten kann. Dank der Sekundärarbeit kann das Denken, mit dem wir uns im Handeln konfrontiert sehen, als Arbeit von umgeformten Trieben aufgefaßt werden, dahingehend, daß es einen kleinen Teil der damit verbundenen Energie an die Besetzung ihrer Repräsentanzen abgibt.

Diese sehr allgemein gehaltene Theorie legt einige Schlußfolgerungen nahe, die wir hier, wenn auch ein wenig dogmatisch, nicht vorzulegen zögern, um uns nicht hinter einer schwer zugänglichen Sprache zu verstecken, wie man sie zuweilen gern benutzt, um beim Leser den Eindruck der »Bemühung um Aufdeckung des Unbewußten« zu erzielen.

1. Wir kennen, selbst unter günstigsten Umständen, vom Unbewußten lediglich bestimmte seiner Abkömmlinge, die uns seine Funktionsweise andeuten. Der Traum bleibt in dieser Hinsicht der »Königsweg«, um dahin vorzudringen.

2. Das Unbewußte ist nur anhand der Funktionsweise des Ich erkennbar, das sich aus dem Es herausdifferenziert[12].

3. Die Kategorie der individuellen Geschichte ist in Gestalt energiegeladener mnemonischer Spuren aufgezeichnet.

4. Das Unbewußte funktioniert außerhalb von Zeit und Raum. Die Aufzeichnung aller dieser mnemonischen Spuren könnte es nicht nur als Ursprung vorstellbar machen, als Spitze eines Kegels, dessen Entwicklung die des Seelenlebens wäre, sondern auch als unendliches Netz, so gestaltet, daß es keinen Raum einnimmt und sich zugleich doch unendlich ausbreiten kann, wie wenn seine unzähligen Maschen alles, was sich darbietet, zurückzuhalten und nachzugeben vermöchten, um manche Fänge entwischen zu lassen, die gleichwohl ihre Spuren hinterlassen, indem sie die Textur dieser Maschen selbst veränderten.

5. Das Unbewußte hat seine paradoxen und spezifischen Funktionsgesetze. Sie stehen offenbar denen der Linguistik nahe[13]. Wir sehen insofern nicht sehr deutlich. Ihre Originalität scheint uns der Analyse würdig, die Aufgabe des Psychoanalytikers ist.

6. Die Funktionsweise ist *offensichtlich* eine *Ordnung*, d. h. eine phylogenetische Gegebenheit oder Erbschaft. Man braucht hier nicht unbedingt an den Mythos des Anteils der Geschichte unserer Ahnen zu glauben. Das Problem besteht keinesfalls darin, diese Hypothese in Frage zu stellen, die manche zufriedenstellen und anderen unbrauchbar erscheinen mag. Es reicht hin zu erkennen, daß *jede Funktionsweise lebender Organismen* – und zweifellos auch das menschliche Seelenleben – im wesentlichen durch die Linien ihrer inneren Entwicklung definiert wird, die der Freiheit des einzelnen bedauerlicherweise wenig Spielraum lassen. Es ist nicht Aufgabe von uns Psychoanalytikern, dieses Warum zu begreifen.

7. Das Wie der Funktionsweise des Unbewußten wird nicht durch eine Analyse seiner Zeitlosigkeit zugänglich gemacht. FREUD hatte – daran sei erinnert – auf der Bedeutung von Grenzbegriffen zwischen Biologie und Psychologie bestanden, um das Triebgeschehen zu beschreiben, und man kann für das Verständnis des Wie des Unbewußten das Spiel der in Bewegung gesetzten Kräfte, die Triebpräsen-

[12] HARTMANN, KRIS und LÖWENSTEIN sind der Ansicht, daß Es und Ich sich gleichzeitig aus einem Zustand anfänglicher Nichtdifferenziertheit entwickeln.

[13] Hätten nicht gerade die Linguisten von diesen Funktionsgesetzen des Unbewußten zu lernen?

tanzen mit kleinem Besetzungsbetrag und die Energie verbrauchende Arbeit der Instanzen nicht außer acht lassen. Das Lust- und das Realitätsprinzip (ebenso das Nirwana-Prinzip) sind verschiedene Anwendungsformen der Regel, die die Funktionsweise des Unbewußten durch die Richtschnur der Unlustvermeidung (oder des geringsten Energieaufwandes) definiert.

So wird das Unbewußte, das wir nur vermittels seiner Abkömmlinge erfassen, durch bestimmte Funktionsprinzipien gelenkt, die wir zu beschreiben imstande sind und die es den Wechselfällen der Außenreize entziehen, seien sie durch Zeit und Raum oder Konsumtionsquellen gegliedert, was nicht besagen will, daß der Inhalt der dort ablaufenden Prozesse unabhängig von der individuellen Geschichte ist, die zunächst auf die Basis biologischer Erfordernisse gegründet ist und in den sie enthüllenden Phantasien ausgearbeitet wird.

Man wird uns zweifellos einwenden, daß sie sie begründen und daß das Unbewußte lediglich durch das aufgedeckt wird, was der andere davon wahrnimmt:

»Zwang der Diachronie in Hinsicht darauf, daß nichts den fortschreitenden Weg der Existenz von der Geburt bis zum Tode, von den Lebensbedingungen des Kindes bis zu denen des mehr oder weniger metaphorisch übernommenen Elternteils faktisch umkehren kann. Es bedarf zweifellos mehr als einer Operation, damit das Abreißen der Maske nicht eine andere Maske aufdeckt. Wenn auch die Hoffnung illusorisch ist, jemals auf das wahre Gesicht der Wahrheit zu stoßen, so wird die Überraschung, mit der das Zeichen einer solchen Begegnung sich zu erkennen gibt, bei einer dieser Etappen auf einen Spiegel treffen, der das Subjekt anblickt.«

Soweit das abschließende Ergebnis der Arbeit von GREEN [160]. Es ist ein anderer bildlicher Ausdruck für diese Spiegelmetapher, die den Strukturalisten so lieb ist und die These von M. FOUCAULT in *»Les mots et les choses«* [90] veranschaulicht, wo VELÁZQUEZ' Bild *»Las Meninas«* [Gruppenbildnis der Infantin Margherita mit ihren Hofdamen] in seiner Anordnung im Verhältnis zur – unsichtbaren – Ordnung des königlichen Paares beschrieben wird. Sie spielt auch auf jene Hypothese an, daß jede auf dem Material unserer Patienten basierende psychoanalytische Erkenntnis letztlich nur das Ergebnis unserer *Konstruktion* der unbewußten Phantasien ist, die deren Unterbau bilden.

Richtig ist, daß, als FREUD 1914 von *Erinnern, Wiederholen* und *Durcharbeiten* sprach, dieser letzte Begriff den der *Konstruktionen* in der Psychoanalyse (1937) einführte. Bei der Prüfung des konstruktiven Wertes der Psychoanalyse zog FREUD es vor, von deutender Konstruktion zu sprechen; man täusche sich jedoch nicht über den Sinn dieser Nuance. Im Zusammenhang mit dem Stellenwert einer negativen Antwort auf eine Deutung hob FREUD hervor, daß sie nicht den einer Ablehnung, sondern den einer Negation habe, die er erläutert hatte, indem er sich auf die Funktionsweise des Unbewußten bezog, die sich lediglich durch die von ihr bewirkte Deformation zu erkennen gibt. Die *Neuorientierung* des im weiteren Verlauf auftauchenden Materials schien ihm von größerem Wert zu sein als die häufig passive Zustimmung, die in jedem Fall zumeist von dem auf den Analytiker übertragenen Wunsch geprägt ist, der Autorität zu gefallen. Später hat E. KRIS auf dem Zuwachs an *insight* im Zusammenhang mit dem Erinnern bestanden und so das »Wo Es war, soll Ich werden« theoretisch gefaßt, das nicht mit »Das Unbewußte wird zum Bewußten«, auch nicht mit »Das Bewußtsein muß das Unbewußte ersetzen«, sondern eher folgendermaßen wiedergegeben werden muß: »Die Funktionsweise des Ich muß sich auf Kosten derer des Es ausweiten.«

In derselben Arbeit verglich FREUD die »konstruierende« Arbeit des Psychoanalytikers mit der des Archäologen, die leichter sei, weil Spuren des antiken Bauwerkes in den brüchigen und verstreuten Steinen überdauerten, während unsere Vorgeschichte lediglich Spuren dessen hinterlassen hat, was damals das Leben war. SCHLIEMANN fand eben die Spuren und bestimmte Reste des Troja der »Ilias« wieder, während doch keine Ruine der antiken Stadt erkennbar war. Und folglich hat Troja wirklich existiert!

Wir glauben FREUDS Denken und der Alltagsrealität unserer Arbeit also treu zu sein, wenn wir sagen, daß die Deutungsarbeit oder das Durcharbeiten (das einige französische Autoren mit *»translaboration«* wiedergeben; so LAPLANCHE und PONTALIS, 1967 [215]) für das »Sich Erinnern und Wiederholen« die Bedeutung einer konstruierenden Deutung hat.

FREUD schrieb, daß die Deutung des Psychoanalytikers die interpretierte Geschichte eines Menschen rekonstruiert oder konstruiert und seinen Phantasien als der Intentionalität seines Wahnlebens Sinn gibt und damit erlaubt, sogar die Geschichte der Menschheit zu rekonstruieren – eine These, die er ebenso in seinem »Der Mann Moses und die monotheistische Religion« [148] aufrechtzuerhalten versuchte. Die Verdrängung des Mordes an jenem Manne Moses schien ihm die Möglichkeit an die Hand zu geben, die Geschichte der Menschheit ans Licht zu bringen. So enthüllte die »Konstruktion« der Geschichte des Moses die Ursprünge des Monotheismus, der eingeführt worden sei, um die Wiederholung dieses Mordes zu vereiteln.

Unsere FREUD-»Lektüre« zwingt uns nicht, diese These zu akzeptieren, und wir glauben, dem Geist des Freudismus treuer zu sein, wenn wir uns unsere Freiheit hinsichtlich der Deutung bewahren, die er für den Monotheismus gegen Ende seines Lebens gab, im Jahre 1938, zu einem Zeitpunkt also, da er, von Krankheit ausgehöhlt und zum Exil bereit, Zeuge des Zusammenbruchs der Zivilisation wurde.

Gleichwohl kann der Psychoanalytiker nicht die Vorstellung zurückweisen, daß das Über-Ich (und folglich auch die Gesetze) sich im Verhältnis zu unserer ödipalen Entwicklung aufbaut. Deren ontogenetische Determinanten sind deutlich geworden. Möglicherweise können wir anerkennen, daß auch phylogenetische existieren. Das wesentliche Moment liegt in einer dem Menschen eigentümlichen Reihe von Widersprüchen:

1. dem, daß seine ödipale Entwicklung mit seiner Abhängigkeit zur Zeit der Geburt in Zusammenhang steht;
2. dem, daß sein Verlangen, das Inzestverbot zu übertreten, sowohl diese den Wunsch strukturierende Abhängigkeit als auch die auf den Vater projizierte Kastrationsangst widerspiegelt;
3. dem, daß diese komplexe Identifizierung mit dem Vater die anfängliche Abhängigkeit noch einmal wiedergibt, dank der die dem Vater zugeschriebene ideale

und phallische Allmacht es jedem von uns ermöglicht, die narzißtische Wunde unserer Unfähigkeit, ihn zu entmannen und zu entthronen, zu umgehen;

4. dem Widerspruch schließlich, daß unsere Unfähigkeit Schuldgefühle freisetzt, und zwar dank den sekundären Identifizierungen, die das Über-Ich endgültig strukturieren.

Im Gesamtverlauf dieser problematischen Entwicklung bieten sich einem jeden zahllose Gelegenheiten, die eigenen Hilfsmittel und die Veränderungen der historisch erlebten Beziehungen einzusetzen, die das Gewebe unserer psychischen Realität ausmachen.

Diese psychische Realität ruht auf dem harten Untergrund unserer biologischen Unzulänglichkeiten; sie wird durch die »Konstruktion« unserer erlebten Vergangenheit erkennbar. Die Sprache des Unbewußten verstehen heißt folglich, *es aufzudecken, indem man es durcharbeitet.*

Daß diese Entschlüsselung und diese Konstruktion uns das Verständnis des Sinnes bestimmter Institutionen ermöglicht, ist eine Hypothese, die FREUD mehrfach vorgebracht hat. Sie wird etwa in »Totem und Tabu«, in »Konstruktionen in der Psychoanalyse« und in »Der Mann Moses und die monotheistische Religion« angewendet. Spezialisten der Humanwissenschaften mögen sie diskutieren oder zu ihrem Vorteil nutzen. Es ist aber zweifellos nicht Aufgabe des Psychoanalytikers, diese in die Gesetze und Institutionen eingegangene Ordnung aufzudecken. Ganz im Gegenteil besteht sie darin, einem jeden von uns das Verständnis dafür zu eröffnen, wie der Bereich seiner Wünsche im Zuge der sich entwickelnden Beziehungen die Gesetze seines psychischen Geschehens organisiert hat, um deren Produktivität und Wirksamkeit zu steigern.

Gleichwohl widersetzen sich die biologischen Ursprünge unserer Ohnmacht dieser Arbeit. Auf sie rechnet der Narzißmus, dessen wechselhafte Fügungen unsere Phantasie-Eltern hervorbringen, um die Freiheit unserer Wünsche einzuschränken, die von den Phantasien, in denen sich unsere Triebe darstellen, mit Schuldgefühlen verbunden werden.

Das Kind folgt so einem schmalen Grat im Gesamtverlauf seiner Geschichte, in der es, angetrieben von seinen ursprünglichen Bedürfnissen, die Mutter zum Objekt seiner Wünsche macht, zum unmöglichen Objekt immer unbefriedigter Wünsche: es ist in der Tat ohnmächtig und projiziert Macht und Aggressivität auf den Vater, und es wird durch Schaden so klug zu lernen, daß die Mutter seine Wünsche in ihrer entwickelten Form, nämlich im genitalen Sinne, nicht akzeptieren kann, weil sie selbst an ihre eigene Geschichte gebunden ist und lediglich über eine kleine Bandbreite von Verhaltensweisen verfügt, um dem Kind die Entfaltung seiner Wünsche zu ermöglichen. Sie muß akzeptieren und verurteilen – und zwar gleichzeitig –, *was stattfindet,* d. h. eine Reihe von Transaktionen, die eine Geschichte im Werden ausmachen. So entwickelt sich letztlich der Ödipuskomplex, der – wie noch einmal deutlich wird – das Gesetz widerspiegelt, aber ein biologisches Gesetz im Verein mit komplexen und historischen Erfahrungen, die zu seiner Ausarbeitung beitragen.

Diesen schmalen Grat überqueren wir auch mit unseren Patienten: sie lehren uns und wir lehren sie, was sie durchlebt haben und was wir anhand der möglichen

Konstruktionen erkennen – dank der Entschlüsselung einer Funktionsweise des psychischen Geschehens, der des Unbewußten, dessen Abkömmlinge im Zuge der psychoanalytischen Arbeit beim Erwachsenen und beim Kind zutage treten, und zwar im Gesamtverlauf einer Entwicklung, bei der wir das Wie ihres Zustandekommens nennen: die psychoanalytische Metapsychologie.

VIERTER TEIL

Einige Anwendungsbereiche der Psychoanalyse des Kindes

KAPITEL I

Der Beitrag von Psychoanalytikern zur Kinderpsychiatrie

In dieser Arbeit ist ausführlich auf den dreifachen Annäherungsweg eingegangen worden, wie ihn Psychoanalytiker zu einem besseren Verständnis des Kindes einschlagen: die Rekonstitution oder »Konstruktion« der Vergangenheit im Zuge psychoanalytischer Erwachsenenbehandlungen, das Verständnis des Phantasielebens des Kindes anhand von psychoanalytischen Behandlungen oder von psychoanalytisch beeinflußten Psychotherapien in verschiedenen Entwicklungsphasen des Kindes oder Jugendlichen, schließlich die Beobachtung des Kindes, zu der die Psychoanalytiker im Verlauf der letzten Jahrzehnte beträchtlich beigetragen haben, mit Hilfe der Metapsychologie und in Verfolgung eines Weges, auf den bereits FREUD hingewiesen hatte.

Seit dem Ende des Zweiten Weltkrieges haben zahlreiche Kinderpsychiater und Mitglieder spezialisierter Teams unter ihrer Verantwortung eine psychoanalytische Ausbildung zu erhalten versucht. Zumeist beschäftigten diese Psychiater-Psychoanalytiker sich vorwiegend mit Kindern, aber auch mit Erwachsenen. Wir sind der Ansicht, daß es sich dabei um eine Situation handelt, die ihre Anwendbarkeit durchaus unter Beweis gestellt hat: sie erlaubt die Einführung von Elementen eines Langzeitvergleichs, die in einem derart zufallsbestimmten Bereich wie dem der Prognose von psychischen Störungen beim Kind unerläßlich scheinen, im anamnestischen Bereich wie im katamnestischen.

Deshalb kann dieses Kapitel nur synthetisierend vorgehen und lediglich darauf abzielen, den Leser an der Geschichte der Kinderpsychiatrie Anteil nehmen zu lassen, die unseres Erachtens durch das Interesse der Kinderpsychiater mit psychoanalytischer Ausbildung erheblich umgestaltet wurde.

Es hatte sich zunächst darum gehandelt, die ersten Tendenzen der Kinderpsychiatrie wieder ins Spiel zu bringen, die in der zweiten Hälfte des 19. und zu Beginn des 20. Jahrhunderts sich darum bemüht hatte, die Syndrome, die beim Erwachsenen fortschreitend zutage treten, in gleichsam reduziertem Zustand wiederzufinden. In dieser Hinsicht ist es zulässig zu behaupten, daß die ersten Kinderpsychiater Ärzte waren, die, im Verein mit Pädagogen, sich für zurückgebliebene und charaktergestörte Individuen interessierten. Später wurde der Gegensatz von Retardierten und Charaktergestörten zur einfachen Dichotomie für die Analyse des sogenannten nichtangepaßten Kindes. Schließlich versuchten die Psychiater vor dem Zweiten Weltkrieg, beim Kind die Geisteskrankheiten aufzufinden und zu beschreiben, die beim Erwachsenen soeben den Status eines krankhaften Phänomens erhalten hatten: das bekannteste Beispiel dafür ist die Dementia präcox von T. DE SANCTE DE SANCTIS, später die infantile Schizophrenie von TRAMER und LUTZ. Die Erfahrung hat jedoch gezeigt, daß es sich da um ganz außergewöhnliche Beobachtungen handelte. Im allgemeinen machte das Verständnis der kindlichen Entwicklung deutlich, daß es nahezu vergeblich war, nach diesen Symptomen bei Individuen zu suchen, deren Entwicklung die Existenz dieser Wahnvorstellungen oder Halluzinationen unwahrscheinlich machte, für die die Erwachsenenpsychiater eine syndromorientierte Klassifikation vorgeschlagen hatten.

Zugleich führte die sogenannte zweite psychiatrische Revolution [1] dadurch, daß sie die Asyl-Pathologie ins Spiel brachte, zu einer radikalen Kritik an der Nosographie und arbeitete den Angleichungsversuchen der Psychiatrie an die anatomisch-klinischen Methoden der ärztlichen Klinik entgegen. Hier machte sich bereits der Einfluß der psychoanalytischen Bewegung bemerkbar, die das Hauptgewicht auf die Konflikt- und Relationsdimension der Psychopathologie legte, um den kranken Menschen in der Geschichtlichkeit seiner erlebten Vergangenheit zu erfassen. Die verschiedenen Symptome wurden nach und nach als Veränderungen der Seinsweise von Individuen aufgefaßt, die, aufgrund ihrer psychischen Organisation im dreifachen – topischen, dynamischen und ökonomischen Sinne, auf mehr oder weniger deutlich strukturierte pathologische Weise funktionierten.

Von da an schien der Gegensatz von Neurose und Psychose weniger tief, und die Charakterpathologie wurde mehr und mehr in den Vordergrund gestellt. Die Untersuchung der Perversionen und psychosomatischen Leiden bekam zugleich wachsende Bedeutung für den Psychiater.

Die Kinderpsychiater ihrerseits hoben die Notwendigkeit einer multidisziplinären Annäherung hervor und untersuchten jeden Fall im Lichte psychosozialer und biologischer Erkenntnisse. Die Diagnostik trat als Ergebnis der integrierten Arbeit der gesamten Kinderpsychiatrie in Erscheinung, deren Modalitäten noch heute ziemlich unbestimmt bleiben. All das mußte die Kritik an der Nosographie ebenso radikalisieren wie das Ins-Spiel-Bringen der Symptome, die Annäherung an einen jeden Fall von der individuellen Pathologie aus und – allgemeiner noch – die Konsultation in Fällen, bei denen die Psychopathologie nicht den offensichtlich bedrohlichsten Faktor bildete. Diese kritische Arbeit ist jener Umwälzung zu verdanken, deren Wegbereiter mehr als irgend jemand sonst die psychoanalytisch geschulten Psychiater gewesen sind.

Eben diese Entwicklung möchten wir mit einigen allgemeinen Bemerkungen erhellen. Sie wurde von SIGMUND FREUD eingeleitet, der in allen seinen Arbeiten die Rolle der erlebten Vergangenheit für die Entstehung von Geisteskrankheiten mit mehr oder weniger Nachdruck erörterte. In dieser Hinsicht ist nichts aufschlußreicher als die Lektüre der klinischen Untersuchungen, die in der französischen Ausgabe unter dem Titel »*Cinq psychanalyses*« [131] versammelt worden sind. Die Rolle der infantilen Neurose bei der Entstehung psychischer Störungen des Erwachsenen wird im »Wolfsmann« und im »Kleinen Hans« so diskutiert: die psychoanalytische Behandlung ermöglicht, dank der Übertragungsneurose, die Rekonstruktion der infantilen Neurose; FREUD zeigte jedoch, vor allem, als er den Fall des Kleinen Hans diskutierte, daß eine scharfe Trennung zwischen deutlich

[1] Gewöhnlich spricht man davon, daß die erste psychiatrische Revolution sich von der symbolischen Tat PINELS herschreibt, der die Wahnsinnigen in der Salpêtrière von ihren Ketten befreite.

charakterisierten neurotischen Störungen und neurotischen Symptomen vom Typ der Phobien, die sich bei der großen Mehrzahl sogenannter »nervöser« Kinder beobachten lassen, nicht möglich sei.

Wir haben gezeigt[2] – und das ist heute allgemein anerkannt –, daß die deutlichsten Symptome in sich selbst keinen Sinn haben. Sie sind häufig transitorisch und können spontan verheilen, um den Preis von Narben, deren Bedeutung wir nur sehr unvollkommen kennen. Umgekehrt macht die Untersuchung bestimmter Gruppen von nicht ratsuchenden Kindern die Möglichkeit deutlich, schwere Fälle selbst unter offensichtlich gut angepaßten, braven und wohlerzogenen Kindern aufzuspüren, und das entzieht den Verhaltensstörungen, die das Kind zum Psychiater führen können, einen beträchtlichen Teil ihrer Bedeutung. Man hat – und wir werden darauf zurückkommen – von Symptomen gesprochen, deren Präsenz in bestimmten Entwicklungsphasen normal ist, deren Abwesenheit sogar eher pathologisch wäre. Andererseits kann das Verschwinden der störendsten Symptome lediglich das Ergebnis ihrer Umwandlung sein, bei der die familiäre Toleranz eine sehr bedeutsame Rolle spielt.

So erscheint der Begriff der Normalität als sehr fraglich, und die Grenzen der Pathologie sind sehr ungenau. Deshalb wird die Untersuchung des kindlichen Verhaltens zu einer unabweisbaren Aufgabe. Die Psychoanalytiker haben – wie aus dieser Arbeit ersichtlich wurde – dazu beigetragen: das wesentliche Moment ist hier das, daß die *Entwicklung* nicht der einzige Aspekt der Reifung ist. Die Beziehungen in der Familie spielen, von der anfänglichen Abhängigkeit an, eine wesentliche Rolle, indem sie in die Geschichte eines jeden internalisierte Konflikte und Gestaltungsformen hineintragen, die die Funktionsweise des Ich definieren. Es ist nicht erforderlich, erneut auf Arbeiten zurückzukommen, auf die wir detailliert eingegangen sind; es muß jedoch darauf hingewiesen werden, daß in der Entwicklung des Kindes nichts fraglos zusammenhängend oder verläßlich ist. Stets lassen sich dabei Regressionen beobachten: zeitlich begrenzte Regressionen, die auf eine primitive Stufe der Relation oder auf Beziehungen zu weniger entwickelten Objekten nach prägenitalem Muster verweisen; topische Regressionen, bei denen das Über-Ich eine bestimmende Rolle spielt; formale Regressionen, die an veraltete Funktionsweisen appellieren, für die etwa die Primärprozesse wieder vorherrschend werden. Nun ist aber nichts schwieriger, als im Bereich der zeitlich begrenzten Regressionen, die man – etwa bei Müdigkeit oder Krankheit des Kindes – als gesund, ja sogar notwendig erachten kann, jene auszumachen, die schon endgültig geprägt sind und mit offen pathologischen Organisationen in Zusammenhang stehen.

In dieser Hinsicht verdienen die Ermittlungen des Krankheitsstandes, an denen Psychoanalytiker beteiligt waren, allgemeines Interesse. Die Untersuchung von Untergruppen der nicht ratsuchenden Bevölkerung zeigt zum Beispiel – ohne daß es hier möglich ist, auf Details einzugehen, die den Rahmen, auf den wir uns begrenzt haben, sprengen würden –, daß der Fächer von Krankheiten sich nicht von dem der Fälle unterscheidet, die in ärztliche Obhut genommen wurden. Um dieses

[2] Vgl. Kap. III

Paradoxon zu verstehen, muß an die relative Toleranz der verschiedenen Milieus ebenso wie an den unterschiedlichen Wirkungsgrad spezialisierter medizinischer Fürsorge in der Öffentlichkeit erinnert werden.

Im allgemeinen muß der Begriff der Normalität zurückgewiesen werden, wie alle Erhebungen zum psychiatrischen Krankheitsstand deutlich gemacht haben. Epidemiologische Untersuchungen sind also ergiebiger, wenn sie den Bedarf an Fürsorge abzuschätzen versuchen. Aus dem Gesamtkomplex der Untersuchungen ergibt sich, daß etwa 17 bis 20 % der Kinder in einer bestimmten Entwicklungsphase einer psychiatrischen Intervention bedürfen. Zwei Sachverhalte sind jedoch zugleich offensichtlich:

1. Der Bereich der Kinderpsychiatrie hat um so mehr Chancen, vernünftig abgegrenzt zu werden, je besser die Gesellschaft gerüstet ist, psychischen Störungen vorzubeugen; daher die Notwendigkeit einer Kooperation der kinderärztlichen Spezialdisziplinen – eine Kooperation, die einen der Hauptansatzpunkte für das Einwirken einer Gemeindepsychiatrie bildet, die man in Frankreich gewöhnlich sektorisiert bzw. regionalisiert nennt und die, manchen Spezialisten zufolge, die dritte psychiatrische Revolution charakterisiert. Nun scheint uns aber die psychoanalytische Ausbildung besonders geeignet, ja dringlich erforderlich für die Einübung dieser Kooperation (D. BRAUNSCHWEIG [44]).

2. Die epidemiologischen Untersuchungen in der Kinderpsychiatrie stellen eine beträchtliche Anzahl von Fällen heraus, bei denen eine neurotische Symptomatologie unzweifelhaft ist. Man fragt sich zu Recht, ob sie in den Bereich der Pathologie gehören oder ob es – wie wir meinen – nicht eher eine der dringlichsten Aufgaben des Kinderpsychiaters ist, in diesem Gesamtkomplex das, was zu den Vorläufern rigider und bezeichnender psychoneurotischer Organisationen gehört, von dem zu unterscheiden, was von nuancierten und dehnbaren Mechanismen herrührt, die der Angst des Kindes und des Menschen die »existentielle Dimension« verleihen (R. DIATKINE [71]).

Nun haben aber gerade die anamnestischen Untersuchungen – die klassischen wie die jüngeren – gezeigt, daß die Geisteskrankheit des Erwachsenen sich offenbar nicht in einem *Kontinuum* entwickelt, das sie zu den Schwierigkeiten des Kindes in Beziehung setzte, mit Ausnahme weniger sich scharf abhebender Fälle. Im Gegenteil, die Neurose oder die Psychose Erwachsener scheint häufig wie aus heiterem Himmel hervorzubrechen. Gleichwohl schwächen vertiefte Untersuchungen diesen Anschein ab, wenigstens hinsichtlich der Schizophrenie. KRAEPELIN machte deutlich, daß nur 4 % der Fälle von Dementia präcox während der Kindheit an psychischen Störungen gelitten hatten. Aber epidemiologische Untersuchungen, die sich auf durch geographische oder soziale Bedingungen isolierte Bevölkerungsgruppen bezogen, haben gezeigt, daß zahlreiche Schizophrene keine normalen Kinder gewesen waren oder daß sie jedenfalls häufig Probleme aufgegeben hatten. Umgekehrt scheinen die offenkundigen Neurosen des Erwachsenen nicht die am häufigsten wiederkehrende Konsequenz der lauten neurotischen Symptome des Kindes darzustellen. Um das zu verstehen, muß man eine bestimmte Zahl von klinischen Befunden in Rechnung stellen. Die Pathologie des Kindes ist schwer zu erfassen. Hinter der Unbeständigkeit mancher Kinder läßt sich zuweilen eine tiefsitzende und bereits entwickelte Angst ausmachen. Bei anderen hat sie einen doppeldeutigen und polymorphen Charakter. In einer Arbeit zur Homosexualität des Jungen hat einer der Autoren (Lebovici [228]) gezeigt, daß die Passivität des Kindes im Zeichen der Analerotik gemäß dem Verhalten der Eltern ebenso zu passiven homosexuellen Positionen und zu dauerhaften femininen Identifikationen wie zur Bildung einer Zwangsneurose führen kann. Ebenso lassen sich bei charakteropathischen Kindern häufig psychoneurotische Organisationen ausmachen, deren Zukunft schwer vorauszusagen ist [297].

Die Neurosen des Erwachsenen treten, wenn sie auch häufig im Zustand abgeschlossener Reife ausbrechen, tatsächlich auf einem gestörten, aber symptomlosen Untergrund ein. Es handelt sich dann um sogenannte »ichsyntone« Neurosenformen ohne Symptome [254].

Diese Bemerkungen verdeutlichen die Schwierigkeiten von Klassifikationsversuchen in der Kinderpsychiatrie. Manche Psychoanalytiker haben ein System vorgeschlagen [231], dessen Disposition wir hier kurz darlegen möchten[3].

Es erhellt zunächst die Schwierigkeit, wenn nicht die Unmöglichkeit, gleich zu Anfang eine Diagnostik aufzustellen, die die pathologische Organisation handgreiflich macht, und man ist, angesichts einer Reihe von Tatbestandsaufnahmen, gehalten, sich zwischen folgenden Möglichkeiten zu entscheiden:

- Abwandlung des Normalen;
- Störungen der libidinösen Entwicklung;
- sogenannte reaktive Störungen;
- neurotische Störungen;
- psychotische Störungen;
- psychosomatische Störungen;
- Charakterstörungen;
- Störungen, bei denen die Retardierung überwiegt;
- sogenannte instrumentale Störungen.

Die drei ersten unterscheiden sich – wie ersichtlich – nur durch Nuancen; es schien jedoch erforderlich, zunächst nachweisen zu können (Abwandlung des Normalen), daß die konstatierten Störungen den Zufällen der Entwicklung des Kindes und den dabei beobachtbaren Symptomen und Schwierigkeiten zugehören. Die libidinöse Entwicklung kann von regressiven Rückfällen oder Fixierungen durchsetzt sein, die zur ärztlichen Konsultation veranlassen (z. B. Appetitlosigkeit, Schwierigkeiten bei der Sauberkeitserziehung). Der Begriff der reaktiven Störung hat lange die Aufmerksamkeit auf sich gelenkt. Diese Diagnostik war von einem der Autoren (Lebovici [216]) vorgeschlagen worden, um den bereits vollausgebildeten Störungen die noch umkehrbaren Zustände entgegenzusetzen, die eine Reaktion auf Umweltbedingungen auszudrücken scheinen, wie sie sich so häufig in den Zentren der Kinderpsychiatrie beobachten läßt. Es ist jedoch schwierig, den Anteil der objektiven und realen und den jener Konflikte zu berücksichtigen, die die »psychische Realität« im psychoanalytischen und von uns bereits definierten Sinne des Begriffs zum Ausdruck bringen. Deshalb müßte die Diagnostik

[3] Im Kapitel zur Psychoanalyse haben wir die von Anna Freud zur Beschreibung des metapsychologischen Entwicklungsbildes vorgeschlagenen Methoden dargestellt.

der instrumentalen Störungen auf die im übrigen seltenen Fälle beschränkt werden, bei denen man zu Recht von einer pathogenen Situation sprechen kann.

Andererseits kann der Beobachter feststellen, daß die vorläufige Diagnostik sich zuweilen auf die Feststellung der Präsenz instrumentaler Störungen oder geistiger Retardierung beschränkt. Wir werden jedoch später zum Wert dieser Feststellung, wenn sie einen Fall definiert, Stellung nehmen.

In derselben Anfangszeit läßt sich anführen, ob, miteinander verbunden oder nicht,

- instrumentale Störungen,
- psychomotorische Störungen oder
- reaktive Störungen vorliegen.

Das geistige Niveau wird bei jedem Fall auch durch die Aufzeichnung des Intelligenzquotienten eingeschätzt.

Schließlich wird, wenn das möglich ist, ein ätiologischer Bezug genauer bestimmt. Er berührt die Fälle, wo die Organizität ganz deutlich hervorgehoben werden muß – jene Fälle, unter denen die Epilepsie genannt werden kann. Manche Fälle spielen in einen klar definierten Bereich von Syndromen hinüber: Frühreife und frühe und massive Mängelsituationen können ebenfalls als bemerkenswerte ätiopathogene Faktoren gekennzeichnet werden.

Aber die Psychiater mit psychoanalytischer Ausbildung konnten sich nicht an diese unmittelbare Feststellung halten und mußten die Dimension der Zeit einführen. Sie schaltet sich in die Beurteilung ein, die man über die *zukünftige* Entwicklung des Falles abgeben möchte. Hier wird die Diagnostik in Begriffen der künftigen Organisation formuliert. Der Begriff der Normalität oder der Normalisierung wird in Betracht gezogen, was verständlicherweise bei der unmittelbaren Feststellung nicht der Fall sein kann.

Die anderen Referenzen sind die folgenden:

- Neurose;
- Psychose;
- asymptomatische Charakterneurose;
- charakteropathische Unausgeglichenheit, neurotischer oder psychotischer Charakter;
- psychosomatische Struktur;
- isolierte geistige Retardierung;
- Perversion;
- Soziopathie.

Hier ist auf den Hinweis Wert gelegt worden, daß man – abgesehen von den Fällen, bei denen eine offenkundige neurotische oder psychotische Organisation sich vorhersehen läßt – an das denken muß, was die Psychoanalytiker die Charakterneurose genannt haben. Es handelt sich häufig um eine asymptomatische, »ichsyntone« Neurose, die, wie ersichtlich, den offenen Neurosen des Erwachsenen den Weg bereiten kann und in jedem Fall der Hauptträger dessen zu sein scheint, was man als die kulturelle Übertragung der Neurosen von einer Generation auf die andere bezeichnet hat, und zwar auf Grund der mit ihr in Zusammenhang stehenden familiären Schwierigkeiten und Intoleranz.

In anderen Fällen kann man vorhersehen, daß die Störung zum Charakter gehört. Es handelt sich um Charakterneurosen, die man gewöhnlich unter dem Begriff des »neurotischen oder psychotischen Charakters« zusammenfaßt ([297], [71], [154]).

Was die Soziopathie angeht, so bezieht sie sich auf Fälle, bei denen sich zugeben läßt, daß die Verhaltensstörungen ausschließlich mit soziokulturellen Lebensbedingungen in Zusammenhang stehen, jedenfalls gemäß einer amerikanischen Auffassung.

Desgleichen ist es erforderlich anzugeben, ob diese Struktur, die man vorhersieht, geschmeidig und mobilisierbar oder rigide sein und unter welchen Umständen sich die psychosoziale Anpassung vollziehen wird, und vor allem, ob die Möglichkeit kriminellen Verhaltens in Betracht gezogen werden muß.

Die Psychoanalytiker mußten jedoch bei dieser prognostischen Zielsetzung auch die Rolle der Familie für die Entwicklung von anfänglichen Störungen in Rechnung stellen. Es schien ihnen sicher, daß sie eine von aller Beobachtung bestätigte wesentliche Rolle für das Gleichgewicht spielt, das sich bei den Entwicklungsveränderungen ergibt. Das ist wahr nicht nur hinsichtlich der Bildung der Schwierigkeiten, die der Konsultation zugrunde gelegen haben. Die Entwicklung des Kindes ist in der Tat weitgehend, von den ersten Beziehungserfahrungen an, bevor sie noch in den Funktionsweisen der psychischen Instanzen gebildet worden sind, durch den Aufbau des präobjektalen und des differenzierten Objekt-Stadiums bestimmt. Die ersten Erfahrungen haben einen direkten Einfluß auf das Kind, während die Mutter ihm ihre Fürsorge angedeihen läßt, deren Typus und deren Art und Weise mit ihren eigenen Phantasien in Zusammenhang stehen. Zugleich gibt die Mutter den Ausdrucksweisen des Kindes Sinn, und deshalb läßt sie Handlungen über sich ergehen, die ihr eigener Typus psychischen Verhaltens spezifiziert hat. Die Mutter schaltet sich nicht allein ein, und wenn der Vater sich auch in den Phantasien des Kleinkindes erst ziemlich viel später individualisiert (ob er nun zu Hause anwesend ist oder nicht, ob es sich um ein Ehepaar oder um eine faktisch alleinstehende Mutter handelt), wird er in das Seelenleben seines Kindes doch schon durch die mütterlichen Phantasien eingeführt.

Die Relationsspirale des Lebens im frühen Objektstadium ist eine Metapher, die durch die Berücksichtigung des intrafamiliären Gleichgewichts der Beziehungen ergänzt werden muß. Dieses Gleichgewicht kann günstig oder pathogen sein, ohne daß z. B. die Existenz neurotischer Störungen Stellung zu nehmen erlaubte. Zweifellos sind phobische oder zwanghafte Mütter, selbst wenn ihre Neurose asymptomatisch ist und sich wenig spektakulär entwickelt, im allgemeinen für Reaktionen verantwortlich, die sich allmählich in Gestalt neurotischer Symptome bilden, deren zukünftige Bedeutung in jedem Einzelfall diskutiert werden muß. Auf der anderen Seite sind manche neurotischen Familienverfassungen von mehr oder weniger typischen sadomasochistischen Familienbeziehungen geprägt – eine etwas karikaturistische Art und Weise, die klassische patriarchalische Familie zu definieren. Frauen, Mütter und aufopferungsvolle Gattinnen erfüllen ihre masochistischen Ansprüche, bringen ihre Familie aber auch durch das ins Gleichgewicht, was möglicherweise als aufopfernde Hingabe über das hinaus erscheint, was man vernünftigerweise erwarten kann, und geben ihren Kindern das gerade noch erforderliche Maß an Zuwendung, um ihnen letztlich ein relativ befriedigendes Gleichgewicht zu sichern.

Diese Überlegungen – wie schematisch auch immer – haben seit langem dazu Anlaß gegeben, den Müttern Beistand zuteil werden zu lassen; gegenwärtig tragen sie dazu bei, die Psychiatrie des Kindes auf den gesamten Bereich seiner Familie auszudehnen. Wenn die Familienpsychiatrie offensichtlich vor allem auf psychoanalytischen Konzeptionen beruht, berücksichtigt sie doch auch andere Ergebnisse, wie sie etwa aus der Dynamik von Kleingruppen und aus der Kommunikationsforschung hervorgehen (E. Abelin [1]).

In jedem Falle muß der psychoanalytisch gebildete Psychiater sich bei der Formulierung seiner Prognose die Einschätzung des interpersonalen und intrafamiliären Gleichgewichts bzw. seiner Unausgeglichenheit zur Pflicht machen.

Wir gedenken jetzt zu untersuchen, auf welche Weise die Psychiater-Psychoanalytiker angesichts der Vermehrung der Fälle von Konsultation aufgrund von Schwierigkeiten beim Erlernen der geschriebenen Sprache reagiert haben – Schwierigkeiten, für die man, ob es sich nun um Lese-, Schreib- oder Rechtschreibstörungen handelt, den anfechtbaren Begriff der instrumentalen Störungen zu benutzen sich angewöhnt hat.

Sie können als der eigentümliche Ausdruck von im relationalen Bereich gestörten Persönlichkeiten gedeutet werden – als Ausdruck, der gewissermaßen eine Strukturierung, eine Kristallisation der Relationsstörung bildet. Diese Organisationsformen unterscheiden sich nicht so sehr hinsichtlich der Konflikte, sondern hinsichtlich des Zeitpunktes, zu dem der organisierende Kernpunkt der Diachronie erreicht worden ist. Die Leseschwäche etwa kann Ausdruck eines Kompromisses einer Struktur sein, die sich mit einer Schwierigkeit im Bereich einer besonderen erzieherischen und sogar pädagogischen Beziehung auseinanderzusetzen hatte. Die Beziehungsstörung kann mit den dem Kind eigentümlichen Unfähigkeiten in Zusammenhang stehen, wenn es etwa eine präpsychotische oder präneurotische Struktur bietet; sie kann aber auch die Konsequenz eines mißlungenen Lernbeginns sein. Das instrumentale Defizit hat dann die Bedeutung einer »Überstürzung«. Sie wirkt wie eine Konfrontation in der Beziehung, mit dem kulturellen Druck und dem normativen Aspekt, den sie enthält.

Die neurotischen Tendenzen des Kindes, etwa seine Hemmung und Passivität, werden selbstverständlich durch das Auftreten dieser instrumentalen Schwierigkeiten verstärkt. Läßt sich aber umgekehrt nicht annehmen, daß sie nur deshalb beobachtet werden können,

1. weil man sich angewöhnt, solche Fälle zum Psychiater zu schicken;
2. weil der gewöhnliche Untersuchungsverlauf in der Kinderpsychiatrie deren Analyse mit umfaßt;
3. weil es gewissermaßen bequem ist – abgesehen von einigen schwerwiegenden Fällen –, sich lediglich auf deren Vorhandensein beziehen zu können, um die Diagnose genau zu bestimmen?

Wir möchten deshalb gern die Hypothese vorbringen, daß gerade die Hemmung oder die psychotische oder neurotische Passivität – unter anderen – die Entstehung dieser instrumentalen Schwierigkeiten begünstigt und daß, entsprechend den Tendenzen und therapeutischen Hilfsmitteln der zu Rate gezogenen Spezialinstitution, man von neurotischen oder psychotischen oder instrumentalen Störungen sprechen wird.

Diese methodologischen Vorbemerkungen schließen therapeutische Implikationen ein.

Wir erheben nicht Anspruch darauf, daß in allen diesen Fällen Psychotherapien indiziert werden sollten. Worum handelt es sich aber, wenn eine instrumentale Störung in Behandlung genommen wird?

Ganz offensichtlich entsteht eine neue Beziehung, die einen Kontakt des Gehaltenwerdens, der Entlastung von Schuldgefühlen aufbaut und einen therapeutischen Effekt mit sich bringt. In Wirklichkeit aber ist die instrumentale Reedukation in sich selbst psychotherapeutisch. Beim instrumentalen Lernen lassen sich – wie bei jeder Beziehung – zwei Stufen ausmachen: die eine ist die Besetzung einer Funktion, die andere ist die Lust an ihrer Beherrschung, wenn sie erworben worden ist. Nun handhabt aber der Erziehungsberater ein phobisch gewordenes Material – etwa die Sprache –, und er will deren Handhabung, die unangenehm geworden ist, den Lustcharakter zurückgeben, derart, daß sich eine libidinöse Neubesetzung einstellt. Das stellt natürlich nicht die Bedeutung des Wiederlernens an sich in Abrede, ermöglicht es jedoch, zu verstehen, wie es möglich wird. Es handelt sich darum, die Libidinisierung einer im Grunde genommen kulturellen Errungenschaft zu ermöglichen, die nicht mehr als einschränkend erlebt wird. Dabei muß der Erziehungsberater Vergnügen nicht nur an der Reedukation, sondern auch an der Identifikation mit einem Kind finden, das selbst ein neues Spiel entdeckt. Es ist ein Spiel mit überkreuzten Identifikationen. Alle technischen Maßnahmen werden mit der Freude erlebt, ein Mittel zur Überwindung einer Schwierigkeit gefunden zu haben. Der Lernprozeß vollzieht sich nicht mehr mittels masochistischer Unterwerfung, sondern in Lust und Freude, dank jenes Hilfs-Ichs, zu dem das Ich des Erziehungsberaters wird. Eben da liegt die Hauptbedeutung der Reedukation, und weit davon entfernt, sie zu entwerten, macht man, wenn man auf diesem Aspekt beharrt, ihren hervorragenden Stellenwert deutlich.

Die Psychotherapie kann sicherlich zum selben Ziel vorstoßen, aber mit ihren eigenen Mitteln (Deutungen, Übertragungen, Austausch usw.). Sie muß die Abwehrhaltungen aufbrechen, energetische Verschiebungen herbeiführen, Identifikationen anbieten und die Verwendung von Mechanismen ermöglichen, die das Kind erneut libidinös besetzen kann.

Man wird gewahr, daß das in keinem Falle die Rolle eines Erziehungsberaters leisten kann, der weder über die Technik noch über Erfahrung in der Kinderanalyse verfügt.

Umgekehrt wird die Reedukation immer dann, wenn sie als Einpauken von normativen Kulturmustern erlebt und verstanden wird, im masochistischen Sinne wirksam, macht sie die überkreuzten Identifikationen unmöglich.

Der Psychoanalytiker kann so eigentlich nur den theoretischen Schlußfolgerungen beipflichten, wie sie R. DIATKINE [71] folgendermaßen formuliert hat:

»Der Begriff der instrumentalen Störung in der Kinderpsychiatrie weist auf eine Annäherungsweise, einen therapeutischen Zugang, einen klinischen Aspekt hin, der mehr oder weniger hartnäckig ist, jedoch letztlich von jeder kausalen Bedeutung befreit werden muß.

Die instrumentale Störung tritt dann als vorübergehende Ausdrucksweise einer globalen Struktur in Erscheinung, die mit einer besonderen Farbgebung arbeiten kann, ohne daß es möglich wäre, sie im Rahmen einer kohärenten nosologischen Klassifikation anderen strukturalen Organisationen entgegenzusetzen.

Die Kritik an der Hypothese, die die instrumentalen Störungen als Störung der autonomen Funktionen auffaßt, darf nicht darauf hinauslaufen, das Verständnis der spezifischen Organisation mancher Symptome hintanzustellen.«

Desgleichen verdienen die psychoanalytischen Positionen, wie immer unsere Einsichten in die biologischen und dysmetabolischen Aspekte der geistigen Retardierung sich entwickeln mögen, in diesem Zusammenhang vergegenwärtigt und diskutiert zu werden.

Das Interesse der Psychoanalytiker für zurückgebliebene Kinder hat sich im Laufe dieser letzten Jahre unbestreitbar belebt. Das bestätigt etwa die lebhafte Kontroverse, die um ein neueres Buch von MAUD MANNONI [245] entbrannt ist.

Als Erklärung für dieses neuerwachte Interesse lassen sich die folgenden Gründe namhaft machen:

a) die klinischen Untersuchungen über die Auswirkungen mütterlicher Unzulänglichkeiten, die die Pädiater und Kinderpsychiater lebhaft beeindruckt haben, als sie sie etwa mit dem Begriff der »psychogenetischen Debilität« vertraut machten;

b) die neueren Analysen, die die dynamischen Probleme der Psychogenese infantiler Psychosen vertieft dargestellt haben;

c) die allmählich erarbeiteten Definitionen der »Präpsychose« und der »evolutiven Dysharmonie« mit ihrer Entwicklung: ein intellektuelles Defizit stellt sich jetzt als eine ihrer Entwicklungsmöglichkeiten dar;

d) die Auflösung einer Defektologie auf rein organizistischer Basis. Die Arbeiten von AJURIAGUERRA und seiner Schule haben deutlich gemacht, daß jeder Reifungsmangel nur aus einer Relationsweise verständlich gemacht werden kann, in einer gegebenen Situation und bei einer gegebenen Besetzung;

e) die immer genauere Beschreibung der Mutterpersönlichkeit als Induktor für Störungen und ihrer dysgenetischen Rolle für den Aufbau der Objektbeziehung beim Kind;

f) die Arbeiten aus der Schule der psychoanalytischen Psychologie (HARTMANN), die die Ichfunktionen genauer bestimmt haben und es nicht mehr möglich machen, die Intelligenz als Gegebenheit an sich aufzufassen, sondern als Anpassungsleistung.

So kommen erneut der Fatalismus und die Unvermeidlichkeit des Begriffs der geistigen Debilität ins Spiel, wie Kinderpsychiater sie noch vor einem Jahrzehnt haben auffassen können. Aber wenn wir ehemals dieser Denkweise allzusehr zuneigten, muß dann jetzt die gesamte Debilität zur psychotischen Struktur gemacht werden, wie man ehedem die Tendenz hatte, in jedem Psychotiker einen Retardierten zu sehen?

Die Bedeutung dieser Kontroverse liegt jedenfalls darin, daß sie – in manchen

Fällen – therapeutische Schlußfolgerungen nahelegt: die Verbindung von psychotherapeutischen Behandlungen, die einen ätiopathogenen Stellenwert haben, mit der rein erzieherischen oder umerziehenden Behandlung.

Alle diese ausnehmend stimulierenden Erwägungen haben sicherlich unsere gegenwärtige Verfahrensweise bei der klinischen Untersuchung eines zurückgebliebenen Kindes bereichert; desgleichen haben sie uns genötigt, sogar das Phänomen der Intelligenz in Begriffen der Dynamik und der evolutiven Diachronie neu zu durchdenken – einer Intelligenz, die man allzusehr zu verdinglichen neigte, wie das Bedürfnis bestätigt, für jedes Defizit ein organisches *Substrat* ausfindig zu machen.

Es scheint uns – vor jeder Diskussion – erforderlich, manche Doppeldeutigkeiten auszuräumen, die häufig in Arbeiten aufrechterhalten werden, die gleichwohl therapeutische Möglichkeiten für den Bereich der geistigen Debilität zum Gegenstand haben, und bestimmte unabdingbare Markierungen zu setzen.

1. Die intellektuelle Hemmung

Sie bietet ein klinisches Bild, bei dem die Intelligenz mindestens normal ist, während ihre Äußerungsmöglichkeit in einem sozialen oder schulischen Kontext teilweise oder völlig ausgesperrt bleibt. Mehrere Mechanismen können namhaft gemacht werden:

a) die offensichtlichsten lassen sich bei Kindern auffinden, bei denen die Störungen der geistigen Organisation (die ihrerseits von einer Neurose oder Psychose herrühren) derart nachhaltig sind, daß sie wie intellektuell schwer Retardierte wirken. Die klinische Untersuchung macht es möglich, ein wenig leistungsfähiges intellektuelles Verhalten, sei es mit extrem festgefahrenen Ritualen, sei es mit beträchtlichen phobischen Ausweichversuchen, in Zusammenhang zu bringen;

b) ebenso gibt es den Fall von Kindern, deren Intelligenz alle Wechselfälle des Ödipuskonfliktes und der Kastrationsangst mitgemacht hat. Die Lust an der Leistungsfähigkeit im intellektuellen Bereich ist absolut nicht desexualisiert und zwingt sie deshalb zu Verdrängung und Hemmung, die mehr oder weniger früh, mehr oder weniger partiell, mehr oder weniger wahlweise bei bestimmten Relationsweisen auftreten und sich zur Zeit der eigentlichen Einschulung endgültig durchsetzen können.

Es ist uns nicht möglich, hier erneut ihre verschiedenen klinischen Aspekte genau zu bestimmen. Deren Beschreibung findet sich im späteren Kapitel über »Psychoanalyse und Pädagogik«; ebenso kann man sich auf beträchtlich ausführlichere Darstellungen stützen – so die von Danon-Boileau und Laub [58] oder die von J. Rouart und J. Simon [293].

Der erste Verdacht eines jeden Kinderpsychiaters wird sich angesichts eines intellektuellen Versagens *a priori* auf eine intellektuelle Hemmung richten. Zu diesem Zweck müssen alle erreichbaren Bestätigungen eingeholt und alle Auskünfte erfaßt werden:

a) eine die Entwicklung des Kindes zurückverfolgende Anamnese muß mit Hilfe der Mutter zusammengestellt werden;

b) es muß eine Untersuchung des Kindes selbst vorgenommen werden;

c) der sie anstellende Psychologe muß sich ständig die dynamischen Begriffe bewußt halten, an die wir gerade erinnert haben, um die Bedeutung zahlreicher Indizien zu verstehen, die dann aufschlußreich sein können – so die Diskordanz innerhalb des Testes selbst, die zwischen mehreren Tests, zwischen Psychometrie und Klinik, die Variabilität der Ergebnisse usw.;

d) zuweilen kann sogar eine kurze psychotherapeutische Bemühung mit diagnostischem Wert es ermöglichen, eine günstige Beziehung aufzubauen, die von manchen Techniken – der Spieltherapie etwa – gefördert wird. Anhand dieser Beziehung lassen sich die virtuellen Intelligenzkapazitäten in einem entschlossen pragmatischen Zusammenhang und ohne intellektuelle Bezugnahmen abschätzen.

Muß man, nach diesen Vorbemerkungen, einem Optimismus oder einem bestimmten Konformismus nachgeben, deren Opfer wir selbst wären? Sind alle diese Kinder potentiell sehr intelligente Kinder, die manche Wechselfälle oder eine »Kastration« durchgemacht haben? Sind es nicht häufig Kinder, deren IQ bereits wirklich unterhalb des Mittelwertes lag, in einem Milieu, in dem der kulturelle Druck und die Anforderungen schlechterdings über ihre eigentlichen Möglichkeiten hinausgingen? Welche Rolle wird der Arzt folglich diesen Kindern gegenüber einzunehmen haben? Selten sind die Patienten, die schließlich, selbst nach einer langen und geduldigen Psychoanalyse, eine intellektuelle Karriere machen, die mit der ihres Psychotherapeuten vergleichbar ist.

In anderen Fällen ist die intellektuelle Hemmung eine Art von Abwehr, die man respektieren oder mit Vorsicht behandeln muß, bei Strafe eine schwerere angstbesetzte Dekompensation hervorzurufen.

Bei manchen Kindern kann selbst eine erfolgreiche Psychotherapie nicht die Rückgewinnung bestimmter Anpassungsfähigkeiten nach sich ziehen, die sich viel besser in dezidiert außerintellektuellen Bereichen einsetzen lassen, und das rechtfertigt das Prinzip sehr liberaler pädagogischer Strömungen ohne ständigen Bezug auf ein normatives Ich-Ideal (das das des Therapeuten oder Pädagogen oder das der umgebenden Gesellschaft ist, vom Kind aber nicht übernommen werden kann).

2. Die Pseudo-Debilität [4]

Der Begriff des intellektuellen Defizits mit neurotischem Einschlag, wie es zuweilen im Rahmen der Pseudo-Debilität beschrieben wird, enthält desgleichen verschiedene Mehrdeutigkeiten:

> »Die Definition des Pseudo-Debilen als eines Subjektes mit normaler Intelligenz bei Tests, das sich jedoch im Leben wie ein Debiler verhält, erklärt das Problem der Ätiopathogenese der Debilität durchaus nicht« (Misès [254]).

[4] Wir danken Bernadette Jacquey, die uns bei der vorbereitenden Lektüre zur Niederschrift dieses Kapitels behilflich gewesen ist.

Der Pseudo-Debile muß als Subjekt definiert werden, das bei Tests mittlere Ergebnisse erzielt, aber an Beziehungsproblemen leidet, so daß man den Eindruck gewinnt, daß sich alles aus dem Spiel der Beziehungen ergibt und daß das psychometrische Ergebnis, selbst wenn es durch verschiedene Nachprüfungen validiert wird, schwere Störungen anzeigt, die nicht zwangsläufig definitiv ausgeprägt sind und viel eher mit der Persönlichkeit und der Organisation der Beziehungen in Zusammenhang stehen.

In dieser Hinsicht läßt sich sagen, daß Kinder, die bei Tests niedrige Resultate erzielen und bei denen sich Beziehungsstörungen von neurotischem Zuschnitt beobachten lassen, weiterhin unter die neurotischen Fälle eingereiht werden müssen. Man sollte sie nicht aus diesem Bereich ausklammern; wir wissen in der Tat sehr genau, daß manche neurotischen Entwicklungen eines Kindes im Schulalter von Schulverweigerung, Hemmung und masochistischen Einstellungen begleitet werden. Wenn die Neurose also in Gestalt von Zwangsbildung verläuft, stört das Zwangsdenken selbst das Kind in seinen Kommunikationsmöglichkeiten, es schalten sich parasitäre Phänomene ein, und die zwanghafte Besetzung des schulischen Materials beeinflußt die Leistung, das Schulverhalten und folglich auch die gesamte Leistungsfähigkeit.

Wenn all das anhand der Darstellung der grundlegenden neurotischen Beziehungen verständlich wird, so liegt kein Grund vor, den Begriff eines disharmonischen Defizits einzuführen, und es muß von einer Reihe von Mitteln Gebrauch gemacht werden, deren Hauptziel eine sehr weit getriebene Psychotherapie bleibt, die eine Wiederbesetzung der noch nicht zu einem Defizit verfestigten kognitiven Mechanismen ermöglicht.

Bei anderen Kindern ist das Defizit verfestigt und das Intelligenzniveau ziemlich niedrig, und man stößt auf alte Schwierigkeiten, die die Diagnose einer Oligophrenie im Zuge der Neurotisierung nahegelegt haben. Dieser Begriff des »neurotisch werdenden Debilen« muß kritisiert werden, selbst wenn er theoretisch haltbar ist. Eine vertiefte Untersuchung solcher Kinder deckt alte disharmonische Verluste auf, die bereits einen verfestigten defizitären Kern mit einem Minimum von exteriorisierten Störungen enthielten. Wenn sie im Sinne der Neurotisierung dekompensiert werden, sind bereits in ihrer Struktur verfestigte atypische Elemente vorhanden. Dieses Bild bietet ziemlich deutliche Zeichen in der Art von Weigerung, Opposition, Fehlverhalten, von massivem Besetzungsentzug hinsichtlich der kognitiven Funktionen und dabei eine pathologische Besetzung einer ganzen Reihe von instrumentalen Mechanismen – etwa psychomotorische Störungen mit Phänomenen von massiver Blödigkeit und Ungeschicklichkeit. Diese Kinder überbesetzen in gleicher Weise ihre Schulschwierigkeiten und zeigen sich häufig in einer Verfassung, die an die neurotische Dummheit erinnert; sie verstärken ihr Mißerfolgsverhalten in Prüfungssituationen und immer dann, wenn das Problem der Leistungsfähigkeit sich stellt. Diese Pseudo-Debilen sollten in der Tat als disharmonisch Entwicklungsgeschädigte mit neurotischer Struktur beschrieben werden.

In diese Kategorie läßt sich zweifellos auch eine bestimmte Zahl von disharmonischen Defiziten einreihen, die lediglich der defizitäre Ausdruck psychotischer

Strukturen sind, bei denen die expressiven Elemente der Psychose nicht unverkennbar in Erscheinung treten, sondern durch sorgfältigere Analyse oder durch Vertiefung der Anamnese nachgewiesen werden können.

3. Die Debilen

Wir wollen nicht den Ausdruck »wirkliche Debile« benutzen: das hieße in der Tat eine konstitutionelle und endgültige Debilität anerkennen und in einen therapeutischen Zielsetzungen abträglichen Irrtum verfallen. Außerdem würde damit alles in Abrede gestellt, was die Kinderpsychiatrie und die Psychoanalyse im Laufe der letzten Jahre im Sinne eines dynamischen Verständnisses der Entwicklung der intellektuellen Fähigkeiten, ihrer Wechselfälle und der Konflikte, die sie einschließt, erarbeitet haben.

Nach dieser Vorbemerkung können wir die zu berücksichtigenden Elemente genauer bestimmen, ohne in eine vertiefte und umfassende Analyse der Psychogenese der mentalen Retardierung einzutreten.

A – *Das organische »Substrat«*

Jede Beeinträchtigung des organischen *Substrats* zieht die Gefahr einer Nachwirkung auf die intellektuelle Leistungsfähigkeit nach sich; deshalb muß jede Untersuchung eines Debilen mit einer umfassenden ärztlichen und neurologischen Analyse in Verbindung mit allen paraklinischen Hilfsmitteln (elektrischen, chemischen, enzymatischen usw.) beginnen. Die statistische Verteilung der IQ-Werte um den Mittelwert vollzieht sich in Gestalt einer Gausschen Kurve. Aber der linke Abschnitt dieser Kurve ist über die statistischen Zufallsgesetze hinaus von allen Ergebnissen der zerebralen Defektologie überbewertet worden. Wirklich setzt alles, was die Unversehrtheit des Gehirns beeinträchtigt, dessen Leistungsfähigkeit herab. Es sind Funktionen, die in ihrer Arbeitsweise und ihrer Strukturierung betroffen sind, und das Problem ist komplizierter, als es die einfache Gleichung: »krankes Organ – schwache Funktion« zu erkennen gibt.

Beim Kind müssen diese Funktionen im Zuge ihrer Festigung in komplexe Mechanismen vom Typ der Gnosien und Praxien einmünden, und eben der Gesamtkomplex dieser unterschiedlich geschwächten Funktionen macht die sogenannten Ausrüstungsmängel aus. Aber diese ganze Entwicklung vollzieht sich durch die Vermittlung einer Relation und eines bestimmten Erlebens.

Die organische Beeinträchtigung wirkt sich lediglich insofern aus, als sie eine Grenze für bestimmte Möglichkeiten der Beziehungsaufnahme bildet und folglich bestimmte Reaktionen seitens des anderen nach sich zieht, indem sie das Subjekt zu bestimmten Strukturierungstypen in seinen Besetzungen zwingt und ihm bestimmte Kompensationsphänomene aufnötigt. Die Schwächung einer Funktion hat mithin immer zwei Pole, und eine organische Beeinträchtigung könnte ebenso gut mit einer gestörten Mutterbeziehung verglichen werden. Es ließe sich sogar sagen, daß jede organische Defizienz im Erleben des Kindes zum großen Teil einer mütterlichen Schwäche zugeschrieben wird.

B – *Die Rolle des Milieus*

All das macht die Bedeutung der Beziehungsdimension und namentlich die des ersten induzierenden »Milieus« deutlich: der Beziehung zur Mutter. Wir wollen hier nicht all das wiederaufnehmen, was in den vorhergehenden Kapiteln präzisiert worden ist, und uns auf den Hinweis beschränken, daß im Bereich der Intelligenzübung eine gestörte Mutterbeziehung eine gestörte Stimulierung nach sich zieht. Diese Lernschwäche kann später nicht wieder rückgängig zu machende Ausfälle hervorbringen. Die Konsequenzen dieser Lernstörungen stehen dem nahe, was wir an den Auswirkungen der sensorischen Deprivation beschrieben haben, handle es sich nun um eine einfache Unzulänglichkeit (Mangel an Stimulierung) oder um komplexere Störungen (widersprüchliche Zeichen, zeitlich unangebrachte Stimulierung, Nichtangemessenheit von Stimuli und der dem Kind eigenen Fähigkeiten), die das bieten, was RACAMIER sensorische Zufuhrsperre [*désafférentiation*] genannt hat [276].

Es ist jedoch nicht möglich anzunehmen, daß diese Beziehung einbahnig verläuft, und sehr schnell tritt ein Zirkel mit aufeinander überstrahlenden Kreisbewegungen in Kraft. Die Mutter ist von den Unzulänglichkeiten ihres Kindes und seinen Reaktionen betroffen und sieht sich gezwungen, neue Verhaltensformen zu entwickeln, Phänomene von Kompensation, Überkompensation, Negation usw., derart, daß das Kind selbst und seine Unzulänglichkeiten die Persönlichkeit der Mutter restrukturieren. Es ist uns unmöglich, alle Störungen des Kindes als von pathogenen Mutterpersönlichkeiten hervorgerufen aufzufassen; umgekehrt aber müssen wir zugeben, daß sie in manchen Fällen selbst induzierend wirken.

Welche Bedeutung aber das auch immer haben mag, was wir gerade in aller Kürze über den induzierenden und strukturbildenden Stellenwert des Milieus und der Beziehung vergegenwärtigt haben: es bleibt nicht weniger festzuhalten, daß in manchen Fällen das Versagen des organischen Substrates derart massiv ist, daß es die Beziehung erschwert oder deformiert, in dem Maße, daß es sie unmöglich macht oder sie entstellt.

Geraume Zeit ordnete man, mangels besserer Einsicht in das affektive Leben des Kindes, die Beziehungsstörungen mit psychotischer Struktur in die Gruppe der Retardierungen ein. Gegenwärtig neigt man dazu, die umgekehrte Perspektive einzunehmen: nämlich jedes intellektuelle Versagen als Relationsstörung mit psychotischem Zuschnitt zu beschreiben.

Es ist gleichwohl nicht möglich, diese beiden Krankheitsbilder einander oberflächlich entgegenzusetzen, denn sie sind – das eine wie das andere – das Ergebnis von Schwierigkeiten, die der Untersuchungsperiode vorhergehen. Die Begriffe der evolutiven Disharmonie und des disharmonischen Defizits bekommen ihren vollen Wert, weil sie im Bereich der Entwicklung besser verständlich machen

a) einerseits die Rolle der funktionalen Defizite, die diese oder jene Entwicklungsreihe mehr oder weniger belasten;

b) andererseits die Bedeutung des Begriffs der Objektbeziehung und ihre Veränderungen.

Beide Aspekte sind untrennbar, und mehrere Entwicklungsmöglichkeiten sind denkbar, deren deutlichste Pole einerseits die infantile Psychose, andererseits die

Debilität sind. Wie wir weiter oben bereits angemerkt haben, hat ein kürzlich erschienenes Buch das Verdienst, auf die Auswirkungen der Beziehung der Mutter zu ihrem debilen Kind aufmerksam gemacht zu haben. Ferner stellt die Autorin, MAUD MANNONI, den Begriff der Debilität selbst in Frage. Wir führen hier in Kürze die Hauptaspekte ihres Vorgehens vor Augen [245].

»Um zunächst den Sinn auszumachen, den ein geistig Debiler für die Familie und vor allem für die Mutter haben kann, um zu verstehen, daß das Kind selbst der Debilität unbewußt einen Sinn gab, der durch den gesteuert wurde, den ihm die Eltern gaben, glaube ich schließlich, auf einen psychoanalytischen Zugang gestoßen zu sein, der Entwicklungsmöglichkeiten eröffnet.«

Dieser psychoanalytische Zugang ergibt eine eigentümliche Beleuchtung des Problems der mentalen Defizienz. Er stellt, wie die Autorin präzisiert, eher eine Annäherungsweise als eine Behandlungsmethode dar.

»Wenn man eine psychoanalytische Haltung einnimmt, ist es möglich, daß der Debile und selbst der Retardierte aufhört, lediglich Objekt der Reedukationsmaßnahmen zu sein, um statt dessen zum Subjekt seines Diskurses zu werden« [247].

An anderer Stelle erklärt die Autorin:

»Es ist immer ein Vorteil, eher als Subjekt seiner Wünsche denn als zu betreuendes Objekt bestimmt zu werden« [244].

Sie verdeutlicht die Entwicklungsphasen ihrer Reflexion über die Retardierung an ausgewählten Beispielen aus einer klinischen Erfahrung von fünfzehn Jahren. Diese Fälle machen deutlich, auf welche Weise das Kind in der Phantasiewelt der Mutter besonderen Raum einnimmt und wie bald die Rolle, die es in diesen Phantasien spielt, bald eine vorherbestehende Defizienz – etwa organischer Art –, es zum Debilen macht, eine Defizienz, die durch ihr Einwirken auf die Mutter die phantasmatische Beziehung, die sie an ihr Kind bindet, strukturiert. So daß

»selbst in den Fällen, wo ein organischer Faktor im Spiel ist, sich ein solches Kind nicht nur einer angeborenen Belastung gegenübersehen muß, sondern außerdem auch der Art und Weise, wie die Mutter diese seine Fehlerhaftigkeit in einer Phantasiewelt handhabt, die schließlich zu einer ihnen beiden gemeinsamen wird« [246].

In diesen Analysen debiler Kinder ist die Autorin auf folgende wesentliche Merkmale gestoßen:

1. ein symbiotisches, duales Verhältnis zur Mutter, ohne Intervention des untersagenden Vaterbildes;
2. die Verweigerung der symbolischen Kastration (das Kind ist als Partialobjekt Spielball des Verlangens des anderen);
3. die Schwierigkeit, zu den Symbolen vorzustoßen, und die Rolle der fehlenden väterlichen Metapher bei spezifischen Rechenschwierigkeiten.

Diese drei Gesichtspunkte werden in den Schriften von MAUD MANNONI durch Beispiele entwickelt, erläutert und veranschaulicht.

»Auf der Ebene der Sprache bemerken wir, daß das debile Kind in seiner Beziehung zum anderen nicht dahin gelangt, die Angst in eine verbale Dialektik zu überführen. Es erlebt sie auf der Ebene seines Körpers, sein Körper wird von Panik überwältigt, und es mangelt die Dimension des Symbolischen, in der es sich gegenüber dem Wunsch des anderen behaupten könnte, ohne Gefahr, sich von ihm erwischen zu lassen.

Das Bild des Vaters ist in der Beziehung zwischen Mutter und Kind immer abwesend. Die psychoanalytische Erfahrung zeigt uns, daß, wenn es in der Frühentwicklung des Kindes zu Depression, Abwesenheit oder Abdankung der Eltern gekommen ist, es davon unbewußt immer Kenntnis hat. Wenn die Beziehung zum Vater ihm fehlt (es handelt sich nicht so sehr um seine reale Abwesenheit als um sein Fehlen in der Sprache der Mutter), reagiert das Kind darauf, indem es für die Mutter eine Ergänzungsrolle spielt. (Damit werden die Mutter-Kind-Beziehungen zum geschlossenen Zirkel). Diese Rolle ist pathogen aus dem Grunde, weil sie dem Subjekt jeden Zugang zur Welt der Kultur, des Gesetzes und des korrekten Gebrauches der Sprache versperrt, indem sie ihm zugleich die Lösung der ödipalen Krise unmöglich macht. [...] An den Behandlungen mancher Debiler setzt mich in Erstaunen, in welchem Ausmaß ihre Intelligenz sich derart strukturiert, daß sie nicht Auseinandersetzung über Leben und Tod, sondern dieser Tod selbst ist. Es ist die Antwort eines Subjektes, das im Grenzfall geschlechtslos sein möchte, um sich mit nichts mehr auseinandersetzen zu müssen. Die Analyse bringt es dazu, sich von seiner als Mangel erlebten Unzulänglichkeit aus in Frage zu stellen. Nun ist aber diese Unzulänglichkeit für den Debilen durchaus erfüllt, sie hat eben gerade die Funktion, nicht nur seinen eigenen Seinsmangel zu verbergen, sondern auch das, was an der Mutter als Seinsmangel empfunden wird. Deswegen ist die Rolle des dritten Begriffs in jeder Beziehung zum anderen so wichtig: er ermöglicht es dem Subjekt, eine ausweglose imaginäre Zweierbeziehung zu überwinden und in die ›Ordnung der Kultur‹ einzutreten« [245].

So gedenkt Maud Mannoni den Begriff der Debilität – entsprechend der Infragestellung des Intelligenzbegriffes – erneut in Frage zu stellen, und zwar durch die Analyse dessen, was diese Debilität in der Geschichte und der Beziehungsstruktur der Familie darstellt, und das aus analytischer Sicht.

Ihr Buch scheint eine doppelte Intention zu verfolgen:

- eine therapeutische, indem es zeigt, daß die Psychoanalyse solcher Debiler möglich ist;
- eine ätiologische, indem es gerade die Genese der Debilität erneut durchleuchtet.

Maud Mannoni geht von eigenen klinischen Beispielen aus, bei denen die Kinderanalytiker manche Beobachtungen wiederfinden, die dem sehr nahe stehen, was sie Tag für Tag über den Stellenwert und den Sinn der Debilität eines Kindes in einer Familie, über seine Integration in die intrafamiliären Beziehungen und vor allem in die mütterlichen Phantasien in Erfahrung bringen können.

Sie verdeutlicht anhand ihrer eigenen klinischen Beispiele die Relativität der Intelligenzbemessung durch den IQ und zeigt:

1. daß Kinder mit homogenen Resultaten neurotische und vor allem psychotische Erscheinungsformen bieten können, die bei ihren intellektuellen Ergebnissen nicht übersehen werden dürfen;

2. daß die Debilität, selbst wenn der intellektuellen Defizienz eine unbestreitbar organische Ätiologie zugrunde liegt (etwa bei den Enzephalopathien), sich sofort in der Beziehungswelt des Kindes ausprägt und in den unbewußten Phantasien des Kindes und seiner Eltern eine Bedeutung bekommt;

3. daß diese affektive Integration der organischen Beeinträchtigung ihrerseits auf das zurückwirken muß, »was das Kind aus seinem IQ macht«. Die Kinder sind mehr oder weniger in der Lage, daraus ein Maximum an sozialer Leistung zu gewinnen.

In dieser Hinsicht scheint uns das Buch von MANNONI für Ärzte das Wahrnehmungsvermögen dafür, was ein debiles Kind ist, zu erweitern und auch zu verhindern, daß die verfrühte Reedukation seine psychische Gesundheit eher verschlechtert als bessert.

Ohne uns auf eine Polemik gegen die Autorin einlassen zu wollen, möchten wir jetzt einige persönliche Einwürfe im Zusammenhang mit ihren Arbeiten darlegen, und zugleich nehmen wir Bezug auf die scharfsinnige kritische Analyse von JACQUELINE COSNIER [57] und die von PIERRE BOURDIER [37] aus der Sicht von Kinderneuropsychiatern.

»Wenn es auch sehr häufig wünschenswert ist, retardierten Kindern eine psychotherapeutische Behandlung zugute kommen zu lassen, vor allem dann, wenn diese Behandlung auf die ersten Ursachen dieser Retardierung einwirken kann, so bleiben vor der Inangriffnahme dieser Psychotherapie doch nicht nur die Erfolgschancen, sondern auch die realen Schwierigkeiten, auf die man stoßen wird, und die Gefahren einzuschätzen, wenn man manche von ihnen derart behandelt. All das scheint bei MAUD MANNONI keineswegs berücksichtigt, die offenbar meint, die psychoanalytische Behandlung sei ein Allheilmittel. Nun muß man sich jedoch die Frage stellen – die Erfahrung lehrt uns das –, ob die Anwendung dieser Psychoanalyse möglich und sogar wünschenswert ist, weil die Debilität zuweilen – wie wir anderswo gezeigt haben – als zurückbleibendes Wundmal eines komplexen Prozesses in Erscheinung tritt.

Weil man dank einer sehr sorgfältigen Analyse die ganze diachronische Kette hat rekonstituieren können, die von den ersten gestörten funktionalen Besetzungen zum Symptom als Wundmal hinüberleitet, kann man daraus nicht auch jedesmal schließen, daß es möglich ist, sie aufzulösen, wenn man ihren Entstehungsweg zurückverfolgt.

Weil diese Kette bei den ersten Schüben mobilisierbar erscheint, muß man deshalb nicht gerade alles erneut in Frage stellen. Wie defizitär auch immer, ist das Symptom dennoch Ausdruck eines Kompromisses, der dem Kind in seinem intrastrukturellen Konflikt und auch in einem schweren familiären und sozialen Beziehungskonflikt zu einem gewissen Gleichgewicht verhilft. Das zwingt uns, die klinischen Bilder deutlich auseinanderzuhalten, in denen die Debilität nicht ein neurotisches Symptom – wie in den Fällen von Pseudo-Debilität –, sondern eine Abwehrart vom Typus der Charakterstörung ist. In diesen Fällen findet man ein Defizit in der Persönlichkeit ausgeprägt, und zwar ein intrastrukturales Defizit, auf das einzuwirken schwierig, wenn nicht unmöglich ist.

Im übrigen macht MAUD MANNONI in jeder vorgebrachten klinischen Krankengeschichte deutlich, daß sie auf eine bestimmte Anpassungsweise im Verhältnis des Kindes zu seinen Phantasien und Imagines und auch in seiner Beziehung zum Verhalten der Mutter gestoßen ist. Umgekehrt läßt sie uns nie eine therapeutische Entwicklung miterleben. So macht sie etwa die Art und Weise nicht nachvollziehbar, in der sich die Gegenbesetzungen und die neuen Besetzungen auflösen und neuordnen.

Aber die Autorin verfolgt ein anderes – ätiopathogenes – Vorhaben, das gerade die Entstehung der Debilität erneut in Frage stellen will. Bei der Lektüre läßt sich bemerken, daß alle dargestellten Beispiele auf psychotische oder schwere Persönlichkeitsstörungen der Eltern eher Bezug nehmen als auf die wirkliche Analyse der Debilen. Nun ist es jedoch offensichtlich, daß die Mehrzahl der zusammengetragenen Fälle in der Alltagspraxis nicht in diesen Bereich eingeordnet werden können.«

J. Cosnier wirft Maud Mannoni mithin vor, die Debilität zu einem Symptom zu machen, das im wesentlichen der Ausdruck eines Konfliktes in der Beziehung zu den Eltern wäre. Diese Erklärung ist eindeutig für alle Arten von Debilität:

»Es scheint uns ungerechtfertigt, aus der Tatsache, daß die Debilität eines Kindes zwangsläufig Bedeutung für seine Beziehung zu den Eltern und Raum in deren Phantasien bekommen hat, den Schluß zu ziehen, daß eben diese Phantasien für die Debilität verantwortlich sind. Wenn das debile Kind etwa die Phantasie der mütterlichen Kastration aktualisiert, so geht man ein wenig zu leichtfertig zur Erklärung der Debilität durch die mütterliche Phantasie über.«

Wir selbst haben anderswo auf die Notwendigkeit hingewiesen, im Zuge einer zeitlichen Entwicklung weitaus komplexere Beziehungen zwischen Debilität, Psychose, Neurose, Reaktionsstörungen usw. ins Auge zu fassen, und zwar in einer temporären Perspektive und anhand der Begriffe der evolutiven Disharmonie und des instrumentalen Defizits. Muß mit der Autorin das Seelenleben des debilen Kindes als passiver Spiegel dessen aufgefaßt werden, was die Eltern unbewußt gewünscht haben, daß es sei, unabhängig von den eigenen Bedürfnissen und Wünschen des Kindes, wie wenn auf der einen Seite der Wunsch der Mutter, auf der anderen der des Kindes stünde, ohne irgendeinen internen, im Verhalten und im »Sprechen« des Kindes wahrnehmbaren Konflikt?

»Was uns als Psychoanalytiker in Erstaunen setzt, ist die Unsicherheit des begrifflichen Bezugssystems der Autorin. Wir finden uns allzu häufig in eine bedauerliche Begriffsverwirrung zwischen Trieben und Abwehrhaltungen, Imagines und realen Elternpersonen, zwischen phantasmatischer Bearbeitung des Erlebten und Wunschverwirklichung verstrickt, und das führt schließlich zur Anerkennung der Allmacht der elterlichen Phantasien« [57].

Wir unsererseits sind der Ansicht, daß die mütterlichen Positionen im selben Maße wie die des Kindes Anpassungsformen in einem Konflikt sind, der zugleich zwischen den Systemen [*intersystémique*] und innerhalb des Systems [*intrasystémique*] ausgetragen wird. So ermöglicht etwa

»ein strukturaler und dynamischer Standpunkt zu verstehen, daß die Debilität ihres Kindes von der Mutter als Kastration erlebt wird, die, wenn sie sich aktualisiert hat, sie gegen ihre Angst schützt, die erneut entstünde, wenn das Kind von seiner Debilität geheilt würde. Maud Mannoni macht die Debilität zum Phallus, den die Mutter nicht verlieren will, während sie doch ein Mangel ist, der als Strafe für phallische Wünsche erlebt wird. Die Befriedigung, die die Mutter finden kann, wenn sie ein schwaches Kind umsorgt und für sich behält, kann lediglich als sekundärer Vorteil aufgefaßt werden« (J. Cosnier).

Mit anderen Worten: man könnte sagen, daß die Mutter des Debilen eine bestimmte Neuverteilung ihrer Besetzungen angesichts der narzißtischen, ihrem unvollkommenen Kinde zu verdankenden Wunde vornimmt. Wenn sie es nicht als vollkommenes Kind der Ödipussituation besetzen kann, sieht sie sich ihren Schuldgefühlen gegenüber, die Kastration des Vaters aktiv gewünscht zu haben. Dieses unvollkommene Objekt kann als Partialobjekt ihrer selbst und als künftiger Phallus nur dank der eigenen »Brutzeit« besetzt werden; das heißt außerdem, daß sie auf narzißtische und megalomanische Weise ihre mütterliche Funktion besetzt, die ihres Erachtens, allem und selbst der Realität zum Trotz, dennoch aus diesem Teil ihrer selbst einen Phallus macht, der sie nichtsdestoweniger zum Sieger über ihren Ödipus erklärt.

Wir konstatieren zuweilen, daß das bis zur Negation der Realität gehen kann, in der Bestätigung der Integrität des Kindes oder gar in einem Prozeß von Überkompensation in der Zurschaustellung seiner Monstruosität, die so zu einem geheiligten Zeichen wird, das authentisch bestätigt, daß der Inzest vollzogen wurde.

Eine therapeutische Folgerung, die hier vernachlässigt wurde, scheint uns wesentlich: die Notwendigkeit, in jedem Augenblick auf die Maßnahmen zu achten, die man den narzißtischen Besetzungen der Mutter jeweils nach Maßgabe ihrer Bewußtwerdung anbietet. Eine der am häufigsten anzutreffenden Folgen besteht bei dynamischen und intelligenten Müttern darin, sich einer philanthropischen Vereinigung für gehandikapte Kinder zu widmen.

J. Cosnier kritisiert schließlich die Art und Weise, wie Maud Mannoni mit dem Begriff des Gesetzes des Vaters umspringt. Sie präsentiert jedes Kind – gleich welchen Alters und welchen Entwicklungsniveaus – in immer demselben präverbalen, präsymbolischen Rahmen, in dem eigentlich nur der Säugling mit seiner Mutter lebt. Die Entwicklung dieses Zustandes in Richtung auf das Autonomwerden hängt faktisch von verschiedenen Faktoren ab, deren einer die »Sprache des Vaters in der Mutter« ist; es darf jedoch nicht außer acht gelassen werden, daß dieser Zustand, diese Beziehung und diese Situation von einem bestimmten Alter an und bei Erwerbung bestimmter Funktionen aufgegeben werden, und zwar mittels des Phänomens der ödipalen Strukturierung.

Mit J. Cosnier läßt sich auch die Art und Weise kritisieren, in der Maud Mannoni den mütterlichen Phantasien als solchen eine Allmacht zuschreibt. Die psychotische Mutter macht ihr Kind nicht allein durch das Vermögen ihrer Phantasie psychotisch, und es müssen unterschieden werden

a) die ersten Lebensmonate, in denen die mütterliche Phantasie oder genauer die Maßnahmen, die die Mutter angesichts bestimmter Phantasiekonflikte hat ergreifen müssen, die aufgrund der Schwangerschaft und der Geburt erneut wiederauflebten, dem Neugeborenen die Vorzüge der reichlichen mütterlichen Nahrung vorenthalten können, wie sie für die Konstruktion der Grenzen des Körpers und demgemäß der Grenzen des Ich erforderlich sind;

b) und eine spätere Periode, in der das Verhalten der Mutter sich auf das Kind nicht durch einfache Prägung auswirken kann, weil es sich da bereits an eigene Ichfunktionen des Kindes wendet. Maud Mannoni scheint sich immer so zu äußern, als ob sich das Einwirken der Mutter fortwährend derart massiv dysgenetisch vollziehe, daß das »Ich« des Kindes sich schließlich in vollkommener Identifikation mit dieser Mutter entwickelt habe.

J. Cosnier wirft ihr desgleichen vor, die Eltern von Debilen in übertriebener Weise zu beschuldigen, und zwar in dem Maße, wie sie bekräftigt, was diese Eltern bereits glauben: nämlich daß sie ein debiles Kind als Strafe für ihre Phantasien haben.

Wir meinen schließlich, daß ein debiles Kind ein Recht auf die Vergünstigung einer strukturalen Diagnostik hat, ähnlich derjenigen, die man allen zur Konsultation vorgestellten Kindern angedeihen läßt, um über die Indikation, die Wirkungsmöglichkeit und die Risiken einer beliebigen Behandlung zu entscheiden.

Letztlich haben offenbar gerade die Leser in den Arbeiten von MAUD MANNONI eine Erklärung für die Ätiopathogenese der intellektuellen Defizienz zu sehen geglaubt, während die Autorin lediglich einfach ihren Arbeitstiteln treu geblieben ist: »*L'enfant arriéré et sa mère*« [»Das zurückgebliebene Kind und seine Mutter«] und »*L'enfant, sa maladie et les autres*« [»Das Kind, seine Krankheit und die anderen«].

Es ist schade, daß die Autorin auf die Genese der Krankheit selbst das übertragen zu können geglaubt hat, was in der Mehrzahl der Fälle lediglich eine Anpassungsform des Kindes und der anderen ist, die der eigentlichen Krankheit nachfolgt. Es bleibt ihr größtes Verdienst, durch auffällige Beispiele (die in der Tat Fälle von infantilen Psychosen sind) die Aufmerksamkeit auf ein konstantes Phänomen gelenkt zu haben: die *Substrat*-Funktion der Objektalisierung der Triebe des Kindes, die von den eigenen Anpassungsformen der Mutter angesichts ihrer Triebe und unbewußten Phantasien beeinflußt und überdeckt werden, wobei ihre Beziehungen zum Kind jetzt selbst in ihre eigenen Anpassungsformen eingeschlossen werden. MAUD MANNONI scheint damit die transaktionale Dimension außer acht zu lassen, die sich in allen anderen Fällen als dem der infantilen Psychose einstellt, bei der kein Zugang zur Symbolisierung, zur Distanzierung und zur Autonomisierung eintreten kann.

Im Rahmen dieser Diskussion über die Grenzen der mentalen Retardierung bleibt hervorzuheben, daß das Kind dem Einwirken soziokultureller Faktoren unterliegt, die der Psychiater-Psychoanalytiker, der in gesellschaftlichen Institutionen arbeitet, nicht außer acht lassen darf.

Diese Faktoren spielen eine Rolle bei der Verwendung der Sprache als Kommunikationsinstrument. FREUD selbst konnte schreiben, daß der Mensch einen ansehnlichen Fortschritt gemacht habe, als er gelernt hatte, eher mit der Sprache als mit der Keule zu streiten. Nun wird aber die Verwendung der Sprache von unserer technischen Zivilisation aus Gründen ins Spiel gebracht, die hier nicht detailliert untersucht werden können, und namentlich in auf kulturellem Gebiet verarmten Milieus. Das Kind wächst da nicht, wie eigentlich angemessen, in der Sprache als sanftem Bad auf. Daraus ergeben sich manche besonderen Aspekte der Unzulänglichkeiten seiner intellektuellen Entwicklung, die ihm den Anschein des Retardierten verleihen; sie setzen auch der psychotherapeutischen Einwirkung offensichtliche Grenze, die an Sprache und Kommunikation appelliert.

Die dank der Psychoanalyse erworbene Einsicht in die Entwicklung des Kindes hat den Akzent auf die Bedeutung der endopsychischen Konflikte gelegt. In dieser Hinsicht können die Konflikte, die die äußere Realität zum Ausdruck bringen, und jene, die sich aus der psychischen Realität ergeben, nicht verquickt werden, ohne daß der Beitrag der Psychoanalyse weggeleugnet würde; selbst dann nicht, wenn es wahr ist, daß die Heftigkeit der externen Konflikte den Aspekt der Projektionen zum Ausdruck bringt, und selbst wenn die Entwicklung des Kindes durch eine relativ späte Internalisierung seiner Konflikte gekennzeichnet wird, wobei es für geraume Zeit von seiner Umgebung abhängig gemacht wird. Mit anderen Worten: die Diagnostik von reaktiven Störungen kann – wie wir gesehen haben –, insofern man von einer pathogenen Situation spricht, nur ausnahmsweise gegeben werden[5].

Es handelt sich nicht darum, hier für die ökologischen Faktoren in der Kinderpsychiatrie Partei zu ergreifen. Die Psychoanalytiker können jedoch die naive Theorie, die die Kulturalisten beeinflußt, oder gar scheinhaft-oberflächliche Zustimmung zur psychoanalytischen Theorie, nicht gutheißen, deren Kritik mehrfach unternommen worden ist [46], [226].

Unsere Zivilisation zieht häufig eine Überstimulierung der Kinder nach sich; daher dann ein manchmal pathogener Vorsprung der Ichentwicklung vor dem der Triebe. S. FREUD hatte bereits deutlich gemacht, daß ein entwickeltes Ich die Rohheit der prägenitalen Vorstellung der Triebe nicht aushalten könne [123]. ANNA FREUD [93] ihrerseits hat darauf hingewiesen, daß manche perversen Tendenzen sich mit Hilfe ebenderselben Heterochronie entwickeln könnten, wenn der Triebstärke nicht durch den neurotogenen Kampf eines auf ihr Niveau regredierenden Ich entgegengearbeitet wird.

In derselben Hinsicht haben manche Autoren darauf aufmerksam gemacht, daß die Schwierigkeiten der verbalen Kommunikation, die mit der gegenwärtigen Häufigkeit der Störungen beim Erlernen der Schriftsprache in Zusammenhang gebracht werden müssen, einen großen Teil der Verantwortlichkeit für die Nichtbearbeitung psychischer Phänomene übernehmen können, wie es sich – gemäß der These von P. MARTY, M. FAIN, M. DE M'UZAN und C. DAVID [248] – bei Psychosomatikern und bei labilen Psychopathen beobachten läßt.

Diese lange Analyse der Arbeitsbedingungen des Kinderpsychiaters und seines Teams hat uns veranlaßt, vor allem die neuen Probleme vor Augen zu führen, die die psychoanalytische Ausbildung dieser Fachkräfte in der Alltagspraxis und in der Theorie hervorgerufen hat, die sich daraus ergibt, wie sie jene zugleich beeinflußt.

Um dieses Kapitel zu beschließen, würden wir gern die Vorteile, aber auch die offensichtlichen Nachteile diskutieren, die diese Ausbildung mit sich bringt.

Der psychoanalytisch geschulte Psychiater scheint uns – wie wir gezeigt zu haben glauben – für die Diagnostik eines jeden Falles ausgezeichnet gerüstet. Seine Ausbildung ermöglicht es ihm, sich nicht sklavisch an die traditionelle Nosographie anzuklammern und jedem seiner Eingriffe den Charakter einer therapeutischen Eröffnung zu verleihen.

Er ist dabei gehalten, die Verantwortung für die Koordination der Arbeit in seinem Team und für verschiedene Entscheidungen im Zusammenhang mit jedem Fall zu übernehmen.

Weil er so zum identifikatorischen Ersatz wird, muß er zugleich seine Verantwortlichkeit abwägen. In dieser Hinsicht kann alles, was er ist und tut, eine entscheidende günstige oder umgekehrt letztlich schädliche Rolle für die ihn konsultierenden Kinder und ihre Familien spielen. In jedem Falle muß man, zumal man

[5] Vgl. in diesem Zusammenhang die Arbeiten von DUHL [73], PAVENSTEDT [333]und S. LEBOVICI und F. KLEIN [230].

gewöhnlich von seinem »Wissen« und »Können« spricht, sich bewußt machen, daß diese seine Macht sein Wissen bei weitem hinter sich läßt, weil sie sich den verschiedentlichsten Projektionen verdankt, die sich dahingehend auswirken, daß seine Mitarbeiter als Nicht-Psychoanalytiker ihm eine Allmacht an »Wissen« zuschreiben. Er sollte mithin akzeptieren, sich zu zeigen wie er ist, ohne mit gezieltem Gegenverhalten auf diese Projektion einer Allmacht zu antworten, die ihm fälschlicherweise zugeschrieben wird. Die Wahrhaftigkeit seiner Person ist die einzige Antwort, die diese Situation entdramatisieren kann.

Die Teamarbeit sollte mithin nicht nur gemeinsame Arbeit an den ursprünglichen, nach den Fähigkeiten jedes einzelnen zusammengetragenen Befunden, sondern auch gemeinschaftliche Diskussion dieser Befunde sein. Offensichtlich besteht bei dieser Arbeitsteilung eine gewisse Ungleichheit, weil allein der Psychoanalytiker in der Lage ist, die verschlüsselte Sprache des Unbewußten zu verstehen. Die Korrektur müßte sich jedoch aus der Tatsache ergeben, daß die schnelle Enträtselung dieser Sprache – abgesehen davon, daß sie eine gefährliche Waffe darstellt, wenn sie mit dem Kind übermittelten »wilden« Entdeckungen in Verbindung gebracht wird – nicht die anderen, für das Verständnis des Falles erforderlichen Dimensionen bereitstellt, namentlich jene, die die Entwicklung betreffen.

Unseres Erachtens bildet der Psychoanalytiker, der sich darum bemüht, eine Beziehung aufzubauen und aufrechtzuerhalten, insofern nicht den einzigen Identifikationsbezug. Die rekonstruierende Anamnese, die sich seine Methode zum Vorbild nimmt, hat den Nachteil, der Diagnostik – außer in den Fällen, wo eine lange Therapie die Unzulänglichkeiten der Beobachtung korrigiert – »impressionistische« Grundlagen an die Hand zu geben. Wir möchten hier also die Notwendigkeit hervorheben, auch systematische Methoden anzuwenden, um die faktischen Befunde zusammenzutragen, die für das Verständnis der Entwicklung des Kindes in seinem Milieu erforderlich sind; diese »Entwicklung in seinem Milieu« müßte Gegenstand einer »naturalistischen« Beobachtung sein, um hier einen von amerikanischen Anthropologen eingeführten Neologismus zu benutzen.

Man hat den psychoanalytisch geschulten Psychiatern auch vorgeworfen, die biologische und somatische Annäherung an einen jeden Fall hintanzustellen. Dieser Einwand muß auf seinen Wahrheitsgehalt hin geprüft werden. Es wäre für alle jene, die die psychoanalytische Ausbildung für allein sinnvoll halten, allzu leicht und verlockend, die Rolle des Psychiaters mit medizinischer Ausbildung auf eine somatische Untersuchung einzuschränken, die man ihm zubilligte, um die »dankbaren Aufgaben« den Psychoanalytikern zu überlassen. Umgekehrt fragt man sich mit Recht, ob der Psychoanalytiker gewordene Psychiater *per definitionem* auf jede körperliche Untersuchung seiner jungen Patienten verzichten soll. Zweifellos ist es bequem, die biologische und die affektive Untersuchung zu trennen. Man hat sogar beansprucht, daß der Psychiater-Psychoanalytiker *prinzipiell* jeder somatischen Annäherung aus dem Wege zu gehen habe, um von der Sprache Gebrauch zu machen, wie sie im Dialog vernommen oder eingesetzt wird, und daß diese wechselseitige, dem Patienten wie ihm selbst auferlegte Frustration die Gußform wäre, die sich sein Einwirken als Modell nähme. Diese Position hat freilich den Vorteil zu verhindern, daß sich beim untersuchten Kind die Phantasien und eine bestimmte Realität vermengen, die das traditionelle Gebaren des Arztes ins Spiel zu bringen riskiert. (Die Kastrationsphantasien von Kindern werden häufig auf den Arzt projiziert; wenn der die Genitalorgane eines Jungen untersucht, kann sich die Angst in einer realen Situation verdichten.) Wir glauben jedoch nicht, daß der Psychiater-Psychoanalytiker sich dazu zwingen muß, jedem körperlichen Kontakt aus dem Wege zu gehen, abgesehen von besonderen Situationen mit großen Angstzuständen und im Falle von männlichen und weiblichen Adoleszenten. Wenn der traditionelle Apparat, der weiße Kittel usw., einmal verbannt ist (er kann übrigens dem Psychiater als Schutz dienen), wird eine somatische Annäherung häufig als besänftigend empfunden: sie flößt dem Kind und seiner Familie Vertrauen ein und mildert die Auswirkungen der aufgrund der Vielzahl der Examinatoren gebrochenen Übertragung. Sie verhindert schließlich schwere Irrtümer, die man allzu häufig den Psychoanalytikern zuschreibt, denen vorgeworfen wird, schwere somatische Störungen zu übergehen.

Diese wenigen Bemerkungen zur Rolle des Psychiater-Psychoanalytikers machen den Nutzen deutlich, den jede Anstalt aus seiner Mitarbeit ziehen kann. Bedingung dafür ist offensichtlich, daß er zu jedem Zeitpunkt seines Berufslebens Psychoanalytiker bleibt. Seine Einsichten können zahlreiche Beiträge zum Verständnis eines jeden Falles zuschießen. Er muß jedoch – und zwar immer – derjenige sein, der »Können« und »Wissen« angesichts neuer Arten von Einsichten in soziokulturelle Milieus in Frage zu stellen bereit ist, die er schlecht kennt, indem er durch sein persönliches Beispiel zeigt, daß er sich mit den Schwierigkeiten der anderen Mitglieder seines Teams zu identifizieren versteht, ohne daß – angesichts der interpersonalen Konflikte – vergessen werden darf, daß es sich um die Beschäftigung mit Kindern und ihren Familien handelt.

KAPITEL II

Der Mangel an mütterlicher Fürsorge

I. Geschichte

In seinem gesamten Werk hatte bereits FREUD die Aufmerksamkeit auf die Bedeutung der frühen affektiven Erfahrungen des Kindes gelenkt. Die Anwendung der Psychoanalyse bei immer jüngeren Kindern und die deutende Rekonstitution der Voraussetzungen der Objektbeziehung haben zu einer immer genaueren Analyse der Beziehungen zwischen Säugling und Mutter geführt.

Es wird deutlich, daß das Verhalten des Kindes nicht einzig und allein aus der Entwicklung seines Nervensystems resultiert, und daß die von ihm eingegangene Beziehung gleichfalls eine Rolle für die Reifung spielt.

Der Säugling durchlebt einen Komplex von zeitlich deutlich rhythmischen Erfahrungen, in denen die Mutterfigur zunächst lediglich in der Bedürfnisbeziehung Gestalt annimmt.

Gegen Ende der zweiten Hälfte des ersten Lebensjahres wird er fähig, sich das mütterliche Objekt vorzustellen, sich selbst von ihm zu unterscheiden und sich von diesem Selbständigwerden aus zu entwerfen.

»Deshalb ist jede spätere Angst geeignet, die Fundamente wieder ins Spiel zu bringen, auf denen sich die Grundlagen der Objektbeziehung entwickelt haben: die äußere und die innere Gefahr führt zur Zerstückelungsangst« [315].

In der Perspektive eben dieser Untersuchung sind während und nach dem Zweiten Weltkrieg zahlreiche Arbeiten über den Mangel an mütterlicher Fürsorge unternommen worden.

Die direkten klinischen Beobachtungen sind zahlreich gewesen:
- manche betrafen, auf der Grundlage von Messungen und Vergleichen mit Kontrollgruppen, zunächst die Entwicklung, später die geistige Gesundheit von Kindern, die für mehr oder weniger lange Zeiträume in Institutionen, Hospitälern und Pflegeheimen untergebracht waren;
- andere waren der retrospektiven Untersuchung der ganz frühen Jugend von Kindern, Adoleszenten und Erwachsenen gewidmet, die von verschiedenen Störungen betroffen waren.

D. BURLINGHAM und A. FREUD [48] beobachteten Kinder, die, von ihren Eltern entfernt, während der Bombardierung Londons in der Kinderkrippe von Hampstead untergebracht waren.

W. GOLDFARB bemühte sich um die Untersuchung des Defizits des globalen Intelligenzquotienten oder besonderer Funktionen und Fähigkeiten (Symbolisierung, zeitliche und räumliche Strukturierung) [156].

R. SPITZ beschrieb den Hospitalismus und gab dem Zustand von stupurösem

Stumpfsinn, der sich bei den mütterlicher Fürsorge beraubten Kindern einstellt, den Namen »anaklitische Depression«.

LAURETTE BENDER [26] bestimmte – nach anderen Autoren (LÉVY, GOLDFARB u. a.), die bereits retrospektive Untersuchungen vorgenommen hatten – ein Syndrom genauer, das sie »psychopathische Verhaltensstörung in der Kindheit« nannte.

Die katamnestischen Untersuchungen von W. GOLDFARB zählten zu den genauesten. Aufgrund von vergleichenden Analysen von Gruppen von Kindern unter unterschiedlichen Bedingungen ermaß er das Leiden jener, die bis ins fortgeschrittene Alter in solchen Institutionen lebten.

Die Monographie Nr. 2 des *»Office mondial de la Santé«* (O. M. S.) mit dem Titel *»Soins maternels et santé mentale«* (5) von J. BOWLBY erschien im Jahre 1951 [50a].

J. BOWLBY gibt in seinem ersten Kapitel einen Überblick über alle Arbeiten, die den seinen vorausgehen, und schreibt:

»Es ist erstaunlich, die beeindruckende Konvergenz und Übereinstimmung dieser Untersuchungen festzustellen, die von Autoren unterschiedlicher Nationalitäten, unterschiedlicher Ausbildung und – in mehr als der Hälfte der Fälle – ohne wechselseitige Kenntnis ihrer Ergebnisse unternommen wurden.

Der Mangel an Perfektion, an wissenschaftlichem Wert oder an Genauigkeit, den man jeder Analyse für sich genommen vorwerfen könnte, wird weitgehend von der Übereinstimmung im Rahmen des Gesamtkomplexes aufgewogen.«

Nach einer sehr gedrängten bibliographischen Zusammenfassung stellt BOWLBY seine eigenen Arbeiten vor und kommt zu sehr gediegenen Schlußfolgerungen.

Wir wollen hier keinen kurzen Abriß dieser Monographie geben, die seit ihrem Erscheinen in psychiatrischen, psychoanalytischen und pädiatrischen Kreisen großen Nachhall fand und zahlreiche andere Untersuchungen nach sich zog (in Frankreich die Forschungsgruppe des C.I.E., AUBRY-ROUDINESCO, M. DAVID und G. APPEL [18]), ebenso wie zuweilen sehr kritische Polemiken, aus denen wir einige Auszüge bieten wollen. Zehn Jahre später gab das O.M.S. einen neuen Versuch einer Synthese heraus, der den Gesamtkomplex dieser Arbeiten berücksichtigte.

Wir wollen hier lediglich die jetzt – im klinischen und theoretischen Bereich – gesicherten Erkenntnisse über die mittel- und langfristigen unmittelbaren Auswirkungen früher Mangelsituationen kurz zusammenfassen, um dann in eine Diskussion darüber einzutreten, die in einem direkteren Sinne auf den Beitrag psychoanalytischer Erkenntnisse zum Verständnis solcher Phänomene ausgerichtet ist.

Die Arbeiten, die wir soeben erwähnt haben, tragen eine sehr wichtige, wenn nicht sogar vollständige Bibliographie bei. Wir beschränken uns darauf, die zu zitieren, aus denen manche Abschnitte unseres Textes entnommen sind, namentlich die sehr minutiöse und scharfsinnige Klarstellung von MARY AINSWORTH [4], einer direkten Mitarbeiterin von BOWLBY bei eben der Arbeit, auf die wir ständig Bezug nehmen werden.

II. Vorbemerkung

In zwanzig Jahren ist die Berücksichtigung der unmittelbaren oder langfristigen Konsequenzen, die die Trennung eines kleinen Kindes von seiner Mutter nach sich zieht, zu einem der Grundbegriffe der Kinderpsychiatrie geworden.

Es handelt sich also um einen aktuellen Problemkreis. Wirklich hat

a) die Pädiatrie einerseits – und zwar in Hinsicht auf die Hospitalisierung und das Leben in Gemeinschaft – die Mehrzahl der früher angstbesetzten Probleme gelöst: die Ernährungstechnik ist perfektioniert; die rationale Disposition der Räumlichkeiten, die Isolierung zu Beginn des Klinikaufenthaltes, der Gebrauch von Seren und Gammaglobulinen, die Verwendung von Antibiotika haben die Ansteckungsgefahren nahezu vollständig gebannt und die Sterblichkeitsrate auf einen Mindestsatz reduziert.

Derart von einer Zwangsvorstellung entlastet, die, seit man Kinder zusammenpferchte, der Lebenserwartungsprognose den Vorrang einräumte, konnten sich die Pädiater Beschäftigungen zuwenden, die vor dreißig Jahren noch als Luxusangelegenheiten gegolten hätten, obwohl man, unter dem Pauschalbegriff des »hospitalen Marasmus«, bereits die Apathie und Trägheit von Kindern erkannt hatte, die in frühem Alter lange hospitalisiert gewesen waren.

b) Zugleich begriffen die Möglichkeiten der Pädiatrie, die ständig anwachsende Komplexität der Kinderfürsorge, der unter Beweis gestellte Wagemut ein zunehmend spezialisiertes medizinisches und therapeutisches Arsenal ein, das zur Hospitalisierung von mehr Kindern führte, und zwar ohne allzuviel Befürchtungen.

Bald konnten die Mediziner feststellen, daß der psychologische und affektive Faktor sich als eines der Elemente der somatischen Genesung einschaltete.

c) Schließlich zogen die soziale Entwicklung und die durch die Landflucht vorangetriebene Randstadtkonzentration Störungen und Fehlanpassungsverhalten aufgrund von Entwurzelung nach sich, und das Problem des Alkoholismus und unzureichende Wohnverhältnisse haben die Aufgabe der »Kinderunterbringung« vervielfacht, angesichts derer die ärztliche Vernunft einfaches Schamgefühl in Hinsicht auf einen »Sozialfall« ist.

Es läßt sich jetzt sagen, daß das, was wir gegenwärtig von den Auswirkungen mangelnder mütterlicher Fürsorge kennen, einen bemerkenswert kohärenten Gesamtkomplex bildet, der freilich noch Lücken bietet und viele Fragen noch unbeantwortet läßt, aber keine grundlegenden Widersprüche mehr enthält:

»Die Untersuchung von in solchen Institutionen zusammengefaßten Säuglingen sollte keinem Zweifel hinsichtlich der schädlichen Auswirkungen Raum geben, die die Abwesenheit der Mutter ganz zu Anfang und in den ersten Lebensjahren auf die Entwicklung des Kindes haben kann. Die daraus sich herleitende Frustration hat Nachwirkungen während der Periode, in der sie erfahren wird, und mehr oder weniger lange danach; in ihren massiven Formen kann sie weitreichende Konsequenzen nach sich ziehen, die nicht wieder rückgängig zu machen sind.

Es steht jetzt ausreichend Beweismaterial zur Verfügung, das die Exaktheit der allgemeinen Auffassung bestätigt: der anhaltende Mangel an mütterlicher Fürsorge bringt beim Kleinkind Schäden hervor, die nicht nur schwer, sondern auch dauerhaft sind, seinen Charakter verändern und so sein ganzes künftiges Leben stören« (Bowlby [50b]).

III. Definitionen

Zahlreiche vorgebrachte Einwände und inzwischen aufgeworfene Kontroversen rühren von einem Mißverständnis der ersten Arbeiten zum Begriff des Mangels her. Diese Arbeiten nehmen einerseits immer Bezug auf den anhaltenden und ernsthaften Mangel, der sich gegen das Kleinkind auswirkt. Andererseits umfassen die unterschiedlichen klinischen Ausdrucksformen von Mangel alle Arten von Leiden mit variablem Schweregrad, und die Nachwirkungen dieser Leiden hängen von einer Unzahl von Faktoren ab, die untersucht und eingeordnet werden müssen.

Das erweist die Notwendigkeit als begründet, die verschiedenen Untersuchungsstrategien genauer zu bestimmen, deren jede Vorteile und Schwächen hat, die den möglichen Beobachtungen und Deutungen bestimmte Grenzen setzen.

Es scheint wünschenswert, die Klassifikation von BOWLBY zusammenfassend nachzuvollziehen, der die verschiedenen Situationen deutlich unterscheidet:

»Die Unzulänglichkeit der Abhängigkeitsbeziehung kann mit drei Voraussetzungen in Zusammenhang stehen:

1. Abwesenheit der Mutter oder des Muttererersatzes;
2. Unterbrechung der Beziehung zum mütterlichen Objekt;
3. Unsicherheit der Beziehungen zum mütterlichen Objekt.

Die beiden ersten Voraussetzungen implizieren eine reale Trennung, sei es durch Trennung (englisch *privation*), sei es durch Verlust *(deprivation)*. Die Bedingungen der Trennung des Kindes von der Mutter sind die folgenden:

1. Trennung von der Mutter vor dem Aufbau einer stabilen und Sicherheit bietenden Abhängigkeitsbeziehung:

a) ohne die Gelegenheit, später eine stabile Beziehung zu einem Muttererersatz aufzubauen (Kinder in Institutionen): vollständige Entbehrung;

b) zeitlich begrenzte Trennung, ohne die Gelegenheit, eine stabile Beziehung zu einem Muttererersatz aufzubauen, aber mit der Möglichkeit, später wieder Beziehungen zur Mutter oder einem Ersatz aufzunehmen: zeitlich begrenzte Entbehrung von mehr oder weniger langer Dauer;

c) unmittelbare Ersetzung einer Mutterfigur, so daß das Kind eine stabile und Sicherheit bietende Beziehung zur neuen Mutter aufbauen kann, wie im Falle der frühen Adoption: wahrscheinlich kaum nennenswerte Entbehrung.

2. Trennung von der Mutter oder ihrem Ersatz nach dem Aufbau einer stabilen und Sicherheit bietenden Abhängigkeitsbeziehung und bevor das Kind alt genug ist, autonom zu handeln:

a) Trennung ohne die Gelegenheit, später eine stabile und Sicherheit bietende Beziehung zur Mutter oder einem Muttererersatz aufzubauen: das ist der Fall des schwersten Verlustes;

b) Trennung mit der Gelegenheit, später dank der Intervention eines Muttererersatzes eine stabile und Sicherheit bietende Beziehung aufzubauen; ungeachtet der Anhänglichkeit an eine Ersatz-Mutterfigur, tritt hier ein zeitlich begrenzter Verlust allein aufgrund des anfänglichen Bruchs ein;

c) zeitlich begrenzte Trennung, auf die ein erneutes Beisammensein mit der Mutter folgt: ebenfalls zeitlich begrenzter Verlust ...

3. Die Formulierung ›Mangel an mütterlicher Fürsorge‹ (kürzer ›mütterliche Frustration‹ oder ›Fehlen der Mutter‹) ist benutzt worden, um unterschiedliche Situationen zu bezeichnen, die, isoliert oder gemeinsam, offenbar analoge Konsequenzen zeitigen können. Die drei Hauptprinzipien, die Gegenstand der Untersuchung waren, sind die folgenden:

a) Der Mangel, der sich einstellt, wenn ein Säugling oder ein Kleinkind in einer Institution oder einem Heim lebt, wo er keinen geeigneten Muttererersatz findet, wo er ungenügende

Pflege erhält und wo ihm infolgedessen nicht die angemessenen Interaktionsmöglichkeiten mit einer Mutterfigur zuteil werden;

b) der Mangel, der sich einstellt, wenn ein Säugling oder ein Kleinkind zwar mit seiner Mutter zusammenlebt (oder mit einem ständigen Mutterersatz), aber nicht ausreichende Fürsorge erhält und keine angemessenen Möglichkeiten der Interaktion mit ihr hat;

c) der Mangel, der sich aus der Unfähigkeit des Kindes zur Interaktion mit einer Mutterfigur ergibt, selbst dann, wenn ihm eine Mutterfigur zur Seite steht und ihm ausreichende Fürsorge angedeihen zu lassen bereit ist, wobei diese Unfähigkeit vom wiederholten Zusammenbruch der Bindungen bedingt – wahrscheinlich sogar verursacht – ist, die das Kind zu Mutterfiguren geknüpft hatte (oder von selbstredend früheren Mängelsituationen). In allen diesen Fällen schließt das Fehlen der Mutter eine Unzulänglichkeit der Interaktion zwischen Kind und Mutterfigur ein« (Bowlby [50b]).

Es müssen mithin unterschieden werden:

a) die Unzulänglichkeit von Interaktionen, die der Mangel umfaßt;

b) die Verzerrung der Interaktionen, wie immer deren quantitative Bedeutung auch ausfallen mag;

c) die Unterbrechung der Beziehungen, wie sie von der Trennung hervorgebracht wird.

Manchen Autoren, die die klinischen Befunde von J. Bowlby haben in Zweifel ziehen wollen, läßt sich vorwerfen, daß sie den Begriff des Mangels nicht deutlich genug von dem der Trennung unterschieden haben.

Wir bemühen uns in diesem Kapitel, diese Unterscheidung zu beachten, auf die Gefahr hin, schematisch zu erscheinen, und überdies festzuhalten, daß die Mutter-Kind-Interaktion immer in allen ihren drei Dimensionen untersucht werden muß: der der Unzulänglichkeit, der Verzerrung und der Unterbrechung. Bedauerlicherweise werden diese drei Begriffe gewöhnlich zu dem einzigen Begriff des »Fehlens der Mutter« verschmolzen.

Der Begriff »Verzerrung« läßt sich auf eine qualitativ unzureichende Beziehung anwenden, und der des Fehlens oder der Frustration auf Fälle, bei denen die Interaktionen – abgesehen von ihrer Qualität – quantitativ unzulänglich sind.

Manche Autoren haben überdies noch Formen von *larvierten Mängeln* mit Unzulänglichkeit oder Verzerrung der Beziehungen zwischen Kind und Eltern beschrieben: sie warfen den Theoretikern des Fehlens der Mutter vor, sich einzig und allein für mit der Trennung von Mutter und Kind verbundenen Mängel zu interessieren. Sie sind der Auffassung, daß auch der größere Anteil von Mängeln berücksichtigt werden muß, die sich im eigentlichen Zuhause einstellen.

Wenn J. Bowlby diese klinischen Aspekte nicht entwickelt, so deshalb, weil er seine Untersuchung strikt auf Kinder ohne Elternhaus beschränkt.

Jedenfalls haben R. Spitz und J. Bowlby die Bedeutung dieser Fälle von häuslichen Mangelsituationen in intakten Familien hervorgehoben. Sie haben die klinischen Bilder beschrieben, die an Intensität der pathologischen Symptomatologie denen jener Fälle gleichkommen, die sich bei Mängelsituationen außerhalb der Familie beobachten lassen. Wir selbst können hier nicht detailliert alle Formen von qualitativ oder quantitativ im Rahmen der Familie erfahrenen Fürsorgemängeln, auch nicht die, wenn die Mutter bei ihrem Kind lebt, untersuchen. Das würde zweifellos voraussetzen, einen großen Teil der Pathologie des Kleinkindes noch einmal aufzurollen. Wir werden später – im Kapitel »Psychoanalyse und Pädiatrie« – dazu Stellung nehmen, wenn wir unsere Arbeiten vorstellen, die auf ein neues Verständnis der funktionalen Störungen des Säuglings von der Dysfunktion der Tauschbeziehungen im Bereich der Dyade aus abzielen.

Es scheint, daß der Begriff des larvierten oder partiellen Mangels entbehrlich und mehrdeutig ist. »Mangel« bezeichnet in der Tat die unzulängliche Mutter-Kind-Interaktion, ob sie nun mit einer Unterbrechung oder Verzerrung in Verhältnis steht oder nicht. »Trennung« läßt sich auf eine Unterbrechung der Beziehungen anwenden, ob von Unzulänglichkeit oder Verzerrung begleitet oder nicht. »Verzerrung« verschmilzt verschiedene Interaktionstypen, die offenbar nachteilige Auswirkungen auf die spätere Entwicklung des Kindes haben, unabhängig davon, ob Probleme der Unzulänglichkeit oder Unterbrechung im Spiel sind. Es ist offensichtlich, daß diese drei Dimensionen in der Beschreibung ein und desselben Falles zusammenkommen können.

Ferner kann keine anhaltende gleichmäßige Auswirkung stattfinden. Die Mangelphasen wirken tatsächlich auf einen in Gang befindlichen Prozeß ein und müssen im Verhältnis zu früheren Erfahrungen gedeutet werden. Wenn dem Mangel abgeholfen ist, wird die Reaktion des Individuums durch die Intensität der im Zuge der Mangelphase ausgelösten Prozesse ebenso bestimmt wie durch die Art und Weise, in der sie sodann verstärkt, modifiziert oder umgekehrt werden durch die Interaktion zwischen Organismus und Milieu. Es kommt – wie wir sehen werden – also nicht selten vor, daß eine Spiralkette von Reaktionen die Auswirkungen einer besonders intensiven frustrierenden Erfahrung verschärft.

»Ein Kind etwa, das zugleich Unzulänglichkeit und Verzerrung in seinen Beziehungen zu einer abweisenden Mutter erlebt hat, kann dann von ihr getrennt und in einer Institution untergebracht werden, wo es unzureichende Interaktionen mit einem Muttterersatz erfahren wird, weil es von einer großen Zahl verschiedener Personen betreut wird, deren keine sich hauptsächlich mit ihm beschäftigt und die allesamt ihm noch immer unzureichende Fürsorge angedeihen lassen. Aufgrund vielfacher Möglichkeiten und Variablenkombinationen, die sich in jedem besonderen Fall ergeben können, ist es schwierig, die Auswirkung einer jeden Variablen für sich genommen zu bestimmen. Im übrigen wird man gewahr, daß, wenn schon die bei Untersuchungen über Mängelsituationen mit Trennung vorgefundenen Schwierigkeiten beträchtlich sind, diejenigen, auf die Untersuchungen über Mängelsituationen ohne Trennung stoßen, noch gewaltiger sind. Das macht deutlich, daß in zahlreichen Analysen die drei Variablen – Unzulänglichkeit, Verzerrung und Unterbrechung – derart eng verbunden werden, daß sich keine gültigen Schlüsse über Wesen und Wirkungsgrad der Antezedentien ziehen lassen, die die schwersten pathologischen Folgen nach sich gezogen haben.«

IV. Die anaklitische Depression

Spitz nannte »anaklitische Depression« jenen Zustand von stupurösem Stumpfsinn, in den das der mütterlichen Fürsorge beraubte Kind verfällt. Er benutzt den Terminus Depression aufgrund der Ähnlichkeit, die er zwischen diesem klinischen Bild und dem der Depression beim Erwachsenen konstatiert, wenn er auch die dynamische Struktur dieser anaklitischen Depression als grundlegend verschieden von der der Erwachsenendepression auffaßt; er gibt im übrigen dem Ausdruck »anaklitisch« einen Sinn, der sich nicht direkt mit dessen Gebrauch in der Theorie Freuds deckt. Die psychoanalytische Literatur der englischsprachigen Länder benutzt ihn faktisch, um bestimmte deutsche Ausdrücke wie den des »anaklitischen Typus von Objektwahl« wiederzugeben.

Wir wollen hier nicht die Berechtigung dieses Begriffs diskutieren und verweisen auf das kritische Stichwort des »Vokabulars der Psychoanalyse« [215]. Dafür hier die von Spitz [315] gegebene klinische Beschreibung:

»*Erster Monat:* Die Kinder werden weinerlich, anspruchsvoll und klammern sich gern an den Beobachter, sobald es ihm gelungen ist, den Kontakt mit ihnen herzustellen.

Zweiter Monat: Das Weinen geht oft in Schreien über. Es kommt zu Gewichtsverlusten. Der Entwicklungsquotient steigt nicht mehr.

Dritter Monat: Die Kinder verweigern den Kontakt. Sie liegen meistens in ihren Bettchen auf dem Bauch – ein pathognomisches Zeichen. Beginn der Schlaflosigkeit; weitere Gewichtsverluste. Es besteht eine Anfälligkeit für hinzutretende Erkrankungen; die motorische Verlangsamung wird allgemein. Erstes Auftreten des starren Gesichtsausdrucks.

Nach dem dritten Monat: Der starre Gesichtsausdruck wird zur Dauererscheinung. Das Weinen hört auf und wird durch Wimmern ersetzt. Die motorische Verlangsamung nimmt zu und mündet in Lethargie. Der Entwicklungsquotient fängt an zu sinken. Wenn vor Ablauf der kritischen Periode, die zwischen das Ende des dritten und das Ende des fünften Monats fällt, dem Kind die Mutter zurückgegeben wird, oder wenn man das Glück hat, einen geeigneten Mutterersatz für den Säugling zu finden, verschwindet die Störung mit überraschender Schnelligkeit.

Wir haben diese Störung anaklitische Depression genannt ...

Die eine der erforderlichen Voraussetzungen, damit das Kind sich diese anaklitische Depression zuzieht, ist die, daß es vorher gute Beziehungen zur Mutter unterhalten hat; es ist nämlich eine erstaunliche Tatsache, daß, wenn die Mutterbeziehungen schlecht waren, die von der Mutter getrennten Säuglinge andersgeartete Störungen boten. Diese Beobachtung ist ein weiterer Beweis für die Bedeutung der Objektbeziehungen während des ersten Lebensjahres und für die Konsequenzen, die das eigentümliche Wesen der fraglichen Objektbeziehung miteinschließt.

Im Gegensatz zur anaklitischen Depression haben wir gefunden, daß, wenn totaler affektiver Entzug vorlag, verhängnisvolle Konsequenzen die Folge sind, wie auch immer die vorgängigen Beziehungen zwischen Mutter und Kind ausgesehen hatten.«

V. Der Hospitalismus

Während des Zweiten Weltkrieges untersuchte Spitz in der Nähe von New York in Institutionen lebende Kinder, die zwar umfassende körperliche Betreuung erhielten, aber im Bereich der mütterlichen Fürsorge schwer geschädigt waren, weil eine einzige Nurse sich gleichzeitig mit zehn Kindern zu beschäftigen hatte. Diese Kinder verfielen, nachdem sie die ersten bereits beschriebenen Phasen partiellen Entzugs durchlaufen hatten, in einen sehr ernsten Zustand.

»Diese Kinder lagen vollkommen passiv in ihren Bettchen, mit ausdrucksleerem Gesicht oder häufig idiotenhaftem Ausdruck und oft mangelhafter Augen-Koordination. Sie konnten sich nicht mehr in ihren Betten umdrehen, und bald traten rhythmisch-motorische Störungen in Erscheinung, etwa der *spasmus nutans*, oder seltsame Bewegungen der Finger, die an katatonische oder athetotische Bewegungen erinnerten.«

In seinem Einführungsvortrag zum IV. Internationalen Kongreß für Kinderpsychiatrie in Lissabon (1958) machte Spitz [318] anhand statistischer Komplementärbefunde die Gewichtigkeit der Vorbedeutung der ersten Beobachtungen von Hospitalismus deutlich, die er hatte machen können.

Von 91 Kindern, die fortlaufend hatten beobachtet werden können, waren 37,5 % vor Ablauf des zweiten Lebensjahres gestorben. Der Autor hatte 21 dieser 91 Kinder bis zum Alter von vier Jahren weiterbeobachten können. Die Gefährlichkeit des Hospitalismus wird durch die folgenden Zahlenangaben bestätigt:

- in diesem Alter konnten sich 20 von ihnen noch nicht allein anziehen;
- 15 Kinder konnten sich erst sehr unzulänglich sauberhalten;
- 6 hatten noch keinerlei Sphinkterkontrolle erlernt.

In Hinsicht auf die Sprachbeherrschung

- konnten 6 kein einziges Wort aussprechen;
- 5 verfügten lediglich über ein Vokabular von zwei Worten
- und ein einziges von ihnen konnte Sätze bilden.

Diese Zahlen sind beeindruckend; andere Arbeiten zu diesem Problemkreis haben jedoch später die Angaben von Spitz bestätigt.

So teilt J. Aubry-Roudinesco in ihrer Arbeit mit dem Titel *»La carence de soins maternels«* [18] die Ergebnisse einer multidisziplinären Untersuchung ihres Teams an Kindern mit, die von der *»Assistance publique de Paris«* versorgt wurden und in der *»Fondation Parent-de-Rosan«* untergebracht waren [1].

Die technische Ausrichtung der Untersuchung, die die ärztliche, pädiatrische und psychologische Beobachtung (mit dem Gesell-Test als Zentrum) vereinigt, wird in einem ersten methodologischen Abschnitt beschrieben. Der zweite Teil des Bandes stellt die Ergebnisse von Trennungsschicksalen dar. Es läßt sich feststellen, daß die körperliche Verfassung, der Krankheitsstand und die psychomotorische Entwicklung aufgrund dieses Mangels beeinträchtigt werden. Die Autorin untersucht dann – unter dem Titel »Notreaktion« – die Konsequenzen der Trennung, für die sie zahlreiche klinische Aspekte dingfest macht.

Man weiß jetzt, daß somatische Störungen als Folge von Hospitalismus sehr bedeutsam sind. An erster Stelle läßt sich festhalten: Verfall des Allgemeinzustandes, wie er durch den fortschreitenden Rückgang der Gewichtskurve verdeutlicht wird, der bis zur Kachexie [Auszehrung] führt; in zweiter Linie eine oft nicht abzuwehrende Vermehrung der Kinderheim-Infektionen, bei denen die Frustration, die den Organismus hindert, seine Abwehrmittel gegen gängige und unausweichliche bakterielle Krankheitserreger auszubilden, sich als bedeutsamerer Faktor für Erkrankungsziffer und Kindersterblichkeit erweist.

Bis zum Aufkommen von Antibiotika und Gammaglobulinen kannten alle Pädiater die formalen Regeln, die von der immer katastrophenartig ausgehenden Hospitalisierung eines ekzemkranken oder asthmatischen Säuglings abrieten, und die Gewichtigkeit von Lungenentzündungen oder manchen gutartigen Krankheiten wie den Masern im Krankenhausmilieu. Sie konnten diese Fakten jedoch nicht

[1] *»Les effets de la séparation et la privation de soins maternels sur le développement des jeunes enfants«* [Die Auswirkungen von Trennung und Entzug der mütterlichen Fürsorge auf die Entwicklung von Kleinkindern]; C.I.E., *Travaux et documents,* Nr. 7, Paris [Presses Universitaires de France] 1955, S. 188.

vollständig durch eine Zunahme des pathogenen Stärkegrades der Bakterien erklärbar machen.

Künftig muß man der allgemeinen Abschwächung der Abwehrmittel des Organismus den größten Anteil zuschreiben. Aber selbst da liegt ein Dilemma vor, denn der antibakterielle Abwehrkampf erforderte eine immer unnachgiebigere Segregation mit Einzelzimmern, Gitterkreisen usw. und eine immer minutiösere Asepsis mit Kitteln, Handschuhen, Gummischürzen, Ritualen und einem ganzen Mondballett – Verfahren, die durch die Zerrüttung und den Mangel an menschlichen Beziehungen, die sie nach sich ziehen, die Abwehrkräfte eines Organismus untergraben, der auf Gedeih und Verderb bösartigen und zahlreichen pathogenen Erregern ausgeliefert ist.

Spitz hat eine metapsychologische Erklärung in Vorschlag gebracht:

»Die Katamnese der beiden Leiden [der anaklitischen Depression und des Hospitalismus] macht deutlich, daß, wenn der Mangel an Objektbeziehungen die Abfuhr aggressiver Triebe unmöglich macht, der Säugling die Aggression gegen sich selbst, das einzige ihm verbleibende Objekt, richtet. [...] Wir haben die Hypothese vorgebracht, daß eine Entmischung der beiden Triebe stattfindet und daß gerade die von den libidinösen Trieben abgespaltene Aggression auf das der affektiven Zufuhr beraubte Kind gerichtet wird und die Schädigung herbeiführt.«

Er analysiert dann das Schicksal der entmischten libidinösen Triebe:

»Bei Kindern, denen längere Zeit affektive Zuwendungen vorenthalten wurden, läßt jede Art von autoerotischen Aktivitäten, auch das Saugen, nach. Man könnte sagen, daß der Säugling dann zum primären Narzißmus zurückkehrt: er kann nicht einmal mehr seinen eigenen Körper als Objekt hinnehmen, wie das der Fall beim sekundären Narzißmus wäre. Man hat den Eindruck, daß bei in Marasmus verfallenen Kindern der libidinöse Trieb zum Ziel der Lebenserhaltung benutzt wird, um den Funken ermattenden vitalen Lebens so lange wie möglich am Glühen zu erhalten.

Der umgekehrte Prozeß läßt sich bei der Heilung der anaklitischen Depression [...] durch die Wiederkehr des libidinösen Objektes beobachten. Man beobachtet dann das Phänomen einer partiellen ›Wieder-Mischung‹ der Triebe, die Aktivität dieser Kinder kehrt schnell zurück, sie werden fröhlich, ausgelassen und aggressiv.

Meines Erachtens spielt die Aggression im Normalfall der Mischung beider Triebe eine Rolle, die der einer Trägerwelle vergleichbar ist. Sie ermöglicht es damit, die beiden Triebe auf die Umgebung zu lenken. Wenn aber der aggressive Trieb nicht zur Mischung mit dem libidinösen gelangt oder umgekehrt: wenn eine Entmischung stattfindet, wird die Aggression vom Kind gegen die eigene Person gerichtet; und in diesen Fällen kann auch die Libido nicht mehr auf die Außenwelt geleitet werden« [315].

R. Spitz untersucht die Neutralisierung des Triebes mit Bezug auf die Arbeiten von H. Hartmann, E. Kris und R. Löwenstein. Dieser Prozeß setzt ein bestimmtes Ausmaß von Integration im Ich voraus und tritt erst im letzten Drittel des ersten Lebensjahres in Erscheinung. Dieser Integrationsprozeß ist ein entscheidender Schritt in Richtung der Humanisierung der Gattung und erfordert bestimmte Bedingungen, so ein gefahrenentlastetes Klima von Sicherheit. Dieses Klima kann einzig und allein das libidinöse Objekt sicherstellen. Ferner muß den aggressiven und den libidinösen Tendenzen die ständige Möglichkeit freier Abfuhr offenstehen:

»Im Zuge dieser Entwicklung differenzieren sich die Triebe voneinander. Später werden sie einer Reintegration unterworfen. Diese Reintegration umfaßt die in qualitativer und quantitativer Hinsicht unterschiedlichsten Formen. Ein ständiges Experimentieren wird fortgesetzt, das zu quantitativ variablen Kombinationen von Trieben und Partialtrieben Anlaß gibt. Viele dieser Versuche werden als unbrauchbar oder störend wieder aufgegeben. Das normale Kind verzichtet mit relativer Leichtigkeit auf partielle Befriedigungen, denn die Sicherheit seiner Objektbeziehung macht diesen seinen Verzicht gefahrlos und ermöglicht ihm, seine Irrtümer, sei es auf einem anderen Sektor der Objektbeziehung, sei es durch neue Erfahrungen, zu kompensieren.«

P. C. Racamier [275] versucht nach einer zusammenfassenden Analyse des Hospitalismus, einige Gesetze herauszuarbeiten:

a) Es ist bedeutsam auszumachen, ob der Frustrationszustand vor oder nach dem Alter von ungefähr sechs Monaten eintritt, das normalerweise den Aufbau von wirklichen Objektbeziehungen beim Kind und das Auftreten der Angst im eigentlichen Sinne kennzeichnet.

b) Die Empfindlichkeit des Säuglings für frühe Frustrationen ist um so größer, je niedriger das angeborene Niveau der vegetativ-triebhaften Integration liegt.

c) Es gibt einen Grad, unter den die Beziehungen zwischen Mutter und Kind während des ersten Lebensjahres nicht sinken dürfen, ohne daß das Kind einen nicht rückgängig zu machenden Schaden erleidet.

d) Die Auswirkungen der Frustration sind um so deutlicher ablesbar, je früher sie für das Kind eintritt. Ebenso verhält es sich mit allen Mängelerscheinungen.

e) Die Auswirkungen einer frühen Frustration sind um so deutlicher markiert, je nachhaltiger sie ist. R. Spitz legt das Auftreten des Hospitalismus und den Beginn einer Phase von nicht rückgängig zu machender Dekompensation auf das Alter von fünf Monaten fest.

f) Die einzige vorbeugende Behandlungsart für das Syndrom früher Frustration ist die mütterliche Betreuung: Rückkehr zur Mutter oder Verhaltensänderung bei ihr oder Überstellung an einen stabilen und wirksamen Mutterersatz.

g) Über einen bestimmten Zeitraum hinaus bewirkt die frühe Trennung von der Mutter nicht rückgängig zu machende Schäden und wird zum Defizit, das sich tief in die Struktur des gesamten Organismus einprägt.

VI. Die Trennung

Der Begriff der Trennung muß von dem des Fehlens der Mutter unterschieden werden, weil der erste den zweiten nicht notwendigerweise einbegreift. Die Trennung bringt den Mangel nur dann hervor, wenn das Kind in ein Milieu versetzt wird, in dem die Interaktion mit einem Mutterersatz unzureichend ist oder wenn die Trennungsphasen sich häufen. Eine einzige Trennung kann nicht frustrierend wirken. Eine nicht frustrierende Trennung kann jedoch nichtsdestoweniger für ein Kind unangenehm sein, wenn es alt genug ist, seine Mutter von anderen Personen seiner Umgebung zu unterscheiden, oder ihr gegenüber anhänglich gewesen ist, ohne doch schon das Alter erreicht zu haben, in dem es diese Anhänglichkeit sich bewahrt, auch wenn es von ihr entfernt ist.

Es ist also offenbar vorzuziehen, nur dann von einer Mutter-Kind-Trennung zu sprechen, wenn eine Unterbrechung einer bereits entwickelten Beziehung vorliegt. Unter diesem Begriff lassen sich nicht alle Fälle von Entfernung von der Mutter zusammenfassen, ohne daß man das Alter des Kindes und die Eigenart der Anhänglichkeit, die zwischen ihm und der Mutter vorlag, und seinen Reifungsgrad berücksichtigt.

Aus der Untersuchung von D. BURLINGHAM und ANNA FREUD [48] geht deutlich hervor, daß die Mutter-Kind-Trennung von der zweiten Hälfte des ersten Lebensjahres an deutliche Störungen nach sich zieht, und daß die derart hervorgebrachte Notlage bis zum Alter von drei Jahren andauert.

J. ROBERTSON [290] unterscheidet in einer klinischen Untersuchung drei Phasen der Reaktion auf die Trennung:

a) Eine Protestphase, während derer das Kind weint, Anzeichen deutlicher Hilflosigkeit zu erkennen gibt und alle ihm zur Verfügung stehenden begrenzten Mittel einsetzt, um seine Mutter wiederzufinden[2].

b) Eine Phase von Verzweiflung, in der das Kind zunehmend verwirrt ist, sich in sich selbst zurückzieht und seine Versuche zur Wiedergewinnung der Mutter aufgibt, die es offenbar für immer verschwunden glaubt.

c) Eine Phase von Teilnahmslosigkeit (früher »Verweigerungs«-Phase genannt), in der das Kind sich so verhält, als fände es sich mit der Trennung ab, und die Fürsorge eines beliebigen Muttersatzes über sich ergehen läßt und jede Anhänglichkeit an die Mutter verliert.

E. SCHAEFFER [301] hat zwei Haupttypen von Reaktionen beobachtet:
- die eine war bezeichnend für Kleinkinder von weniger als sieben Monaten;
- die andere für solche, die älter als sieben Monate waren;

und zwar mit derart wenigen beiden gemeinsamen Zügen, daß man versucht ist, eher auf eine sprunghafte als auf eine graduelle Entwicklung zu schließen. Die Gruppe der älteren Kinder zeigte die Protestreaktionen, die andere Autoren für typisch bei Kindern im Alter von einem bis zu vier Jahren halten. Bei den jüngeren gab es nicht das geringfügigste Anzeichen dieser Protestreaktionen; dabei akzeptierten diese Kinder den Muttersatz und paßten sich der tiefgreifenden Veränderung ihres Lebensbereiches fast ohne offensichtliche Störungen an.

Die Auswirkungen der Trennung variieren entsprechend der Reaktionsphase, in der das Individuum sich bei der Trennung befindet, und diese Reaktionsphase hängt ihrerseits von Faktoren wie dem Alter zur Zeit der Trennung, der Trennungsdauer und der Existenz eines Muttersatzes während der Trennung, der Aufrechterhaltung von Kontakten zu den Eltern und der Eigenart seiner Anpassung und seiner Beziehungen vor der Trennungsepisode ab.

Folgendermaßen halten D. BURLINGHAM und A. FREUD die beobachtete Veränderung von Kleinkindern fest, nachdem sie sich entschlossen hatten, jedem von ihnen eine Person zuzuweisen, die die Rolle des Muttersatzes nach Wahl spielen sollte: alle äußerten sehr bald eine intensive und anfangs ängstliche spontane An-

[2] Der Beschreibung von ROBERTSON sollte zweifellos hinzugefügt werden, daß die Protestphase und die Tränenausbrüche sich dann einstellen, wenn die neue Mutterfigur sich dem Kind nähert und ihm die gewöhnlich der Mutter vorbehaltene persönliche Betreuung angedeihen läßt (Ausziehen, Waschen usw.).

hänglichkeit an die Ersatzmutter. Sie gingen sehr leicht soziale Bindungen ein und zeigten sich für erzieherische Beeinflussung sehr zugänglich. Es muß nichtsdestoweniger festgehalten werden, daß es aufgrund der Personalfluktuation für eine Institution schwierig ist, die Betreuung eines jeden Kindes durch eine einzige Ersatzmutter sicherzustellen, und daß jeder Wechsel der Mutterfigur einer neuen und schmerzlichen Trennung des Kindes gleichkommt.

J. Bowlby hat die Auswirkungen der Trennung von Mutter und Kind in einem späteren Alter untersucht und ist der Ansicht, daß sie bedeutsamer sind, als man gemeinhin annimmt. Die Trennung löst eine Trauerarbeit aus, die der beim Erwachsenen beobachteten durchaus analog ist. Er hat festgestellt, daß der Verlust der Mutter bei Todesfällen, sei es im Verlauf der ersten fünf, sei es in den folgenden fünf Lebensjahren, ein bei Insassen psychiatrischer Anstalten und bei an Neurosen und psychosomatischen Störungen leidenden Personen bezeichnenderweise sehr häufiges Antezedenz ist. Das gleiche gilt für den Verlust des Vaters; die kritische Periode fällt hier jedoch beim Kind in den Zeitraum zwischen fünf und zehn Jahren.

J. Bowlby räumt jenen Untersuchungen eine besondere Bedeutung ein, die eine Wechselbeziehung zwischen in der Kindheit erlebten Trauerfällen und depressiven Zuständen nahelegen, denn er hat eine gewisse Analogie zwischen Kummer und Leid beim Erwachsenen und der Phase von Verzweiflung in der Trennungsreaktion beim Kleinkind beobachten können. Ebenso ist er der Ansicht, daß die defensive Teilnahmslosigkeit, die auf die Verzweiflung beim Kleinkind folgt, das eine langanhaltende frustrierende Trennung durchlebt, das Individuum hindert, seinen Schmerz auf normale Weise zu überwinden, und es für depressive Reaktionen prädisponiert. Er hat die theoretischen Grundlagen dieser Hypothese in verschiedenen Aufsätzen dargelegt. Die Wechselbeziehung zwischen frühen Traueranlässen und depressiven Reaktionen kann eine der larvierten Auswirkungen einer intensiven und langanhaltenden Trennung in der frühen Kindheit sein, und diese Auswirkung kann der Beobachtung durchaus entgehen, solange bis die sich überstürzenden Situationen eine latente Pathologie reaktivieren.

Unsere Kenntnis der Entstehung der Stadien der Objektbeziehung wird durch die klinische Feststellung verifiziert, dergemäß die Trennung von der Mutter in eben dem Augenblick besonders gefährlich ist, da sich die wirkliche Objektbeziehung einstellt, d. h. vom siebten oder achten Monat an oder jedenfalls zu Ende des ersten Lebensjahres. In den ersten sechs Monaten ist die Mutter ein einfaches funktionales Objekt, dessen Gegenwart wenigstens dem Anschein nach, nur im Falle eines zu stillenden Bedürfnisses unerläßlich ist. Erst in dem Augenblick, wenn das Kind seine Mutter als solche wiedererkennt, wird sie ihm unentbehrlich, läuft die Trennung Gefahr, sich verhängnisvoll auszuwirken.

»Die Entwicklungsphase zwischen dem achten und dem zwölften Lebensmonat ist mithin einem besonders komplizierten Anpassungsprozeß vorbehalten. Er besteht in der Organisation der Triebe und ihrer Beherrschung unter Leitung des Ich mit Hilfe der Objektbeziehungen. Aus eben diesem Grunde ist diese Periode zwischen dem achten und dem zwölften Monat die kritischste und die verletzungsanfälligste vom Gesichtspunkt des Objektverlustes aus« (Spitz [315]).

VII. Die unmittelbaren Auswirkungen und die Rückkehr zur Mutter

R. Spitz hat auch den umgekehrten Prozeß beobachtet, der die Heilung der anaklitischen Depression begleitet.

»Es läßt sich das Phänomen einer partiellen erneuten Mischung der Triebe beobachten. Die Aktivität dieser Kinder kehrt schnell zurück, sie werden fröhlich, ausgelassen und aggressiv ... Die aggressiven Triebe wurden auf die Umgebung gerichtet: die von der anaklitischen Depression geheilten Kinder schlugen nicht mehr sich selbst, rauften sich nicht mehr die Haare, sondern begannen die anderen Kinder zu beißen, zu kratzen und zu schlagen.«

Es muß jedoch festgehalten werden, daß die Wiederaufnahme der Beziehungen bei der Rückkehr zur Mutter nicht notwendigerweise die Wiederaufnahme günstiger und wiederaufbauender Beziehungen bedeutet. Alles hängt von der Bereitschaft und affektiven Freiheit dieser Mutter ab. Es ist deshalb nicht selten, daß eine »Spiral«-Kette von Reaktionen die Auswirkungen einer früheren, besonders intensiv frustrierenden Erfahrung verschärft.

»Die von Mangelsituationen ausgelösten Prozesse wirken darauf hin, daß das Kind Mühe hat, auf die späteren Bemühungen einer Mutterfigur befriedigend zu reagieren, die ihrerseits dazu neigt, den affektiven Austausch mit dem Kind einzuschränken, ja sogar zurückzuweisen. So kommt es vor, daß eine Mutter die von der anfänglich frustrierenden Erfahrung ausgelösten Prozesse ohne ihr Wissen verschärft. Ebenso läuft ein Kind, das, bevor es in einer Institution untergebracht wurde, in seiner Familie Frustrationserfahrungen durchlebt hat, Gefahr, in dieser Institution mehr vernachlässigt zu werden als ein Kind, das deutlicher als jenes erste auf die ihm gewidmeten Annäherungsversuche reagiert.«

J. Robertson [290] hat Kinder nach ihrer Rückkehr zu den Eltern beobachtet. Die Reaktion auf die Wiedervereinigung mit der Familie hängt sehr entscheidend von der Reaktionsphase auf die Trennung, in der das Kind sich befand, als sie zu Ende ging. Ein Individuum, das die Phase der Teilnahmslosigkeit nicht erreicht hat, und ebenso jene, die noch in der Protestphase verharrten, äußerten in ihrem Verhalten eine gewisse Angst; sie klammerten sich mehr als früher an die Mutter an, folgten ihr, wohin immer sie ging, und wurden ängstlich, wenn sie sich auch nur für sehr kurze Zeit entfernte. Dieser Typus von Reaktion war sehr deutlich bei Kindern, die früher in guten Beziehungen zu ihren Müttern gestanden und lediglich relativ kurze Trennungen hatten hinnehmen müssen.

In den Fällen einer kurzen Trennung traten diese Reaktionen und dieser Typus von Verhalten, sei es unmittelbar nach der Wiedervereinigung mit der Familie und der Mutter, sei es umgekehrt nach einer zunächst deutlich gekennzeichneten Periode, sei es bei teilnahmsloser Indifferenz, sei es bei offener Feindseligkeit, mit Zurückweisung der Mutter in Erscheinung.

Nach einigen Wochen verschwanden diese Äußerungen von Angst; eine neue Trennungsdrohung genügte jedoch, sie zu reaktivieren. Diese besondere Empfänglichkeit für Trennungsangst scheint eine der manifesten Auswirkungen der Trennung zu sein und kann für geraume Zeit kaschiert bleiben, solange bis eine Episode des Familienlebens des Kindes sie aufdeckt.

Kinder, die etwa in einem Krankenhaus eine lang anhaltende Trennung ohne besonderen Mutterersatz kennengelernt hatten, hatten sich die Teilnahmslosigkeit fest zu eigen gemacht und versuchten, in ihre Familien zurückgekehrt, nicht mehr, sich an die Eltern anzuklammern. Es läßt sich sagen, daß sich bei ihnen kein Normalverhalten von Anhänglichkeit im strengen Sinne wiedereinstellte.

J. Robertson hat bestimmte Kinder über einen Zeitraum von zwölf Jahren hinweg beobachten können, der auf die Wiedervereinigung mit den Eltern folgte. Man wird jedoch gewahr, daß solche Langzeitstudien zwangsläufig bruchstückhaft und auf sehr wenige Fälle beschränkt sind. Es ist schwierig, eine gesicherte Antwort auf die Frage nach der gegenseitigen Beeinflussung von ursprünglicher Erfahrung von Trennung und Mangel und späteren Ereignissen zu geben. Wir werden gegen Ende dieses Kapitels darauf zurückkommen.

Offensichtlich ist, daß Kinder, die in ein stabiles Zuhause zu Eltern zurückkehrten, die ihnen weiterhin die Möglichkeit warmherziger wechselseitiger Anteilnahme boten, anpassungsfähig an die verschiedensten Verhältnisse wurden und zu einer gewissen Stabilität fanden.

Zahlreiche Autoren haben vergleichbare Schwierigkeiten beschrieben. Für Jessner und seine Mitarbeiter [185] sind die Reaktionen von Kindern auf einen kurzen Krankenhausaufenthalt wegen Amygdalectomie (zwanghafte Anhänglichkeit an die Eltern, Schlaflosigkeit) eher der in dieser Situation der Trennung von den Eltern und dem Vorliebnehmen mit einem neuen Milieu zuzuschreibenden Angst als der Operation selbst und der Narkose anzulasten. Die Verletzlichkeit bei Trennungsdrohungen und die Überabhängigkeit sind die bei nach einem Krankenhausaufenthalt in ihre Familien zurückgekehrten Kindern am häufigsten beobachteten Reaktionen. Die Kinder, die unter dieser Trennung am meisten leiden und bei der Rückkehr die offensichtlichsten Störungen zeigen, sind jene, die bereits vorher eine ängstliche Anfälligkeit oder eine präneurotische Struktur unter Beweis stellten.

C. M. Heinicke [176] hat deutlich gemacht, daß diese Reaktionen auf die Rückkehr deutlicher bei denen, die vollständig getrennt waren, und weniger intensiv bei jenen waren, die nur eine teilweise Trennung, etwa mit Besuchen des Vaters, auf sich zu nehmen hatten. Bei letzteren war die Reaktion auf die Mutter spezifisch negativ, sei es mit teilnahmslosem Verhalten, sei es mit aktiver Zurückweisung. Sie äußerten eine deutliche Vorliebe für den Vater, der sie besucht hatte. Manche klammerten sich an ihn an und erhoben gegen eine auch noch so kurze Abwesenheit von ihm Widerspruch. Drei oder vier Wochen später schienen jedoch alle Kinder ihre normale Verfassung wiedergewonnen zu haben.

E. Schaeffer sondert zwei Typen von Reaktionen auf die Rückkehr aus, die das Gegenteil der beiden anderen genau beschriebenen Reaktionen sind, die er selbst (vgl. oben) dargelegt hatte.

a) Die Säuglinge, die bei der Trennung älter als sieben Monate waren, legten Angst und jene Überabhängigkeit an den Tag, wie sie von anderen Autoren als charakteristisch für die nach kurzen Trennungen nach Hause zurückgekehrten Kinder im Alter von ein bis vier Jahren beschrieben wurde.

b) Keiner der Säuglinge, die bei der Trennung noch nicht sieben Monate alt waren, hat jedoch dieses Syndrom zu erkennen gegeben, wobei die Mehrzahl ein »globales Syndrom« mit ruhiger und passiver Neugier, diffuser Beobachtung des Milieus und Mangel an Reaktionen auf die Annäherungsversuche eines anderen zeigten. Die zeitliche Dauer dieses Syndroms kann zwischen wenigen Minuten und mehreren Tagen variieren.

Für SCHAEFFER führt die fortgesetzte Frustration beim Kind zur Rückkehr zu einem früheren Zustand von Nichtdifferenziertheit, in dem es dazu neigt, sich selbst mit der Umgebung verschwimmen zu lassen. Jede spätere Verpflanzung, sei es die Rückkehr nach Hause, sei es die Überweisung in einen anderen Krankenhaussaal, wirkt darauf hin, die repressiven Regungen bei Auftreten des globalen Syndroms umzukehren.

Abschließend läßt sich sagen, daß die direkten Beobachtungen oder die katamnestischen Untersuchungen an getrennten und in ihre Familien zurückkehrenden Kindern in den folgenden Schlußfolgerungen konvergieren:

a) Nach einer relativ kurzen oder günstig abgelaufenen Trennung: ängstliche Anklammerungsreaktion; im anderen Falle Teilnahmslosigkeit und Unfähigkeit, affektive Beziehungen wieder anzuknüpfen, wenn die Trennung lang anhaltend und schwerwiegend gewesen ist;

b) wenn die Trennung sich hinzieht oder wiederholt: ängstliche Überabhängigkeit, Oberflächlichkeit und Affektlosigkeit.

Es muß festgehalten werden, daß diese Reaktionen auf Trennung und Wiedervereinigung bei kranken und gesunden Kindern beobachtet worden sind. Die Reaktionen auf die Trennung hängen – vor allem in Fällen langer Trennung – von der während dieser Zeit erfahrenen Betreuung seitens eines Muttersatzes ab. Aber der Bruch einer entwickelten Bindung zu dieser Person kann seinerseits traumatisierend wirken, die Wiedervereinigung mit den Eltern neue Störungen hervorrufen.

VIII. Wiederholte Trennungen

Direkte Langzeituntersuchungen an Säuglingen und Kleinkindern haben deutlich gemacht, daß die Wiederholung mehr oder weniger kurzer Trennungen, sei es von der Mutter, sei es von einem Muttersatz, schließlich Auswirkungen hervorbringen, die offenbar jenen gleichwertig sind, die auf lang anhaltende und schwerwiegende Mangelsituationen zurückgehen. Das ist zweifellos dem erneuten Bruch der Bindungen und Objektbesetzungen anzulasten, der Abwehrmechanismen nach sich zieht, die sich durch ein desinteressiertes Verhalten im Alltagshabitus zu erkennen geben.

Ferner muß man zur Kenntnis nehmen, daß sich ein wirklicher Zirkel einpendelt, der die Dinge verschlimmert; das immer weniger entgegenkommende Kind reagiert zunehmend zurückhaltender auf die Annäherungsversuche des Erwachsenen und fühlt sich von ihm immer deutlicher abgewiesen. Einerseits ist die Mutter, die diese Indifferenz oder aggressive Abhängigkeit des Kindes nur mühsam erträgt, wenn es bei ihr bleibt, zunehmend versucht, sie unter den verschiedensten Vorwänden zu verdrängen; andererseits erweckt das Kind in seinen Institutionen oder Sammelstellen immer weniger Anteilnahme, Zuneigung und Fürsorge seitens der Erwachsenen, die sich von da an damit zufriedengeben, ihm eine unpersönliche Betreuung auf körperlichem Gebiet zu bieten.

Wenn sich Veränderungen bei der Zuwendung des Heimpersonals abzeichnen, wenn Personalabgänge beschlossen werden, die Neuzugängen Platz machen, ist immer das Kind davon betroffen, das wieder einmal die Umgebung wechseln muß, zumal keiner der Erwachsenen willens ist, es zurückzuhalten, zu betreuen oder seinen Aufenthalt zu verlängern. Seine oft unzureichende Gesundheit und seine Unterernährung lassen häufig genug sanitäre Einweisungsmaßnahmen als gerechtfertigt erscheinen, die die Zahl der Trennungen und deren verheerende Folgen zusätzlich vermehren.

Es stellt sich dann diese besonders schwerwiegende Situation *wiederholter Trennungen* mit Zwischenphasen von immer kürzeren und immer schädlicheren Aufenthalten ein, weil die Ersatzmütter oder die Mutter selbst zunehmend weniger besetzt werden und Befriedigung gewähren.

Ein Kleinkind aus sozial unzulänglichem Milieu, in dem die Mutter sich, zuweilen allein, mit einer Mischung aus sozioökonomischen und psychologischen Schwierigkeiten herumschlagen muß, wird zur Betreuung in ein Krankenhaus eingewiesen, wobei die Krankheit gutartig ist. Nach einigen Tagen wird es, da es sich in der Inkubationszeit einer ansteckenden Krankheit zu befinden scheint, in eine Quarantäneanstalt und daraufhin in ein Spezialkrankenhaus für Anstekkungskrankheiten überwiesen. Da sein Gesundheitszustand unzulänglich ist, wird es in ein Genesungsheim überstellt, wo es ihm mehr oder weniger gut gefällt. Nach einer Aufenthaltsdauer von mehreren Monaten kehrt es in seine Familie zurück; aus einem mehr oder weniger offenkundigen Beweggrund wird jedoch eine neue Unterbringung gewünscht, weil die Medizin diese Verordnung im allgemeinen aus zusammengesetzten Motiven formuliert: schlechter Gesundheitszustand und gleichzeitig Abweisung seitens der Mutter und der Familie.

Dieser infernalische Zirkel kann bei episodischer kurzer Heimkehr in die Familie immer erneut einsetzen.

Man läuft dann Gefahr, extrem tiefgehende Störungen sich einstellen zu sehen, die diese klinischen Bilder als die von Kindern mit schweren Enzephalopathien zu beschreiben erlauben.

Manche Kinder haben besonderes Mißgeschick, sei es aufgrund von mangelnder Bereitschaft der Eltern, sei es aufgrund eigener wenig einnehmender körperlicher Merkmale.

Schließlich darf nicht vergessen werden, daß wir dazu neigen, die Zahl der von einem Kind erlittenen Trennungen zu bagatellisieren.

Faktisch erleidet das Kind da, wo wir nur eine Ortsveränderung oder einen Milieuwechsel sehen, in der Tat mehrere aufeinanderfolgende Trennungen und den mehrfachen Abbruch der Bindungen an die Erwachsenen: so durchläuft es gemeinhin mehrere Örtlichkeiten, bevor es eine gewisse Stabilität wiederfindet: Quarantäneanstalt, Beobachtungszeit, Wartezeit, provisorische Unterbringung in einem Saal vor der endgültigen Unterbringung in einem anderen usw., und all das vervielfacht den Wechsel der Personen und Gesichter.

IX. Vielfache Mütter und Ersatzmütter

»Es ist offenbar unerläßlich, zwischen den beiden folgenden Situationen zu unterscheiden:

a) Die Existenz einer Haupt-Mutterfigur, die sich der Fürsorge für ihr Kind in ausreichendem Maße annimmt, jedoch häufig durch einen anderen Muttersatz vertreten wird; das führt zu einer Unterbrechung der Mutter-Kind-Beziehungen (diese »reihenartige Vielförmigkeit« findet sich in Haushaltungsschulen und kann ebenso in Familien vorkommen, in denen sich die Eltern von der Sorge für ihr Kind durch eine Reihe von Nursen oder aufeinanderfolgenden Küchenhilfen entledigen).

b) Die Abwesenheit der Haupt-Mutterfigur und die Teilung der Betreuung zwischen einer großen Zahl von Personen, die allesamt keine ausreichenden Interaktionsmöglichkeiten zwischen Kind und Erwachsenen bieten (das ist der Fall in zahlreichen Krankenhäusern, in manchen Kinderheimen und ähnlichen Institutionen für Kinder).

c) Vielfältige und zugleich unterbrochene Betreuung (sie ist unausweichlich, wenn ein Kind einen längeren Aufenthalt in einem Krankenhaus zubringt, wo die Hausordnung vorsieht, daß das Personal turnusmäßig die Abteilungen wechselt).

d) Teilung der Fürsorge für das Kind zwischen einer kleinen Zahl von Mutterfiguren, die eine zureichende und nicht unterbrochene Erwachsenen-Kind-Interaktion sicherstellen (sie ergibt sich, selbst in westlichen Gesellschaften, im Rahmen von Familien, in der eine Haupt-Mutterfigur existiert, die die Betreuung des Kindes im wesentlichen selbst übernimmt, sich dabei jedoch von anderen Familienmitgliedern helfen läßt« [49].

MARGARET MEAD [251] hat das ungebrochene Zutrauen unserer modernen Gesellschaften erschüttern wollen, demzufolge die ausschließliche bilaterale Beziehung zwischen Mutter und Kind die einzig befriedigende Art und Weise der Erziehung sei.

Sie vertritt die Ansicht, daß man bei bestimmten Erziehungsbedingungen in bestimmten Zivilisationen Gefahr läuft, das Überleben zu gefährden; ihres Erachtens ermöglicht die Aufteilung der Fürsorge für die Kinder auf mehrere Personen eine größere Kontinuität und eine geringere Empfindlichkeit gegen das Trauma, das der Verlust der Mutter zufügen kann. Das persönliche Stillen, das in primitiven Gesellschaften für das Überleben wesentlich ist, ist es in westlichen Gesellschaften nicht mehr. Das bringt unvermeidliche Unterschiede bei den Möglichkeiten der Erziehung von Säuglingen mit sich und gibt Anlaß, diese Prinzipien neu zu überdenken.

Die Theoretiker jenes Fehlens der Mutter haben gleichwohl nicht alle eine ausschließlich bilaterale Beziehung zwischen Mutter und Kind als definitives Ideal ins Auge gefaßt. Faktisch geben sie der Betreuung durch eine Haupt-Mutterfigur den Vorzug, die nicht notwendigerweise die biologische Mutter sein muß und deren Fürsorge durch andere Personen ergänzt werden kann, unter denen namentlich eine Vaterfigur anzutreffen sein muß.

Festzuhalten bleibt, daß in jeder Gesellschaft, in der das persönliche Stillen die Regel ist, es offenbar undenkbar ist, daß die Frau, die das Kind regelmäßig stillt, nicht die Haupt-Mutterfigur ist, die ihm mehr Fürsorge angedeihen läßt als jemand anders.

J. BOWLBY [50b] versucht nachzuweisen, daß der Säugling selbst von Natur aus monotrop ist, d. h. dazu neigt, sich in der Hauptsache an eine gegebene Person anzuklammern, selbst wenn er später sein Anhänglichkeitsverhalten auf Ersatzfiguren ausdehnen muß[3]. Jede diese monotropische Anhänglichkeit störende Situation wird sich, gleich ob sie das Ergebnis der bewußten Gestaltung einer experimentellen Gesellschaft oder von individuellen Initiativen im Rahmen einer traditionellen Gesellschaft ist, abweichend auf den normalen Entwicklungsverlauf auswirken.

In den israelischen *Kibbuzim* wird die Betreuung seitens der biologischen Mutter bald weit übertroffen von der seitens der *metapleth.* Es gibt immer eine Haupt-Mutterfigur, die Mutter zunächst, später die *metapleth,* schließlich die Kindergartenleiterin; daraus ergibt sich eine gewisse Unterbrechung, während die Bindung an die biologischen Eltern immer wichtig und konstant bleibt. Die Bindung an die kleinen Spielgefährten ist ebenso eine ständige Bindung, wahrscheinlich die kontinuierlichste von allen und zweifellos auch die tiefste. Wie Bowlby hervorgehoben hat, gibt es keine vollständige Unterdrückung der Beziehungen zwischen Eltern und Kindern, und es scheint sogar so, daß diese Kibbuz-Kinder enge und ergiebige Beziehungen zu ihren Eltern unterhalten. Die Eltern nämlich sind, wenn sie gegen Abend heimkommen, von vielen Zwängen entlastet und können sich mehr um den Aufbau warmherziger Bindungen kümmern. Sie schalten sich wenig in soziale Lernprozesse ein; das Verhalten der Kinder hinsichtlich der Elternfiguren ist unterschiedlich von dem, das Kinder aus klassischen Familien anderer westlicher Gesellschaften an den Tag legen. Sie identifizieren sich sehr viel stärker mit ihrer Gruppe von Altersgefährten als es in ihren eigenen Familien erzogene Kinder tun.

Anders ist die Lage bei Kleinkindern, die lange Aufenthalte in Institutionen oder Kinderkrippen zu überstehen haben; hier intervenieren wirklich viele Mutterfiguren, wobei jede nur einen Teil der Fürsorge und in Teilzeitarbeit auf sich nimmt. Bowlby nennt diese Institutionen, in denen häufig zahlreiche Praktikanten beschäftigt werden, »Haushalts«-Institutionen.

M. David und G. Appel [61] haben die Faktoren des affektiven Entzugs in Kinderkrippen aufmerksam untersucht. Sie haben ihrer Auswahl besonders günstige Bedingungen zugrunde gelegt: hervorragende Krippen, gutausgebildetes Personal, Kinder aus zufriedenstellendem familiärem Milieu (die dreimonatige Unterbringung in der Krippe wurde erforderlich, um einer tuberkulösen Ansteckung zu entgehen und um die Impfungen gegen Tuberkulose vornehmen zu können). Sie haben die untersuchten Säuglinge mit mehreren Kontrollgruppen verglichen.

Die einnehmende Gastlichkeit der Institution, kompetentes und den Kindern gewogenes Personal und die Existenz einer fröhlichen und liebenswürdigen Umgebung bringen leichthin die Illusion hervor, als werde den Kindern hier ein Leben in Gemeinschaft geboten, und verleiten viele zu der Annahme, ein solches Milieu könne bei den Kindern keinen affektiven Mangel entstehen lassen.

Allein die systematische und langwierige Untersuchung hat es möglich ge-

[3] Vgl. in diesem Zusammenhang die Arbeiten von D. Burlingham und A. Freud [48] zur Frustration des menschlichen Säuglings, die von Harlow [169] zu den Primaten und die Untersuchungen von Ainsworth [5] in einer halb-akkulturierten afrikanischen Gesellschaft.

macht, die von den zur Beobachtung ausgewählten Kindern wirklich erlebte individuelle Erfahrung kennenzulernen.

Verschiedene Ansatzpunkte waren Gegenstand der Beobachtung:

a) eine Analyse des Wechsels der Krankenschwestern hat ergeben, daß eine hohe Zahl von Personen mit dem Kind in Berührung kam. Zu Beginn der Untersuchung betrug die Zahl derer, die sich mit einem Kind im Verlauf eines Aufenthaltes von zweieinhalb Monaten beschäftigten, fünfundzwanzig (wenn man ausschließlich den Tagesdienst in Rechnung stellt, ergab sich ein Mittelwert von sechzehn). Die Zahlen (die die Praktikanten, das ständige und das Vertretungspersonal umfassen) haben allerseits Erstaunen erregt; man glaubte im allgemeinen, daß sie viel niedriger seien. Zahlreiche Maßnahmen haben es dank erhöhter Wachsamkeit ermöglicht, die Zahl der verschiedenen an der Betreuung beteiligten Personen beträchtlich zu reduzieren.

Tatsächlich hatte sich das Problem gestellt, auszumachen, ob sich ein realer Nachteil ergab, wenn das Kind in den drei ersten Lebensmonaten in verschiedene Hände kam.

Die Autoren haben herausgefunden, daß vom Alter von acht Wochen an die Kinder Zeichen von Freude und lebhafte Reaktionen auf eine Krankenschwester zu erkennen geben, deren Dominanz bemerkenswert und deren Präsenz stabil ist.

»Das Kind unterscheidet auf dieser Altersstufe die Person als solche nicht vollständig, gleichwohl macht es die Erfahrung von Freude und Annehmlichkeit eines bestimmten Typus menschlicher Beziehung. Diese Beziehung überträgt es leicht auf jede beliebige Person, die ihm ähnliche Fürsorge angedeihen läßt, und das verleiht ihm offenbar die Offenheit, die die Unsicherheit bei einem Milieuwechsel verdrängt.«

b) Zu Beginn der Untersuchung waren die Kinder, dem Hin und Her der Krankenschwestern und der regelmäßigen Aufsicht zum Trotz, langen Phasen von Einsamkeit ausgesetzt, und zwar ohne daß die Erwachsenen je den Eindruck hatten, sie verlassen zu haben. Der Mittelwert des Verhältnisses von zehnminütigem einsamem Wachsein und dem totalen Wachsein betrug 67 % für die eine, 47 % für die andere Gruppe.

Unter solchen Umständen entgehen einer Krankenschwester eine ganze Reihe von Fakten; das Kind durchlebt lange Perioden von Unwohlsein ohne Linderung. Um »hübsch artig« zu werden, wendet das verlassene Kind selbst Mittel an, deren nachteiligen Charakter man untersucht hat. Aufgrund unzureichender Stimulierung und des Fehlens von Reaktionen auf die Signale des Kindes besetzt es leblose Objekte oder seinen eigenen Körper mit Bedeutung und Lust, auf Kosten des Interesses am menschlichen Partner.

c) Ein anderer hervorstechender Zug ist die quantitative und qualitative Armut an sozialen Kontakten und ihre ausschließliche Beschränkung auf die Betreuungssituation.

Wenn das Schlucken des Inhalts einer Milchflasche mehr als sechs bis sieben Minuten dauerte, nahm man an, daß das Kind schlecht trank, und die Schwestern drängten es, schneller zu saugen. Der Umschwung trat aufgrund der Anstelligkeit des Personals immer sehr schnell ein, und die auf den Knien einer Schwester verbrachte Zeit hing ausschließlich von der Schnelligkeit ab, mit der das Rülpsen und

Aufstoßen vor sich ging. Ferner sieht die Schwester das Kind nahezu immer dann, wenn es weint, und nur ausnahmsweise dann, wenn es brav ist.

d) Alle diese Befunde haben dazu geführt, nach einer besseren Kommunikation zwischen Kind und Schwester zu suchen.

Anfangs sind die Kommunikationsschwierigkeiten der Persönlichkeit einer Krankenschwester oder ungünstigen materiellen Umständen angelastet worden; angesichts ihrer Konstanz aber hat man andere Faktoren in Betracht ziehen müssen, die sich noch deutlicher äußerten, als man die allseits geforderte Einzelbetreuung einführen wollte.

Das Personal geriet in Unruhe angesichts möglicher Vergleiche. Für manche Krankenschwestern war es unangenehm, über eine bestimmte sehr kurze Zeit hinaus bei einem Kind zu bleiben; andere Beobachtungsergebnisse machen jedoch deutlich, wie beklemmend es für ein junges Mädchen ist, mit einem Säugling alleingelassen zu werden, zu dem es sich nicht hingezogen fühlt.

Es kam vor, daß eine Krankenschwester, die zu einer engeren Beziehung zu einem ihr anvertrauten Säugling genötigt war, Affekte in sich wach werden fühlte, die Abwehrreaktionen nach sich zogen; ihr berufliches Verhalten wird damit in Frage gestellt. Dann ist Hilfeleistung bei ihrem Versuch nötig, dieser Widerstände Herr zu werden.

Sie muß im Kind etwas finden, das ihr Sympathie einflößt. In dieser Hinsicht lassen sich zahlreiche Variationen beobachten, und die Schwester ist, wenn sie diese Bindung nicht anknüpfen kann, häufig versucht, die Situation zu meiden.

Sobald die Schwester eine Affinität zu einem Kind verspürt, wird es für sie schwierig, ihre Zuwendung unter mehrere aufzuteilen. Eine wirkliche Tauschbeziehung mit wechselseitiger Lust pendelt sich ein, und die Qualität der Betreuung verbessert sich in allen Bereichen. Nichtsdestoweniger fühlt sie sich doch nicht wohl, verspürt sie gewisse Schuldgefühle hinsichtlich der wirklichen Mutter, die oft angesprochen wird, und verträgt sie die Einmischung der anderen Personen nur schlecht. (Das führt – wenn man nicht der ganzen Betreuerinnengruppe Hilfe angedeihen läßt – zu manchmal starken Spannungen.)

Gleichwohl wird die Schwester so für eine ganze Reihe von Details hellhörig, die ihr vorher entgangen waren. Andererseits hat sie, zumal der Abschied des Kindes unvermeidlich ist, das Bedürfnis, sich angesichts dieser Trennung zu schützen, die im allgemeinen dann eintritt, wenn das Kind zur Quelle von Befriedigung geworden ist. Häufig stellt sich bei ihr in der auf die Trennung folgenden Nacht ein Angsttraum ein.

Die Erfahrung auf dem Gebiet der Einzelbetreuung hat zu erkennen ermöglicht, daß die Organisation der Kinderkrippe – und diese Bemerkung läßt sich zweifellos auf alle Kindergemeinschaften anwenden – wahrscheinlich eine Abwehrreaktion auf die unbewußte affektive Bedrohung ist, die der enge Kontakt zu einem Säugling, der nicht der eigene ist, für eine junge Schwester darstellt.

Sie reagiert darauf, indem sie ganz in ihren zahlreichen Aufgaben aufgeht und sich in die Mechanisierung ihrer Arbeit flüchtet, die darauf hinausläuft, sie zunehmend zu entwürdigen. Es tritt eine Verschiebung ihres Interesses für die Kinder auf sachliche Aufgaben ein.

Die Strukturen scheinen für die Schwester-Kind-Kontakte hinderlich zu sein, während sie in Wirklichkeit unbewußt ausgearbeitet werden, um sich selbst davor zu schützen.

Das erklärt, warum das Personal gewöhnlich der Vorstellung ablehnend gegenübersteht, manche – selbst offenbar einfachen und deutlich notwendigen – Veränderungen einzuführen, und seine Widerstände rationalisiert. Diese Widerstände setzen die Schwester in der Tat einer frustrierenden Erfahrung aus, sei es, daß sie sich dem von ihr bevorzugten Kind nicht ausreichend widmen kann und sich obendrein von ihm trennen muß, sei es, daß sie sich einer Teilnahmslosigkeit oder Feindseligkeit gegenübersieht, an der sie sich schuldig fühlt und die das Gefühl ihrer eigenen Fähigkeit, Mutter zu sein, in Frage zu stellen droht.

Für das beschriebene Experiment haben alle verwirklichten Veränderungen ganz schnell den Anschein von Natürlichkeit gehabt, in dem Maße, daß es bald unmöglich schien, die Rückkehr zu den früheren Gewohnheiten ins Auge zu fassen.

Parallel zur Beobachtung und zur Diskussion aller dieser Probleme der Einzelbetreuung haben sich zahlreiche nicht abgestimmte Veränderungen in der Routinebetreuung ergeben.

Der Gesamtkomplex dieser Veränderungen hat zu einer Verminderung der Zahl von Schwestern geführt, die sich mit einem Kind beschäftigen, und zur quantitativen Vermehrung und qualitativen Verbesserung der von jeder von ihnen übernommenen Betreuung geführt. Gegenwärtig dauert die Betreuung länger, das Saugbedürfnis wird besser respektiert, die Behandlungsordnung ist mehr auf Einzelbetreuung zugeschnitten, die Einsamkeit im Wachzustand ist verkürzt und das Leben der Kinder ist deutlich weniger monoton.

X. Die Arbeit der Mütter

In unseren modernen westlichen Gesellschaften koexistieren unterschiedliche Weisen der Ergänzung der mütterlichen Säuglingsfürsorge. Der Vater zum Beispiel nimmt in unterschiedlichem Ausmaß daran teil. Sonst schalten sich – mehr oder weniger kontinuierlich, mehr oder weniger zahlreich – andere Personen ein: der Kreis der unmittelbaren Familie, Bruder oder Schwester, Ganz- oder Halbtagsbedienstete, Haushaltshilfen usw. Viele Frauen versuchen sich von einer sie ganz ausfüllenden Rolle als Mutter und Hausfrau zu befreien, teilen ihre hausfraulichen Aufgaben mit anderen und vertrauen ihre kleinen Kinder mehr oder weniger lange geeigneten Personen an, um sich einer einträglichen Aktivität außer Haus zu widmen.

M. Mead [252] hat gegen eine bestimmte, allzu pessimistische Interpretation der Auswirkung dieser Vervielfachung der Mutterfiguren Front gemacht und behauptet, es handle sich da um eine neue Form von Antifeminismus: wenn der Mann so sehr auf der Bedeutung der »einzigen Mutter« besteht, so nur deshalb, um die Frau ans Haus zu fesseln und ihr eine bestimmte Form von Emanzipation zu untersagen.

Es ist offensichtlich wünschenswert, daß eine Mutter von Zeit zu Zeit abwesend ist und dann vertreten wird, wenn sie so in anderen Interessensphären die Möglichkeit findet, für ihr Kind um so mehr abkömmlich zu sein. Ständig in seiner Nähe zu sein und aggressive oder abweisende Gefühle zu entwickeln, weil es ihr die Freiheit entzieht, Besetzungen in der Außenwelt wahrzunehmen, die andere Frauen auskosten, ist für die Mutter wie für das Kind abträglich.

Man hat häufig die Störungen des Kindes aufgrund von Berufstätigkeit der Mutter und aufgrund von quantitativ unzureichender Fürsorge dargestellt. Eine aufmerksamere Analyse macht jedoch deutlich, daß manche Mütter ganz und gar unfähig sind, eine zureichende Betreuung sicherzustellen, und daß das Eingehen eines Arbeitsverhältnisses durchaus vorzuziehen ist, unter der Bedingung, daß zufriedenstellende Maßnahmen zur Sicherung einer kontinuierlichen Ersatzbetreuung ergriffen werden. Der Analyse der Konsequenzen der Arbeit von Müttern ist also die eingehende Untersuchung der Art und Weise vorzuziehen, in der die ergänzende Fürsorge gesichert wird. Das ist wichtig nicht nur bei ökonomisch schwachen Familien, sondern auch bei solchen mit gehobenem sozioökonomischem Niveau, wo die Mutter manchmal nicht arbeitet und gleichwohl abwesend oder unnahbar ist und die ergänzenden Personen zwar zahlreich sind, aber zuweilen sehr viel episodischer und zersplitterter auftreten, als es den Anschein hat.

M. Ainsworth [4] schreibt in diesem Zusammenhang:

»Es ist mithin von großer theoretischer und praktischer Bedeutung, zu untersuchen, in welchem Ausmaß die Haupt-Mutterfigur ihre Verantwortlichkeit mit anderen Personen teilen kann oder muß, und zwar unter Bedingungen, die die Kontinuität der Fürsorge garantieren oder nicht garantieren, um zu verbindlichen Aussagen zu kommen (es existieren zweifellos mehrere), die die Entwicklung des Identifikationsprozesses, das Sicherheitsgefühl und die spätere psychische Gesundheit des Kindes am günstigsten beeinflussen. Im Rahmen derartiger Untersuchungen hängt insbesondere viel von der Analyse der Beziehung des Vaters zum Säugling und zum Kleinkind ab, ebenso wie von der der Auswirkungen quantitativ und qualitativ variabler väterlicher Betreuung auf die spätere Entwicklung des Kindes.«

XI. Das Fehlen des Vaters

Man hat den Theoretikern jenes Fehlens der Mutter vorgeworfen, den Begriff des Fehlens des Vaters außer acht gelassen zu haben. R. G. Andry hat diesem »Vergessen« eine einschneidende Kritik gewidmet [15].

Seines Erachtens haben, wenn auch die Interaktionen zwischen Mutter und Kind in den ersten Lebensmonaten die nachhaltigsten sind, wenn das Kind auch gerade der Mutter gegenüber seine erste Anhänglichkeit an den Tag legt, doch auch andere Figuren, namentlich der Vater, ihre Bedeutung.

Die Auswirkungen dieses Fehlens des Vaters sind, wenigstens was den ersten Abschnitt der Kindheit betrifft, noch sehr wenig bekannt.

Wenn ein Kind etwa in einer Institution untergebracht wird, wäre es angemessener, von Entzug der Eltern zu sprechen, da das Kind von beiden Elternteilen getrennt ist und der Interaktion mit einer Mutterfigur ebenso entbehrt wie der mit einer Vaterfigur und mit deren Interaktion untereinander.

Wir werden später sehen, wenn wir die Fürsorge seitens des Vaters und seine Rolle bei der Ersetzung der Mutter untersuchen, daß dem Einfluß des frühen Fehlens eines Vaters große Bedeutung beigemessen wird. Dessen Konsequenzen sind vorläufig nur sehr ungenau erhellt, und eine genauere Analyse wäre in dieser Hinsicht erforderlich: namentlich müßte im Zusammenhang mit der Rolle des Vaters, sei es von Unzulänglichkeit, sei es von Unterbrechung, sei es von Verzerrung, gesprochen werden.

XII. Die Nachwirkungen

Der anhaltende und kontinuierliche Mangel wirkt sich, in welchem Bereich er auch auftreten mag, durch fortschreitende Retardierung der intellektuellen Entwicklung des betroffenen Individuums aus. Dieser Gesichtspunkt ist offenbar aufgrund unzähliger Untersuchungen definitiv erhärtet worden, die hier zusammenfassend darzustellen unmöglich ist: vergleichende Untersuchungen mit Hilfe repräsentativer Stichproben, katamnestische und Langzeituntersuchungen.

J. Aubry-Roudinesco [18] ist der Ansicht, daß sich in diesem Zusammenhang das folgende Gesetz aufstellen läßt: der Entwicklungsquotient nimmt proportional zum Logarithmus der Trennungsdauer ab. Der frühe affektive Entzug bestimmt mithin eine Verlangsamung oder einen Stillstand der psychischen Entwicklung.

P.-C. Racamier [275] faßt den Gesamtkomplex der Arbeiten, die diese Beeinträchtigung verdeutlicht und aufgeschlüsselt haben, folgendermaßen zusammen: »Es vollzieht sich ein Prozeß, den man nahezu als zum Wahnsinn führend bezeichnen kann.« Er ist lediglich innerhalb bestimmter Grenzen funktional und umkehrbar. Die Reifungsverzögerung ist umfassend, wirkt sich jedoch vor allem auf bestimmten Sektoren aus.

Die Funktionen, die durch eine anhaltende Mangelsituation am nachhaltigsten betroffen werden, sind die Entwicklung der Sprache und die der sozialen Reaktionen. Es gibt eine spezifische Retardierung der verbalen Funktion und eine Unzulänglichkeit der Abstraktionsfunktion. Bei frustrierten Kindern ist die Sprache, die bei der Artikulation der sensomotorischen Funktionen und der Beziehungen zum anderen beteiligt und Gegenstand früher Besetzungen ist, die besonders labil sind und schnell wieder in Frage gestellt werden, offensichtlich mehr betroffen als andere Funktionen.

1. Kritische Analyse

Angesichts des Umfangs des Problems und der besonderen Intensität mancher Schäden haben sich lebhafte Diskussionen ergeben. Manche Pädiater (Clement Launay, Bertoye) sind der Ansicht, daß die beschriebenen dramatischen Krankheitsbilder sich in pädiatrischen Anstalten und in Kinderheimen nur ganz selten vorfinden lassen.

Wenn man ein Kind nach dem Einsetzen solcher Störungen untersucht, weiß man nicht, ob nicht vorgängig schwere Ausfallerscheinungen in der genetischen

Konstitution oder nicht erkannte Hirnverletzungen vorlagen. So ähnelt dieses von Spitz beschriebene klinische Bild deutlich jenem, das später mit der Nachwirkung eines Hämatoms des Neugeborenen in Zusammenhang gebracht werden wird.

Diese Bilder geben faktisch den Verlauf einer schweren Enzephalopathie zu erkennen, und es lassen sich Anomalien annehmen, die dem Eintritt in die Kinderkrippe vorausgehen und von denen wir lediglich einige Ursachen (etwa Dysmetabolismen) kennen.

Umgekehrt sind filmische Beweise (so der Fall Monique von J. Aubry-Roudinesco) beigebracht worden, die die Nachwirkungen mütterlicher Betreuung und einer intensiven Psychotherapie veranschaulichen und deshalb den Anteil einer organischen Schädigung zugunsten lediglich funktionaler Momente einschränken.

Gruppen von Kindern, die in Institutionen untergebracht und dort mehrere Monate belassen wurden, ergeben keinen gültigen Querschnitt durch die Gesamtpopulation; sie kommen im allgemeinen aus den auf intellektuellem, affektivem und sozioökonomischem Gebiet am meisten benachteiligten Schichten. Ein Kind läuft um so mehr Gefahr, in ein Heim zu kommen und dort vergessen zu werden, je weniger Befriedigung es früher seiner Mutter verschafft hat. Deshalb wäre bei solchen Stichproben der Prozentsatz der erblich belasteten Retardierten und der Nachwirkungen von ante- oder postnatalen Enzephalopathien höher.

G. Heuyer hat zum Beispiel darauf aufmerksam gemacht, daß die Analysen der Antezedentien und die biologischen und physiologischen Untersuchungen oft durchaus bündig waren. Er geht sogar so weit zu behaupten, er habe nie einen reinen Fall von Hospitalismus zu Gesicht bekommen.

Gegenwärtig stimmt man in der Annahme überein, daß unter den heutigen Bedingungen der Hospitalisierung oder Unterbringung von Kindern die schwersten Bilder von Hospitalismus nur dann auftreten können, wenn ein Kind bereits an einer Störung leidet, die es unfähig macht, Beziehungen aufzunehmen – einer Störung, die Folge einer Enzephalopathie oder einer frühen psychotischen Struktur ist.

Solche Kinder sind infolgedessen da massiv frustriert, wo andere die Möglichkeit hatten, Objektbeziehungen einzugehen.

2. *Die affektiven Auswirkungen*

Der nach einer ersten Phase der Beeinträchtigung seiner Beziehungsaktivitäten früh Frustrierte wird später unfähig, Beziehungen aufzubauen. Es stellt sich ein wirkliches Defizit ein, das die morsche Grundlage und den Ansatzpunkt einer mangelnden sozialen Anpassungsfähigkeit abgeben wird – grundlegende Bedingung einer späteren Antisozialität.

Ältere Individuen suchen menschliche Kontakte ohne Unterscheidungsvermögen. Dieses Phänomen ist von R. Lévy, W. Goldfarb und L. Bender als charakteristisch für Kinder mit starken Mangelschäden bezeichnet worden. Die Kinder, die Trennungserfahrungen hinter sich haben, bewahren sich eine sehr große Empfindlichkeit für Trennungsdrohungen, und diese Empfindlichkeit kann geraume Zeit überdauern.

G. Guex hatte in »*La névrose d'abandon*« [167] die Charakterdeformationen in ihren Beziehungen zu frühen Frustrationen beschrieben. Einer der Hauptzüge ist dabei eine übermäßige Abhängigkeit vom anderen hinsichtlich der empfangenen Zuwendung. Sie müssen den Spender auf die Probe stellen, um den Beweis für eine Liebe zu erhalten, die in den Augen des sich verlassen Wähnenden nur unter der Bedingung Wert hat, daß sie bedingungslos geboten wird. Sie bemühen sich mit einem offensichtlichen Masochismus, die Prüfung bis ins Unerträgliche zu steigern und den Diamanten zu schleifen, um sicher zu sein, daß er keine Unreinheiten enthält. Sie hängen faktisch von der Außenwelt ab und sind, weil auf diese Art Symbiose hin strukturiert, sehr verletzbar. Ihre Existenz ist den affektiven Wetterstürzen vollständig ausgesetzt. Sie empfinden ein nahezu immer bewußtes Gefühl von Frustration, das auf alle möglichen Arten, sei es aktiv durch Gier und Ansprüche, sei es passiv durch affektive Abhängigkeit oder kompensatorisches Verhalten (Daumenlutschen, Verschlingen von Nahrung und Kenntnissen) zum Ausdruck kommt.

In den schwersten Fällen ist das Individuum sogar unfähig, Liebe entgegenzunehmen, und verfestigt sich mit einer Art tragischem Zwang in einer Position von Frustration, aus der es schwer hervorzulocken ist.

Der Mißerfolg anderer Unterbringungslösungen, insbesondere der Unterbringung in der Familie, macht eine zuweilen dramatische Konsequenz des Fehlens der Mutter aus, weil es gerade Maßnahmen verhindert oder dem Zufall anheimstellt, die die korrigierende Therapie erlauben würden.

Nach vergleichenden Untersuchungen von G. Trasler [336] wäre in 50 % der Fälle der Mißerfolg von Pflegeunterbringungen in erster oder zweiter Linie den Auswirkungen einer Trennung des Kindes von den Eltern anzulasten. Diese Auswirkungen sind auf das – objektive oder nichtobjektive – Gefühl zurückzuführen, abgelehnt zu werden, das Spannung, Angst und Hemmung der Reaktion auf die Pflegeeltern erzeugt. Gerade die sich hinziehende Unterbringung in einer Institution während der ersten Lebensjahre, nach einer Trennung von den Eltern und vor der Einweisung in eine Pflegestelle, bildet das deutlichste Antezedens, das mit einem späteren Mißerfolg der Pflegeunterbringung in Zusammenhang steht. Die sich am günstigsten entwickelnden Pflegeunterbringungen sind im allgemeinen die, die in die Wege geleitet wurden, bevor das Kind vier Jahre alt war, und zwar unter der Bedingung, daß nur ein Minimum von Anstaltsunterbringung zwischen der Trennung von den Eltern und der Pflegeunterbringung lag. Der anfängliche Mangel an Fürsorge gefährdet also, wie ersichtlich, für die Zukunft die Entwicklung günstiger Reaktionen auf neue Elternfiguren.

J. M. Williams [345] hat sich mit Kindern im Alter von fünf bis elf Jahren beschäftigt, deren Pflegeunterbringung sich nicht günstig entwickelt hatte und die man aufgrund der schlechten Beziehungen, die sich ergeben hatten, wieder herausnehmen mußte. 80 % der Fälle waren vor dem Alter von fünf Jahren zum ersten Mal von der Mutter getrennt worden. Diese mangelgeschädigten Kinder neigten zunächst dazu, sich impulsiv und ohne Hemmungen zu zeigen, legten sich aber mit sieben Jahren ein abwehrendes und verschlossenes Verhalten zu. Sie fühlten sich von den Eltern bestraft, zurückgewiesen und verlassen, einsam und verwirrt.

Überdies verleugneten sie jedes Abhängigkeitsgefühl, verdrängten massiv ihre aggressiven Regungen und ließen es vollständig an Selbstachtung fehlen.

Die Analyse der Auswirkungen des Fehlens der Mutter macht also allgemeine und spezifische Auswirkungen deutlich.

R. Spitz [319] behauptet, daß das Fehlen der Mutter die Entwicklung auf jedem beliebigen Persönlichkeitsbereich zum Stillstand kommen lassen kann. Aber dieser Mangel betrifft nicht auch alle Prozesse.

Die Verschiedenartigkeit der Auswirkungen des Fehlens der Mutter macht sich faktisch nicht nur quantitativ, sondern auch qualitativ bemerkbar. Überdies setzt sich ein und derselbe Typus von Mangel, der den gleichen Prozeß betrifft, bei verschiedenen Kindern in unterschiedliche Symptome um. Und es müssen verschiedene Begriffe, wie der des Stadiums, der des Angelpunktes im Netzwerk der Besetzungen und der Reifung und der des günstigsten oder bevorzugten Zeitpunktes bei der Strukturierung bestimmter funktionaler Mechanismen in Betracht gezogen werden.

Es läßt sich durchaus annehmen, daß alle im Zuge der ersten Phasen der psychologischen Entwicklung durchlebten Erfahrungen – gemäß einem sehr allgemeinen biologischen Prinzip – mehr als alle anderen nachhaltige Auswirkungen zu bewirken drohen, handelt es sich in dieser Phase doch um einen Organismus, der sich noch entwickelt und strukturiert.

Das Alter des Kindes – oder genauer: sein Entwicklungsstand – ist eine der Variablen, die die betroffenen Prozesse am nachhaltigsten beeinflußt; so ist es gerechtfertigt, in den bis heute angestellten Beobachtungen den Beweis dafür zu sehen, daß die im Verlauf der ersten Lebensjahre erlittenen Frustrationen die Funktion der Sprache und die der Abstraktion (und indirekt den Intelligenz- und den Entwicklungsquotienten) deutlicher beeinflussen als in fortgeschrittenerem Alter erfahrene Mängelsituationen. Es ist überdies wahrscheinlich, daß eine Unterbrechung der Beziehungen in der Hauptsache die Fähigkeit in Mitleidenschaft zieht, affektive Bindungen anzuknüpfen, namentlich dann, wenn sich wiederholt episodische Trennungen von Mutterfiguren ereignet haben.

»Die Theorien zur Entstehung der Objektbeziehung machen es bis zur Evidenz deutlich, daß die Trennung von der Mutter insbesondere dann gefährlich ist, wenn sich eine wirkliche Objektbeziehung vollzogen hat, d. h. gegen Ende des ersten Lebensjahres. In den ersten sechs Monaten ist die Mutter lediglich ein funktionales Objekt, dessen Gegenwart, wenigstens dem Anschein nach, nur im Falle eines zu stillenden Bedürfnisses unerläßlich ist. Gleichwohl ist offenbar ein ganzes Bündel von Beiträgen seitens der Mutter erforderlich, um die späteren Grundlagen einer vollgültigen Objektbeziehung zu schaffen. Aber erst zu dem Zeitpunkt, wo das Kind die Mutter als solche wiedererkennt, wird sie ihm unentbehrlich, läuft der Mangel an mütterlicher Fürsorge in Gestalt ihres Verlustes Gefahr, sich ganz verhängnisvoll auszuwirken« [4].

3. Die langfristigen Auswirkungen

Die frühen Frustrationen spielen offenbar eine unbestreitbare Rolle bei bestimmten pathologischen Charakterstrukturen, etwa der maßlosen Abhängigkeit vom anderen bei denen, die immer nach Zuwendung lechzen und fortwährender Liebesbeweise bedürfen.

S. Nacht [255] hat Verzerrungen des Ich beschrieben, bei denen ein grundlegender Masochismus am Werk zu sein scheint. Er ist der Ansicht, daß diese Individuen frühen und bedeutsamen Frustrationen seitens sadistischer Mütter ausgesetzt waren. Sie leben ganz und gar im Zeichen der Frustration, die in ihren aktiven und permanenten Forderungen zum Ausdruck kommt.

Ebenso hat man der frühen Frustration eine Rolle bei den Psychosen zuschreiben wollen. Es scheint indessen fragwürdig, die Ätiologie depressiver Verstimmungen des Erwachsenen einzig und allein auf die anaklitische Depression zurückzuführen. Auch für die Schizophrenie ist ihr Anteil in Betracht gezogen worden. Hier muß der therapeutische Wert einer systematischen oder empirischen Betreuung durch die Mutter erwähnt werden, der bei den unterschiedlichsten Behandlungsarten dieses Leidens immer wieder in Erscheinung tritt. Viele Autoren – darunter insbesondere André Green [158] – haben deutlich gemacht, daß die Mütter von Schizophrenen eine psychotische Struktur aufweisen und massiv frustrierend und abweisend eingreifen. Es hat mithin mit Sicherheit eine Verzerrung der Beziehungen und eine besonders tiefgreifende Frustration stattgehabt. Solche Faktoren werden desgleichen für den Ursprung von chronischem Alkoholismus und psychosomatischer Störungen usw. geltend gemacht.

So hat einer der Autoren (Lebovici [223]) angemerkt:

»Sicher ist, daß die anwachsende Bedeutung der Analyse von Störungen der Objektbeziehung auf psychopathologischem Gebiet dazu führt, die frühe Frustration neu zu bewerten. Die Neuordnung der Objektbeziehungen im Zuge einer Psychotherapie ermöglicht es jedoch nicht, den historischen Stellenwert der Rekonstruktion traumatischer Ereignisse im Zusammenhang mit Trennungs- und Entzugssituationen seit den ersten Lebensmonaten zu bekräftigen. Wenigstens handelt es sich um Hypothesen, die durch die ganze Reihe von Untersuchungen über die Auswirkungen des Mangels an mütterlicher Fürsorge bestätigt werden müssen, die wir erwähnt haben. Überdies muß in diesem Zusammenhang gesagt werden, daß es sehr gefährlich ist, traumatische Ereignisse überzubewerten, um eine psychopathologische Struktur erklärbar zu machen, deren ätiologische Konstellation eben nur komplex sein kann.«

Die Berücksichtigung einer pathogenen Wechselbeziehung zwischen Mangel an mütterlicher Fürsorge und späterer Kriminalität hat lebhafte Polemiken entstehen lassen.

Nach L. Bender [25], die psychopathische Verhaltensstörungen in der Kindheit beschrieb, hat J. Bowlby [40] in seiner Arbeit über vierundvierzig Fälle von jugendlichen Dieben die Neigung zum Diebstahl bei diesen ehemals mangelgeschädigten Kindern scharf hervorgehoben. Bekanntlich unterschieden sich in dieser Arbeit, die ein großes Echo gefunden hat, die vierundvierzig jugendlichen Diebe von den Kindern der Kontrollgruppe dadurch, daß sie sich wie affektiv Indifferente verhielten (*affectionless character*). Nahezu die Hälfte von ihnen hatte eine vollständige Trennung von wenigstens sechs Monaten während der ersten fünf Lebensjahre erlebt. Das war nicht der Fall bei den Kindern, die nicht stahlen. Man hat Bowlby etwas in den Mund gelegt, was er nicht geschrieben hat und was er nicht sagen will, so etwa, daß dieser Sachverhalt sich bei allen Delinquenten vorfinden lasse. Ebensowenig hat er eine ursächliche, sich direkt auswirkende Beziehung zwischen Trennung und Mangel einerseits und Delinquenz andererseits aufgestellt.

Kate Friedländer [49] hat eine Beschreibung des »antisozialen Charakters« vorgelegt, die die Existenz von Komplikationen in der frühen Beziehung zur Mutter bestätigt. Andere Autoren haben im Gegensatz dazu versichert, daß der Mangel an mütterlicher Fürsorge für die determinierenden Einflüsse auf die Delinquenz lediglich eine beiläufige Rolle gespielt habe. Richtiger scheint es zu sagen, daß sich eine Modifikation der Affektivität ergibt, die den Antezedentien wie Trennung und Mangel zuzuschreiben ist, und daß sie sich in eine bestimmte Affektlosigkeit umsetzt, die ihrerseits am Ursprung der Delinquenz stehen kann. Es ist jedoch eine aktuelle Situation erforderlich, die den Ausbruch antisozialer Äußerungen bedingt. Die Affektlosigkeit scheint im Falle der Delinquenz das Ergebnis von immer wiederholten Trennungen zu sein:

»Zusammenfassend ist mithin die Delinquenz offenbar zum großen Teil einer Charakterstörung zuzuschreiben, deren eines Hauptelement eine Beeinträchtigung der Fähigkeit wäre, affektive Bindungen anzuknüpfen. Da der frühe und massive Mangel an mütterlicher Fürsorge, der häufig mit einer Trennung von der Mutter in Zusammenhang steht, ein bedeutsames Antezedens für die Bildung affektloser Charaktere ist, liegt der Schluß nahe, daß die Frustration ein wichtiges Antezedens bei jenen Delinquenten ist, die diesem Charaktertypus zuzurechnen sind. Da aber nicht alle affektiv Indifferenten kriminell werden, müssen dabei noch andere Umstände beteiligt sein, die, einzeln oder gemeinsam, darauf hinwirken, daß ein affektiv Indifferenter in die Delinquenz abgleitet. Das Hauptverdienst von Andry liegt zweifellos darin, Befunde geboten zu haben, die die Hypothese zu bestätigen scheinen, derzufolge die Unzulänglichkeiten oder Verzerrungen der Vater-Kind-Interaktion bedeutsame Antezedentien der Delinquenz sind und infolgedessen sehr wohl einen der Faktoren bilden, die einen affektiv Indifferenten kriminell werden lassen und den anderen nicht. Zugleich legen die Untersuchungen von Andry [15] und Naess [258] nahe, daß einfache Trennungen von der Mutter ohne ausgeprägte Mängelsituationen kein häufiges Antezedens der Delinquenz sind.«

Ohne Zweifel muß als entscheidendes Antezedens auch eine bestimmte Form der Verzerrung der Beziehungen zwischen Eltern und Kind angenommen werden – einer Verzerrung, die mit einer Trennungserfahrung in Verbindung stehen kann oder nicht.

Es ist demnach erforderlich, diesen Antezedentien sehr eindringlich nachzugehen und die Situationen zu untersuchen, in denen Unzulänglichkeit, Verzerrung oder Unterbrechung der Eltern-Kind-Beziehungen zusammenfallen konnten, und desgleichen die Vater-Kind-Beziehung ins Auge zu fassen.

Bevor die Rolle des Mangels an mütterlicher Fürsorge für die Pathologie späterer und nachträglicher psychopathologischer Komplikationen endgültig genau bestimmt werden kann, sind noch zahlreiche Analysen zu leisten, die jedoch eine lange und zeitraubende Arbeit erforderlich machen. Vor allem müßten Langzeituntersuchungen in Angriff genommen werden; aber die sind bekanntlich schwer zu realisieren und zu Ende zu führen. Jedenfalls kann gerade aufgrund der Komplexität der Interaktionen und Restrukturierungen eine gewisse Unsicherheit lediglich durch sehr strenge Selektion und Vergleiche mit Kontrollgruppen behoben werden, und das bringt mit Sicherheit sehr kostspielige und möglicherweise schwer durchzuführende Analysen mit sich.

4. Umkehrbarkeit psychopathologischer Auswirkungen?

Zahlreiche Arbeiten haben sich darum bemüht festzulegen, in welchem Maße die intellektuelle Retardierung aufgrund von Mängelsituationen rückgängig zu machen ist. Im allgemeinen wird daraus ersichtlich, daß die fortschreitende Verlangsamung der Allgemeinentwicklung, die mit dem Entwicklungs- oder dem Intelligenzquotienten gemessen wird, gestoppt oder sogar in ihr Gegenteil verkehrt werden kann, wenn der frustrierenden Situation im Laufe der beiden ersten Lebensjahre und besonders in den ersten zwölf Monaten ein Ende gesetzt wird. Die Betreuung durch eine einzige Mutterfigur scheint in dieser Hinsicht wirksamer zu sein als andere Formen der Stimulierung durch die Umgebung, sogar der in Institutionen. Die Adoption von Kindern mit mittlerem Entwicklungsquotienten, die in Institutionen gelebt hatten, war häufig Ausgangspunkt einer spektakulären Entwicklung, die sich am Anstieg des Intelligenz- oder des Entwicklungsquotienten ablesen ließ. Es handelt sich da offenbar um die Auswirkung der neuen Qualität der Besetzung und der Betreuung durch eine gute Mutter, die auf zahlreiche und indifferentere Ersatzmütter folgt. Manchmal jedoch können allzu teilnahmslose oder gleichgültige Kinder nicht von der Fürsorge einer Ersatzmutter profitieren, und die vorgängige intensive Psychotherapie kann auffallende Verbesserungen beisteuern.

Wir haben bereits den Film von J. Aubry-Roudinesco und ihren Mitarbeitern erwähnt, der die exemplarische Krankengeschichte der kleinen Monique anschaulich macht, deren Entwicklungsquotient von fünfunddreißig im Alter von zwei Jahren auf siebenundneunzig nach siebzehn Monaten Behandlungsdauer stieg. Allein der Grad der Sprachbeherrschung blieb gegenüber dem normalen niedriger, das Allgemeinverhalten hatte sich jedoch gebessert. Die bisher unternommenen Direktuntersuchungen tragen kaum etwas zur Ausmerzung der Schäden an den Funktionen der Persönlichkeit und den intellektuellen Prozessen bei, deren Anfälligkeit für Beeinträchtigungen bekannt ist – etwa bei der Sprachfunktion, von der man lediglich weiß, daß sie *dauerhaft* geschädigt werden kann.

Wahrscheinlich ist es möglich, verschiedene Faktoren auszusondern, die Einfluß auf die Unwiderruflichkeit von Schäden haben: R. Spitz war der Ansicht, daß die Retardierung als Folge der Depression nicht mehr rückgängig zu machen ist, wenn die frustrierende Situation länger als fünf Monate andauert. Manche Autoren haben gezeigt, daß die durch eine frustrierende Erfahrung im Verlauf des ersten Lebensjahres verursachte Retardierung weniger leicht rückgängig zu machen war, wenn ein Bruch einer bereits entwickelten Mutter-Kind-Bindung vorlag. Umgekehrt zeigen die Kinder, die mittelmäßige Beziehungen zu ihren Müttern hatten, bevor sie von ihnen getrennt wurden, geringere und zweifellos leichter rückgängig zu machende Störungen. Die Heilbarkeit ist weniger groß, wenn die Mutter-Kind-Beziehung *von Anfang an* verzerrt gewesen ist. Ebenso läßt sich annehmen – wie wir oben bereits gezeigt haben –, daß die Rückkehr in ein bestimmtes Milieu, sei es bei halb unzureichender Fürsorge (wenn die Mutter etwa gestört ist), sei es, daß es keine Möglichkeit einer guten Beziehung bietet, die Heilbarkeit nicht günstig beeinflußt oder gar unmöglich macht. Schließlich reaktivieren die späteren Erfahrungen neuer Trennungen oder neuer Mangelsituationen offenbar die von der ersten Trennung ausgelösten Prozesse und machen sie in ihren Auswirkungen irreversibel. Es muß also auf die sicher schweren und teilweise nicht rückgängig zu machenden Auswirkungen von wiederholten Trennungen und Mangelsituationen Nachdruck gelegt werden.

Vier theoretische Hauptpositionen beteiligen sich an dieser Diskussion über die Auswirkungen des Mangels an mütterlicher Fürsorge:

A – *Die Lerntheorie*

Die Entwicklung ist nahezu vollständig Funktion der Stimulierung durch das Milieu. Was früher nicht gelernt werden konnte, kann später verarbeitet werden, vorausgesetzt, es werden die gewünschten Bedingungen geschaffen. So kann das ursprünglich retardierte, weil von seiner Umgebung nicht mit den nötigen Stimuli versorgte Kind sich später schadlos halten, unter der Bedingung, daß der Mangel in einem ausreichenden Zeitraum kompensiert wird, der gewährleistet, daß die Lernprozesse zustandekommen.

B – *Die psychoanalytische Position*

Für die psychoanalytische Position bringen die frühen Erfahrungen bestimmte dynamische Prozesse ins Spiel, die, ungeachtet der Modifikationen, die später der Umgebung zugeschrieben werden können, dazu neigen weiterzubestehen. Der frühe Mangel an mütterlicher Fürsorge führt zu Abwehrreaktionen, die das Kind gegen die unangenehme Frustration, die es erleidet, in Schutz nehmen. Diese Abwehrreaktionen haben die Tendenz, dauerhaft fortzubestehen und das Kind von einem neuen Milieu abzuschirmen, das jedem aufgeschlossenen Individuum gleichwohl ergiebige Interaktionsmöglichkeiten böte. Die Möglichkeit, einen solchen Schaden rückgängig zu machen, hängt also zum großen Teil vom Ergebnis der Bemühungen ab, die die Abwehrprozesse zu durchbrechen und die Besetzungen und Gegenbesetzungen zu modifizieren suchen.

C – *Die Theorie der sensiblen Phase oder der kritischen Periode*

Im Entwicklungsverlauf ergeben sich Phasen, in deren Verlauf bestimmte Prozesse sich normal entwickeln, wenn die Umweltbedingungen zufriedenstellend sind. Im umgekehrten Fall kann die Entwicklung eines gegebenen Prozesses zum Stillstand kommen, und die späteren Stimulierungen aktivieren die Entwicklung nicht oder nur sehr schwer. J. Bowlby [43] hat diese These wiederaufgenommen, als er vorschlug, die Entwicklung des menschlichen Säuglings in einem ethologischen Bezugsrahmen ins Auge zu fassen.

D – *Die sensorische Zufuhrsperre*

Hier muß ohne Zweifel auf Arbeiten zur sensorischen Deprivation Bezug genommen werden, die seit zehn Jahren in den unterschiedlichsten Ländern, namentlich den angelsächsischen, in Angriff genommen wurden ([175], [304], [29], [350], Harvard Symposium, 1958 [174] usw.). Diese verschiedenen experimentellen Untersuchungen zielen darauf ab nachzuweisen, daß unzureichende Stimulierung beim Menschen wie beim Tier signifikative Auswirkungen zeitigt.

Ohne sie detailliert nachzuvollziehen, lassen sich ihre Ergebnisse kurz so zusammenfassen, wie sie im Lichte zweier neuerer Forschungsberichte erscheinen [7], [276].

Man hat diese Phänomene mit Hilfe von Begriffen wie Isolation, Mangel, Entzug oder »Deprivation« beschrieben.

J. de Ajuriaguerra, der beim Symposium von Bel-Air den Vorsitz hatte, hat den Begriff »Zufuhrsperre« [*désafférentiation*] gewählt:

»Denn er schließt einen Mangel an Afferenzen oder mehr noch an sensorischen, affektiven ebenso wie sozialen Beiträgen von außen oder von der Umgebung ein.«

Diese Untersuchungen beziehen sich vor allem auf Individuen, die besonderen Situationen ausgesetzt wurden, in denen ihnen die äußeren Stimuli mehr oder weniger vollständig, in mehr oder weniger zahlreichen sensorischen Bereichen und für einen mehr oder weniger langen Zeitraum entzogen wurden.

Die Konsequenzen sind variabel gemäß den Parametern der Erfahrung, aber auch gemäß der früheren Verfassung des Individuums, des Zeitpunktes, zu dem das Experiment vorgenommen wurde usw.

Die Störungen können, wenn das Experiment an jungen Tieren über einen langen Zeitraum ausgedehnt wird, in somatische Beschwerden oder wenigstens in Wachstumsstörungen, schwere Verhaltensstörungen und häufig in offenkundige Anpassungsmängel ausarten.

Beim Erwachsenen können diese Störungen ebenfalls sehr ernsthaft sein; häufig ist dabei der Typus der »Halluzinose«, und sie werden manchmal von einer an Verwirrung grenzenden Umnebelung begleitet. Modifikationen der intellektuellen Aktivität, des Denkens und der motorisch-perzeptiven Anpassungsfunktionen treten auf. Sie wirken sich immer im Sinne eines passageren und funktionalen Defizits aus. Es handelt sich offenbar nicht um wirkliche Halluzinationen, sondern um die besagte Halluzinose mit zunächst elementaren, später zunehmend komplexeren und bildlichen visuellen und auditiven Phänomenen. Die Suspension der Bewegungsmöglichkeit, die zu den anderen Faktoren des Experimentes hinzukommt, spielt die entscheidende Rolle für die Halluzinose-Bildung.

Die affektiven Auswirkungen sind im allgemeinen Unlust und Angstphänomene mit Reaktionen, die von unruhigem Mißbehagen oder Reizbarkeit bis hin zur Panik reichen, mit Übergangsphänomenen von Entsetzen und nächtlichen Phobien.

H. Azima [20] hat gezeigt, daß sich bei einem Individuum, dem man Isolierung und sensorischen Entzug auferlegt, dem man aber in regelmäßigen Abständen Besuch und aktive und regressive Präsenz nach Art einer Mutter angedeihen läßt, nicht nur eine formale Regression des Ich, sondern auch eine rapide Triebregression beobachten läßt.

Sicherlich müssen Reizisolierung und Mangel an Reizzufuhr unterschieden werden, die gemeinsam oder getrennt auftreten können.

Ebenso muß die Bedeutsamkeit der *inneren* Perspektive hervorgehoben werden, in der die Isolierung erlebt wird, wenn die Trennung vom gewohnten Milieu erwünscht oder zufällig oder beiläufig, allmählich oder plötzlich eingetreten ist, wenn eine Gefahr- oder Krankheitssituation besteht usw.

Das Individuum widmet sich zunächst einer mentalen Aktivität, die das isolierte und Mängelsituationen ausgesetzte Subjekt als besänftigend empfindet und als beruhigende Abwehr in sich selbst sucht.

Zunächst organisiert und gelenkt, versickert diese Aktivität schließlich zunehmend mehr. Später treten dann geistige Trägheit und eine extreme Verarmung des psychischen Bereiches oder ein auf Primärprozesse reduziertes Denken in Erscheinung, das mit Phantasien und freien Assoziationen operiert.

Das Subjekt sucht auch mit großer Gier äußere Hilfsquellen an Stimulierung und Gesellschaft. Der Isolierte wird für früher unvermerkte und außer acht gelassene Wahrnehmungen empfänglich: Farbnuancen, Lichtflecke, ganz leise Geräusche, Unebenheiten, winzige Details usw. Die Präsenzillusion und die Wahnbilder machen deutlich, daß alle bekannten Grade von Materialisierung der Phantasie vom einfachen Tagtraum bis hin zur Halluzination im eigentlichen Sinne auftreten.

Gleichwohl bleiben diese Phänomene, ihrem kompensatorischen Charakter zum Trotz, häufig angstbesetzt, und es lassen sich dann Erscheinungen mit deutlicher Nähe zum Verfolgungswahn beobachten. Die Einschränkung von Aktivität und Bewegungsmöglichkeit kommt zu all dem hinzu und erschwert die Situation.

Wir wollen diese Beschreibung eines klinischen Bildes hier lediglich andeuten, die zahlreiche Phänomene zusammenträgt und eine vertiefende Untersuchung in Vorschlag bringt, und zwar um so mehr, als es sich um eine beim *Erwachsenen* untersuchte Pathologie handelt. Es schien uns jedoch so, daß alle diese jüngeren Arbeiten ergänzende Elemente zum Verständnis der Pathologie von Trennung und eventuellen Mängelsituationen beim *Säugling* beigetragen haben.

»Man kann nicht genug hervorheben, daß, wenn die Mangelsituation beim Erwachsenen lediglich vorübergehende negative Auswirkungen hat, das daran liegt, daß sie selbst begrenzt ist – sei es an Tiefenwirkung, sei es an Dauer –, und mehr noch daran, daß sie auf ein bereits strukturiertes Erwachsenen-Seelenleben einwirkt« (Racamier [276]).

Wir haben, als wir die Entstehung der Objektbeziehungen beschrieben, der für die normale Entwicklung des Säuglings erforderlichen äußeren Bedingungen Erwähnung getan.

M. A. Ribble [285] hat von »Reizhunger« beim Säugling gesprochen. Die hinreichende Reizzufuhr scheint in der Tat bedeutsam zu sein: sicherlich gibt es Hunger und Durst, aber auch das Saugbedürfnis, und Halverson hat gezeigt, daß die Atmung des Säuglings nur dann koordiniert wird und die Muskelspannung sich nur dann abschwächt, wenn er hinreichend gesaugt – und nicht schon dann, wenn er genug Milch gehabt hat.

Die Haut ist ein anderer großer Rezeptor von Außenreizen. (Kleine Säugetiere, die nicht von ihren Müttern geleckt worden sind, entwickeln sich nicht richtig.) Säugetiere, die auf diesem Gebiet hinlänglich lange frustriert wurden, leiden an nicht mehr rückgängig zu machenden Störungen der motorischen und relationalen Aktivitäten und des Neugierverhaltens. Katzen, Hunde und Schimpansen werden nach Mängelsituationen offenbar unfähig, den Raum zu organisieren, in dem sie sich bewegen. Sie können ihre Erfahrung nicht entfalten und ihr Verhalten nicht an die Welt der Objekte anpassen. Sie bringen es nicht mehr fertig, zu lernen.

Wenn es auch für den Säugling schwierig ist, die Außenwelt von der Mutter zu unterscheiden, die sie in ihrer Gesamtheit für ihn repräsentiert, und sensorische Isolierung und Objektentzug deutlich zu trennen, so räumt SPITZ gleichwohl dem Mangel an Stimulierung große Bedeutung unter den frustrierenden Faktoren des Hospitalismus ein.

Der sensorisch-sensitive Mangel ist, wenn er auch schwer vom Fehlen der Mutter zu isolieren ist, um so mehr pathogen, als er sich auf einen Organismus im Zuge der Entwicklung erstreckt. Das Kind ist für die Außenwelt empfänglich: es zehrt von ihr und bedarf ihrer, bevor es sich ihrer noch in organisierten Wahrnehmungen bemächtigen und sich eine Vorstellung von ihr machen kann:

»Das gleiche wie für die Außenwelt gilt auch für das Objekt, und das muß zunächst existieren, damit es dem Subjekt gelingt, es wahrzunehmen« (RACAMIER [276]).

In dem Maße, wie die unbelebte Welt vom Kind mit der belebten verschmolzen wird, gehört der Mangel an Außenreizen zum frühen affektiven Mangel.

Die Situation der Isolierung von Außenreizen bringt eine Verschiebung des Gleichgewichts zwischen intero- und propriozeptiven und exterozeptiven Gegebenheiten hervor, und zwar zum Nachteil der letzteren und zugunsten der ersteren. Diese Modifikation des dynamischen Gleichgewichtes verändert die Grenzen des Ich und schwächt das Gefühl der personalen Identität, deren ökonomische Existenz von einer genauen Balance zwischen den drei großen Außenbereichen abhängt.

Der Gesamtkomplex der Grenzen des Ich verschiebt sich, wenn eine dieser Grenzen unwirksam wird. Hier wird die Grenze zur Außenwelt aufgrund mangelnder Zufuhr inaktiv.

Für D. RAPAPORT [280] und S. MILLER [253] besteht diese Autonomie des Ich in einem doppelten Sinne, weil es nicht vollständig abhängig ist, weder vom Es noch von der Außenwelt. Seine Autonomie im Verhältnis zu jedem dieser Pole wird garantiert durch seine fortdauernde Beziehung zum anderen Pol, wobei die Unabhängigkeit vom einen der Abhängigkeit vom anderen direkt proportional ist.

Wenn man durch Mangel an Stimulierung die Autonomie im Verhältnis zur Realität steigert, indem man es ausschließt, liefert man das Ich auf Gedeih und Verderb dem Es aus.

Für S. MILLER kann ein Individuum, das sich gegen das, was in ihm ist, verteidigt und sich bei dieser Abwehr an die Außenwelt anlehnt, in psychotische Regression verfallen, wenn diese Außenwelt ihm entzogen wird.

P. C. RACAMIER [276] wirft gegen Ende seiner kritischen Übersicht das Problem auf, ob die Dinge eine Funktion für die psychische Ökonomie haben und, wenn ja, welches deren Bedeutung und Wesen ist. Der Unterscheidung von belebten und leblosen Objekten zieht er die Trennung von Wunschobjekten und Präsenzobjekten vor, die, wenn auch niemand nach ihnen verlangt und sie nichts von uns verlangen, möglicherweise doch durchaus Gewicht für die psychische Ökonomie haben.

Für SEARLES [304] wiegt die nicht-menschliche Umgebung schwer, und zwar von der frühen Kindheit an, in der das Individuum sich zunächst von allem, was es umgibt – darunter auch den Dingen –, nicht unterscheidet. Das Kind erfährt, wenn es die Außenwelt erkennt, d. h. wenn es zugibt, daß sie nicht ein Teil seiner selbst ist, sie als aus einem mehr oder weniger unkontrollierbaren und schwindelerregenden Chaos lebloser Objekte zusammengesetzt. Die dabei erfahrene Angst tritt erneut auf in unseren Widerständen, als Erwachsene die Bedeutung der unbelebten Welt anzuerkennen.

»Die Unterscheidung von Belebtem und Leblosem ist ein langer und komplexer Prozeß, der sich im Verlauf mehrerer Jahre der Kindheit auf der Ebene aufeinanderfolgender Integrationen entwickelt – ein Prozeß, der sich im Bereich und im Rahmen der Dynamik der Objektbeziehung abspielt.

Von affektiven Mängelsituationen betroffene Kinder haben in gewisser Weise zuviel mit den Leuten zu tun, um sich für die sie umgebenden Dinge interessieren zu können. Sie haben zur Außenwelt nicht jene Brücke schlagen können, die das Übergangsobjekt darstellt ...« (RACAMIER [276]).

Die Welt der Dinge bietet dem Kind relativ wenig besetzte Objekte, deren Stabilität von den Veränderungen der Objektbeziehungen kaum bedroht wird, hinsichtlich derer die Bewußtwerdungsprozesse erleichtert werden. Sie können mithin als transitorische Sammelbecken für Projektionen dienen und tragen unbestreitbar zur Entwicklung der emotionalen Sicherheit, der Stabilität und der Kontinuität der Erfahrung der personalen Identität bei. Diese Welt der Dinge bildet ein neutrales Experimentierfeld, das dem Kind bestimmte Positionen in seinen Objektbeziehungen ausreifen zu lassen hilft. Sie ist ein Ventil für noch nicht integrierte oder in die Objektbeziehungen nicht integrierbare Spannungen.

»Zu ihnen (den Objekten der Wahrnehmung – einer zuweilen infraliminären Wahrnehmung –, denen lediglich ihre Präsenz Wert verleiht, die, verglichen mit den Trieben, träge, aber durchaus nicht inexistent sind) nehmen wir eine Kontaktbeziehung auf, die vom Wunsch relativ unabhängig ist. Diese Beziehung, die im Englischen unübersetzbar mit *relatedness* [Verbundenheit] bezeichnet wird, hat eine bedeutsame Funktion für die psychische Ökonomie. Freilich wecken die leblosen Objekte nicht das wirkliche Interesse des Kindes, und sie nehmen erst von dem Augenblick Gestalt an, da die Objektbeziehung konstituiert ist: und diese Konstituierung erfordert die Präsenz eines mütterlichen Objektes und zweifellos auch die lebloser Objekte, die ihrerseits ebenso absorbiert werden, bevor sie noch wahrgenommen wurden, und zunächst überdies nicht von der Mutter unterschieden werden, als deren Kleider oder Anhängsel sie dann in Erscheinung treten. Wenn die Welt aber erst existiert, ist sie für das Kind Quelle und Entwicklungsmotor permanenter und stabiler Stimulierungen ... Erst wenn das Kind ausreichend zu empfinden begonnen hat, wird es fähig wahrzunehmen ... Bei einer gesunden psychischen Ökonomie ist das Interesse für die Dinge wesensgleich mit dem für die lebenden Wesen« (RACAMIER [276]).

Es läßt sich daher annehmen, daß das Kind im Mangelzustand oder – genauer: – in einer zum Hospitalismus führenden Situation nicht nur an einem Mangel an einem menschlichen Partner, sondern auch an diesem besonderen Mangel an Dingen gelitten hat.

Die Ergebnisse, die sich aus Experimenten mit sensorischer Zufuhrsperre ableiten lassen, erhellen also zweifellos bestimmte Mechanismen, die, miteinander verbunden, auf die in Frage stehenden Prozesse im Verlauf der so schwerwiegenden Erfahrung einwirken, wie sie für einen Säugling die Hospitalisierungssituation darstellt: zunächst der Mangel an behutsamer mütterlicher Fürsorge, von dem bereits die Rede war, dann das Fehlen jener Welt der Dinge, auf das P. C. Racamier nachdrücklich hingewiesen hat. Es wird durch die Bewegungseinschränkung und die physische Spannung scharf markiert, bei gleichzeitiger Desorganisation der Empfindungen, die sich auf das Bild des eigenen Körpers beziehen. Das aber ist gerade das Schicksal des auf seine Wiege beschränkten Säuglings, der auch in bezug auf seine Bedürfnisse an diese Wiege gefesselt ist und dessen in Entwicklung begriffenes »Körperschema« noch besonders labil und leicht desorganisierbar ist. Schließlich ist das Auftreten von pseudo-halluzinatorischen Prozessen in verschiedenen Empfindungsbereichen, wie es sich nach brutalem und schwerwiegendem Entzug der gewohnten Stimulierungen einstellt, beim Säugling möglicherweise noch sehr viel intensiver, dessen Kompensationsvermögen durch halluzinatorische Wunschbefriedigung wir häufig ins Gedächtnis gerufen haben.

So läßt sich annehmen, daß beim Neugeborenen die Aufeinanderfolge einer ersten Lebensphase mit besonders lebhaften Stimulierungen und einer späteren quasi experimentellen Periode von Zufuhrsperre eine ganz besondere Form von Erleben hervorruft, die mit einer primären Wahnerfahrung verglichen werden könnte. Es ist fraglich, ob nicht Spuren davon überdauern und in der späteren Restrukturierung wieder zum Vorschein kommen, wenn erneute Stimulierungen und eine ausgeglichene Lebensführung gewährleistet sind.

Das würde manche Reorganisierungen der Objektbeziehung und bestimmte präpsychotische Strukturen erklären, die auf Phasen folgen, die für den von außen wahrnehmenden Beobachter lediglich als Mängelsituationen hätten wirken können.

Alle diese Phänomene machen deutlich, daß die Mangelphase beim Säugling die Lernprozesse nicht lediglich blockiert oder retardiert, sondern das Erleben beträchtlich verändert, und deshalb auch die spätere Wiederaufnahme des Strukturierungsprozesses. Was den Säugling in solchen Situationen wirklich grundlegend vom Erwachsenen unterscheidet, ist – wie zahlreiche Teilnehmer am Symposium von Bel-Air, und namentlich P. C. Racamier, angemerkt haben – die Tatsache, daß es sich um ein erst im Werden begriffenes Individuum handelt; und alle durchlebten Erfahrungen hinterlassen dabei zwangsläufig ihre Spuren.

Wie ersichtlich, besteht keine grundlegende Unvereinbarkeit zwischen diesen Positionen, und jede von ihnen kann speziell auf eine solche Art von Schädigung angewendet werden.

Die Behauptung von J. Bowlby, von R. Spitz und anderen Autoren, daß eine frühe und schwerwiegende Mangelsituation permanente Auswirkungen zeitigen kann, ist lebhaft diskutiert worden. Wahrscheinlich ist, daß bei dieser Lebhaftigkeit der Argumente die Bemühung nicht ganz von der Hand zu weisen ist, sich angesichts des manchen Kindern auferlegten Schicksals durch Verleugnung ihrer tiefsten Bedürfnisse zu exkulpieren. Viele Kritiker möchten nachweisen, daß günstige Einflüsse nach einer bestimmten Frist die Folgen einer jeden Mangelerfahrung wieder ausgleichen können.

Wahrscheinlich ist, daß selbst im Falle schwerer Beeinträchtigung die Verfassung eines Kindes sich in bestimmtem Maße bessern kann, wenn die Mangelsituation aufgehoben, gemäßigt oder durch quantitativ und qualitativ ausreichende Fürsorge deutlich korrigiert wird; die Beeinträchtigung scheint bei manchen Prozessen jedoch schwerer rückgängig zu machen als bei anderen, und Phänomene einer unterschiedlichen Verletzlichkeit erschweren zweifellos diese pathogene Nachwirkung auf diesem oder jenem in Betracht gezogenen Bereich.

Manche Schädigungen sind offensichtlicher und leichter beobachtbar, jedoch schwerer rückgängig zu machen.

Manche hartnäckigen Auswirkungen äußern sich offen nur unter speziellen Bedingungen und manchmal zu einer sehr viel späteren Zeit, wenn die Umstände die anfangs durch frühe Mängelsituationen ausgelösten pathologischen Prozesse reaktivieren.

Die Divergenzen verdanken sich teilweise der unterschiedlichen Sensibilität und den unterschiedlichen Arbeitsmethoden der Beobachter: manche haben ihr Vertrauen in den klinischen Eindruck gesetzt, andere haben genaue Tests durchgeführt, wieder andere haben die Entwicklung über einen längeren Zeitraum hin verfolgt.

Je oberflächlicher die Einschätzung, um so zahlreicher sind die Anzeichen für Heilbarkeit. Je intensiver, im klinischen und deskriptivem Sinne, die Einschätzung der Schädigungen, um so deutlicher sind die Anzeichen von hartnäckigen Beeinträchtigungen.

Jedenfalls ist es am wichtigsten, auszumachen, ob diese Auswirkungen leicht und vollständig rückgängig zu machen sind.

»Wenn man also das Problem der Heilbarkeit folgendermaßen neu formuliert: Sind die ebenso offensichtlichen wie maskierten Auswirkungen von Mängelsituationen leicht und vollständig rückgängig zu machen und durch welchen Prozeß?, sind die Teil-Antworten offenbar im Überfluß zur Hand.

Selbst wenn es so aussieht, als ob die Auswirkungen von Mängelsituationen ein wenig leichter, vollständiger und ein wenig häufiger rückgängig zu machen sind, als man noch 1951 annahm, sind der Reichweite von Verbesserungen sehr deutliche Grenzen gesetzt, die in Fällen schwerer und frühzeitiger Schädigungen leicht ausgemacht werden können. Und deshalb kann die Hoffnung auf vollständige Heilbarkeit lediglich eine Illusion bleiben, die gröblichen Einschätzungsmethoden anzulasten ist« [4].

Wir legen also die Ergebnisse von M. AINSWORTH [4] vor, die unseren gegenwärtigen Erkenntnisstand auf diesem Gebiet sinnvoll zusammenfassen.

»1. Die Wiedergutmachung von Schädigungen aufgrund von kurzdauernder frustrierender Trennung scheint ziemlich schnell und vollständig hinsichtlich des manifesten Verhaltens unter gewöhnlichen Bedingungen vor sich zu gehen. Es besteht jedoch Anlaß zu der Vermutung, daß das Individuum für Trennungsdrohungen, die später auftreten können, anfällig bleibt: es bestünde, mit anderen Worten, wenigstens ein ›maskierter‹ Schaden weiter, der von vollständiger Heilung zu sprechen verbietet.

2. Die Aufhebung der Mangelsituation, selbst nach ziemlich lang anhaltenden Frustrationserfahrungen in der frühen Kindheit, kann eine schnelle und beträchtliche Besserung des manifesten Verhaltens und der allgemeinen intellektuellen Funktionen nach sich ziehen; nichtsdestoweniger kann die Sprachbeherrschung retardiert sein, selbst wenn die Mangelsituation aufhört, bevor das Kind zwölf Monate alt ist, und die Möglichkeit von Auswirkungen auf andere spezifische Aspekte der intellektuellen Prozesse und Persönlichkeitsfunktionen läßt sich solange nicht ausschließen, wie vertiefte Untersuchungen nicht alle gewünschte Klarheit erbracht haben.

3. Wenn die Mangelsituation schwer und lang anhaltend ist, wenn sie zu Beginn des ersten Lebensjahres sich einstellt und drei Jahre andauert, hat sie sowohl für die intellektuellen Prozesse als auch für die Persönlichkeit verheerende Folgen, die offenbar nicht rückgängig zu machen sind.

4. Wenn die Mängelsituationen im Verlauf des zweiten Lebensjahres einsetzen, haben diese Phasen, wenn sie schwerwiegend und lang anhaltend sind, für die Persönlichkeit bestimmte zugleich tiefreichende und hartnäckige Folgen; die Beeinträchtigung der Intelligenz scheint im allgemeinen jedoch vollständig rückgängig zu machen zu sein; die spezifische Schwächung der intellektuellen Funktionen ist noch nicht untersucht worden.

5. Der Einfluß des Alters zu Beginn und gegen Ende der Mangelerfahrung bedingt unstreitig die Möglichkeit der Heilung der Schädigung; er ist jedoch noch nicht genau genug erhellt, um die Grenzen einer verletzlichen Phase der Entwicklung dieses oder jenes besonderen Prozesses präzise festzulegen.

6. Im allgemeinen läßt sich sagen, daß, je weniger weit der Säugling zu dem Zeitpunkt, da die Mangelsituation zu Ende gegangen ist (und je kürzer sie folglich gedauert hat), in seinem ersten Lebensjahr altersmäßig vorgerückt ist, die spätere Entwicklung um so mehr Chancen hat, normal zu verlaufen; wenn das erste Lebensjahr überschritten ist, ist die Heilung des Schadens infolge einer Frustrationserfahrung von gegebener Dauer um so leichter und vollständiger, je älter das Kind zu Beginn des Auftretens der Mangelsituation war.

7. Manche Beeinträchtigungen scheinen weniger leicht und vollständig rückgängig zu machen zu sein als andere; so in den Fällen, die die Sprachfunktion, die Abstraktionsfunktion und die Fähigkeit betreffen, tiefe und haltbare zwischenmenschliche Beziehungen anzuknüpfen.

8. Eine intensive Psychotherapie, vor allem dann, wenn sie bei noch sehr jungen Kindern angewendet wird, ermöglicht es häufig, manche schweren Auswirkungen beträchtlich abzuschwächen, die die einfache Aufhebung der Mangelsituation zum Verschwinden zu bringen nicht hinreicht.

9. Spätere Phasen von Unzulänglichkeit, Verzerrung oder Unterbrechung der interpersonalen Beziehungen können Beeinträchtigungen auftreten oder wiederauftreten lassen, die andernfalls mehr oder weniger vollständig hätten geheilt werden können.«

XIII. Psychosoziale Einwirkungen

Das Fehlen der Mutter und die Mutter-Kind-Trennung bringen unverzüglich die psychosozialen Gegebenheiten ins Spiel, deren Auswirkungen sie sind, die sie jedoch zu verschärfen Gefahr laufen, und zwar durch ihre eigenen Konsequenzen und durch die individuellen Zerrüttungen, die sie nach sich ziehen. Es handelt sich da um ein relativ junges Problem, das für unsere westlichen, industrialisierten und zunehmend zur Verdichtung neigenden Gesellschaften charakteristisch ist. In primitiven Gesellschaften existieren in der Tat keine entsprechenden institutionellen Praktiken.

»In diesen Gesellschaften werden die Funktionen, die von unseren Institutionen zum Schutz der Waisen, der Kinder, deren Mütter erkrankt sind, der gehandikapten oder geistig schwachen und der illegitimen Kinder übernommen werden, insgesamt auf die Großfamilie, den Stamm oder die Nachbarn übertragen. Alles spielt sich auf individueller Ebene ab, und man entgeht so den überaus traumatisierenden Konsequenzen der Kindesunterbringung, wie sie der Depersonalisierung der Fürsorge anzulasten sind. Umgekehrt wird das Kind zuweilen durch Radikallösungen beiseite geschafft, bald durch Bestattung des Neugeborenen zusammen mit der gerade gestorbenen Mutter, bald durch Aussetzung der am meisten gehandikapten Kinder, die man langsam zugrunde gehen läßt. Einzig und allein die, die des Weiterlebens für wert erachtet werden, kommen in den Genuß einer ganz persönlichen Fürsorge.

Die unseren entwickelten Gesellschaften eigenen Institutionen resultieren aus einer Diskordanz zwischen unserem sozialen Gewissen einerseits, das unpersönliche Bemühungen erfordert, um jedes beliebige Kind mit jedem beliebigen Handikap zu schützen, und zwar durch Einrichtung verschiedener sozialer Dienstleistungen (Fürsorge, Überwachung usw.) mit der Aufgabe, die Forderungen unserer unpersönlichen Moral zu erfüllen, und zwischen unserer Unfähigkeit andererseits, künstlich persönliche Bereiche zu schaffen, in denen gerettete Kinder angemessene Fürsorge erhalten können ...

Die biologische Mutterschaft ist in der Welt der Natur eine instinktgebundene Gegebenheit; die überlegte, vorbedachte und selbstlose Fürsorge für Kinder ist jedoch ganz und gar das Ergebnis einer kulturellen und menschlichen Errungenschaft ...

Unsere hygienischen, aber unpersönlichen Waisenhäuser, in denen es vorkommt, daß Kinder schließlich sterben, sind jedoch nicht ohne Analogie zu primitiven Situationen, in denen die offensichtlich benachteiligtsten Individuen eliminiert werden, der augenscheinlich zureichenden Fürsorge zum Trotz, mit der sie umgeben werden ...

Nie sollten die durchaus realen Unterschiede zwischen der Anwendung einer unpersönlichen Ethik (*kein* Kind darf sterben oder Schaden an seiner Persönlichkeit nehmen) und der einer persönlichen Ethik außer acht gelassen werden (*unser* Kind muß beschützt werden) ...

Es läßt sich sogar folgern: die gegenwärtigen institutionellen Praktiken sind, im Vergleich zu primitiven, kaum mehr als ein radikales Mittel, sich in sozial anerkannten Formen der Kinder zu entledigen, mit denen niemand sich beschäftigen will« (MARGARET MEAD [252]).

Die Autorin bemüht sich, das Schicksal von Neugeborenen in primitiven Gesellschaften, in denen die Beziehung zur Mutter eine vitale Bedingung ist, und die Verfälschungen zu vergleichen, die diese Beziehung in anderen Gesellschaften mit den daraus resultierenden Mißerfolgen erfahren hat.

R. SPITZ selbst [319] hat einige fundamentale Ursachen für diese Entwicklung zu bedenken gegeben. Er macht dafür den fortschreitenden Verfall der patriarchalen Autorität geltend, wie er vom Aufkommen des Protestantismus begünstigt wurde. Die rapide Auflösung der Mutter-Kind-Beziehung sei eine der Konsequenzen der Industrialisierung der Produktion und der ihr entsprechenden Ideologie, die in unserer Gesellschaft die Mutter von ihrer Familie trennt. Neue Lösungsversuche sind aufgekommen, kulturelle Organisationen wie die Kinderheimstätten, die Adoptionsdienste, die Sozialhelferinnen, Kindergärtnerinnen, Kinderfürsorgerinnen usw.

Die beträchtliche Anzahl von Sozialarbeitern, Psychologen und Psychiatern, deren man bedarf, wäre für SPITZ zweifellos geringer, wenn man eine präventive Sozialpsychiatrie begründete und unsere gesamte Zivilisation vor Gefahren schützte, wie sie der rapide Verfall der für die normale Entwicklung der ersten Objektbeziehungen beim Kleinkind erforderlichen Bedingungen darstellt. SPITZ macht dann auf die späteren Schwierigkeiten jener Patienten bei der Erarbeitung einer Übertragung im Verlauf von Therapien aufmerksam. Damit werden die Wechselfälle ihrer sozialen und interpersonalen Beziehungen verständlich. Deshalb schweben solche Erwachsene in Gefahr, zu Asozialen oder Antisozialen zu werden, um zur Zerstörung einer sozialen Ordnung beizutragen, deren Opfer sie sind.

»Das Kind wurde um die Liebe betrogen, dem Erwachsenen bleibt nur Haß.« Soweit der letzte Satz seines Buches.

All das rechtfertigt es zweifellos, daß man sich in einer Arbeit zum psychoanalytischen Verständnis des Kindes auch über soziale Probleme Gedanken macht, die die Zukunft von Kindern derart gewichtig beeinflussen. Nichtsdestoweniger wollen wir nicht auf alle die Bedingungen zurückkommen, die zur Heimeinweisung eines Kindes führen können. Bekanntlich durchdringen und verflechten sich da die Probleme von Wohnung, Beruf und sozialen Umständen, aber auch psychoaffektive Schwierigkeiten der Eltern oder der Mutter. Wenn früher die sozialen Institutionen ziemlich freizügig mit Heimeinweisungen umgingen, die in bester Absicht zum Nutzen des Kindes vorgenommen wurden, so werden seine wirklichen Interessen gegenwärtig von allen Seiten genauer wahrgenommen.

Offenbar erlaubte die Praxis der frühen und drastischen Auflösung des Verhältnisses zur Mutter es ehemals häufig, eine radikale und endgültige Problemlösung zu finden – gleich ob Adoption oder Pflegeunterbringung –, die letztlich vorteilhaft für das Kind war. Umgekehrt sind das fortschreitende Desinteresse und die scheinheiligen Lösungen, wie sie von einer weitgehend verstreuten und zuweilen ohne sonderliches Urteilsvermögen operierenden Sozialhilfe gutgeheißen werden und zu immer »vorläufigen«, tatsächlich aber endlos wiederholten Lösungen führen, für das Kind ganz und gar abträglich. Es wird also ersichtlich, daß die Zahl der Einweisungen auf die der unbedingt erforderlichen begrenzt werden muß und daß ein und dasselbe Kind nicht mehrfach eingewiesen werden darf. Es ist angemessen, für ein solches Kind so schnell wie möglich eine stabile Lösung nach Art der Familie, sei es in seinem eigenen Zuhause, sei es in einem Ersatzheim, zu finden. Wenn die Unterbringung in einer Institution unerläßlich ist, etwa im Falle einer sehr spezialisierten Betreuung oder für einen Aufenthalt von begrenzter Dauer, muß diese Institution ihm Betreuung nicht nur im somatischen, sondern auch im Bereich der Beziehungen angedeihen lassen, die quantitativ und qualitativ zufriedenstellend sein sollten. Offensichtlich hat all das auch finanzielle Auswirkungen; man muß jedoch, hier wie anderswo, die administrativen und verantwortlichen Dienststellen von der Tragweite dessen, was hier soeben dargelegt wurde, überzeugen, denn es handelt sich wirklich um *ökonomische* Investitionen, die allein eine Prophylaxe sicherzustellen vermögen, die bekanntlich immer weniger kostspielig und weniger zufallsbestimmt ist als die Therapie oder die Korrektur von Nachwirkungen. In derselben Perspektive müssen die Probleme auf sozialem Gebiet in Angriff genommen werden. Eine Verbesserung der Wohnbedingungen, die Bereitstellung von Arbeitsmöglichkeiten für die Frau und Hilfestellung für sie bei der Kinderbetreuung können zu wirksamen Maßnahmen führen, um die Einweisungen von Kindern auf ein Minimum zu beschränken und deren Konsequenzen abzumildern. In ebendieser Hinsicht werden wir später auch den Krankenhausaufenthalt des Kindes ins Auge fassen.

Manche Autoren, die fürchten, daß sich, bei jeder Form der Einweisung von Kindern, ungerechtfertigterweise die Prinzipienreiterei von Pädiatern oder Sozialarbeitern entwickeln könnte, die angesichts der klinischen Beschreibung der Auswirkungen von Mangel an mütterlicher Fürsorge bestürzt sind, haben geltend gemacht, daß die Trennung des Kindes von seiner Familie und die Unterbringung in einem günstigen Heimmilieu sich für es besonders *vorteilhaft* auswirken könne: tatsächlich ist das Zusammenleben mit der Mutter für das Kind keine absolute Garantie für eine gute psychische Entwicklung. Die Auswirkungen einer Verzerrung dieser Beziehung oder sogar eine intensive Frustration infolge unzureichender Zuwendung oder Unfähigkeit der Mutter, ihrem Kind gegenüber positive Gefühle zu erkennen zu geben, können sogar im eigentlichen Zuhause eine wirkliche Mangelsituation hervorbringen, in dem Maße, daß HOWELLS schreiben konnte: »Die Mehrzahl der Kinder, die mütterlicher Fürsorge entbehren, leben nicht von ihrer Mutter getrennt, sondern mit ihr zusammen.«

Manche Untersuchungen haben leichtes Spiel gehabt nachzuweisen, daß einige Kinder nur dann Reifungsfortschritte machen, wenn sie gerade aus ihrem familiären Milieu herausgenommen werden.

Wenn aber auch bei manchen Kindern nach einem mehrmonatigen Aufenthalt in einem einladenden und dynamischen Kinderheim eine bemerkenswerte Wendung zum Besseren eintritt, dürfen wir gleichwohl nicht in unserer Wachsamkeit nachlassen, denn allzu viele öffentliche oder halböffentliche Einrichtungen sind heute noch mangelhaft, und zuweilen sogar schwer. Aus einem Vergleich gehen allein die Aufenthalte in Institutionen als günstig hervor, die zeitlich auf sehr nachteilige Lebensumstände in Familien folgen, deren sozioökonomisches, kulturelles oder affektives Elend Mangelsituationen auftreten läßt.

Schluß

Zahlreiche Einwände sind gegen eine Tendenz erhoben worden, die die gesamte infantile Psychopathologie allein auf den Begriff des Mangels an mütterlicher Fürsorge und der Trennung ausrichten möchte.

Wir können uns nur der Warnung von RACAMIER [275] gegen Ende seiner Untersuchung anschließen. Er versichert, es sei ganz und gar unrichtig, die frühen Frustrationen zu einer Art Universaldiagnose zu machen und sie *überall* in der Psychiatrie am Werk zu sehen.

Tatsächlich haben nicht alle Ergebnisse der Untersuchungen über frühe Frustrationen den gleichen wissenschaftlichen Wert. Die Differenz zwischen dem, was als gesichert gelten kann, und dem, was nur vorerst nur Hypothese ist, muß aufrechterhalten werden. Sicherlich handelt es sich dabei um die Herausstellung eines bedeutsamen Befundes, der jedoch seinen Rahmen und seinen Stellenwert finden muß.

»Der allzu schnelle Erfolg, den diese Begriffe in psychiatrischen und medizinischen Kreisen erzielt haben, ist beunruhigend, denn es besteht eine natürliche Neigung, sich immer leichter in Richtung externer Ursachen als auf die Einsicht in interne Mechanismen hin zu orientieren. Dieser Begriff läuft Gefahr, bald alles zu umfassen, was die Nicht-Analytiker von der Psychoanalyse wissen wollen. Man sieht die Gefahr einer simplistischen Perspektive mit der Rückkehr zu jenen Trauma-Theorien sich abzeichnen, von denen zunächst die Psychiatrie, später die Psychoanalyse sich zu befreien soviel Mühe gehabt haben.«

Wie wir in einem der vorhergehenden Kapitel gezeigt haben, haben die voreiligen Vulgarisierungen die Prinzipien der psychoanalytischen Pädagogik lächerlich gemacht, indem sie glauben zu machen versuchten, sie bemühe sich darum, jede Frustration beim Kind zu beseitigen. Wenn es aber auch wünschenswert ist, massive Frustrationen im Bereich der Mutterbeziehung zu vermeiden, haben wir doch ebenso gezeigt, daß sinnvoll dosierte Frustrationen notwendig sind. Und wenn dem Kind seine Wünsche in ausreichendem Maße erfüllt worden sind, hat es doch auch Frustrationen nötig.

Einer der Autoren (LEBOVICI [223]) ist zu folgendem Ergebnis gekommen:

»Sicherlich wäre es sehr gefährlich, die überwiegende Mehrzahl emotionaler und psychischer Störungen beim Adoleszenten und beim Erwachsenen dieser Mangelsituation zuzuschreiben: das würde bedeuten, in die Vergangenheit zurückzufallen, d. h. in eine Epoche, in der die traumatische Ätiologie der Neurosen und Psychosen als wesentlich erschien, was die späteren Untersuchungen nicht bestätigt haben. Die langsam entwickelten und ständig neubearbeiteten psychopathologischen Strukturen können offensichtlich nicht von einem einzigen Ereignis abhängen, wie gewichtig auch dessen Bedeutung sein mag und selbst wenn es in einer für die Konstituierung der Objektbindungen entscheidenden Phase eintritt. Nicht weniger wahr ist, daß der Begriff des Mangels an mütterlicher Fürsorge in der Psychopathologie allmählich an Ausdehnung gewonnen hat: der der frühen Frustrationen macht sie deutlich.«

Die objektive Analyse der Konsequenzen des Fehlens der Mutter trägt, abgesehen von ihrer praktischen Bedeutung für die Verbesserung der Kinderbetreuung, bedeutsame Elemente zu einem besseren Verständnis der eigentlichen Entwicklungsprozesse des Kindes bei. Diese Untersuchungen haben eine Art experimenteller Klinik konstituiert, die sich auf eine Lebensperiode bezieht, die die Arbeiten zur Entwicklung deutlich vernachlässigt hatten. Sie hat das Interesse der Psychologen und Psychoanalytiker für das Problem der Mutterrolle bei der normalen Entwicklung des Kindes und für deren wechselseitige Interaktionen belebt. Es ist ganz offensichtlich, daß auch noch andere Bereiche untersucht werden müssen, namentlich der der aufeinanderfolgenden Neubearbeitungen, von denen bereits die Rede gewesen ist. Es sind übrigens nicht ausschließlich die Psychologen und Psychoanalytiker, sondern auch die Pädiater und alle die, die sich mit Kinderpflege befassen, die von diesen Untersuchungen sensibilisiert und zu immer mehr verfeinerten ergänzenden Analysen der Interaktionen zwischen Mutter und Kind gerade bei Abwesenheit jeder Mangelsituation ermuntert wurden.

KAPITEL III

Psychoanalyse und Erziehung

Einleitung

Als FREUD 1932 in der »Neuen Folge der Vorlesungen zur Einführung in die Psychoanalyse« [144] die Möglichkeiten der »Anwendung der Psychoanalyse auf die Pädagogik, die Erziehung der nächsten Generation« prüfte, versicherte er, daß

»es [dieses Thema] so überaus wichtig (ist), so reich an Hoffnungen für die Zukunft, vielleicht das Wichtigste von allem, was die Analyse betreibt«.

Seine Überlegungen fortsetzend, dehnte er sie auf zwei Bereiche aus: er machte zunächst deutlich, daß es wünschenswert sei, »ein Optimum für die Erziehung aufzufinden [...], wie sie am meisten leisten und am wenigsten schaden kann« (für das Individuum), und daß »die Analyse der Lehrer und Erzieher [...] eine wirksamere prophylaktische Maßregel als die der Kinder selbst (zu sein scheint)«. FREUD legte also umstandslos allen Nachdruck auf die notwendige Unterscheidung zwischen erzieherischen *Prinzipien* und erzieherischen *Beziehungen* und auf das vermittelnde Einwirken des Psychoanalytikers im Bereich von mentaler Hygiene, und zwar dank dessen Einfluß auf die Eltern oder Erzieher. Wenig später fügte er hinzu: »Es ist – und gewiß mit Recht – gesagt worden, jede Erziehung sei eine parteiisch gerichtete, strebe an, daß sich das Kind der bestehenden Gesellschaftsordnung einordne, ohne Rücksicht darauf, wie wertvoll oder wie haltbar diese an sich sei«, indem er so selbst den Einwand vorwegnahm, den die Moralisten und Politiker ihm entgegenzuhalten nicht versäumten – wir werden darauf zurückkommen –, und indem er desgleichen zwischen den Zeilen das Problem der Akkulturation und der Übertragung zivilisatorischer Gegebenheiten durch die Vermittlung der Erziehung aufwarf.

Deshalb ist es vor der Untersuchung der verschiedenen Aspekte des Verhältnisses von Psychoanalyse und Erziehung angemessen, die psychoanalytische Auffassung des Erziehungsbegriffes deutlich zu machen und sie angesichts zweier einander entgegengesetzter Bedeutungen festzulegen: jener, die Erziehung als Einwirken auf die Persönlichkeit durch Mittel wie Führungsgewohnheiten und Erziehungsprinzipien auffaßt, und jener, die umgekehrt allein in der affektiven Beziehung den determinierenden Bereich der Beeinflussung der psychischen Persönlichkeit sieht.

Wir werden desgleichen die Ursachen des gegenwärtigen Bedürfnisses nach Erziehungshilfe, die Motive, aus denen dieses Bedürfnis sich an den Analytiker wendet, und die Dimension, in der er sich darauf zu antworten imstande fühlt, untersuchen.

1. *Die psychoanalytische Auffassung des Erziehungsbegriffes*

Aus zahlreichen von verschiedenen Autoren – Analytikern oder nicht – vorgebrachten Definitionen ergibt sich, daß dieser Begriff bald auf sehr extensive, bald auf sehr restriktive Weise aufgefaßt wird. E. KRIS etwa [204] weist darauf hin, daß »der Ausdruck Erziehung in einem weiten Sinne benutzt werden muß und *alle Maßnahmen bezeichnet,* die von *Erwachsenen* [1], Spezialisten oder Laien, Lehrern oder Eltern angewendet werden, um das Verhalten des heranwachsenden Kindes in einem gewünschten Sinn zu beeinflussen. Wenn der Kontext Sicherheit gegen Mißverständnisse bietet, kann der Begriff Erziehung *auch* [2] zur Bezeichnung der Prinzipien gebraucht werden, auf die solche Maßnahmen sich stützen können.«

Damit wird offenbar eine schon gewohnte Konfusion aufrechterhalten und der Einfluß aller interpersonalen Beziehungen mehrdeutig und wenig klar als ein Aspekt von Erziehung aufgefaßt, während die Definition im geläufigsten Sinne enggefaßt ist.

Tatsächlich wollen die Pädagogen einerseits und die Soziologen und kulturalistischen Anthropologen andererseits mit diesem Begriff das abgestimmte oder traditionalistische Einwirken der Erwachsenen und besonders der Eltern bezeichnen, das darauf abzielt, das Kind an eine Gesellschaft anzupassen, deren charakteristische Werte es seinerseits mit denselben Mitteln weitergeben wird.

Zweifellos beschränken in den geschlossenen Gesellschaften als dem Untersuchungsfeld der Soziologen die ganz und gar ritualisierte Pflege und Erziehung und die Bedeutung und der Einfluß der sozialen Rollen in bestimmtem Maße die Möglichkeiten des intrapsychischen Spieles, sorgen sie für eine gewisse Uniformität der Besetzungen, die den Begriff der Basis-Persönlichkeit stützen – »das, wodurch alle Komanchen Komanchen und alle Franzosen Franzosen sind« (M. DUFRENNE [72]). Mit P. BRISSET [46] muß jedoch angemerkt werden, daß »die Kulturalisten, wenn sie ihr Augenmerk auf kulturelle Gegebenheiten richten, sie der – zweifellos notwendigen – Analyse unterwerfen und den Begriff der menschlichen Natur als der Beobachtung nicht zugänglich kritisieren, von der Vorstellung von Kultur als Lebensweise zu ihrer Wertung als ursprünglicher Gegebenheit der Menschwerdung übergehen«. Dieser »Rückfall in das phantasmatische Denken«, den BRISSET bei den Kulturalisten aufdeckt (und der darauf hinausläuft, »die Institutionen als allein und direkt verantwortlich für die Formen von Erziehung aufzufassen« und das Spiel der Phantasien und Konflikte durch den Begriff der einfachen Frustration zu ersetzen), macht es unmöglich, das Problem der Angst und der individuellen und erlebten Integration oder Abwehr der Realität und damit das der Nichtangepaßtheit und der Geisteskrankheit zu erhellen. Er ist gleichwohl allen jenen gemeinsam, die sich – Erzieher, Eltern und sogar Ärzte – kritiklos die Begriffe der reaktiven Störungen und der psychosozialen Faktoren bei neurotischen oder Charakterstörungen zu eigen machen.

Nun kann es der Analytiker jedoch nicht hinnehmen, daß die Erziehung sich ausschließlich anhand von edukativen Prinzipien vollziehen soll: seine gesamte

[1] Hervorhebungen von den Autoren.
[2] Hervorhebung von den Autoren.

Erfahrung zeigt ihm, daß hinter diesen Prinzipien und den sie begleitenden Rationalisierungen die Persönlichkeit des Erziehers oder des Elternteiles eine für die Entwicklung von Kindern ungeheuer wichtige Rolle spielt. Es ist offensichtlich, daß ein- und dieselben Erziehungsregeln, wenn sie von verschiedenen Müttern oder von einer einzigen Mutter bei Kindern angewendet werden, denen gegenüber sie unterschiedliche Einstellungen hat, eine ganz unterschiedliche Beziehung und ganz andersartige Reaktionen bewirken. Bedeutet das, daß der Analytiker, der geschult ist, die interpersonale Eltern-Kind-Beziehung zu durchleuchten, zu deuten und zu verstehen, der Ansicht ist, daß eine absolute Gleichwertigkeit zwischen Erziehung und erzieherischer Beziehung besteht, und daß er, wenn er allein die Persönlichkeit des Erziehers bis zum Äußersten überbewertet, die Bedeutung erzieherischer und pädagogischer Prinzipien ganz und gar leugnet und sich für die inhaltliche Dimension von Erziehungsmethoden nicht interessiert?

Darin läge sicher eine große Anmaßung, die folgerichtig zu der Annahme verleiten würde, daß allein ein vollkommen ausgeglichener Erzieher ohne jede neurotische Fehlorganisation in der Lage wäre, eine vollgültige erzieherische Beziehung zu gewährleisten – dem aber widerspricht die alltäglichste klinische Beobachtung. Eine noch gewichtigere Konsequenz dieser Position bestünde darin zu behaupten, daß Erziehung ohne kohärentes System und ohne erzieherischen Vorsatz seitens des Erziehers möglich sei, und das käme einer völligen Entleerung des eigentlichen Erziehungsbegriffs gleich.

Es liegt daher auf der Hand, daß der Analytiker diesen gesamten kohärenten und abgestimmten Bereich der traditionellen Erziehungspraxis als wesentliche Gegebenheit zum Untersuchungsgegenstand macht. Es ist ihm jedoch klar, daß der Erzieher, wenn er sich darauf beschränkt, in rigider Weise einer Pseudoperspektive Genüge zu tun, und nicht ahnen läßt, daß seine Persönlichkeit bei seinem Erfolg ebenso mitspielt wie die von ihm benutzten Methoden, Gefahr läuft, das ganze erzieherische Spiel zu verfälschen und lediglich Rationalisierungen einzusetzen, die bloß zur Rechtfertigung eines nicht wirklich durchdachten, impulsiven Verhaltens taugen oder ihm selbst äußerlich sind.

Es scheint so zu sein, daß der Erzieher, und ganz besonders ein Angehöriger, dazu neigt, sein Ichideal auf das Kind zu projizieren und so das Risiko auf sich zu nehmen, in die edukative Beziehung alle Wechselfälle seiner eigenen Geschichte und die Wandlungen der Konfrontation zwischen dem megalomanischen Aspekt seines Ichideals und der Strenge seines Über-Ichs eingehen zu lassen. Der Analytiker sollte also hier ebenso den Inhalt und die verschiedenen individuellen und kulturellen Aspekte des Ichideals, die durch die Erziehung weitergegeben werden müssen, wie die charakteristischen Merkmale des Verhaltens und der edukativen Beziehung untersuchen.

2. *Der gegenwärtige Anspruch im Erziehungsbereich*

Unbestreitbar lechzt unsere um Informationsstreuung bemühte Epoche nach Aufklärung im Erziehungsbereich. Die Entwicklung von Elternschulen, die Zeitungsartikel, die Vermehrung pädagogischer und psychologischer Lehrbücher und die Presse- und Rundfunkinformationen bezeugen das im Überfluß. Und man muß sich die Frage stellen, ob und wie ein solch natürliches Phänomen wie die Funktion von Eltern eine derartige Unterweisung erforderlich machen und welchen Vorteil die Informationsstreuung auf diesem Gebiet beitragen kann.

Zweifellos wird daraus einer der Aspekte der Charakterorganisation der gegenwärtigen Neurosen und des in unserer Zivilisation existierenden Rationalisierungsbedürfnisses ersichtlich. Und damit stellt sich das Problem des Verhaltens, das die Analytiker sich einem dem eigentlichen Bild der Psychoanalyse derart entgegengesetzten Anspruch gegenüber zurechtlegen können – einem Anspruch, der gewissermaßen zu implizieren scheint, es reiche hin, Informationen zu verteilen, um Personen zu verändern.

Gleichwohl muß beachtet werden, daß gerade das Vorhandensein dieses Anspruchs daraufhin untersucht zu werden verdient, ob er das Verhalten der Eltern und Erzieher unserer Epoche genau charakterisiert.

Zwei Bereiche von Fakten scheinen für diese Schwierigkeiten der gegenwärtigen Generation, sich in ihrer Funktion als Eltern mit der vorhergehenden zu identifizieren, verantwortlich zu sein: einerseits setzen sich die Fortschritte der Pädiatrie, die zu einer spektakulären Verbesserung des Überlebensprozentsatzes und des Gesundheitsstandes der Kinder geführt haben, nunmehr bis in die Regeln der Kinderpflege fort, d. h. bis in *lehrbare* Normen für die Aufzucht von Kindern, die durch starken kulturellen und sozialen Druck durchgesetzt werden. Sie haben in die Beziehung zwischen Mutter und Kind den Spezialisten eingeführt, der zahlreiche Aspekte der omnipotenten und verbietenden mütterlichen Imago übernimmt. Zugleich isolieren die Lebensweise und die Aufteilung der Wohnräume die Kinder mehr von den Eltern und erlauben den kleinen Mädchen nicht mehr – wie im Falle früherer Generationen –, mit ihren Müttern und in deren Nähe an der Pflege und der Erziehung der jüngeren Geschwister teilzunehmen und dabei Gelegenheit zu früher Identifikation zu finden.

Andererseits ist die Abhängigkeit der Adoleszenten und jungen Erwachsenen durch die Ausweitung des Schulzwanges und der Ausbildungsverpflichtung sowohl verlängert als auch verschärft worden, während Eheschließungen und Familiengründungen zugleich zu einem früheren Zeitpunkt erfolgen.

Eine solche Situation erschwert das Autonom- und Erwachsenwerden der neuen Generationen beträchtlich, die, mangels solider Identifikationen mit den Erwachsenen, sich der Unmöglichkeit gegenübersehen, im Bereich der Erziehung Zugang zur Kultur zu finden, wie sie sich bis auf uns vererbt hat.

Gerade auf der Ebene dieser Verzerrungen beim Aufbau der Identifikationen mit den Eltern-Imagines kann der Psychoanalytiker am besten einwirken.

Abgesehen von Analysen, die er manchen erwachsenen Neurotikern und den Eltern selbst zugute kommen lassen kann, macht der Psychoanalytiker ganz konkret als Kinderpsychiater die Bekanntschaft vieler Eltern, kann er gerade bei Konsultationen im Gebiet der Kinder-Neuropsychiatrie im Erziehungsbereich einwirken. Gleichwohl bleibt dieses sein Einwirken, wie später ersichtlich werden wird, relativ eingeschränkt.

Gleich ob es sich um Einzelkonsultationen handelt, die das einschließen, was man »Erziehungsberatung« nennen kann, oder um Gruppen von Eltern: festzuhalten bleibt, daß eine Modifikation der edukativen Beziehung und der Erziehungsmethoden nur in dem Maße möglich ist, wie der Bereich der Identifikationen der Eltern mit den Psychoanalytikern anschaulich gemacht wird; und die lassen sich gerade bei Gruppen von Eltern am besten herausarbeiten.

Die Sozialhelferin kann mit ihrer psychosozialen *case work*-Tätigkeit dem gegenwärtigen Bedürfnis nach Erziehungshilfe in dem Maße vorteilhaft Aufschluß erteilen, wie sie über eine Reihe von Hilfsmitteln verfügt, die von den Eltern besser akzeptiert werden als die des Psychiater-Psychoanalytikers. Ein solches Eingreifen kann sich offensichtlich jedoch nicht in einer der des Psychoanalytikers analogen Perspektive vollziehen, der unantastbar und unberührt bleiben und sich – im konkreten Fall, den wir untersuchen – hinsichtlich pädagogischer Beeinflussung der Eltern seine Unabhängigkeit bewahren will.

3. Warum wendet man sich in Erziehungsfragen an den Psychoanalytiker?

Es scheint logisch, sich an die Psychoanalyse zu wenden, wenn man genaueren Aufschluß über das affektive, psychologische und triebbestimmte Leben des Kindes erhalten möchte, zumal die Psychoanalyse – und diese Arbeit versucht das deutlich zu machen – ohnehin den Erkenntnisbestand, wie er auf diesem Gebiet vorhanden war, vollständig erneuert hat. Gleichwohl wird, aufgrund einer gewissen zeitgenössischen Verkennung dieser Wissenschaft und aus mehrdeutigen Gründen, dem Psychoanalytiker die anspruchsvolle Erwartung entgegengebracht, Experte in Erziehungsfragen zu sein. Man nimmt wirklich im allgemeinen an, daß die Erfahrung von Psychoanalytikern derart beschaffen sei, daß sie ihre Kenntnisse immer mitzuteilen, das, was unbekannt und mysteriös ist, aufzudekken und folglich eine Art Geheimwissen preiszugeben vermöchten, das auf die Kinder einzuwirken erlaube. Wenn sie es nicht täten, so nur deshalb, um sich ihre Omnipotenz zu bewahren.

Der Analytiker kann sich von der Verfassung eines Patienten Rechenschaft ablegen, und zwar dank der Bearbeitung des im Rahmen der analytischen Situation beigebrachten Materials; er kann die Mißerfolge dieser Verteilungsarbeit dank einer korrekten Deutung des Materials im Rahmen der Übertragung berichtigen. Es geht jedoch ganz und gar über sein Vorhaben und seine Fähigkeit hinaus, einerseits – bei Berücksichtigung der Variablen und des möglichen Fächers von Verteilungsformen in verschiedenen Konfliktphasen – Voraussagen aufzustellen, andererseits ohne sterile Fadheit jedem, der nicht dank einer persönlichen Analyse seine Widerstände aufgegeben und bestimmte Verdrängungen durchschaut hat, die psychische Realität des Kindes ebenso wie die vielfachen Aspekte der edukativen Beziehung erfahrbar zu machen.

Im übrigen entwickelt sich der – überdies mehrdeutige – Anspruch an den Psychoanalytiker, die Erziehungsmethoden zu korrigieren, nicht auf logischem Gebiet, sondern im Bereich des Unbewußten und Konfliktuösen.

Der Psychoanalytiker wird als Verfechter einer liberalen Erziehung aufgefaßt, und in diesem Kapitel werden die Einwände deutlich werden, die ihm auf diesem

Gebiet mit mehr oder weniger Berechtigung gemacht werden. Alles verläuft so, als sei er Anhänger der sexuellen Befreiung und schlage sich auf die Seite der Triebe. Die Eltern, die an ihren eigenen Eltern und ihren ödipalen Verboten gelitten haben, identifizieren sich daher mit dem Kind und mit dem Analytiker, der dessen Verteidigung übernimmt. Indem sie das jedoch tun, können sie, wenn sie auf ihn derart sogar die Negation ihrer Rolle als Eltern und ihrer gegen-ödipalen Tendenzen projizieren, nicht umhin, ihn anzugreifen und ihm seine Kompetenz im Bereich der Erziehung zu bestreiten. Es ist im übrigen nicht wesentlich, ob der Psychoanalytiker als Anhänger einer liberalen Erziehung aufgefaßt wird oder nicht; er ängstigt die Eltern dadurch, daß er für den Repräsentanten der Freizügigkeit der Triebe ohne jegliche Einschränkung gehalten wird; und in dem Maße, wie sie sich mit ihren Kindern identifizieren und annehmen, daß der Analytiker sich auf die Seite der Kinder und der kindlichen Triebe schlägt, werden sie ihrerseits ängstlich und reagieren aggressiv, indem sie dem Analytiker die Verantwortlichkeit für Störungen aufbürden, die dann auftreten, wenn man die Triebe freigibt, wie sie es gewünscht haben und fürchten, daß es der Analytiker will. Indem sie ausschließlich in Es- und Über-Ich-Begriffen urteilen, lassen sie, gerade in dem Maße, wie ihre Identifikation mit den erwachsenen Eltern brüchig ist, die Genese und die Funktion des Ich außer acht. Und dessenungeachtet wenden sich die Eltern gerade in dem Maße, wie die allgemeine Übereinstimmung den Analytiker im Bereich der Psychologie – ähnlich wie den Pädiater im Bereich der Frühbehandlung und Gesundheit – mit der Omnipotenz der elterlichen Imagines ausstattet, mit einer qualvollen Ambivalenz an ihn wie an eine pädagogische Autorität.

4. In welchem Sinne kann die Psychoanalyse als für das Verständnis und die Vervollkommnung von Erziehungsmethoden taugliches Instrument aufgefaßt werden?

Der Übergang von der Psychoanalyse zur Erziehung kann zweifellos nicht ohne vorgängige Reflexion vor sich gehen, unter dem Vorbehalt bestimmter wenigstens methodologischer Einwände. Das hieße in der Tat, von »psychologischen oder psychopathologischen Theorien, in denen die durch psychoanalytische Forschungs- und Behandlungsmethodik beigebrachten Befunde systematisiert werden« [215], die in einem geographisch und historisch definierten Zusammenhang Anwendung findet, zur Aufstellung von *Prinzipien* überzugehen, die darauf abzielen, »das Verhalten des Kindes in einem *gewünschten* Sinne zu beeinflussen, und sich mehr oder weniger universalistisch verstehen« (E. Kris [204]).

Da das Problem der Universalität von Phantasien, Komplexen und Konflikten bereits zur Sprache gekommen ist, werden sich unsere Überlegungen nicht auf die Bedeutung der Erklärung der Evolution – etwa von »Totem und Tabu« –, sondern auf die individuellen Wechselfälle der Eingliederung in die Realität richten, die Gesundheit oder Nichtangepaßtheit in einem gegebenen kulturellen Milieu beeinflussen.

Das Problem der wechselseitigen Reaktionen zwischen Eltern und Kindern und das der Gewichtigkeit von soziokulturellen Faktoren bei der Erziehung ist von einem der Autoren (LEBOVICI [226]) in einem Aufsatz mit dem Titel *»La psychiatrie de l'enfant«* behandelt worden, der zu folgendem Ergebnis kam:

»Wenn die Dimension unserer Praxis sich auf Gemeinschaften ausweitet, in denen wir im wesentlichen mit Formen kindlicher Nichtangepaßtheit zu tun haben, lernen wir, nicht nur die Intimität von Phantasie-Organisationen, sondern auch das Gewicht von Milieufaktoren in Rechnung zu stellen, an denen unser Einwirken sich vollzieht.

Die soziokulturellen Konstellationen spielen dann die Rolle von vermittelnden Faktoren, die das Auftreten von Formen mangelnder Anpassung zweifellos begünstigen oder sie maskieren. *Es wird deshalb verständlich, daß die Objektbeziehung transaktional ist und daß die Analogie zu einer spiralförmigen Entwicklung sich am besten eignet, das Wesen der kulturellen Transmission von Generation zu Generation zu erfassen.«*

Offenbar liegt das charakteristische Merkmal für eine verbindliche Forschungs- und Erklärungsweise im Bereich der Humanpsychologie im Eingehen auf die biologischen Aspekte von Trieben und Bedürfnissen, in der Akzeptierung des Begriffs der Urphantasien und in der Anerkennung einer transaktionalen Auffassung der Objektbeziehungen und der kulturellen Transmissionen. In ebendieser Hinsicht ist der Psychoanalytiker kompetent, sowohl individuellen psychischen Schicksalen als auch kulturellen charakterologischen Variationen Rechnung zu tragen und anhand des Verständnisses der persönlichen phantasmatischen Assimilation individuell erlebter und der Umwelt zugehöriger soziokultureller Gegebenheiten wenigstens in globalem Rahmen gültige prognostische Schemata zu entwerfen.

Es ist offenbar bedeutsam, hier die beiden Ebenen zu unterscheiden, auf denen sich die Transaktion Individuum-Gesellschaft herstellt. Wenn die Kultur wirklich sogar in der Schwangerschaftshygiene und den Entbindungsweisen präsent ist, also in die Ursprünge eines jeden hineinspielt, so vollzieht sich diese besagte Kultur gerade anhand größerer oder kleinerer individueller Verfälschungen – aufgrund der Personen, die sie weitergeben – und an Ansatzpunkten, die sich gemäß der Entwicklung des Kindes unterscheiden.

Die Methode der sogenannten »naturalistischen Beobachtung« (J. HENRY [178], M. DAVID [61]), die den Autoren zufolge in einer anthropologischen oder analytischen Perspektive praktiziert wird, und die direkte Beobachtung des Neugeborenen und seiner Umgebung (SPITZ) ermöglichen es, *in statu nascendi* zu erfassen, wie die kulturellen Gegebenheiten – als äußerer und gesellschaftlicher Pol der Transaktionsspirale –, die die Besetzungen des Kindes zu erkennen geben und modulieren und die ersten Erziehungsmaßnahmen bilden, von verschiedenen Müttern verschieden integriert und sogar von jeder Mutter unterschiedlich vermittelt werden, und zwar im Verhältnis zu den unterschiedlichen Besetzungen, die sie jedem ihrer Kinder zuteil werden läßt.

Offenbar kann die Methode der naturalistischen Beobachtung, wenn ihr analytisches Verständnis zu Hilfe kommt und sie auf verschiedene Kulturen angewendet wird, die Erfassung der Mechanismen ermöglichen, aufgrund derer die Integration des Kindes früh begünstigt oder benachteiligt werden kann – ebenso die der Gegebenheiten der Realität und der Ideale und Wertvorstellungen seines soziokulturellen Milieus.

Die Beschaffenheit der Besetzungen jeder Mutter im Verhältnis zu jedem ihrer Kinder und die Koinzidenz dieser Besetzungen mit den Normen und Wertvorstellungen der im engeren und im weiteren Sinne soziokulturellen Milieus sind offenbar Kernpunkte, die die gelungene Anpassung des Kindes an die umgebende Realität beeinflussen. J. HENRY legt in dieser Hinsicht allen Nachdruck auf die widersprüchliche Manipulation kultureller Kategorien seitens der Mutter und der Familie, die Zeit und Raum und die Gewaltenteilung zwischen den Personen und den Gebrauch von Objekten betreffen. MYRIAM DAVID bemüht sich, die Angleichungsversuche des Kindes an die unbewußten Strebungen der Mutter zur Aufnahme einer Beziehung zu erfassen, und hält die radikale Modifikation der Besetzungen des sehr kleinen Kindes im Verhältnis zu den miteinbegriffenen unbewußten Bedürfnissen der Eltern und Ersatzeltern fest, die miteinander abwechseln können.

Gerade also auf der Ebene der individuellen Anpassungsmöglichkeiten an eine gegebene Kultur und durch Vermittlung von Beziehungselementen nimmt der soziale Pol der Transaktionsspirale Einfluß, und es ist ohne Zweifel möglich, auf dieser Ebene Vorschriften zur mentalen Hygiene auszuarbeiten und praktisches individuelles Eingreifen wirksam werden zu lassen.

In einer erweiterten und makroskopischen Perspektive schalten sich die soziokulturellen Gegebenheiten, indem sie die Sozialisation des Kindes über die eigentliche Familie hinaus mehr und mehr in die Hand nehmen, in bezug auf das ein, was sie dem Kind an Realisierungs- und Befriedigungsmöglichkeiten in Aussicht stellen, ebenso in dem Sinne, daß sie seine Unterwerfung unter Normen, Wertvorstellungen und Strukturen fordern. Ohne jeden Zweifel bringen verschiedene Formen von Zivilisierung verschiedene Formen von Nichtangepaßtheit hervor, wie sie auch bestimmte allgemeine Persönlichkeitszüge modulieren. In dieser Hinsicht läßt sich beobachten,

- daß die Bedeutung von Riten, die strenge Abgeschlossenheit von Kasten und die soziale Übernahme von evolutiven, kathartischen oder Sublimierungsprozessen wahrscheinlich im umgekehrten Verhältnis zur individuellen Variationsbreite der Formen von Nichtangepaßtheit und zum Fächer möglicher Halbanpassungen steht;
- daß im Verlauf der Entwicklung von Zivilisationen wahrscheinlich günstige Zeitpunkte eintreten, die einer größeren Anzahl bessere Anpassungsmöglichkeiten eröffnen, Zeitpunkte, die ohne Zweifel mit der größtmöglichen Übereinstimmung von Normen und Wertvorstellungen und der realen Organisation von Strukturen und Organisationen zusammenfallen. Zwischen den beiden Weltkriegen hat die französische psychoanalytische Schule sich sehr um dieses Problem bemüht, wobei manche Autoren behaupteten, daß die gamozentrische Verbindung die einzige dem Menschen wirklich angemessene soziale Form sei, die ihm erlaube, der ödipalen Aggressivität zu trotzen und sie gleichzeitig zu sublimieren und seine menschliche Entwicklung zu vollenden (E. PICHON [271]), während andere (J. LACAN [207]) annehmen, daß die dialektische Bewegung, die in Gesellschaften und Institutionen herrscht, den Menschen gegenwärtig offenbar zwingt, sich andere kulturelle

Organisationsformen zurechtzulegen, wobei die allgemeine Verbreitung von Formen von Nichtangepaßtheit einer Mutation der Formen der Auflösung des Ödipuskomplexes entspricht, wie sie von Generation zu Generation fortschreitend durch Veränderungen der Besetzungen der Kinder durch ihre Eltern hervorgebracht wird, und zwar im Verhältnis zu den Abwehrmechanismen, die diese Eltern selbst auf andere Art zu bewerkstelligen gehalten waren als ihre eigenen Eltern. Das Problem, das sich damit für manche Analytiker stellte – nämlich für diese oder jene Religion, soziale Struktur usw. aktiv Partei zu ergreifen –, geht offensichtlich über den Bereich der Medizin, der Psychoanalyse und der Mentalhygiene hinaus; das dispensiert uns jedoch nicht davon, die Einwände von Moralisten und Politikern genau zu prüfen.

Allen jenen, die sich darüber beunruhigt zeigen, daß die Psychoanalyse darauf abziele, den Menschen an eine ihn unterdrückende Gesellschaft anzupassen, oder ihn umgekehrt verleite, jede Einsicht in die soziale Realität zugunsten seiner Triebe von sich zu weisen, müssen mehrere Argumente entgegengehalten werden. Das erste wird von Freud selbst beigebracht, der in »Das Unbehagen in der Kultur« [143] vor der Utopie warnte, wie sie darin bestünde zu hoffen, daß bestimmte soziale Formen geeignet seien, die interpersonalen und intrapersonalen Konflikte abzuschaffen, und der Stärke aggressiver Triebe nicht Rechnung zu tragen. Das zweite wird in der Geschichte des »Kleinen Hans« dargelegt: die Analyse ersetzt die Verdrängung als automatischen und exzessiven Prozeß durch eine maßvolle und angemessene Triebbeherrschung, die mit Hilfe der obersten psychischen Instanzen ausgeübt wird; sie ersetzt, mit einem Wort: die Verdrängung durch die Verurteilung.

Ein weiteres Argument zielt darauf ab, die Kritiker daran zu erinnern, daß die Psychoanalyse den Menschen nicht passiv den Einschränkungen zu unterwerfen sucht, die ihm Natur und gesellschaftliches Leben auferlegen, und zwar mit Hilfe des Bedürfnisses der Erotisierung seines Masochismus, sondern ihn in die Lage zu versetzen trachtet, selbst der Realität, der Natur und der Gesellschaft gerecht zu werden, um seine Besetzungen und das Spiel seiner psychischen Instanzen gemäß dem zu seiner maximalen Entfaltung geeignetsten Modus, bei Berücksichtigung seines eigenen Lebenszusammenhanges, zu regeln. Und eben das ist der Bereich der Medizin auf psychischem Gebiet ebenso wie auf physischem.

Dieser Einwand bekommt jedoch eine gewisse Schärfe, je nachdem, ob man von der medizinischen Betreuung zur Prophylaxe, von der Therapie oder theoretischen Erklärung zur Erziehung und zur Aufstellung normativer Prinzipien übergeht. Diese Prinzipien machen in der Tat *wertende* Kriterien erforderlich und können lediglich historisch und gesellschaftlich definiert werden. Mit Caplan (zitiert von Lebovici [226]) müssen wir überdies feststellen,

»daß, wenn man die allgemeinen Aspekte von Delinquenz und Verbrechen namentlich in beträchtlich großen illegalen Organisationen in Betracht zieht, man zu der – und sei sie unangenehmen – Auffassung kommt, daß diese sozialen Abweichungen, wenn sie sich unter Umständen ergeben, in denen keine Möglichkeit besteht, die vollwertigen Formen von Verantwortlichkeit auszubilden, ihrerseits selbst Attribute geistiger Gesundheit sein können«.

Deshalb bemüht sich der Analytiker, selbst wenn er sich mit mentaler Hygiene und Prophylaxe beschäftigt, auch nicht darum, die soziokulturellen Formen, die Institutionen, die Arten von Kinderaufzucht oder die der Entfaltung des »Menschen« angemessensten Idealvorstellungen zu definieren, was anderen freistehen mag, ihnen jedoch keineswegs erlaubt, sie ihm aufzubürden, für den diese Beschäftigung professionell und methodologisch außerhalb seiner Reichweite bleibt. Umgekehrt ist der Psychoanalytiker, wenn er ein Werkzeug handhabt, das ihm erlaubt, die Mechanismen von verfehlter Anpassung in ihrer individuellen Realität wahrzunehmen – Mechanismen, die die Individuen ihrem Lebenszusammenhang entfremden, sie unfähig machen, ihre Bedürfnisse, Triebe und Ideale zufriedenzustellen und in eine für sie vorteilhafte Koexistenz mit ihrer Umwelt einzutreten –, im Gegenteil durchaus ermächtigt, seine Untersuchungen voranzutreiben und seine Intervention fortzusetzen. Die Definition der Bedingungen aller Art, die am ehesten geeignet sind, die harmonische psychische Entwicklung der Individuen sicherzustellen, bei Berücksichtigung der charakteristischen Merkmale der direkten und umfassenden Gesellschaft, die, mit allen ihren Möglichkeiten und Einschränkungen, ihn aufzieht und ihm zugleich die Formen aufnötigt, denen gemäß er sich anzupassen hat, fällt ebenso in sein Arbeitsgebiet.

Dieses Kapitel beabsichtigt daher nicht, eine Ethik oder politische Position aufzubauen, sondern eine kritische Übersicht über die Einflüsse von edukativen Eingriffen in die psycho-affektive Entwicklung des Kindes und seine Anpassungsfähigkeiten zu geben, und zwar in ihrem relationalen und ihrem institutionalen Aspekt; es stützt sich dabei ebenso auf die psychoanalytische Einsicht in Triebe, Bedürfnisse, Phantasien und Konflikte wie auf das klinische Verständnis der Dynamik sozio-individueller Transaktionen, wie es durch psychoanalytische Theorie und Therapie beleuchtet wird. Es versucht, edukative und prophylaktische Prinzipien herauszuarbeiten, die, bei Verweigerung jeder noch so geringfügigen Haftbarmachung und bei Ablehnung jedes noch so geringfügigen politischen, religiösen oder moralischen Anspruchs, ihren Wert als Beitrag zur Untersuchung der Bedingungen mentaler Gesundheit bezeigen – einer geographisch und historisch so umfassend wie möglich definierten Gesundheit.

Ohne Zweifel werden wir Mühe haben, die bereits angedeuteten Nachteile immer zu umgehen, wird es vorkommen, daß wir den Rahmen unserer präzisen und gründlichen Einsichten in die Relation zugunsten weniger berechtigter Gesichtspunkte im Bereich einer »strengen« Erziehung verlassen, wenn es freilich auch unser erklärtes Ziel bleibt, klinisch vorzugehen und nicht normativ, predigend, oder gesetzgeberisch.

I. Elternrolle und Erziehung

Es liegt hier nicht in unserer Absicht, jenes Thema in einer vertieften Analyse noch einmal aufzunehmen, demgemäß gerade das eigentliche Wesen der Persönlichkeit der Eltern – d. h. der dynamischen Gleichgewichtszustände, die sie zwischen den Besetzungen und den dafür erforderlichen Gegenbesetzungen haben bilden können – Einfluß auf die Beziehung nimmt, die sie zu jedem ihrer Kinder eingehen und deren verschiedene Aspekte sie damit ins Spiel bringen.

Es scheint uns jedoch erforderlich, nachdrücklich auf die charakteristischen Merkmale der Elternfunktion hinzuweisen, die als eine der möglichen Realisierungen der frühesten identifikatorischen Phantasien aufgefaßt wird – Realisierungen, die in den Phantasien, den Puppen-, Mama- und Papa-Spielen ausagiert werden, die den unbewußten Phantasien und Träumen zugrunde liegen.

Die Realisierung einer Phantasie in ihrer eigentlichen Form ist für die Leistung und Befriedigung des Erwachsenen genausowenig unbedingt erforderlich, wie andererseits ihre Nichtrealisierung ihn auch nicht zu Frustration und Verzweiflung verurteilt; wir werden später etwa sehen, daß nicht alle Paare ein nicht unterdrückbares Bedürfnis nach Kindern haben und daß viele kinderlose Ehepartner nicht an Adoption denken. Umgekehrt mobilisiert die Situation, in der die Phantasie verwirklicht wird, erneut alle Affekte, von denen sie begleitet wird, und reaktiviert so alle Abwehrarten, die sie gefördert hat.

Es wird so verständlich, daß die edukative Beziehung als Art des Zurechtkommens der Eltern mit ihren eigenen Phantasien und mit ihrer Besetzung des Kindes als narzißtischem Objekt und mit dem Kind-als-Realität in sich selbst ein Kompromiß ist; wir werden die Auswirkung des Kindes auf den Gleichgewichtszustand der Eltern auf verschiedenen Ebenen ins Auge fassen – eine Auswirkung, die unterschiedliche Beziehungs- und Erziehungsweisen nach sich zieht.

Es kann auch wohl kaum unsere Absicht sein, die Fälle zu untersuchen, wo Eltern mit prägenitaler Struktur ihr Kind auf archaische Weise erleben. Dann handelt es sich wirklich nicht mehr um Beziehung oder Erziehung, sondern um massive Mechanismen von Abwehr nach Maßgabe der vom Kind eingebrachten Dekompensation, das lediglich die Alternative hat, eine frühe Psychose auszubilden oder z. B. auf psychosomatische Weise auf das Unbewußte der Eltern zu reagieren.

»In diesem Zusammenhang erinnern wir an den Fall B., dessen hartnäckige und alte Obstipation (so stark, daß er im Alter von zwei Jahren sich seit einem Jahr nur durch medikamentöse Abfuhr der Kotsteine entleert hatte) nach der Deutung aufhörte, die der Mutter für ihre Phantasien von anal-sadistischer Besitzergreifung gegeben wurden. Und an den Fall J., acht Monate alt, der immer schon an Schlaflosigkeit litt und sich rhythmisch den Kopf mit den Fäusten schlug, dessen Symptom jedoch verschwand, als die Mutter sich ihrer Mordphantasien hinsichtlich eines Kindes bewußt wurde, auf das sie ihre voyeuristische Gier projizierte.

Wir erinnern an diese Fälle, deren Entwicklungsprognose sehr zurückhaltend bleiben muß, um die totale Mutter-Kind-Assimilation hervorzuheben, die bei jeder edukativen Beziehung widersprüchlich bleiben muß, weil es kein Wiedererkennen des Objektes geben kann, ohne das das Verschwinden des Symptoms zu dem Zeitpunkt nicht verständlich werden kann, da die Mutter eine Distanzierung vollzieht.«

Das Kind-als-Realität greift dann störend ein und bringt das eventuell oberflächlich erworbene Gleichgewicht durcheinander, indem es keiner Objektbeziehung und keiner abgestimmten Aktion Raum läßt.

Im Gegensatz dazu appellieren die Eltern an eine sehr mechanisierte und fälschlich abgestimmte Beziehung, wenn ihnen ihre Charakterstruktur jede geschmeidige Nachgiebigkeit untersagt. Wie wir gesehen haben, ist es ohne Zweifel die allgemeine Verbreitung dieses Strukturtypus, die die Verdinglichung der Elternrolle, ihre Veräußerlichung und die so verbreitete Auffassung erklärt, daß gutes Elternverhalten sich erlernen und erwerben läßt, und das Verlangen nach Hilfe in diesem Bereich als begründet erweist.

Offenbar wenden diese Eltern, die gern vollkommen wären und ein Recht darauf zu haben glauben, daß man ihnen beibringt, es zu werden, ihre Elternrolle und ihre Erziehungsfunktion als Gegenbesetzung und Reaktionsbildung an.

Alle identifikatorischen Strebungen des Kindes zum Es und die Panik, die sie nach sich ziehen, müssen bei ihnen sofort geleugnet und entstellt werden; die Erziehung wird zur Rationalisierung von sei es autoritärer, sei es nicht-intervenierender Gegenreaktionen, die das Recht des Kindes geltend machen, nicht traumatisiert zu werden.

Die Erziehungsprinzipien garantieren dann den Fortbestand der Herrschaft und die Rekonstitution des vom Einbruch der Realität in Gestalt des Kindes bedrohten Gleichgewichtszustandes.

Wenn es sich um einfache neurotische Strukturen handelt, kann das Kind als Objekt erkannt, besetzt und geliebt werden; das wird es jedoch mit allen Besonderheiten der zwangsläufig widersprüchlichen Abwehrhaltungen.

Es kann erlebt werden:
- als narzißtische Wiederversicherung, Wiedergutmachung und Wiederherstellung, auf die das Ideal-Ich projiziert wird;
- als Partialobjekt;
- als Objekt einer antiödipalen Strebung, im Zusammenhang mit der das Über-Ich, das sich gegen das Es des Kindes richtet und auf es projiziert wird, Einfluß nimmt.

Der Wiederholungszwang nötigt diese Eltern dann, in der edukativen Beziehung die von ihnen erlebten Konflikttypen zu reproduzieren; einzig und allein die Anordnung kann sich verändern, die für sie von der Organisation ihres Ehelebens, das seinerseits mit ihren infantilen Konflikten in Zusammenhang steht, ebenso abhängt wie von den sozioökonomischen und soziokulturellen Grundlagen ihres Familienlebens.

Im allgemeinen und ein wenig schematisch gesehen, reproduzieren die Eltern mit ihren Kindern teils die Konflikte, die sie selbst mit ihren Eltern erlebt haben, teils veranlaßt ihre Identifikationsweise, bei der das Ich eine prägende Rolle spielt, sie zu dem Versuch, sich bei ihren Erziehungsbestrebungen dem Bild ihrer eigenen Eltern entgegenzusetzen. Wenn das Kind Komplikationen verursacht, wird es zum Symptom der Krankheit, bringt es die Krankheit der Eltern zum Vorschein, die in Anpassungsformen integriert ist, die sie zu gestörten Individuen machen, als die sie jedoch nur in Gegenwart des Kindes in Erscheinung treten. In jedem Konflikt zwischen den bewußten und den unbewußten Positionen der Eltern reagiert das Kind auf die unbewußten Tendenzen, und daraus entsteht bei den Eltern Verwirrung, die darin Opposition und Ungehorsam zu erkennen meinen – eine Verwirrung, die durch die Vierteilung des Erziehers in seiner Beziehung zum Kind gesteigert wird, die ihn nötigt, sich bald mit dessen grundlegenden Bedürfnissen zu identifizieren, bald den Erfordernissen der Gesellschaft den Vorrang zu geben.

Die Eltern laufen dann Gefahr, die edukative Beziehung mit Schwierigkeiten aus ihrer eigenen Geschichte zu durchsetzen, indem sie die Wechselfälle der Konfrontation des megalomanischen Aspektes ihres Ich-Ideals mit der Strenge ihres Über-Ichs reproduzieren.

Die Erziehungsbestrebungen, die, wenn auch zuweilen desorganisiert, von einer warmherzigen Beziehung geprägt sind, ermöglichen ein relativ geschmeidiges Spiel und einen zuweilen ergiebigen Austausch zwischen Eltern und Kindern. Aber selbst für Eltern, die ein reifes und zufriedenstellendes Gleichgewicht im Zusammenhang mit dem entwickelt haben, was C. Luquet-Parat [240] die »stabile ödipale Organisation« nennt, ist die Spontaneität der Reaktionen auf Gleichgewichtsveränderungen bedeutsam, wie sie von der Verwirklichung dessen bedingt werden, was bisher lediglich Phantasie war – eine Spontaneität, die offensichtlich das gesamte Erziehungsverhältnis mit Subjektivität durchsetzt.

So lassen sich die erzieherischen Irrtümer, Unzulänglichkeiten und Fehltritte erklären, die an ihren Kindern von jenen begangen werden, die sich für Erziehungsexperten halten mögen, bei Einschluß der Analytiker. »Niemand ist Fachmann in Hinsicht auf die Erziehung, sobald es sich um die eigenen Kinder handelt«, sagt E. Kris [204]. So empfinden das übrigens auch, und zwar gerade aufgrund ihrer Ambivalenz, alle Eltern, die sich einen Augenblick lang einem Zustand von Minderwertigkeit, Abhängigkeit oder Schuldgefühlen ausgesetzt sahen, sei es im Verlauf einer neuropsychiatrischen Konsultation, sei es in einer Elterngruppe unter Leitung eines Analytikers, und die Situation im Bereich einer strengen Gleichheit wiederherzustellen suchen, indem sie direkt oder indirekt die Frage stellen: »Machen Ihre Kinder Ihnen eigentlich keine Schwierigkeiten, und wie verhalten Sie sich in Ihrer eigenen Familie?«

Das Erziehungsverhalten ist also in Wirklichkeit fälschlich für durchdacht gehaltene Reaktion auf die Umstellung, die bei den Eltern die *Verwirklichung* des Wunsches nach einem Kind – die eben das Kind ist – einleitet, und die Bewältigung dieser Umstellung geht im Verhältnis zu den Möglichkeiten der Objektbeziehungen der Eltern, zu den charakteristischen Merkmalen dieser Objektbeziehungen, zur Beschaffenheit ihres individuellen und kulturellen Ichideals und zur Starrheit oder Geschmeidigkeit ihres Über-Ich vor sich.

II. Der Vater

Da die Beziehung zwischen Mutter und Kind im Zuge der früheren Kapitel in ihren verschiedenen Implikationen sehr ausführlich untersucht worden ist, schien es uns erforderlich, nunmehr die Rolle des Vaters im Erziehungsverhältnis nachdrücklich hervorzuheben.

Manche Psychiater[3] haben den Akzent auf die verhängnisvollen Auswirkungen des Fehlens der väterlichen Autorität gelegt, um nicht immer wieder Störungen des Kindes auf Voraussetzungen zurückführen zu müssen, die dem Mangel an

[3] Sullivan, Sutter, Luccioni.

mütterlicher Fürsorge und dessen Auswirkungen [331] [239] entspringen. Sie haben sehr bezeichnende klinische Bilder beschrieben, die die pathogene Rolle des Mangels an Autorität, besonders jener, wie sie gewöhnlich vom Vater repräsentiert wird, deutlich machen.

Erneut die Beziehung zu beschreiben, die sich von der Geburt des Kindes an zwischen ihm und dem Vater einpendelt, liefe darauf hinaus, einen großen Teil dieses Buches noch einmal nachzuvollziehen, zumal die Psychoanalyse, ganz im Gegensatz zu manchen tendenziösen Darstellungen, Vater und Mutter im Netzwerk der Beziehungsinteraktionen, in dessen Mittelpunkt das Kind im Gesamtverlauf seiner Entwicklung steht, gleichen Raum zubilligt; genauer noch: sie hat deutlich gemacht, daß keiner sich ohne den anderen begreifen kann, weil beide zusammen die beiden zunächst verflochtenen Komponenten ein und desselben Erlebens, die beiden Pole ein- und derselben Erfahrung ausmachen. Deshalb beschränken wir uns darauf, die erzieherische Rolle des Vaters einzugrenzen und herauszufinden, woher seine Autorität rührt. D. Widlöcher [343] hat eine bündige und ergiebige Zusammenfassung gegeben, auf die wir in diesem Zusammenhang zurückgreifen.

»Die Beziehung zum Vater ist möglicherweise mehr als jede andere eine Funktion imaginärer Gegebenheiten, und die Phantasievorstellungen werden nur zum Teil von den familiären Realitäten beeinflußt. Sie können überdies auf Personen außerhalb der Familie verschoben werden, und das macht zum Beispiel verständlich, daß in manchen Institutionen die väterliche Rolle und Autorität von den Kindern zuweilen ganz anderen Personen zugeschrieben werden, als vorauszusehen war.

Die Funktion des Vaters macht einen Faktor aus, dessen Präsenz in dem Milieu, in dem das Kind sich entwickelt, für seine Persönlichkeitsbildung unerläßlich ist, welche Person oder Personen, sogar welche Institution sie auch immer verkörpern. Umgekehrt ist es jedoch unvorsichtig anzunehmen, daß die Funktion des Vaters mit einem besonderen Bild koinzidiert, das uns das kulturelle Milieu, in dem wir leben, liefert. Jede Gesellschaft und jedes soziale Milieu erlegt dem Vater Rollen auf, die nicht immer zusammenfallen«,

schreibt D. Widlöcher, der beispielsweise zeigt, wie verschieden diese Rolle in unserem Lande aufgefaßt und festgelegt wird, je nachdem, ob es sich um ein städtisches Milieu, in dem sich vor allem die anatomische oder Ehe-Familie (Zimmermann) zusammenfindet, die sich auf den Vater, die Mutter und die Kinder reduziert, oder um ein bäuerliches Milieu handelt, etwa vom Typ der Blutsverwandten-Familie, bei der die Familiengruppe im engeren Sinne sich in einen umfassenderen Gesamtkomplex integriert, der Verwandte in aufsteigender Linie und alle Seitenlinien einbegreift. Und in jedem Milieu differiert die Rolle des Vaters auch im Verhältnis zum ökonomischen Niveau. So kann das gleiche Verhältnis zum Geld je nach dem Milieu als Abdankungsreaktion oder als normales Verhalten aufgefaßt werden, ebenso etwa die Bedeutung des hierarchischen Abstandes zwischen Vater und Mutter.

Viele Autoren – Psychoanalytiker oder Soziologen – haben nachdrücklich auf die variierenden Formen hingewiesen, wie sie gegenwärtig in unserer Zivilisation der traditionellen Vaterrolle zur Seite treten. Das geht nicht ohne bestimmte Verschiebungen zwischen dem vom Vater im Verhältnis zu seinen eigenen älteren

Vorbildern aufgebauten Ideal und dem Bild ab, wie es vom Kind wirklich wahrgenommen wird. Eine bestimmte Form von Rückversicherung, zu der in einer Versteifung der Autoritätsposition gegriffen wird, kann zu Konflikten oder Unsicherheiten führen.

In diesem Zusammenhang schreibt D. WIDLÖCHER:

»Es muß vermieden werden, die in einem bestimmten kulturellen oder sozialen Kontext definierte Rolle und die Funktion des Vaters zu verwechseln ... Die Funktion des Vaters steht in enger Abhängigkeit von sozialen Zufällen. Sie hat überdies keine biologische Grundlage, im Gegensatz zu der der Mutter. Das zwingt dazu, die Kriterien für eine väterliche Funktion, die der menschlichen Gattung inhärent wäre, anderswo zu suchen als in soziologischen Gegebenheiten.«

Es ist jedenfalls ausnehmend schwierig, einen Ideal-Vater zu definieren, aber gleichwohl ist jedermann versucht, »sich ständig auf eine bestimmte Vorstellung von ihm zu beziehen und die Abstände und Widersprüche zu ermessen, die den realen Vater von diesem Modell unterscheiden«. Väter sind, ihrem angestammten Wesen nach, allesamt kritisierbar. Gerade hier ist die FREUDsche Auffassung des Ödipuskomplexes offenbar unersetzlich. Wir wollen lediglich bei einigen Gesichtspunkten verweilen:

Wenn manche Autoren die Rolle des Vaters vor Augen führen, zielen sie vor allem auf dessen ziemlich späte Intervention ab, die sie etwa aus der Vater-Sohn-Rivalität herstammen lassen; die Auflösung dieser Rivalität durch die Identifizierungsmechanismen ermöglicht die Bildung des Über-Ichs und legt im Bewußtsein die Vorstellung einer moralischen Instanz nieder, die zunächst vom Vater verkörpert wird. In dem Maße, wie er Vermittler des ödipalen Verbotes ist, inkorporiert das Kind – Junge oder Mädchen – in sich selbst die Verbote und Befehle, die vom Vater ausgehen.

»Andererseits stellt sich dieses Gleichgewicht für das Kind gerade in dem Maße, wie die beiden Elternteile eine befriedigende Beziehung zueinander aufbauen, als Hindernis für seine Ansprüche dar und bildet es die sicherste Garantie für die väterliche Autorität« (WIDLÖCHER).

Die Schwierigkeiten der Identifikation mit dem Vater scheinen sich in der gegenwärtigen Gesellschaft zu verschärfen (MITSCHERLICH, 1963 [254b]; MENDEL, 1968 [252c]; ANDRÉ STEPHANE, 1969 [325b]; S. LEBOVICI und R. CREMIEUX, 1970 [227b]).

Es wird mit Nachdruck darauf hingewiesen, daß dieser Vater in unserer technifizierten Gesellschaft nur ein anonymes Zahnrad sei, ohne die Möglichkeit der Bildung eines Ideal-Ichs (MITSCHERLICH). G. MENDEL definiert in seinem Versuch einer Soziaanalyse den Vater als Mittler in der gefährlichen Beziehung zur Mutter und in der Geschichte des Universums. Wie MENDEL charakterisiert ANDRÉ STEPHANE die aktuelle Situation durch das wechselseitige Ausweichen vor dem Generationskonflikt. S. LEBOVICI und R. CREMIEUX machen in derselben Perspektive die Veränderungen der differenzierten Identifikation deutlich. Gerade die Primäridentifikation triumphiert. Man sagt nicht mehr: »Dieser Sohn ähnelt seinem Vater«, sondern: »Dieser Vater hat denselben Charakter wie sein Sohn.«

Unter solchen Umständen stimmen diese Autoren allesamt in der Feststellung überein, daß die Schuldgefühle in Wegfall kommen, daß die Minderwertigkeitsdepression jedoch zur Überspanntheit eines künstlichen und konfliktlosen Ichideals führt, das wenigstens teilweise die grämliche Verdrossenheit der Heranwachsenden und ihre Abhängigkeit von Mode, Slogans oder Drogen verständlich macht.

»Totem und Tabu« [121] hatte sich als zentraler Mythos der menschlichen Bestimmung verstanden, auf individueller wie auf Gattungsebene. Die Heranwachsenden töten nicht mehr einen Vater, dessen (auf ihn projiziertes) Über-Ich normalerweise die Realität des Mordes ausschließt. Die beiden Generationen weichen sich gegenseitig aus, indem sie einander nachäffen – die Schuldgefühle, die biologische Wurzeln haben (S. Lebovici, 1971 [224 b]), werden nicht mehr am Bild des Vaters festgemacht. Daher dann die Selbstzerstörung und die Identifikation mit der Masse, die das wirkliche Fehlen des Vaters charakterisiert.

Deshalb ist es erforderlich, erneut auf der sehr frühen Intervention des Vaters zu bestehen, bedingt er doch die Rolle der Mutter und legt sie zum großen Teil fest. Die Mutter und ihre Phantasien betreffen in der Tat den Vater. Die Art und Weise, in der die Mutter den Vater des Kindes und das Über-Ich im allgemeinen integriert, lenkt die Einstellung, mit der sie das Kind besetzt, und ihr Verhalten und induziert das, was der Vater für es sein wird.

In dem Maße etwa, wie die Mutter in ihrer Ehebeziehung unbefriedigt ist, überträgt sie auf das Kind einen großen Teil ihrer affektiven Ansprüche, gefährdet sie eben diese Funktion der väterlichen Autorität.

Der Vater hat jedoch auch selbst eine direkte und frühe Rolle. R. Diatkine und J. Favreau schreiben [69] dazu:

»Hinzugefügt werden müssen die ersten mehr oder weniger deutlichen Umrisse der *mütterlichen Position,* die sich bei jedem Mann antreffen lassen und sich beim so eigentümlichen Kontakt mit dem Säugling zu verkörpern trachten.

Zwischen einem Mann, der sich einen mehr oder weniger verdrängten, aber starken Abscheu vor allem bewahrt, was von der Frau ausgeht oder Teil von ihr ist, und angesichts des Säuglings Widerwillen empfindet, und einem anderen, der sich seiner Männlichkeit sicher genug fühlt, um alle Positionen frei einnehmen zu können, liegen zahlreiche Zwischenformen. Wenn manche Männer ohne Gefahr für ihr inneres Gleichgewicht mütterliche Betreuung übernehmen können, so haften andere derart hartnäckig an ihrer mütterlichen Identifikation, daß sie diesen Typus von Beziehung nicht mehr aufgeben können. Sie nehmen infolgedessen übertrieben unruhige und hypochondrische Haltungen ein, anstatt dem Kind ein zusammenhängendes und gelungenes Bild von Männlichkeit zu bieten.«

Die Art, in der wir versucht haben, bestimmte erzieherische Relationsweisen als Wiederaufnahme von Formen der Beherrschung oder Distanzierung im Verhältnis zu angstbesetzten Erlebnissen zu beschreiben, kann besonders hier angewendet werden und macht ohne Zweifel verständlich, warum Väter, die kleinen Kindern gegenüber sehr streng sind, das aufgrund ihrer Abwehr von Empfindungen sind, wie wir sie soeben vergegenwärtigt haben.

III. Die Grundlagen der Autorität

Es gilt im allgemeinen als Binsenweisheit, daß das Kind die Frustrationen und Einschränkungen akzeptieren muß, die ihm von den Erwachsenen und besonders von den Eltern auferlegt werden. Wenn es aber Gesetze gibt, die ihm diese Autorität aufnötigen, so sind es das des unterschiedlichen Verhältnisses der physischen Kräfte und das seiner Abhängigkeit.

In der Tat ist es eben dieses Verhältnis der Kräfte und der Überlegenheit der Mittel, die dem Erwachsenen die Macht verleihen, deren er sich bedient, um seine Autorität zu festigen und die Frustration zu dosieren. Überdies ist bekannt, wie machtlos sich manche Eltern dem älteren Kind gegenüber fühlen, das ihnen an Muskelkraft ebenbürtig geworden und deshalb zu Vergeltung fähig ist.

Die langdauernde Phase von Unreife und der nur allmählich fortschreitende Erwerb der autonomen Motilität bilden das biologische *Substrat* für das, was sich später als Kastrations- oder Vernichtungsangst herausbildet.

Die Mutter wendet häufig andere Mittel an: etwa die Drohung mit Liebesentzug, die auf unterschiedliche Weise zum Ausdruck kommt, jedoch immer auf etwas hinausläuft, das durchaus einer Erpressung ähnelt, wobei die Wahl zwischen Unterwerfung oder Wiederholung der Angst oder der Gefahr von Einsamkeit angeboten wird; zuweilen tut die Mutter sogar so, als ginge sie weg. »Große Augen machen« bedeutet zweifellos ebensoviel wie den Kindern Angst vorm Zorn der Mutter zu machen, verfehlt jedoch selten, die archaischen Ängste der Periode wachzurufen, in der das Gesicht der Mutter noch nicht wiedererkannt wurde, weder in seiner Permanenz noch in seiner Bedeutung als belohnender Mittler zwischen der feindlichen Welt und dem ohnmächtigen Säugling, der fortgesetzt zwischen Zuständen von Befriedigung und in Harmonie mit der Mutter erlebter Entspannung und Phasen von Zerstückelungsangst hin- und herschwankt, sobald sie abwesend oder feindselig ist.

Das zu vergegenwärtigen, heißt deutlich machen, wie der Sadismus der Erwachsenen durch die Rückversicherung wachgerufen wird, die von der Ausübung physischer Macht und der noch subtileren Manipulierung von Ängsten herbeigeführt wird, die der Angehörige um so mehr fördert, als er selbst seit kurzem dank den Einstellungen davon befreit ist, die das Kind natürlich noch nicht hat entwickeln können.

Es muß indessen festgehalten werden, daß der Kampf gegen die Frustration und die Handhabung der Autorität den eigensten Bereich der Interaktion zwischen Erzieher und Kind ausmachen. Jeder Kontakt mit dem Kind neigt dazu, die aus der eigenen Kindheit der Eltern stammenden Triebe und Wünsche zu mobilisieren. Der Erwachsene hat jedoch die Möglichkeit, seine Aggressivität als Disziplin hinzustellen. Es ist kaum nötig, an die zahlreichen Beispiele aus Romanen und Kulturgeschichte zu erinnern, die, unter dem Vorwand, dem Kind Disziplin oder eine bestimmte Regel aufzuerlegen, dem Sadismus des Erwachsenen freien Lauf lassen (Mme. Mac Miche und der *Bon petit diable*, Mme. Lepic und Poil de Carotte, Mme. de Rean und Sophie usw.). In einem ähnlichen Sinne läßt sich auch sagen, daß der übertriebene Ehrgeiz der Eltern ein Element von Sadismus für die Kinder in einer Erziehung bilden kann, die sie zu immer höheren Leistungen antreiben soll.

Daß das Kind die unbewußten Verhaltensmotivationen des Erwachsenen wahrnimmt, wird besonders dann offensichtlich, wenn es, auf subtile Weise, in eben dem Rahmen reagiert, in dem die repressive Tendenz der Eltern ansetzt. Die Reaktion des Kindes ist dann häufig die Gegenaggressivität.

»Gewöhnlich folgen Reaktionen und Gegenreaktionen einander in einer schnellen Sequenz, und das Kind kann provozieren oder provoziert werden. Je größer seine Fähigkeit ist, sich die Aggressivität des Erziehers zunutze zu machen und seinen eigenen Aggressivitätsausbruch einzusetzen, um so labiler ist die Ökonomie seiner Aggressivität« (E. KRIS [204]).

Das läßt sich überdies noch ganz besonders auf *körperliche Bestrafungen und Drohungen anwenden.*

Es ist richtig, daß die Einstellungen sich heute verändert haben; explizite Drohungen und Mißhandlungen werden verworfen, seit die Psychoanalyse die Bedeutung der Kastrationsangst für die Struktur von Erwachsenenneurosen und die Beziehung dieser Angst zu Erfahrungen deutlich gemacht hat, die dem Patienten *früher* aufgebürdet wurden. Ebenso wurde die körperliche Bestrafung diskreditiert, als man zeigen konnte, daß die Erotisierung der Züchtigung unter Umständen ein Faktor war, der zur Entwicklung sexueller Perversionen beim Erwachsenen beitrug.

In den analytischen Behandlungen werden Tag für Tag zahllose klinische Beweise dafür beigebracht, und es bleibt lediglich das berühmte autobiographische Beispiel von JEAN-JACQUES ROUSSEAU zu zitieren, dessen sexuelle Schwierigkeiten deutlich sind und der in seinen *»Confessions«* seine erste Erektion mit der Tracht Prügel auf den Hintern in Verbindung bringt, die er, über die Knie von Mlle. Lambercier hingestreckt, von ihr erhielt.

»Die körperliche Züchtigung und der Liebesentzug stellen eine erste Gefahr dar, wenn man deren Prinzip akzeptiert. Nämlich das Prinzip, sich bemüßigt zu fühlen, sie exzessiv anzuwenden, sie zur Gewohnheit, sogar zum Bedürfnis zu machen, und zwar ebenso beim Erwachsenen, der sich immer weniger beherrscht, wie beim Kind, das sie bald immer häufiger provoziert. Die Gewalttätigkeit der Reaktionen von Eltern droht bestürzende Bilder dafür zu liefern, während sie zugleich deren Schwäche durchscheinen läßt.

Schließlich läuft die Gewohnheitsmäßigkeit solcher Strafen Gefahr, zum einzigen Ausdrucksmittel zu werden, das Eltern und Kinder verbindet; das gibt dann dem immer nach Zuwendung lechzenden Kind Anlaß, die Bestrafung zu erotisieren und eine masochistische Einstellung einzunehmen ... wobei die Gesäßregion für den Prügelnden ebenso verführerisch ist, wie sie für den Geprügelten leicht erotisiert werden kann ...

Beim Kleinkind reaktivieren derartige Bestrafungen Ängste und erdrücken die Persönlichkeit. In der Latenzperiode lassen sie die Verdrängung hervortreten. Infolgedessen stoßen sie das Kind entweder in seine bereits allzu große Passivität zurück, oder sie akzentuieren den Wunsch nach Revolte, der das Ausagieren begünstigt, das seinerseits bis zur Delinquenz führen kann« (J. FAVREAU und A. DOUMIC [83]).

All das ist heute bekannt und gibt den eigentlichen kulturellen Aspekt der Erziehung unserer Epoche wieder, in der niemand mehr wagen würde, die Vorteile der Ohrfeige oder der Tracht Prügel anzupreisen – noch weniger die von Rute oder

Peitsche –, während viele Eltern sie doch ständig benutzen, aber mit dem Gefühl, sich von einem unkontrollierten Sadismus überwältigen lassen zu haben, und mit dem Bedürfnis, sich zu rechtfertigen.

Bei dieser Ächtung von körperlichen Bestrafungen und Drohungen muß jedoch zweifellos die Neugestaltung des väterlichen Ichideals unter dem Einfluß jüngerer kultureller Errungenschaften berücksichtigt werden, wie sie zum großen Teil der Verbreitung einer bestimmten psychoanalytischen Auffassung zu verdanken sind. Früher war ein starker Vater, waren starke Eltern diejenigen, die ihrem Gesetz – und sei es mit dem Mittel von Zucht und körperlicher Bestrafung – Respekt verschafften. Heute ist der beste Vater offenbar derjenige, der das Kind nicht traumatisiert, es versteht und von der Logik Gebrauch macht, um ihm die Berechtigung seines erzieherischen Verhaltens einsehbar zu machen. Einen karikaturistischen Beweis dafür liefern zuweilen bestimmte Frauenzeitschriften unter der jetzt schon gewohnten Rubrik Erziehungsberatung.

Wahrscheinlich muß darin auch ein bestimmter Versuch persönlicher Rückversicherung gesehen werden, so als müßte man zeigen, daß alles, was der Erwachsene tut, rational und vom Bewußtsein bestimmt ist. Vielleicht muß auch mit J. LACAN [207] das Übermaß an Neurosen einer inneren Entwicklung der gamozentrischen Gesellschaft selbst zugeschrieben werden. Das Bild des Vaters hat die Tendenz, unterzugehen, und die Frau läßt einen männlichen Protest laut werden, der »lediglich die letzte Konsequenz des Ödipuskomplexes ist«.

In der Tat können manche Verhaltensweisen – bei denen unterstellt wird, daß sie sich ausschließlich an Logik, Bewußtsein und Intelligenz wenden – vom Kind als Ausflüchte erlebt werden, während eine maßvolle körperliche Bestrafung ihm im Gegenteil aufgrund der Aggressivität, die es in sein Handeln und seinen Ungehorsam legte, geradezu verdient erscheint und die Angst durch die Grenzen abschwächt, die sie seiner zerstörerischen Aggressivität setzt.

»Es darf nicht außer acht gelassen werden, daß die Worte oder die besonderen Mittel, mit denen ein Erwachsener nach einer instinktiven Handlung eines Kindes reagiert hat, nicht soviel Bedeutung haben wie die latenten und gewohnheitsmäßigen Verhaltensweisen der Eltern gegenüber den Trieben insgesamt« (O. FENICHEL [85]).

W. REICH [284] hat gezeigt, daß die Bedeutung einer bestimmten Erfahrung vom Gesichtspunkt einer mentalen Hygiene aus weniger durch ihren manifesten Inhalt als durch den Gesamtkomplex der sie begleitenden psychischen Gedächtnisakte bestimmt wird.

Die psychische Struktur des Kindes verlangt, daß die Auswirkung eines Eindrucks besänftigend oder bedrohlich ist. Und diese Struktur hängt von der Totalität seiner früheren Erfahrung ebensosehr ab wie von gegenwärtigen Einflüssen.

IV. Nachsicht und Entzug

»Die Erziehung hat also ihren Weg zu suchen zwischen der Scylla des Gewährenlassens und der Charybdis des Versagens.«
S. Freud [144]

Es bestehen einige typische Mißverständnisse hinsichtlich der Auffassung, die manche Erzieher von der Psychoanalyse haben. Das typischste und am weitesten verbreitete gipfelt in der Vorstellung, die man sich von psychoanalytischen Positionen macht, die sich auf die Anwendung von Nachsicht und Entzug in der Erziehung beziehen.

Beide Begriffe – Nachsicht und Entzug – müssen also näher bestimmt werden, und wir kommen auf die Definitionen zurück, die Ernst Kris dafür gegeben hat [204]:

»Die beiden Begriffe werden hier in einem sehr weiten Sinne benutzt. Nachsicht umfaßt alle Handlungs- und Verhaltensweisen von Erziehern angesichts der Ansprüche des Kindes. Der Bereich dieser Verhaltensweisen begreift die mütterliche Fürsorge und Liebesäußerungen, die Beteiligung von Lehrern an den Spielen und am Alltagsleben des Kindes, das Verständnis für seine Lust- und Unlustäußerungen und die Toleranz für seine Disziplinlosigkeit ein. Der Entzug umfaßt den ganzen Ausdrucksbereich von Mißbilligung des Erziehers und von Liebes- und Freundlichkeitsverweigerung bis zu Disziplinierungsmethoden und Autoritätseinsatz. Nachsicht und Entzug müssen als Synonyme für Belohnung und Bestrafung aufgefaßt werden, sofern deutlich geworden ist, daß im augenblicklichen Zusammenhang sich die beiden Begriffe nicht nur auf isolierte Aktionen, sondern auch auf das Allgemeinverhalten der Erzieher gegenüber dem Kind beziehen. Dieses Verhalten kann während langer Perioden auf das des Kindes reagieren und einen weiten Bereich von einzelnen Verhaltensdetails umfassen.«

Die aktuellen Erziehungskonzeptionen stellen jetzt auch Überlegungen über die schädlichen Folgen allzu massiver Frustrationen für die Entwicklung des Kindes an. Die Bemühung um deren Aufhebung ist gegenwärtig sogar Erziehungsprinzip.

»Das allgemeine Prinzip, auf dem ein permissives Verhalten aufbaut, ist schwer zu formulieren. Man setzt voraus, daß jeder dem Kind auferlegte Entzug von Übel ist, weil er eine Spannung erzeugt und weil die Spannung zwangsläufig zu einem unerwünschten Verhalten, zum Anwachsen der Aggressivität oder zu manifester Angst führt. Außerdem setzt man voraus, daß jeder Eingriff der Erwachsenenwelt der Entwicklung des Kindes Schaden antut und daß die Dinge, wenn es sich selbst überlassen bleibt, von allein ins rechte Lot kommen« (E. Kris [204]).

Extreme Positionen, denen zufolge es ausreichen würde, auf jede Repression sich selbst und anderen gegenüber zu verzichten, um ins goldene Zeitalter einzutreten, können zu grotesken, ja lächerlichen Verhaltensweisen führen. Sehr häufig handelt es sich, wenn die Disziplin umgangen, wenn Pseudointerpretationen versucht werden und wenn dann krasse Erziehungsfehler in Erscheinung treten, um Fälle, bei denen der Erzieher sich mit dem Kind in dem Konflikt identifiziert und eher das für ihn bequemste als das geeignetste Mittel wählt.

»Das ins Extrem getriebene und zum Dogma erhobene permissive Verhalten hat es manchen Eltern ermöglicht, in aller Ruhe abzudanken und damit beim Kind einen Zustand von Mißbehagen mit dramatischer Akzentuierung der Anforderungen des Über-Ichs zu provozieren, das im Gegensatz zur Schwäche des Ich steht, die ihrerseits mit dem Verlust des Kontaktes zu den Eltern und der Schwächung des Realitätssinnes zusammenhängt« (R. DIATKINE und J. FAVREAU [69]).

FREUD hatte bereits in »Das Unbehagen in der Kultur« [143] darauf hingewiesen, daß ein übertrieben nachsichtiger und schwacher Vater dem Kind Anlaß gibt, ein exzessiv strenges Über-Ich zu entwickeln, weil es unter dem Druck der Liebe, deren Objekt es ist, keinen anderen Ausweg hat als seine Aggressivität gegen sich selbst, nach innen zu kehren.

Und O. FENICHEL hat auf die Konsequenzen der erzieherischen Tendenz zu absolutem Gleichmut aufmerksam gemacht: zunächst bekommt das Kind den Eindruck, die Aggressivität sei absolut verboten. Immer dann, wenn es sich aggressiv werden fühlt, muß es sich also beherrschen, und der äußere Schmerz läßt das innere Über-Ich immer strenger werden (wenigstens in seinem Verhalten hinsichtlich der Aggressivität), in dem Maße, daß das Kind sich eine strenge äußere Autorität herbeiwünscht, die ihm als Entlastung erscheint. Wenn man »immer lieb« sein will, verschiebt man die Bürde vom Kind auf die Schultern der Eltern oder Erzieher. Es darf in der Tat nicht vergessen werden, daß die Eltern dann ihre eigene Aggressivität zu verdrängen haben, die in anderer, möglicherweise weniger angemessener Form wieder auftreten muß, die verhängnisvoller ist als die erste.

Es schien uns nicht erforderlich, hier jene Untersuchungen zu vergegenwärtigen, die sich zu zeigen bemüht haben, daß die Frustration von Beginn des Lebens an unausweichlich und wesensgleich mit jeder Beziehung ist.

Das Objekt ist in sich selbst frustrierend, und die gute Mutter kann nichts anderes sein als ein Mythos.

Es muß also zwischen Frustrationen, die die Beziehung selbst auferlegt, und Frustrationen unterschieden werden, die es deshalb sind, weil ihnen die überlegte Absicht zugrunde liegt, Erziehung zustande zu bringen.

Die Behauptung, daß der Inhalt von Erziehung im wesentlichen die Abrichtung auf Frustrationen sein müsse, ist, wie ersichtlich, häufig nur eine Rationalisierung, die Motivationen maskiert, die den Bemühungen, das Kind anzupassen, ganz und gar fernstehen.

Aber Entzug und Disziplin leisten dem Ich in seinem Bemühen um Kontrolle der Triebe des Es Unterstützung, und gute Eltern kooperieren mittels tiefer Identifikation mit dem Kind mit dessen Ich.

Sicherlich können die Frustrationen, die dem Kind auferlegt werden, zum Auftreten seiner Aggressivität führen, aber dieser Ausbruch ist notwendig, und das Kind muß auch ihn beherrschen lernen. Es ist wahrscheinlich, daß die Erzieher oder Eltern, die sich nie dazu entschließen können, ein Kind zu frustrieren, den Ausbruch von Aggressivität nicht ertragen können, zweifellos aufgrund einer ungelenkten Projektion auf dieses Kind.

Weil es eine Utopie ist, den Kindern Frustrationen ersparen zu wollen, weil aber eine zu intensive Frustration die Bedeutung eines Traumas erhalten kann, wenn die *Unvermeidlichkeit und der strukturierende Stellenwert der Frustration* einmal anerkannt sind, sind die einzigen Fragen, die sich stellen, die nach den Modalitäten der Dosierung und Verteilung, die sie produktiv oder zerstörerisch machen.

Wahrscheinlich variiert ihr Optimum je nach dem Alter, den Umständen, dem Zeitpunkt und der erlebten Vergangenheit. Es besteht ein großer Unterschied, ob man – im Zusammenhang mit einem Appell an ein positives und authentisches Ich – Belohnung oder ein mechanisches Verfahren anwendet, um einem Kind in der Latenzperiode, das eine regressive Phase durchlebt, das Daumenlutschen abzugewöhnen, oder ob man dieselben Verfahren im Verlauf der frühen Kindheit mit dem Ziel benutzt, »ihm schlechte Angewohnheiten auszutreiben oder deren Entwicklung zu verhindern«, also aus unbewußter Angst vor diesen Trieben.

Wenn man sagt, daß es glückliche Lösungen für Konflikte gibt, schließt man damit ein, daß im Konflikt ein Optimum an Spannung oder Intensität vorhanden ist, von dem aus das Kind am ehesten zur möglichen Belohnung und zur wünschenswerten Beherrschung seiner Triebe vorstoßen kann. Das Problem liegt dann darin, auszumachen, ob die Entwicklung des Kindes durch den Konflikt, den es zu lösen gelernt hat, günstig oder nachteilig beeinflußt worden ist.

Manche Versagungen sind sinnlos und gefährlich. Es muß hier einerseits zwischen denen, die sich auf nichtangemessene Verhaltensweisen beziehen – und die Mehrzahl dieser Versagungen sind im wesentlichen durch den kulturellen und sozialen Kontext gesteuert –, und andererseits denen unterschieden werden, die darauf abzielen, das Auftreten und die Befriedigung eines jeden Triebes überhaupt aus der Welt zu schaffen. Die Erziehung darf dem Kind in der Tat nicht den Eindruck vermitteln, daß alle Triebe gefährlich sind. Es ist ein Unterschied, wenn man sagt: »Ich bestrafe mein Kind, weil ich nicht will, daß es ein Dieb wird«, oder: »Ich hindere es das zu tun, weil ich fürchte, daß es stiehlt.«

FREUD schrieb im Zusammenhang mit den Eltern des »Kleinen Hans« [115]:

> »Seine Eltern, die beide zu meinen nächsten Anhängern gehörten, waren übereingekommen, ihr erstes Kind mit nicht mehr Zwang zu erziehen, als zur Erhaltung guter Sitte unbedingt erforderlich werden sollte. ...«

Es handelt sich da also um ein pragmatisches Verhalten, und gerade vom Bedürfnis und vom inneren Gleichgewicht der Eltern und des Ehepaares hängt ein tolerantes oder auf Zwang beruhendes Verhalten angesichts der Triebe ab.

Die psychoanalytische Ausbildung regt natürlich dazu an, die mentale Prophylaxe unter dem Blickwinkel der Bestimmung des Grades an Toleranz ins Auge zu fassen, die hinsichtlich mancher triebhafter Tendenzen gewahrt werden sollte.

Verschiedene Psychoanalytiker, wie O. FENICHEL, M. KLEIN und andere, haben in einigen einfachen Regeln nach Art eines *Vademekum* eine zusammenfassende Darstellung des Verhaltens geben wollen, das Erzieher im Umgang mit Frustrationen sich zurechtlegen sollten. Jeder aber, der sie durchdacht hat, wird erkennen müssen, daß es, wenn er sich selbst mit den Zufällen der erzieherischen Alltagspraxis – und nicht nur mit ihrer Theorie – konfrontiert sieht, selten, ja sogar unmöglich ist, alle diese optimalen Bedingungen zusammenbringen zu können.

V. Die Sphinktererziehung

Die Untersuchungen zu diesem Thema und die Verbreitung von Begriffen, die unbestreitbar psychoanalytischen Einsichten zu verdanken ist, sind hinlänglich bekannt.

Manche neurotischen oder Charakterstörungen des Kindes oder Erwachsenen konnten tatsächlich mit einer in diesem Bereich verhängnisvollen Erziehung in Verbindung gebracht werden; es ist jedoch erforderlich, diese Verbindungen genauer zu bestimmen. Folgendermaßen faßte FREUD [109] einen Aufsatz von LOU ANDREAS-SALOME zusammen:

»In einer Arbeit, welche unser Verständnis für die Bedeutung der Analerotik außerordentlich vertieft (1916), hat LOU ANDREAS-SALOME ausgeführt, daß die Geschichte des ersten Verbotes, welches an das Kind herantritt, des Verbotes, aus der Analtätigkeit und ihren Produkten Lust zu gewinnen, für seine ganze Entwicklung maßgebend wird. Das kleine Wesen muß bei diesem Anlasse zuerst die seinen Triebregungen feindliche Umwelt ahnen, sein eigenes Wesen von diesem Fremden sondern lernen und dann die erste ›Verdrängung‹ an seinen Lustmöglichkeiten vollziehen. Das ›Anale‹ bleibt von da an das Symbol für alles zu Verwerfende, vom Leben Abzuscheidende. Der später geforderten reinlichen Scheidung von Anal- und Genitalvorgängen widersetzen sich die nahen anatomischen und funktionellen Analogien und Beziehungen zwischen beiden. Der Genitalapparat bleibt der Kloake benachbart, ›ist ihr beim Weibe sogar nur abgemietet‹« [Zusatz von 1920].

Nach der Untersuchung der Aktivität der Analzone weist er nachdrücklich darauf hin, daß sie eine sexuelle Aktivität an eine physiologische Funktion anlehnt und daß die erogene Aktivität dieser Zone anfangs zweifellos sehr viel bedeutsamer ist, als man sich nach der bemerkenswerten Verdrängung, der sie verfällt, vorstellen kann. Bei manchen Kindern sorgen Darmstörungen und Magenkatarrh für einen Zustand von Reizbarkeit. Manche krankhaften Störungen neurotischen Ursprungs setzen weiterhin in ihrer Symptomatologie im Bereich der Verdauungsstörungen ein. FREUD schreibt selbst den Hämorrhoiden eine Rolle bei der Entstehung neurotischer Zustände zu.

»Kinder, welche die erogene Reizbarkeit der Afterzone ausnützen, verraten sich dadurch, daß sie die Stuhlmassen zurückhalten, bis dieselben durch ihre Anhäufung heftige Muskelkontraktionen anregen und beim Durchgang durch den After einen starken Reiz auf die Schleimhaut ausüben können. Dabei muß wohl neben der schmerzhaften die Wollustempfindung zustande kommen. Es ist eines der besten Vorzeichen späterer Absonderlichkeit oder Nervosität, wenn ein Säugling sich hartnäckig weigert, den Darm zu entleeren, wenn er auf den Topf gesetzt wird, also wenn es dem Pfleger beliebt, sondern diese Funktion seinem eigenen Belieben vorbehält. Es kommt ihm natürlich nicht darauf an, sein Lager schmutzig zu machen; er sorgt nur, daß ihm der Lustnebengewinn bei der Defäkation nicht gelinge. Die Erzieher ahnen wiederum das richtige, wenn sie solche Kinder, die sich diese Verrichtungen ›aufheben‹, schlimm nennen.

Der Darminhalt, der als Reizkörper für eine sexuell empfindliche Schleimhautfläche sich wie der Vorläufer eines anderen Organs benimmt, welches erst nach der Kindheitsphase in Aktion treten soll, hat für den Säugling noch andere wichtige Bedeutungen. Er wird offenbar wie ein zugehöriger wichtiger Körperteil behandelt, stellt das erste ›Geschenk‹ dar, durch dessen Entäußerung die Gefügigkeit, durch dessen Verweigerung der Trotz des kleinen Wesens gegen seine Umgebung ausgedrückt werden kann. Vom ›Geschenk‹ aus gewinnt er dann später die Bedeutung des ›Kindes‹, das nach einer der infantilen Sexualtheorien durch Essen erworben und durch den Darm geboren wird.

Die Zurückhaltung der Fäkalmassen, die also anfangs eine absichtliche ist, um sie zur gleichsam masturbatorischen Reizung der Afterzone zu benützen oder in der Relation zu den Pflegepersonen zu verwenden, ist übrigens eine der Wurzeln der bei den Neuropathen so häufigen Obstipation. Die ganze Bedeutung der Afterzone spiegelt sich dann in der Tatsache, daß man nur wenige Neurotiker findet, die nicht ihre besonderen skatologischen Gebräuche, Zeremonien und dergleichen hätten, die von ihnen sorgfältig geheimgehalten werden.

Echte masturbatorische Reizung der Afterzone mit Hilfe des Fingers, durch zentral bedingtes oder peripherisch unterhaltenes Jucken hervorgerufen, ist bei älteren Kindern keineswegs selten.«

Unter den jüngeren Autoren bemühen sich manche, wie J. Favreau und A. Doumic [83] oder R. Diatkine und J. Favreau [69], darum, das Erleben des Kindes und das der Mutter genauer zu bestimmen.

Gegen das Ende des ersten Lebensjahres und später macht das Kind eine ganz besondere Erfahrung zu dem Zeitpunkt, wo seine Mutter versucht, es zur Stuhlentleerung auf dem Topf und zu bestimmter Zeit zu bewegen.

Bis dahin erlebte das Kind ein Phänomen, das ihm als Lustquelle angenehm war: Entlastung, anale Empfindungen, Aufmerksamkeit der Mutter. Es muß jedoch hinzugefügt werden, daß diese Lust nicht angstfrei war.

Das Kind, das das Bewußtsein der Einheit und der Ganzheit seines Körpers erwirbt, zeigt tatsächlich Interesse und Angst angesichts eines Phänomens, dessen Verlauf hier nachvollzogen werden muß.

Sich steigernde Empfindung von etwas im Inneren, im Bauch Befindlichem, Bedürfnis, dieses Etwas von sich zu geben, oder Empfindung, daß dieses Etwas heraus will.

Dann die Wahrnehmung, daß es möglich und sogar angenehm ist, diese Entleerung zu verhindern oder wenigstens aufzuschieben. Angenehme Empfindung der Entleerung, auf die unmittelbar eine Entlastung folgt, die bald von dem Eindruck begleitet wird, daß ein Stück von ihm selbst es verlassen hat, daß es etwas verloren hat. Interesse für das, was es von sich gegeben hat, sofort darauf aber Unruhe, weil es diesen Verlust mit seinen Zerstückelungsängsten in Zusammenhang bringt.

Es wird mithin verständlich, wie diese Erfahrung mit den Ängsten einer eben erst vergangenen Phase zusammenhängt.

Von diesen ersten zufriedenstellenden oder beunruhigenden Eindrücken aus entwickeln sich die späteren Strukturierungen von Angst und besonders Kastrationsangst.

Die für die gelungene Überwindung des Ödipuskomplexes erforderlichen Strebungen sind also zum Teil durch die Organisation dieses ersten Konfliktes vorherbestimmt.

Die Sphinkterdressur mobilisiert andererseits – wie früher das Stillen – die tiefliegenden Tendenzen der Mutter und zwingt sie manchmal dazu, die Hauptzüge ihres eigenen Charakters wieder zu bearbeiten, indem sie restrukturiert und durchsetzt, was bisher nur virtuell vorhanden war. Man wird also gewahr, daß die Mutter ihrem Kind ihr eigenes Tiefenverhalten in bezug auf den Fäkalbereich und dreckige Windeln, d. h. zum Schmutz, weitervermittelt.

Die Stuhlentleerungen des Neugeborenen lösen ganz unterschiedliche Reaktionen bei den Müttern aus, und es ist unmöglich, hier alle klinischen Formen mütterlichen Verhaltens angesichts der Stuhlentleerungen von Kindern zu beschreiben, noch auch den Sinn, den dieses Verhalten im Zusammenhang mit ihrem früheren oder gegenwärtigen Leben erhält. Solange das Kind von der Milch der Mutter – oder gar von Flaschenmilch – lebt und solange es in der Wiege liegt, nimmt die Mehrzahl der Mütter den unwillkürlichen Abfluß der Ausscheidungen des Kindes leicht hin. Manche haben jedoch eine natürliche Tendenz, eine frühe Dressur auszuüben, und erzeugen damit einen verfrühten Konflikt, und zwar in eben dem Maße, wie die Möglichkeiten der neuromuskulären Beherrschung, die erforderlich sind, um die Mutter zufriedenzustellen, weit jenseits dessen liegen, worüber das Kind verfügt.

Nach der Entwöhnung und zu Beginn des Gehenlernens bekommen die Fäkalien in den Augen Erwachsener einen ganz verschiedenen Aspekt.

Das Verhalten der Mutter ermöglicht es dem Kind, mit mehr oder weniger Befriedigung oder Angst eine Erfahrung zu überwinden, wie sie der Abscheu seiner Mutter für es darstellt. Wenn der Widerwille der Mutter sehr tief ist, wird es ihr schwer werden, ihn nicht zu äußern, und zwar mit um so mehr Scham, als sie ihr Kind weiterhin mit all der Liebe umgeben will, deren es bedarf. Die Ambivalenz der Mutter gibt dem Kind mithin Anlaß, seine Stuhlentleerungen als gut, wenn sie zufrieden ist, und als böse aufzufassen, wenn sie Abscheu davor zeigt. Wenn das Kind in diesem Bereich eine vorteilhafte Beziehung zur Mutter aufgenommen hat, ist es damit zufrieden, diese Fäkalmassen in sich zu spüren, sie zurückzuhalten und sie schließlich zum Geschenk zu machen; umgekehrt wird es, wenn die Beziehung schlecht ist, Angst davor haben, sie in sich zu fühlen, und fürchten, durch ihr Vorhandensein von innen her zerstört zu werden. Die Lust, die es dabei erfahren kann, macht diese Angst nur stärker, indem sie ihm den Eindruck vermittelt, daß es etwas Erschreckendes in sich hat, daß es sich übermäßig zurückhält und so mit der Gefahr spielt, oder aber daß es sich durchaus nicht zurückhält, und das scheint ihm ein Mittel zu sein, der Mutter gegenüber aggressiv zu werden und diese im Inneren verspürte Aggressivität nach draußen zu projizieren. Das Verhalten des Kindes ist also eng mit dem der Mutter verbunden.

Leichte Dressur oder Opposition, Neugier und Manipulationen oder Kotgeschmier sind insgesamt Aspekte einer Beziehung zwischen zweien, in der das Fäkalobjekt Bedeutung als mütterliches Objekt für das Kind und als Kind-Objekt für die Mutter bekommt. Deshalb werden ihre Beziehungen von da an tiefgreifend verändert und zugleich strukturiert.

Deshalb scheint bei klinischer Beobachtung diese Dressur als häufige Ursache für das Einsetzen charakterlicher Oppositionshaltungen aufzutreten, die um so intensiver sind, wenn die Mutter intolerant ist, und um so aktiver, wenn das Kind die motorische Autonomie erreicht hat.

Viele Autoren haben die Aufmerksamkeit auf die kurz- oder langfristige Gefahr einer zu frühen oder zu sehr erzwungenen Sphinkterdressur und fortgesetzter Praktiken, wie etwa häufiger Verordnung von Zäpfchen und Waschungen, gelenkt: so anales Eindringen, zwangsläufiges passives Verhalten und Zwang zur Entleerung.

Alle diese Affekte im Zusammenhang mit diesem Relationstypus erhalten und verstärken Ängste, die mit der der Mutter verliehenen Allmacht in Verbindung stehen, während sie zugleich die erotische Bindung bereichern und steigern, die das Kind mit ihr verknüpft.

Das spätere analytische Material kann Phantasien zum Ausdruck bringen, die sich auf diese Erotik, auf diese Passivität und auf die damit verbundene sadistische Aggressivität beziehen.

Auf diese Dressur und diese frühen und wiederholten Praktiken sind noch andere symptomatologische Komplikationen zurückgeführt worden. Sie lassen sich im wesentlichen im Auftreten oder in der Bildung von Zwangsmechanismen in Gestalt einer Neurose oder häufiger noch eines zwanghaften oder paranoischen Charakters (Freud [144]) zusammenfassen.

Wenn sie bestimmte Verhaltensweisen vermeidet, die sich verhängnisvoll auswirken können, bekommt die Erziehung also prophylaktische Bedeutung.

Verführung und anale Traumatisierung müssen so weit als möglich vermieden werden, und eine hartnäckige Verstopfung eines Kleinkindes sollte durch psychologische Untersuchung der Mutter-Kind-Beziehung eher behandelt werden als durch anhaltende Verabreichungen von Reizmitteln zur Entleerungsauslösung, seien es nun Waschungen oder Zäpfchen, die durchaus nicht unumgänglich sind und durch orale Medikationen ersetzt werden können. Die rektale Temperaturmessung, wie sie häufig vorgenommen wird, wenn das Kind müde, fiebrig und passiv ist, erfordert bestimmte Vorsichtsmaßregeln und die Gewinnung des Vertrauens des Kindes, um nicht wie die Auswirkung einer Zwangsmaßregel des Erwachsenen oder eine Art analen Diebstahls auszusehen.

Die Sphinktererziehung sollte nicht allzu früh einsetzen, jedenfalls nicht, bevor die motorische Autonomie nicht vollständig erworben worden ist, damit das Kind nicht das Gefühl hat, daß seine Ohnmacht mißbraucht wird. Zwanghafte Verhaltensweisen müssen auf jede Weise vermieden werden, wie sie darin bestehen, die Sauberkeit zu einem bestimmten Alter, nach einem gegebenen Verfahren, mit Stuhlentleerungen zu festgesetzten Zeiten, und zwar im Notfall mit Hilfe von Zwangsmaßnahmen, erreichen zu wollen.

Sicher sind diese Zwangsmaßnahmen an sich verhängnisvoll; es darf jedoch nicht vergessen werden, daß sie in einer reziproken Mutter-Kind-Beziehung erlebt werden, in der die Motorik und ihre unvollkommene Beherrschung und widersprüchliche Stimuli (das Bedürfnis zu entleeren, gefolgt vom Wunsch, zurückzuhalten) eng verflochten sind.

Wenn es auch manchen Müttern, die so verfahren, freisteht, Unkenntnis oder schlechte Ratschläge geltend zu machen, so zeigt die Untersuchung ihrer Persönlichkeit doch, daß die Mehrheit sich dabei nicht wohl fühlt und daß die Fäkalien oder die verschiedenen Komponenten des Defäkationsverhaltens ihres Kindes projektive Mechanismen wachgerufen haben, die ihre eigene Analerotik mit ins Spiel bringen und Abwehr und Rationalisierungen auslösen.

Eine hier ein wenig verkürzt dargestellte exemplarische Krankengeschichte veranschaulicht die Vertraulichkeit der Mutter-Kind-Beziehung und macht deutlich, in welchem Ausmaß das Kind die mütterliche Phantasiebildung wahrzunehmen in der Lage ist, zeigt aber auch die Schwierigkeit, durch einfache Befragung die Modalitäten dieser Interaktion zu erfassen.

Jean, zwei Jahre alt, wird zur Konsultation aufgrund einer Konstipation gebracht, die von enkopretischen Phasen unterbrochen wird und seit einem Jahr allen Behandlungsversuchen widersteht; sie ist sein einziges Symptom.

Die gesamte minutiös angestellte Beobachtung deckt keinerlei Komplikationen auf, und die Eltern sind gutwillig. Offensichtlich sind die von der Mutter angewandten Erziehungsmethoden nicht pathologisch, und sie akzeptiert einige Unterhaltungen, um darüber zu sprechen. Diese Unterhaltungen nehmen schnell psychotherapeutischen Charakter an, und sie äußert nach und nach ihre persönlichen Phantasien und gesteht, trotz großer und bereits älterer Schuldgefühle, bestimmte Sexualpraktiken des Analverkehrs ein, die sie früher bei ihren Sexualpartnern hingenommen hat, die sie sich jetzt aber vorzustellen untersagt und auch nicht von ihrem Ehemann erwartet. Die Deutung dieser ihrer Phantasien, ihrer Schuldgefühle und der Bedeutung dieses Geständnisses in der Übertragungsbeziehung kann in zwei Sitzungen erfolgen. Von diesem Tage an und ohne jede weitere medizinische Intervention hat das Kind regelmäßigen Stuhlgang. Die enkopretischen Episoden verschwinden.

Es können noch andere Aspekte der Sphinktererziehung geltend gemacht werden.

Die Eltern benutzen häufig Ausdrücke aus dem Bereich analen Erlebens – »Scheiße!« –, um ihre Mißbilligung angesichts bestimmter Handlungen und Entscheidungen des Kindes zum Ausdruck zu bringen. Offenbar hat ein solcher Ausdruck in diesem Alter für das Kind faktisch keine Beziehung zum Fäkalobjekt. Diese Redensart stellt zweifellos eine Art und Weise dar, die Erotik auf- und das Objekt abzuwerten, und die Eltern versuchen, durch diesen Prozeß dem Kind beim Aufbau der Gegenbesetzung, die den Abscheu konstituiert, zu helfen.

Freud [143] untersucht in einer Fußnote in »Das Unbehagen in der Kultur« die Rolle der Verdrängung der Analerotik und der Affekte im Verhältnis zu den Exkrementen für die soziale und kulturelle Entwicklung. Er bemerkt die Wirksamkeit eines sozialen Faktors, der im von der Kultur auferlegten Streben nach Sauberkeit offensichtlich wird. Er hat in der Hygiene seine nachträgliche Rechtfertigung gefunden, sich aber bereits vor dieser Einsicht geäußert. Der Antrieb zur Reinlichkeit entspringt dem gebieterischen Drang nach Beseitigung der Exkremente, die dem Geruchssinn unangenehm geworden sind, was beim Kleinkind nicht der Fall ist, dem sie keinen Abscheu einflößen. Es betrachtet sie als losgelöste Teile seines eigenen Körpers. Wirklich dringt die Erziehung hier besonders energisch auf die Beschleunigung des bevorstehenden Entwicklungsganges, der die Exkremente wertlos, ekelhaft, abscheulich und verwerflich machen soll. Eine solche Umwertung wäre kaum möglich, wenn diese dem Körper entzogenen Stoffe nicht durch ihre starken Gerüche verurteilt wären, an dem Schicksal teilzunehmen, das nach der Aufrichtung des Menschen vom Boden den Geruchsreizen vorbehalten ist:

»Die Analerotik erliegt also zunächst der ›organischen Verdrängung‹, die den Weg zur Kultur gebahnt hat. Der soziale Faktor, der die weitere Umwandlung der Analerotik besorgt, bezeugt sich durch die Tatsache, daß trotz aller Entwicklungsfortschritte dem Menschen der Geruch der eigenen Exkremente kaum anstößig ist, immer nur der der Ausscheidungen des anderen.«

Das macht auch die Schande, die den Unreinlichen trifft, und die ablehnende Haltung ihm gegenüber verständlich. Dieselbe Bedeutung erhalten auch die kräftigsten und gebräuchlichsten Beschimpfungen, ebenso das Mißverständnis einem Menschen gegenüber, den man als Hund behandelt. Dieses Tier scheut sich, obwohl es ein Geruchstier ist, nicht vor Exkrementen und schämt sich seiner sexuellen Funktionen nicht.

Es ist also nicht wünschenswert, daß zum Zwecke erzieherischen Drucks und in erpresserischer Absicht eben die Angst ausgenutzt wird, die beim Kind von seinen ambivalenten Einstellungen seinem Fäkalobjekt gegenüber hervorgebracht werden.

M. Fain [201] lenkt die Aufmerksamkeit auf einen entscheidenden Zeitpunkt der Erziehung. Dieser Zeitpunkt, über den wenig gesagt worden ist, ist dann erreicht, wenn das Kind, das seine Entleerungen bisher im Familienkreise vornahm, zur Befriedigung und unter dem Beifall aller Familienmitglieder, sich plötzlich in einen winzigen, entfernten und abgeschlossenen Raum verbannt findet. Es ist von jetzt an mit seiner Phantasieproduktion und seinen Ängsten allein eingesperrt.

Das macht nicht nur die besonderen Phobien verständlich, die mit diesem Raum, dem Klosettbecken und der Brille, deren Ausmaß in ganz und gar keinem Verhältnis zu seinem Bedürfnis steht und ihm eine neue erschreckende Vorstellung von den Erwachsenen vermittelt, und dem Lärm der Wasserspülung verknüpft sind, sondern auch die ganz eigentümliche Bedeutung, die das Kind in dem räumlichen Schema, das es sich von seinem Haus oder seiner Wohnung bildet, dem WC oder dem dahin führenden Flur vorbehält.

Wenn es auch angemessen ist, darauf zu achten, daß dieser Übergang gut vonstatten geht, so sollte man in dieser Hinsicht doch nicht manchen Müttern folgen, die, zweifellos aus Gründen der Symmetrie, ihr Kind mitnehmen, wenn sie zur Toilette gehen, und eine sehr vertrauliche Beziehung zu ihm in diesem Bereich fortbestehen lassen.

VI. Die urethrale Erziehung

Die urethrale Erziehung und der Erwerb der Beherrschung dieser Funktion stellt vergleichbare Probleme. Man hat von einer Kloakenphase gesprochen, in der die Ausscheidung, die Zurückhaltung, die neurophysiologische Entwicklung und die Mutter-Kind-Beziehung für Anus und Harnröhre auf dieselbe Weise verflochten sind.

Dessenungeachtet entwickelt sich zu einer späteren Zeit die Bedeutung des Urinierens mit Rücksicht auf die anatomische Nachbarschaft zu den Sexualorganen und im Verhältnis zur Einsicht in den Unterschied der Geschlechter. Der urethrale Hedonismus tritt ebenso beim Jungen wie beim Mädchen hervor und kommt deutlich in einer offensichtlich phallischen Bedeutung zum Ausdruck. Das setzt ihn all den Wechselfällen des Ödipuskonfliktes und der Kastrationsangst aus: männliche Protesthaltungen, masturbatorische Versuche oder Ersatzhandlungen, Aggressivität, die häufig unter gleichgültiger Passivität maskiert wird usw. Daraus lassen sich zahlreiche Bedeutungen des Enuresis-Symptoms erschließen.

Aber alle diese Bedeutungen können im Leben sehr bald in die Dialektik integriert werden, die sich zwischen einer ungenügend entwickelten neuromuskulären Beherrschung und einer mehr oder weniger gestörten Umweltbeziehung abspielt. Deshalb verewigen sich Hemmungen oder regressive Befriedigungen, die später bei jeder neuen Art und Weise der Beziehungsaufnahme wieder benutzt werden.

VII. Die Sexualerziehung

Einleitung

Das Problem der Sexualerziehung von Kindern ist, entsprechend den verschiedenen Zivilisationskreisen und den verschiedenen Entwicklungsphasen von Gesellschaften, unterschiedlich gelöst worden. In unserer Gesellschaft stellt es sich theoretisch erst seit einigen Jahrzehnten.

Die gegenwärtig allgemein anerkannte Einstellung, dergemäß Kinder über die Sexualität aufgeklärt werden müssen, macht eine Revolution im Verhältnis zu Verhaltensweisen des 19. Jahrhunderts aus, das Sexualität, Koitus und Zeugung zu absoluten Tabus erhob. Dieser Wandel rührt offensichtlich von einem Zusammentreffen von Faktoren her, deren einige – sozioökonomische oder ideologische – thematisch nicht zum Gegenstand unserer Untersuchung werden können (J. Dewey). Es muß jedoch gesagt werden, daß die Psychoanalyse dabei gemeinhin als einer der wichtigsten Faktoren aufgefaßt wird. Wirklich sind gerade aus der Vulgarisierung der Psychoanalyse die Argumente geschöpft worden, die durchgehend zur Rechtfertigung der Notwendigkeit einer Sexualerziehung von Kindern geltend gemacht werden:

- die Symptombildung bei Neurosen von Erwachsenen und Kindern ergab derart häufig einen Zusammenhang mit Phantasien aus dem Bereich des Sexualverhaltens zu erkennen, daß es erforderlich schien, die pathogene Gewalt dieser Phantasien zu entschärfen, indem man dem Kind eine wahrheitsgemäße sexuelle Information bot;
- die Tendenz zur prophylaktischen Aufklärung beruht ebenfalls auf dem Begriff des psychischen Traumas. Man nimmt an, daß das Kind um so mehr gefährdet ist, je unwissender es ist; daher dann die Notwendigkeit, es über die Sexualität zu informieren, bevor es noch Fragen stellt und bevor schockierende Enthüllungen eine Anziehungskraft ausüben;
- man hat im allgemeinen angenommen – und damit den eigentlichen Begriff des Ödipuskomplexes verfälscht –, daß das Kind, wenn es dank sexueller Aufklärung dem »Gefühl von Minderwertigkeit und Ausschließung« entrinnen könne, das die Beziehung zu den Eltern bei ihm nach sich zieht, dem Leiden daran in geringerem Maße trotzen werde.

Die Notwendigkeit, allen diesen Gefahren zu begegnen, ist für manche Leute derart gebieterisch gewesen, daß sich sporadisch immer wieder Pressekampagnen entwickeln, um die »Verbindlichkeit« einer in demselben Sinne prophylaktischen Sexualerziehung wie bei der Impfung zu fordern.

In dieser Perspektive wäre es angemessen – und ausreichend –, in den Schulen technische Informationen zu verbreiten; diese ganz und gar theoretische Propaganda führt jedoch – und wir werden später die Motive dafür erkennen – zu keinem anderen Ergebnis als der »Offenbarung« dessen in intellektueller Form, was früher das Mysterium der Sexualität der Erwachsenen war.

Nach FREUD können die Kinderanalytiker wohl nur eine sehr nuancierte Einstellung zu diesem Thema einnehmen, und sie weigern sich gewöhnlich, »Sexualerziehung« und sexuelle Information zu verquicken, wie das manche Pädagogen oder Eltern möchten, die aufgrund der Enthüllung der Existenz der infantilen Sexualität, wie sie die Psychoanalyse ihnen geboten hat, mit ihrem Unbewußten in Konflikt geraten und ihren Widerstand gerade diesem schwierigen Bewußtwerdungsprozeß gegenüber äußern, indem sie mühselig Information oder Sexualkundeunterricht vornehmen. Von dieser Schwierigkeit legt das geheime Zögern selbst der wohlmeinendsten Eltern Zeugnis ab, wenn es sich darum handelt, ihren Kindern psychoanalytische Behandlung zuteil werden zu lassen; auch das von Adoptiveltern, die sich lediglich intellektuell damit abfinden können, das Kind über seinen Status als Adoptivkind zu informieren: Analyse und Adoption konfrontieren die Kinder mit ihrer eigenen Sexualität und mit der der Eltern, und die sehen sich mit eins auf ihren Voyeurismus, ihre Sexualität und ihr Über-Ich zurückgeworfen.

Das erklärt, warum die sexuelle Information im allgemeinen entstellt oder verfälscht wird, wenn sie mittels hinkender Analogien zu Insekten oder Pflanzen vorgeht, den Begriff der Lust verschweigt und Kindern die Sexualpraxis als fernliegenden und unzugänglichen Bereich hinstellt.

FREUD [110] hob das bereits in einem Aufsatz mit dem Titel »Zur sexuellen Aufklärung der Kinder (Offener Brief an. Dr. M. Fürst)« hervor:

»Die meisten Beantwortungen der Frage ›Wie sag' ich's meinem Kinde?‹ machen mir wenigstens einen so kläglichen Eindruck, daß ich vorziehen würde, wenn die Eltern sich überhaupt nicht um die Aufklärung bekümmern würden.«

Er unterstrich deutlich, daß die Sexualerziehung sich nicht auf vollständige Information zusammendrängen lasse, von der er wünschte, daß sie unter Verzicht auf das traditionelle Tabu gegeben werden könne.

»Was will man denn erreichen, wenn man den Kindern – oder sagen wir der Jugend – solche Aufklärungen über das menschliche Geschlechtsleben vorenthält? Fürchtet man, ihr Interesse für diese Dinge vorzeitig zu wecken, ehe es sich in ihnen selbst regt? Hofft man, durch solche Verhehlung den Geschlechtstrieb überhaupt zurückzuhalten bis zur Zeit, da er in die ihm von der bürgerlichen Gesellschaftsordnung allein geöffneten Bahnen einlenken kann? Meint man, daß diese Kinder für die Tatsachen und Rätsel des Geschlechtslebens kein Interesse oder kein Verständnis zeigten, wenn sie nicht von fremder Seite darauf hingewiesen würden? Hält man es für möglich, daß ihnen die Kenntnis, welche man ihnen versagt, nicht auf anderen Wegen zugeführt wird? Oder verfolgt man wirklich und ernsthaft die Absicht, daß sie späterhin alles Geschlechtliche als etwas Niedriges und Verabscheuenswertes beurteilen mögen, von dem ihre Eltern und Erzieher sie so lange als möglich fernhalten wollten? [...] Es ist gewiß nichts anderes als die gewohnte Prüderie und das eigene schlechte Gewissen in Sache der Sexualität, was die Erwachsenen zur ›Geheimtuerei‹ vor den Kindern veranlaßt. [...] Freilich, wenn es die Absicht der Erzieher ist, die Fähigkeit der Kinder zum selbständigen Denken möglichst frühzeitig zugunsten der so hochgeschätzten ›Bravheit‹ zu ersticken, so kann dies nicht besser als durch Irreführung auf sexuellem und durch Einschüchterung auf religiösem Gebiete versucht werden. Die stärkeren Naturen widerstehen allerdings diesen Beeinflussungen und werden zu Rebellen gegen die elterliche und später gegen jede andere Autorität [110].

Hätte ich allein die Verfügung darüber gehabt, so hätte ich's gewagt, dem Kinde [i. e. der ›Kleine Hans‹] auch noch die eine Aufklärung zu geben, welche ihm von den Eltern vorenthalten wurde. Ich hätte seine triebhaften Ahnungen bestätigt, indem ich ihm von der Existenz der Vagina und des Koitus erzählt hätte [115].

Vor allem ist es Aufgabe der Schule, der Erwähnung des Geschlechtlichen nicht auszuweichen, die großen Tatsachen der Fortpflanzung beim Unterrichte über die Tierwelt in ihre Bedeutung einzusetzen und sogleich zu betonen, daß der Mensch alles Wesentliche seiner Organisation mit den höheren Tieren teilt. [...] Die Aufklärung über die spezifisch menschlichen Verhältnisse des Geschlechtslebens und der Hinweis auf die soziale Bedeutung desselben hätte sich dann am Schlusse des Volksunterrichtes (und vor Eintritt in die Mittelschule), also nicht nach dem Alter von zehn Jahren, anzuschließen. Endlich würde sich der Zeitpunkt der Konfirmation wie kein anderer dazu eignen, dem bereits über alles Körperliche aufgeklärten Kinde die sittlichen Verpflichtungen, welche an die Ausübung des Triebes geknüpft sind, darzulegen. Eine solche stufenweise fortschreitende und eigentlich zu keiner Zeit unterbrochene Aufklärung über das Geschlechtsleben, zu welcher die Schule die Initiative ergreift, erscheint mir als die einzige, welche der Entwicklung des Kindes Rechnung trägt und darum die vorhandene Gefahr glücklich vermeidet« [110].

Später stellte Freud in »Das Unbehagen in der Kultur« die dialektische Beziehung von Mensch und Libido dar, indem er nachdrücklich darauf beharrte, daß die Zivilisation, die das Opfer und die Unterdrückung der ursprünglichen Sexualtriebe verlangt und die den Kindern auferlegten Verbote zur Folge hat – Verbote des Denkens und des Handelns –, ihrerseits selbst das Ergebnis einer höheren libidinösen Anforderung ist:

»Es klingt nicht nur wie ein Märchen, es ist direkt die Erfüllung aller – nein, der meisten – Märchenwünsche, was der Mensch durch seine Wissenschaft und Technik auf dieser Erde hergestellt hat, in der er zuerst als ein schwaches Tierwesen auftrat und in die jedes Individuum seiner Art wiederum als hilfloser Säugling – ›oh inch of nature!‹ – eintreten muß. All diesen Besitz darf er als Kulturerwerb ansprechen. Er hatte sich seit langen Zeiten eine Idealvorstellung von Allmacht und Allwissenheit gebildet, die er in seinen Göttern verkörperte.«

Freud findet ein Beispiel für diesen dialektischen Widerspruch in der Gewinnung des Feuers, dessen Beherrschung den Menschen der so stark besetzten und erotisierten Allmacht annäherte und das Opfer des ursprünglichen sexuellen Genusses erforderlich machte:

»Wer zuerst auf diese Lust [das Feuerlöschen durch Urinieren auf die phallische Flamme im homosexuellen Wettkampf] verzichtete, das Feuer verschonte, konnte es mit sich forttragen und in seinen Dienst zwingen. Dadurch, daß er das Feuer seiner eigenen sexuellen Erregung dämpfte, hatte er die Naturkraft des Feuers gezähmt.«

Es genügt zu sagen, daß die Kinderanalytiker nach FREUD, wenn sie die sexuelle Information in den Dienst der intellektuellen und libidinösen Entwicklung des Kindes stellen möchten, sich deutlich dessen bewußt sind, daß die Sexualerziehung komplex und ständig in die Erziehung im weitergehenden Sinne verschachtelt ist, die ihrerseits in die gesamte kulturelle Transmission eingebettet ist.

»Die Sexualerziehung ist kein Nebenbereich, sie hat in diesem Licht lediglich dank der Ungeschicklichkeit der Erzieher selbst erscheinen können, die schlecht erzogen und unfähig waren, ihre eigenen Schwierigkeiten in diesem Bereich zu überwinden. Sie muß eher formativ als normativ sein« (A. BERGE [30]).

Uns bleibt der Versuch, die verschiedenen Aspekte des Problems der sexuellen Aufklärung und Bildung in der komplexen und nuancierten Perspektive zur Sprache zu bringen, die wir soeben dargestellt haben.

1. Die sexuelle Neugier des Kindes

FREUD [109] sieht den Ursprung des Wißtriebes in einer Sublimierung des Bedürfnisses nach Beherrschung, die mit der Energie der Schaulust arbeitet.

»Der Wißtrieb kann weder zu den elementaren Triebkomponenten gerechnet noch ausschließlich der Sexualität untergeordnet werden.«

Gleichwohl sind seine Beziehungen zum Sexualleben besonders bedeutsam. Die Psychoanalyse macht deutlich, daß dieses Wißbedürfnis sehr viel früher auftritt, als man gewöhnlich annimmt. Das Kind wird in unvermutet intensiver Weise von den sexuellen Problemen angezogen, und es läßt sich sogar sagen, daß diese Probleme seine Intelligenz wecken.

Im folgenden Abschnitt mit dem Titel »Das Rätsel der Sphinx« möchte FREUD nachweisen, daß praktische Interessen das Kind zu seiner Forschertätigkeit drängen, wenn es sich etwa durch die reale oder vermutete Ankunft eines neuen Kindes in der Familie bedroht fühlt. Es beschäftigt sich zunächst mit der Frage des Unterschiedes der Geschlechter, dann mit der, woher die Kinder kommen. Während eines ziemlich langen Zeitraumes können sich die kleinen Jungen das Fehlen eines Penis nicht vorstellen, und sie verteidigen diese Überzeugung widersprechenden Fakten zum Trotz; schließlich treten die Geburtstheorien auf.

Theorien und Phantasien des Kindes über sexuelle Beziehungen und Geburt

»Viele Menschen wissen deutlich zu erinnern, wie intensiv sie sich in der Vorpubertätszeit für die Frage interessiert haben, woher die Kinder kommen. Die anatomischen Lösungen lauteten damals ganz verschiedenartig; sie kommen aus der Brust oder werden aus dem Leib geschnitten, oder der Nabel öffnet sich, um sie durchzulassen. An die entsprechende Forschung der frühen Kinderjahre erinnert man sich nur selten außerhalb der Analyse; sie ist längst der Verdrängung verfallen, aber ihre Ergebnisse waren durchaus einheitliche. Man bekommt die Kinder, indem man etwas Bestimmtes ißt (wie im Märchen), und sie werden durch den Darm wie ein Stuhlabgang geboren. Diese kindlichen Theorien mahnen an Einrichtungen im Tierreiche, speziell an die Kloake der Typen, die niedriger stehen als die Säugetiere.

SADISTISCHE AUFFASSUNG DES SEXUALVERKEHRS. Werden Kinder in so zartem Alter Zuschauer des sexuellen Verkehrs zwischen Erwachsenen, wozu die Überzeugung der Großen, das kleine Kind könne noch nichts Sexuelles verstehen, die Anlässe schafft, so können sie nicht umhin, den Sexualakt als eine Art von Mißhandlung oder Überwältigung, also im sadistischen Sinne aufzufassen. Die Psychoanalyse läßt uns auch erfahren, daß ein solcher frühkindlicher Eindruck viel zur Disposition für eine spätere sadistische Verschiebung des Sexualzieles beiträgt. Des weiteren beschäftigen sich Kinder viel mit dem Problem, worin der Geschlechtsverkehr oder, wie sie es erfassen, das Verheiratetsein bestehen mag, und suchen die Lösung des Geheimnisses meist in einer Gemeinschaft, die durch die Harn- oder Kotfunktion vermittelt wird.

DAS TYPISCHE MISSLINGEN DER KINDLICHEN SEXUALFORSCHUNG. Im allgemeinen kann man von den kindlichen Sexualtheorien aussagen, daß sie Abbilder der eigenen sexuellen Konstitution des Kindes sind und trotz ihrer grotesken Irrtümer von mehr Verständnis für die Sexualvorgänge zeugen, als man ihren Schöpfern zugemutet hätte. Die Kinder nehmen auch die Schwangerschaftsveränderungen der Mutter wahr und wissen sie richtig zu deuten; die Storchfabel wird sehr oft vor Hörern erzählt, die ihr ein tiefes, aber meist stummes Mißtrauen entgegenbringen. Aber da der kindlichen Sexualforschung zwei Elemente unbekannt bleiben, die Rolle des befruchtenden Samens und die Existenz der weiblichen Geschlechtsöffnung – die nämlichen Punkte übrigens, in denen die infantile Organisation noch rückständig ist –, bleibt das Bemühen der infantilen Forscher doch regelmäßig unfruchtbar und endet in einem Verzicht, der nicht selten eine dauernde Schädigung des Wißtriebes zurückläßt. Die Sexualforschung dieser frühen Kinderjahre wird immer einsam betrieben; sie bedeutet einen ersten Schritt zur selbständigen Orientierung in der Welt und setzt eine starke Entfremdung des Kindes von den Personen seiner Umgebung, die vorher sein volles Vertrauen genossen hatten.«

Diese Phantasien sind offensichtlich Kompromisse zwischen der Verarbeitung unbewußter Phantasien und Elementen der Realität, die die alltägliche Konfrontation mit den Erwachsenen und das das Denken strukturierende Zusammentreffen eines angeborenen Schemas des Reproduktionsaktes und des affektiv-sensorischen Erlebens auf dieser Altersstufe an die Hand geben.

Wir wollen hier nicht alles das wieder aufnehmen, was beispielsweise im Kapitel »Die Urszene« dargelegt worden ist.

Wie dem auch sei: der Bauch der Mutter ist, als Bereich, an dem alle Prozesse der sexuellen Entwicklung zusammentreffen, Gegenstand eines frühen Interesses. Starke affektive Regungen richten sich auf den Inhalt dieses Bauches, den das Kind sich bald einverleiben, bald zerstören will. Ebenso werden bekanntlich Phantasien über die Verdauungs- und Ausscheidungsprozesse formuliert, die sich im Umkreis des Bauches der Mutter abspielen. Auf die Periode der archaischen Phantasien über sexuelle Aktivitäten folgen allmählich und unmerklich Hypothesen, in denen deutlicher ausgearbeitete Phantasien sich an von der Realität aufgezwungene Elemente anpassen. Die Anforderungen der Logik und die im Universum der Familie gesammelten Erfahrungen tragen, namentlich dann, wenn das Kind jüngere Geschwister bekommt, zu deren Formulierung bei. Das Kind ist also aufgrund inneren Dranges und äußeren Anspruchs gehalten, die Rätsel zu lösen, die die Erwachsenenwelt ihm aufgibt. Zuweilen tritt eine Verschiebung zwischen seinem Triebniveau und dem seiner Erfahrung ein. Sie macht verständlich, daß das Kind nicht immer in der Lage ist, die ihm gegebenen Erklärungen zu verarbeiten, denn es behält und versteht faktisch nur die, die es affektiv zu integrieren fähig ist.

»Es weist den Anteil von Erklärungen zurück, die es nicht in die emotionale Sprache des Augenblicks umschreiben kann« (A. Berge [30]). Es deutet die gegebene Erklärung unterschiedlich, je nach der Vorherrschaft von oralen, analen oder genitalen Elementen, je nachdem, ob es noch an die autoerotische Phase fixiert ist, ob es sein Ödipusproblem in Angriff genommen hat oder noch nicht, ob es sich der sogenannten Latenzperiode nähert oder nicht und gemäß der Intensität der dabei eingesetzten Verdrängung; ebenso aber müssen *alle Prozesse* in Rechnung gestellt werden, *die sich beim Kind dem eigentlichen Bewußtwerden der wirklichen Elemente des Sexuallebens der Erwachsenen entgegenstellen.*

Freud konstatiert, daß Aufklärung und Evidenz im Sexualbereich nutzlos sein können. Hans behauptet weiter, daß Frauen einen »Wiwimacher« haben, und produziert einen masturbatorischen Traum, indem seine Mutter ihm den ihren zeigt, obwohl ihm alle anatomischen Erläuterungen zur Verfügung gestellt worden waren.

Melanie Klein [196] macht darauf aufmerksam, daß das Kind, angesichts der sadomasochistischen Auffassung der Sexualität, der Realität unwahrscheinliche Legenden vorzieht, und zwar zweifellos, um dem Bewußtwerden seiner aggressiven Tendenzen gegen das Elternpaar auszuweichen. Das Kind verspürt nicht die Kraft, diese neuen Einsichten zu übernehmen. Schuld- und Schamgefühle bemänteln künftig in seinen Augen den gesamten Sexualbereich. Es ist auch möglich, daß das bloße Faktum seiner physischen Verfassung sich einschaltet, denn es ist unreif und kann keinesfalls so handeln wie die Erwachsenen, selbst wenn es aufgeklärt ist. Die ödipale Anhänglichkeit des Jungen erlaubt ihm beispielsweise nicht die Vorstellung zu ertragen, daß seine Mutter die Annäherungsversuche seines Vaters bereitwillig entgegennimmt. Er muß also erneut in seiner ersten Überzeugung bestärkt werden, derzufolge die Liebe ein gewaltsamer Akt, ein Angriff des Mannes auf die Frau ist. Das trifft auch für die sexuellen Theorien primitiver Völker zu (Abraham).

Die zugleich projektive und defensive Rolle des Spieles beim Kind macht verständlich, warum es derart häufig mehr oder weniger symbolisch und direkt auf den Koitus und auf eine sadistische Vorstellung der Urszene anspielt oder sie sich noch in Gestalt von Urin- oder Fäkalaustausch vorstellt.

Unter den Gründen, die dafür verantwortlich sind, daß das Kind einen Teil der Erklärungen vergißt oder zurückweist, ist die Tatsache von größter Bedeutung, daß es sie affektiv nicht integrieren kann. Wirklich ist dieser ganze Prozeß von der Blockierung, der Hemmung und den Ängsten abhängig, der Vorstellung der Urszene ins Auge zu sehen. Deshalb erzählen Kinder z. B. selten ihren Eltern, was sie von der Sexualität bei Säugetieren wissen, die sie beobachtet haben.

So läßt sich auch das Problem des »Kindes, das sich keine Fragen stellt«, angehen. Genauer: das *offensichtlich* keine Fragen stellt oder nicht mehr stellt, denn die Erwachsenen können Fragen, die es zu einem bestimmten Zeitpunkt direkt oder indirekt gestellt hat, vergessen haben. Möglicherweise haben sie ihm eine ausweichende oder sichtlich absurde Antwort gegeben, die im Gegensatz zum intellektuellen und logischen Niveau steht, auf dem sie sonst gewöhnlich mit dem Kind kommunizieren.

Dieses Gefühl der Fremdheit kann zuweilen durch widersprüchliche Versionen von verschiedenen Erwachsenen nachdrücklich betont werden.

Das Kind macht dann die Erfahrung, daß es ein Verbot nicht überschreiten darf und daß es bei Strafe großer Gefahr vor seinen Eltern verheimlichen muß, was es aus anderer Quelle sich angeeignet hat.

Der umgekehrte Fall liegt beim Kind vor, das den Erwachsenen mit zum größten Teil oberflächlichen, unüberlegten und offensichtlich unmotivierten Fragen überhäuft. Es plagt seine Umgebung mit sinnlosen Fragen, zeigt aber zugleich, indem es von den gebotenen Antworten nichts wissen will, seine tiefe Neugier und seine Angst, die Wahrheit zu erfahren. Wenn es sich auf einem Gebiet außerhalb der Sexualität verschanzt, so nur, um seine tiefe Unzufriedenheit zu zeigen und sich vor jeder Mißbilligung strafbarer Neugier zu schützen.

Melanie Klein kommt in einem Aufsatz mit dem Titel »Eine Kinderentwicklung« zu folgendem Ergebnis:

»Es zeigt sich nämlich, daß trotz aller Erziehungsmaßnahmen, die unter anderem auch die rückhaltlose Befriedigung der Sexualneugierde bezwecken, diese sich doch häufig nicht frei äußert. Die Ablehnung nimmt dann, vom absoluten Nichtwissenwollen angefangen, die verschiedensten Formen an. Mitunter erscheint sie als ein auf anderes verschobenes Interesse, das sich meist dadurch kennzeichnet, daß es zwanghaft ist. Mitunter setzt die Ablehnung erst bei einem Teile der Aufklärung ein; dann zeigt das Kind trotz bisher bewiesenen lebhaften Interesses heftigen Widerstand, einen weiteren Teil der Aufklärung anzunehmen, und nimmt ihn einfach nicht zur Kenntnis.«

Bestimmte Hindernisse ergeben sich aus dem Wesen und den Gesetzen seiner Entwicklung selbst. Sie werden jedoch von denen verstärkt, die von der Umgebung ausgehen: Informationsverweigerung oder widersprüchliche Informationen. Das führt zu den Konfliktfaktoren zurück, die im Seelenleben der Eltern oder Erzieher im Spiel sind, hin zu dem, was das Unbewußte der Kinder von deren Position hinsichtlich des jedes Verständnis der Urszene abkappenden Verbotes wahrnimmt. Es bleibt jedoch vergeblich zu hoffen, daß die sexuelle Aufklärung – und werde sie von noch so umsichtigen Eltern noch so treffend gegeben – jede infantile Angst vor der Sexualität, vor dem Unterschied der Geschlechter und dem Körper der Mutter endgültig beseitigen und dem Kind sogar ersparen könne, angesichts der Urszenen-Phantasie Neugier und Angst zu erfahren.

Eltern, die fanatische Naturisten waren, nahmen ihre Kinder jedes Jahr auf eine Nudisten-Insel mit und hatten ihnen sehr bald alles erklärt. In einem bestimmten Jahr verschüttete ein Wirbelsturm die auf einem Parkplatz auf dem Kontinent zurückgelassenen Autos; die Eltern fuhren in Begleitung anderer mit dem Schiff los, um die Wagen zu befreien. Abends kehrten sie schmutzig und erschöpft zurück. Seither sprachen die Kinder heimlich wie von einer vorgestellten und mit allen ihren charakteristischen Merkmalen rekonstituierten Urszene, in der ihre Eltern frühmorgens ohne sie aufbrachen, »um die Autos aus dem Dreck zu ziehen«.

Kinder, denen ihre Eltern offen von einer jungen, alleinstehenden Mutter erzählt hatten, haben angenommen, es handle sich da um einen frommen Betrug, der dazu bestimmt sei, »sie glauben zu machen, man könne die Kinder kaufen oder welche haben, ohne verheiratet zu sein«.

Ebenso deuten, wie wir sehen werden, manche Adoptivkinder die ihre Situation betreffenden Informationen als Verbot jeder Neugier hinsichtlich der Sexualität ihrer Eltern.

2. *Sexuelle Aufklärung und mentale Prophylaxe beim Kind*

Im Bereich der mentalen Hygiene hat A. Berge, nach anderen Autoren, die schädlichen Auswirkungen des Verhaltens von Kindern hervorgehoben, die dem Problem völlig ausweichen und absolut darauf verzichten, alles, was mit Sexualität in Verbindung steht, zu sehen und zu verstehen. Es liegt da eine schwere intellektuelle Schädigung vor, deren psychopathologische Auswirkungen sich auf die Gesamtpersönlichkeit auszudehnen drohen.

Melanie Klein [196] untersucht den Einfluß der Sexualerziehung und der Lockerung der autoritären Bindung auf die intellektuelle Entwicklung von Kindern. Bekanntlich zieht sie aus der Darstellung des Falles Fritz eine Reihe von Schlußfolgerungen.

Die Aufrichtigkeit mit Kindern und die innere Freiheit, die sie bei ihnen bewirkt, üben einen tiefen und günstigen Einfluß auf deren intellektuelle Entwicklung aus. Sie schützt das Denken vor der es bedrohenden Tendenz zur Verdrängung. Sie bewahrt vor dem Entzug von Triebenergie, der den Sublimierungen zugute kommt. Sie erspart Ideenassoziationen vom Verdrängten aus und verhindert das Verschwinden des freien Vorstellungsaustausches, wie es sich aus der Verdrängung ergibt. Es droht weniger Gefahr der Beeinträchtigung sowohl der Denkprozesse als auch der Richtung des Denkens hinsichtlich seiner Reichweite und Tiefe.

Die von Melanie Klein daraus abgeleiteten Schlußfolgerungen sind sehr interessant für das Verständnis intellektueller Hemmungs- und Blockierungserscheinungen beim Kind.

Die der Verdrängung unterworfene Energie bleibt tatsächlich gebunden. Wenn man sich der natürlichen Neugier und der Tendenz, Nachforschungen anzustellen, widersetzt, wird die Neigung zu tiefergehenden Untersuchungen dabei verdrängt. Das zieht dann den Widerwillen gegen grundsätzliches Nachspüren und den Fortbestand der Neugier gegenüber oberflächlichen Objekten nach sich.

Bestimmte intelligente Personen sind unfähig, jenseits der Vorstellungen weiterzudenken, die ihnen autoritär als wahr aufgedrängt wurden. Es liegt da eine Beeinträchtigung des Erkenntnistriebes und folglich auch des Realitätssinnes aufgrund der Verdrängung vor, die sich auf die Fähigkeit des Denkens, in die Tiefe zu dringen, bezieht. Wenn auch die Lust, frei zu fragen, ihrerseits gebunden oder blockiert ist, kommen alle Bedingungen zusammen, die darauf hinwirken, daß das Subjekt nur über ein stark reduziertes Interessengebiet verfügt. Die Reichweite des Denkens wird eingeschränkt, und man sieht einen Typus von Kind sich entwickeln, der ein authentisches Tiefenwissen innehat, aber an den Realitäten des Alltagslebens scheitert.

Zu dem Zeitpunkt, wo es Dinge und Vorstellungen als real, vor allem als greifbar, alltäglich und einfach erkennen müßte, wurde seine Erkenntnisfreiheit eingeengt. Es mußte Reichweite und Oberfläche aufgeben, um in die Tiefe einzudringen. Bei diesen intelligenten Kindern, die ihre wirklichen Fähigkeiten nicht äußern, findet sich eine Beeinträchtigung der einen oder anderen Dimension des Denkens.

»Die bedeutsame Schädigungsursache des Wißtriebes und Wirklichkeitssinnes, die Verpönung und Verleugnung des Sexuellen und Primitiven, löst die Wirkung der Verdrängung durch Absperrung aus.«

Es besteht die Gefahr, daß die Umgebung gewaltsam fix und fertige Vorstellungen anzuerkennen zwingt. In diesem Zusammenhang hebt MELANIE KLEIN den Mut des Denkers hervor:

»Der Kampf, den der sich entwickelnde Wirklichkeitssinn gegen die mitgebrachte Verdrängungsneigung zu führen hat, der Prozeß, aus dem, ähnlich wie die Errungenschaften von Wissenschaft und Kultur in der Geschichte der Menschheit, auch beim einzelnen die Erkenntnisse mühsam werden müssen, und die unvermeidlichen Hindernisse der Außenwelt sind reichlich genug, den Widerstand zu vertreten, der als Anregung der Entwicklung der Kräfte durch Gegenwirkung noch dienen kann, ohne die Selbständigkeit der Entwicklung zu gefährden.«

Bei allen Hemmungen der frühen Kindheit, die mehr oder weniger erfolgreich überwunden wurden, bringt die autoritäre Darbietung von übernatürlichen und nichtverifizierbaren Vorstellungen eine neue Gefahr für das Denken ins Spiel. Aufgrund des angeborenen Bedürfnisses nach Unterwerfung unter die Autorität leugnet man die Zweckmäßigkeit der Begrenzung der archaischen Allmacht.

»Die mächtige religiöse Denkhemmung« hindert, wie FREUD [109] sagt, das Denken daran, diese grundlegende Korrektur beizeiten vorzunehmen. Wenn das Kind im Gegensatz dazu von selbst und ziemlich früh die Realität und das Lustprinzip in Übereinstimmung bringt, geht es einen Kompromiß zwischen dem Gefühl der Allmacht und dem Denken ein. Die Zugehörigkeit der Phantasien zum Lustprinzip ist bekannt, und das Realitätsprinzip herrscht im Bereich des Denkens und der gesicherten Tatbestände.

Offenbar ist also die Aufklärung, und vor allem die sexuelle Aufklärung, tatsächlich Anwendung von Mitteln, die die bessere Verwendung von Kräften begünstigen, die ihre Dynamik der Libido entlehnen.

Wie FREUD nachweist, werden schnell Konstruktionen entwickelt, die sexuelle Tendenzen einzudämmen in der Lage sind und über die Richtung entscheiden, die das Individuum einschlägt, um sie zu Reaktionsbildungen oder Sublimierungen zu machen.

»Man muß diese die Sexualentwicklung eindämmenden Mächte – Ekel, Scham und Moralität – andererseits auch als historische Niederschläge der äußeren Hemmungen ansehen, welche der Sexualtrieb in der Psychogenese der Menschheit erfahren hat. Man macht die Beobachtung, daß sie in der Entwicklung des einzelnen zu ihrer Zeit wie spontan auf die Winke der Erziehung und Beeinflussung hin auftreten [Zusatz 1915].

Man gewinnt beim Kulturkinde den Eindruck, daß der Aufbau dieser Dämme ein Werk der Erziehung ist, und sicherlich tut die Erziehung viel dazu. In Wirklichkeit ist diese Entwicklung eine organisch bedingte, hereditär fixierte und kann sich gelegentlich ganz ohne

Mitwirkung der Erziehung herstellen. Die Erziehung verbleibt durchaus in dem ihr angewiesenen Machtbereich, wenn sie sich darauf einschränkt, das organisch Vorgezeichnete nachzuziehen und es etwas sauberer und tiefer auszuprägen.«

Es läßt sich also mit folgenden Zeilen aus den »Vorlesungen zur Einführung in die Psychoanalyse« [129] schließen:

»Diese Verhältnisse haben ein gewisses Interesse für die Pädagogik, die sich eine Verhütung der Neurosen durch frühzeitiges Eingreifen in die Sexualentwicklung des Kindes zum Vorsatz nimmt. Solange man seine Aufmerksamkeit vorwiegend auf die infantilen Sexualerlebnisse gerichtet hält, muß man meinen, man habe alles für die Prophylaxe nervöser Erkrankungen getan, wenn man dafür sorgt, daß diese Entwicklung verzögert werde und daß dem Kinde derartige Erlebnisse erspart bleiben. Allein wir wissen schon, daß die Bedingungen der Verursachung für die Neurosen komplizierte sind und durch die Berücksichtigung eines einzigen Faktors nicht allgemein beeinflußt werden können. Die strenge Behütung der Kinder verliert an Wert, weil sie gegen den konstitutionellen Faktor ohnmächtig ist; sie ist überdies schwerer durchzuführen, als die Erzieher sich vorstellen, und sie bringt zwei neue Gefahren mit sich, die nicht gering zu schätzen sind: daß sie zu viel erreicht, nämlich ein für die Folge schädliches Übermaß von Sexualverdrängung begünstigt, und daß sie das Kind widerstandslos gegen den in der Pubertät zu erwartenden Ansturm der Sexualforderungen ins Leben schickt. So bleibt es durchaus zweifelhaft, wie weit die Kindheitsprophylaxe mit Vorteil gehen kann, und ob nicht eine veränderte Einstellung zur Aktualität einen besseren Angriffspunkt zur Verhütung der Neurosen verspricht.«

3. Das Problem der sexuellen Aggressionen

Die sexuelle Aufklärung eines Kindes ist nicht vollständig, wenn seine Eltern nicht sogar die Anomalien des Sexuallebens namhaft machen, mit denen es sich unvermutet konfrontiert sehen kann: Homosexualität, Pädophilie, Exhibitionismus.

Eine genaue Aufklärung auf diesem Gebiet scheint das beste Mittel zu sein, eine immer schlecht beratene Neugier abzuschwächen.

FREUD hat in erster Linie die Traumen sexueller Art berücksichtigt. In einer Fußnote der »Drei Abhandlungen zur Sexualtheorie« [109] macht er auf folgendes aufmerksam:

»Die Psychoanalyse hat als *akzidentelle* Bedingung die frühzeitige Sexualeinschüchterung nachgewiesen, welche vom normalen Sexualziel abdrängt und zum Ersatz desselben anregt« [Zusatz 1915].

Er ist der Ansicht, daß Fixierungen und Regressionen an den besonderen Punkten ansetzen, an denen das sexuelle Trauma sich vollzogen hat.

Ohne hier das wiederaufzunehmen, was oben im Kapitel über »Das Trauma« bereits entwickelt worden ist, lassen sich doch einige Fragen im Zusammenhang mit der sexuellen Aggression selbst aufwerfen.

Bereits K. ABRAHAM meinte in einer seiner ersten Arbeiten [2], daß das Kind, das Traumen sexueller Art erlegen war, möglicherweise nicht immer unschuldig war und zuweilen eine Neigung hatte, sich gefährlichen Situationen auszusetzen.

Wirklich ist das Kind von Geburt an sexuellen Reizen seitens der Erwachsenen ausgesetzt, und deren Intensität kann namentlich in bestimmten Augenblicken und unter bestimmten Umständen die Bedeutung eines Traumas erreichen. Jede äußere Reizung, die nicht dem Grad der inneren Entwicklung des Individuums und seinen physischen und affektiven Integrationsmöglichkeiten entspricht, wirkt sich störend aus.

»Der Verkehr des Kindes mit seiner Pflegeperson ist für dasselbe eine unaufhörlich fließende Quelle sexueller Erregung und Befriedigung von erogenen Zonen aus, zumal da letztere – in der Regel doch die Mutter – das Kind selbst mit Gefühlen bedenkt, die aus ihrem Sexualleben stammen, es streichelt, küßt und wiegt und ganz deutlich zum Ersatz für ein vollgültiges Sexualobjekt nimmt« (S. FREUD [109]).

Ein Übermaß an Zärtlichkeit kann auch Schaden anrichten, weil es zu früher Sinnlichkeit führen kann, die das Kind erregt und es unfähig macht, zeitweilig auf Liebe zu verzichten oder sich mit einer maßvolleren Art von Liebe zufriedenzugeben.

Deshalb macht auch MARIE BONAPARTE in ihrem Aufsatz *»La prophylaxie infantile des névroses«* [35] einschneidende Vorsichtsmaßnahmen geltend:

»Es muß so weit wie möglich vermieden werden, zur Reizung der erogenen Zonen des Kindes beizutragen. Man sollte es unterlassen, ihm Schaukelpferde zu schenken, es Bocksprünge machen zu lassen, es huckepack zu tragen, es heftig zu schaukeln oder es in die Luft zu werfen. Um so mehr noch muß jede Art von extra- oder prägenitaler Verführung vermieden werden, so etwa die anale Verführung von Kleinkindern. Folglich sollten auch nie Waschungen und Suppositorien, sondern eher Abführmittel angewendet werden. Es wäre besser, auf die rektale Temperaturmessung zu verzichten oder sie jedenfalls nicht zu mißbrauchen, weil alle diese Praktiken für das Kind einer Vergewaltigung gleichkommen, an der es Geschmack finden kann.«

Diese prophylaktischen Ratschläge haben, wie vernünftig sie auch immer sein mögen, einen wahrhaft drakonischen Zuschnitt, und einige davon werden nie Beachtung finden, weil sie jeden libidinösen Austausch in der Familie unterbinden würden. Jedenfalls bildet die Erfahrung sexueller Traumen einen Teil der sexuellen, sogar der affektiven Entwicklung des Kindes. Gleichwohl ist man jedoch sicher im Unrecht, wenn man nicht versucht, bestimmte als schädlich erkannte Traumen zu vermeiden. Insbesondere ist häufig auf die verhängnisvolle Rolle hingewiesen worden, die – in unserer Zivilisation und bei Berücksichtigung der für unsere Kultur spezifischen Erziehungsweise – der Aufenthalt des Kindes im Schlafzimmer der Eltern spielen kann, und zwar aus Gründen, die wir oben dargelegt haben.

Jedes (homo- oder heterosexuelle) Verführungsverhalten von seiten eines Elternteiles kann in der Tat pathologisch wirken – ein Verhalten, das sich auf verschiedene Weise ausdrücken kann, sei es explizit, sei es eher versteckt und subtil, so etwa im Bereich der sexuellen Aufklärung durch die Zudringlichkeit, wie sie in einer drängenden Aufklärung zum Ausdruck kommt, die dazu neigt, das Kind zum Komplizen oder zum Zeugen des elterlichen Liebeslebens zu machen.

4. *Die Erziehung des Kindes zu seinem eigenen Geschlecht*

Daß das Kind sich seines eigenen Geschlechtes bewußt wird, scheint dem Uneingeweihten selbstverständlich und macht für ihn sozusagen keinen besonderen erzieherischen Eingriff erforderlich. Dieser Vorgang bringt komplexe Faktoren ins Spiel, wobei kulturell determinierte, aufeinander abgestimmte Verhaltensweisen, aber auch die unbewußten Identifikationsmechanismen (und zweifellos mehr noch Mechanismen der Primär- als der Sekundäridentifikation) [136], [326][4] beteiligt sind.

Schon sehr früh widmet sich das Kind der Erforschung seines eigenen Körpers, seines Nabels und seiner Genitalorgane. Es schätzt ihre Besonderheiten im Verhältnis zum anderen Geschlecht ein und wird der verschiedenen Stellungen beim Urinieren gewahr. Offenbar interessiert sich das Mädchen früher als der Junge für die Genitalorgane des anderen Geschlechtes. Ebenfalls früh äußert sich der Voyeurismus hinsichtlich der Körper der Eltern, namentlich des Körpers der Mutter, der im Badezimmer, bei der Toilette, beim Schlafengehen und beim Liegen im Bett in Augenschein genommen wird, und all das trägt dazu bei, beim Kind die Vorstellung seines eigenen Geschlechtes aufzubauen. Die mütterliche Betreuung, das Verhalten des Vaters und der kulturelle Einfluß des Milieus differenzieren die Geschlechter jedoch schnell und zwingen das Kind dazu, sich für eine bestimmte Rolle zu entscheiden.

Die komplexe Pathologie der sexuellen Abweichungen macht deutlich, daß die Geschlechtsidentität des Kindes vollkommen von der gesellschaftlichen Stellung der Eltern und der Auffassung bestimmt wird, die sie vom Geschlecht des Kindes haben. Ein ehelich geborenes Mädchen, das eine große Klitoris und stark ausgebildete, große Schamlippen hat, das bei der Geburt als hypospadischer Junge [mit Mißbildung des Harnröhrenaustritts] angesehen und als Junge registriert und erzogen wird, präsentiert sich im Alter von fünf oder sechs Jahren im allgemeinen auch als Junge, dessen Struktur, dessen Identifikationen und dessen ödipale Bindung vollkommen männlich sind.

Die Äußerungen des Kindes, wie sie von den Eltern im Rahmen des Gegensatzpaares männlich oder weiblich gedeutet werden, bringen deren eigene Einstellungen zu ihrem und zum anderen Geschlecht ins Spiel und führen eine Reihe von Reaktionen und – im günstigsten Fall – Gratifikationen ein, die eine leichte oder komplizierte Identifikation zur Folge haben.

Seit langem ist der Einfluß elterlicher Verhaltensweisen auf das Geschlecht des Kindes in der infantilen Pathologie dingfest gemacht worden, namentlich für die Genese bestimmter phobischer Symptome beim Jungen oder bestimmter Verhaltensweisen auf phobischer Grundlage (affektive Retardierung, Manierismus, Lispeln, mehr oder weniger entschiedenes Bedürfnis, passiv oder gehemmt zu bleiben).

Das Bedauern darüber, kein Mädchen bekommen zu haben, und die Beunruhigung des Vaters oder der Mutter angesichts des männlichen Geschlechts des Kin-

[4] Freud, Stoller.

des, das als anfällig oder gefährlich erlebt wird, kommen häufig in einer bestimmten Unentschiedenheit bei der Erziehung zum Ausdruck (ein Vorname, der sowohl für Mädchen wie für Jungen gilt, eine Koseform mit weiblichem Anklang, kleine Kleidchen über die ersten Lebensmonate hinaus, lange und gelockte Haare, die mit Klammern zusammengehalten werden usw.).

Alle diese Äußerungsformen einer feminisierenden Erziehung können ihre Entsprechung in einer vermännlichenden Erziehung des kleinen Mädchens finden. Sie spiegeln den Wunsch wider, die Realität umzubiegen und sich der Negation und der Verleugnung zu bedienen, die beim Kind zu einem phobischen Verhalten seinem eigenen Geschlecht gegenüber führen können.

Überdies können die Eltern dem Kind umfassende libidinöse Befriedigungen gewähren, die gewöhnlich dem anderen Geschlecht vorbehalten sind, um ihm zu zeigen, daß es, wenn es zum anderen Geschlecht gehörte, mehr Befriedigungen und Gunstbezeigungen zu erwarten hätte.

Ferner halten eben diese Eltern das Kind durch die widersprüchlichen Identifikationen, die sie in Vorschlag bringen, in einer mehrdeutigen Situation fest.

Die neuere Untersuchung der am weitesten ausgebildeten pathologisch-klinischen Aspekte [8], [64], [263], [228] – und zwar der gewöhnlich in Form einer psychotischen Struktur ausgebildeten, Transsexualität, Transvestismus – hat deutlich gemacht, daß diese Äußerungen, obwohl sie sich zuweilen erst nach der Adoleszenz gezeigt haben und klinisch nachweisbar wurden, sehr viel frühere Voraussetzungen gehabt hatten, und daß dabei häufig ein sehr früh in Erscheinung tretendes mehrdeutiges Verhalten der Eltern hinsichtlich des Geschlechtes ihres Kindes beteiligt gewesen war.

Darüber hinaus haben die klinischen Untersuchungen von Kinderpsychiatern und Kinderanalytikern, die, gemeinsam mit Endokrinologen, die Erziehung von anatomisch doppelgeschlechtlichen Individuen durchleuchtet haben (männlicher oder weiblicher Pseudohermaphroditismus, echter Hermaphroditismus), bestätigt, daß der anfängliche Einfluß früher elterlicher Verhaltensweisen sich bestimmend auf die Geschlechtsrolle auswirkte – gleich wie das reale Geschlecht, das anatomische Äußere oder das biologische Geschlecht beschaffen waren. Die ersten Kliniker waren der Ansicht, daß vom Alter von zwei Jahren ab alles ohne Reversibilität endgültig in Richtung auf das eine oder das andere Geschlecht hin strukturiert sei (die *gender identity* der angelsächsischen Autoren), ohne Rücksicht auf den physischen Anschein. Ihnen zufolge wäre es also unmöglich, über das Alter von zwei Jahren hinaus das anatomische Geschlecht und die soziale Rolle des Kindes später noch zu modifizieren.

Neuere Arbeiten (P. Canlorbe, L. Kreisler und J. Noël, J. Chasseguet-Smirguel, M. Soulé) haben, wenn sie auch die frühzeitige Festlegung der Geschlechtsrolle des Kindes bestätigen, das Dogma der definitiven Unverrückbarkeit entkräftet; eine Umwandlung des anatomischen Geschlechts, die dazu führt, daß ein Kind schließlich das Geschlecht annimmt, das sich, sei es als sein wirkliches, sei es als das am besten mit seiner Morphologie verträgliche erweist, kann nur nach sorgfältiger Untersuchung vorgenommen werden, einer Untersuchung nicht nur der affektiven Einstellung des Kindes, sondern mehr noch seiner Eltern und der möglicherweise bei ihnen nachwirkenden Angst, ihr Kind künftig als einem anderen Geschlecht angehörig erziehen zu müssen. Wenn beim Kind *manchmal* eine Psychotherapie angezeigt ist, so ist bei den Eltern *immer* eine Hilfestellung erforderlich, um ihnen zu ermöglichen, sich dessen bewußt zu werden, was in der Tiefenschicht bei ihnen selbst mit der Erziehung eines Kindes zur einen oder anderen Geschlechtsrolle ins Spiel kommt[5].

Da unseres Wissens nie eine klassische Analyse mit Individuen vorgenommen wurde, die eine Geschlechtsumwandlung erlebt hatten, bleibt es äußerst schwierig, genau zu bestimmen, was für eine tiefere Geschlechtsidentität solche Menschen im Erwachsenenalter entwickeln.

5. *Die Masturbation und die autoerotischen Aktivitäten des Kindes*

Die Masturbation und die autoerotischen Aktivitäten des Kindes tragen zur ständigen Beunruhigung der Erwachsenen bei und rufen erzieherische Eingriffe auf den Plan.

Abgesehen von affektiven Störungen des Kindes, wie sie von manchen Autoren auf Drohungen oder Bestrafungen zurückgeführt werden, die im Zusammenhang mit diesen autoerotischen Aktivitäten der frühen Kindheit angewendet wurden, scheint uns die Bedeutung dieses Problems eine ausführliche Auseinandersetzung zu rechtfertigen.

Die Masturbation, die bisher ausschließlich unter religiösen und moralischen Gesichtspunkten ins Auge gefaßt wurde, wird im medizinischen Schrifttum nicht vor dem 18. Jahrhundert erwähnt. Erst dann wird sie zu einem medizinischen und sozialen Problem und provoziert ein deutlich repressives Verhalten, namentlich auf seiten der Ärzte.

Zur Erinnerung seien die beiden klassischen Arbeiten in diesem Bereich zitiert, die von BECKER, deren Titel allein schon bezeichnend ist:

»Onania, ou le péché infâme de la souillure de soi et toutes ses conséquences affreuses chez les deux sexes avec les conseils moraux et physiques à l'adresse de ceux qui se sont déjà porté préjudice par cette abominable habitude« [Onania, oder die infame Sünde der Selbstbefleckung und alle ihre schrecklichen Auswirkungen bei beiden Geschlechtern, mit moralischen und physischen Ratschlägen an die Adresse derer, die sich durch diese verabscheuenswerte Gewohnheit schon Schaden zugezogen haben] und die von M. TISSOT, einem Mediziner des 18. Jahrhunderts, der ein erfolgreiches Buch mit dem Titel *»L'onanisme. Dissertation sur les maladies par la masturbation«* (Lausanne 1770) schrieb.

Er trägt darin eine bizarre Phantasmagorie zusammen und macht die Masturbation für die schwerwiegendsten körperlichen und Geisteskrankheiten verantwortlich, für die er eine beeindruckende Liste zusammenstellt, in der kein Organ fehlt. »Alle intellektuellen Fähigkeiten schwinden, das Erinnerungsvermögen geht verloren, die Vorstellungskraft trübt sich, und die Kranken verfallen zuweilen sogar in eine leichte Demenz.« Anhand zahlreicher Beobachtungen – oder besser Glau-

[5] Unveröffentlichte Vorlesungsreihe (1966/67): *»Consultation d'endocrinologie de l'Hôpital Saint-Vincent-de-Paul«*; Chefarzt: P. CANLORBE.

bensbekenntnisse – werden die schrecklichen Qualen beschrieben, mit denen die Unseligen, die der Versuchung nachgegeben haben, büßen.

Vom Beginn des 20. Jahrhunderts an verbreitet sich – zweifellos aufgrund der Propagierung der von der Psychoanalyse aufgedeckten Einsichten und der Revidierung der Auffassungen über die infantile Sexualität – ein psychologisches Verständnis dieses Phänomens.

FREUD hat dem Problem zahlreiche Aufsätze und Überlegungen gewidmet. Sie können hier jedoch nicht in einer erschöpfenden Analyse rekapituliert werden (vgl. [12] und [13]).

Seine Vorstellungen kamen besonders deutlich in den »Drei Abhandlungen zur Sexualtheorie« [109] und seinem kritischen Abschlußbericht zu einer Gemeinschaftsarbeit zum Ausdruck, die ein Kolloquium der Wiener Psychoanalytischen Gesellschaft zu diesem Thema zusammenfaßt (»Zur Einleitung der Onanie-Diskussion. Schlußwort« (1912) [122]).

Um 1950 begann eine neue Folge von Aufsätzen von Kinderanalytikern in *»Psychoanalytic Study of the Child«* zu erscheinen [316], [211], [203], [233].

Als Vorbedingung jeder weiteren psychoanalytischen Untersuchung der Masturbation muß der Text von FREUD in Erinnerung gerufen werden (»Drei Abhandlungen zur Sexualtheorie« [109]):

»Die sexuellen Betätigungen dieser erogenen Zone, die den wirklichen Geschlechtsteilen angehört, sind ja der Beginn des später ›normalen‹ Geschlechtslebens.

Durch die anatomische Lage, die Überströmung mit Sekreten, durch die Waschungen und Reibungen der Körperpflege und durch gewisse akzidentelle Erregungen (wie die Wanderungen von Eingeweidewürmern bei Mädchen) wird es unvermeidlich, daß die Lustempfindung, welche diese Körperstelle zu ergeben fähig ist, sich dem Kinde schon im Säuglingsalter bemerkbar mache und ein Bedürfnis nach ihrer Wiederholung erwecke. Überblickt man die Summe der vorliegenden Einrichtungen und bedenkt, daß die Maßregeln zur Reinhaltung kaum anders wirken können als die Verunreinigung, so wird man sich kaum der Auffassung entziehen können, daß durch die Säuglingsonanie, der kaum ein Individuum entgeht, das künftige Primat dieser erogenen Zone für die Geschlechtstätigkeit festgelegt wird. Die den Reiz beseitigende und die Befriedigung auslösende Aktion besteht in einer reibenden Berührung mit der Hand oder in einem gewiß reflektorisch vorgebildeten Druck durch die Hand oder sie zusammenschließenden Oberschenkel. Letztere Vornahme ist die beim Mädchen weitaus häufigere. Beim Knaben weist die Bevorzugung der Hand bereits darauf hin, welchen wichtigen Beitrag zur männlichen Sexualtätigkeit der Bemächtigungstrieb einst leisten wird.

Es wird der Klarheit nur förderlich sein, wenn ich angebe, daß man drei Phasen der infantilen Masturbation zu unterscheiden hat. Die erste von ihnen gehört der Säuglingszeit an, die zweite der kurzen Blütezeit der Sexualbetätigung um das vierte Lebensjahr, erst die dritte entspricht der oft ausschließlich gewürdigten Pubertätsonanie.

DIE ZWEITE PHASE DER KINDLICHEN MASTURBATION. Die Säuglingsonanie scheint nach kurzer Zeit zu schwinden, doch kann mit der ununterbrochenen Fortsetzung derselben bis zur Pubertät bereits die erste große Abweichung von der für den Kulturmenschen anzustrebenden Entwicklung gegeben sein. Irgendeinmal in den Kinderjahren nach der Säuglingszeit, gewöhnlich vor dem vierten Jahr, pflegt der Sexualtrieb dieser Genitalzone wieder zu erwachen und dann wiederum eine Zeitlang bis zu einer neuen Unterdrükkung anzuhalten oder sich ohne Unterbrechung fortzusetzen. Die möglichen Verhältnisse sind sehr mannigfaltig und können nur durch genauere Zergliederung einzelner Fälle erörtert werden. Aber alle Einzelheiten dieser *zweiten* infantilen Sexualbetätigung hinterlassen die tiefsten (unbewußten) Eindrucksspuren im Gedächtnis der Person, bestimmen die Entwicklung ihres Charakters, wenn sie gesund bleibt, und die Symptomatik ihrer Neurose, wenn sie nach der Pubertät erkrankt. Im letzteren Falle findet man diese Sexualperiode vergessen, die für sie zeugenden bewußten Erinnerungen verschoben; – ich habe schon erwähnt, daß ich auch die normale infantile Amnesie mit dieser infantilen Sexualbetätigung in Zusammenhang bringen möchte. Durch psychoanalytische Erforschung gelingt es, das Vergessene bewußtzumachen und damit einen Zwang zu beseitigen, der vom unbewußten psychischen Material ausgeht.

WIEDERKEHR DER SÄUGLINGSMASTURBATION. Die Sexualerregung der Säuglingszeit kehrt in den bezeichneten Kinderjahren entweder als zentral bedingter Kitzelreiz wieder, der zur onanistischen Befriedigung auffordert, oder als pollutionsartiger Vorgang, der analog der Pollution der Reifezeit die Befriedigung ohne Mithilfe einer Aktion erreicht. Letzterer Fall ist der bei Mädchen und in der zweiten Hälfte der Kindheit häufigere, in seiner Bedingtheit nicht ganz verständlich und scheint oft – nicht regelmäßig – eine Periode früherer aktiver Onanie zur Voraussetzung zu haben. Die Symptomatik dieser Sexualäußerungen ist armselig; für den noch unentwickelten Geschlechtsapparat gibt meist der Harnapparat, gleichsam als sein Vormund, Zeichen. Die meisten sogenannten Blasenleiden dieser Zeit sind sexuelle Störungen; die *enuresis nocturna* entspricht, wo sie nicht einen epileptischen Anfall darstellt, einer Pollution.«

Kürzlich hat A. NOVELETTO, ausgehend von einer kritischen Übersicht über die neuere Literatur, die Untersuchung bestimmter Aspekte der Masturbation erneut in Angriff genommen [260].

»Die weitestgehend akzeptierte Etymologie dafür wäre *manu stupratio* (Reizung mit der Hand).« Sie zu definieren ist schwierig, weil man als Kriterium vor der Pubertät nicht die willentliche Emission von Samenflüssigkeit aufstellen kann. Ebensowenig läßt sie sich als sexuelle Aktivität fassen, die sich lediglich des eigenen Körpers des Kindes als Hilfsmittel bedient, denn es kann sich mit den verschiedensten Hilfsquellen masturbieren, lebendigen und leblosen, darunter auch menschlichen Wesen beiderlei Geschlechts. Die Masturbation ist also weniger durch die Form der physischen Ausübung als durch deren psychisches Äquivalent charakterisiert, das den Typus der Objektwahl zu erkennen gibt. Die Psychoanalyse nimmt den autoerotischen Charakter der Masturbation mithin als grundlegend an, wobei der eigene Körper des Subjektes das Sexualobjekt darstellt.

»Die Masturbation läßt sich ganz wie jede autoerotische Aktivität definieren, deren Ziel es ist, sich ein bestimmtes Lustquantum durch die Abfuhr einer sexuellen Reizung zu verschaffen, die ihrerseits durch die Beschäftigung mit den Genitalorganen entsteht« (NOVELETTO).

FENICHEL definiert sie als genitales Spiel *(genital play)*. Im übrigen kann man, wenigstens im theoretischen Bereich, die Existenz ebensovieler Arten von Masturbation annehmen, wie es erogene Zonen und mögliche Formen von masturbatorischer Selbststimulierung gibt, und folglich von oraler, analer, urethraler Masturbation usw. sprechen. Hingewiesen sei auf die unterschiedliche Entwicklung, die die autoerotischen Aktivitäten des Kindes mit zunehmendem Alter nehmen. Ein Großteil davon verliert nach und nach an Bedeutung, im Gegensatz zur genitalen Masturbation. Sie hinterlassen jedoch Spuren: Betasten, Reiben, Kratzen – verschiedene Betätigungen, die automatisch und rhythmisch wieder in Erscheinung treten können, wenn sich die Aufmerksamkeit abschwächt oder Angst ins Spiel kommt. Ihr Verschwinden ist nie endgültig, und ihr Wiederauftauchen ist eine Begleiterscheinung der Regression auf frühere Stadien der Libidoentwicklung.

A – *Wann tritt die Masturbation auf?*

a) Das erste Lebensjahr. R. Spitz und K. Wolf [316] haben eine systematische, 1949 veröffentlichte Untersuchung dieses Problems vorgenommen. Anhand von 170 Kindern beiderlei Geschlechts untersuchen sie Masturbation, Schaukeln, Manipulierung und Einverleibung der Exkremente und alle rhythmischen, autoerotischen und Befriedigung verschaffenden Aktivitäten. Die Masturbation scheint um den achten Lebensmonat aufzutreten, wie das bereits Bender und Levine behauptet hatten. Das genitale Spiel wird zuweilen von einer unbestreitbaren emotiven Anteilnahme begleitet, die Lustgewinnung der Säuglinge ist häufig manifest und kann bis zu Äußerungsformen gehen, die dem Orgasmus des Erwachsenen ähneln. Dieses charakteristische Merkmal ist verschiedenen Arten von somatischer Betätigung gemeinsam: dem Daumenlutschen, dem Reiben von Nase und Lippen, dem Kratzen usw. oder viszeralen Aktivitäten, wie der Zurückhaltung und Ausstoßung der Fäkalien, dem Wiederkäuen usw.

Im Verlauf des ersten Lebensjahres läßt sich schon häufig die Erektion beobachten, und zwar mit beträchtlicher individueller Variationsbreite hinsichtlich Häufigkeit und Dauer. Im Wachzustand folgt sie vor allem auf das Saugen, im Schlaf hat sie häufig das Aufwachen des Kindes zur Folge. Sie wird immer vom Kind bemerkt und häufig durch eine Reihe somatischer Äußerungen markiert, wobei die Situation manchmal als unangenehm, lästig, störend und sogar schmerzhaft empfunden werden kann (Halverson). Das Abschwellen hat eine Spannungsverminderung zur Folge. Zwischen der analen und der urethralen Aktivität besteht eine enge Verbindung.

»Die Erektionen des Säuglings stellen eine vom Penis ausgehende Quelle von Reizen dar, die, mit anderen, viszeralen und Sphinkterreizen gemischt, im Laufe des ersten Lebensjahres ständig die Wahrnehmung der Genitalorgane versorgen. Parallel zum Erwerb der Sphinkterkontrolle machen sich diese Wahrnehmungen wahrscheinlich mehr und mehr von den exkretorischen Bedürfnissen unabhängig. Gleichzeitig verbindet sich die zunächst rein exploratorische, vielleicht sogar reflexartige Betätigung an den Genitalien bald mit der wiederholten Erfahrung von abwechselnd schmerzhafter Erektion und angenehmem Abschwellen, die so das Vorbild der willentlichen Masturbation der folgenden Jahre liefern.

[...] Selbst wenn man anerkennt, daß die autoerotischen Aktivitäten die Rolle eines Abwehrmechanismus gegen ebenso viele gefährliche Triebregungen spielen können, darf man nicht vergessen, daß, nach P. Greenacre, die Abwehrmechanismen in der frühen Kindheit nur stufenweise zu psychischen werden, und zwar durch die fortschreitende Integration von ursprünglich physischen, zuweilen sogar reflexartigen Phänomenen« (A. Noveletto).

Für E. Kris, Anna Freud und D. Burlingham tauchen die autoerotischen Aktivitäten dann wieder auf, wenn das Kind seine Libido von den Objekten abzieht, die es als ihm gegenüber aggressiv auffaßt. In bestimmten Fällen besetzt das Kind, das das begehrte Objekt nicht besetzen kann, seinen eigenen Körper, indem es sich vorstellt, daß seine Mutter in der Lage ist, ihm die Lust zu verschaffen, die es sich selbst verschafft.

In einem neueren Aufsatz macht R. Spitz darauf aufmerksam, daß es wenig Literatur über direkte Beobachtungen des manifesten Sexualverhaltens der frühen Kindheit gibt.

»Das Vorhandensein eines genitalen Spiels ist eine Kovariante des Entwicklungsquotienten des Subjektes einerseits und der Beschaffenheit der Mutter-Kind-Beziehung andererseits. Obwohl das offensichtlich ist, kann man sich darüber wundern, daß das genitale Spiel in keinem der vorhandenen Tests von Kindern in derselben Weise zur Bestimmung des Entwicklungsquotienten herangezogen wird.«

Er hat also das genitale Spiel im Verhältnis zur Mutter-Kind-Beziehung in verschiedenen Referenzgruppen untersucht. Wo eine Mutter-Kind-Beziehung fehlte, ließ sich ein Abfall der Allgemeinentwicklung unter den Mittelwert beobachten, und das genitale Spiel kam überhaupt nicht vor. Im ersten Lebensjahr variieren die autoerotischen Aktivitäten im Verhältnis zur vorherrschenden Objektbeziehung.

Alle Kinder aus Familien mit guten Objektbeziehungen spielen mit ihren Genitalorganen, und zwar gegen Ende des ersten Lebensjahres. Bei Heimkindern mit Entzug der Objektbeziehung kommt das genitale Spiel selbst im Alter von vier Jahren nicht vor.

»Ich bin in der Tat der Meinung, daß die autoerotische Aktivität (in Form des genitalen Spiels oder seines Fehlens) in den ersten achtzehn Lebensmonaten ein gültiger Index für angemessene oder unangemessene Objektbeziehungen ist, ganz wie im Erwachsenenalter die angemessene sexuelle Aktivität (oder ihr Fehlen)« (R. Spitz [322]).

b) Vom zweiten bis zum fünften Lebensjahr. Im Alter von zwei bis drei Jahren wird die masturbatorische Aktivität offenbar von bestimmten Reizen provoziert: rhythmischen Reizen (Schaukel, Wiege, Transportmittel), intensiven Muskelaktivitäten (Balgereien zwischen Kindern), bestimmten Emotionen (namentlich im Bereich von Angst), aufmerksamer Konzentration, geistiger Anspannung usw. Die rhythmisch-motorische Komponente ist von einem bestimmten Alter an eines der charakteristischen Merkmale der Masturbation. E. Kris hat gezeigt, daß ungefähr im Alter von zwei Jahren sich im Spiel ein Einbruch rhythmischer Aktivitäten bemerkbar macht, die eine bisher koordinierte motorische Aktivität ausschalten. Das kann das Resultat von Müdigkeit, von Spannungsverminderung oder von Frustration sein, die aufgrund der übermäßigen Schwierigkeit, die koordinierte Aktivität fortzusetzen, auftritt. Jedenfalls hat dieser Rhythmus immer eine deutlich regressive Bedeutung.

Um das dritte und vierte Lebensjahr herum entwickelt und differenziert sich dann beim normalen Kind das Ich, die Konzentrationsfähigkeit verbessert sich und die rhythmischen Aktivitäten werden seltener, während die autoerotischen Aktivitäten sich deutlicher von den konstruktiven unterscheiden; die Betätigung an den Genitalien wird offensichtlicher, und man kann von wirklicher Masturbation sprechen. Das Repertoir von Techniken wird umfangreicher: beim kleinen Mädchen kommt zuweilen das Einführen von Objekten zwischen die Schenkel oder sogar in die Vagina vor. Jede Retardierung, jede Störung, die die Entwicklung hemmt, macht jedoch deutlich, daß das Auftreten von rhythmischen Aktivitäten aufgrund von Frustration immer möglich bleibt. Das ist besonders charakteristisch beim psychotischen Kind mit starker Desorganisation seines Ich. Besteht aber zwischen der Masturbation im Alter von drei bis vier Jahren und der des Säuglings ein Zusammenhang?

Die Unterbrechung um das zweite Lebensjahr herum fällt mit dem Primat der Analerotik zusammen, und die Wiederaufnahme der Masturbation mit drei oder vier Jahren mit dem Beginn der phallischen Phase. Von dieser Periode ab wird die Untersuchung der masturbatorischen Phantasien sehr viel wichtiger als die ihrer körperlichen Betätigungsformen. Überdies wird das Kind in eben dieser Phase fähig, seine Phantasien zu verbalisieren oder sie mit anderen Mitteln – Spiel, ausdrucksbestimmte Aktivitäten usw. – zu äußern.

Für V. Tausk bestehen diese ersten autoerotischen Phantasien des Kindes aus urethralen und Defäkationsphantasien, Phantasien von sadomasochistischem Zuschnitt oder solchen über Sexualakte von Erwachsenen wie Kindern, die häufig in symbolischer Form ausgedrückt werden.

Für E. Kris liegt den Masturbationsphantasien die Lust zugrunde, von der Mutter berührt oder manipuliert zu werden. Nach und nach ballen sich diese Phantasien mit anderen Wünschen zusammen und vereinigen sich mit den Abwehrhaltungen, in denen sie zum Ausdruck kommen, wobei die Passivität nur allzu deutlich wird und die tieferen phallischen Phantasien verbergen kann.

Melanie Klein [193] hat den Masturbationsphantasien immer große Bedeutung beigelegt und behauptet, daß sie indirekt einen Großteil der Aktivitäten des normalen Kindes vorantreiben: Spiel, Schularbeit usw. Die Phantasien des Kindes bilden sich für sie immer um einen ursprünglichen Kern herum, der durch gegen die Eltern gerichtete sadistische Phantasien konstituiert wird, Phantasien des Inhalts, daß es sie direkt oder indirekt angreift, wobei es sie sich als Wesen vorstellt, die Mittel zu gegenseitiger Zerstörung in der Hand haben oder sogar in wilde Tiere verwandelt worden sind, die im Begriff stehen, übereinander herzufallen oder sich im Zuge der sexuellen Beziehungen gegenseitig zu zerstören. Diese Phantasien haben Schuldgefühle zur Folge, die den ersten Umriß des mit dem Ödipuskomplex in Verbindung stehenden Schuldkomplexes bilden. Das Über-Ich des Kindes mobilisiert eine bestimmte Anzahl von Abwehrhaltungen gegen diese Masturbationsphantasien, und die Schuldgefühle des Kindes verschieben sich vom Inhalt der Phantasie auf die Masturbation an sich. Hinzu kommt das in manchen Zivilisationen besonders schwere Verbot seitens der Umgebung.

Für Melanie Klein hat das kleine Mädchen eine starke Tendenz, die Existenz seiner Vagina in Abrede zu stellen oder zu verdrängen, und es lenkt seine Aufmerksamkeit auf die Klitoris, die zum Hauptmittel der Masturbation wird. Diese zunächst prägenitalen Phantasien bekommen zu Beginn der phallischen Phase einen deutlich genitalen Zug. Zuweilen entwickeln sich die Masturbationsphantasien bis zu dem Grad, daß sie allein zur Abfuhr der sexuellen Reizung ausreichen und die genitale Stimulierung überflüssig machen.

Melanie Klein untersucht auch eine Folge der infantilen Masturbation: die sexuellen Spiele und Scheingefechte bei ganz kleinen Kindern. Ihr zufolge sind sie häufig und letztlich harmlos. Ihre Verhinderung durch strenge Überwachung und Einschränkung ihrer Freiheit ist nicht nur schwierig, sondern kann sich sogar verhängnisvoll auswirken.

Zu erkennen, daß diese gegen die Eltern gerichteten Abwehrphantasien von irgend jemandem anderen geteilt werden, erleichtert in der Tat die Last der Angst. Letztlich entscheidet über das gute oder schlechte Resultat, über das Anwachsen oder die Abschwächung der Angst die Intensität des im Spiel befindlichen Sadismus.

Je mehr die Beziehung positiv und libidinös, je weniger sie zerstörerisch und Zwang ausübend ist, um so günstiger ist ihr Einfluß auf die Objektbeziehungen des Kindes.

c) Die Latenzperiode. Sie bringt im allgemeinen eine deutliche Verminderung der autoerotischen Aktivitäten mit sich, und zwar aufgrund der Milieufaktoren (Schulumgebung), der energischeren Verdrängung und der Sublimierung im intellektuellen und kulturellen Bereich. Freud macht in »Hemmung, Symptom und Angst« [141] deutlich, daß während der Latenzperiode nahezu alle Energien des Kindes vom Widerstand gegen die Neigung zur Masturbation aufgezehrt scheinen. Der Konflikt zwischen Lust und Realität ist jedoch immer noch lebendig und kann sich in von den Moralgesetzen besser akzeptierten Formen ausdrücken: dem Bedürfnis nach Zärtlichkeit und physischem Kontakt mit den Eltern oder den Kameraden. Nichtsdestoweniger kann die Masturbation, wenn die libidinöse Abfuhr sich als unzureichend erweist, sporadisch wieder auftauchen; sie wird dann jedoch von den Erwachsenen weniger toleriert. Die lösen dann durch Zwangsmaßnahmen einen Konfliktzustand aus, und die Bedeutung der Masturbation verdichtet sich bei Eintritt der Pubertät.

Es sei daran erinnert, daß in diesem Alter der Latenzperiode die sexuelle Initiation und die Ausübung zu zweit oder in der Gruppe deutlich vorherrschen. Für Melanie Klein nimmt das Kind in dieser Latenzperiode auch eine persönliche Anstrengung zur Unterdrückung auf sich, und zwar aufgrund seines Kampfes gegen die sadistischen Phantasien hinsichtlich der Eltern. Seine eigene Neigung fällt also mit der von der Umgebung formulierten Anforderung zusammen, diese Phantasien zu sublimieren und sie zu desexualisieren. Diese Abwehrmechanismen umfassen gewöhnlich das Auftauchen bestimmter Zeremonielle (Tics, Phobien, Berührungsangst), die die Unterscheidung zwischen Normalität und Zwangsneurose zuweilen erschweren.

Die Masturbationsphantasien, anfänglich Quelle aller spielerischen Aktivitäten des Kindes, werden zu einem der konstituierenden Elemente aller späteren Sublimierungen. So kann die allzu radikale Unterdrückung der Masturbation nicht nur ein Wiederauftauchen dieser Symptomenreihe bewirken, sondern zugleich durch exzessive Verdrängung der Masturbationsphantasien den Übergang zur Latenzperiode verzögern und verhindern, daß sich Sublimierungen bilden.

Spitz [322] macht auf die spezielle Pathologie von Patienten aufmerksam, die in der Psychoanalyse versichern, die Masturbation erst ungefähr im Alter von zwanzig Jahren kennengelernt zu haben, und untersucht anläßlich zweier klinischer Typen, die er »der brave kleine Junge als Mörder« und »das nette kleine Mädchen als Prostituierte« nennt, die Beziehungen zwischen dem Fehlen oder der Nichtverwirklichung des genitalen Spiels und masturbatorischer Aktivität einerseits und einer Entwicklungsstörung andererseits, die die Bildung eines spezifischen Persönlichkeitssektors unterbindet oder schädigt.

Das Fehlen eines wirklichen sexuellen Kampfes und das Fehlen von Masturbation und damit zusammenhängenden Phantasien verhindern bereits den ödipalen Konflikt und modifizieren das spätere Schicksal der Triebe und das Erlernen von Anpassungsmaßnahmen, zu denen das Kind sich gezwungen sieht.

So kann die vorteilhafte Auswirkung einer Analyse darin bestehen, daß sie dem Kind hilft, eine gewisse Freiheit im Verhältnis zur Masturbation wiederzufinden, und die Wiederaufnahme des dynamischen Prozesses ermöglicht, der zur Sublimierung und letztlich zur Verbesserung der schulischen Leistung führt. Wir wollen hier von einer Behandlung der Masturbation der Adoleszenz absehen.

Ihr Wiederaufleben geht ohne Zweifel auf das Konto des hormonalen Schubs. Sie wird sicherlich verschärft durch die von den Adoleszenten unserer Epoche mehr oder weniger deutlich erlebte Verschiebung zwischen dem frühen Alter, in dem ihnen erotische Reize und Beeinflussungen angeboten werden (Heftchen, Filme, Literatur usw.), und dem im Gegensatz dazu späten Alter, in dem ihnen – jenseits der Pubertät – erlaubt wird, sich sexuelle Befriedigung auf gewöhnliche Weise zu verschaffen.

Ihr Schicksal steht in schroffem Kontrast zu dem von Heranwachsenden in weniger entwickelten Ländern oder dem von Jugendlichen in Industriegesellschaften, denen frühe Berufsarbeit eine gewisse Autonomie verschafft. Diejenigen mit längerdauernder Berufsausbildung sehen sich im Rahmen einer sexuellen Minorität aufwachsen, für die das Alter, in dem sie Erwachsene im vollen Sinne werden, künstlich verzögert wird.

Dieser physiologischen Dimension der Masturbation werden ethische Erwägungen hinzugefügt, und manche Erzieher machen in ihren Rationalisierungen religiöse oder sogar medizinische Vorschriften geltend.

A. NOVELETTO macht schließlich darauf aufmerksam, daß gleichwohl Masturbationen vorkommen, die hinsichtlich Dauer, Häufigkeit und Intensität pathologisch, jedoch nicht für eine besondere Störung pathognomisch sind. Es bedarf immer einer Strukturdiagnostik, die die Phase der libidinösen Entwicklung, in der das Kind sich befindet, und die Beschaffenheit der affektiven Eltern-Kind-Beziehungen in Rechnung stellt.

So lassen sich pathologische Masturbationen als Reaktionssymptome (Verlassenheitssituationen, erzieherische Mängel, pädagogische Irrtümer), als neurotische Zwangssymptome bei einer Zwangsneurose oder als psychotische Symptome beschreiben. Die Masturbationen mit organischer Ursache (Verletzungen des Hirnlappens oder Störungen der rhinenzephalischen Funktionen) und die automatischen Masturbationen, die von vegetativen Phänomenen begleitet werden, wie sie bei bestimmten Epilepsien anzutreffen sind, die nach gewissen neurochirurgischen Amputationen auftreten, bestätigen, daß es sich immer um eine Äußerung von Regression auf eine Ebene primitiver Sexualität handelt.

B – *Das Erziehungsverhalten der Eltern*

Es strukturiert und »sozialisiert« den Trieb.

Die infantile Masturbation stellt einerseits das Kind, das sich angenehme und erstrebenswerte Reize verschafft – zweifellos häufig, um gegen die Angst anzukämpfen –, und den Erwachsenen andererseits einander gegenüber, der auf diese erotischen Betätigungen mit seinen eigenen Ängsten reagiert.

M. Balint zufolge haben diesbezügliche gesellschaftliche Einstellungen dieselben Ursprünge wie Verhaltensweisen von Individuen mit Schwierigkeiten in diesem Bereich.

Freud hielt 1916 [129] fest:

»Die Gesellschaft muß es nämlich unter ihre wichtigsten Erziehungsaufgaben aufnehmen, den Sexualtrieb, wenn er als Fortpflanzungsdrang hervorbricht, zu bändigen, einzuschränken, einem individuellen Willen zu unterwerfen, der mit dem sozialen Geheiß identisch ist. Sie hat auch Interesse daran, seine volle Entwicklung aufzuschieben, bis das Kind eine gewisse Stufe der intellektuellen Reife erreicht hat; denn mit dem vollen Durchbruch des Sexualtriebes findet auch die Erziehbarkeit praktisch ein Ende. Der Trieb würde sonst über alle Dämme brechen und das mühsam errichtete Werk der Kultur hinwegschwemmen. [...] Die Erfahrung muß wohl den Erziehern gezeigt haben, daß die Aufgabe, den Sexualwillen der neuen Generation lenksam zu machen, nur dann lösbar ist, wenn man mit den Beeinflussungen sehr frühzeitig beginnt, nicht erst den Sturm der Pubertät abwartet, sondern bereits in das Sexualleben der Kinder eingreift, welches ihn vorbereitet.«

Die Masturbation, die die sexuelle Phantasmagorie durchblicken läßt, lenkt unausweichlich verbietende Maßnahmen des Erwachsenen auf sich, den sie ängstigt. Manche Eltern, die sich in dieser Hinsicht besonders unbehaglich fühlen, halten jede derartige Äußerung für pathologisch und betreiben Nachforschungen und üben schwere repressive Gegenmaßnahmen aus, indem sie jede Regung verfolgen, ein Überwachungssystem aufbauen, das nachts keine Lücke läßt, oder motorische Anspannung verordnen. Überdies läßt sich beobachten, daß die Eltern, denen annähernd zufriedenstellende eigene Einstellungen gelungen sind, angesichts der Erektionen und Masturbationen ihrer Kinder mit Blindheit geschlagen sind, wie sie auch mit Amnesie hinsichtlich all dessen geschlagen sind, was die autoerotischen Aktivitäten ihrer eigenen Kindheit betrifft.

Als autoerotische Aktivität, die den anderen ausschließt, bekommt die Masturbation auch die Bedeutung eines Rückzugs aus der Realität und einer Rückkehr zu leicht erreichbaren Befriedigungen mittels der Manipulation von imagninären Phantasien. Die Weigerung, sich der Realität anzupassen und auf sie einzuwirken, die alleinige Befriedigung im Rahmen des Lustprinzips und der Ausschluß des anderen werden zur asozialen Geste und bringen sofort die Moralprinzipien von Autorität und repressivem Erziehungsstil ins Spiel.

Die Masturbation trifft auf das Problem der Autorität in seinem ganzen Umfang, das des Vaters und seines Gesetzes, angesichts dessen das Individuum sich alsbald anzupassen gezwungen ist.

Die Kastrationsdrohungen Kindern gegenüber werden von den Erwachsenen gemeinhin sehr direkt ausgesprochen. Wurde nicht im 19. Jahrhundert an kleinen

Mädchen, die masturbierten, die Klitorisdektomie vorgenommen [78]? Diese Praxis hat sich in manchen Zivilisationen erhalten, die fordern, daß das junge Mädchen nicht nur jungfräulich die Ehe eingeht, sondern von jeglicher sexuellen Triebregung unberührt bleibt.

GIDE [351] gibt in seinem *»Si le grain ne meurt«* (dt. »Stirb und Werde«) Beispiele für die an ihm erprobten Verfahren. Die Masturbationen, bei denen er von seinem Lehrer betroffen wurde, hatten seine Relegation von der *Ecole Alsacienne* für die Zeit von drei Monaten zur Folge und führten ihn ins Sprechzimmer eines Arztes:

»Ich vermute, daß meine Mutter von dieser Konsultation – abgesehen vielleicht von einigen Ratschlägen – kaum etwas anderes erwartete als eine rein moralische Wirkung. [...] ›Ich weiß, worum es sich handelt, mein Kleiner‹, sagte der Doktor mit erhobener Stimme. [...] ›Wenn aber deine Mutter sich nach einiger Zeit veranlaßt sehen sollte, dich nochmals zu mir zu bringen, weil du dich inzwischen nicht gebessert hättest, nun (und bei diesen Worten ward seine Stimme furchterregend), so siehst du hier die Instrumente, zu denen wir dann greifen müßten und die bestimmt sind, kleine Knaben in deinem Falle zu operieren.‹ – Und, ohne seine Augen, die er, unter gerunzelten Brauen, entsetzlich rollte, von mir abzuwenden, wies er mit dem Ellbogen hinter sich auf die Wand, wo eine ganze Sammlung von Lanzen der Tuaregs angebracht war.

Das Märchen war zu deutlich, als daß ich die Drohung hätte ernst nehmen können. Aber das gequälte Antlitz meiner Mutter, ihre Ermahnungen und der stille Kummer meines Vaters bewegten endlich meinen dumpfen Sinn, den schon die Ausstoßung aus der Schule ziemlich heftig aufgerüttelt hatte. Meine Mutter forderte Versprechungen von mir; sie und Anna dachten sich alles mögliche aus, um mich zu zerstreuen.«

Dieses Zwang ausübende Eingreifen des Erwachsenen wird vom Kind als Verbot seiner Sexualität und vor allem seiner inzestuösen Begleitphantasien erlebt. Infolgedessen wird der Masturbationsakt auch zum Ersatz für die Opposition und den Widerstand gegen die elterlichen Verbote, bei gleichzeitigem Kampf gegen die Kastrationsangst und bei Verstärkung der bewußten kompensatorischen Phantasietätigkeit.

Die mit der Masturbation in Zusammenhang stehenden Schuldgefühle sind jedoch nicht einzig und allein das Werk der Umgebung und des elterlichen Eingreifens oder der ungeschickten Verbote. Das neurotische Schuldgefühl entsteht im Innern des Subjektes selbst und bezieht sich auf seine persönliche Geschichte.

»Die zugrundeliegenden ödipalen Phantasien lösen die Schuldgefühle aus« (W. REICH [284]).

In diesem Zusammenhang muß auf die Geschichte des »Kleinen Hans« verwiesen werden, wie sie von FREUD dargestellt worden ist. Darin taucht das Problem der Rolle auf, die die anläßlich seiner masturbatorischen Aktivitäten und seiner sexuellen Neugier von seiner Mutter ausgesprochenen Kastrationsdrohungen für die Bildung seiner Angstneurose spielen.

Die Eltern des »Kleinen Hans« [115] erzählten FREUD, daß sie ihrem Sohn gedroht hätten: »Wenn du das machst, laß' ich den Dr. A. kommen, der schneidet dir den Wiwimacher ab. Womit wirst du dann Wiwi machen?«, worauf Hans, zunächst ängstlich, geantwortet habe: »Mit dem Popo.« FREUD nimmt an, daß dann die Voraussetzungen des Kastrationskomplexes bei Hans entstanden, während die Phobie seines Erachtens im wesentlichen sehr viel direkter von der Angst ausgelöst wurde, die sich aus der Weigerung der Mutter ergab, ihn zu sich ins Bett zu nehmen und den Finger auf seinen Wiwimacher zu legen, weil das eine »Schweinerei« sei.

Zweifellos hat der Einfluß der Psychoanalyse viel zur Milderung des repressiven Charakters beigetragen, wie er manchen erzieherischen oder religiösen Vorschriften eigen war, deren Zeit vorbei ist.

Wenn die Erwachsenen direkt und mit Zwangsmaßnahmen auf die Unterdrükkung der Masturbation hinarbeiten, entspricht das jedenfalls immer einer persönlichen Aggressivität, den bewußten Vorschriften zum Trotz, hinter die sie sich zur Rechtfertigung zurückzieht. Um so mehr, als die Entdeckung masturbatorischer Aktivitäten – und daran sei erinnert – mit ihrer systematischen Ausforschung seitens der in dieser Hinsicht ängstlichen und projizierenden Eltern in Zusammenhang steht.

Es läßt sich die Frage stellen, ob die Verständnisbereitschaft, die FREUD der Mutter des »Kleinen Hans« zuerkannt hat und die sich ihm zufolge aus ihren eigenen psychoanalytischen Einsichten ergab, wirklich so augenfällig war, wie er sie beschrieben hat. Manche ihrer Antworten auf Fragen ihres Sohnes machen in der Tat deutlich, daß ihr Unbewußtes sich häufig sadistisch äußerte. Rührte FREUDS offensichtlich günstige Beurteilung nicht eher daher, daß eben diese Mutter seine Schülerin war und mit Sicherheit sogar den Text dieser Veröffentlichung lesen mußte, in die sie verwickelt war?

Es läßt sich also sagen, daß der Rahmen und der Grundton der erzieherischen Bestrebung sich zum großen Teil im Verhältnis zu den Verhaltensweisen entwikkeln, die die Eltern sich angesichts der Masturbation zurechtlegen, und zwar in ihrem Verhalten dem Kind gegenüber ebenso wie in ihren Einstellungen zu ihrer eigenen Angst.

Es ist wirklich schwierig, daraus Schlußfolgerungen abzuleiten. Bestätigen läßt sich freilich, daß Psychoanalytiker angesichts der infantilen Masturbation Anhänger einer liberaleren und verständnisvolleren Einstellung sind und sich jedem Zwang ausübenden und repressiven Verhalten, aber auch jeder Drohung widersetzen, selbst wenn sie auf dem subtileren Umweg schlicht ängstigender Bemerkungen ausgesprochen wird. Für sie verdienen einzig wiederholte zwanghafte Masturbationen Aufmerksamkeit, und zwar weniger aus physischen oder physiologischen Gründen als um der affektiven Schwierigkeiten willen, die sie zu erkennen geben und die nach dem Alter und dem Konflikt variieren, in den die masturbierenden Kinder verstrickt sind. Was aber zwingt dazu, noch weiter darauf einzugehen? Bekanntlich unterscheiden sich die Einstellungen zur Masturbation oder zu sexuellen Spielen ebenso wie die zu Sexualgewohnheiten von Erwachsenen in verschiedenen Zivilisationen vollständig.

Manche, die eine unbegrenzte Befriedigung sexueller Bedürfnisse von der vorpubertären Latenzperiode an erlauben, sind durch eine relative Beschränkung der Persönlichkeitsentwicklung, der Aktivitäten der höheren intellektuellen Funktionen und der sublimatorischen Werte und Interessen charakterisiert. Die Triebfrustration ist vorgängige Bedingung für den Fortschritt bei der Entwicklung, nicht die absolute Frustration, sondern ihr Optimum, wobei dieses Optimum sich ebenso auf das Alter wie auf die Dauer und die Form der Frustration erstreckt.

Wir möchten also auf die von SPITZ in seinem weiter oben zitierten Aufsatz formulierte Problemstellung zurückkommen:

»Bei der Prüfung meiner Argumentation werde ich gewahr, daß sie mich in ein Dilemma geführt hat. Einerseits habe ich festgestellt, daß das genitale Spiel der frühen Kindheit (oder sein Fehlen) ein Indikator für das Wesen der Objektbeziehung des Kindes ist. Das genitale Spiel führt zur infantilen Masturbation und zu damit zusammenhängenden Phantasien. Diese Phantasien tragen in erheblichem Maße zu Prozessen der Persönlichkeitsbildung und zur Ausarbeitung sozialer Beziehungen bei. Meine persönlichen Beobachtungen haben ebenso wie Tierexperimente deutlich gemacht, welche bedauernswerten Konsequenzen sich aus dem Fehlen dieses Verhaltens beim Kleinkind und im Verlauf des ersten Lebensjahres ergeben.

Andererseits bin ich mir völlig bewußt, daß vollständige Permissivität im Bereich der Masturbation und der sexuellen Äußerungen des Kindes zum Fortschreiten seiner Entwicklung nicht beiträgt. Im Gegenteil: meine analytischen Erfahrungen zeigen, daß gerade die Einschränkung der Sexualität und besonders der Masturbation für den Menschen soziale und zivilisatorische Errungenschaften – so das Über-Ich – möglich machen.

Offenbar muß – wie immer in der Evolution – ein Kompromiß gefunden werden. Für unsere Zivilisation sind die Konsequenzen einer einschränkungslos ausgeübten Masturbation ebenso verhängnisvoll wie die eines jede Masturbation unterdrückenden Zwanges. Beide führen zur Sterilität, zur mentalen wie zur reproduktiven.«

VIII. Psychoanalyse und Pädagogik

Die Kinderpsychiatrie, täglich mit Kindern und ihren Familien konfrontiert, die unter ihren schulischen Mißerfolgen leiden, richtete sich schnell darauf ein, die am Verhältnis von Pädagogik und Schulwesen beteiligten dynamischen, relationalen und phantasmatischen Beziehungen in den Griff zu bekommen und die Entstehung von schulischem Versagen zu untersuchen.

Die Neuheit, die der plötzliche Eintritt in eine schulische Beziehung für das psychische Leben des Kindes ausmacht, schlägt sich in der Entwicklung seiner Persönlichkeit nieder, begünstigt sie aber auch sehr bald und beeinflußt sie im Zuge bestimmter Veränderungen. Die Schule und die Lehrer haben sich immer auf ihre Einsicht in diese Entwicklung der Persönlichkeit berufen, um sie zu sozialisieren und um sogar die Regeln dieser Sozialisierung genauer zu bestimmen. Dieses Verständnis ist jedoch für lange Zeit intuitiv geblieben, und größtenteils erst dank der Beiträge der Psychoanalyse hat die Mentalhygiene des Schülers die dafür erforderlichen Bedingungen – und namentlich die für den Übergang aus der familiären in die schulische Umgebung erforderlichen Bedingungen – entwickelt.

S. DECOBERT und R. DIATKINE [63] machen in einem neueren Aufsatz zunächst auf die einzelnen Phasen dieser Veränderung aufmerksam, die sich auf dem Wege über Kinderhort und Kindergarten vollzieht, aber durch eine Entwicklung der Affektivität vorbereitet worden ist, die die Ablösung von den Eltern-Objekten ermöglicht und die libidinöse Besetzung des Schullebens erlaubt, d. h. die des Lehrers, der Lehrerin und der Gruppe.

Die eigentliche Rolle der Schule bei dieser Entwicklung kommt darin zum Ausdruck, daß die Lösung der Entwicklungskonflikte »nicht nur eine Funktion des unvermeidlichen Ablaufs zwangsläufiger biologischer oder psychologischer Gegebenheiten ist, sondern sich auch aus der regulierenden Rolle der Außenwelt und der Sozialisierung ergibt, Funktionen, die die Schule in ihre Regie zu nehmen sich bemüht, indem sie sie ausweitet ...«

Die Autoren untersuchen dann bestimmte dynamische Sequenzen der Einschulung. Wir zitieren hier, wegen der Bedeutung ihres Vorgehens für die Festlegung der Beziehungen zwischen Psychoanalyse und Pädagogik, ihren eigenen Text in aller Ausführlichkeit.

»Es handelt sich dabei wirklich um sehr allgemeine Mechanismen, die bedeutend früher existieren als der Ödipuskomplex. Man begegnet ihnen in allen Bereichen wieder, wie es etwa bei der Entwicklungsreihe zu zeigen möglich ist, die von der Urszene und der Skopophilie zu wissenschaftlichen Neigungen und zum Vergnügen an intellektuellen Leistungen führt. Die Skopophilie bildet das erste lustbesetzte Mittel zur Erforschung der Eltern und der Außenwelt. Sie erhält sich durch viele Wechselfälle im Zuge der Entwicklung, trotz zahlreicher Anlässe zu Schuldgefühlen und Verdrängung, auf die sie trifft. Der Einbruch des Sadismus, der mehrdeutige Stellenwert der Wahl zwischen zwei Möglichkeiten: der der Reaktionsbildung und der wißbegierigen Sublimierung zu einem Zeitpunkt, da der Körper der Mutter ein Objekt darstellt, das mit dem Ziel der Einverleibung angegriffen wird. Wenn die Schule dazu übergeht, die wißbegierigen Tendenzen zu nutzen, so deshalb, weil das Kind in der Außenwelt eine Widerlegung seiner inneren Ängste findet. Überdies antwortet die Schule in einer transponierten Sprache, die, wenn sie die schulische Umgebung libidinisiert, unterdes das direkte sexuelle Schuldgefühl abschwächt. Das Wissen wird darin zu einem Mittel, die Angst zu meistern. Die verbleibende Skopophilie wird als Beobachtungsqualität eingesetzt, und die Wißbegier wird in allen ihren Formen aufgewertet. [...] Im intellektuellen Bereich entfalten sich vom Erreichen der Triangulation an die Fähigkeiten zum Vergleich, zur Unterscheidung und zur Trennung, die dem Kind zu einer neuen Sicht seiner eigenen Realität, der Personen seiner Umgebung und deren wechselseitiger Beziehungen verhelfen.

Die genetische Psychologie und die Psychoanalyse stimmen in der Annahme des Vorhandenseins eines frühen Stadiums von Nicht-Unterschiedenheit überein, auf das verschiedene andere Phasen folgen.

Für die Mentalhygiene des Schülers kann die Untersuchung der Bedeutung der Verschiebungen wichtig sein, die bei Altersstufen eintreten, die man als Markierungspunkte für das Verlassen von offensichtlich parallelen Stadien hält, die in Wirklichkeit aber im Rahmen einer ganz unterschiedlichen Dynamik gesehen werden.

Diese zweifellos mit einer unterschiedlichen Definition der Beziehungen zwischen intellektuellen, affektiven und triebhaften Faktoren in Zusammenhang stehenden Verschiebungen können offenbar das Problem der Phantasien und ihrer Funktionen verschwinden machen – ein Problem, das ohne Zweifel der gegen die genetischen Psychologen erhobenen Kritik ihrer Überbewertung der intellektuellen auf Kosten der affektiven Gegebenheiten zugrunde liegt.

Tatsächlich sind das Phantasiedenken und das Denken in der Realität, die man für ganz und gar verschieden hält, wenn sie erst einmal voll entwickelt sind, auf besondere Weise verflochten, und ›das Denken in der Realität kann nicht ohne die mit ihm übereinstimmenden und es vorantreibenden unbewußten Phantasien auskommen‹ (Susan Isaacs). Gerade die Phantasie liegt dem symbolischen Denken, der Sublimierung und der Erkenntnis zugrunde, weil sie die Verbindung zwischen der inneren Welt des Kindes und seinem Interesse für die Außenwelt darstellt.

Bestimmte mit der Phantasietätigkeit ebenso wie mit dem unbewußten Leben im allgemeinen in Zusammenhang stehende Funktionen – etwa die Ambivalenz, um die beständigste zu zitieren – dürfen von den Erziehern nicht außer acht gelassen werden. Sie treffen auf das Hindernis der Ambivalenz etwa beim Prozeß des Autonomwerdens. Er hat eine Abwehrhaltung des Ichs zur Folge, die auf die Rückkehr zu einem primären Typus von Sicherheit abzielt. Im Hinblick auf den Ödipuskomplex und seine Auflösung darf nicht nur die positive Entwicklungsbewegung, bei der die genetische Beschreibung den Charakter der Nichtumkehrbarkeit voraussetzt, sondern müssen *zugleich* regressive Wünsche berücksichtigt werden, die vom Über-Ich wie vom Ich selbst ausgehen und gegen die eigene Entwicklung ankämpfen – ein Begriff, der vor allem beim Versuch des Verstehens von Verweigerungen und Phobien angesichts der Schule beachtet werden sollte. Überdies kann die Regression in dem Maße als Fortschrittsfaktor eingeschätzt werden, wie sie, wenn sie zu Konflikten führt, das Ich mobilisiert, das sich gezwungen sieht, angesichts des von der Regression selbst hervorgebrachten Widerspruches neue Formen zu bilden.

Inneren und äußeren Hindernissen zum Trotz bewerkstelligt das Kind unterdessen eine Entwicklung, bei der es unaufhörlich gezwungen ist, den Konflikt zu überschreiten und neue Gleichungen aufzustellen, namentlich dank der Identifikations- und Vergleichsprozesse.

Diese Herstellung neuer Gleichungen, die dem Ödipuskomplex vorausgehen und durchs ganze Leben fortdauern, steht an der Basis des Interesses für neue Objekte und der *Begründung des symbolischen Denkens.*

Wie JONES angemerkt hat, ist ›die Symbolbildung ein Prozeß, im Zuge dessen das Lustprinzip zwei gänzlich verschiedene Objekte zu vergleichen ermöglicht, die sich jedoch darin ähneln, daß sie einen Lust- oder Interessenwert haben‹. Sie tritt zunächst vom Vergleich verschiedener Körperteile untereinander, später von der Identifikation dieser Teile mit äußeren Objekten aus in Tätigkeit. ›Die Libido wird so auf Objekte und Aktivitäten verschoben, die anfangs keinen Lustwert hatten.‹ Auf der Basis eben dieses *symbolischen Denkens* errichtet sich die *Beziehung des Subjektes zur Außenwelt und zur Realität im allgemeinen.*

Nach dem Ödipuskomplex vermehrt die Möglichkeit des Interesses für andere Objekte der Außenwelt als die Eltern die Gelegenheiten zum Vergleich und zur Identifikation und macht es mithin möglich, ein symbolisches Denken mit größerer Reichweite auf immer zahlreichere oder immer begrifflichere Gegenstände anzuwenden, wie sie weitgehend von der Schule bereitgestellt und verwendet werden.

Die Latenzperiode wiederholt und erweitert einen bereits aus früheren Stadien bekannten Prozeß: den der *Sublimierung.* Der sublimierte, d. h. seines sexuellen Kerns beraubte Sexualtrieb wird eine der Hauptantriebskräfte der schulischen intellektuellen Aktivität.

Die Symbolbildungsfähigkeit und die Sublimierung vereinigen sich, um das kulturelle Leben des Individuums sicherzustellen. Was die Schule anziehend macht, ist die Möglichkeit des Zusammentreffens mit einer neuen Realität und das Angebot einer Vielzahl von polyvalenten Symbolisierungen, mithin von vielfachen Sublimierungen der Genitalaktivität und der Sicherstellung einer nicht von Schuldgefühlen durchsetzten Lust, zu der andererseits die autonome Lustquelle hinzukommt, wie sie die Sublimierung bildet.

Dieses ›Lösungsangebot‹ der Schule ist immer auf verschiedene Weise konfliktbetont. Man wird gewahr, daß es, weil es eine Art und Weise, den Eltern zu gefallen, bleibt, durch die Rückkehr des Verdrängten erschwert wird und als Reaktionsbildung funktionieren kann, anstatt zum Gleichgewicht der Sublimierung zu führen. So muß die psychische Organisation sich permanent an die Überschreitung von auseinander sich ergebenden Hindernissen anpassen und von einer offensichtlich regressiven Anfangsphase aus sich vorarbeiten, die sie in den Schnittpunkt von Verdrängung, Symptom, Reaktionsbildung und Sublimierung stellt. Von seinem phantasmatischen Ursprung aus erlauben die Kontinuität und die Einheit des Seelenlebens, den affektiven Ursprung der offensichtlich am deutlichsten intellektuellen und schulbezogenen Wünsche zu identifizieren, die die kulturelle Aktivität lenken. So umspannen etwa die direkten Interessen für – Gleichaltrige oder Erwachsene – andere den *Wunsch nach Erkenntnis,* ebenso wie die von der Ausweitung des symbolischen Denkens gesteigerten Möglichkeiten intellektuellen Interesses den *Wunsch nach Wissen* umspannen, der eine Art und Weise ist, die Überschreitung des ödipalen Interesses zu verschieben, oder den Wunsch nach Erkenntnis dessen, was verborgen ist (das Kind, das darauf verzichtet, der Gatte seiner Mutter zu sein, wird ›groß‹, indem es lesen lernt). Der *Wunsch nach Erfolg,* das Bedürfnis, ein guter Schüler zu sein, die als offensichtliche Reaktion auf die Anforderungen des Über-Ichs der Eltern begreiflich sind, hängen möglicherweise mehr mit dem Problem der *Wiedergutmachung* zusammen, d. h. mit der Wiederherstellung von Schäden, die von den sadistischen Angriffen des Ich auf das Objekt herrühren. Der letztere Schaden könnte hier die Spaltung der Introjektion der Eltern in der Konstitution des Über-Ich sein, das frühere Angriffe des Objektes wiederbelebt. Insbesondere das spezifische Schuldgefühl des kleinen Mädchens, das mit der analsadistischen Kastration des Vaters in Zusammenhang steht, könnte möglicherweise sein Bedürfnis nach Erfolg insofern erklären, als es Vater und Mutter zugleich wiederherstellt, ebenso wie die Tatsache, daß die Mädchen, die anfangs bessere Schüler sind als die Jungen, später weniger leistungsbetont arbeiten als Jungen.

Zusammenfassend läßt sich sagen, daß der Schuleintritt sich im Leben des Kindes in seinen intrapsychischen Entwicklungskonflikt einschaltet, indem er die Verschiebung in Richtung auf die Außenwelt begünstigt, die Lust des Ich anwachsen läßt, das sich in der Lage sieht, für Angst oder Schuldgefühle gelungene Ausweichmöglichkeiten zu finden, und die charakteristischen Veränderungen der Latenzzeit vorbereitet. Eben diese dynamischen Entwicklungsmomente müssen Schule und Mentalhygiene sich zunutze machen und schützen.«

Andere Autoren haben die dynamischen Grundlagen untersucht, die bestimmte besondere Lernprozesse ermöglichen.

In diesem Sinne schreibt Melanie Klein [196]:

»Ich habe zu zeigen versucht, daß die grundlegenden in der Schule ausgeübten Aktivitäten Kanäle sind, in die der Fluß der Libido einströmt, und daß auf diesem Wege die Triebkomponenten zur Sublimierung unter genitale Vorherrschaft gelangen. Diese libidinöse Besetzung verläuft gleichwohl von den elementarsten Lernfächern (Lesen, Schreiben und Rechnen) zu allgemeineren Interessen und Bemühungen, deren Ursprung sie sind; so finden sich die Grundlagen späterer Hemmungen, wie etwa der Hemmung angesichts einer Berufswahl, sehr häufig schon in denen der ersten Lernprozesse ausgeprägt und haben oft Fluchtcharakter. Wir sehen alle späteren, für das Leben und die Persönlichkeitsentwicklung so bedeutsamen Hemmungen aus ersten Hemmungen beim Spiel sich ergeben.«

Strachey [328] beschreibt zwei Verhaltensweisen im Hinblick auf das Lesen: das Saugen, das der ersten oralen Phase entspricht, und das Kauen, das mit der ambivalenten zweiten oralen Phase wesensgleich ist. In dieser Phase werden, wenn die Sublimierung nicht stabil und vollständig ist, die Tendenzen zur Abfuhr aggressiver und destruktiver Triebe freigesetzt: jedes Wort wird dann als Feind empfunden, der gebissen werden muß und aus ebendiesem Grund später für den Leser gefährlich und bedrohlich werden kann.

»Lesen hatte die unbewußte Bedeutung, sich Erkenntnis auf Kosten des Körpers der Mutter zu verschaffen, und die Angst, sie der Plünderung preiszugeben, war ein wichtiger Faktor bei der Lesehemmung.«

Jedenfalls ist bekannt, daß der Lektüreinhalt leicht mit affektiven Elementen in Verbindung gebracht wird. Die Wortkombinationen und sogar einzelne Wörter werden mit einer Konstellation von affektgeladenen Assoziationen umgeben.

K. Abraham und O. Fenichel haben das Lesen einer wirklichen Einverleibung durch das Auge gleichgestellt, wobei das Kind zu sehen wünscht, um zu zerstören und sich später versichern will, daß es nicht zerstört hat.

Auf dieser oralen Grundlage kommen überdies die Neugier gegenüber der Urszene und die Geschlechterunterschiede mit einer Verdrängung hinzu, die eine totale Lernhemmung nach sich ziehen kann oder den Wunsch, nur dann Fortschritte beim Lernen zu machen, wenn sie dem Kind vom Erwachsenen direkt ermöglicht werden; anderswo gibt es ein genau umgekehrtes Verhalten bei systematischer Verweigerung der geforderten Aufgaben, um sich ausschließlich außerschulischen Büchern zuzuwenden.

Die Akkumulation von gelernten Fakten und Kenntnissen kann nach dem Vorbild der Analerotik erlebt werden. Sie erlaubt es, die Welt und sich selbst zu beherrschen, weil sie nach Belieben gegeben oder verweigert werden kann.

Zu Anfang des Lesenlernens muß das Kind große Mühe aufwenden, um einen kleinen Abschnitt langsam in sich aufzunehmen. Die Ungeduld aufgrund verschärfter Oralität kann dazu führen, daß die Lektüre verweigert und andere, schnellere Befriedigungsmittel, wie Kino, Fernsehen oder Bilderbücher, vorgezogen werden.

Die Diskussion über das Alter, in dem das Lesenlernen möglich und sinnvoll ist, führt mit Sicherheit dazu, den Begriff der »sensiblen Phase« erneut kritisch zu durchdenken, der seinerseits dem Konzept des Reifungsniveaus entspricht, auf dem die Fähigkeit zur Bewältigung eines gegebenen Lernstoffes vorhanden ist. Zweifellos muß da künftig auch die gesamte relationale Dimension einbegriffen werden, und das Alter z. B., das für das Lesenlernen erforderlich ist, hängt von den Umständen ab, unter denen das Kind sich dieser Aufgabe unterziehen muß. Unter diese Umstände

> »müssen auch die Befunde der Psychoanalyse über die Bedürfnisentwicklung, über die Anpassungsleistungen der Persönlichkeit und über die phantasmatische Tiefenbedeutung der kulturellen Aktivitäten miteinbezogen werden« (Strachey).

Der Libidoüberschuß, der nicht in die Besetzung der Objekte eingeht, steht dem Ich als neutrale und mobile Besetzungsenergie zur Verfügung. Außerdem dürfen die bewußten oder unbewußten intrapsychischen Konflikte nicht die Aufmerksamkeit auf sich lenken und diese Libido nicht von den Außenreizen abziehen. Bis zum Alter von sechs Jahren ist das Kind im allgemeinen durch die intrapsychischen Konflikte der ödipalen Situation zu sehr in Anspruch genommen, um in der Lage zu sein, gleichzeitig seine Aufmerksamkeit auf das Lernen in der Schule zu konzentrieren. Zuweilen kann das Kind nicht auf seine erste und stärkste Objektbeziehung verzichten, und die Symbole können dann die Objekte nicht ersetzen. Umgekehrt finden andere da eine günstige Gelegenheit, die Schärfe der Konflikte abzumildern und die Angst und das Objekt zu meistern. Es muß eine Lossagung von der Handhabung der Symbole aus der Objektbeziehung erfolgen.

M. Klein [196] hat bestimmte in der Schule und sogar im schulischen Material im Spiel befindliche symbolische Komplexe gedeutet. Sie schreibt dem Katheder, dem Pult, der Tafel und allem, *worauf* man schreiben kann, eine mütterliche Bedeutung zu und umgekehrt eine männlich-sexuelle Bedeutung dem Federhalter, dem Bleistift, dem Füller und allem, *womit* man schreiben kann.

Diese Besetzungen sind ohne Zweifel nachhaltig, und den Beweis dafür liefern die deutlichen Erinnerungen, die bei jedem Erwachsenen visuelle, taktile und geruchliche Empfindungen hinterlassen, die ein derart altes und rudimentäres Material mit einer derartigen Präzision und Deutlichkeit wachzurufen erlauben.

Das ermöglicht sicher auch ein besseres Verständnis mancher Schreibstörungen des Kindes und des Erwachsenen und der schwerwiegenden psychomotorischen Störung, wie sie der Schreibkrampf darstellt.

Für MELANIE KLEIN symbolisieren die Schulaufgaben und der Unterricht den Koitus und die Masturbation.

Bei einem dieser Patienten hatten die schulischen Auszeichnungen – so die Belobigungen und das Zeugnis – die Bedeutung des Penis und der sexuellen Macht, die die kastrierende Mutter (so erschien ihm seine Lehrerin) ihm beilegte. Es ist sogar möglich, eine Symbolik der Buchstaben des Alphabets aufzustellen, die von ihren Formen beeinflußt wird. Die alte piktographische Schreibweise ist als Grundlage unserer Schrift noch in den Phantasien der Kinder lebendig, und die schriftlichen Geheimcodes dienen den Schülersekten als Erkennungszeichen und sind immer Gegenstand einer intensiven Besetzung. Jedes Unterrichtsfach ist ebenso einer besonderen Symbolik und besonderen Besetzungen zugehörig.

Die libidinöse Bedeutung des Lesens ergibt sich aus der symbolischen Besetzung des Buches und des Auges. Die Tätigkeit des Lesens ist eher passiv, die des Schreibens eher aktiv, und die unterschiedlichen Fixierungen auf prägenitale Stadien bekommen eine bedeutsame Rolle bei den Hemmungen, von denen die eine oder die andere betroffen wird. Manche Zeichen werden von den Kindern auch auf besondere Weise besetzt.

Für MELANIE KLEIN ruft die mathematische Addition die Analogie zur Zusammenfügung der männlichen und weiblichen Sexualorgane wach. Bei der Division verwechselte einer ihrer Patienten immer den Restbetrag mit dem Teilungsquotienten, den er an seiner Stelle hinschrieb, weil in seinem Unbewußten das für ihn Stücke von blutendem Fleisch waren, mit denen er unbewußterweise hantierte. Die Division erscheint als Zerstückelung und als wirklicher Koitus auf einer sadistischen und kannibalistischen Organisationsstufe.

Das Rechnen und die Arithmetik rufen auch eine symbolische genitale Besetzung wach, und man begegnet bei diesen Betätigungen den Triebkomponenten der sadistischen, analen und kannibalistischen Tendenzen wieder, die auf diese Weise sublimiert werden und sich unter genitalem Primat verbinden. Die Kastrationsangst bekommt bei dieser Sublimierung eine besondere Bedeutung.

»Die Tendenz zu ihrer Überwindung – der männliche Protest – scheint überhaupt eine der Wurzeln zu bilden, aus denen sich Zählen und Rechnen entwickelt haben. – Sie wird dann auch – wofür die Quantität entscheidet – einleuchtenderweise die Quelle der Hemmung.«

Die Grammatik und die logische Analyse werden mit einer Bedeutung ausgestattet, für die M. KLEIN verschiedene Beispiele zitiert hat.

Einer der Autoren (SOULÉ), der seit mehreren Jahren Kinder beobachtet hat, deren Verwandtschaftsstrukturen sich aufgrund von verworrenen, gestörten oder dauernd wechselnden Familienverhältnissen nicht deutlich entwickelt hatten, hat immer besondere Störungen bei den grammatischen Regeln ausmachen können, die die Genera, das Maskulinum und den Plural und die Personen der Konjugationen bestimmen. Solche Rücksichtslosigkeit grammatischen Regeln gegenüber läßt sich auch in der Sprache psychotischer Kinder dingfest machen.

Der Geschichtsunterricht, der zur Sprache bringt, was die Leute früher getan haben, wird so erlebt, als handle es sich dabei um eine Erforschung der Beziehungen der Eltern untereinander und zum Kind.

Selbstredend spielen die Phantasien der frühen Kindheit über die Schlachten, Verbrechen usw. dabei eine wichtige, einer sadistischen Auffassung des Koitus entsprechende Rolle.

Der Geographieunterricht bringt für MELANIE KLEIN wie für KARL ABRAHAM die Orientierungsversuche hinsichtlich des Körpers der Mutter ins Spiel, denen schon sehr früh das Interesse für die Orientierung des Subjektes am eigenen Körper vorausgeht.

Der symbolische Ausdruck von Betätigungen wie Zeichnen und Malen ist auch von D. WIDLÖCHER [343] sehr genau untersucht worden.

Die Person des Lehrers. – Die Bedeutung der Beziehung zwischen Lehrer und Kind, wie sie sich über pädagogische Methoden und schulische Lernprozesse hinaus entwickelt, wenn sie von Erfolg begleitet sein sollen, ist kaum jemandem entgangen. S. DECOBERT [62] macht in diesem Zusammenhang auf das Unbehagen aufmerksam, das sich eines Teams von Pädagogen bemächtigen kann, sobald sich ein Psychoanalytiker mit den ihm eigenen Möglichkeiten der Intervention einschaltet. Wahrscheinlich ist, daß der Pädagoge sich in gewisser Weise in Frage gestellt fühlt, und dieses Phänomen sollte zu dem Zeitpunkt untersucht werden, wenn man die eigenen Motivationen des Pädagogen analysiert, genauer noch: die Motivationen des Pädagogen für die Betreuung nichtangepaßter oder schulisch zurückgebliebener Kinder.

S. DECOBERT und R. DIATKINE [63] zitieren, unter Hinweis auf die Rolle der Introjektion des Bildes der Eltern im Zusammenhang mit der Auflösung des Ödipuskomplexes und der Entstehung des Über-Ich, MELANIE KLEIN, für die die aus der Introjektion resultierende Identifikation nicht vollständig ist, weil das Kind in bestimmten, sehr wesentlichen Aspekten den Eltern nicht ähneln darf, wobei das Über-Ich als Überbleibsel der ersten Objektwahlen für das Es auch eine Formation ist, die bestimmt ist, energisch gegen diese Wahlen zu reagieren.

»Die Introjektion der Eltern ist mithin ein *selektiver* Prozeß, der bestimmte Aspekte von ihnen ausschließen muß. Deshalb tritt die *Spaltung* bei den introjizierten Bildern der Eltern in Erscheinung, eine Spaltung zwischen den erlaubten und den verbotenen Identifikationen.

Es ist wahrscheinlich, daß der permanente und strenge Anspruch der narzißtischen Integrität sich leichter mit einer Aufteilung der Idealbilder auf die Eltern und die Lehrer als mit der Übertragung der Über-Ich- und Idealbilder des Ich auf die Eltern allein vertragen kann.

Die Möglichkeit der Verschiebung der Besetzung der Eltern auf die Lehrer vermehrt erneut die mobilen Besetzungen der Sekundärprozesse, indem sie die relative Bedeutung der mit den introjizierten Objekten in Zusammenhang stehenden, den Sekundärprozessen unterworfenen Belastungen abschwächt.

In den Fällen, wo diese Zweiteilung verwirklicht wird, wirkt sie augenblicklich angstentlastend und begünstigt sie die Entwicklung. In den umgekehrten Fällen scheint eine Verringerung des Anpassungspotentials sich bemerkbar zu machen, die einen Teil der Schwierigkeiten des Kindes erklären könnte, das in die Volksschule eintritt, ohne eine Vorschule besucht zu haben und sich aller Spielmöglichkeiten und der Möglichkeit der ›Distanznahme‹ aufgrund von Beziehungen, die über die zu den Eltern hinausgehen, beraubt sieht.«

M. Klein erklärt diese Beziehungen folgendermaßen:

»So wird der bewußte Wunsch – [Fußnote:] diesem Wunsch entspricht im Unbewußten das Bestreben, den Vater zu übertreffen, bei der Mutter zu verdrängen, resp. der homosexuelle Wunsch, den Vater durch seine Leistungen zu besiegen, als passives Liebesobjekt zu gewinnen –, den Lehrer durch seine Leistungen zufriedenzustellen, von der unbewußten Angst, es zu tun, bekämpft, was zu einem unlösbaren Konflikt führt, der einen wesentlichen Teil der Hemmung determiniert. Dieser Konflikt verliert an Intensität, wenn der Knabe mit seinen Leistungen nicht mehr der unmittelbaren Kontrolle des Lehrers untersteht, sondern sich freier im Leben betätigen kann. Die Möglichkeit für die weiteren Betätigungen bleibt aber nur dort in größerem oder geringerem Ausmaß gegeben, wo die Kastrationsangst eben nicht so sehr die Tätigkeiten und Interessen an sich – als die Einstellung zum Lehrer betraf. So sieht man auch sehr schlechte Schüler später im Leben Hervorragendes leisten – für die anderen aber, deren Interessen an sich gehemmt wurden, bleibt die Art, in der sie in der Schule versagen, vorbildlich für ihre späteren Leistungen im Leben.

Für das Mädchen wird vorwiegend die Hemmung, die vom Kastrationskomplex her die Tätigkeit betrifft, bedeutsam. Das Verhältnis zum Lehrer, das für den Knaben so belastend sein kann, wirkt auf das Mädchen, wenn ihre Fähigkeiten nicht zu sehr gehemmt sind, eher als Ansporn. In ihrem Verhältnis zur Lehrerin ist die Angsteinstellung vom Ödipuskomplex her im allgemeinen nicht annähernd so stark als die analoge beim Knaben. Daß ihre Leistungen dann im Leben im allgemeinen nicht an die des Mannes heranreichen, ergibt sich aus der Tatsache, daß sie meist eben einen geringeren Zuschuß an männlicher Aktivität zu den Sublimierungen zu stellen hat als der Mann.«

Sie faßt ihre Auffassung der *Rolle des Lehrers* kurz zusammen, indem sie zeigt, daß er gute Ergebnisse erzielen kann, wenn er Sympathie und Verständnisbereitschaft an den Tag legt, weil er damit den Anteil von Hemmung reduziert, der sich mit der Person eines strafenden Lehrers verbindet. Ein verständiger und wohlwollender Lehrer bietet der homosexuellen Triebkomponente des Jungen und der maskulinen Komponente des Mädchens ein Objekt zur Ausübung ihrer sublimierten genitalen Aktivität. Ebenso läßt sich die Ursache von eventuellen Schäden ableiten, die sich bei einem brutalen oder pädagogisch unzulänglichen Lehrer ergeben. Obwohl aber die verhängnisvolle Rolle des Lehrers in manchen Fällen nicht bestritten werden kann, sollte doch festgehalten werden, daß,

»wo aber die Verdrängung der genitalen Aktivität die Tätigkeiten und Interessen an sich betroffen hat, die Einstellung des Lehrers den inneren Konflikt des Kindes wohl vermindern (oder verschärfen) kann, aber Wesentliches in bezug auf die Leistungen nicht erreichen wird. Aber auch die Möglichkeit der Milderung des Konfliktes durch den guten Lehrer ist eine sehr beschränkte, denn ihr sind Grenzen gesteckt durch die Komplexbildung des Kindes, insbesondere durch sein Verhältnis zum Vater, die von vorneherein seine Einstellung zu Schule und Lehrer determinieren.«

Wir werden gegen Ende dieses Kapitels erneut auf dieses Problem stoßen, wenn wir die wünschenswerten dynamischen Mobilisierungen nach schulischen Mißerfolgen diskutieren.

1. Schulisches Versagen

Es kann hier nicht darum gehen – wie es etwa J. ROUART, R. NARLIAN und J. SIMON [293] getan haben –, die Psychopathologie des Schulversagens in Angriff zu nehmen und die verschiedenen Implikationen, die bei seiner Entstehung zu berücksichtigen sind, zu vergegenwärtigen.

Nichtsdestoweniger wollen wir eine bestimmte Methode des Verstehens, wie sie die psychoanalytische Praxis beigesteuert hat, in großen Umrissen nachvollziehen.

Für ANNA FREUD [97] kann sich das Ich zunächst von einer Aufgabe, die zu erfüllen es schlecht gerüstet ist, abwenden, um dem Leiden und der Enttäuschung zu entgehen, die zugleich narzißtische Kränkung wären: etwa dann, wenn das Individuum weniger Erfolg hat als ein anderes.

Diese Angst vor narzißtischer Verwundung kann mit einer ähnlichen Angst beim Vergleich des Geschlechtes des Jungen mit dem des Vaters und bei der Erinnerung an den Geschlechterunterschied auf seiten des Mädchens in Zusammenhang gebracht werden. Viele Kinder, die wenig Interesse an Schulaufgaben haben, verbringen in Wirklichkeit die Unterrichtszeit mit Wachträumen, in denen sie von den Lehrern belobigt und von den Kameraden bewundert werden; sie verwirklichen so in Phantasien, was sie scheuen, wenn sie ihm in der Realität entgegentreten sollen.

Der Erwerb von Wissen und Techniken dient dazu, zwei Wünsche zu erfüllen: den erfolgreichen Wettstreit mit gleichaltrigen Kameraden und den Erfolg im gewählten Beruf, d. h. Geld und Prestige. Früher wurde diese Rivalität auf rein physische Weise wahrgenommen. Heute ist der Zugang zur Karriere vom Besitz einer Urkunde abhängig. Dieser Wunsch nach Bestätigung von Männlichkeit und Sexualität gegen die Konkurrenz des Vaters zieht die Angst vor Bestrafung nach sich. Das Kind kann sich weigern, sich mit seinen Kameraden zu messen, und zwar gerade aufgrund der Intensität seiner Wünsche und seiner Kastrationsangst. In dieser Hinsicht kann die masochistische Befriedigung sekundäre beträchtliche Vorteile beisteuern.

Ebenso können Schulschwierigkeiten aus Identifikationsschwierigkeiten herrühren. Der Vater kann eine Person sein, mit der sich zu identifizieren schwierig ist, weil er zu mächtig, zu intellektuell oder umgekehrt zu schwach ist, was sein geistiges Niveau angeht. Eine bestimmte Gruppe junger Mädchen von bescheidener Herkunft, deren Väter nicht studiert haben und einfache Positionen in handwerklichen Berufen bekleiden, haben größte Mühe, in der Oberstufe schulisch zurechtzukommen. Wenn umgekehrt die Mutter allzu begabt ist und den Vater übertrifft, können beim jungen Mädchen ebenfalls große Schuldgefühle entstehen oder beim Jungen große Anstrengungen wachwerden. Der Prozentsatz von Mädchen, die aufgrund von Schulversagen zur Konsultation kommen, ist geringer, was darauf zurückzuführen ist, daß der schulische Mißerfolg von Jungen den Eltern mehr Sorge macht. In Wirklichkeit hat das Mädchen ebenso große Schwierigkeiten bei seinen Identifikationsversuchen. Hinzu kommt, daß der Erfolg in der Schule vom Mädchen als Sublimierung seiner männlichen Tendenzen empfunden werden kann. Es kann sich in unserer westlichen Welt oder in bestimmten Familien, in denen die Mutter keine intellektuellen Bestrebungen hat, zwischen zwei Tendenzen hin und her gerissen fühlen: männlichen und weiblichen, mit unterschiedlich aufgeteilten Schuldgefühlen. Nichtsdestoweniger erlaubt die Passivität des Mädchens ihm anfangs, die Kultur und das Lesenlernen ohne allzu große Konflikte zu verarbeiten, und häufig sind die diesbezüglichen Schwierigkeiten beim Jungen viel ausgeprägter.

Daraus ergibt sich sicher auch eine ergänzende Erklärung zum Verständnis der Schwierigkeiten, wie sie von Schülern aus den mittellosesten Klassen erfahren werden.

Abgesehen von sehr schwerwiegenden sozialen und ökonomischen Faktoren und vom Defizit an kultureller Prägung und Sättigung, kommen überdies noch Identifikationsstörungen hinzu, die wir soeben angesprochen haben. Zweifellos spielen da die tiefliegenden gegen-ödipalen Verhaltensweisen dieser Eltern herein, sogar diesseits ihrer Unbildung.

In der Adoleszenz kann das Auftreten von Triebschüben zum Abfall der schulischen Leistung führen, so als ob, wenn eine große Energiemenge zur Aufrechterhaltung der Verdrängung verwendet wird, nicht mehr genug davon für die komplexen geistigen Prozesse der Aneignung von Kenntnissen verbleibt.

Das Versagen in der Schule ergibt sich also nicht aus einer isolierten oder spezifischen Form von Nicht-Anpassung, und es wird heute von psychoanalytischen Autoren für ein Symptom gehalten.

Gleichwohl nähert sich für FREUD das Schulversagen, das nur selten den »befremdlichen« Charakter des Symptoms erreicht, mehr der Hemmung, und zwar in dem Maße, wie die Hemmung, um einem Konflikt auszuweichen, eine Funktion abschwächt, »die ein Organ im Dienste des Ich übernimmt, wenn seine Erogeneität und seine sexuelle Bedeutung anwächst«.

Dennoch prägt sich das schulische Versagen immer in einem existentiellen und relationalen Gesamtkomplex aus. Wie jedes neurotische Symptom ist es zugleich Ersatzbefriedigung für verdrängte Tendenzen, Kompromißbildung mit Äußerung von profilierter Opposition und Aggressivität und sadomasochistische Beziehung zu Eltern und Lehrern.

Das schulische Versagen ist dann das Symptom für einen zugrundeliegenden präneurotischen oder neurotischen Zustand und darf nicht an sich untersucht, sondern muß als Alarmsignal und Hilfsverlangen gewertet werden.

S. DECOBERT präzisiert [62]:

»Es wäre übrigens zweifellos besser, den Begriff der intellektuellen Hemmung mit seinen von FREUD beschriebenen beiden Quellen zu benutzen: die eine ergibt sich aus einem Konflikt zwischen dem Ich und den anderen Instanzen der Persönlichkeit, die andere aus einer Verarmung an psychischer Energie.«

Offensichtlich dienen die pädagogischen Mängel in dieser Hinsicht als Ansatzpunkt, und sie werden später im Verhältnis zu den Konflikten verwendet, die daraus resultieren oder der eigentlichen Persönlichkeitsbildung vorhergehen.

2. *Schlußfolgerungen*

Deshalb muß alles, was den Zusammenhang Kind–Schule betrifft, aus der Perspektive der Relation untersucht werden.

»Sie allein trägt zum Verständnis der Vielzahl von Konflikten, ihrer Lösungsmöglichkeiten und der Verflechtung von inneren und äußeren Motivationen bei. Der Eintritt in die Schule und später die gesamte Schulausbildung vollziehen sich im Zuge von aufeinanderfolgenden Mißverständnissen, aufgrund der Divergenz der bewußten Absichten und der unbewußten Projektionen der beteiligten Parteien: des Kindes, der Eltern, der Lehrer, der Gesellschaft.

Die wahre Erziehung scheint letztlich die zu sein, die die verschiedenen Motivationen in ihren Anforderungen harmonisiert und es ermöglicht, ein wirklich lustvolles Funktionieren der Libido zu gewährleisten, den von der Außenwelt auferlegten Frustrationen zum Trotz und ohne sie zu leugnen« (S. Decobert und R. Diatkine [63]).

Die Schule befriedigt also das Bedürfnis nach neuen Erfahrungen, das, wie Freud hervorgehoben hat, sich dem Mechanismus der Wiederholung infantiler Konflikte widersetzt, wie sie die Neurose charakterisieren.

Vor Abschluß dieses Abschnitts über die Konfrontation von Psychoanalyse und Pädagogik muß mit S. Decobert [62] darauf aufmerksam gemacht werden, daß, wenn der Pädagoge bei dieser Konfrontation durch die Angst vor Minderwertigkeit benachteiligt ist, der Kinderanalytiker seinerseits durch eine gewisse Schwierigkeit belastet scheint, sich von der Rücksicht auf den sozialen und pädagogischen Faktor freizumachen, und er tut sich oft schwer, von den Eltern zu verlangen, die unumgängliche Notwendigkeit der Schule in den Hintergrund treten zu lassen, während sich das für die Behandlung einer Persönlichkeitsstörung doch geradezu aufdrängt.

So kann Ernst Kris [204] der Kinderanalyse den Vorwurf machen, sich unfreiwillig in einer antianalytischen Perspektive festzulegen, und zwar aufgrund ihrer Unfähigkeit, sich vom pädagogischen Über-Ichideal der Gesellschaft freizumachen. Pädagogik und Kinderanalyse wetteifern in ihren Bemühungen um das identische Ziel einer »sozialen Medizin«, die doch in die Zuständigkeit weder der einen noch der anderen fällt.

3. *Therapie*

Wenn die Methoden einer sogenannten »kurativen Pädagogik« auch häufig nur erarbeitet wurden, um jede Einmischung von Psychologie oder Psychotherapie auszuschließen, haben die psychoanalytischen Erkenntnisse doch dazu beigetragen, eine *verstehende Pädagogik* und pädagogische Methoden zu fördern, die unterschiedliche Bedürfnisse des Kindes in Rechnung stellen und darauf abzielen, es durch einen individualisierten Kontakt zu heilen: sei es allein von Schwierigkeiten in der Schule (Mißerfolge mit neurotischem Ursprung oder Schulverweigerung), sei es von umfassenderen Persönlichkeitsstörungen, und zwar mittels der Wiedereingliederung in die Schule und der Tiefenveränderung seines Verhaltens dem gesamten Schulwesen gegenüber (S. DECOBERT [62]).

Man bezieht sich in solchen Fällen auf den Begriff der Auflösung eines Konfliktes oder einer Blockierung, den der Dekonditionierung und den der Entspannung in der Beziehung des Kindes zu Erwachsenen, Eltern oder Lehrern.

Die mit diesen Methoden erzielten Ergebnisse bestätigen die Bedeutsamkeit dieser Strukturen in den dynamischen Wechselbeziehungen zwischen Kind, Eltern und Erziehern und die wichtige Rolle der Sonderpädagogik, die als umfassendes Einwirken auf die edukativen Beziehungen angelegt ist.

Zwischen Pädagogen und Psychoanalytikern kann sich eine unterschiedliche Einschätzung der einzuschlagenden Taktik und besonders der Vorrangigkeit von pädagogischer oder psychotherapeutischer Intervention ergeben.

Für P. MÂLE [241] schließen beide einander nicht aus, und die Reedukation oder die Sonderpädagogik ermöglichen eine Rekonstitution der Persönlichkeit und einen neuen Reifungsschritt. Überdies verhelfen sie zur Anknüpfung einer neuen Beziehung, im Rahmen derer sich eine von konfliktbelasteten Projektionen noch unversehrtes Imago einschalten kann (J. ROUART [292]).

MELANIE KLEIN ist der Ansicht, daß in manchen Fällen allzu viele Jahre pädagogischer Arbeit erforderlich sind, deren Ergebnisse in keinem Verhältnis zur aufgewendeten Energie stehen, und gibt einer Analyse den Vorzug vor pädagogischen Bemühungen.

Andere Autoren gehen eher eklektisch vor und meinen, daß die Wahl einer Therapie von verschiedenen Arten von Faktoren, wie der Struktur der Persönlichkeit, in die die Störung eingreift, den Umständen, die das Versagen provoziert haben, dem familiären Kontext usw., abhängig ist.

Je weniger die Störung in der Persönlichkeit verankert ist und je beiläufiger sie auftritt, um so mehr ist sie einer pädagogischen Wiederanpassung oder einer Reedukation zugänglich, während die psychotherapeutische Behandlung eher bei offenkundigen neurotischen Strukturen oder dann, wenn hartnäckiges Fortbestehen früher Konflikte vorliegt, zu indizieren ist. Der Psychoanalytiker legt sich in der Tat in Richtung der Wiederherstellung der Entwicklungs- und Anpassungsfähigkeit des Subjektes fest und versucht sich mithin an einer Neugestaltung der Tiefendynamik der im Symptom zum Ausdruck kommenden Störungen.

Wenn aber beide Behandlungsweisen zusammen angewendet werden, werfen sie theoretische und praktische Probleme, wie das der Verdünnung der Übertragung, auf.

In einer Abteilung, in der Pädagogen und Psychotherapeuten zusammenarbeiten, wird schnell deutlich, daß die Kinder und Jugendlichen die Tendenz haben, ihre Übertragungen bekanntzumachen und zu teilen. Sie erfassen den Unterschied zwischen Pädagogik und Psychotherapie nur schlecht und versuchen, die Freiheit, die sie in der Psychotherapie haben, in ihren Beziehungen zu den Pädagogen wiederzufinden. Umgekehrt scheinen sich ihre Übertragungshaltungen leichter den Pädagogen gegenüber herzustellen, mit denen sie fortgesetzt umgehen. Manche Autoren haben es vorgezogen, von Seiten-Übertragungen zu sprechen.

Ohne diesem gleichwohl für einen Psychoanalytiker sehr wesentlichen technischen Begriff auf den Grund zu gehen, sei hier S. Decobert [62] zitiert.

»Es scheint beispielsweise unerläßlich, die Übertragung im Rahmen der Behandlung, die Übertragungsneurose (wobei mit Melanie Klein anerkannt wird, daß sie beim Kind existiert), und die auf die Personen der Umgebung außerhalb der Kur übertragenen imago-artigen Beziehungen deutlich zu unterscheiden. Diese beiden einander offensichtlich sehr nahestehenden Übertragungstypen sind gleichwohl durch ihre eigene und unterschiedliche Dynamik charakterisiert, wobei der erste durch die Sitzung, der andere vom Alltagsleben, d. h. der Schule, kontrolliert und bedingt wird, mit allem, was sie an Fluktuation für ein nichtangepaßtes Kind bereithält, das häufig die Lehrer, die Orte, die Unterbringung, die Lebensweisen und sogar die Familie wechselt, und mit den in ihr verkörperten Gelegenheiten, die mit den Eltern erlebten Konflikte erneut mit dem Lehrer auszutragen. Paradoxerweise repräsentiert gerade der wöchentlich ein- oder zweimal für eine halbe Stunde aufgesuchte Therapeut die Stabilität, weil man sich mit ihm in den Bereich grundlegender und permanenter Gegebenheiten der Persönlichkeit, d. h. des Unbewußten und der Lösung von Konflikten, begibt.«

Es läßt sich noch eine andere Formulierung finden, die in Begriffen von Gruppenübertragungen skizziert werden kann. Die erste Gruppe umfaßt das Kind, den Therapeuten und den Sonderpädagogen (oder die Schule, das Beobachtungszentrum usw.), die andere das Kind, den Therapeuten und die Eltern.

»Das Kind neigt immer dazu, eine Triangulation wiederherzustellen und, gemäß dem grundlegenden Dynamismus der affektiven Beziehung, seine Relation im Verhältnis zu zwei außerhalb von ihm liegenden Polen auszuleben. Es versucht, diese beiden Pole zu manipulieren, um ihrer Vereinigung auszuweichen, oder sie zu seinen Gunsten zu spalten, oder zerstört sie, um sie zunächst rekonstituieren, später teilweise oder vollständig als Identifikationsobjekt benutzen zu können. Dieser Vorgang konstituiert ein Mittel des Kampfes gegen die eigenen Schwierigkeiten, gegen seine eigene Zerstückelung, wie uns die Einzelanalyse und die Analyse von Gruppenregungen gegen ihre Leiter zeigen. Das Gegeneinanderausspielen von Eltern und Therapeuten oder des Therapeuten und des Pädagogen kann also keine Streuung der Übertragung, sondern ein inneres Phänomen der Übertragungsentwicklung sein, wie man es vergröbert und vereinfacht bei der Übertragung in Gruppen erlebt. Es ist also wichtig, daß die Gegenübertragung der Beteiligten sie nicht die genaue Bedeutung des Anteils der unbewußten Provokation des konfliktbelasteten Kindes in den auseinanderstrebenden Übertragungsentwicklungen aus den Augen verlieren läßt« (S. Decobert [62]).

Man wird gewahr, daß die dynamischen Interaktionen sich auf die unterschiedlich miteinbegriffenen Beziehungen der Mitglieder des medizinisch-psychopädagogischen Teams untereinander auswirken. Das macht im Rahmen dieser Gruppe von Erwachsenen ständige Wachsamkeit erforderlich, um verhängnisvolle Spannungen abzubauen und Verhaltensweisen auszuschalten, die auf das Konto intensiver Projektionstätigkeit gehen.

Es muß also eine subtile Bearbeitung der sich wechselseitig entwickelnden Handlungen der Gruppenmitglieder, eine genaue Kenntnis der interpersonalen Beziehungen und der Übertragungsphänomene, also eine psychoanalytische Ausbildung vorausgesetzt werden.

Man hat mithin vorgeschlagen (G. Mauco [250]), daß alle Mitglieder solcher Teams diese Ausbildung hinter sich haben sollten, sei es als individuelle, sei es als technische Ausbildung in der Gruppe.

Das hatte bereits Melanie Klein angeregt, als sie den Wunsch äußerte, daß in einer Schule der Zukunft, die ihre Kräfte nicht mehr in einem vergeblichen Kampf gegen die Komplexe der Kinder vergeudet, sondern sich ihrer Entwicklung widmet, die Kindergärtnerinnen und Lehrerinnen in Kinderhorten sich einer persönlichen Analyse unterzogen haben sollten.

IX. Kindliche Angst, infantile Neurose und Erziehung

Viele Eltern, die aufgrund von Anzeichen neurotischer Angst bei ihrem Kind Rat suchen, verlangen, nachdem man ihnen eine Behandlung vorgeschlagen hat, Auskunft darüber, wie sie sich verhalten und in welchem Sinne sie ihre erzieherische Einstellung verändern sollen. Viele sind offenbar wirklich aufrichtig und wünschen dem Kind zu helfen. Manche, die sich schuldig fühlen, dringen sogar darauf, daß man sie auf die in der Vergangenheit begangenen Erziehungsfehler hinweist.

Auf welche Überzeugungen sollen wir unsere Antworten stützen? Welchen begrifflichen Raster sollen wir zugrunde legen?

Wir wissen in der Tat, daß gerade die Beziehung zwischen der Tiefenpersönlichkeit der Eltern und der des Kindes die neurotischen Symptome, ja sogar die Neurose herbeigeführt hat. Offensichtlich hätten also die erzieherischen Ratschläge auf diesem Gebiet nicht den geringsten Wert, solange man nicht die systemimmanenten Konflikte der Eltern grundlegend modifiziert hat. Wenn man aber annimmt, daß die Erziehungsrelation eine Wiederaufnahme von Herrschaft oder ein Abwehrprozeß der Eltern gegen bestimmte Ängste ist, kann es vielleicht möglich sein, ihnen andere Einstellungen zu zeigen und zu fördern und so das Kind zu entlasten.

Ohne hier die eigentliche Genese der neurotischen Symptome oder einer neurotischen Entwicklung des Kindes nachvollziehen zu wollen, möchten wir versuchen, einige Überlegungen zum Einfluß bestimmter erzieherischer Verhaltensweisen auf die Verhärtung oder Abschwächung einer neurotischen Entwicklung mitzuteilen und darzustellen, wie andere Verhaltensweisen das pathologisch machen, was lediglich eine normale Mutationsperiode war.

Das idealisierte Bild der Kindheit als einer Periode ungestörten Glücks ist in Wirklichkeit eine vom Erwachsenen rückprojizierte Phantasie. Nichtsdestoweniger sind sogar jene, die die Bedeutung von Konflikten für die psychische Entwicklung des Kindes anerkennen, immer versucht, das Auftreten von Angst im Leben des Kindes für ein Symptom zu halten.

Wir halten als Utopie auch an der Auffassung fest, daß die alten Leiden des Erwachsenen sich beim Kind nicht wiederholen dürfen. Die von der Psychoanalyse beigesteuerten Erkenntnisse – und namentlich ihre Auffassung des Todestriebes und der Aggressivität – haben aber gezeigt, daß die Konflikte unausweichlich sind und die Angst nicht einfach nur durch eine von außen kommende Bedrohung erklärt werden kann. Es handelt sich um Prozesse, die für interne und triebgebundene gehalten werden.

»Keine von außen kommende Gefahrsituation kann vom Kleinkind als eine rein äußere und bekannte Gefahr erfaßt werden.

Von Anfang an sind die inneren Kräfte des Todestriebes und der Aggressivität die Hauptgefahren, die den Organismus bedrohen« (MELANIE KLEIN [195]).

Man darf also die Angst beim Kind nicht immer für ein Symptom halten, und selbst die beste Erziehung kann sie nicht vermeiden. TH. BENEDEK [28] beispielsweise ist der Ansicht, daß ein Weinkrampf beim Kind nie ausschließlich durch ein zwingendes physiologisches Bedürfnis wie Hunger oder Schmerz, sondern durch das Mißlingen z. B. eines Kommunikationsversuches verursacht wird.

Bekanntlich hat FREUD mehrere Angsttheorien ausgearbeitet. In seinem gesamten Frühwerk nahm er an, daß die Neurose die Konsequenz externer Traumen war und die Angst infolgedessen mit verhängnisvollen Ereignissen in Zusammenhang stand. Erst später, nach der Neugestaltung der psychoanalytischen Theorie, als er das Wesen der Phantasien untersuchte, kam es zu einer Revision der Theorie der Angst.

Anfangs wird die Angst mit dem Verlust an psychischer Energie in Zusammenhang gebracht, dann wird sie als Resultat der Verdrängung ins Auge gefaßt, und zwar in dem Maße, wie sie insbesondere durch Symptome zum Ausdruck kommt, die die erneute Triebüberflutung anzeigen, und erst in der letzten Phase seines Werkes (»Hemmung, Symptom und Angst« [140]) werden Angst und Aggressivität verbunden, wobei die Angst als Signal für die Entfesselung von Aggressivität auftritt, die ihrerseits zu Kastrationsangst oder Trennungsangst führen kann, aus Besorgnis des Liebes- oder Objektverlustes. In ebendieser Perspektive sollen die Beschreibungen von Trennungsangst bei JOHN BOWLBY angeführt werden.

J. BOWLBY [43] hat, als Folgerung aus seiner Theorie der verschiedenen Primärtriebe, sie bekanntlich vollständig auf die Trennungsangst zurückgeführt; dabei stützt er sich auf zahlreiche Textstellen bei FREUD, etwa die folgende:

»Nur wenige Fälle der kindlichen Angstäußerung sind uns verständlich; an diese werden wir uns halten müssen. So, wenn das Kind allein, in der Dunkelheit, ist und wenn es eine fremde Person anstelle der ihm vertrauten (der Mutter) findet. Diese drei Fälle reduzieren sich auf eine einzige Bedingung, das Vermissen der geliebten (ersehnten) Person« [140].

Wir haben, als wir die Grundlagen bestimmten, auf die sich die Autorität bei der Erziehung stützt, bereits darauf hingewiesen, daß der Erwachsene sich die Angst des Kindes zunutze machen und beispielsweise eine Art »Erpressung mittels der Trennungsangst« ausüben kann. Diese Erpressung reicht von gewöhnlichen Drohungen einem Kleinkind gegenüber, das nicht gehorcht: große Augen machen, mit Verlassen des Zimmers drohen, anderswohin gehen, bis hin zu mehr oder weniger deutlichen Äußerungen von Sadismus: »Ich gehe für immer weg, du wirst mich noch umbringen« oder bis hin zu Versteckspielen über die Grenzen des Erträglichen hinaus. Selbst die warmherzigsten Familienbeziehungen sparen für das Kind genügend viele Situationen auf, in denen diese Trennungsangst unausweichlich auftaucht, auch wenn das erzieherische Verhalten sie nicht als Druckmittel einsetzt. Soweit in diesem Zusammenhang ein Ratschlag von ANNA FREUD.

Unter bestimmten Umständen kann diese Angst folglich schädlich werden.

Ohne jeden Zweifel sind die frühe Betreuung des Kindes und die Bemühungen, die man auf sich nimmt, um es nicht von der Mutter zu trennen und es im affektiven und sensorischen Bereich früh zu fördern, in der Lage, die Angst abzuschwächen, aber nur bis zu dem Punkt, wo der Todestrieb sich einschaltet, um sie zu einer der Grundlagen der Entwicklung der Psyche zu machen. Bei der Untersuchung der Auswirkungen des Fehlens von mütterlicher Fürsorge und von Trennungen sind die Konsequenzen derartiger schrecklicher Erziehungsmethoden ersichtlich geworden. Es steht ebenso fest, daß bestimmte Erfahrungen vermieden werden müssen, die dann gemacht werden, wenn das Kind in einer langanhaltenden Situation von Nicht-Befriedigung bei Anwachsen einer Spannung verbleibt, die sich aus Bedürfnissen ergibt, angesichts derer es ohnmächtig ist, ohne daß es in der Lage wäre, diese Spannung psychisch zu bemeistern oder sie abzuführen.

Tatsächlich entwickelt sich die Angst, wenn das Nervensystem unfähig ist, einer Summe von Reizen durch eine angemessene Reaktion zu begegnen. Wenn man sich J. Bowlby und seiner Theorie der Primärtriebe anschließt, scheint es wünschenswert, diese Triebe einigermaßen zufriedenzustellen, und jede Mutter tut das »instinktiv«, um ihrem Kind gerade diese Primärängste zu ersparen.

D. Winnicott hat mit Nachdruck auf die Unsicherheit als wesentliche Basis der Angst beim Kind hingewiesen. Wenn Babys und Kinder aufgeschreckt sind, möchten sie bei ihrer Mutter Sicherheit finden. Wenn ihnen das nicht gelingt, sind sie doppelt bestürzt: es fehlt an Trost wie an Sicherheit.

»In der frühen Kindheit ist die Einsamkeit die große Quelle von Schrecken«, schrieb William James im Jahre 1890. Man muß sich aber auch fragen, ob das Erziehungsverhalten, da die Angst unausweichlich ist, nicht auf das Erlernen einer gewissen Angsttoleranz seitens des Kindes, ihrer Beherrschung und sogar ihrer Umwandlung in Handlung und Kreativität durch die Selektion von Abwehrmechanismen hinauslaufen sollte, die ohne ebendieses erzieherische Verhalten die Tendenz haben würden, sich pathologisch zu entwickeln.

Diese Art und Weise, eine »spartanische« Erziehung ins Auge zu fassen, die die Angstsituationen vermehrt, indem sie sie adaptieren hilft, beruht auf der Vorstellung, daß das Individuum auf dem Wege zur Fähigkeit des Selbstschutzes einen großen Fortschritt macht, wenn es eine traumatische Situation vorhersehen und sich auf ihr Auftauchen vorbereiten lernt, anstatt zu erwarten, daß sie eintritt.

Nichtsdestoweniger ist H. S. Sullivan [330] der Ansicht, daß intensive Angst, die die Verdrängung nach sich zieht, nur durch falsch verstandene Erziehungsmethoden bewirkt werden kann. Wie wir bereits weiter oben hervorgehoben haben, bestehen zwei Gefahren, wenn man die Toleranzschwelle des Kindes hinsichtlich der Angst nicht aufmerksam ins Auge faßt, und zwar mit Rücksicht auf sein Alter und die Situation.

Die erste ist die, die sadistischen Tendenzen des Erwachsenen unter dem Deckmantel erzieherischer Verhaltensweisen zum Ausdruck kommen zu lassen.

Die andere ist die, sich vorzustellen, daß ein gleichwertiger Lernprozeß das alleinige Ergebnis des bewußten Verhaltens der Eltern wäre.

Angstsituationen sind häufig sogar *nach* der frühen Kindheit das Schicksal des Kindes.

»Die Angst ist, wie man gesagt hat, Bestandteil der normalen Entwicklung des Kindes. Ihr Auftauchen ist während der kritischen Perioden unvermeidlich. Im Verlauf der Ausarbeitung der Lebenskonstellation, die wir unter dem Begriff des Ödipuskomplexes zusammenfassen, ist die begleitende Kastrationsangst der fruchtbare Boden, auf dem die moralischen Energien wachsen. Die Integration des Über-Ich wurzelt in der Angst. Sie lebt beim Erwachsenen im moralischen Bewußtsein als Furcht weiter. Ebenso hat man behauptet, daß das Erscheinungsbild dessen, was beim Erwachsenen für Symptombildung gehalten werden kann, beim Kind als zeitlich begrenzter Kompromiß auftreten kann« (Ernst Kris [204]).

Es scheint jedoch nicht möglich, die für jede dieser Perioden geeignetste Erziehungsmethode zu systematisieren, die die Angst mäßigt oder umgeht.

Als man annahm, daß die infantile Neurose das Produkt unausweichlicher familiärer Konflikte sei, glaubte man auch, daß günstige Erziehungsmaßnahmen die Komplikationen und Wechselfälle der Ödipussituation und beispielsweise die Kastrationsangst abschwächen oder aus der Welt schaffen könnten; zugleich war man der Ansicht, daß die Modifikationen, die die Psychoanalytiker in den Bereich der Erziehung einführen könnten, imstande wären, die Entwicklung in Richtung einer infantilen Neurose und folglich auch einer Erwachsenenneurose aufzuhalten.

In diesem Zusammenhang sollte an die Überlegungen Freuds [144] zur Notwendigkeit einer Psychoanalyse der Erzieher und an das erinnert werden, was Marie Bonaparte ihm in ihrem Aufsatz über *»La prophylaxie infantile des névroses«* [35] zuschreibt. Sie erklärt darin, Freud habe ihr gesagt, zahllose Erzieher und Psychologen müßten einer Psychoanalyse unterzogen werden, bevor sie selbst Kinder analysieren und deren Neurosen aus dem Wege räumen könnten.

Man sieht da die Hoffnung am Werk, daß die Psychoanalyse dank ihres erzieherischen Beitrags in der Lage sein möge, die Auswirkung der neurotischen Morbidität beträchtlich zu verändern. Und hier muß an Melanie Klein erinnert werden, die die Notwendigkeit einer Psychoanalyse für alle Kinder behauptet.

Die Entwicklung der psychoanalytischen Theorie hat jedoch den mehr oder weniger trügerischen Charakter solcher Hoffnungen und namentlich die für das Kind unumgängliche Notwendigkeit deutlich gemacht, die inneren Konflikte zu überwinden und zu lösen, die das Produkt seiner grundlegenden Ambivalenz sind. Neuere Überlegungen zum Problem der Genese und der Grenzen der infantilen Neurose finden sich in verschiedenen Aufsätzen, die in der Zeitschrift *»Psychiatrie de l'enfant«* (R. Diatkine [71], S. Lebovici und D. Braunschweig [229], L. Kreisler, M. Fain und M. Soulé [201]) erschienen sind.

Einer der Autoren (Lebovici) und D. Braunschweig betonen den symptomatologischen Polymorphismus, die Mutation der Strukturen, die in der Tat bei der Mehrzahl der Fälle lange wenig gesichert sind, den Einfluß der inneren Dynamik und möglicherweise von außen kommender Reaktionen, aber auch die Auffassung, dergemäß »jeder im Verlauf seiner Entwicklung wenigstens eine Neurose (die infantile Neurose) hat. Bestimmte phobische und Zwangsmechanismen sind integrierender Bestandteil der normalen Entwicklung«. R. Diatkine macht seinerseits auf die Existenz und die Entstehung normaler Symptome oder normaler Wechselfälle der Entwicklung des Kindes aufmerksam.

Wir möchten uns hier auf einige Überlegungen zum Einfluß des erzieherischen Eingreifens der Eltern auf die Einkleidung, ja sogar auf die Strukturierung bestimmter präneurotischer oder paranormaler Zustände des Kindes beschränken. Zunächst wollen wir auf die erste Überlegung zurückkommen, die FREUD im »Kleinen Hans« zum Thema der infantilen Phobien geäußert hat, die ohne Behandlung nach einigen Monaten oder Jahren zurückgehen, einfach deshalb, weil sie von der Umgebung schlecht ertragen werden:

»[...] welche psychischen Veränderungen eine solche Heilung bedingt, welche Charakterveränderungen mit ihr verknüpft sind, darin hat niemand Einsicht. Wenn man dann einmal einen erwachsenen Neurotiker in psychoanalytische Behandlung nimmt, der, nehmen wir an, erst in reifen Jahren manifest erkrankt ist, so erfährt man regelmäßig, daß seine Neurose an jene Kinderangst anknüpft, die Fortsetzung derselben darstellt, und daß also eine unausgesetzte, aber auch ungestörte psychische Arbeit sich von jenen Kinderkonflikten an durchs Leben fortgesponnen hat [...]« [115].

R. DIATKINE und J. FAVREAU [69] hatten auf einige erzieherische Reaktionen von Eltern auf bestimmte Ängste des Kindes aufmerksam gemacht:

»Die Vorstellung des Todes kommt häufig früher zum Ausdruck, als man klassischerweise zugibt, und die Eltern ertragen es schlecht, sich ihr Schicksal vom Kind bestätigen zu lassen, das es bereitwillig benutzen würde, um sie zu überwinden.

Neben dieser grundlegenden Angst stellen auch die infantilen Ängste und Phobien die Eltern auf die Probe. Die einen profitieren davon, um Einfluß auf das Kind auszuüben, das ihnen sonst zu entgleiten droht, und bedienen sich seiner Angst als Erziehungsmittel und in den Tiefenschichten auch als Abwehrhaltung gegen ihre eigene Angst. So handeln etwa die Mütter mit phobischer Struktur, die sich bereitwilligst die Angst vorm Werwolf zunutze machen, um sich vor ihren agoraphobischen Tendenzen zu schützen. Eine andere Reaktionsweise angesichts der Angst von Kindern ist die sadistische Tendenz, sie eigenmächtig angsterregenden Situationen auszusetzen, und das läßt zwischen Eltern und Kindern eine stark erotisierte sadomasochistische Beziehung entstehen. Banalen Symptomen wie etwa Ritualen gegenüber verhalten sich Eltern verschieden: da sind die, die um jeden Preis darauf abzielen, sie abzustellen, die, die sie ignorieren, die, die sie fördern, und bei all diesen Verhaltensweisen gibt es weniger Unterschiede als man glauben möchte. Sie sind ziemlich leicht wahrzunehmen, und ihnen liegen Einstellungen zugrunde, die dem Unbewußten des Kindes nicht entgehen; daher dann die große Variationsbreite der Reaktionen des letzteren, in denen sich verschiedene Typen von Gehorsam, Opposition und Identifikation mischen. Das kann dazu führen, daß den Eltern schwer erträgliche Spiegelbilder ihrer Tiefeneinstellungen vorgehalten werden. Sie reagieren ihrerseits, und das zieht Gegenreaktionen des Kindes nach sich, die schließlich zu offensichtlich unentwirrbaren Situationen führen.«

Einer der Autoren (LEBOVICI [229]) zog in diesem Zusammenhang die folgenden Schlußfolgerungen:

»In allen diesen Fällen *kann das Verhalten der Eltern eine Rolle für die Entwicklung dieser kleinen Rituale spielen.* Wenn sie tolerant sind, wenn die Mutter nicht zögert, das langerwartete Lied zu singen, die Geschichte zu erzählen, das Nachtlicht brennen oder die Zimmertür offenstehen zu lassen, schläft das Kind friedlich ein, und seine Rituale sind gemeinhin nicht sehr dauerhaft. Umgekehrt reagieren die Kinder auf Intoleranz der Eltern sehr häufig mit wachsenden Ansprüchen, die die mehr und mehr ausbrechende Angst unkenntlich machen; um so mehr, als solche Eltern sich angesichts der Angst des Kindes und den von ihr bedingten reaktiven Äußerungen besonders aggressiv zeigen. Man hat oft hervorgehoben, daß die Toleranz der Eltern sogar für die Bildung neurotischer Symptome eine Rolle spielt. Allgemein läßt sich sagen, daß die *Eltern* die Angst *besser* als Charakter- oder Verhaltensstörungen *ertragen*: eine Mutter wird sich etwa bereitwillig den Ansprüchen eines Kindes fügen, das kleine abendliche Rituale fordert, um so mehr, als sie auf ihre eigene Angst antworten. Umgekehrt wird sie jedoch lebhaft auf Eßstörungen oder Verspätungen beim Erlernen der Sphinkterkontrolle oder auf Unruhe des Kindes reagieren, um so mehr, als diese verschiedenen Äußerungen darauf hinauslaufen, das narzißtische Gleichgewicht zu stören, das sie im Zusammenhang mit ihrer mütterlichen Funktion gebildet hat. Diese Erwägungen können auf die große Mehrheit der Fälle angewendet werden, aber die Gegenübertragungsphänomene, deren Bedeutung wir deutlich gemacht haben, machen verständlich, daß die Neurose des Kindes im strengen Wortsinn ein wirkliches Ausagieren *(acting out)* der Mutter oder beider Elternteile ist. Das Kind wird dann unbewußt zu Zwecken der Triebabfuhr benutzt, die, ohne von ihnen Gebrauch zu machen, die Abwehreinstellungen des Ichs der Eltern durchkreuzt, wenn die über das Verhalten ihres Kindes in Unruhe geraten, wie wenn es sich um ihr eigenes Ausagieren handelte. Wir haben ebenfalls gesehen, daß die Neurose in scharfer Form aufrechterhalten werden kann, um auf das neurotische Gleichgewicht der jedem der beiden Elternteile eigenen Objektbeziehungen und auf ihre neurotische Einstellung zu reagieren: in diesen Fällen ist das Kind gewissermaßen das Symptom der Charakterneurose der Eltern. Man kann sich solche Fälle vorstellen, wenn man auf eine topische Analyse der Störungen dieses familiären Gleichgewichts Bezug nimmt: die Unzulänglichkeiten der Funktion des Über-Ichs der Eltern sind für Identifikationsschwierigkeiten auf der Ebene des Kindes verantwortlich und führen folglich zu Disharmonien in der Funktionsweise ihres eigenen Über-Ichs. Alles spielt sich so ab, als ob das Triebsystem und das Es auf wenig entwickelte Weise zum Ausdruck kämen. Je nach dem Entwicklungsstand werden die Konflikte zwischen Eltern und Kindern auf der Ebene der Eltern in Begriffen von Instanzenkonflikten erlebt. Angesichts der Mächtigkeit ihres Es von Schwindel ergriffen, berufen sich die Eltern auf die Strenge ihres eigenen Über-Ichs, um den konfliktgeladenen Dialog innerhalb der Familie zu unterbinden. Eine solche Situation tritt sehr häufig bei den Konflikten von Jugendlichen auf: ein solcher Vater hat beispielsweise seine homosexuellen Triebanteile anhand der Freundschaften seines Sohnes erlebt, erklärt jedoch, bestürzt darüber, daß die Länge seiner Haare ein unerträglicher Zug von Verweiblichung sei.«

Hier könnten zahllose andere Beispiele angeführt werden, darunter das folgende:

»Zur Zeit der ödipalen Entwicklung kann ein Junge, ohne Einfluß auf zahlreiche Faktoren, die einerseits von der Entwicklung, andererseits vom Verhalten des Vaters abhängen, die Liebe seiner Mutter nur in regressiver Form erhalten, die im Bereich der temporären Regression durch anale Verhaltenszüge zum Ausdruck kommt. Die Reaktion der Eltern auf diese anale Regression ist geeignet, die Neurose auszubilden, die sich für lange Zeit lediglich als Reaktion auf den Wunsch der Mutter nach Sauberkeit ausdrückt. Mit anderen Worten: die Reaktion des Kindes ist zugleich eine Form von Protest gegen den mütterlichen Perfektionismus und Ausdruck seiner Ambivalenz dem Bild der Mutter gegenüber; sie ist der Reflex der frühesten und subtilsten Identifikationen. In einem solchen Fall könnte man von reaktiven Störungen sprechen und annehmen, daß ein erzieherisches Einwirken auf die Mutter oder eine Milieuveränderung geeignet wären, die Störungen zu beheben. Es ist richtig, daß die Unterbringung in einer Institution hier möglicherweise zum Verschwinden etwa einer Enuresis beiträgt. Die Organisation der Regression wäre zugleich aber wohl solider als man angenommen hat, und die anläßlich dieser Reaktionsstörungen erneut aufbrechende Neurose wäre geeignet, eine in dieser Phase schwer einzuschätzende Fernwirkung auszuüben. Jedenfalls kann der Einfluß dessen, was man familiäre Störungen nennen könnte, nur im Lichte einer sehr vertieften Untersuchung der Weisen der Besetzung des Kindes durch seine

Eltern ermessen werden, was auf wissenschaftlichem Gebiet die Bedeutung von Gemeinschaftspsychoanalysen deutlich bestätigt, wie sie von ANNA FREUD empfohlen worden sind, um so mehr, als jedes Einwirken auf die Eltern, abgesehen von psychotherapeutischer oder psychoanalytischer Behandlung im eigentlichen Sinne, auf womöglich gerade entgegengesetzte Auswirkungen hinauszulaufen droht, jedenfalls auf gänzlich andere, als man beabsichtigt hatte.«

Man sieht also, daß vielfache Interaktionen möglich sind. Das Kind sieht sich aufgrund seiner eigenen inneren Dynamik und aufgrund seiner Beziehung zu den Eltern mit der Angst konfrontiert und versucht, Abwehrprozesse und Gegenbesetzungen aufzurichten, deren symptomatologischer Ausdruck (sei es von paranormalem, präneurotischem oder bereits deutlich pathologisch strukturiertem Zuschnitt) das eigene Gleichgewicht der Eltern wieder in Frage stellt und sie ihrerseits ängstigt.

Sie können reagieren, haben aber – wie wir bereits hervorgehoben haben – die Rationalisierungen zur Verfügung, die die erzieherischen Erfordernisse, der kulturelle Druck und seine normative Kraft bereitstellen. Infolgedessen sieht das Kind sich gezwungen, seine Abwehrhaltungen auszubilden und zu strukturieren, indem es diese neuen Gebote in Rechnung stellt. Wenn die auch zugleich Begrenzungen und Verbote sind, so sind sie doch auch Modelle, die seinen Identifikationsfähigkeiten vorgelegt werden, um die eigenen Strukturen zur Kanalisierung seiner Angst zu entwickeln.

So wird ein offensichtlicher Widerspruch verständlich:

- Die Toleranz und das Verständnis der Eltern sind, wie wir soeben gesehen haben, einerseits für das ängstliche Kind heilsam und können ihm helfen, die Symptomäußerungen allmählich abzubauen und sie in den Grenzen der normalen Variationsbreite zu halten.
- Das ängstliche Kind braucht jedoch andererseits eine bestimmte erzieherische Festigkeit seitens der Eltern und muß lernen, seinen Ängsten entgegenzutreten. Es kann in der Tat nicht darum gehen, unter dem Vorwand des Verständnisses bestimmte Äußerungsformen von Symptomen zu bewerten und zu deuten, sondern ihm im Gegenteil zum Prozeß der Sublimierung zu verhelfen. Alles hängt letztlich von der Art und Weise ab, in der das Kind die Anwendung wahrnimmt, die der Erwachsene von der edukativen Beziehung macht, sei es, um ihm, sei es, um sich selbst Mut einzuflößen.

Es ist mithin wichtig, hier auf der theoretischen Überlegung zu bestehen, die von FREUD so ausführlich entwickelt und von S. LEBOVICI weitergeführt wurde:

»Die natürliche Geschichte und das Schicksal einer infantilen Neurose, d. h. ihr zeitlich begrenzter oder hartnäckiger und umfassender Charakter, können nicht nur mit dem, was sich in ihrem Umkreis abspielt, sondern auch mit der Organisation in Zusammenhang gebracht werden, die sich aus der ersten Form der infantilen Neurose ergibt, ebenso wie mit dem Charakter des Organisators, den sie haben kann. Mit anderen Worten: das Schicksal der infantilen Neurose ist nicht nur durch die Summe der Traumen bestimmt, die die Umgebung zufügen kann, sondern auch durch die anfängliche Form dieser infantilen Neurose und den Einfluß, den sie auf die Organisation der Psyche wie auf das neurotische Gleichgewicht der gesamten Familie ausübt« [229].

X. Die psychoanalytische Behandlung des Kindes und seine Erziehung

Wenn man sich heute auch weniger offen Sorgen über die Gefahren macht, die eine analytische Behandlung für die gute Erziehung eines Kindes darstellt, und auch wohl nicht mehr ein Kapitel »Angst vor Sittenlosigkeit als mögliche Folge der analytischen Behandlung« betiteln würde, wie es noch ANNA FREUD im Jahre 1927 in ihrem Buch »Einführung in die Technik der Kinderanalyse« [95] getan hat, ist es doch sicher, daß sich das Problem auch weiterhin stellt.

FREUD hat sich in diesem Zusammenhang sehr förmlich geäußert, und im Schlußkapitel seiner Untersuchung der Phobie des »Kleinen Hans« behauptet er, daß, wenn alles gut ausgeht,

»die Analyse nämlich den *Erfolg* der Verdrängung nicht rückgängig (macht); [...] sie ersetzt die Verdrängung durch die Verurteilung.«

MELANIE KLEIN [196] sieht in ihrem im Jahre 1921 geschriebenen Aufsatz »Eine Kinderentwicklung« darin nur Vorteile:

»Ich meine, daß keine Erziehung des analytischen Einschlags entbehren sollte, weil sie sich damit einer wertvollen, in ihren prophylaktischen Wirkungen noch unabsehbaren Hilfe begibt. [...] Die Psychoanalyse hätte dabei der Erziehung als Behelf – als Ergänzung – zu dienen, die als richtig erkannten bisherigen Grundlagen blieben dadurch unberührt. [...] Aber noch etwas anderes konnte ich aus diesem Falle lernen. Wie vorteilhaft und notwendig es wäre, den analytischen Einschlag ganz zeitlich [sic!] in die Erziehung einzuführen – sobald wir uns mit dem Bewußtsein des Kindes ins Einvernehmen setzen, auch schon die Beziehung zu seinem Unbewußten anzubahnen.«

MELANIE KLEIN zufolge besteht kein Grund zu der Besorgnis, daß die Analyse von Kleinkindern allzu tiefreichende Auswirkungen haben könne. Der größte Teil des bisher in die Komplexe verstrickten unbewußten Lebens setzt seine Aktivität in größerer Freiheit fort, denn die Kraft der Wünsche und triebhaften Neigungen kann sich nur abschwächen, wenn sie bewußt werden, und die Analyse von Kindern bietet ihnen Schutz gegen die schweren Chocs und ermöglicht ihnen, ihre Hemmungen zu überwinden. Sie beeinträchtigt die bereits bestehenden gelungenen Verdrängungen, Reaktionsbildungen und Sublimierungen nicht, sondern eröffnet im Gegenteil neue Möglichkeiten der Sublimierung.

Was FREUD betrifft, so schrieb er im Zusammenhang mit der Analyse des »Kleinen Hans«:

»Die Triebe, die damals unterdrückt wurden, bleiben die unterdrückten, aber sie erreicht diesen Erfolg auf anderem Weg, ersetzt den Prozeß der Verdrängung, der ein automatischer und exzessiver ist, durch die maß- und zielvolle Bewältigung mit Hilfe der höchsten seelischen Instanzen, mit einem Worte: *sie ersetzt die Verdrängung durch die Verurteilung*« [115].

MELANIE KLEIN weist jedoch in einer 1947 geschriebenen Fußnote darauf hin, daß sie den in diesem Text entschlossen geäußerten Optimismus habe abschwächen wollen.

Auch ANNA FREUD bringt eine, wenn auch unterschiedliche Besorgnis im Kapitel über Erziehung in ihrem Buch »Einführung in die Technik der Kinderanalyse« zum Ausdruck.

Sie hebt da die Unterschiede zwischen der analytischen Behandlung von Kindern und Erwachsenen hervor. Bei Kindern sind die moralischen Grundregeln noch nicht voll in Kraft, und sie werden unter dem Druck eines bevorzugten Erwachsenen, Elternteils oder Erziehers, internalisiert, während es, sich selbst überlassen oder in Gemeinschaft mit anderen Kindern, sich ganz andere Freiheiten herausnehmen kann.

Überdies ist die Analyse eines Kindes keine Privatangelegenheit zwischen zwei Personen, dem Analytiker und seinem Patienten, sondern die Eltern schalten sich ständig ein. Wenn gerade sie zum Teil Ursache der neurotischen Schwierigkeiten des Kindes gewesen sind, scheint es gefährlich, ihnen die Entscheidung über das Schicksal des jetzt befreiten Trieblebens des Kindes zu überlassen.

ANNA FREUD äußert auch die Befürchtung, daß das Kind, wenn man es sich selbst überläßt und ihm jeden äußeren Halt entzieht, nur einen einzigen kurzen und bequemen Weg zur Verfügung hat, den der unverzüglichen Befriedigung. So schreibt sie:

»Der Analytiker selber muß die Freiheit für sich beanspruchen, das Kind in diesem wichtigsten Punkt zu leiten, um auf diese Art das Ergebnis der Analyse einigermaßen sicherstellen zu können. Das Kind muß unter seinem Einfluß lernen, wie es sich seinem Triebleben gegenüber zu verhalten hat. [. . .] Es muß dem Analytiker gelingen, sich für die Dauer der Analyse an die Stelle des Ichideals beim Kinde zu setzen. [. . .] Nur wenn das Kind fühlt, daß die Autorität des Analytikers auch über die der Eltern gestellt ist, wird es bereit sein, diesem neuen, neben den Eltern angereihten Liebesobjekt jenen höchsten Platz in seinem Gefühlsleben einzuräumen.«

Wenig später bestätigt sie:

»[. . .]: die Schwäche des kindlichen Ichideals, die Abhängigkeit seiner Forderungen und folglich seiner Neurose von der Außenwelt, seine Unfähigkeit zur eigenen Beherrschung und die daraus sich ergebende Notwendigkeit für den Analytiker, das Kind erzieherisch in der Gewalt zu haben. Der Analytiker vereinigt also zwei schwierige und eigentlich einander widersprechende Aufgaben in seiner Person: er muß analysieren und erziehen.«

Gegenwärtig würde man sich nicht auf dieselbe Weise engagieren, und man achtet darauf, diese beiden einander widersprechenden Funktionen säuberlich zu trennen. Der Kinderanalytiker widmet sich ausschließlich der *Behandlung* von Kindern, indem er im Erziehungsbereich sowenig wie möglich interveniert. Er weigert sich, dem Kind wie den Eltern Ratschläge zu geben, und rechnet eher auf die günstigen Auswirkungen der Behandlung, die dem von seiner Neurose befreiten Kind ermöglichen, ein besser an seine familiäre Erziehungsmethode angepaßtes Verhalten zu entwickeln.

Umgekehrt nimmt sich ein anderer Psychotherapeut oder der Kinderpsychiater selbst der Eltern an, und wir haben weiter oben seine Grenzen und die Einschränkungen seines Spielraumes deutlich gemacht. Um so mehr muß aufrechterhalten werden, daß Eltern, die sich für jede Veränderung ihres erzieherischen Verhaltens als unzugänglich erweisen, die Psychotherapie unmöglich und unwirksam machen und das Kind sogar in eine qualvolle Situation bringen, in der allein der Abbruch der Behandlung geboten ist.

Im umgekehrten Fall läuft man häufig Gefahr, sich allmählich in eine schwierige Situation zu verstricken, die teilweise vom Kind selbst arrangiert wird, wenn es den einen Erwachsenen gegen den anderen wechselweise auszuspielen versucht, und die Eltern und besonders die Mutter etwa die Toleranz des Analytikers schlecht ertragen und ihm vorwerfen, ihre eigene Erziehungsarbeit so zu entwerten.

Anna Freud vergleicht diese Beziehung zwischen Analytiker und Eltern mit der geschiedener Eltern, wobei die Mutter dem Vater seine allzu große Nachsicht vorwirft, die ihm dadurch erleichtert wird, daß er das Kind nur episodisch sieht, ohne ihm alltägliche Zwänge auferlegen zu müssen.

Für lange Zeit vertraten die Kinderanalytiker, darunter Melanie Klein und Anna Freud, die Ansicht, daß die Kinderanalyse einen derart großen Aufwand an Verständnis und Toleranz seitens der Eltern erforderlich mache, daß einzig und allein Kinder von Eltern, die sich einer Psychoanalyse unterzogen hätten oder selbst Analytiker seien, davon profitieren würden.

Heute machen bestimmte Einsichten über die psychoanalytische Behandlung selbst einen festen Bestandteil des kulturellen Reisegepäcks aus, und die Entwicklung bestimmter Milieus hat, was liberalere Erziehungsvorstellungen und Toleranz angesichts des Triebgeschehens angeht, es ermöglicht, die Indizierung solcher Behandlungen auf Kinder nicht analysierter Eltern auszudehnen. Es scheint jedoch so, als könnten diese lange dauernden Behandlungen nur in der Umgebung von selbst analysierten Eltern ihre volle Wirksamkeit entfalten.

XI. Die Erziehung und die Organisation der psychischen Instanzen

Seit der Beschreibung der zweiten Freudschen Topik, die auf die *»Essais de Psychanalyse«* [136] zurückdatiert, ist der Begriff des Über-Ichs im Bereich der Erziehung popularisiert worden. So sprechen beispielsweise jene, die für eine liberale Erziehung plädieren, häufig von der Notwendigkeit, das Über-Ich nachgiebig zu machen. Ebenso will man, wenn man auf den *circulus vitiosus* hinweist, der, vermittelt durch das Bedürfnis nach Selbstbestrafung, von der Frustration zur Aggressivität führt, deutlich machen, daß Bestrafungsexzesse zwangsläufig Aggressivität erzeugen müssen, die sich auf das Über-Ich projizieren kann. Dieses Über-Ich erhöbe sich damit zur Höhe der Strenge der Eltern. In der ödipalen Entwicklung, die zur Identifikation führt, bezeichnete das Über-Ich als unbewußte Instanz dann in der Tat nichts anderes als die Interiorisierung der von den elterlichen Imagines ausgegangenen Verbote. Dann ließe sich sagen, daß die ödipale Entwicklung beim Jungen mit der Kastrationsangst abgeschlossen wird. Die diesbezügliche Absicht schriebe er dem Vater zu, der das Abbild seines projizierten Über-Ichs ist.

Eine solche Auffassung ist der psychoanalytischen Theorie nicht radikal entgegengesetzt, und die hält sich bewußt, daß die Abhängigkeit des Kindes in Hinsicht auf die Eltern-Imagines sehr lange andauert. Daher dann die nicht unrichtige Vorstellung – wie mehrfach ersichtlich wurde –, daß die Psychoanalytiker eine liberalere Erziehungskonzeption verfechten. Wie die Eltern ihre Rolle als Über-Ich sicherstellen müssen, so müssen sie auch angemessenerweise die Aggressivität auf sich nehmen, die das Kind aufgrund seiner unausweichlichen Frustrationen auf sie projiziert, damit es lernt, seine Triebe zu »beherrschen«, bestimmte Triebziele zu sublimieren (oder zu verschieben) und auch die Aggressivität zu verschmelzen, deren entmischter Überschuß das in Entwicklung begriffene Ich zu schwächen droht.

Zu ebender Zeit aber, als FREUD die zweite Topik beschrieb, verknüpfte er die Aggressivität mit der Entfaltung des Todestriebes, den man als grundlegenden und erogenen Masochismus beschreiben kann. Es gelang ihm dann, wie in »Das Unbehagen in der Kultur« [143] und »Neue Folge der Vorlesungen zur Einführung in die Psychoanalyse« [144] ersichtlich, das Über-Ich als direkte Projektion des Todestriebes auf die Eltern-Imagines zu beschreiben, wobei seine Strenge mit der phylogenetischen Erbschaft korrespondiert, wie sie der totemistische Mythos der Ermordung des Vaters durch die Urhorde zum Ausdruck bringt (s. »Totem und Tabu« [121]).

Ebenso bedeutet es eine schwerwiegende Entschärfung der psychoanalytischen Theorie, wenn man den Übergang des psychischen Geschehens vom Lust- zum Realitätsprinzip als Ergebnis eines gewissermaßen abgestimmten Verzichts beschreibt, der mit dem Wunsch nach Liebe und Verzeihung in Zusammenhang steht. Sicher läßt sich – wenigstens metaphorisch – sagen, daß das Kind, wenn es dem Druck der Sphinktererziehung unterworfen wird, auf die Befriedigung der analen Triebe verzichtet, um Liebesbeweise von der Mutter zu erhalten. Im Bereich der angewandten Erziehung macht dieses Bild durchaus deutlich, auf welche Weise die Mutter den Verzicht auf den direkten Ausdruck der analsadistischen Triebe erwirken kann. Die psychoanalytische Theorie ist jedoch komplexer. In seinem grundlegenden Aufsatz über die zwei Prinzipien des psychischen Geschehens hatte FREUD bereits im Jahre 1911 gezeigt, daß der Übergang vom Primat des Lustprinzips (halluzinatorische Befriedigung unter der Herrschaft von Primärmechanismen) zu dem des Realitätsprinzips aus einer Identifikation mit der erlittenen Frustration resultierte, wenn das Kind sich des äußeren Objektes bewußt zu werden begann. Seine Liebe zu diesem Objekt kann nur durch die vom halluzinierten Objekt ausgehende Befriedigung erzielt werden; das verwirklicht sich in der Phantasie (oder im Denken). Wenn das psychische Geschehen unter die Herrschaft der Sekundärprozesse gerät, schaltet sich die Realität des Objektes ein, die das Realitätsprinzip zu einer Modifikation des Lustprinzips macht.

All das läßt darauf schließen – und wir haben das in der Vorbemerkung zu diesem Kapitel deutlich gemacht –, daß das Kind sich gemäß diesen Prinzipien entwickelt:

- deren gleichsam unvermeidlicher Charakter seine Abhängigkeit angesichts des Objektes verständlich macht;

- deren Gewichtigkeit seine phylogenetische Erbschaft verstärkt;
- deren Einwirken auf die Mutter und deren zugehörige Phantasien, was das ödipale Über-Ich angeht, im Bereich ihrer Reaktion die Rolle eines Organisators durch die Etappen hindurch spielen, die wir in diesem Buch im Kapitel zur Entstehung der Objektbeziehung untersucht haben.

Der erzieherische *Optimismus* ist damit allen Ernstes in die Flucht geschlagen. Die ersten relationalen Erfahrungen scheinen nicht geeignet zu sein, bei der Organisation der metapsychologischen Instanzen und für das sie charakterisierende psychische Geschehen eine entscheidende Rolle zu spielen. Die folgenden Bemerkungen sollen nicht vergessen machen, daß das Phantasiegeschehen vor allem die internalisierten Konflikte und damit die Veränderungen der Trieborganisation zum Ausdruck bringt.

Insofern das Es als »Triebreservoir« beschrieben werden kann, ist man zu der Annahme berechtigt, daß seine Funktionsweise von relationalen Erfahrungen und von erzieherischen Verhaltensweisen unabhängig ist. Übrigens haben FREUD und später ANNA FREUD, als sie den Akzent auf die Gewichtigkeit der Konstitution legten, von der Stärke der Triebe gesprochen, die die Gegenbesetzungen auszubalancieren Mühe hätten.

Gleichwohl hat auch das Es seine durch das Primärsystem definierte Funktionsweise, von dem die Organisation der unbewußten Phantasien letztlich abhängt. Einer der Autoren (M. SOULÉ, zusammen mit L. KREISLER und M. FAIN [200]) hat in einer Arbeit zur Psychosomatik beim Kind deutlich gemacht, daß die Funktionsweise des Es zu Beginn des Lebens durch die narzißtischen Besetzungen mütterlichen Ursprungs sichergestellt wird, die der Konstitution als notwendigem Grundstoff Instanzen und Funktionsweise des unbewußten Seelenlebens zur Verfügung stellen. Es ist mithin schwierig, von erzieherischem Einfluß zu sprechen; die frühe relationale Sättigung erscheint jedoch in den Augen des Psychoanalytikers unerläßlich, und die Armut des Es (und damit der Wurzeln des Phantasielebens) tritt als Anzeichen für die Unzulänglichkeit der narzißtischen Zufuhr in Erscheinung, als wirklich spezifischer Zug des frühen Mangels.

Im Zusammenhang mit dem Über-Ich aber ist man – wie ersichtlich – durchaus berechtigt, von Erziehung zu sprechen, die jedenfalls eine unbestreitbare Rolle für die Modalitäten der differenzierten Identifikation spielt, die die ödipale Entwicklung abschließt. Das Problem ist jedoch schwieriger zu präzisieren, wenn man die Bildung der frühen Kerne des Über-Ich ins Auge faßt, die viele Autoren mit dem Erlernen der Sphinkterkontrolle in Zusammenhang gebracht haben (FERENCZI, *Die Sphinktermoral*). Sicher sind die diesbezüglichen Übertreibungen, die exzessiven und allzu frühen Anforderungen hinsichtlich der Entwicklung und die Erotisierung der mit der analen Funktion verknüpften Prozesse für die Bildung eines strengen und primitiven Über-Ichs verantwortlich, bezüglich dessen man die besonderen analen Funktionsweisen geltend machen kann, in deren Rahmen jede Beziehung, ohne Nuancierung und ohne ethischen Anteil, unter dem Zeichen von Geben und Zurückhalten erlebt wird. MELANIE KLEIN hat, als sie die oral- und die analsadistische Position der libidinösen Entwicklung beschrieb, deutlich gemacht, daß die Phantasmagorie des Kindes das Ergebnis seiner Aggressivität und seines daraus resultierenden projektiven und depressiven Schuldgefühls ist. Wie man jedoch häufig hervorgehoben hat (E. GLOVER [153], F. PASCHE und M. RENARD [265], S. LEBOVICI [221]), ist die Organisation der Phantasien bei ihr von der Realität des Objektes vollkommen unabhängig, drückt sie lediglich »den Kampf der Lebens- und der Todestriebe« aus. Die Beziehung und ihre erzieherischen Aspekte sind mithin ohne jeden Einfluß auf die Bildung des Über-Ich. Dasselbe läßt sich sagen, wenn man die letzten Aspekte der FREUDschen Theorie der primären (und sehr frühen) Identifikation, noch vor dem Erkennen des Objektes, geltend macht. Das primitive Über-Ich wäre gewissermaßen das erste Bild der Identifikation mittels des Mechanismus der Introjektion. FREUD hat gleichwohl Sorge getragen, darauf hinzuweisen, daß, welches Gewicht unserer phylogenetischen Erbschaft auch immer zukommen mag, der Junge – so das von ihm gewählte Beispiel – sich mit den spezifischen Eigenschaften seines Vaters identifiziert. Sein Pessimismus, der jede erzieherische Bemühung verdammen würde, wird mithin durch die Beschreibung dieser Introjektion, wie mysteriös sie insgesamt auch sei, korrigiert.

Dieser besondere Aspekt der FREUDschen Theorie gibt jedenfalls Anlaß, mit Nachdruck auf die Rolle der Tiefenpersönlichkeit der Eltern und des Vaters hinzuweisen, die allein in der Lage ist, die Auswirkungen der Projektion des Todestriebes oder Über-Ichs zu berichtigen. Die Beständigkeit und das frühe Auftreten der Über-Ich-Projektionen läßt auch daran erinnern, daß allein die gerecht dosierte erzieherische Frustration es der Aggressivität ermöglicht, sich mit den libidinösen Trieben zu mischen, während sie sich andernfalls auf das Ich richten würde, dessen Organisation ernstlich gefährdet zu werden droht.

Wir haben jedenfalls die genetischen Faktoren der Ich-Bildung hinreichend untersucht, um uns hier mit dem Hinweis zufriedengeben zu können, daß das Ich sich – großenteils – durch die Besetzung, später die Wahrnehmung des Objektes in seiner konkreten Realität entwickelt. Zweifellos läßt die biologische Abhängigkeit des menschlichen Kleinkindes dieses Objekt immer unbefriedigend erscheinen, und das rechtfertigt die projektive Ambivalenz und schmälert die Auswirkungen der Erziehung, in die sich sowohl die Realität als auch die Objektphantasien einschalten, die eine organisierende Rolle spielen. In den ersten Beziehungen ist das Objekt den Einflüssen des Ich des Kindes unterworfen, das es besetzt und wahrnimmt; es reagiert darauf mittels dieser seiner Einflüsse und Phantasien, und zwar auf eine Art und Weise, die immer zur Katastrophe zu werden droht; denn die Beziehung ist zunächst wenig vermittelt. Wenn wir von starkem oder schwachem Ich (geschwächt durch die Stärke der Triebe und ihre Trägheit und durch die Strenge des Über-Ich), von geschmeidigem, kohärentem, stabilem Ich usw. sprechen, benutzen wir noch vage und wenig konkrete Annäherungen, möchten jedoch in der Lage sein festzustellen, auf welche Weise sich in diesem Zusammenhang Erziehung abspielt. Alles läßt darauf schließen, daß sie eine Rolle – eine weniger wichtigere, als man lange gehofft hat – für die Bildung und Geschmeidigkeit der Gegenbesetzungen spielt, die die Abwehrmechanismen und die Reaktionsbildungen ebenso aufbauen wie die Verschiebungen von Triebzielen und besonders die Sublimierung. Die Bemühungen mancher Autoren um das Verständnis des

Spieles der Instanzen in einer sogenannten extensiven analytischen Psychologie machen jedenfalls deutlich, daß die Dekonfliktualisierung bestimmter Ich-Sektoren für die Beherrschung der kognitiven, analytischen und synthetischen Sphäre usw. unerläßlich ist. Hier rührt man jedoch an die Rolle der Erziehung im Bereich der Prophylaxe von Geisteskrankheiten und Neurosen, und das geht in gewissem Maße über die Ich-Organisation allein hinaus. Nur soviel sei – als Beispiel – gesagt, daß das, was man den Wißtrieb nennt, als sublimierter voyeuristischer Trieb aufgefaßt werden kann, d. h. als vom Druck des Schuldgefühls entlasteter Trieb, wie es die Phantasie der Urszene hervorbringt. Sicher ist die sie definierende Urphantasie weitgehend von frühen relationalen Erfahrungen unabhängig, aber das Schuldgefühl, das sie blockiert und jede Sublimierung zum bloßen Zufall verurteilt, hängt wahrscheinlich teilweise vom Verhalten der Eltern ab, ob sie sich nun zur Schau stellen (Gefahr der Erotisierung ihrer physischen Beziehungen angesichts der Kinder) oder jede derartige Demonstration im Familienleben auf übertriebene Weise einschränken.

Mit dem Hinweis auf das, was sie den Sozialisationsprozeß nennt, macht ANNA FREUD [99] in ihrer Untersuchung über die normale und die pathologische Entwicklung beim Kind deutlich, auf welche Weise die Triebentwicklung und die Erziehungsprinzipien an dieser Organisation mitarbeiten, deren einen Aspekt letztlich die psychischen Instanzen zum Ausdruck bringen. Nach der Phase der narzißtischen Allmacht tritt die nährende Mutter als »erster äußerer Gesetzgeber« in Erscheinung, und ihre Kontrolle muß sich, jenseits der körperlichen Bedürfnisse im strengen Sinne, allmählich auf die Triebe ausdehnen. Die Triebkontrolle wird dann verinnerlicht, und das setzt die Ausbildung der Sekundärprozesse des psychischen Geschehens und eine bestimmte gleichzeitige Ichentwicklung voraus. Die Mechanismen des Ich, die die Sozialisation fördern, sind nach ANNA FREUD: die Nachahmung elterlicher Verhaltensweisen, die Introjektion und die Identifikation.

Gleichzeitig aber werden bestimmte Es-Funktionen dieser Sozialisation zum Hindernis. ANNA FREUD macht darauf aufmerksam – und darin liegt einer der originellsten Aspekte ihres Beitrages –, daß die einsetzenden Abwehrmechanismen, die die Gegenbesetzungen der Es-Abkömmlinge ermöglichen, zugleich der Triebeinschränkung und der Anpassung an die Außenwelt dienen. Es besteht also kein Gegensatz zwischen Entwicklung und Abwehrorganisation (die tatsächlich zur Entwicklung beiträgt). Die Antinomie liegt gerade im Faktum der Entwicklung selbst, die eine Fesselung der freien Triebaktivität miteinbegreift. ANNA FREUD schlägt also vor, nicht von normalen oder pathogenen Abwehrmechanismen zu sprechen, sondern ihre Variationsbreite und ihre Wirksamkeit zu untersuchen. Es lassen sich dann die folgenden verschiedenen Faktoren klassifizieren:

- Übereinstimmung mit dem Alter (beispielsweise: die während der frühen Kindheit »normale« Projektion hat später pathologische Konsequenzen);
- Gleichgewicht (gesund ist die Abwehrorganisation, die von verschiedenen Abwehrmethoden gleichzeitig Gebrauch macht, ohne eine auszuschließen);
- Intensität (die quantitativen Faktoren scheinen eher als die qualitativen Faktoren für die Symptombildung verantwortlich zu sein);

– Umkehrbarkeit (die Abwehrtätigkeit muß mit der sie hervorbringenden Triebgefahr aufhören).

In dieses Gleichgewicht von Ich und Trieben können sich zahlreiche Störungsfaktoren einschalten. Die Beispiele ließen sich hier beliebig vermehren. So stimuliert – wie MELANIE KLEIN ganz wie ANNA FREUD gezeigt hat – das allzufrühe Interesse, das die Mutter dem Kind entgegenbringt, allzu früh die Ich-Bildung, und dieses Ich, das gegenüber der noch auf prägenitale Stadien fixierten libidinösen Organisation zu sehr im Vorteil ist, läuft Gefahr, sich in neurotische Regressionen zu verstricken. FREUD hatte sich dieses Problems bereits in »Die Disposition zur Zwangsneurose« [123] angenommen.

Mangelnde Ichentwicklung ist offensichtlich für verschiedene Störungen, besonders im Bereich der Sozialisation, verantwortlich; offenbar müssen aber die quantitativen Faktoren vorrangig untersucht werden. Die Aggressivität etwa, der man im Bereich der sozialen Nicht-Anpassung soviel Gewicht beilegt, schaltet sich gleichwohl lediglich ein, wenn sie entmischt auftritt. Die Risiken der Entmischung sind am größten zur Zeit der analen Entwicklung, dann, wenn die Aggressivität in einem starken Schub auftritt. Ihre Prädominanz kann auf das Konto der Ausrüstung gehen; sie kann aber auch die Unzulänglichkeit der libidinösen Entwicklung wiedergeben; hier schalten sich die Eltern ein: die Unzulänglichkeit ihrer Mitwirkung etwa in der Phase der anaklitischen Beziehung kann dafür verantwortlich sein.

Diese wenigen Bemerkungen veranschaulichen die Komplexität des Problems. Alles fordert uns mithin auf, mehr genaue und konkrete Beobachtungen über die Auswirkungen der edukativen Verhaltensweisen der Eltern anzustellen; auf praktischem Gebiet wird man einmal mehr gewahr, daß die diesbezüglichen Ratschläge nur unzulänglich auf die Komplexität des Problems eingehen; wieder wird deutlich, daß das Tiefen-Verhalten der Eltern bei der kulturellen Transmission der Instanzenbildung die Hauptrolle spielt. Und dieses Tiefen-Verhalten kann durch erzieherische Ratschläge offensichtlich nur stückweise zum Besseren hin verändert werden.

XII. Die Erziehungsrolle des Psychiaters und des Kinderanalytikers

Von Beginn dieses Kapitels an haben wir deutlich gemacht, daß der Kinderpsychiater eine bedeutsame Rolle bei der Verbreitung bestimmter Erziehungsauffassungen spielt und deshalb weitgehend zu ihrer kulturellen Assimilation beiträgt. Wir wollen hier diese seine Rolle lediglich im Rahmen der Berufspraxis der kinderpsychiatrischen Konsultation und der psychotherapeutischen Sitzung untersuchen, wobei die Möglichkeiten seines Eingreifens sich auf mehrere Ebenen beziehen können, die es zu präzisieren gilt.

Zunächst gibt er den ihn konsultierenden Eltern und Angehörigen ganz direkt erzieherische Ratschläge. Selbst wenn er glaubt, es bei einer neutralen Haltung, ohne direktives Eingreifen, bewenden lassen zu können, gibt er tatsächlich doch, um nicht mit Rücksicht auf die Dringlichkeit des Anspruchs bei den ersten Kontakten zu weitgehend zu frustrieren, ziemlich viele Anregungen bezüglich des Verhaltens, das dem Kind gegenüber am wirksamsten ist.

Zahlreiche Autoren haben auf die Ambivalenz dieses Anspruchs aufmerksam gemacht. Diese Ambivalenz ergibt sich größtenteils aus der ödipalen Übertragungssituation, in die sich die Eltern dem Psychiater gegenüber zurückversetzt finden. Die Passivität und die Unterwerfung, die sie einschließt, sind angesichts der wie die Eltern-Imagines besetzten Person offensichtlich, können jedoch rasch einer Aggressivität Platz machen, die im Hinblick auf das Kind mehr oder weniger versteckt, im Hinblick auf den Psychiater mehr oder weniger indirekt zum Ausdruck kommt. Die verbreitetste Art und Weise, ihm gegenüber Aggressivität zu äußern, ist die, ihm zu zeigen, daß seine Ratschläge unwirksam, ja sogar gefährlich sind, und daß er nicht besser handelt als sie selbst. Bekanntlich sucht jedoch nicht das Kind Rat, sondern seine Eltern, die sich seinetwegen ängstigen oder schämen, und es ist nicht richtig, daß sie, wenn sie Ratschläge haben möchten, das *immer* in Form einer eindeutig aggressiven Forderung vorbringen.

Bedauerlicherweise besteht eine verbreitete Neigung, die Verantwortlichkeit für Störungen der Kinder auf die Eltern zu übertragen, und da die Psychoanalyse tatsächlich die Interferenz der Eltern-Kind-Beziehung nachgewiesen und namentlich auf die offenkundige Bedeutung der Konflikte zwischen den Systemen der Eltern hingewiesen hat, die die Symptome des Kindes zu erkennen geben, ist es üblich geworden zu glauben, daß sich dieser Wissenschaftszweig ausschließlich auf eine moralistische Erklärungsmethode beziehe, die, grob vereinfacht, auf die Behauptung hinausläuft: »Schuld sind die Eltern.«

Das hat sich der gesunde Menschenverstand heute in dem Maße zu eigen gemacht, daß ratsuchende Eltern häufig ein bußfertiges Verhalten an den Tag legen, und ihre Formulierungen bringen zunächst ihre eigene Abwehr und ein rechtfertigendes Plädoyer zum Ausdruck. Andere legen sich umgekehrt ein gegen die Einschätzung protestierendes Verhalten zurecht, die sie dem Psychiater ohne weiteres zuschreiben.

Sicher kann ein solches Verhalten eine Erleichterung sein, mit der bestimmte Psychiater, Psychologen oder Sozialarbeiter gut auskommen, die, in einer allzu ausschließlichen Identifikation mit dem Kind, eine persönliche ödipale Vergeltung suchen, indem sie alle Schwierigkeiten dem Versagen der Eltern anlasten. Jedenfalls leistet ihr Verhalten dem Kind keinen guten Dienst und erschwert nur die Situation, selbst wenn der, der es sich zu eigen macht, darin eigene Befriedigung findet. Die Psychoanalytiker haben in dieser Hinsicht zwei Phasen durchgemacht:

- eine erste *optimistische* Phase, in der man tatsächlich, weil man die Verantwortlichkeit für Störungen des Kindes dem Verhalten der Eltern aufbürdete, daraus folgerte, daß Propagandaarbeit und kurative Behandlungen also auch prophylaktischen Wert hätten. Das läßt sich beispielsweise in den ersten psychoanalytischen Schriften von Laforgue und Leuba (»Les névroses familiales«), von E. Pichon [271] und von J. Lacan [207] zeigen, die, auf den Spuren Freuds, sich insbesondere mit den Anwendungen, sogar den Konsequenzen der Psychoanalyse beschäftigten. Bereits R. de Saussure hat in »Le dogme de la famille irréprochable« [299] gezeigt, daß da eine Utopie vorlag und die Psychoanalytiker eher ihr eigenes Ichideal beschrieben;

- in einer zweiten Phase hat der *Pessimismus* überwogen, und ANNA FREUD konnte folgendermaßen schreiben:

»Die Autorin glaubt nicht, daß selbst die revolutionärsten Veränderungen in der Kinderbetreuung etwas gegen die Tendenz zur Ambivalenz, noch gegen die Spaltung der menschlichen Persönlichkeit in Es und Ich mit ihren eigenen Triebregungen ausrichten können« [94].

Ziel dieses Kapitels ist es nicht, die Strategie der Konsultationstaktik in der Kinder-Neuropsychiatrie nachzuvollziehen, bei der der Arzt hofft, daß die Wirksamkeit seines Eingreifens sich kurzfristig, aber auch langfristig erweist und daß es, nachdem man die dynamischen Kräfte und wechselseitigen Besetzungen erkannt und eingeschätzt hat, vor allem darum geht, das ökonomische Gleichgewicht zu modifizieren.

Über den unmittelbaren Tagesanspruch hinaus vertritt er die Auffassung, daß zahlreiche Unterhaltungen erforderlich sind, damit die geforderten und gegebenen erzieherischen Ratschläge wirklich wirksam werden können, weil ihre Wirksamkeit die Folge einer Umstrukturierung der wechselseitigen Beziehungen und einer Modifikation des Tiefen-Verhaltens ist.

Der Kinderpsychiater geht also mit seinen erzieherischen Anregungen vorsichtig und sparsam um. Häufig ist die Versuchung groß, den Eltern manche augenfällige Irrtümer zu zeigen, aber dieser Aktivismus droht alles in Frage zu stellen, erdrückt die Eltern, aufgrund einer allzu ausschließlichen Identifikation mit dem Kind, durch die Überlegenheit seiner Position und läßt ihnen keine Möglichkeit, sich im Arzt wiederzuerkennen.

Wenn umgekehrt der Arzt in manchen Fällen die sadomasochistischen Tendenzen der Mutter im Rahmen einer deutlich positiven Beziehung umkehren und ablenken kann, ist ist es für ihn statthaft, autoritär und fordernd auf die Formen des Erziehungsverhaltens einzuwirken, und dieses Einwirken ermöglicht es der Mutter, ihre Anerkennung durch die von Schuldgefühlen entlastende Introjektion des mütterlichen Bildes zu bestätigen, die ihr so erlaubt wurde.

Wenn die Erziehungsfehler, selbst massive (Einpauken, Sphinkterdressur), die das Kind zerbrechen können, nicht von den persönlichen Tiefeneinstellungen der Eltern unterstützt werden, kann die Intervention des Pädiaters, der von ihnen als wohlwollende Eltern-Imago erlebt wird, zweifellos oft positiver integriert werden, ermöglicht sie zugleich die Milderung verhängnisvoller Verhaltensweisen der Eltern und den Eingriff in eine grundlegend pathogene Interaktion.

Wenn er das tut, muß der Arzt sich bewußthalten, daß die Konfliktsituation, von der ihm berichtet wird, wirklich Bestandteil eines Gleichgewichts ist, das sich nicht leichthin autoritär ändern läßt, und er darf bei der Entstehung von Störungen des Kindes die grundlegende Rolle der Charakterneurose nicht verkennen, die manche Eltern entwickelt haben und die, ohne ihnen viel Bewegungsspielraum zu lassen, die Formen ihrer edukativen Beziehung genau festlegt. Deshalb versucht der Kinderpsychiater, nachdem er gezeigt hat, daß er die von den Eltern erlebten

Erziehungsschwierigkeiten durchaus versteht, ihre Toleranzschwelle anzuheben, um die Relation und die familiäre Angst zu entspannen.

Diese neue Übertragungsbeziehung zum Kinderpsychiater ermöglicht es den Eltern, ihre Besetzungen der edukativen Beziehung zum Kind – als Partialobjekt – zugunsten einer Eltern-Imago teilweise abzuziehen und sich durch diese Beziehung auch wiederhergestellt und wiederidentifiziert zu fühlen. Aus diesem Grunde kann der Erziehungsdruck, der eine ernsthafte Bemühung verleugnet, um eine Form von Herrschaft zu statuieren, nachlassen und einer Milderung des Symptoms stattgeben. Er hilft den Protagonisten, aus der Eltern-Kind-Beziehung Befriedigung und Lust gerade jenseits der edukativen Beziehung zu gewinnen.

Um die Eltern selbst zu dem Erziehungsstil finden zu lassen, das nicht nur der Situation, sondern auch ihrer eigenen Persönlichkeit angemessen ist, verfügt der Psychiater lediglich über *ein* Mittel: um jeden Preis die Identifikation der Eltern mit ihrem Kind, seinem Erleben und seinen tiefliegenden Motivationen zu fördern. Er erwirkt dieses Verständnis im allgemeinen, indem er allmählich die historische Kontinuität wiederherstellt, die von der Kindheit der Eltern zu ihren erzieherischen Verhaltensweisen und zu den Reaktionen reicht, die sie bei ihren Kindern wachrufen.

In Ermangelung der Möglichkeit, den einen oder anderen Elternteil an einer wirklichen eigenen Psychotherapie teilhaben zu lassen, wird er ihnen häufig vorschlagen, die Teilnahme an einer Diskussionsgruppe [44] für sich zu nutzen. Diese Form der psychotherapeutischen Hilfe für Eltern schien uns immer ihren Schwierigkeiten angemessen, ihren Erziehungsstil zu ändern und von der Angst zu entlasten, die solche Veränderungen entfachen. Sie unterstützt diese Identifikation mit dem Kind nach Kräften durch den Rückbezug auf die eigene Kindheit, was durch die Situation selbst, in der Gruppe, in Gegenwart anderer Eltern (das macht die Wahrnehmung von Spiegelbildern möglich), und eines oder zweier Therapeuten schnell erleichtert wird, denen gegenüber sich eine immer augenfällige Übertragungsbeziehung herstellt, die die Aufdeckung von Wiederholungsmechanismen erlaubt (S. Decobert und M. Soulé [63b]).

Möglicherweise sind die anderen Ebenen weniger hervorgehoben worden, auf denen sich – subtiler zwar, aber tiefergehend – das erzieherische Eingreifen des Psychiaters abspielt:

- z. B. mittels seiner eigenen Persönlichkeit und der Art und Weise, wie er auf das reagiert und antwortet (oder nicht antwortet), was die Eltern beitragen;
- wenn er nicht auf verhüllte Drohungen eingeht, hinreichend stark ist, die Aggressivität und Gier der Eltern zu ertragen, die Infragestellungen zunichte macht und sich als fähig erweist, sich abwechselnd mit den Eltern und den Kindern zu identifizieren, bringt er für die einen oder anderen ein neues Bild bei. Anstelle des Richters, den sie zu finden glaubten oder wünschten, erkennen die Erwachsenen ein Bild, das ihnen ein neues Ichideal für ihre Elternrolle vorschlägt.

Auch läßt sich das anführen, was die Eltern von der Persönlichkeit des Psychiaters wahrnehmen, wenn er ein Kind anspricht und eine bestimmte Art von Kontakt zu ihm aufnimmt.

Seine Art und Weise, es so zu akzeptieren, wie es ist, als unterschiedene Person mit eigenen Bedürfnissen und Schwierigkeiten, sich aber auch deutlich als Erwachsener zu geben, d. h. mit seinen hetero- oder homosexuellen Besetzungen, ohne vom Kind zu fordern, sich denselben Abwehreinstellungen zu unterwerfen oder Folge zu leisten, beeinflußt sicherlich auch die Eltern und schlägt ihnen ein anderes identifikatorisches Bild vor – ein nachgiebigeres als das ihre.

Die Erziehungsaufgabe des Kinderpsychiaters – als Psychoanalytiker – besteht also darin, durch Veränderung der dynamischen Einstellungen und Anregung neuer Identifikationen auf eine größere Nachgiebigkeit in den rigiden Dispositionen hinzuarbeiten, die manche Eltern für ihr Ich-Ideal und ihr Über-Ich getroffen haben.

XIII. Ein klinisches Beispiel für die edukative Beziehung: die Adoption eines Kindes

Im Bereich der Erziehung liegen nur wenige klinische Untersuchungen vor, die unsere Einsichten in die Interaktionen zwischen Eltern und Kindern bereichern können. Aus diesem Grunde legen wir hier den Text einer Arbeit eines der Autoren [310][6] vor, einer Arbeit über diese offensichtlich so zwiespältige edukative Beziehung, wie sie die Adoption eines Kindes darstellt. Diese Adoption trägt außerordentlich anschauliches klinisches Material für sämtliche Reflexionen über die Erziehung jedes beliebigen Kindes bei.

Da ich seit vielen Jahren in einem Team arbeite, das Kindern der sogenannten *Assistance publique* [öffentliche Fürsorge] zur Verfügung steht, d. h. »verlorenen« Kindern, von denen aber manche »wiedergefunden« und adoptiert werden, hatte ich, als Psychoanalytiker, Gelegenheit zu tiefergehenden Einblicken, denn die Situationen von verlassenen und wiedergefundenen Kindern stimmen genau mit den Formen überein, die ungezählte Phantasien des Kindes und des Erwachsenen annehmen. Es ist jedoch bemerkenswert, daß die Adoption, wenn sie die Phantasien der Menschheit wiederholt und nachzeichnet – in einem Maße, daß wir diesen Aspekt unseres Handelns auch »Erinnerungen eines Händlers mit Phantasien« hätten nennen können –, das mittels anderer Prozesse tut als deren, die man bei einem oberflächlichen Parallelismus geltend machen kann, und das wollen wir Ihnen deutlicher vor Augen zu führen versuchen.

A – *Adoptivkinder sind rechtmäßigen Kindern vergleichbar*

In jeder Familie lassen sich die strukturierenden Interaktionen des Imaginären der Eltern und des Kindes dingfest machen, wobei das des Kindes von dem der Eltern organisiert wird. Ganz dasselbe wird in Adoptivfamilien deutlich, jedoch mit einer bemerkenswerten und gleichbleibenden Besonderheit: es ist sehr viel schwieriger, adoptierender Elternteil zu sein als adoptiertes Kind. Die über Jahre hinweg in Adoptivfamilien durchgeführte klinische Langzeitbeobachtung zeigt uns tat-

[6] MICHEL SOULÉ (1967) »*Contribution clinique à la compréhension de l'imaginaire des parents. A propos de l'adoption ou le roman de Polybe et Mérobe*«, Paris, *Conférence à l'Institut de Psychanalyse*, November 1967.

sächlich ständig, daß diese Kinder ihre Beziehungen zu ihren Eltern auf folgende Weise entwickeln:

a) sie können Groll gegen ihre Adoptiveltern hegen, auf die sie die Verantwortlichkeit für ihr erstes Verlassenwerden übertragen;

b) denselben Eltern können sie jedoch auch die Gunstbeweise und Reifungserfahrungen anrechnen, die sie doch zuweilen bei anderen – natürlichen oder Pflegeeltern – erlebt haben.

Wenn das Publikum, und selbst das aufgeklärteste, gleichwohl häufig den Eindruck hat, und zwar aufgrund eines projektiven Abwehrverhaltens, daß das Erleben des Adoptivkindes sich immer ein wenig von dem anderer unterscheidet, so kommen wir da mit Einstellungen in Berührung, die jeder von uns sich im Verhältnis zu den Urphantasien zurechtgelegt hat. Eine Beobachtung, an der wir persönlich beteiligt gewesen sind, mag den Zugang zu diesen Problemen möglicherweise erleichtern.

Ein reizendes kleines Mädchen von drei Jahren, lachlustig, lockig und intelligent, konnte zur Adoption freigegeben werden. Wir zögerten, es einem ordentlichen und liebevollen Paar anzuvertrauen, das gerade ein kleines Mädchen, wenn auch ein wenig älter, aufzunehmen wünschte, und unser Zögern rührte ausschließlich daher, daß diese so überaus wohlmeinenden Personen Hitler hießen. Wir verfielen sehr leicht in diesen Irrtum, wie er bei dieser rein projektiven Einschätzung des Erlebens des Kindes begangen wird, als dieses kleine Mädchen sich einige Monate später voller Freude und Stolz vorstellte und darauf hinweis, daß sie jetzt Fräulein Hitler hieße.

Die junge Carole, acht Jahre alt, sagte zu ihrer Mutter, mit der sie aufgrund eines Zornausbruchs schmollte, die sie dann aber zur Versöhnung umarmte: »Die Adoption ist eine gute Sache, du bist genau die Mutter, die ich, wenn ich hätte wählen können, mir gewünscht hätte.«

Die Erwägung von Carole macht deutlich, daß Kinder häufig auf exemplarische Weise die Kontinuität der Eltern-Imago im Bereich des libidinösen Austausches ebenso wie in dem des Funktionierens der Aggressivität rekonstituieren.

B – *Die Adoptiveltern*

Unser Vorhaben wird sich mithin zwangsläufig mehr auf die Probleme der Eltern als auf die der Kinder richten, zumal es häufig vorkommt, daß die sich wie rechtmäßige Kinder verhalten, während die Eltern sich einer imaginären Neubearbeitung gegenübersehen, die noch intensiver ist als bei rechtmäßigen Eltern.

a) Die Motivation, Vater bzw. Mutter zu werden. Vor jeder weiteren Entwicklung des Problems müssen einige Anhaltspunkte gegeben und muß namentlich die folgende grundlegende Frage gestellt werden, die ganz offensichtlich über den Bereich der Psychoanalyse hinausgeht: Warum wollen menschliche Wesen im 20. Jahrhundert, sogar über den Sexualakt hinaus, Kinder haben? Wenn das jüdische Volk der Kinder bedurfte, um die Herrschaft Israels sich vollenden zu sehen, wenn der Feudalherr sich sein Leben durch seine Kinder erhalten wollte, so sind bei diesen Wünschen nicht immer Rationalisierungen im Spiel. Tatsächlich gibt uns die Untersuchung der individuellen Motivation beim Kampf gegen den Tod (denn auf sublimierte Weise heißt Ein-Kind-Haben *nicht* sterben) Anlaß, auf das frühe Auftreten der Phantasie vom Kind beim menschlichen Wesen, namentlich beim Mädchen, aufmerksam zu machen; diese Phantasie kann mit der Vorstellung in Zusammenhang stehen, daß die Lust die Möglichkeit bedeutet, sich vollständig mit einem Elternteil (hetero- oder homosexuell) zu identifizieren; oder sie repräsentiert die Penis-Fäkalien-Kind-Einheit – ein Element, das von prägenitalen Entwicklungsformen her wohlbekannt ist und jedenfalls zur Problematik der Kastration in Beziehung steht.

b) Der Wunsch nach dem Kind: Sublimierung oder Reaktionsbildung. Wenn man das Problem auf der Ebene der Sublimierungen angeht, stellt man fest, daß zwischen denen des Mannes und denen der Frau bezüglich der Zeugung eines Kindes kein Unterschied besteht. Der Wunsch, ein Kind zu haben (oder die Weigerung, denn es gibt keine Konkordanz zwischen dem Wunsch und seinem Schicksal), wie er uns in der psychoanalytischen Praxis entgegentritt, macht deutlich, daß er, je mehr er durch Reaktionsbildungen belastet ist, die Eltern um so eher zu »schlechten Eltern« zu machen droht, und zwar aufgrund des fundamentalen Umstands, daß sie dann vom Kind etwas erwarten, was es nicht erfüllen kann. Umgekehrt sind, je stärker die Sublimierung dieses Wunsches ist, auch die Chancen größer, daß die Komplikationen der Erziehung auf beiden Seiten besser ertragen werden, ohne deswegen übrigens aus der Welt geschafft zu sein. Ein Kind haben zu wollen, kann sich mithin ebenso auf der Ebene der gelungensten Sublimierungen abspielen wie auf der der schwersten archaischen Regressionen, die im Ödipuskomplex zum Ausdruck kommen. Schematisch gesehen läuft das darauf hinaus, Sublimierung der Eltern-Rolle und Verteidigung durch die Eltern-Rolle zu unterscheiden. Sicher wären schlechte Adoptiveltern auch ohne die Adoption schlechte Eltern gewesen, denn die nach außen gerichtete Handlung oder Äußerung heilt niemals eine innere Schwierigkeit, und das Heilmittel Kind noch weniger als ein anderes; aber sie wären es auf unterschiedliche Weise gewesen.

In Hinsicht auf die Erziehungsaufgabe kann die Adoption mithin das Allerbeste oder Allerschlechteste sein, denn sie ist, einerseits, bewußt beschlossener Akt, andererseits das abschließende Ergebnis einer Geschiche, die auf schmerzhafte Weise erlebt worden sein kann.

Dieses Unterfangen, das also präzise umschrieben werden muß, ist das Ergebnis des Entschlusses

a) eines Paares,

b) das *per definitionem* steril ist,

c) das aber gegen diese Sterilität aufbegehrt oder sie durchbricht,

d) und fordert, daß man ihm ein von anderen[7] empfangenes Kind »gibt«.

Wenn jedes *Elternteil* in seiner Beziehung zum Kind einen mehr oder weniger genauen Bereich von Sicherheit aufbaut, so bewirken diese Grundgegebenheiten, an die wir soeben erinnert haben, bei den *Adoptiveltern* zwangsläufig eine tiefgehende Veränderung der Organisation, die jeder von ihnen sich hinsichtlich seiner unbewußten Phantasien zurechtgelegt hat, in dem Maße, daß man hier von *expe-*

[7] Vgl. unten, S. 428ff. und S. 434ff.

rimenteller Klinik des Ödipuskonfliktes sprechen kann. Wenn das Auftreten und die Wiederbelebung der Angst bei manchen Adoptiveltern lediglich einen beschränkten Handlungsspielraum und eine weniger geschmeidige Taktik zuläßt, hält sich das Phantasieleben bei anderen in normalen Grenzen, ermöglicht es eine gute Anpassung an die Bedingungen der Realität.

Anläßlich einer Untersuchung über die Unterbringung von Kindern in Familien [309] haben wir versucht, die Geschichte und die Wechselfälle des Schicksals von illegitimen Kindern, ihres Status in verschiedenen Nationen und, parallel dazu, der Entwicklung der Adoption nachzuvollziehen. Wir beschränken uns hier darauf hervorzuheben, daß hinter den politischen und demographischen Aspekten, die offenbar die politische Verfahrensweise in diesem Bereich bestimmen, sich der große Strom der öffentlichen Meinung durch unterschiedliche Stellungnahmen zum Problem des Vaters bestimmt zeigt. Wir wollen uns damit begnügen, hier an einige Auffassungen zu erinnern.

Zunächst muß darauf aufmerksam gemacht werden, daß die Adoption in den Ländern römischen Rechts immer eine legale Möglichkeit gewesen ist, und zwar da, wo keine Freiheit des Testierens bestand und die Begriffe der Sippe und des Erbeigentums vorherrschten. Die Dynastien und die Adelsfamilien erhielten sich durch Überschreibung ihrer Adelsurkunden auf Seitenlinien oder Fremde. Adoption muß also als das einer aussterbenden Familie zugestandene Recht aufgefaßt werden, sich selbst eine Nachkommenschaft zu geben, und nicht als Möglichkeit, für Kinder ohne Familie eine neue Familie zu finden. In eben dieser Form hat Napoléon Bonaparte, der Gatte von Joséphine, die kinderlos geblieben war, sie im *Code civil* aufrechterhalten und verfügt, daß sie den Adoptierten mit allen Rechten einschließlich der Erbrechte ausstatten und so zur »vollkommenen Imitation der Natur« (*sic*) werden sollte. Es handelte sich übrigens lediglich um die Adoption volljähriger Kinder, die mit beiderseitigem Einvernehmen zwischen der natürlichen und der adoptierenden Familie vorgenommen wurde. Erst nach dem Ersten Weltkrieg wurde die Adoption auch in den Ländern mit angelsächsischem Recht heimisch, damit die vielen ihrer Familie beraubten Kinder mit Eltern versorgt werden konnten; die unehelichen Kinder profitierten von der Nachgiebigkeit, die man Kindern entgegenbrachte, die bereitwillig für Waisen von Kriegshelden gehalten wurden, um von Jugend auf Eltern um sich zu haben. In diesen Ländern sind jedoch die Adelsurkunden nicht auf den Adoptierten übertragbar und bleiben den blutsverwandten Seitenlinien vorbehalten. Die legale Adoption minderjähriger Kinder datiert in Frankreich erst ins Jahr 1920 zurück.

Anderseits spiegelt die Entwicklung des Verhaltens illegitimen Kindern gegenüber in Frankreich hauptsächlich die Widersprüche wider, die aus der Mischung einer Gesetzgebung nach römischem Typus und einer monotheistischen Religion entstanden waren.

Immer sind es in der Tat liberale oder revolutionäre Persönlichkeiten und Bewegungen gewesen, die, im Namen der Freiheit oder Gottes, sich mit den verwaisten Kindern identifizierten und sich gegen das Scherbengericht wandten, das Kinder ohne Vater in einer vom *pater familias* (Dupas [74]) beherrschten Welt traf. Das Christentum ist bestrebt, ebenso gegen die barbarischen Traditionen, die, wenn sie auch die Abtreibung verboten, doch die illegitime Schwangerschaft schützten und das uneheliche Kind zur Sklaverei bestimmten, wie gegen das aus der Antike ererbte Recht zur Aussetzung anzukämpfen. Aber noch im 4. Jahrhundert muß Constantin, der erste christliche Herrscher, Gesetze erlassen, um die Aussetzung und den Handel mit Findelkindern zu unterbinden, wobei er sich darauf beruft, daß jeder Mensch ein Kind Gottes ist. Im 6. Jahrhundert war der heilige Aloysius noch gezwungen, die Findelkinder, die er unterrichten wollte, zu kaufen, und er versuchte die Gepflogenheiten zu reformieren. Gleichwohl verschloß sich die Krone, die sich im Streben nach absoluter Macht und später in deren Ausübung mit Gott identifizierte, ebenso wie der Klerus den unehelichen Kindern. Erst den freien und revolutionären Städten kommt das Verdienst der Verteidigung der unehelichen Geburt und des Findelkindes zu; sie richteten die Waisenhäuser ein, die die Adoptionsweisen für die »gefallenen« Kinder organisierten, die von den mildtätigen Institutionen abgewiesen wurden, die sich ihrerseits nur um die legitimen Waisen kümmerten; *inventi pueri non recipiuntur in domo nostra* legen die Gründungsurkunden der *»Fondations du Saint-Esprit«* fest. Vincent de Paul, den sein fesselndes und mysteriöses Leben nach seiner Flucht aus dem Elternhaus auch unter die Galeerensträflinge führte, mußte seinen ganzen Einfluß bei den Damen aufwenden, die sich ihm verschrieben, um sie zu überreden, daß das Findelkind ganz wie das legitime leben und getauft werden müsse. Dank seiner Initiativen, die immer dem Zusammenbruch nahe waren, weil sie bei Hofe im Ruf der Ungehörigkeit standen, wurde Frankreich mit einem administrativen und gesetzmäßigen Apparat ausgestattet, der sich der unehelichen Kinder anzunehmen hatte, während sich in anderen Nationen des 18. und 19. Jahrhunderts die Kinderbanden und die Organisationen für Kinderhandel weiter verbreiteten. Die konstituierende Versammlung bestätigte und kodifizierte die institutionelle Aufnahme von Kindern, die Vincent de Paul eingeleitet hatte, entwarf eine besonders beherzte Form der Fürsorge für ledige Mütter und plante die Adoption von Minderjährigen; wir haben jedoch gesehen, daß von all dem im *Code civil* lediglich die Adoption nach römischem Muster übrigblieb.

Wenn in Frankreich das Findelkind einen sozialen Status und einen bürgerlichen Rechtsstand hat, so ist das trotzdem nicht der Fürsorge des Gesetzgebers für die unehelichen Kinder, sondern dem Wunsch zu verdanken, die jungen Mütter, zumeist schwangere Dienstmädchen, vor versuchtem Kindsmord zu beschützen. Der Schützling der Fürsorge, der sein Überleben dem Gesetz von 1904 verdankte, das die Geheimhaltung der Geburt und seiner Trennung von der Mutter zuließ, war gleichwohl Opfer der Segregation und konnte nicht in den Vorteil einer legalen Adoption kommen.

Abschließend muß hervorgehoben werden, daß, der Entwicklung der Gesetze und Sitten zum Trotz, sich bei jedem von uns die Unterscheidung zwischen einem Kind eines Paares, »Kind des Vaters«, und dem Kind einer ledigen Mutter, dem »vaterlosen Kind«, deutlich erhalten hat, zumal sich auch das Durcheinander bei von Pflegeeltern aufgezogenen und adoptierten Kindern gleichgeblieben ist, und das, obwohl Gesetz und Klinik übereinstimmend im Adoptivkind ein legitimes, denselben Wechselfällen unterworfenes und im Verlauf seiner Entwicklung von denselben Bindungen profitierendes Kind anerkennen, während das Kind ohne Familie, in eben dem Maße, wie es quasi als Mietling aufgezogen wird, sich einer grundsätzlich verschiedenen Situation ausgeliefert sieht, wenn es darum geht, die allen gemeinsamen Konflikte anzugehen.

Festgehalten seien schließlich die fortgesetzten und stets aktuellen Zwistigkeiten zwischen ärztlichem Stab, der sich mit Findelkindern als seinen Patienten immer identifiziert, und den Autoritäten der Vormundschaftsvertretung als Emanation der staatlichen Ordnung und der öffentlichen Meinung, die als evident hinnehmen, daß Krankheit, Schwachsinnigkeit und Gebrechen aller Art das natürliche Los dieser Kinder seien.

Unsere klinische Untersuchung beruht auf

a) analytischen Behandlungen von Adoptivkindern oder Adoptiveltern;

b) unserer klinischen Erfahrung in Krankenhauskonsultation[8], bei der einen der Interessen- und Untersuchungsschwerpunkte im Verlauf von fünfzehn Jahren die Kinder ohne Familie ausmachten, die sogenannten *»enfants de l'Assistance publique«* [Kinder der öffentlichen Fürsorge], und auf der Behandlung einiger von ihnen;

c) der Prüfung von

– Adoptionskandidaten;

– Kindern aller Altersstufen, bevor sie zur Adoption vorgeschlagen wurden;

– bestimmter Adoptivfamilien, die sich in Schwierigkeiten befanden;

d) der Anbahnung und Überwachung von weniger klassischen Adoptionsfällen, etwa von Kindern, die, während oder nach dem ödipalen Konflikt, erst spät in unsere Obhut kamen.

Als *klinische Referenzuntersuchung* (man könnte sagen Kontrollgruppe, da wir uns auf einem Nachbarfeld experimenteller Arbeitsmethoden befinden) steht uns das ergiebige Material zur Verfügung, das wir bei zahlreichen Pflegefamilien gesammelt haben, die wir kontrollierten. Es ist jedoch unerläßlich, gerade mit Rücksicht auf die sehr unterschiedlichen Besetzungen eines jeden Erwachsenen und auf das folglich sehr variable Erleben des Kindes, deutlich zu unterscheiden zwischen

a) Pflegeeltern, die rechtmäßige Eltern ihrer eigenen Kinder sind, darüber hinaus aber für mehr oder weniger lange Zeit noch einen Schützling mitaufziehen, und zwar aus einer Mischung von affektiven und ökonomischen Motiven,

b) und Pflegeeltern, die, obwohl sie ihre eigenen Kinder aufgezogen haben, schließlich doch noch eine wechselseitige affektive Beziehung zu einem Schützling aufgenommen haben (und das in bestimmten Fällen legal haben tun können), die auf beiden Seiten als authentische Verwandtschaftsbindung erlebt wird.

1. Die Sterilität

»Mme. A. muß sich entschließen, die Tatsache ihrer Sterilität anzuerkennen, und adoptiert wenig später mit voller Zustimmung ihres Mannes ein Kind. Als aufmerksame Mutter vertraut sie ihr kleines Kind einer Fachkraft für psychomotori-

[8] *»Consultation de neuropsychiatrie infantile«*, Hôpital Saint-Vincent-de-Paul.

sche Reedukation an. Die übrigens sehr wirkungsvolle Reedukation setzt sich über mehrere Jahre hin fort, in deren Verlauf das Kind allein und mit viel Spaß zu jeder Sitzung geht. Später legt Mme. A. Wert darauf, der inzwischen verheirateten Sondererzieherin für ihre gute Arbeit zu danken.

Mme. A. ist eine dynamische Frau, ein wenig autoritär, mit den Verhaltensweisen einer Führerin. Da sie sich beim Herweg auf der Treppe leicht das Knie angeschlagen hat, bittet sie die Sondererzieherin, ihr einen kleinen Verband mit ein wenig Quecksilberlösung anzulegen. Als sie die Sondererzieherin näher anschaut, stellt sie fest, daß sie schwanger und der Niederkunft nahe ist. Daraufhin fühlt sich Mme. A, ihrem standhaften Charakter und der Geringfügigkeit der Schnittwunde zum Trotz, schlecht, bittet sich hinlegen zu dürfen, verlangt nach einem Glas Wasser und möchte nicht allein gelassen werden. Dann dankt sie der Sondererzieherin für die Beweise ihrer Fürsorglichkeit und stammelt: »Danke, Mama!«

Diese Beobachtung, die uns bezeichnend schien, die verschiedenen Kindesentführungen, die Adoptiveltern, die den Raub des Kindes durch die rechtmäßige Mutter phantasieren und die Anhänglichkeit der Öffentlichkeit an journalistische Modethemen wie das der Adoption, das mit dem der Empfängnisverhütung abwechselt, machen deutlich, daß die Aufnahme eines Kindes für Adoptiveltern den Abschluß einer langen Geschichte bildet. Das Paar, das die Adoption schließlich verwirklicht, hat tatsächlich einen langen Irrweg hinter sich: den der Kinderlosigkeit.

A – *Modifikationen im Bereich der psychischen Dynamik*

Wir sind also gehalten, zunächst die Modifikationen zu untersuchen, die die Sterilität in der psychischen Dynamik auslösen kann. Das läuft darauf hinaus, die Rolle des erlebten Ereignisses im Spiel der unbewußten Konflikte zwischen den Systemen erneut zu definieren. Jede Realisation setzt Ängste und Abwehrmechanismen gegen die Triebrepräsentanzen frei, die auf diese Realisation drängten. Das gilt für alle Realisationen im Leben, ist jedoch noch augenfälliger im Hinblick auf alles, was mit der Zeugungsfähigkeit und der Fortpflanzung zusammenhängt.

Die Sterilität ist dem besonderen Typus von Situationen zuzurechnen, die einen endgültigen Verzicht auf die Verwirklichung des Ichideals mit sich bringen; von unterschiedlichen Situationen, die sogar denen entgegengesetzt sind, die lediglich einen provisorischen Verzicht bedeuten und die Fähigkeit der Frustrationstoleranz und der Ichstärke im Verhältnis zum Realitätsprinzip unter Beweis stellen. Dieses *never more,* wie es der Rabe EDGAR A. POES ausspricht, erfaßt das Ichideal und führt zur Depression, zum narzißtischen Zusammenbruch und zur Vernichtung. Es ist überdies Bestandteil des Klimakteriums und der Hysterektomie [Entfernung der Gebärmutter] bei Frauen, die keine Kinder haben. Diejenigen, die dieses »niemals mehr« in Gestalt von Kastrationsangst zu erkennen geben, verfügen über eine bessere Art von Abwehr, weil sie die Depression in einem Brennpunkt zusammenzieht. Im Verhältnis zu eben diesem Kampf gegen die Depression kann die Kastrationsphantasie eine dynamische und ökonomische Rolle spielen. Im Hinblick auf die Sterilität hängt jedoch alles von der Art und Weise ab, in der dieses Phänomen erlebt worden ist. Das Bedürfnis, ein Kind zu adoptieren, kommt bei Personen vor, die Kinder lieben, die sich aber auch gegen die depressive Angst des »niemals mehr« versichern können möchten, und die Zuneigung droht sich zum großen Teil auf ein Objekt zu richten, das ihre Unruhe besänftigt. Ein wichtiges prognostisches Element beim Erziehungsverlauf liegt in der Art und Weise, wie dieses »niemals mehr« erlebt worden ist, denn das adoptierte Kind kann nicht das Heilmittel sein, mit dem die Eltern nach Belieben umgehen können.

Selbstverständlich ist es für uns unmöglich, hier alle die verschiedenen Arten nachzuvollziehen, in denen sich die Kastrationsphantasie auf die Sterilität hin zentriert. Wir ziehen es vor, das darzustellen, was die Klinik uns am häufigsten zeigt.

B – *Sterilität bei der Frau*

Ohne hier in die Problematik der Kastration und des Penisneides bei der Frau einzutreten, stellt man, wenn man auf klinischem und nicht-theoretischem Boden verbleibt, fest, daß die Auswirkungen bei ihr eher die einer langen Frustration als die eines schroffen Traumas sind. Wenn ihr Gatte ihr die Adoption verweigert, empfindet das die Frau als grenzenlose, vom Mann auferlegte Frustration.

Sehr häufig hatten die Frauen, vor der endgültigen Bekanntgabe ihrer Sterilität, eine lange gynäkologische Geschichte hinter sich und therapeutische Mißerfolge und nach Vorschrift wiederholte ergebnislose Koitus durchgemacht. Später, nach der Adoption, werden diese Erlebnisse häufig als Schwangerschaft mit ihren Unannehmlichkeiten nacherlebt.

Deshalb nimmt die Kastrationsangst subtilere Aspekte und variiertere Formen als beim Mann an, der sich seinerseits mit einem plötzlichen und brutalen Verdikt konfrontiert sieht.

Wird die Adoptivmutter das Kind künftig als Äquivalent der Penis-Fäkalien-Reihe und als Kind des Vaters besetzen oder umgekehrt als böses, persekutorisches Objekt, weil es, noch vor seinem Auftauchen, auch weiterhin als das besetzt wird, was ihr die Befriedigung und die soziale Bewertung der Mutterrolle verweigerte (die Verstoßung aufgrund von Sterilität bleibt in bestimmten Kulturen möglich), und weil es, wenn es einmal da ist, Zeuge ihres früheren Mangels bleibt?

Diese wenigen Bemerkungen machen verständlich, warum es, wenn man eine Frau als Adoptionskandidatin bittet, ihre Motive darzulegen, letztlich selten ist, daß man das zu hören bekommt, was in seiner Evidenz doch selbstverständlich ist: »Weil ich kein Kind habe.«

Das Gefühl der Vernichtung, des »niemals mehr« wird vom Mann auf ebenso schmerzliche Weise erlebt wie von der Frau. Nur die Situationen können sich unterscheiden.

C – *Der Mann mit steriler Frau*

Er kann sich zur Adoption aus verschiedenen Gründen entschließen:

– um die Kastrationsangst zu überwinden und die Paarbeziehung aufrechtzuerhalten;
– um seine eigene Objektbeziehung zu nutzen;
– weil die Adoption ein Ausweg ist, der die Frau, die er liebt, in ihrer Totalität wiederherstellt.

Er kann jedoch die Sterilität seiner Frau auch als plötzlichen persekutorischen Schicksalsschlag empfinden, der ihn stark frustriert. Er grollt dann seiner sterilen Frau, die ihn verfolgt und ihn zu einer erneuten angstbesetzten Konfrontation mit seiner eigenen Mutterproblematik nötigt.

Für den Mann, dessen Frau steril ist, liegt das Problem ganz und gar darin auszumachen, ob die Adoption sein Bedürfnis erfüllt. Sie wird es um so weniger tun, je näher es der Reaktionsbildung steht. Unter sterilen Paaren lassen manche viele Untersuchungen und Behandlungen über sich ergehen, entschließen sich jedoch nicht zur Adoption, und zwar häufig aufgrund der Unentschiedenheit des Mannes; denn ein Kind zu haben, bedeutet für ihn Nicht-Sterben, aber das Kind eines anderen kann nicht auf ebendiese Weise besetzt werden; für dieses Paar zählt allein die identifikatorische Spiegelbeziehung.

D – *Der sterile Mann*

Die Feststellung, daß nur wenige Männer ihre eigene Sterilität ohne Angst akzeptieren, ist bemerkenswert. Wenn einzig die Fortpflanzungsfunktion der Frau in Rede steht, kann der Mann seine Bedürfnisse nach Nachkommenschaft leichter in sozialen Erfolg, intellektuellen Einfluß, altruistische Aktivitäten oder eine führende berufliche Position sublimieren.

Manche Männer, die es schlecht ertragen, wenn ihre Zeugungsfähigkeit betroffen ist, können sich weigern, sich untersuchen zu lassen, und ziehen es vor, mit der Adoption eines Kindes bis zu einem Alter zu warten, in dem die Sterilität keiner Prüfung mehr unterworfen werden muß. (Aber die Mehrzahl der Gynäkologen beginnen, wenn sie keine offensichtliche anatomische Ursache für die Sterilität der Frau entdecken, mit der Untersuchung des Mannes, bevor sie auf komplexe und zufallsbestimmte hormonale Explorationen zurückgreifen.)

Manche Männer allerdings, die bisher männliche Aktivität, sozialen Erfolg und ein zufriedenstellendes Sexualleben vorzuweisen hatten, zeigen nach dem ärztlichen Verdikt eine depressive Reaktion. Sie versuchen diese Sterilität durch achtbare Gründe zu rechtfertigen: Arbeit in einem Laboratorium, berufliche Verwendung von Röntgenstrahlen usw.

Jeder Chirurg benimmt sich, wenn er auch eine Hysterektomie ohne allzuviele Formalitäten vornimmt, umgekehrt angesichts einer Hodenentfernung [Orchidektomie] überaus vorsichtig (anatomische Photos, Protokoll vor Inangriffnahme der Operation, vom Patienten unterzeichnete Willenserklärung usw.), während dieser Eingriff im Erwachsenenalter doch keine Impotenz zur Folge hat.

Bei Bekanntmachung ihrer Sterilität regredieren manche Männer auf eine infantile Beziehung zu ihrer Frau. Sie scheuen die Adoption und wollen nur ein Mädchen, so als fürchteten sie, daß sie, wenn sie Jungen adoptierten, sich deren Vergeltung und der Gefahr aussetzten, bei ihnen nicht mehr die erneute Triebmischung zustande zu bringen, die einem Vater angesichts seines Sohnes gelingt, wenn die sanften und beschützenden Triebe und die narzißtische Besetzung vorwiegen. Ein steriler Mann sagte uns: »Wenn meine Frau einen Sohn adoptierte, würde ich wieder ins Bett zu pinkeln anfangen.«

Zweifellos äußert sich die Kastrationsangst auch beim Mann, der keine Angst um die Funktionsfähigkeit seiner Virilität haben muß. Wenn man einem Mann jedoch beibringt, daß seine Zeugungsfähigkeit in Frage gestellt ist, trifft ihn das sehr deutlich auf der Ebene der narzißtischen Bedrängnis und des Vernichtungsgefühls und löst häufig eine lebhafte Kastrationsangst aus; aber diese Kastrationsangst scheint leichter auf der Ebene des Penis zum Ausdruck zu kommen, und wenn man sie fragt, begehen sie häufig den Lapsus, Impotenz anstelle von Sterilität zu sagen.

Diese Reaktivierung der Kastrationsphantasien ist sicherlich der Identität von Kind und Penis anzulasten, aber auch dem Wiederaufleben des ödipalen Konfliktes. Das väterliche Über-Ich verbietet es, einen Phallus, einen Penis, ein Kind zu haben, aber die Unterdrückung durch die Sippe bekommt noch größere Bedeutung. Das Verbot, ein Kind zu haben, nimmt den Stellenwert einer erogenen Unfähigkeit an.

Der Mann besetzt sein Kind weitaus weniger als libidinöses Objekt denn als Träger seines projizierten Narzißmus. Die römischen Kaiser fühlten sich in ihren herrscherlichen Funktionen eher fortdauern, wenn sie sie einem jungen Adoptivsohn ihrer Wahl übertrugen und nicht ihren leiblichen Kindern. Unsere Erfahrung zeigt uns, daß ein Mann, der bereits männliche Enkelkinder hat, es mehr oder weniger gut erträgt, daß einer seiner Söhne einen Jungen adoptiert. Wenn er umgekehrt keine Enkel hat, wünscht er, daß sein steriler Sohn einen Jungen adoptiert und »den Namen erhält«. Man muß eine solide Identifikation mit einem guten Vater gehabt haben, um, wenn man einen Jungen adoptiert, zu akzeptieren, seinem eigenen Vater (der Name führt die Tradition fort) eine Nachkommenschaft zu verschaffen, während man selbst keine eigene hat.

»Ein Adoptivvater (selbst steril) bittet um Rat hinsichtlich der Notwendigkeit, sich als Vater bei seinen Kindern Gehorsam zu verschaffen. Als Beispiel führt er ein kürzlich vorgefallenes Ereignis an: sein eigener Vater hatte eine Sammlung von alten Münzen angelegt; er bewahrt sie auf und möchte sie seinem Sohn testamentarisch vermachen. Nun hat aber dieser Sohn ihm ein Stück daraus abgeluchst, um damit, ohne Rücksicht auf dessen Wert, zu spielen. Ein heftiger Wortwechsel zwischen beiden hat den Vater in Erstaunen versetzt. Die Vater-Sohn-Beziehung hat sich in einem günstigen Sinn neu entwickelt, nachdem die Deutung gegeben worden war, daß die wirkliche Frage tatsächlich darin bestehe auszumachen, wer die Hoden und die Zeugungsfähigkeit habe, um die Sippe weiterbestehen zu lassen. Dieser sterile Mann hatte angesichts der ödipalen Aggressivität seines Sohnes starke Angst, nicht mehr anerkannt werden zu können.«

E – *Die Durchbrechung der Sterilität und des ödipalen Verbotes*

Besonders wichtig ist es, die Bedeutung des Adoptionsaktes in Hinsicht auf diese Sterilität festzulegen.

In der Tat begehen die Adoptiveltern, wenn sie sich entschließen, ein Kind anzunehmen, einen *feierlichen Akt im Hinblick auf das ödipale Verbot,* wie ihn natürliche Eltern nicht zu leisten haben. Die zeugen ein Kind mitunter *ohne Bestimmung* oder doch so, daß sie dem Zufall sein Teil lassen, damit die Götter darüber entscheiden und nicht sie selbst für die Durchbrechung verantwortlich sind.

Diese Durchbrechung halten manche Eltern für in demselben Sinne verboten wie manche Junggesellen, die sich, wenn sie heiraten, scheuen, sich bei einer offiziellen Heiratszeremonie zur Schau zu stellen.

Adoptionskandidaten, die impotent sind oder eine Scheinehe geschlossen haben, sind der Ansicht, daß die Adoption ihnen den Umweg ermöglicht, der sie von der Durchbrechung entbindet.

Die Vorliebe für mit Mängeln behaftete Kinder wird zuweilen durch die Suche nach einer freisprechenden Selbstaufopferung motiviert. Diese Aufopferung für farbige Kinder möchte manchmal bestätigen (indem man sie verleugnet), daß man diese Durchbrechung nicht fürchtet (vor allem dann, wenn eine weiße unverheiratete Mutter beteiligt ist), oder, umgekehrt, daß sie in gar keinem Fall beargwöhnt werden darf.

Die Frau empfindet ein besonderes Schuldgefühl, die Sterilität zu überschreiten. Sie muß sich nämlich als jemand zeigen, der aktiv das wünscht, was im allgemeinen für das Ergebnis einer passiven Haltung gehalten wird. Wenn man sagt: »Mich hat es erwischt«, wenn man schwanger ist – selbst wenn diese Formulierung Ausdruck einer Abwehr ist –, gibt das deutlich den Unterschied zu: »Ich will adoptieren«, wieder. Manche Frauen bekräftigen aufgrund charakterbestimmter Abwehr hoch und heilig ihr gutes Recht dazu.

Der Gynäkologe, der ihnen so häufig moralische und physische Prüfungen auferlegt hat, der sie beraten hat, um den Koitus fruchtbar werden zu lassen, und der sie zur Adoption gedrängt hat, und die Personen im medizinischen oder administrativen Bereich, die sie empfangen und beraten, werden als die besetzt, die diese Überschreitung gutheißen und künftig die Verantwortung dafür übernehmen.

Die Bewerkstelligung dieses feierlichen identifikatorischen Schrittes droht bei diesem sterilen Paar Ängste, Charakterreaktionen und neurotische Symptome auszulösen und sie auf eine dramatisierte Kastrationsangst zurückzuwerfen. Ihre Identifikationsschwierigkeiten können sie veranlassen, sich in der Folge als intolerante und perfektionistische Eltern zu gebärden.

F – *Die Sterilität und die Mythen*

Die Mythen haben zu allen Zeiten die Phantasien des Menschen in diesem Bereich widergespiegelt.

Wir möchten, nach Marie Delcourt [65], G. Devereux [352], Conrad Stein [324] und einem neueren Aufsatz von D. Anzieu [16], hier lediglich das folgende wiederholen:

Der Mythos gestaltet fortgesetzt die folgende Phantasie zum Drama um: »Er wird mir das antun, was ich meinen Eltern anzutun gedachte.« In der frühen Mythologie werden die Vater-Sohn-Beziehungen gemäß dem zerstörerischen Radikalismus des männlichen Ödipus zum Ausdruck gebracht, bei dem die Kastration anatomisch beschrieben wird. In der griechischen Theogonie nimmt der Ursprungsmythos einen ganz offensichtlichen frühödipalen Charakter an. Nach der blutigen Kastration, wie sie bei Uranus von Chronos an den Hoden vorgenommen wird, lassen sich die mehr oder weniger symbolischen Substitute der Kastration immer leicht auffinden. Das Orakel wiederholt zahlreichen Helden und Göttern gegenüber dieselbe Warnung: »Der Mann ist der Kinderlosigkeit geweiht; wenn er sich dagegen vergeht, wird sein eigener Sohn ihn töten.« Das ist die Vergeltung.

In weniger archaischen Zeiten treten Verdrängungs- und Verleugnungsphänomene in Erscheinung. Aigais [das Ägäische Meer] gebiert zwar, aber bewußtlos (man hat sie in Thrazien betrunken gemacht). Laios beeilt sich, seinen Sohn durch rituelle Aussetzung preiszugeben. In Symmetrie dazu: Wenn Theseus seinen Vater tötet, so versehentlich (das schwarze Segel). Wenn Ödipus seine Verbrechen begeht, so aufgrund von Verkennung. Später entwickelt sich die Kultur, die die mythischen Erzählungen neu bearbeitet. Von da an erlaubt allein der Wunsch nach Adoption, die Kastrationsangst zum Drama umzugestalten und die Überschreitung der Sterilität zu veranschaulichen.

2. *Die Enthüllung*

Wenn die Adoptiveltern wenig Handlungsfreiheit im Verhältnis zu den Phantasien haben, denen sie sich gegenübersehen, fixieren sie ihre Angst auf die ihnen bevorstehende Aufgabe, dem Kind früher oder später seine wirkliche Abstammung zu enthüllen oder das Risiko einzugehen, daß es sie nachträglich und unerwartet erfährt, mit all den Verletzungen und Empörungen, die diese zum schlechtesten Zeitpunkt gegebene Enthüllung nach sich zu ziehen droht.

Faktisch werden bei den Adoleszenten häufig Störungen hervorgerufen, die zum Ausdruck kommen durch

- die plötzliche und schutzlose Konfrontation mit ödipalen Gefühlen;
- Störungen in den Identifikationsbildern, Störungen, die bis zum Identitätsverlust gehen können (Evelyne Kestemberg [187]); all das restrukturiert Störungen, die im Verlauf der Identifikationsperiode durch die Tiefenkonflikte von Eltern bewirkt wurden, die die Adoption nicht haben aufdecken wollen. Umgekehrt sind Enthüllungen, deren Verspätung allein auf zufällige Umstände zurückzuführen ist, im allgemeinen nicht von besonderen Reaktionen begleitet und werden bald akzeptiert. Manche, die mit hartnäckigen Verleugnungen im Zusammenhang stehen, haben zuweilen schwerwiegendere Symptome zur Folge. Bestimmte Jugendliche verlassen dann ihre Familie, zu der sie für eine mehr oder weniger lange Frist keine Beziehungen mehr haben wollen.

Ödipus, der sich für den Sohn von Polybos und Merope hält, sieht sich von einem Stallknecht, dem er befehlen wollte, als Bastard behandelt.

»Das Wort tat mir weh, ich hatte den ganzen Tag über Mühe, mich zusammenzunehmen, und am folgenden Tag fragte ich meinen Vater und meine Mutter. Sie zeigten sich dem Autor der Äußerung gegenüber ungehalten, und wenn auch ihr diesbezügliches Verhalten mich zufriedenstellte, so hörte das Wort doch nicht auf, mich zu beschäftigen, und drang nach und nach immer tiefer in mich ein.

Dann breche ich, ohne Vater und Mutter zu unterrichten, zur Pythia auf. Phoebos schickt mich heim, ohne mich einer Antwort auf das, weswegen ich gekommen war, zu würdigen, aber nicht ohne umgekehrt dem Unseligen, der ich war, das schrecklichste und beklagenswerteste Schicksal vorherzusagen.«

So gibt es in der Tragödie des Sophokles keine Enthüllung, weder von seiten des Polybos noch von der des Delphischen Orakels. Wenn aber bei Ödipus nichts als Zweifel auftraten, so sind deren Konsequenzen bekannt.

Das Gesetz

Die neueste französische Rechtsprechung zwingt immer zu dieser Enthüllung, da bestimmte offizielle Akte eine beglaubigte Kopie des Personenstandsregisters erforderlich machen, in die die Adoption als Randvermerk eingetragen ist. Man hat, unter dem Druck ängstlicher Adoptiveltern, diesen Zwang aus der Welt schaffen wollen.

Zu seiner Aufrechterhaltung haben sich lediglich zwei Parteien als Befürworter zusammengefunden:

a) die *Psychoanalytiker,* die der Ansicht sind, daß der Erfolg der Adoption von der Art und Weise abhängig ist, mit der dieser notwendige Zusammenstoß in Angriff genommen und überwunden wird, und daß es mithin verhängnisvoll ist, ihn zu umgehen, um es den Eltern zu ermöglichen, die zentralen Phantasien ihrer Beunruhigung zu verdecken oder in Abrede zu stellen;

b) die *Juristen.* Sie brachten, ohne ihren Standpunkt anders als intuitiv rechtfertigen zu können, beständig das »Gesetz des Vaters« im Verlauf der Ausschußdiskussionen zum Ausdruck, die das Vorspiel zu den aufeinanderfolgenden Bearbeitungen des *Code civil* bildeten.

Der Gesetzgeber hält es – wenn er auch heute darin einwilligt, daß, dank einer liberalen Entwicklung, die Adoption endgültig und unwiderruflich ist und heute nicht nur die Eltern allein betrifft, sondern auch die gesamte Sippe (totale Legitimation), und daß sie folgerichtig mit den Rechten und Pflichten der Blutsverwandtschaft zusammenfällt – nichtsdestoweniger für undenkbar, das Zeichen des biologischen Erzeugers durch Streichung im Personenstandsregister unwiderruflich zu tilgen. Er rechtfertigt diese Position nicht nur durch rechtliche Prinzipien, sondern auch im Sinne eines Anhaltspunktes für alle die, die für die Gesetze der Exogamie Interesse aufbringen: »Das geschieht«, sagt er, »um inzestuöse Ehen zu vermeiden, die sich ohne das nicht ausmachen ließen.«

Hingewiesen sei darauf, daß faktisch viele andere Möglichkeiten existieren, an denen der Gesetzgeber sich nicht stößt, denn es gibt Inzest seiner Auffassung nach nur im Falle legaler und nicht physischer Verwandtschaft. So liegt auch kein Inzest vor, wenn eine Amme das Kind heiratet, das sie gesäugt hat; ein größeres Hindernis würde jedoch dann auftreten, wenn ein verwitweter Mann die Tochter seiner Frau heiraten wollte, die er selbst, und sei es erst kürzlich, anerkannt hätte.

Polybos und Merope wagten nicht mehr aufzudecken als die ängstlichen Eltern, die wir heute sehen:

a) Bei manchen sind die unbewußten Phantasien, in denen der tiefste Narzißmus auf kastastrophenartige Weise ins Spiel kommt, derart zahlreich und aktiv, ist die entfachte Angst derart groß, daß die Maßnahmen, die ihnen insgeheim unerläßlich erscheinen, sie in wirkliche Abirrungen verstricken, die zur intelligenten Anpassung bei allen ihren sonstigen Aktivitäten in Gegensatz stehen.

»M. und Mme. ... geben ihr Haus, ihr Dorf und ihren Beruf auf, um alle Zeugen der Adoption zu beseitigen.

M. ... bricht mit allen seinen Freunden, sobald sie auf die Adoption seines Sohnes, der doch schon 24 Jahre alt ist, zu sprechen kommen.«

b) Andere wenden fortgesetzte Verleugnung an, was beim Kind zu manchmal pathogenen Gegenbesetzungen hinsichtlich der Urszene führt.

»M. ..., ein weißhäutiger Mann von vierzig Jahren, hat seiner eigenen Mutter das Kind zur Pflege anvertraut, das er von einer farbigen Frau hat und das selbst vollkommen schwarz ist. Beide machen es, ungeachtet der handgreiflichsten Mendelschen Gesetze, glauben, es sei ihr Kind.«

Wenn Bruder und Schwester, beide unverheiratet, gemeinsam ein Kind aufnehmen und aufziehen, kommt es nicht selten vor – wir kennen mehrere solcher Fälle –, daß sie es glauben machen, es sei ihr Kind, und jeder Klarstellung aus dem Wege gehen.

c) Wenn sie sich zu dieser Aufklärung entschließen, geben die von manchen Eltern verwendeten Erklärungen und die angesprochenen Themen ganz deutlich ihre Phantasien zu erkennen.

Einen Probestein für den Bewegungsspielraum der Eltern hinsichtlich ihrer Phantasien liefert mithin ihr Verhalten der Notwendigkeit der Enthüllung gegenüber. Eben weil sie ihnen als Grenzpunkt für die Fiktionen und Verleugnungen und für alle die Einstellungen erscheint, die ihre Ängste zu mildern geeignet sind, bedeutet sie für manche Eltern das Wiederauftauchen des Erlebnisses der Kastrationsangst und der bereits durch die Sterilität hervorgerufenen narzißtischen Kränkung. Sogar das Wort Enthüllung selbst ist bezeichnend.

Das ist vor allem dann richtig, wenn die Adoption das Resultat einer Reaktionsbildung ist. Sie möchte dann Genesung bedeuten. Durch die Rückkehr des Verdrängten wird sie jedoch, aufgrund des ganzen zwanghaften Inhalts dieses Aktes, erneut zum Trauma. Wie bei jeder Reaktionsbildung wird das erreichte Resultat, das alles austilgen sollte, seinerseits zum Beweis und muß gleichfalls geleugnet werden.

Freilich sind diese Ängste überdeterminiert, und mehrere Faktoren treten zusammen, die zu eben diesem wirklichen Zwang führen, es nicht zu einer Enthüllung kommen zu lassen, und rufen eine Eltern-Pathologie der Verleugnung hervor. Soweit es an seine natürliche Abstammung glaubt, bleibt das Kind der Garant der Wirksamkeit dieser Negation, und die Eltern fühlen sich geschützt.

Das erste Verbot bezieht sich auf das sexuelle Wissen, denn es kann keine wirkliche Enthüllung ohne vorgängige sexuelle Aufklärung geben. Der Entwicklung der Erziehungsgewohnheiten und -sitten zum Trotz, die es erlauben, gegenwärtig offener von sexuellen Phänomenen zu sprechen (jedenfalls von Schwangerschaft und den »kleinen Samen«, aber kaum offener vom Penis), bleibt das ursprüngliche Verbot erhalten, demzufolge das Kind in Unwissenheit und Unschuld aufwachsen muß. Das Kind wird in den Rang des Über-Ichs erhoben, das das Wissen von der Urszene untersagt und »Scham einflößt«. Folgerichtig könnte man annehmen, daß die Adoptiveltern darauf brennen, sich ihrem Kind als sauber und von jedem Verdacht der Sexualität reingewaschen zu erkennen zu geben, da sie es ja nicht gezeugt haben.

Wirklich wird die Adoption vom Kind zu bestimmten Zeitpunkten dazu benutzt, gegen die narzißtische Kränkung anzukämpfen, die aus dem Gedanken entsteht, daß die Eltern im Verlauf des Koitus ihm ihre Besetzungen vollständig entziehen (B. GRUNBERGER). Solche Kinder brennen dann darauf, ihren besonderen, nicht-sexuellen Ursprung bekanntzumachen, dem Rat zu Diskretion zum Trotz, den man ihnen vielleicht gegeben hat.

Ebenso halten die Adoptivkinder mit großem Vergnügen in der Kinderkrippe nach jüngeren Geschwistern Ausschau, weil sie da den handgreiflichen Beweis vor Augen haben, daß weder vom elterlichen Koitus noch von seinen gewöhnlichen Auswirkungen: Klinik, Krankenhausdekor, Operationsgerüche, etwas zu befürchten steht. Und zuweilen haben wir in ihrer stolzen Behauptung, daß ihre Eltern »die Kinder nicht zu Hause machen, sondern sie fix und fertig auswählen«, jene narzißtische Apotheose wiedergefunden, die BELA GRUNBERGER narzißtische Triade oder »Phantasie des göttlichen Kindes« nennt, und die es ihnen ermöglicht, die Ödipussituation auf weniger konfliktuöse Weise zu erleben und die Phantasien der Urszene zu leugnen.

Gleichwohl können sich viele Adoptierende nicht leicht dazu entschließen, ihr Kind über die Besonderheiten seiner Geburt zu informieren.

Wirklich schließt das Verbot, das sich auf das Mysterium der Zeugung bezieht, auch das Mysterium der Adoption und des administrativen Aktes mit ein. Dies bedeutet, wenn sie lediglich Akt der Wiedergutmachung und schuldgefärbte Reaktionsbildung ist, ebensosehr Depression und Kastration. Infolgedessen läuft es, wenn man seinem Kind sagt: »Du bist adoptiert«, darauf hinaus, ihm zu sagen: »Nicht nur haben wir sexuelle Beziehungen, sie sind auch noch schlecht.«

Das ermöglicht es, den offensichtlichen Widerspruch zwischen dem Verhalten der leiblichen Eltern und dem der Adoptiveltern zu lösen, wobei jede Kategorie gerade den Verwandtschaftsmodus, der eben der ihre ist, zu leugnen sucht. Die leiblichen Eltern lassen es sich angelegen sein, die Version zu beglaubigen, derzufolge es *keinen* Koitus gegeben hat, und benutzen die Fabel vom Storch, der phallischen Mutter, die das Kind auf übernatürliche Weise zum Geschenk macht, oder sagen sogar, daß sie das Kind im Baby-Warenhaus gekauft haben. Die Adoptiveltern, denen die Administration ein Kind zugewiesen hat oder die es sich aus der Krippe geholt haben, erfinden andere Geschichten, um es glauben zu machen, sie hätten es *gezeugt*.

Letztlich machen die einen wie die anderen die Rolle der Ausarbeitung bewußter und unbewußter Phantasien deutlich. Diese Phantasien zielen, durch die Herrschaft und die Manipulierung, die sie erlauben, darauf ab, einen Schutz gegen die Angst bereitzustellen, und der Glaube ihres Kindes tröstet sie, durch spiegelbildliche Identifikation, über die Brüchigkeit ihrer Konstruktion hinweg.

Die Adoptivväter, und zwar jene, die über eine größere Sicherheitsspanne verfügen, werden dank eben dieser Identifikation mit ihrem Kind gewahr, daß die Phantasie der Urszene für *jede* Strukturierung nötig ist, daß die Verhaltensweisen der Eltern hinsichtlich der Sexualität dem Kind bestimmte Einstellungen zur Kastrationsangst zu entwickeln ermöglichen, und daß das Kind die Urszene erträgt, wenn ihnen Liebe vorausgegangen ist und wenn genitale Liebe und genitaler Orgasmus ihnen folgt, d. h. wenn wechselseitige Hingabe bei der Geburt des Kindes beteiligt ist.

Diejenigen also, die ein zufriedenstellendes Sexualleben und, auf dem Wege der Sublimierung, soziale Aktivität entwickeln und den Eindruck vermitteln, daß sie jeder ihre Geschlechtsrolle übernehmen, können das adoptierte Kind als das Projekt ihrer genitalen Liebe besetzen und nicht als Wiedergutmachung oder Kompensation. Solche Eltern ermöglichen strukturbildende Identifikationen, derart, daß das Kind keinen anderen Gedanken hegt als den, das Resultat dieser Verbindung zu sein. Infolgedessen hat die Enthüllung in ihren Augen keinerlei unerfreuliche Nachwirkung mehr, und sie können sie ohne Angst und Ungeschicklichkeit zuwege bringen.

Bruno, sechs Jahre alt, sagte zu seiner Mutter: »Du hast mir genau erklärt, daß ich adoptiert worden bin, aber ich fühle deutlich, daß ich trotzdem auch ein bißchen in deinem Bauch gewesen bin.«

Das unterstützt die Auffassung, daß die Phantasie der Urszene mit dem Auseinanderfallen [*défusion*] des Objektes in Zusammenhang steht, das die Vorstellung des Koitus einführt. Da diese Phantasien in engerer Beziehung zu den ersten Erfahrungen der Mutter-Kind-Beziehung als zum Faktum der Adoption stehen, wird es verständlich, warum ein Adoptivkind in solchen Familien die Phantasie der Urszene immer auf seine Adoptiveltern, und nicht auf seine leiblichen Eltern überträgt.

Aus vergleichbaren Gründen kann eine Adoptivmutter sich der Realität bewußt sein, aber zugleich ihr Kind auch – im Verhältnis zu einem Erlebnis, das ihr ihre Vergangenheit aufzuarbeiten ermöglicht hat – so wahrnehmen, als hätte sie selbst es ausgetragen und geboren.

3. Die Mutter-Imago

»Mme. G... wird bis in ihre Träume von der Angst heimgesucht, daß die leibliche Mutter ihres Kindes es später auf der Straße treffen, es erkennen und es ihr streitig machen könnte. In ihren früheren Erinnerungen stößt sie auf schlechte Beziehungen zu ihrer Mutter, die sie mißachtet und abgelehnt hat. Sie heiratete M. gegen den Willen ihrer Mutter. Die starb nach der Heirat ihrer Tochter an Gebärmutterkrebs. Kurz nach dem Tode ihrer Mutter fühlt Mme. G... die ersten bedrohlichen Anzeichen einer Fehlgeburt.

Sie kam der Problematik erst mit unserer Hilfe näher und sah ein, daß die Frau, die sie in ihren Alpträumen heimsuchte, um sich ihr Kind zurückzuholen, zahlreiche physische Züge ihrer Mutter trug.

Die Mutter von Mme. X. starb bei der Geburt eines kleinen Jungen. Mme. X., damals zwölf Jahre alt, zog ihren Bruder auf und ließ sich von ihm Mama nennen, während ihr Vater, sehr schuldbewußt, es ihr untersagen wollte. In der Adoleszenz entwickelte Mme. X, die den Verlust ihrer Mutter bis dahin relativ wenig empfunden hatte und mit Vergnügen die Hausfrauenrolle auf sich nahm, ihr gegenüber ein sehr intensives Schuldgefühl und klagte sich an, ihr die Freuden der Mutterschaft gestohlen zu haben. Mme. X. wird Adoptivmutter, sie ist sehr ängstlich und träumt häufig von dem chirurgischen Eingriff, der ihre Sterilität herbeigeführt hat. Die Rolle des Chirurgen wird dabei häufig von einer Frau eingenommen, die ihr ihre eigene Mutter ins Gedächtnis ruft.

Mme. X. hatte die zwanghafte Einstellung, ihre Adoptivkinder nur als die kleinen Kinder ihrer Mutter, und nicht als ihre eigenen betrachten zu können« [310].

Das ergiebige klinische Material, das das Schuldgefühl in bezug auf die Mutterfigur anzeigt und die Adoptivmütter dazu drängt, die Adoption als eine Art von

Kindesraub zu phantasieren, spiegelt sich in der einfachsten journalistischen Technik wider, die bei jeder »Adoptionsaffäre« mit der Identifikation des Publikums mit der einen und dann mit der anderen Mutter spielt und uns damit in die Position des Königs Salomo versetzt.

Das gibt zu einigen Überlegungen Anlaß. Die Analyse schwangerer Frauen macht häufig deutlich, daß sie, von dem Augenblick an, wo sie ihr Kind empfingen, manchmal sogar schon dann, wenn sie es sich mit Entschiedenheit gewünscht haben, sich mit dem Bild ihrer Mutter konfrontiert sehen, und zwar um so mehr, als ihre Entschlossenheit von einer Reaktionsbildung abhängig ist und der Sublimierung fernsteht.

Auf den Markesa-Inseln kommt eine hexenähnliche Person, die »*Véhimi Hai*«, und lärmt um die Hütten der gerade niedergekommenen Wöchnerinnen herum, wobei sie so tut, als wollte sie ihnen ihre Kinder wieder wegnehmen.

Die Phantasie, der eigenen Mutter ein Kind wegzunehmen, ist konstant, und die Phantasien von Puppenspielen bestehen fort. Die kleinen debilen Mädchen möchten alle Kinderpflegerinnen sein, und in den achtbarsten Berufen, in denen die Frauen sich mit Kindern beschäftigen, tritt häufig der Wunsch in Erscheinung, sie zu verführen und ihrer eigenen Mutter wegzunehmen.

Die Adoption kann, durch das von ihr in Gang gesetzte Verfahren selbst, die alten Wünsche wiederbeleben, das Kind des Vaters im Bauch der Mutter an sich zu bringen, die Ursachen der Sterilität können als Verfolgung erlebt werden, und alles spielt sich in der Phantasie so ab, als hätte die Mutter das Recht auf Heimzahlung und Vergeltung an ihrer Tochter und verfüge über das Innere von deren Bauch, indem sie ihr da ein böses Organ aufzwinge.

Die Frauen, bei denen die Reaktionsbildung dazu bestimmt ist, die Vergeltungsphantasie zu leugnen, bekräftigen ihr absolutes Recht auf das Kind. Wir haben gesehen, daß die künftigen Adoptivmütter im Verlauf von Konsultationen oder Unterhaltungen in ihren Höflichkeitsformeln weiblichen Ärzten gegenüber vorsichtig sind, und sie verbessern sich häufig: »Frau X., oh Verzeihung, Frau Doktor!« Sie erwarten von diesen allmächtigen phallischen Müttern eine Billigung, die sie von Schuldgefühlen entlastet. Die Art und Weise, auf die alle die Frauen besetzt werden, die die Kinder »geben« (beim ärztlichen ebenso wie beim administrativen Personal), läuft darauf hinaus, vergleichbare Personen in den Rang guter Märchenfeen zu erheben, die aber alsbald zu bösen Hexen werden und die schlimmsten Schwierigkeiten anrichten können, wenn man sie nicht höflich zur Geburt einlädt. Die Situation der Adoption mit der Existenz einer biologischen Mutter bietet jedoch für den Versuch der Spaltung der Mutter-Imago die Möglichkeit, einen Teil der Affekte auf diese Frau zu übertragen. Sie kann allmächtig und phallisch, weil zeugend, erscheinen; ihr Kind zu adoptieren, kann dann bedeuten, sie zu kastrieren und zu zerstören; daher dann ein intensives Schuldgefühl als Gegenschlag. Die Adoptivmutter zieht es mithin vor anzunehmen, daß sie bereits vor ihrer Einmischung auf jede mögliche Weise kastriert und zerstört worden ist: sie hat sich weder den Mann noch das Kind, noch die soziale Situation zu erhalten verstanden: »Deine Mutter war zu krank oder zu arm, um dich aufzuziehen« – das wird dem Kind am häufigsten gesagt, wenn die Adoptiveltern das Bedürfnis haben, das Bild jener Person auszutilgen, die sie ängstlich »die wirkliche Mutter« nennen.

4. Die Angst vor einer pathologischen erblichen Belastung

Die Angst vor einer pathologischen erblichen Belastung, die sich später beim aufgenommenen Kind bemerkbar machen könnte, kommt bei Adoptiveltern sehr häufig nicht so sehr im somatischen Bereich – sie akzeptieren das Risiko, wenn die klinischen und ergänzenden Untersuchungen die wesentlichen Gründe zur Beunruhigung aus dem Wege geräumt haben – als vielmehr im psychischen zum Ausdruck.

Gerade aufgrund der Gegenbesetzungen, die die von den Eltern angesichts dieser Befürchtung verwendeten Abwehrmechanismen beim Kind hervorrufen können – in dem Maße, daß sie zuweilen die gesamte edukative Beziehung verhunzen –, ist es angemessen, die Adoptionskandidaten in dieser Hinsicht genau zu prüfen. Es muß ihre Flexibilität im Verhältnis zu den von ihnen entwickelten Phantasien und die Dimension dessen eingeschätzt werden, was sie von ihren unbewußten Phantasien zu erkennen geben.

Die Ängste, die vor der Aufnahme des Kindes zum Ausdruck kommen, müssen von denen unterschieden werden, die auch später fortbestehen. Bei vielen Eltern sind diese Phantasien beseitigt, wenn sie sich beim Kind anerkannt fühlen. Überdies scheint es normal, daß realistische Eltern sich mit dieser Frage beschäftigen, und wir möchten mithin Angst vor erblicher Belastung und Phantasien über erbliche Belastung unterscheiden.

Bis vor wenigen Jahren, vor dem Andrang zur Bewerbung um eine Adoption, brachten manche Paare, die sicher waren, das Recht auf ihrer Seite zu haben, bereitwillig ihren Wunsch nach einer strengen Auswahl der Kinder zum Ausdruck, die möglichst mit einem guten *Stammbaum* ausgestattet sein sollten. Zuweilen verfielen sie in die Extreme einer unerbittlichen und angsterzeugenden Logik, wie sie der englische Dramatiker ALBEE in seinem Stück »Der amerikanische Traum« dargestellt hat: eine merkwürdige Verwaltungsbehörde kommt und verifiziert, ob das Kind perfekt ist und alle Wünsche vollkommen erfüllt; wo nicht, nimmt sie es zurück und tauscht es um.

Eine offensichtlich ganz und gar entgegengesetzte Position ist heute gang und gäbe und, wie wir sagen würden, modisch-schick. Zahlreiche Antragsteller behaupten, daß Zuwendung, Fürsorge und Methodik bei der Erziehung eines Kindes allein ausschlaggebend sind, und bestreiten der Erbmasse jegliche Bedeutung. Es handelt sich häufig um lektürebeeinflußte Rationalisierungen, die dieselben Strukturen und dieselben Abwehrhaltungen wie bei der fordernden Einstellung bemänteln. »Wenn wir es lieben und es vortrefflich erziehen, wird es weder lügen noch jähzornig sein oder mausen, wird es weder passiv noch aggressiv werden.«

Die Verleugnung der Ängste vor erblicher Belastung zieht, als Bestätigung ebendieser Ängste, bei triebhaften und aggressiven Äußerungen und bei Regungen des Autonomiebedürfnisses des Kindes denselben narzißtischen Zusammenbruch und dieselbe Ablehnung auf seiten der Adoptierenden nach sich.

Die bewußt oder nicht bewußt phantasierten Besorgnisse im Zusammenhang mit einer möglichen erblichen Belastung sind häufig überdeterminiert:

a) Das Ersuchen um Auskünfte bezieht sich nahezu ausschließlich auf die Person der natürlichen Mutter und läßt die des Vaters sehr häufig außer acht; es macht also deutlich, daß es das Ergebnis von Rationalisierungen sein kann, wie sie angesichts der durch die Konfrontation mit der Mutter-Imago wiederbelebten Angst entstehen.

b) Die größte Angst ist jedoch die, sich im Kind nicht wiederfinden oder in ihm nicht das geliebte Wesen wiederfinden zu können. Es wird dann zum Fremden, zum bösen Objekt und als solches abgelehnt.

Die Gegenwart eines »Fremden im Hause« läßt die narzißtische Wunde wieder aufbrechen, denn er wird dann zur Bestätigung eines verdinglichten Mißerfolges, weil man zu anderen seine Zuflucht hat nehmen müssen.

Sicher benutzte M. wirre Rückversicherungsmechanismen, wenn er angesichts seines Kindes, das in eine infantile Psychose verfallen war, vor dem Arzt wiederholt äußerte: »In seinem Alter war ich nervös und träumerisch wie er.«

Es ist jedoch richtig, daß man guter Vater oder gute Mutter allein dann ist, wenn man sich in einem Wesen wiedererkennt, das man liebt, und daß man aus dieser spiegelbildlichen Identifikation Lust gewinnen kann. Das Baby und später das Kind muß annähernd gute Erinnerungen hervorrufen, damit die narzißtische Identifikation möglich wird und die künftigen Schwierigkeiten die libidinösen und narzißtischen Besetzungen nicht zerstören.

In einem kleinen Kinderbuch nimmt ein guter blauer Fuchs, der sich langweilt, eine kranke orangefarbene Kuh bei sich auf und tröstet sie. Er kommt sich ganz alleingelassen und sehr verschieden von ihr vor, als die, kaum wiederhergestellt, sich anschickt, die Grasnarbe abzurupfen, die er ihr fürsorglich bereitgestellt hatte.

Die Eltern, die die kleinen Adoptivkinder mit einem Minimum an Triebentmischung besetzt haben, haben keine allzu großen Schwierigkeiten, die Widersprüche der edukativen Beziehung auszuhalten, und scheuen sie nicht sehr.

c) In der Angst vor erblicher Belastung kann jedoch noch anderes zum Ausdruck kommen.

»Mme. A. bringt, wenige Wochen, nachdem sie sie von der *Assistance publique* in Empfang genommen hat, die kleine fünfjährige Monique wieder zurück. Sie behauptet, sie in ihrem Bad mehrfach auf die Probe gestellt zu haben. Als sie ihr den Rücken mit einem Schwamm abwischte, hat sie ein laszives Wiegen der Hüften bei ihr bemerkt, das für ein späteres Leben als ehrbare Frau nichts Gutes versprach.

M. und Mme. B. kommen, um Beruhigungsmittel für ihre zehnjährige Tochter zu erbitten. Sie möchten sie in einer strengen Pension unterbringen. Das Kind ist reizend, und eine etwas früh eingetretene Pubertät hat ihr zu einer allerliebsten femininen Körperbildung und zu einigen koketten Gesten verholfen. M. und Mme. B. sind angesichts der Erotisierung dieses Objektes ganz offensichtlich von Panik ergriffen. Der Hintergedanke von M. und Mme. B. ist der, daß die Mutter des Mädchens eine Prostituierte war.«

Diese Projektion des bösen Triebes und der bösen Instinkte, die so nach außen treten, ist der vergleichbar, die bei Eltern auftritt, die die Masturbationsversuche ihres Kindes verfolgen und überwachen.

Es muß jedoch festgehalten werden, daß dieser Begriff des fremden Erbanteiles, wenn er als nicht-ängstigendes Realitätselement akzeptiert wird, sich in anderen Fällen für alle Beteiligten im Gegenteil vorteilhaft auswirken kann. Etwa wenn das Kind sich als offen pathologisch erweist: bei schwerwiegender intellektueller Retardierung, Ausrüstungshandikap oder Persönlichkeitsstörungen. Die narzißtisch weniger betroffenen Eltern müssen sich dann durch Reaktionsbildungen verteidigen, vor allem dann, wenn sie die erzieherische Aufgabe selbst ohne Masochismus besetzen.

Kurz: diese Vorstellung des sich selbst als fremd empfindenden fremden Kindes, die in jeder Familie in bestimmten Augenblicken oder bestimmten Situationen auftaucht – Scheidung, wuterfüllter Partner usw., wenn ein bestimmter Zug, der an den einen erinnert, den anderen zu Haß verleitet: »Das hat dein Kind getan!« –, erhält in der Adoptionssituation ein Element von Realität, wenn die Reaktionsbildungen es erfordern, um die ausgebildeten Phantasien zu rationalisieren. Wenn man auf diese Vorstellung stößt, bleibt überdies auszumachen, ob sie nicht dazu bestimmt ist, eine warmherzige Beziehung zum Kind zu schützen oder ob sie im Gegenteil auf schädliche Weise gegen das Kind verwendet wird.

5. *Der Familienroman*

Wir wollen nunmehr untersuchen, warum manche Adoptiveltern Ängste im Zusammenhang mit einem Vorhaben zum Ausdruck bringen, das sie ihrem Kind unterstellen. Ihres Erachtens möchte es, wenn es erfahren hat, daß ihm ein doppeltes Netz von Referenzen zur Verfügung steht – blutsverwandte Eltern und Adoptiveltern –, seine biologischen Eltern wiederfinden und würde lieber bei ihnen leben, indem es so alle Rocambole-Geschichten (auch er ein Findelkind) oder sogenannten »Beim Kreuz meiner Mutter«-Legenden bestätigt, die stets das intuitive Wiedererkennen der Stimme des Blutes bestätigen. Aber gerade mangels der Verwirklichung eines derartigen Vorhabens erscheint diese Phantasie selbst für die Adoptiveltern als ungerechter Liebesentzug.

Offensichtlich führt uns das – wie die Adoptiveltern – auf den Familienroman, eine weitverbreitete und sogar vorherrschende Phantasie, da sie sich, Freud zufolge, in allen Lebensschicksalen dingfest machen läßt.

In wenigen Worten sei dargestellt, worum es sich handelt. Freud [117] hat diesem Thema einige Seiten gewidmet, die in das 1909 erschienene Buch »Der Mythus von der Geburt des Helden« von Otto Rank aufgenommen wurden.

Er weist, nachdem er die Notwendigkeit der Gegensätzlichkeit zwischen den Generationen dargelegt hat, darauf hin, daß sie sich in mehreren Phasen entwikkelt.

»Für das kleine Kind sind die Eltern zunächst die einzige Autorität und die Quelle allen Glaubens. [...] Kleine Ereignisse im Leben des Kindes, die eine unzufriedene Stimmung bei ihm hervorrufen, geben ihm den Anlaß, mit der Kritik der Eltern einzusetzen und die gewonnene Kenntnis, daß andere Eltern in mancher Hinsicht vorzuziehen sind, zu dieser Stellungnahme gegen seine Eltern zu verwerten. [...] Der Gegenstand dieser Anlässe ist offenbar das Gefühl der Zurücksetzung. Nur zu oft ergeben sich Gelegenheiten, bei denen das

Kind zurückgesetzt wird oder sich wenigstens zurückgesetzt fühlt, wo es die volle Liebe der Eltern vermißt, besonders aber bedauert, sie mit anderen Geschwistern teilen zu müssen. Die Empfindung, daß die eigenen Neigungen nicht voll erwidert werden, macht sich dann in der aus frühen Kinderjahren oft bewußt erinnerten Idee Luft, man sei ein Stiefkind oder ein angenommenes Kind.«

Die folgende Phase, in der man sich die Eltern durch Zurücksetzung vom Leibe hält, bildet den Familienroman der Neurotiker, der nicht immer bewußt abrufbar, aber in der Psychoanalyse praktisch immer nachweisbar ist.

FREUD ruft die Rolle der Tagträume in der Ökonomie des Seelenlebens des Kindes in der Vorpubertät und dann in der Adoleszenz in Erinnerung:

»Eine genaue Beobachtung dieser Tagträume lehrt, daß sie der Erfüllung von Wünschen, der Korrektur des Lebens dienen und vornehmlich zwei Ziele kennen: das erotische und das ehrgeizige (hinter dem aber meist auch das erotische steckt). Um die angegebene Zeit beschäftigt sich nun die Phantasie des Kindes mit der Aufgabe, die geringgeschätzten Eltern loszuwerden und durch in der Regel sozial höherstehende zu ersetzen. Dabei wird das zufällige Zusammentreffen mit wirklichen Erlebnissen (die Bekanntschaft des Schloßherrn oder Gutsbesitzers auf dem Lande, der Fürstlichkeit in der Stadt) ausgenützt. Solche zufällige Erlebnisse erwecken den Neid des Kindes, der dann den Ausdruck in einer Phantasie findet, welche beide Eltern durch vornehmere ersetzt. In der Technik der Ausführung solcher Phantasien, die natürlich um diese Zeit bewußt sind, kommt es auf die Geschicklichkeit und das Material an, das dem Kinde zur Verfügung steht.«

Dann verfeinert sich das bewußte Innewerden der unterschiedlichen sexuellen Funktionen des Vaters und der Mutter. Das Kind wird gewahr, daß *pater semper incertus est,* während die Mutter *certissima* ist [die Vaterschaft ist immer ungewiß, die Mutterschaft stets ganz sicher]. Der Familienroman muß dieser durch die Realität gesetzten Begrenzung Rechnung tragen; ebenso zieht er die physische Verwandtschaft mit der Mutter nicht mehr in Zweifel, gibt er sich damit zufrieden, den Vater zu erhöhen. Das ist die zweite sexuelle Phase des Familienromans, in der sich der Wunsch äußert, der Mutter als dem Objekt der größten sexuellen Neugier heimliche Liebschaften zuzuschreiben und sie in die Situation geheimer Untreue zu bringen.

Damit befriedigen die Kinder, vor allem dann, wenn sie bei der Abgewöhnung sexueller Unarten von den Eltern hart bestraft wurden, ihre Vergeltungs- und Rachebedürfnisse. Das jüngste Kind eines Familienverbandes legt sich eine derartige Erdichtung zurecht, um seine Vordermänner ihres Vorzuges zu berauben. Es stellt sich dann vor, das einzige legitime Kind zu sein. Auf diese Weise kann es etwa seine inzestuöse sexuelle Neigung zu einer Schwester für unschuldig erklären.

FREUD schließt, indem er zeigt, daß alle diese Fabelbildungen unter leichter Verkleidung die ursprüngliche Zärtlichkeit des Kindes für seine Eltern aufrechterhalten,

»so daß das Kind den Vater eigentlich nicht beseitigt, sondern erhöht. Ja, das ganze Bestreben, den wirklichen Vater durch einen vornehmeren zu ersetzen, ist nur der Ausdruck der Sehnsucht des Kindes nach einer verlorenen glücklichen Zeit, in der ihm sein Vater als der vornehmste und stärkste Mann, seine Mutter als die liebste und schönste Frau erschienen ist.«

Tatsächlich hat sich FREUD sehr früh für dieses Thema interessiert, da es sich in dem einem Brief an FLIESS (Nr. 67 vom 25. Mai 1897 [101]) hinzugefügten Manuskript M erwähnt findet:

»Es ist die schönste Hoffnung, die Anzahl und Art der Phantasien ebenso vorher zu bestimmen wie es mit den Szenen möglich ist. Ein Entfremdungsroman (vide Paranoia) regelmäßig dabei, dient der Illegitimierung der genannten Verwandten. Agoraphobie scheint an Prostitutionsroman zu hängen, der selbst wieder auf diesen Familienroman zurückgeht. Frau, die nicht allein ausgehen will, behauptet also Untreue der Mutter.«

Im Brief Nr. 91 vom 20. Juni 1898 kommt er auf dasselbe Thema zurück, wobei er einen bestimmten Roman, *»Die Frau als Richterin«*, analysiert [101]:

»Alle Neurotiker bilden den sogenannten Familienroman (der in der Paranoia bewußt wird), der einerseits dem Größenbedürfnis dient, andererseits der Abwehr des Inzests.«

FREUD ist zu jener Zeit der Ansicht, daß die Materialien zum Aufbau solcher Romane dem niedrigeren sozialen Kreis der Dienstmädchen entnommen werden, aber auch etwa Zerwürfnissen der Eltern.

»In allen Analysen bekommt man deshalb dieselbe Geschichte zweimal zu hören, einmal als Phantasie auf die Mutter, das zweite Mal als wirkliche Erinnerung von der Magd.«

Die besondere Beschaffenheit der Altersbeziehungen zwischen den verschiedenen Personen der Familienkonstellation des jungen FREUD ist bereits von ihm selbst erwähnt worden, und zwar dahingehend, daß sie eine bestimmende Rolle für sein Verständnis des Ödipuskomplexes gespielt hat.

Die junge Mutter FREUDS, Amalia Nathanson, war als zweite Frau seines Vaters Jacob gleichaltrig mit seinen beiden Halbbrüdern Emmanuel und Philipp. Der junge Sigismund hatte jedoch eine logischere Verbindung zwischen seiner Mutter und seinem Halbbruder rekonstituiert. Das ging nicht ohne den Zusammenstoß widersprüchlicher Gefühle ab, wie er ihn in der »Psychopathologie des Alltagslebens« [107] im Zusammenhang mit der Deckerinnerung des Kastens auf dem Speicher vergegenwärtigte, an der er seine ödipale Vergangenheit aufgearbeitet hat.

FREUD sieht sich da weinend neben seinem Bruder stehen, der einen Koffer öffnet und schließt. Seine Mutter tritt ein, schön und schlank, und er beginnt zu schreien. Am Tag zuvor hatte sein Bruder seine Amme »einkasteln« lassen, weil sie einige Diebstähle begangen hatte: er hatte sie ihm also weggenommen. Der junge Sigismund stellt zwischen Amme und Mutter eine Verbindung her und verlangt, daß sein Bruder ihm *beweist,* daß er seine Mutter nicht eingekastelt hat, daß er nicht mit ihr schläft – der Kasten ist leer –, also hat der Bruder ihm die Mutter geraubt – er hat sie ihm genommen, er weint – aber die Mutter tritt ein, sie ist schlank, also nicht schwanger – er lacht –, sein Bruder schläft also nicht mit seiner Mutter.

Diese Deckerinnerung kann nur in eine Periode datiert werden, wo seine Mutter mit seiner Schwester Anna schwanger war, die er später gar nicht mochte, obwohl er in der Folge den Namen seiner eigenen Tochter gab.

Jones [186] macht darauf aufmerksam, daß Sigismund auf diese Weise eine Zweiteilung der Vaterrolle zustande gebracht hatte. Während er seinen Vater Jacob erhöhte und glorifizierte, indem er ihm eine bedeutsame patriarchalische Rolle im Haushalt zubilligte, enthob er ihn zugleich seiner Erzeugerrolle, die er auf den Bruder übertrug. Er konnte so immer bewußt Zuneigung, Bewunderung und Respekt einem Vater gegenüber beweisen, dem er die Eigenschaft des Rivalen absprach, wobei alle feindseligen Affekte auf eine andere Person übertragen wurden.

Zweifellos half ihm das, die konfliktgeladene Dynamik des Ödipuskomplexes zu verstehen, und es machte ihn für die Phantasie des Familienromans besonders hellhörig. Gleichwohl hat er uns nicht explizit den seinigen beschrieben.

Es wäre interessant zu wissen, ob nicht noch andere Gründe als die Germanisierung in Betracht kamen, als er seinen Vornamen Sigismund im Alter von zweiundzwanzig Jahren in Sigmund änderte, er, der das Leben des Pharao Echnaton vergegenwärtigte, der den Monotheismus in Ägypten einführte und im selben Alter wie Freud seinen Namen änderte.

Der Familienroman ist ein mehr oder weniger ausgearbeiteter bewußter Tagtraum, der in sehr unterschiedlichen konfliktuösen Neubearbeitungen dingfest zu machen ist.

Wie wir gesehen haben, hat Freud in seinem Brief vom 25. Mai 1897 (Nr. 67 [101]) den Sachverhalt präzisiert:

»Es ist die schönste Hoffnung, die Anzahl und Art der Phantasien ebenso vorher zu bestimmen wie es mit den Szenen möglich ist.«

J. Laplanche und J.-B. Pontalis [214] geben für den Familienroman die folgende Definition:

»Es handelt sich dabei um ein Szenarium mit sekundärer Bearbeitung, um eine Szene in dem Sinne, wie auch Freud sie auffaßt. Im Verhältnis zur unbewußten Phantasie ist sie ein auf zwei Stufen und mit doppelter Transkription erzählter Traum. Er bildet eine Neuausführung der Urphantasie bei Einschaltung des individuellen Erlebens.«

Diese topische Definition macht möglicherweise weder den ökonomischen Aspekt der unbewußten Phantasie, die die Spannung verursacht, noch den der bewußten Phantasie deutlich genug, die sie zu lösen versucht.

Seine Beziehungen zur Deckerinnerung werden von Freud selbst angesprochen, der deutlich sagt, daß bestimmte seiner Elemente der Realität entnommen werden: Begegnungen mit hochgestellten Personen, Zerwürfnis der Eltern, Verführung durch Dienstmädchen usw., wobei alle diese Elemente schließlich in dem Maße modifiziert werden, daß sie die Vergangenheit gemäß den Kraftlinien der Besetzungen und der persönlichen Konflikte rekonstruieren.

Jedenfalls handelt es sich um eine Deckerinnerung mit zeitlich begrenzter Bedeutung, in der die Realität im Verhältnis zur Phantasie eine Rolle spielt, die der des Tagesrestes im Verhältnis zum Traum vergleichbar ist.

Der Familienroman stellt also ein ausgezeichnetes Beispiel für die *Rolle* und die *Funktion* der *Phantasien* bereit. Er prägt sich deshalb als wesentliches Element in der Phantasiewelt des Menschen aus, das als Bindeglied zwischen Repräsentanzen und Trieben besondere Bedeutung hat.

Seine Rolle hinsichtlich des Ödipuskonfliktes ist augenfällig und läßt sich dingfest machen

a) auf der Ebene des objektalen Konfliktes;

b) auf der Ebene der narzißtischen Wiederherstellung.

Als typische Phantasie der Latenzperiode gehört der Familienroman zur Erbschaft des Ödipuskonfliktes, die er ständig ummodelt, indem er sich davor schützt, wobei er die Triebenergie in einem Kompromiß verwendet, der die Kräfte ins Gleichgewicht bringt. Er bearbeitet die *Vater-Figur,* die er entwertet und der er eine symbolische Kastration auf mehreren Ebenen angedeihen läßt: er wird von seiner Frau und von einer Person, die mächtiger als er ist, verunglimpft, er wird seiner Abstammung beraubt. Weder gehört sein Kind ihm noch ist es seines.

Die *Mutter-Figur* wird ebenfalls modifiziert. Die Mutter ist Verführerin und kann verführt werden, weil sie für jedermann zugänglich ist. Sie gibt die phallische Position auf, ohne deswegen auch kastriert zu sein. Das Kind anerkennt, daß die Verführung existiert, und begibt sich nicht in Gefahr.

Es ergibt sich eine Verschiebung des realen Objektes auf das phantasierte Objekt, eine Besetzung einer Elternphantasie anstelle der Besetzung der Eltern. Das führt nicht dazu, daß dem ursprünglichen Objekt die Besetzung entzogen wird, das gleichwohl teilweise dekonfliktualisiert ist. Es entsteht jetzt Raum für eine Triebentmischung, die zur Spaltung des Objektes und zu seiner Zweiteilung führt. Die Zigeuner, die das Kind geraubt haben, sind die bösen Eltern, die Könige und Königinnen, denen es geraubt worden ist, sind die phantasierten guten Identifikationsobjekte. Das Kind rechtfertigt sich für seine sexuellen Phantasien über die Mutter durch »Helden als Mittelspersonen« und geht so viel weniger Risiken ein, indem es sie einem anderen allmächtigen zuschreibt, mit dem es sich identifiziert. Es bedient sich seiner »manipulierbaren« Phantasien als Masturbationsthema.

Mit dem Familienroman in seiner zweiten Version *leugnet das Kind die Urszene,* trennt es die Eltern und verschiebt es die Beziehungen zur allmächtigen Mutter anderswohin und auf einen allmächtigen und nicht kastrierbaren Unbekannten (LAPLANCHE und PONTALIS). Es handelt sich um einen Versuch der Distanzierung im Verhältnis zur Urszene oder um eine Säuberung der Imagines auf eine Weise, die eine erträglichere narzißtische Verletzung zur Folge hat. MELANIE KLEIN berichtet in einer 1920 in Wien gemachten Mitteilung [191] über eine persönliche Beobachtung an ihrem eigenen, damals fünfjährigen Sohn Erich, der sie den Titel »Der Familienroman in statu nascendi« gibt:

Der kleine Junge stellte zu der Zeit, wo er sich für die Wahrheit im Zusammenhang mit dem ›Osterhasen‹ interessierte, der Schokoladeneier und Spielzeug bringt, auch viele Fragen über die jeweiligen Rollen von Vater und Mutter bei der Zeugung. Aber seine Suche nach der

Wahrheit trat in Gegensatz zu seinem Wunsch, sich seinen falschen, phantastischeren Glauben erhalten zu können, der ihm doch besser gefiel.

Dann entwickelte er einen Familienroman, demzufolge er der Sohn der Besitzerin des Hauses war, in dem er wohnte und deren Namen er annehmen wollte. Er weigerte sich, seiner Mutter zu gehorchen, und räumte sogar seine Spielzeuge aus, um für einen ganzen Tag bei jener anderen Dame zu wohnen. MELANIE KLEIN berichtet über die Mühe, die sie mit diesem Familienroman gehabt hat, und über die ein wenig sadistische Art und Weise, auf die sie reagierte, indem sie ihn zu den unvermeidlichen und extremen Konsequenzen seiner Phantasie drängte, so als handle es sich um eine wirkliche Wahl.

S. FERENCZI, der die Hauptpersonen gut kannte, gab ihr eine Deutung und machte den Wunsch des Kindes deutlich, sich vornehmeren Eltern anzuschließen, die nicht zu sexuellen Beziehungen greifen müßten, um richtige Kinder zu bekommen.

Die Vorstellung der narzißtischen Wiederherstellung ist in der Thematik des Familienromans tatsächlich unmittelbar impliziert. Sie wird, wie FREUD dargelegt hat, durch das Wiederauftauchen der kindlichen Megalomanie entwickelt. Wie B. GRUNBERGER [165] hervorgehoben hat, ist der Familienroman ein Versuch, die Ödipussituation auf nicht-konfliktuöse Weise zu erleben. Die narzißtische Gratifikation ersetzt dabei die Triebposition und funktioniert als Abwehr gegen sie. Er stellt die megalomanische Allmacht des Kindes wieder her, wenn es sich in seinen Notlagen ohnmächtig fühlt (Ödipussituation, Kastration). Diese Megalomanie ist rauhen Angriffen ausgesetzt gewesen und hat sich zu einigen schmerzlichen Abstrichen bequemen müssen, um sich der Realität anzupassen. Die Herabsetzung der Eltern, ihre trostlose Unfähigkeit, die Welt und die Gesellschaft zu verändern, die Einsamkeit des Kindes angesichts ihres Egoismus zu zweit – »niemand hat mich wirklich lieb« – und die Unmöglichkeit, das relationale Spiel mit den wirklichen Eltern wiederaufzunehmen (sie müssen abgelehnt werden, selbst wenn sie endgültig introjiziert sind, oder angegriffen werden, aber dann zerstört der Adoleszent sich selbst) machen die Wiedereinsetzung von Personen dringlich, die deren Rolle übernehmen.

Durch narzißtische Überbesetzung rekonstituierte mythische Eltern werden nach Maßgabe des Individuums geschaffen, d. h. sie sind maßlos groß. Es kann sie dann anerkennen und sich von ihnen geliebt fühlen, »sie sind schön, weil sie mir gehören«. Jetzt kann das Kind seine wirklichen Eltern herabsetzen oder rehabilitieren, wenn es das will, und zwar grenzenlos und nach Belieben. Die Helden und Männer können nur deshalb zu Helden und Männern werden, weil sie ihre Väter so mächtig wie möglich geschaffen haben. Der Familienroman ist zweifellos ein Versuch, das Ichideal auf eine Person zu externalisieren und es aus den konfliktbelasteten Beziehungen zum wirklichen Vater herauszuhalten, wobei das Über-Ich dazu zwingt, Besetzungen zu entziehen. Das Ichideal und die wohlwollende Über-Ich-Imago können jetzt dem sadistischen Über-Ich entgegengesetzt werden.

Der Familienroman macht jedenfalls deutlich, daß zwischen Ichideal und Phantasie vom Vater unterschieden werden muß, und liefert eine Veranschaulichung bestimmter Identifikationsmechanismen.

»Frédéric stellte sich vor, daß sein Vater den Eisenbahnverkehr für die ganze Erde regelte, daß er die Fahrpläne überwachte, damit die Züge nicht zusammenstießen, und das erschien ihm als ungeheure, komplizierte und ehrenvolle Aufgabe. Als er entdeckt, daß er lediglich ein kleiner Angestellter in einem bescheidenen Büro ist, ein Schönredner, aber von mittelmäßiger Intelligenz, stellt er sich vor, daß sein wirklicher Vater ein gutaussehender Offizier des Krieges von 1914–18 gewesen ist, der von einer Elsässerin geliebt worden ist, aber nie irgendeine Beziehung zu seiner Frau gehabt hat. Frédéric selbst wäre aus einer Liebschaft seiner Mutter mit einem glänzenden und reichen Arzt, ihrem Nachbarn, hervorgegangen, der über großes Ansehen und einen großartigen Wagen verfügt. Frédéric ist Arzt geworden.«

Der Familienroman ist also kein Wahn. Er stellt die ersten Umrisse einer Gestaltung, aber nicht eine wirkliche Gestaltung dar. Er zeigt als Negativ den Ort des Bedürfnisses an. Er bietet eine Lösung, die es ermöglicht, daß die Zeit vergeht, und die die Degradierung vermeidet. Er löst jedoch deswegen nichts wirklich, er ist keine *Beseitigung* des Ödipuskonfliktes.

Diese Neubearbeitung, die eine solche Phantasie erlaubt, und ihre Rolle machen verständlich, daß sie in *ganz unterschiedlichen Strukturen* dingfest gemacht werden kann:

a) im bewußten Tagtraum, der zur Zeit der Präadoleszenz bei narzißtischer Selbstgefälligkeit als masturbarotische Träumerei benutzt wird;

b) im dynamischen thematischen Bereich von Ehrgeiz, Karriere und sogar Schicksal, wie es die Geschichte mancher Helden, und namentlich der abenteuerliche Lebensweg Alexanders des Großen zeigen;

c) beim Psychotiker eine als Realität projizierte Phantasie, kann er beim Kind oder beim Erwachsenen Thema eines Herkunftswahnes werden; er liefert dann den Lieblingsstoff imaginärer Wahnvorstellungen.

A – *Der Familienroman und die kulturellen Hervorbringungen*

Einen ergänzenden Beweis für die reorganisierende Bedeutung der Phantasie des Familienromans bietet der Überfluß menschlicher Kulturprodukte, die darauf Bezug nehmen. In der Literatur ist der Familienroman ein bevorzugtes Thema. Marthe Robert [289] hat den prototypischen Raster der Märchen hervorgehoben, etwa der von den Brüdern Grimm gesammelten. Das Märchen bildet eine ursprüngliche Erzählform. Als festes und stehendes Modell, als Instrument, einen absoluten Wunsch zum Ausdruck zu bringen, nimmt es ganz ungezwungen die Form des Familienromans an. Im Märchen sind alle Personen in zwei scharf voneinander abgehobene Kategorien eingeteilt. Die eine wird durch das soziale, die andere durch das Alters- und Generationskriterium definiert, und der Generationskonflikt ist immer mit dem sozialen Konflikt verquickt. Die Personen und das Szenarium sind immer die des Familienromans, denn sie gehen von derselben Bestimmung aus. Wie Marthe Robert nachweist, befaßt sich das Märchen mit einem *per definitionem* unabänderlichen Skandal: der Geburt, dem Zurweltkommen ohne möglichen Rückzug und Ausweg bei für immer gegebenen Bedingungen, Eltern und sozialem Milieu. Allein ein Akt allmächtiger Imagination, ein entschlossener Betrug kann den Skandal mit einer einstweilen zufriedenstellenden Neuverteilung der Rollen aufheben.

Zahlreiche Autoren schreiben Romane nur aus dem Bedürfnis heraus, ihren eigenen Familienroman aufzuarbeiten. Der erste Roman ist immer autobiographisch, und der jeweilige Autor findet immer großes Vergnügen daran, sich ein Pseudonym zurechtzulegen und sich einen Lebensabriß zu erfinden. Rocambole ist ein verlassenes Kind. Die »göttliche« Comtesse de Ségur schreibt unermüdlich einen auf masochistische oder sadistische Weise erlebten Familienroman. Proust konnte seine lange »Suche nach der verlorenen Zeit« erst schreiben und veröffentlichen, als seine Eltern gestorben waren. Im Lesepublikum erkennt jedermann im Romanautor spontan einen verwegenen Bruder wieder, der fähig ist, mit seinen alten Tagträumen Ernst zu machen und, allem zum Trotz, einen alten Kampf wiederaufzunehmen.

So wird die klinische Feststellung von M. Fain verständlich, demzufolge Kinder, denen man Märchen erzählt, über eine größere Reichhaltigkeit des Traummaterials verfügen. Das geht über die einfache Versorgung mit Bildern oder Themen hinaus und liegt daran, daß Eltern, die zu erzählen verstehen, eine geschmeidigere Identifikation zulassen; sie machen das Vergnügen deutlich, das sie in der Ausarbeitung und Handhabung von Phantasien finden, und stellen die Rolle und die Funktion des Familienromans unter Beweis.

B – *Seine Dynamik in der Adoptivfamilie*

Es kann jetzt versucht werden, den Stellenwert und die Rolle des Familienromans in der Dynamik der Interaktionen einer Adoptivfamilie festzulegen. Dafür hier ein durch Geisteskrankheit drastisch verschärftes Beispiel:

»Mme. X., Adoptivmutter eines kleinen Mädchens, hat bereits unter psychoseähnlichen Krankheitsäußerungen gelitten.

Sie wohnt in der Nähe des Carrefour du Petit-Clamart und stellt sich nach dem Attentat auf General de Gaulle vor, daß die zahlreichen Nachforschungen der Polizei im Viertel darauf abzielen, ein von Arabern angezetteltes Komplott zu vereiteln, die ihr ihre Tochter wegnehmen wollen. Verübt wurde das Attentat jedoch einige Tage nachdem sie gewahr geworden war, daß ihre heranwachsende Tochter sich physiognomisch mehr und mehr in Richtung auf den arabischen Typus hin entwickelte. Sie schrieb ihr viele Fehler zu: Trägheit, Laszivität, Heuchelei, die ihres Erachtens für jene Rasse eigentümlich waren. Ebenso unterstellte sie ihr aggressive Gedanken in Hinsicht auf sie selbst und Pläne fürs Durchbrennen.

Ihre Behandlung erhellte eine der Wurzeln ihrer Projektionen: als Kind hatte sie einen Familienroman entwickelt, dem sie sich noch sehr nahe fühlte.

Ihre Eltern waren ›pieds-noirs‹ [Schwarzfüße, d. h. französische Siedler], sie wohnte in Algerien und hatte sich vorgestellt, daß sie bei den Arabern geraubt und später von ihren Eltern aufgezogen worden sei. Nach der Deutung ermöglichte ihre Identifikation mit einem Kind als Opfer ihr ihre Tochter sehr viel besser zu ertragen.«

Wir müssen zunächst durchaus annehmen, daß das Adoptivkind, vor allem dann, wenn es sehr früh von normalen Eltern aufgenommen worden ist, hinsichtlich der Ausarbeitung des Familienromans ein normales Kind ist. Wenn es seine Phantasien entwickelt, so tut es das mit dem gleichen Ziel und mit den bei jedem Kind üblichen Themen und Verfahren. Seine besondere gesetzliche Situation und sein doppeltes Netz von Verwandtschaftsbeziehungen sind Fakten, die für sein Verständnis erst nachträglich auftauchen, viel später als alles, was seine Identifikationen und seinen narzißtischen Unterbau begründet.

Gleichwohl sind Adoptiveltern, in der besonderen Situation, die die ihre nun einmal ist, zu glauben versucht (obwohl sie selbst früher in ihrer Kindheit einen phantasierten Familienroman im Bereich einer klassischen ödipalen Situation ausgearbeitet haben), daß gerade und allein die Adoptionssituation ihren Kindern die Verpflichtung auferlegt, die Phantasien des Familienromans bis zu Ende und in der Realität auszuleben.

Helene Deutsch [66] hat seit 1920 Beispiele dafür zusammengetragen, daß die Weigerung von Adoptiveltern, dem Kind seine wirkliche Herkunft zu offenbaren, auf ihre Schuldgefühle angesichts der Situation zurückzuführen war, die jedoch mit einer Phasenverschiebung von einer Generation auf das Kind projiziert und ihm zugeschrieben wurden.

Wir verfügen über zahlreiche Beispiele von Krankengeschichten, wo die Eltern sogar zum Besten des Kindes, um es davor zu schützen, einen gewissermaßen prophylaktischen Familienroman erfinden:

»Durch unglückliche Umstände gehindert, hätten sie ihr natürliches Kind Pflegeeltern anvertraut und nicht geruht, es wiederzubekommen. (In allen Märchen sind der König und die Königin außerstande, sich mit der Abwesenheit des Kindes abzufinden, das sie verloren haben oder das man ihnen geraubt hat.) Sobald sie imstande waren, das zu tun (erklären diese Eltern), erhoben sie Anspruch auf eine legale Sanktion: die Adoption, um es jenen bösen Leuten wegzunehmen, die es behalten wollten.«

In den meisten Fällen werden das Spiel der Beziehungen und die überkreuzten Identifikationen ersichtlich, die diese Befürchtung bei den Eltern endgültig ausbilden. Sie, die – wie wir gesehen haben – bereits fürchten, daß die Enthüllung ihre Kastrationsängste neu belebt, stellen sich dank der Erinnerung, die sie an ihre alte Phantasie des Familienromans bewahren, vor, daß ihr Kind seinen eigenen an natürlichen, mit Muße idealisierten natürlichen Eltern aufhängt, und nehmen an, da sie darin lediglich aggressive Äußerungen sehen, daß es die Adoptiveltern noch einmal entwerten wird.

Gänzlich verschieden davon ist die *Situation mancher Pfleglinge,* die ihrer Phantasie des Familienromans Glauben zu schenken scheinen. Gerade die Vermischung dieser Situationen von Pflege- und Adoptivkindern läßt manche irrigen Beschreibungen als wahr erscheinen. Wir müssen hier davon sprechen, weil man sich häufig darauf bezieht. Nichtsdestoweniger muß festgehalten werden, daß

a) in bestimmten Regionen, wo die Aufnahme und die Erziehung sehr früh angenommener Kinder eine gesicherte Tradition haben (etwa im Morvan), häufig eine völlige Integration zustande kommt. In diesem Fall läßt sich beim Pflegekind ein dem des Adoptivkindes vergleichbares Erleben dingfest machen.

Ein Pflegevater, der früher selbst Pflegekind war und von einem Pflegevater aufgezogen wurde, der seinerseits wiederum Pflegekind war, sagte zu seinem Pflegesohn, als der schlechte Schulnoten heimbrachte: »In *unserer Familie* hat man so etwas nie leiden können«, und schickte ihn zum »Großvater«, damit der ihn ausschimpfte.

b) Umgekehrt sind manche Adoptivkinder nur dem Gesetz nach und nicht affektiv adoptiert. Die Distanz, die die Eltern dadurch aufrechterhalten, daß sie sie allzusehr zum Objekt phantasmatischer Projektionen machen, versetzt sie in eine schmerzliche Situation. Wenn das Kind dann auf einen empfindlichen Punkt trifft, an dem es seine Aggressivität ausleben kann, bemächtigt es sich seiner. Es verschafft seinem Familienroman Glauben, um auf die Eltern einzuwirken. Die Realität und seine doppelte Herkunft bieten ihm dabei einige Materialien, an die es seine Phantasie anlehnen und mit denen es die Personen bestrafen kann, die es schlechterdings verunsichern wollte.

Häufig hat der Pflegling keinen guten Pflegevater. Selbst wenn die Pflegemutter gut ist, läßt sich feststellen, daß in vielen Fällen der Vater abwesend oder schwächlich sein kann und nicht als Vaterbild besetzt wird. Das macht bestimmte Schicksalsneurosen mit neurotischer Blödigkeit verständlich.

J. LAPLANCHE hat allen Adoptivkindern diesen »Mangel aller Mängel« oder Mangel des Vaters unterstellen wollen, den er in seiner HÖLDERLIN-Biographie [212] deutlich gemacht hat und in dem er die Wurzel der Schizophrenie sieht. Er begeht da jedoch wenigstens einen sprachlichen Mißbrauch. Wenn auch der Pflegling eines Vaters entbehren kann, so haben wir diesen Typus von Mangel doch beim Adoptivkind gewöhnlich nicht angetroffen.

Der Pflegling entwickelt dann einen Familienroman als Versuch, die Grundlagen seines Narzißmus und seiner Identifikationen auszubilden. Er muß ihn, mehr als sonst einer, zur Realität machen. Seine Situation erlegt ihm das zwingender als anderen auf.

»Der siebzehnjährige Gaston reißt seinen Pflegeeltern im Morvan aus und macht sich, trotz seiner völligen Unbildung und seines starken Akzentes, nach Paris auf, um dort zum Theater zu gehen. Er fühlt eine große Berufung in sich, denn er glaubt, daß ein berühmter Regisseur aufgrund annähernder Namensgleichheit sein Vater ist. Zufällig – oder weil er ein ›Naturtalent‹ ist – findet er ein Engagement bei einer heute berühmten, damals jedoch noch in den Anfängen stehenden Truppe. Wir freuen uns alle über diesen Erfolg, während er uns schon bald sehr beunruhigt erzählt, daß ihn hinter den Kulissen ein Mann beobachtet, wenn er auf der Bühne probt, daß dieser Mann einen mißgünstigen Blick hat, ihm feindlich gesonnen ist und ihm verwehrt, in einem Bereich vorwärtszukommen, der offenbar jenem Mann vorbehalten ist. Er gesteht: das ist sicher mein Vater, der berühmte Regisseur. Gaston gab schließlich die Bühne und seine Pläne auf und fand eine bescheidene Anstellung als Saalkellner in der *Assistance publique*.«

Diese Geschichte ist typisch für bestimmte Pfleglinge, die verlassen und später Pflegeeltern anvertraut wurden, zu denen sie keine affektiven Beziehungen anknüpfen und keine zureichenden Identifikationen ausbilden konnten. Sie stützen sich auf vage Ähnlichkeiten des Namens oder des Geburtsortes und malen sich einen Familienroman aus, in dem der mythische Vater, gemäß ihrem eigenen Bezugssystem, ein gerade berühmter oder allmächtiger Mann ist: ausländischer oder französischer Staatsmann, Schauspieler, Idol oder Radrennchampion. Das läuft manchmal auf chronologische Unwahrscheinlichkeiten hinaus, etwa die, den

Exodus ins Jahr 1947 zu verlegen, um eine bestimmte Koinzidenz oder ein bestimmtes Zusammentreffen zu belegen.

Manche Pfleglinge, die keine zureichenden Identifikationen ausbilden konnten und deren Narzißmus zu viele Verletzungen erlitten hat oder sich nicht dauerhaft entwickeln konnte, greifen in der Adoleszenz zu Ausreißversuchen, um ihren vermutlichen Vater wieder zu treffen. Die Mehrzahl von ihnen gibt diesen Plan unterwegs auf, und es ist aufgrund der erneuten narzißtischen Kränkung, die jetzt hinzukommt, unmöglich, ihnen das Geheimnis dieses fehlgeschlagenen Ausreißversuchs aufzudecken.

Wer sich ein Herz faßt und sich bis ins Vorzimmer vorwagt, verlangt Audienz. Wenn die gewährt wird, hat der Jugendliche, hereingebeten, zumeist erneut die Flucht ergriffen. Bei der Vorstellung seiner Kühnheit, diese unantastbare Person zu stören, hat er plötzlich gezögert. Die Konfrontation mit dem mythischen Vater kastriert ihn in dem Maße, wie sie ihn in die Wirklichkeit holt, kastriert aber ebensosehr den Jugendlichen selbst in seiner narzißtischen Megalomanie. Um dem Zutagetreten einer Notlage zu entgehen, wie sie eine in jedem Falle enttäuschende Konfrontation auffrischen würde, bedarf es einer Konstruktion von paranoischer Prägung: alles muß im Imaginären, im Szenarium verbleiben, es darf dabei keine reale Szene geben, die beide ins Nichts zurückstoßen würde.

Bei aller Nähe zur wahnhaften Überzeugung darf man sie jedoch nicht mit dem Familienroman verwechseln, der sich auf eine entschiedene Willensäußerung stützt, und das, obwohl beide verwandte Funktionen erfüllen.

6. Die Schwierigkeiten der Auswahl

Nach diesen Beschreibungen könnte sich große Besorgnis breitmachen, die nämlich, daß wir als Ärzte in der Lage wären, Normales und Pathologisches zu unterscheiden und, mehr noch, uns auch zutrauen, das im voraus zu beurteilen, indem wir die Prognose formulierten, die oder jene würden später gute oder schlechte Eltern werden.

Wir finden uns wirklich in einer schwierigen Situation:

a) Wir alle haben Adoptionen beobachtet, die schlecht ausgegangen sind und beim Kind manchmal zu schweren Störungen geführt haben, die offensichtlich von Systemkonflikten im Seelenleben der Eltern hervorgerufen wurden.

b) Andererseits sind wir als Psychoanalytiker Opfer unserer Propaganda für Mentalhygiene beim Kind, weil wir, auf den Spuren FREUDS, angenommen haben, daß wir fähig seien, die Dynamik von Konflikten besser als sonst üblich zu verstehen und in deren Ablauf eingreifen zu können. Es wäre mithin doch eine Auswahl möglich, um im Interesse des Kindes bestimmte gefährliche Erfahrungen auszuschließen, wenn man die Adoption als voraussehbaren, bestimmten und vorsätzlichen Akt auffaßt.

Das heißt also, unseren Auswahlüberlegungen einen anderen Themenbereich zugrunde zu legen, als wir zu tun imstande sind, während manche Autoren sich gerade mit diesen Schwierigkeiten auseinandergesetzt haben. Aber die Überlegungen zu diesem Thema sind dringlich.

Bei dieser Auswahl ist es uns beispielsweise nicht möglich, von Verhaltensweisen oder verlängerten Tendenzen – ablehnenden, homosexuellen, aggressiven Tendenzen usw. – auszugehen, weil die jedermann charakterisieren. Ein normatives psychoanalytisches Urteil würde dann als gute Eltern lediglich die einstufen, die beispielsweise die genitale Struktur erreicht hätten, und wir laufen Gefahr, die Kandidaten mit unserem eigenen Ichideal zu konfrontieren.

Wie FREUD wissen auch wir heute nicht, ob es möglich ist, gute Eltern zu sein.

Man verlangt heute, wo jährlich viele Adoptionsgesuche laut werden, von uns, unter den Kandidaten die auszusondern, die geeignet sind, die besten Eltern zu werden, und das zu einem Zeitpunkt ihres Lebens, der für diese Untersuchung durchaus nicht der günstigste ist.

In der Konfrontation mit dem Leben wie mit der Erziehung haben alle Traumen und Ängste Regressionen zur Folge; es ist jedoch nicht ausgemacht, ob jene, die am meisten regredieren, letztlich auch die schlechtesten Eltern sind.

Ziel jeder Auswahl ist es, hinter bestimmten Verhaltensweisen die beteiligten dynamischen Phantasien aufzufinden. Diejenigen, die unter den Adoptiveltern eine Auswahl zu treffen versuchen, können sich der folgenden Definition von SUSAN ISAACS [184] bedienen:

»Die Differenz zwischen Normalität und Anomalität liegt in der Art und Weise, in der die unbewußten Phantasien in den besonderen psychischen Prozessen gehandhabt werden, mittels derer sie auf der Stufe der Anpassung an diese Welt entwickelt und modifiziert werden, die diese Mechanismen zulassen.«

Die Untersuchung der Adoption bringt ebenso ein sehr deutliches Beispiel dafür bei, daß das Kind bei der Erziehung nicht als Objekt aufgefaßt werden darf.

Die Reorganisation

Überdies muß einer immer möglichen Reorganisation der psychischen Dynamik in höchstem Maße Rechnung getragen werden, und wir können dabei möglicherweise behilflich sein, indem wir die Aufhebung bestimmter Blockaden im Spiel der Besetzungen und Gegenbesetzungen fördern. Ein neuer Faktor schaltet sich ein: das Kind mit allen seinen es charakterisierenden Parametern: Geschlecht, Alter zur Zeit der Aufnahme, körperlicher Aspekt, gegenwärtige Handlungs- und Ausdrucksweisen. Die Beschaffenheit der Beziehungen und die wechselseitigen Strukturierungen der Partner werden sich mithin gemäß den Ausgangsbedingungen sehr unterscheiden:

a) Das Alter, in dem das Kind aufgenommen wurde, mithin der Grad von Strukturierung, den es erreicht hat, das Niveau seiner Identifikationen mit den Imagines, je nachdem, ob es beispielsweise vor, während oder nach dem Ödipuskonflikt adoptiert wurde.

b) Seine Vergangenheit: Es hat Mängelsituationen oder besondere vorausliegende Beziehungen erlebt:

- Kinderkrippen;
- überlastete Pflegeeltern;
- sehr warmherzige Beziehungen.

Manche Erwachsene erwarten sich eher ein Baby als ein älteres Kind, eher ein Mädchen als einen Jungen und eher ein schwächliches als ein kraftstrotzendes Kind usw.

Das Kleinkind bringt den Adoptiveltern mithin durch seine Motorik, seine Verfassung und seine ersten Sprachversuche eine Ausdruckshaltung entgegen, die keine ihnen gemeinsame Geschichte hat. In welchem Maße werden die Adoptiveltern sie in ihr eigenes Erleben integrieren können, werden sie die Realität – so wie sie ihnen aufgegeben ist – akzeptieren, werden sie es vermeiden können, sie als Stütze für ihre eigene Phantasie zu fixieren – eine Realität, zu der das gegenwärtige Verhalten des erst spät in ihrem Leben aufgetauchten Kindes gehört? Das Spiel der Beziehungs-Interferenzen und der Knotenpunkte der »Transaktionsspirale« ist grenzenlos. Es wäre interessant, es hier anhand von Beobachtungen, die zu radikalen Umgestaltungen führen, nachzuvollziehen.

Im besonderen Falle, der uns hier betrifft, spielt das Kind also die Rolle eines Organisators oder Reorganisators des Seelenlebens der Eltern, wenn es auch selbst von seinen neuen Eltern und der Art von Erleben, an dem sie es teilzunehmen einladen, beeinflußt ist. Diese Spirale von aufeinanderfolgenden Transaktionen, bei dem die Variablen sich abwechselnd einschalten, legt eine neue zufällige Funktion fest. Man müßte also allzuvieler fester Parameter sicher sein, um eine bestimmte Finalität bestimmen zu können. Die Langzeitbeobachtung von Adoptiveltern vor und nach der Adoption liefert also ein besonders geeignetes Beobachtungsfeld für die Anwendung jener ergiebigen und instruktiven Methode, wie sie MARIANNE KRIS [205] in ihrer Untersuchung von Irrtümern bei der Vorhersage benutzt hat. Sie hat uns eine bestimmte Art von Vorsicht gelehrt, was die Prognose in anderen Bereichen unserer Aktivität betrifft.

7. Übertragung, Gegenübertragung, Familienroman und Adoption

FREUD weist in seinem Aufsatz über den Familienroman darauf hin, daß die Phantasie des Kindes weniger bösartig ist, als man meinen könnte, weil es damit sein Bedauern darüber zum Ausdruck bringt, jener glücklichen Zeit verlustig gegangen zu sein, in der der Vater in seinen Augen der vornehmste und stärkste aller Männer und die Mutter die schönste und liebste aller Frauen gewesen ist ...

> »Die Traumdeutung lehrt nämlich, daß auch noch in späteren Jahren in Träumen vom Kaiser oder von der Kaiserin diese erlauchten Persönlichkeiten Vater und Mutter bedeuten. Die kindliche Überschätzung der Eltern ist also auch im Traum des normalen Erwachsenen erhalten.«

Wir möchten hinzufügen: »und auch in der Übertragung«.

In erster Annäherung bringt sich die Übertragung gerade zu dem Zeitpunkt, wo sie sich einstellt, sehr häufig wie ein Familienroman zum Ausdruck: »Mein Analytiker ist der König der Analytiker, und ich bin sein liebster Analysand, der ihm nachfolgen wird.«

Der Analysand projiziert auf die Person seines Analytikers mithin ein Bild, das dem des mythischen Vaters des Familienromans vergleichbar ist und an denselben narzißtischen Implikationen teilhat. Es handelt sich um einen Versuch, sein Ichideal vor den aggressiven Belastungen des Über-Ich in Schutz zu nehmen. Der Analytiker wird als Elternpaar erfahren, das keine Kinder gezeugt hat und von dem man sich adoptieren lassen muß, um sich von einer dauerhaften narzißtischen Grundlage aus neu zu erschaffen.

Einer unserer Patienten sagte uns: »Ich habe Ihr Buch über die Adoption gelesen; so etwas interessiert uns natürlich, uns Analysanden.«

In eben dem Maße, wie er das erreichen zu können glaubt und wie er annimmt, einen Familienroman erleben zu können, der gerade von den Behandlungsbedingungen selbst geschützt wird (Beziehung zu einem mythischen Vater, dem man endlich nahekommt, wenn auch in einer gewissen Entfernung, der gehört und geahnt wird, mit dem man aber nicht zusammentrifft), stellt sich diese narzißtische Hochstimmung, dieser »Honigmond« ein, der Wiedergutmachung, Märchen und Wiederfindung in einem ist.

Wenn die Übertragung und der Familienroman auch beide an dieselben Primärprozesse der Verschiebung appellieren, bleibt die Übertragung doch auf der Ebene der vorbewußten Phantasie stehen (gemäß der Terminologie von SANDLER), während der Familienroman ein wissentlich im Verhältnis zu den unbewußten Phantasien entwickelter Tagtraum ist.

Die mit der Deutung und der Ausarbeitung verbundene Arbeit erfordert genau die energetischen Belastungen, die in der Dynamik und der Einkleidung des Familienromans benutzt worden wären, und entzieht ihm deshalb in jedem Augenblick Besetzung.

Es besteht deshalb lediglich eine Analogie, wobei die Deutung der Übertragung sich dahingehend festlegt, die Äußerung und die Entwicklung eines Familienromans zu verhindern.

Obwohl sie von denselben unbewußten Phantasien ausgehen, entwickeln sich Familienroman und Übertragung in ganz unterschiedliche Richtungen. Es handelt sich darum,

a) entweder in aller Ruhe einen Tagtraum zu entwickeln, demzufolge man der Sohn eines mächtigen und berühmten Mannes ist;

b) oder dank der analytischen Arbeit mit seinem Analytiker als Vater sein Ichideal zu rekonstituieren.

Dennoch bleibt eine bestimmte Doppeldeutigkeit immer erhalten:

»Ein kleines Kind gibt uns in diesem Zusammenhang zu denken. Über seine Herkunft durchaus aufgeklärt, erfährt es, daß seine Mutter ganz unerwartet schwanger ist. Es erklärt: ›Man muß auf das Schicksal dieses Kindes achten, denn es ist gar nicht sicher, daß die Mama es so lieben wird, wie sie mich geliebt hat. Sie muß es nun einmal so akzeptieren, wie sie es geboren hat, ohne daß sie es sich hat auswählen können.‹«

Wir bewahren uns für lange Zeit die Vorstellung, daß wir glücklicherweise bewußt von einem Analytiker gewählt worden sind, der als Entgelt dafür gezwungen war, die anderen Patienten, die man ihm zugewiesen hatte, einfach hinzunehmen.

Sind bestimmte Schwierigkeiten der Gegenübertragung nicht zugleich vom Wiederauftauchen dynamischer und konfliktuöser Elemente bestimmt, die auch am Beginn des eigenen Familienromans des Analytikers gestanden haben?

Liegt nicht eine der Fallen der Gegenübertragung in der Art und Weise, in der wir den Wunsch des Patienten spüren, uns als Ideal-Eltern aufzufassen und uns in diesem vorgeschlagenen Spiegel wahrzunehmen?

Und ein Schlüsselpunkt unseres Verhaltens ist besonders beweiskräftig: nämlich der des Versprechens, einen Patienten lieber als einen anderen in Analyse zu nehmen, während dieses Versprechen uns an einen Zeitpunkt bindet, zu dem man von ihm lediglich seine eigene historische Rekonstruktion kennt.

Die Analysen zeigen, daß bei allen, die sich damit abgeben, anderen beistehen und ihnen helfen zu wollen, sehr bald die Tendenz in Erscheinung tritt, sich mit den Ideal-Eltern des Familienromans des Patienten zu identifizieren. Das erklärt die Rivalitäten zwischen verschiedenen Technikern, wenn einige von ihnen diesen Platz in den Phantasien des Patienten einnehmen wollen und fürchten, von idealeren als ihnen selbst entthront zu werden: eine Rivalität von Sozialhelfern und Erziehern in Hinsicht auf Ärzte und von Ärzten in Hinsicht auf Analytiker. Der Patient wird zum parthogenetischen Kind des Familienromans eines jeden, und jeder fürchtet, daß der andere die böse Fee sein wird, die Angst und Schrecken einjagt. Die Gegenbesetzungen angesichts dieser mehr oder weniger von Schuldgefühlen gefärbten Einstellung haben zuweilen wenig objektive und wenig realistische Formen psychosozialer Einwirkung im Familienbereich zur Folge.

Die treten namentlich bei bestimmten Junggesellen in Erscheinung, die als Einzelpersonen adoptieren zu wollen behaupten. Diese Überdeterminationen machen sich auch bei ihren anderen sozialen Aktivitäten zugunsten der Jugend, der elternlosen Kinder und der unverheirateten Mütter geltend.

Für den Analytiker selbst bildet der Abstand, der sich zwischen dem idealen Kranken und seinem Ichideal bemerkbar macht, ein wichtiges Moment seiner Gegenübertragung, das ihm zu verstehen ermöglicht, was seine Adoptiveltern empfinden.

Auch er ist in der Tat in die folgende Alternative miteinbegriffen:

- einen idealen Analysanden zu wollen, von dem er hofft, daß auch er ein Kind FREUDS wird (die aggressiven oder ablehnenden Regungen eines Patienten sind jedoch bekannt, wenn er hinsichtlich des Ichideals des Analytikers eine Enttäuschung ist);
- oder aber ihn durchaus so zu akzeptieren wie er ist, ohne jedoch mehr für ihn zu wünschen.

Wie dem auch sei: letztlich muß Übereinstimmung darüber herrschen, daß allein die Analysen von Patienten Fortschritte machen, die man mehr oder weniger im Verlauf ihrer Behandlung adoptiert hat. Ein Kindertherapeut ist, gleich ob Sondererzieher oder Psychotherapeut, vermöge der unbewußten Implikationen, die eine derartige Situation mit sich bringt, möglicherweise mehr als andere sich vorzustellen gehalten, daß das Kind einen Familienroman entwickelt und ihm dabei eine Hauptrolle vorbehält.

Für manche (Frauen, denn es handelt sich in der Mehrzahl um Frauen) wird dieses in Behandlung befindliche Kind, das überbewertet und idealisiert wird, zum Kind *par excellence.* Wie bei der Adoption und aus analogen Gründen läuft es Gefahr, zum Gegenstand narzißtischer Identifikation zu werden, ruft es ihre gegen-ödipalen Strebungen wach. Die Beunruhigung läge dann darin, daß es für die narzißtische Wiedergutmachung unbedingt erforderlich wird und es im Gesamtverlauf der Behandlung, koste es was es wolle, bleiben muß.

All das kann die Therapeutin, wenn sie Junggesellin ist oder ein Kind zu entbehren glaubt, in eine neurotisierende Situation verstricken, sobald das Kind seiner Rolle untreu wird.

Wenn sie umgekehrt der Phantasie des Kindes zu sehr beipflichtet, wächst ihr Schuldgefühl, da sie sich ihm mit Rücksicht auf ihre eigenen Grenzen oder Unzulänglichkeiten oder ihre eigenen Kinder nur mangelhaft zuwenden zu können glaubt, die sie beispielsweise als Rivalen jenes Patienten-Kindes wahrnimmt (mythische Mutter des Patienten-Kindes, ist sie doch reale Mutter ihrer eigenen). Allzusehr glaubt sie, daß all das sich in einem objektiven Bereich abspielt und ein handgreiflicher Befund ist, nicht aber eine Phantasie. Wenn sie das tut, agiert sie ihren eigenen Familienroman aus und setzt den des Kindes gerade außerhalb seiner Übertragung in Wirklichkeit um.

Zuweilen setzt die Verführungstendenz der Therapeutin dazu an, einen affektiven Raub zu begehen, den das Kind wahrnimmt oder projiziert.

»Pierre ist zwölf Jahre alt. Sein Vater und seine Mutter leben getrennt. Seine Mutter arbeitet, fährt ihn ständig barsch an und widmet ihm wenig Zeit. Pierre fühlt sich in einer durchschlagenden positiven Übertragung zu seiner Therapeutin hingezogen. Er kommt schon eine halbe Stunde vor der Sitzung an, sorgt sich über deren Stundeneinteilung und beteiligt sich voll und ganz. In der dritten Sitzung sagt er, beunruhigt über seinen Eifer: ›Ich denke an eine Gerichtsverhandlung. Eine sehr liebe Dame war angeklagt, ein Kind adoptiert zu haben, ohne die Einwilligung von dessen Mutter einzuholen.‹«

Das führt zum Teil sicherlich in die Erklärung bestimmter Abwehrmechanismen in der Gegenübertragung hinein, die mit systematischer Distanziertheit, Weigerung, in der Übertragung Deutungen zu geben, oder wiederholten Rückzügen auf eine historische Referenz arbeiten, um das Kind noch und immer wieder in seine wirkliche Familie zurückzuversetzen.

Was wir über die Adoption gesagt haben, macht es möglich, viele andere Parallelen aufzuzeigen und andere Verlockungen für Therapeuten oder Sondererzieher zu veranschaulichen. So wird die Mutter des Kindes von ihnen häufig als wenig affektiv, ungeduldig, wenig verständnisvoll für die besonderen Eigenschaften des Kindes oder sogar unfähig beschrieben, sie richtig einzuschätzen – genau wie die natürliche Mutter des adoptierten Kindes oder die Rabenmutter der Märchen.

Damit wird es möglich, eigene aggressive und zerstörerische Tendenzen auf die Eltern des Patienten zu projizieren und all den Unannehmlichkeiten zu entgehen, wie sie sich einstellen, wenn man sie in einer Behandlungssituation an sich selbst erfährt.

In Symmetrie dazu können die Eltern oder die Mutter des Kindes der Therapeutin gegenüber feindselige Gefühle entwickeln oder Behandlungsabbrüche provozieren, wenn sie die vorteilhafte Beziehung, die das Kind aufgenommen hat, die Aufwertung, die es von seiten der Therapeutin erfährt, und die Elemente des Familienromans, die es beim Heimkommen kurz zusammengefaßt erzählt, nicht ertragen.

Der Ödipus-Roman

Die Mythen haben das Thema der Adoption wiederholt bearbeitet. OTTO RANK hat in seiner Untersuchung über den »Mythus von der Geburt des Helden« [278] gezeigt, daß alle Religionsstifter und Städte- oder Kulturgründer häufig dem Wasser eines Flusses anvertraut oder ausgesetzt und später in Obhut genommen und adoptiert worden waren. Man stößt dabei erneut auf alles, was wir bei der Klinik von Adoptiveltern beschrieben haben: daß die Adoption eine besonders geeignete Art und Weise ist, den Ödipuskomplex und die Kastrationsangst dramatisch zu inszenieren. Die bei Adoptiveltern anzutreffenden Phantasien sind die aller Eltern, die mit dem Ödipuskonflikt konfrontiert werden, wenn er, beispielsweise im Rahmen einer Analyse, bewußt gemacht wird. Eben deshalb barg die Tragödie des SOPHOKLES ein kathartisches Vermögen in sich, hat sie den athenischen Massen Deutungen liefern können, die im 20. Jahrhundert eher einer etwas wilden Psychoanalyse zuzugehören scheinen.

Ihre universelle Bedeutung beruht darauf, daß SOPHOKLES die unbewußten Phantasien zum Ausdruck gebracht hat. Er hat dafür die Thematik der bewußten Phantasien verwendet, die am besten geeignet waren, sie zu übertragen, d. h. die der Adoptiveltern:

- wenn auch alle Eltern ihren Identifikationen und ihrem Ichideal gegenübertreten müssen, so können die Adoptiveltern das doch gerade vorsätzlich tun, d. h. gestehen, daß sie die Kinderlosigkeit überschreiten;
- wenn auch alle Mütter mit der Imago ihrer eigenen Mutter konfrontiert sind, muß sich die Adoptivmutter doch gerade der Vorstellung erwehren, daß ihr Kind von einer anderen Frau empfangen und zur Welt gebracht worden ist;
- wenn auch alle Eltern fürchten, sich nicht darauf verlassen zu können, in ihrem Kind eine spiegelbildliche Identifikation wiederzufinden, so müssen doch gerade die Adoptiveltern der Vorstellung des Wiederauftauchens einer fremden Erbschaft trotzen;
- wenn auch alle Eltern die ödipale Aggressivität ihrer Kinder ertragen müssen, so haben gerade Adoptiveltern sie zu erziehen, ohne ihren eigenen, auf das Kind projizierten Familienroman zu fürchten.

In unserer gegenwärtigen Verfassung läßt sich die Adoption besser verstehen, wenn wir uns einige Fragen im Zusammenhang mit der Ödipuslegende stellen.

Wir schlagen abschließend zwei Versionen vor, die unserem alltäglichsten klinischen Material entnommen sind.

Erste Version. Polybos und Merope sind die Adoptiveltern von Ödipus, und zwar deshalb, weil ihre Verbindung, sicher aufgrund der Unzulänglichkeit von Polybos, kinderlos geblieben war. Sie wagen also nicht, ihm seine wirkliche Herkunft zu erkennen zu geben, und stellen sich infolgedessen vor, daß er, wenn sie es ihm sagen, einen Familienroman entwickeln wird, demzufolge er der Sohn eines Königspaares wäre, das mächtiger ist als sie. Angesichts seines jähzornigen, impulsiven und gewalttätigen Charakters und seiner starken libidinösen Strebungen haben sie immer befürchtet, er sei das Opfer einer pathologischen Erbschaft, und sich mehrfach anvertraut, daß sie vorhersehen, er könne zum Kriminellen werden oder sich mit einer Frau, die älter sei als er, ins Gerede bringen und bloßstellen.

Zweite Version. Polybos und Merope sind die gesetzmäßigen und leiblichen Eltern von Ödipus. Ödipus wäre dann ein korinthisches Kind! (Sagt nicht FREUD in »Der Mann Moses und die monotheistische Religion«, daß in jedem Mythos und in jeder Legende die aufziehenden Pflegeeltern die wirklichen Eltern und die anderen Gestalten der Phantasie seien?)

Ödipus, der Polybos gegenüber Bewunderung und Aggressivität verspürt, bewahrt sich eine noch sehr erotisch gefärbte Liebe zu Merope, löst sich mühevoll aus seinen ambivalenten Einstellungen und entwickelt eine masturbatorische Phantasie, derzufolge er weggehen und einen König und eine Königin treffen würde, mit denen er nicht verwandt wäre und mit denen er seine Wünsche befriedigen könnte. Folglich kann Ödipus bei Polybos und Merope bleiben, und gerade an ihnen entwickelt er den Raster von affektiven, komplexen und ambivalenten Empfindungen, wie sie allen Kindern seiner Altersstufe eigen sind.

Die zweite Version ist sicher banaler als die erste. Und die erste hat weniger dramatischen Zuschnitt als die von SOPHOKLES. Und zwar deshalb, weil die Klinik der Adoption als besonders günstiger Situation unseres Erachtens sehr demonstrativ die allgemeinste ödipale Phantasiewelt expliziert, die wir uns erlaubt haben, Ihnen als Gegenstand Ihrer Tagträume vorzuschlagen.

KAPITEL IV

Psychoanalyse und Pädiatrie

In den verschiedenen Bereichen der Medizin haben sich die Beziehungen zwischen den Psychoanalytikern und den Ärzten häufig bei Konfrontationen mit Kranken mit psychosomatischen Beschwerden entwickelt. Offenbar sind diese Beziehungen – wenigstens in Frankreich – aber schneller im Bereich der Pädiatrie hergestellt worden. Dafür lassen sich verschiedene Gründe ausfindig machen:

- die Ausbildung mehrerer Psychoanalytiker in Krankenhaus-Pädiatrie; da sie direkt in die pädiatrischen Krankenhausabteilungen eingegliedert wurden, hatten sie da einen besonders günstigen und anerkannten Platz inne;
- eine weitreichendere geistige Öffnung auf seiten der Pädiater, die, durch eine bestimmte Identifikation mit dem Kind sicherlich hellhörig gemacht, sich für die Probleme einer Psychologie der Beziehungen interessiert haben.

Wir möchten in diesem Kapitel in Kürze einerseits den unbestreitbaren Beitrag psychoanalytischer Erkenntnisse zur Pädiatrie vergegenwärtigen, ebenso aber auf die Bedeutung hinweisen, die ein besseres Verständnis bestimmter pädiatrischer Syndrome für den Psychoanalytiker hat, die ihm eine quasi experimentelle Klinik nahelegen, die sich ihrerseits für metapsychologische Überlegungen eignet, während einer der Autoren (M. Soulé) sie mit anderen (L. Kreisler, M. Fain [200], [201], [202]) in einer Reihe von Untersuchungen und Reflexionen darzustellen sich bemüht.

Als Psychoanalytiker bezeichnen wir Kinderpsychiater mit psychoanalytischer Ausbildung an Erwachsenen und Kindern, wie das in Paris in der Mehrzahl der pädiatrischen Abteilungen der Fall ist.

Jeder leidenschaftliche Berufswunsch – und mehr noch der, der dazu drängt, Arzt zu werden, und energisch die fortgesetzte Anstrengung schüren muß, wie sie lange Ausbildungsjahre und die spätere Verantwortlichkeit mit ihren daraus folgenden Ängsten erfordern – ist zwangsläufig das Resultat tiefliegender dynamischer Motivationen, die unsere gesamte Persönlichkeit erfassen und ihr für bestimmte Handlungs- und Beziehungsweisen dem anderen gegenüber ein gewisses Gleichgewicht zur Aufgabe machen.

Namentlich die Psychoanalytiker sind es sich schuldig, hinsichtlich ihrer selbst Klarheit zu haben, wenn sie eine bestimmte Objektivität in ihrer Handlungsweise wahren wollen, und sie müssen erkennen, was in ihrer Geschichte und ihrer persönlichen Biographie sie dazu veranlaßt hat, einen dermaßen fremdartigen Beruf zu wählen.

Auch den Pädiater haben irrationale Strebungen zur Untersuchung und Behandlung von Kindern hingezogen. Es kann für ihn von Interesse sein, sie kennengelernt zu haben, vor allem wenn er sie als Energiequelle akzeptiert, die viele

Transformationen durchlaufen hat, deren wichtigste die Sublimierung ist. Diese Sublimierung bringt tatsächlich das Vergnügen an der Berufsausübung und die in hohem Grade gesellschaftlichen Ziele der pädiatrischen Aktivität in Übereinstimmung.

So können die Tiefenmotivationen, die einen Arzt zur Pädiatrie finden lassen, unterschiedlich sein. Es lassen sich namhaft machen: die Identifikation mit dem Kind mit allen ihren Gratifikationen und das Gefühl von Allmacht, das sie verschafft. Offensichtlich bringt sie für jeden direkt die alten Beziehungen zu den eigenen Eltern ins Spiel, mit der gesamten Ambivalenz der Empfindungen und mit den daraus resultierenden Aggressionen und Schuldgefühlen. Sich einem geschädigten Kind zuzuwenden, um es zu umsorgen (*dilexit parvulos*), verschafft die sehr direkte Befriedigung, mit Macht ausgestatteter guter Vater – oder gute Mutter – sein zu können, und setzt die Vergeltung des schwachen und preisgegebenen Kindes in die Tat um, das jedermann im Verhältnis zu den Erwachsenen einmal gewesen ist. Das macht es möglicherweise verständlich, warum die Pädiater weniger sadistisch als andere Spezialisten zu sein scheinen.

Ebenso bringt der körperliche Kontakt mit dem Kind für den Arzt – Mann oder Frau – direkte Befriedigung mit sich.

Interessant ist, daß die Beziehungen zwischen Pädiatern und Psychoanalytikern unverzüglich eine bestimmte Reihe wechselseitiger Verhaltensweisen ins Spiel bringt, die eine persönliche Erfahrung von zwanzig Jahren uns jetzt besser zu durchschauen ermöglicht hat.

Der Pädiater mag sich angesichts der Aufgabe beklommen fühlen, eine neue Terminologie und eine neue Wissenschaft zu entschlüsseln – während er dank seiner Sicherheit im somatischen Bereich gerade annahm, jedes störende Unsicherheits- oder Minderwertigkeitsgefühl überwinden zu können – und zugleich fürchten, sich auf ein schlüpfriges Terrain gelockt zu finden, wo nicht mehr die von der Logik organischer Krankheiten, körperlicher Untersuchungen und ergänzender Visitationen zehrende Rückversicherung, die Unzweideutigkeit der therapeutischen Eingriffe und die Friedlichkeit der ärztlichen Vorschrift und der pedantisch genauen Rezepte gelten.

Die Besorgnis, daß die oben erwähnten unbewußten Motivationen entdeckt und sogar kritisiert werden, besonders die Befriedigung in der Beziehung zum Kind, die jedermann eigenen Widerstände, wenn er sich in eine Introspektion hineingezogen fühlt, die seine Abwehrmechanismen und seine ökonomischen Gewichtsverteilungen in Frage stellen kann – das alles mag beim Pädiater zu einem stark subjektiv gefärbten Verhalten dem Psychoanalytiker gegenüber führen.

Manche Pädiater glauben, daß sein Arbeitsbereich interessant, aber unzugänglich ist, und geben jede Hoffnung auf, und das kann sekundär zu negativen Verhaltensweisen führen; dann kommen Rationalisierungen zum Ausdruck, mit denen die Komplexität der psychologischen Explorationen, der spekulativen metapsychologischen Konstruktionen und sogar die Terminologie selbst kritisiert werden, die doch gleichwohl nicht willkürlicher vorgehen als jene, die die Chemie, die Pädiatrie oder jede andere ärztliche Wissenschaft hervorgebracht haben. Infolgedessen ziehen sich manche in den Bereich des »gesunden Menschenverstandes«

zurück, in dem sie sich besser aufgehoben fühlen, und halten Distanz, indem sie bei Konstruktionen des Psychoanalytikers mit Ironie reagieren.

Diese projektiven Verhaltensweisen mögen manchmal darauf abzielen, die Person des Psychoanalytikers selbst als Über-Ich-Imago ins Spiel zu bringen, und es ist richtig, daß er, aufgrund seiner eigenen Schwierigkeiten oder durch Reaktion auf das Milieu, in dem er arbeitet, zur Kritik Anlaß geben und sich in eine Rolle einschließen lassen kann.

Jedenfalls drohen die Tiefeneinstellungen des Pädiaters erneut in Erscheinung zu treten, wenn es sich darum handelt, Kinder zum Psychoanalytiker zu schicken. Er verfügt über keine besondere Technik, um die Familien auf die psychiatrische Konsultation vorzubereiten, und sehr häufig hängt die Aufnahme eng davon ab, was die Eltern von der Tiefeneinstellung des Pädiaters in dieser neuen Situation haben wahrnehmen können.

Es ist unbestreitbar, daß der Pädiater dann bestimmte Besorgnisse verspürt – und zwar in dem Maße, wie er selbst sich mit den Eltern identifiziert oder die Elternrolle, mit der er ausgestattet wird, wahrnimmt –, seine Macht und seine Kenntnisse erneut ins Spiel bringen zu müssen. Der Pädiater ist tatsächlich daran gewöhnt, die Rolle der omnipotenten Mutter zu spielen, die die Regeln der Erziehung und der Sicherstellung des Lebens von Kindern kennt – eine Rolle, die die eigene Mutter des Kindes ihm zu überlassen nur zu gern bereit ist; und wir haben bereits im Kapitel über die Erziehung die Ambivalenz deutlich gemacht, wie sie der Rückgriff auf den Psychoanalytiker immer hervorruft.

Der Pädiater schließt sich mithin der allgemeinen Verhaltensweise an, die jedermann übernehmen kann, wenn er sich gegen das Gefühl der Rivalität in einer phallischen Konkurrenz verteidigen möchte. Dieser Mechanismus kann projektive Einstellungen fördern: so die, dem Psychoanalytiker sadistisches Verhalten zuzuschreiben, der beschuldigt wird, tiefgehende und wilde Enthüllungen und Deutungen zu betreiben, ihm aber auch ein Verführungsgebaren zu unterstellen, da er ja Unterhaltungen über sexuelle Themen einführt (Homo- und Heterosexualität werden gleichermaßen für verdächtig gehalten).

Wie wir bereits anderswo gezeigt haben, kann der Pädiater – wie alle, die für ein Kind sorgen müssen – befürchten, daß es eine Art Familienroman zu verwirklichen sucht, in dem die Rolle des idealen und allmächtigen mythischen Vaters dem Psychoanalytiker vorbehalten wäre, während er selbst sich mit der bescheideneren des Pflegevaters zufriedenzugeben hätte, wobei er das Gefühl einer gewissen Undankbarkeit seiner Aufgabe hat.

Die Stellung des Psychoanalytikers und des Kinderpsychiaters in einer pädiatrischen Abteilung ist mithin manchmal weniger durch logische Gründe als durch alle jene sehr tiefliegenden Implikationen bestimmt, die gerade seine Gegenwart hervorruft. Das alles ist heute teilweise überwunden, die Positionen sind analysiert oder geklärt worden, und es ist uns eher möglich, genau zu bestimmen, welche Stellung der Psychoanalytiker im Verhältnis zum Pädiater einnimmt.

Die Erfahrung hat gezeigt, daß eine pädiatrische Abteilung sich nicht mit einer bestallten Psychologin – einer Art Laborantin – zufriedengeben kann, die auf bestimmte ergänzende Untersuchungen mit besonderer Technik beschränkt ist, deren Resultate einzig dem Pädiater anheimgestellt wären, der von ihnen Gebrauch machte. Der »gesunde Menschenverstand« diente da nur dazu, allzuviele Abwehrmechanismen und Rationalisierungen zu verdecken, als daß ergiebige Einsichten möglich würden. Der Pädiater nimmt nicht mehr an, daß es für ihn ausreicht, bestimmte Verfahrensweisen, berufliche »Tricks« zur Verfügung zu haben (wie projektive Tests, die »Schlüssel« von Kinderzeichnungen oder die »magische Situation«, bei der man sich zu zweit in einem Verschlag einschließen läßt), mittels deren man Zugang zum Verständnis des Kindes findet.

Der Psychoanalytiker wendet eine Wissenschaft an, die er sich in mehreren – theoretischen und praktischen – Lehrjahren hat erwerben müssen, von denen er den Pädiater profitieren lassen kann; ebenso Fähigkeiten einer besonderen Verständnis- und Einfühlungsschulung, die seine eigene Analyse ihm verschafft hat. So betrachtet, kann er nur im Rahmen eines Teams von Kinderpsychiatern arbeiten, frei von der Aufgabe, deren höchstentwickelte Reinkultur in einer besonderen pädiatrischen Abteilung verkörpern zu müssen. Die Kinderpsychiatrie und die Kinderpsychoanalyse lassen sich nur in einem multidisziplinären kohärenten Team praktizieren, dessen Arbeit sich in unterschiedliche Behandlungsarten weiter auswirkt, sich aber immer in einer psychotherapeutischen Perspektive festlegt.

In einer pädiatrischen Abteilung isoliert, läuft der Psychoanalytiker Gefahr, sich faktisch ausgeschlossen zu fühlen, denn er kann nur wenige Fälle behandeln und sieht sich bald gezwungen, angesichts allzu schwerer Fälle, die den Handlungsspielraum einer einzigen Person übersteigen, seine Ohnmacht einzugestehen.

Umgekehrt: wenn sie Richtantennen einer vollständigen und gutausgerüsteten Abteilung sind, spielen seine Beziehungen zur pädiatrischen Abteilung sich auf der Ebene gemeinschaftlicher Untersuchung am Krankenbett ab:

a) um eine ergänzende Dimension einzuführen;
b) um bestimmte Ratschläge zu geben;
c) um die Fälle auszusondern, die ergänzender Untersuchung bedürfen;
d) um allmählich, ausgehend von gemeinsamer Erfahrung mit klinischen Fällen, auf eine bestimmte Fortbildung des pädiatrischen Teams hinzuarbeiten.

Die Information des Pädiaters ist vielleicht wirklich die wichtigste und wirksamste Aufgabe des in einem pädiatrischen Milieu arbeitenden Psychoanalytikers. Er trägt dazu weniger durch theoretische Ausführungen als durch Förderung der Bewußtwerdung anhand gemeinsamer Beobachtungen bei. Sicher kann keine Rede davon sein, den Pädiater zum Kinderpsychiater auf einer ersten Stufe zu machen – noch weniger zum Psychotherapeuten. Aber diese gemeinsamen Beobachtungen ermöglichen es, das fortgesetzte Einwirken der Beziehung auf die Entwicklung gerade des Kindes deutlich zu machen, die vereinfachenden Begriffe des Traumas, der Mangelsituation, der Simulation oder der Hysterie hinter sich zu lassen und das komplexe Verständnis der Entstehung von Reifungsstörungen beim Kind, von funktionalen Störungen beim Säugling, von psychosomatisch Kranken und das der affektiven Sphäre zu verfeinern.

Der Pädiater scheut infolgedessen nicht mehr die Komplexität der Ätiopathogenese und erfaßt die dialektische Beziehung zwischen dem, was er den organischen Anteil nennt, und dem, was sich im Bereich der Beziehung abspielt. Er wird faktisch bald gewahr, daß er so – als Pädiater – sein therapeutisches Können nur erweitert. Der therapeutische Wert der pädiatrischen Intervention wird in seiner eigenen Einschätzung aufgewertet und bringt die Angst vor einer Enteignung oder einer Werthierarchie zum Verschwinden.

Diese Weiterbildung im Zusammenhang mit gemeinschaftlichen Beobachtungen kann mit Nutzen in Gruppen, in Gestalt synthetisierender Sitzungen oder in Diskussionsgruppen fortgesetzt werden, die spezifischer dadurch definiert sind, daß sie die gewöhnlichen Einstellungen eines jeden angesichts von Schwierigkeiten des Kindes erneut in Frage stellen [1].

Der Psychoanalytiker wird diese Zusammentreffen jedoch nur dann fortsetzen, wenn er ein gewisses Interesse für eine derartige Weiterbildung findet und er selbst vom Pädiater im Rahmen gemeinsamer Arbeit lernt, nicht aber dann, wenn er den Eindruck gewinnt, daß seine Zuhörer von ihm die Übermittlung einer Lehre erwarten, die doch, um assimiliert werden zu können, eine gänzlich andere Erfahrung erfordert.

Im Verlauf des XXV. Internationalen Kongresses für Psychoanalyse in Kopenhagen hat auch ein Symposium sich dieses Problems angenommen. SOLNIT (New Haven) hat gezeigt, daß in den Mittelpunkt der Gruppendiskussionen die Hilfeleistung für Familien gestellt werden mußte, daß sich jedoch bald, wie gewöhnlich, die Anteilnahme an einer solchen Gruppe um den Pädiater als Individuum, um seine Praxis Patienten gegenüber und um seine Art, auf das Kind einzuwirken, drehte. ANNA FREUD hat darauf hingewiesen, daß Pädiater psychosomatische Auffassungsweisen leicht akzeptieren, jedoch schwerer zum Verständnis des Einbruchs ökonomischer Kräfte in die psychologische Entwicklung vordringen. Ihres Erachtens hat der Pädiater, der doch berücksichtigen muß, daß der Körper des Kindes sich nicht in einem *vacuum* entwickelt, sondern seiner Mutter ebenso wie ihm selbst gehört, gewisse Schwierigkeiten, diese Auffassungen zu verstehen, erfaßt er zuweilen nur schlecht, wie sich das Kind mit der Fürsorge, die es erfährt, und mit der Art und Weise, wie mit seinem Körper umgegangen wird, identifiziert.

Einer der Autoren (S. LEBOVICI) hat Erfahrungen in Betracht gezogen, die MYRIAM DAVID bei ihren Kontakten mit den Pädiatern im Arbeitsbereich mentale Prophylaxe im 13. Arrondissement von Paris [227] gemacht hat. Er hat gezeigt, daß die Aufgabe üblicher pädiatrischer Praktiken seitens des Pädiaters – wenn er etwa auf die klassisch-autoritäre Haltung verzichtet, die die Familien aber tatsächlich beruhigt – nicht ohne Gefahr vor sich gehen kann. Mangels der Übernahme seiner gewohnten Rolle, möglicherweise auch aufgrund einer allzu überstürzten Imitation, geht er dann das Risiko ein, sich in eine sehr schwierige Situation verwickelt zu sehen. Der Pädiater hat faktisch durchaus kein Interesse daran, eine derart vorteilhafte Position aufzugeben, weil er einerseits das Kind kennt, das er

[1] Die im Verlauf von fünfzehn Jahren wiederholt gemachten Erfahrungen eines der Autoren (M. SOULÉ, *Centre de Guidance infantile de l'Ecole de Puériculture et Hôpital Saint-Vincent-de-Paul*) zeigen, daß die Pädiater – vor allem jene, die bei der Alltagsausübung ihrer Spezialdisziplin festgestellt haben, daß diese Art von Annäherung hier noch mehr als anderswo in der Medizin für ihre Wirksamkeit und Leistungsfähigkeit wesentlich ist – sich für diese Arbeit leidenschaftlich begeistern können.

auf allen Stufen seiner Entwicklung verfolgt hat – und dabei dynamische Gesichtspunkte im Blick hat –, und weil er andererseits die Familie kennt, die er unter aufschlußreichen Umständen (Konflikte, Krankheiten, angsterzeugende Situationen) hat miterleben können. Bei seinen häufigen Hausbesuchen verfügt er über die Möglichkeit, alles zu beobachten, was für die persönliche Ethik, die Struktur und die Alltagspathologie der Familie bezeichnend ist. Andererseits steht ihm auch eine unvergleichliche Autorität zu Gebote, die sich aus seiner unumschränkten Macht über Krankheit und Tod, aus seinen früheren therapeutischen Erfolgen und selbstredend aus den Imagines ergibt, die er für die Projektionen der Eltern vorschlägt.

Die aufklärende Intervention des Psychoanalytikers kann sich ebenfalls in anderen Milieus vollziehen.

Myriam David [60] stellt die Arbeit des Psychoanalytikers im Rahmen von Teams dar, die die poliklinischen Konsultationen und die Betreuung von Kinderkrippen übernehmen. Die Pädiater können sich da vergewissern, daß die Kinder die aufeinanderfolgenden Etappen ihrer intellektuellen und affektiven Entwicklung so gut wie möglich durchlaufen, und den Eltern helfen, deren Äußerungsformen zu entdecken und ihre Bedeutung zu verstehen, ihre Entwicklung zu fördern und ihrer Erstarrung vorzubeugen.

Er ist imstande, kranke Eltern oder Kinder schnell zu erkennen und sie alsbald an die Abteilungen für Mentalhygiene zu verweisen, die sie betreuen können. Umgekehrt kann der aufgeklärte und mit der signifikativen Tiefenbedeutung einer ganzen Reihe von Symptomen vertraute Pädiater sie nicht mehr dramatisieren, braucht er nicht mehr zu fürchten, daß sie notgedrungen psychiatrischer Einwirkung unterworfen werden müssen; er ist in der Lage, sie in ihrem aufschlußreichen Stellenwert als Symptom zu würdigen, das letztlich nur relativ ist. Er wird sich bewußt, daß es sich dabei um ein Alarmsignal handelt, das seine Fürsorglichkeit auf die zugrundeliegende Eltern-Kind-Beziehung lenkt. Dabei richtet sich seine Aufmerksamkeit, ohne die pädiatrischen Implikationen aus dem Blick zu verlieren, auf alles, was die Intaktheit dieser Beziehung stören kann, und auf die psychologischen und sozialen Probleme der Familie. Er spürt sie zur Zeit ihrer Entstehung auf, verweilt mit Interesse dabei und versteht es zunehmend besser zu ermessen, welche Patienten er dem Psychiater überweisen muß und welche nicht. Bald entwickelt sich überdies eine noch direktere Zusammenarbeit gerade im Bereich der Verbände, in denen der Pädiater arbeitet, so daß der Psychoanalytiker manche Kinder in kritischen und ergiebigen Zeiten systematisch untersuchen kann. Von dieser Beziehung zwischen Pädiater und Psychoanalytiker und von der Art und Weise, wie sie sich entwickelt und strukturiert, hängt letztlich das Verhalten aller medizinischen Hilfskräfte und des gesamten Personals ab, und zwar aufgrund der tiefgehenden Identifikationsprozesse, die sich zwangsläufig dauerhaft entfalten. In dieser Weise hat sich beispielsweise ein über mehrere Jahre fortgesetztes Experiment entwickelt, das auf die Aufklärung und spätere Weiterbildung des Personals von Krippen und Säuglingsberatungsstellen im 13. und 14. Arrondissement von Paris und den benachbarten Kommunen abzielte.

Das Kind im Krankenhaus

Die Auswirkungen von Hospitalisierungen auf das Leben des Kindes haben bis vor wenigen Jahren keinen vorrangigen Platz in pädiatrischen Untersuchungen eingenommen, deren Autoren vor allem damit beschäftigt waren, die Krankheits- oder Sterblichkeitsrate zu verbessern und die Therapie und Kinderpflege weiterzuentwickeln. In eben dem Augenblick, da sie teilweise von diesen Sorgen entlastet waren, begannen sich Psychoanalytiker für die Konsequenzen pathologischer Lebensweisen für die Entwicklung des Kindes zu interessieren. Wie wir bereits dargestellt haben, machten die Arbeiten von SPITZ, BOWLBY und J. AUBRY-ROUDINESCO über die Auswirkungen des Fehlens der Mutter, die Beschreibung des Hospitalismus und die Verbreitung bestimmter Filme, die großen Nachhall fanden (*»Le cas Monique«* von J. AUBRY-ROUDINESCO, *»Un enfant de deux ans va à l'hôpital«* von ROBERTSON), die Pädiater hellhörig. Die von Psychoanalytikern und Pädiatern gemeinsam angestellten Untersuchungen der Lebensumstände des hospitalisierten Kindes waren Gegenstand einer im September 1954 in Stockholm versammelten Arbeitsgruppe, die unter der Schirmherrschaft der O.M.S. stand. Einer der Autoren (S. LEBOVICI) hat in einem Aufsatz die Ergebnisse dieser Überlegungen zusammengefaßt [232], [49].

Der im Verlauf der letzten Jahre häufige wechselseitige Umgang von Pädiatern und Psychoanalytikern läßt manche Empfehlungen heute als sehr banal erscheinen, die damals noch polemische Bedeutung hatten.

Alles, was für das Leben des Kindes im Krankenhaus empfehlenswert ist, läßt sich in der Tat in einfachen Verfahrensregeln zusammenfassen, die an erste Wahrheiten erinnern und vom Pädiater spontan auch auf seine eigenen Kinder im Rahmen seiner Familie angewendet werden. Wenn der Pädiater sich Kindern gegenüber, die er im Krankenhaus zu betreuen hatte, unterschiedlich verhielt und seine gesamte Aufmerksamkeit auf die Qualität von Diagnostik und Therapie richtete, so zweifellos nur aufgrund einer beruhigenden Vereinfachung. Früher haben die Pädiater tatsächlich Bemerkungen von Psychoanalytikern über die Bedingungen mentaler Prophylaxe des Kindes unwillig hingenommen, Bemerkungen, die ihres Erachtens die erzielten Fortschritte und Erfolge und die Bedingungen der Heilung erneut in Frage zu stellen drohten. In diesen Vorbehalten waren jedoch, wie wir gesehen haben, zweifellos ebensosehr subjektive Motivationen am Werk.

Die wichtigste Phase war die, als man ein Bewußtsein dafür entwickelte, daß die Hospitalisierung – wie dringlich und nützlich auch immer – gleichwohl ein emotionales Trauma bildet und daß es angemessen ist, sie so weit wie möglich zu vermeiden, ihr zuvorzukommen oder sie zu mildern. Dann wurden die Pädiater gewahr, daß die Vorstellung der Krankheit das Auffassungsvermögen des Kleinkindes übersteigt und daß die Hospitalisierung für es lediglich die Bedeutung einer angsterzeugenden und unverständlichen Trennung hat, daß der Begriff der Zeit ihm fremd ist und eine solche Trennung ihm endgültig vorkommt. Die Hospitalisierung bildet einen Bruch, der Empfindungen von Verlassenheit, mithin von Furcht und Aggressivität und Schuldgefühle auslöst. Die Betreuung und namentlich die chirurgischen Eingriffe können tiefliegende Ängste mobilisieren. Denn das Kind entwickelt im Zuge einer langsamen neurobiologischen Reifung mnemonische Schemata, die seinen Zerstückelungs- und Kastrationsängsten zugrunde liegen.

Auf dieses Klima von Angst reagieren die affektiven und mit Schuldgefühlen besetzten Tiefeneinstellungen der Eltern, die dazu neigen, sich mit ihren Kindern zu identifizieren, und sich dem zugleich entziehen. Die Ambivalenz ist sicherlich ständig latent, aber der Entschluß, ein Kind ins Krankenhaus zu bringen – selbst wenn er unumgänglich ist – reaktiviert sie oder läßt sie erstarren; das wird um so besser verständlich, wenn man weiß, daß mehr als ein Viertel aller Hospitalisierungen von Kindern in einem Pariser Krankenhaus nicht aus Gründen medizinischer Diagnose und Behandlung erfolgt, sondern mit Rücksicht auf sozioökonomische Ursachen (Unterbringung, Auskommen, Kinderzahl, Arbeit der Mutter, bezahlte Unterbringung des Kindes usw.) und auf ungünstige affektive Bedingungen (intellektuelle Debilität der Mutter, soziale Debilität, mehr oder weniger verdecktes Ablehnungsverhalten; STRAUSS u. Mitarbeiter [329]).

Den Eltern muß also bei ihrer Stellungnahme Hilfeleistung geboten werden, nicht nur vor und während der Hospitalisierung, sondern auch nach der Rückkehr des Kindes nach Hause. Wir haben weiter oben (im Kapitel »Das Fehlen mütterlicher Fürsorge«) die Schwierigkeiten vergegenwärtigt, die sich für die Beziehung an diesem Schlüsselpunkt der Rückkehr bemerkbar machen können.

Heute verwenden die Pädiater größte Sorgfalt darauf, das Kind auf chirurgische oder Hals-, Nasen- und Ohren-Eingriffe vorzubereiten. Die Beobachtungen von Psychoanalytikern haben tatsächlich ergeben, daß nach Operationen – vor allem nach Amygdalectomien, wenn sie in einer bluttriefenden und angsterzeugenden Atmosphäre erlebt werden (JESSNER [185]) – Angstzustände und phobische wie zwanghafte psychoneurotische Zustände ausgelöst werden können.

Vorausgehende Erklärungen und eine sorgfältige Anästhesie sind unerläßlich. Einzig und allein die Gegenwart der Eltern wirkt beim Erwachen beruhigend. Allen für das Kind unangenehmen Eingriffen müssen dieselben prophylaktischen Maßnahmen vorausgehen.

Solche Rücksichtnahmen bringen unausweichlich finanzielle Konsequenzen ins Spiel. Der Psychoanalytiker ist sich jedoch schuldig, sie zu verteidigen; gerade er eignet sich am besten dafür zu zeigen, daß alle diese prophylaktischen Maßnahmen namentlich im Bereich der Ökonomie, der psychischen Dynamik und der finanziellen Rentabilität gerechtfertigt sind, indem er auf die kurz- oder langfristigen Konsequenzen von abwehrenden Gegenbesetzungen und schützenden Hemmungen hinweist.

Wir wollen hier nicht alle die praktischen Ratschläge wiederholen, die sich aus diesen Erwägungen ableiten lassen und die der Pädiater heute anzuwenden versucht ist, und zwar in Hinsicht auf

- die zahlenmäßige und zeitliche Begrenzung von Krankenhausaufenthalten;
- die Vorbereitung auf die Hospitalisierung und die Verbesserung der Aufnahmetechniken;
- die Lösung der vom Leben des Kindes im Krankenhaus aufgegebenen praktischen Probleme: familiär-vertraute und beruhigende Organisation der Ört-

lichkeiten mit vielen Zusatzeinrichtungen (Spielzimmer, Klassenzimmer usw.; Belley [21]).

Und das namentlich dank der Aktivität des ärztlichen Personals bei seinen ständigen Kontakten mit der Familie, dank der Einteilung der Besuche und des Aufenthaltes der Eltern beim Kind und dank seinem Einfluß auf das Schwesternpersonal.

Was wir soeben vergegenwärtigt haben, ist offensichtlich in noch größerem Maße bei chronischen Krankheiten, die lange Verweildauern erforderlich machen, oder bei schweren Erkrankungen gerechtfertigt, die die gesamte Umwelt störend in Mitleidenschaft ziehen.

J.-M. und N. Alby [9], [10] haben sich bemüht, die affektiven Probleme zu untersuchen, die sich für das Kind, seine Familie und das Betreuungspersonal durch die Diagnose, Betreuung und Entwicklung einer immer tödlichen Krankheit wie der Leukämie stellen.

Der nahe und unvermeidliche Tod eines Kindes hat für alle, die es betreuen, tiefgehende angstbesetzte Auswirkungen zur Folge, die häufig schlecht kontrollierte und unangebrachte Abwehrreaktionen auslösen. Zahlreiche klinische Beispiele haben gezeigt, daß das Kind – selbst wenn es sehr klein ist und noch nicht sprechen kann – sich sehr häufig der Schwere des Zustandes, der sein Leben gefährdet, bewußt ist. Das zieht tief regressive Verhaltensweisen und einen Zustand von Selbstaufgabe nach sich, aber auch große Angst, die, ohne ausgedrückt zu werden, in schmerzlicher Weise erlebt wird. Alle Autoren stimmen in dem Rat überein, dem Kind die Diagnose zu verheimlichen und bei jeder Unterhaltung über seine Krankheit größte Vorsicht walten zu lassen.

Die Hilfeleistung für die Eltern ist selbstverständlich, und nach der klaren und deutlichen Bekanntgabe der Diagnose muß ihnen die verschiedenartigste psychoaffektive Hilfe zuteil werden.

Die Hämophilie [Bluterkrankheit] gibt ein anderes klinisches Beispiel für die affektiven Konsequenzen ab, die sich sowohl aus der Krankheit als auch aus dem Verhalten der behandelnden Ärzte ergeben. Das an Hämophilie leidende Kind ist tatsächlich immer bedroht, ohne doch jemals gesund zu werden, »es ist siech und todgeweiht, obwohl es von gesunden Eltern abstammt«. Seine Persönlichkeit entwickelt sich, während es in seinen alleralltäglichsten Aktivitätsäußerungen gefesselt ist. Die Ausübung seiner Motilität bedroht es ständig mit Bestrafung und läßt es zwischen passivem Verhalten und Augenblicken aggressiver Revolte hin- und herschwanken. Es sind sogar Persönlichkeiten mit deutlich neurotischer oder psychotischer Struktur beschrieben worden.

Man muß das Kind mithin veranlassen, sich vom ständigen Rückzug auf die affektive Abhängigkeit zu befreien und die Aufruhrreaktionen mit Ablehnung oder Negation der von der Krankheit auferlegten vernünftigen Grenzen zu überwinden.

Der Arzt muß ebenfalls die bedeutsamen Implikationen der Eltern-Kind-Beziehung und besonders die Situation der außerordentlich schuldbewußten Mutter berücksichtigen, die den genetischen Makel weitergibt, ohne selbst betroffen zu sein. Der Arzt muß sie von ihrem überprotektionistischen Verhalten befreien und sie soweit bringen, daß sie ein vernünftiges Risiko hinnimmt (Alby und Caen [9]).

Die Funktionsstörungen des Kleinkindes

Wir möchten schließlich den – gleich ob an Erwachsenen oder Kindern interessierten – Psychoanalytikern zeigen, daß eine systematischer als bisher unternommene Untersuchung der Wechselfälle der funktionalen Entwicklung, wie sie die Pädiater darstellen, zu einem besseren metapsychologischen Verständnis der genetischen Entwicklung der dynamischen Gleichgewichte verhelfen kann. Beim Kind – vor allem beim Kleinkind – kommen die dynamischen Konflikte eher in einer Dysfunktion der somatischen Adaptationsmechanismen als im Auftreten mentalisierter psychologischer Symptome zum Ausdruck (KREISLER, FAIN, SOULÉ, DELAMARE [200], [201], [202], [313]).

Einer der Autoren (M. SOULÉ), der sich einer psychoanalytischen Methode des Verstehens bedient, hat sich mit anderen einer Reihe von metapsychologischen Untersuchungen verschrieben, bei denen er von klinischen Beschreibungen psychosomatischer und funktionaler Störungen des Kindes ausgeht.

Diese Funktionsstörungen und psychosomatischen Beschwerden sind nicht wie beim Erwachsenen Ergebnisse und zeitweilige oder terminierte Ausdrucksformen seit langem entwickelter Gleichgewichtsverunsicherungen, die sich einen Ausweg ins psychologische Leben suchen oder nicht. Deshalb sollte man heute die Befunde dieser Klinik besser nutzen, die einen besonders vorteilhaften Bereich der direkten Beobachung des Kindes bildet. Beim Kind – vor allem beim Kleinkind – ergeben diese Störungen das Äquivalent einer experimentellen Pathologie.

In der Kinderheilkunde stößt man mehr als anderswo auf Grenzfakten mit Koexistenz von Störungen bei ein und demselben Individuum, deren nosographische Klassifikation sehr schwierig ist (A. FREUD, R. DIATKINE [99], [71]).

Tatsächlich bietet das somatische Entwicklungspotential eine Skala von gleitenden Reaktionen auf konfliktuöse oder affektive Störungen, während die psychoaffektive Entwicklung zugleich die Plastizität der Ausdrucksformen in Rechnung stellt, bei denen Reaktionsstörungen, anomale Verhaltensweisen, neurotische Bildungen usw. zusammenfallen oder abwechseln. So können die unterschiedlichsten Äußerungen im psychischen oder Charakterbereich, in dem des Verhaltens oder dem der somatischen Funktionen zusammenfallen oder abwechseln.

Die klinische Feststellung, daß bestimmte Störungen oder Krankheiten nur innerhalb genau bestimmter Altersgrenzen auftreten, zwingt zu größerer Strenge bei der metapsychologischen Konstruktion, die sie bereichert.

Ebensowenig scheint es heute mehr möglich, für die psychopathologischen Antezedentien eines Kindes oder eines Erwachsenen den ungenauen und doch immer wieder stereotyp gebrauchten Begriff der Schlafstörung oder des Erbrechens aus der frühen Kindheit geltend zu machen, denn es existieren stark abweichende klinische Aspekte, deren Bedeutungen so unterschiedlich sind, daß sich daran zweifeln läßt, ob es sich da bei allen um dieselbe Störung handelt.

So ist es angemessen, wenn man in der Anamnese von Patienten den Begriff einer funktionalen Störung der frühen Kindheit geltend macht, genau darauf hinzuweisen, zu welchem Zeitpunkt sie aufgetreten und verschwunden ist und welche klinischen Elemente zur Beobachtung vorlagen.

So verstanden, können Funktionsstörungen des Säuglings ganz besonders den Psychoanalytiker und den Psychosomatiker interessieren, denn sie tragen ein sehr ergiebiges Material im Zusammenhang mit den Ausdrucksweisen von Dysfunktionen bei den Austauschvorgängen im Rahmen der Mutter-Kind-Dyade bei (funktionale Störung mit nicht gelöster Spannung). In ebendiesem Sinne sind sie dysgenetisch.

Überdies sind frühe Störungen deshalb interessant, weil sie auftreten, wenn sich die Mehrzahl der psychischen Mechanismen noch nicht entwickelt hat oder erst im Zuge der Ausbildung ist.

Bemerkenswert ist, daß wir in unseren zivilisierten Gesellschaften, in denen gerade die Mutter-Kind-Beziehung aufgrund starken kulturellen Drucks derartig vielen Wechselfällen unterliegt und die Besetzungen seitens der Mutter sich folglich von denen in primitiveren deutlich unterscheiden, in denen umgekehrt aber die Fürsorge für den Säugling und die pädiatrischen Erkenntnisse derartig große Fortschritte erzielt haben, auf Störungen dieser Beziehung nur mehr durch Symptome aufmerksam gemacht werden, die an die medizinische und pädiatrische Wissenschaft, nicht aber an die intuitive Einsicht appellieren.

Die Entwicklung von funktionalen Störungen und ihr Verschwinden oder ihre Umwandlung ermöglicht neue metapsychologische Erwägungen; desgleichen der Übergang von der Funktionsstörung zur Psychisierung und zum psychischen Konflikt. Verschiedene psychosomatische Störungen verschwinden, wenn sich Möglichkeiten psychischer, sensorischer und motorischer Abfuhr entwickeln, und wenn der Organismus plastische Fähigkeiten erwirbt, die ihm störungsfrei zu reagieren erlauben (was beim Erwachsenen nicht mehr möglich ist).

»... So eröffnet dieser Beobachtungstypus das gewaltige Feld der Prognose vom anormalen Verhalten aus, das sich früh aufgrund bestimmter Störungen des symbiotischen Universums entwickelt, von dem das Kleinkind nur ein Teil ist. Ausgehend von diesen Verhaltensweisen, die der Ich-Bildung im eigentlichen Sinne vorausgehen, lassen sich alle Schicksale ins Auge fassen. Gleichwohl erlaubt gerade die Einsicht in die Klinik des Erwachsenen auf die Existenz nicht sichtbarer Formen zu schließen, besser: Formen, die wir noch nicht aufzuspüren verstehen und die in sich selbst als Möglichkeit Vorformen enthalten, die sich erst später zu erkennen geben. Wir bringen damit nicht die Vorstellung eines unversöhnlichen Schicksals zur Sprache, da die späteren Erfahrungen eine bemerkenswerte Bedeutung haben, namentlich die Möglichkeiten, den ursprünglichen Kern zu entwickeln, Möglichkeiten, die sich ebenso vom ererbten Gleichgewicht von Begabungen und Fehlern aus wie infolge von in Kontakt mit der Außenwelt erlebten ergiebigen Eindrücken entfalten.

Solche klinischen Untersuchungen ermöglichen es vielleicht auch, das Verständnis der Rolle des Narzißmus in der Ökonomie des Säuglings und seiner Quelle in der frühen Betreuung durch die Mutter zu vertiefen.

Der Begriff der Angst ist eine nahezu intellektuelle Vorstellung, die das Kleinkind nicht kennt. Es handelt sich für es um einen Zustand, dessen Einsetzen bei sich es nicht hat verhindern können und den es mit den wahrgenommenen Objekten assimiliert. Es kann sich dabei vieler Abweisungsmechanismen bedienen, um sich davon freizumachen, oder autoerotischer Stimulierung, um ihn zu neutralisieren (Saugen, Wiegen usw.): die bilden dann auch eine Kompensation für Mängel des Milieus« (M. Fain [200]).

Die Untersuchung der psychosomatischen und funktionalen Störungen des Kleinkindes ist in der Diskussion über das frühe Auftreten bestimmter psychotischer oder disharmonischer Strukturen noch nicht ausreichend angewendet worden.

Infolgedessen ist hier wie anderswo in der Kinderpsychiatrie das Risiko groß, der Mutter die Schuld zuzuschieben, die heute als Erreger von Krankheiten und Störungen aufgefaßt wird, als böse Mutter, da sie ja ihr Kind krank macht. Es ist in der Tat angemessen, sie in bestimmten Fällen von Schuld zu entlasten, bei denen sie sich sehr frühen Mechanismen des Neugeborenen gegenübergesehen hat, die, wenn auch nicht angeboren, sich gleichwohl allzufrüh eingespielt haben. Wir stellen unsere Erwägungen zweifellos immer noch allzu ausschließlich in Begriffen von Besetzungsmangel oder von Besetzungsstörungen an, ohne die Ausrüstungsmängel oder die Störungen auf seiten der Ausrüstung selbst hinreichend zu berücksichtigen. Sicher ist es unmöglich, sie anders als künstlich zu unterscheiden, da wir eine Funktion erst von dem Augenblick an kennen, wo sie besetzt wird; das frühe Auftreten mancher Funktionsstörungen bei Säuglingen, die später zu Psychotikern werden und deren Mutter gleichwohl normal ist, sollte uns diese Auffassung jedoch nahelegen. Bestimmte Mechanismen sind für eine normale Mutter »beeindruckend« und verstören sie tief. Sie drohen sie im etymologischen Sinne des Wortes »aus dem Gleise« zu bringen [*dérouter*], d. h. sie zu veranlassen, sich para- und später anomale Verhaltensweisen zurechtzulegen, die auf sehr frühe Reaktionen des Säuglings folgen und sie nicht initiieren, wie man in voreiliger Extrapolation sagen könnte.

Dieser Prozeß ist dem ähnlich, der sich bei manchen Müttern psychotischer Kinder antreffen läßt. Ihre bizarren Verhaltensweisen und bestimmte Störungen in der Beziehung zu ihren Kindern werden allzu ausschließlich als pathogen für die Psychose des Kindes aufgefaßt. Häufig handelt es sich aber dabei um eine Art und Weise der Mutter, die tiefe Störung, wie sie durch die vom Kind sehr früh eingegangene psychotische Beziehung hervorgerufen wurde, mit einem Minimum von eigener Desorganisation »auszuhalten«. Ähnlich dürfte es sich bei manchen Funktionsstörungen des Säuglings verhalten, bei denen die »Mängel« der Mutter lediglich die Konsequenz einer vom Säugling aufgenommenen und dann pathologisch weiterentwickelten Beziehung sind.

Die funktionalen Syndrome, die wir zur Sprache gebracht haben, legen überdies noch einige allgemeine Überlegungen nahe.

Die Rolle der halluzinatorischen Wunschbefriedigung als Dynamismus, der das Bewegungsverhalten der glatten Muskulatur induziert, tritt deutlich in Erscheinung. Mechanismen wie etwa der Schluckauf, die durch ihre Komplexität beim noch sehr kleinen Kind in Erstaunen setzen, stellen *e contrario* entwickelte Funktionen dar, die gegen die auf den Verlust des Objektes folgende depressive Position anzukämpfen erlauben, sobald es aufgenommen, verschluckt und im Magen verschwunden ist, und dieses Objekt wieder erscheinen lassen, um Befriedigung und Entspannung zu erfahren.

Zahlreiche Autoren nehmen auf das von FREUD in »Jenseits des Lustprinzips« beschriebene »Spulenspiel« Bezug, weil sie darin eine frühe klinische Form von Mechanismen sehen, die später auf verschiedenen Stufen benutzt werden.

Es muß jedoch präzisiert werden, daß der Enkel FREUDS bereits achtzehn Monate alt war, als diese seine Aktivitäten beobachtet und dargestellt werden konnten, und daß die Entwicklung des Kindes in diesem Alter in den wichtigsten Bereichen abgeschlossen ist: Motorik, Entwicklung der Symbolfunktion und der Sprache.

Wenn das Kind dieses Spiel spielen kann, wenn es dabei Freude empfindet, wenn es das »da« und »fort« sich zurechtlegt, so deshalb, weil es diese Spule nach Belieben werfen und zurückkehren lassen kann, und zwar dank einer sehr entwickelten Beweglichkeit der Hand, die sich jetzt geschickt des Fadens bedient, der es mit dieser berühmten Spule »auf Distanz« verbindet.

So liegt die Quelle der Befriedigung, die dieses Spiel bietet, darin, daß es in den Augen des Kindes einen Abschluß und ein Ergebnis im Prozeß der langsam und stufenweise erworbenen Beherrschung konkretisiert.

In der Tat ließe sich die ganze Entstehung des Erwerbs dieser Beherrschung beschreiben . . . Jene funktionalen Störungen erlauben es, bestimmte sehr viel ältere und archaischere Phasen zu erhellen (M. SOULÉ [307b]).

Das Ich des Säuglings macht, um die spezifische Handlungsform zu entwickeln, ohne Zweifel von zurückbleibenden mnemonischen Spuren, die aus Eindrücken herrühren, wie er sie früher erlebt hat (Erbrechen oder Aufstoßen beim Schluckauf), und vom durch unbewußte Phantasien strukturierten Bedürfniszustand Gebrauch. Dieses Zusammentreffen ruft das motorische Bild hervor, das dann wieder und wieder verwendet wird: sich auf kontrollierte und zweckmäßige Weise erbrechen.

Die Beziehungen zwischen den zur Befriedigung von Bedürfniszuständen bestimmten Funktionen und den libidinösen Vergnügen liegen dem Begriff der Anlehnung zugrunde, wie FREUD ihn beschrieben hat. Die beobachteten Störungen machen deutlich, daß sich in diese Libidinisierung von Funktionen Komplikationen einschalten, und deren Entstehung und unterschiedliche Modalitäten lassen sich je nach dem augenblicklichen Zustand der biologischen Reifung, der libidinösen Entwicklung, der Beziehung im Rahmen der Dyade und der infantilen Autoerotik untersuchen.

Diese genetische Erforschung zeigt, daß bestimmte Typen libidinöser Besetzung auf Mechanismen beruhen, die den lebenserhaltenden entgegenwirken. Sie überschreiten dessen Gesetze und können das Kind in Situationen von Todesgefahr bringen, wenn man sie sich entwickeln läßt oder wenn nicht eine außenstehende Person sich korrigierend einschaltet.

Der Säugling oder das Neugeborene, unfertig wie es ist, stirbt, wenn die Mutter ihm fehlt. Diese Mutter muß einerseits die Beziehungen des Kindes zur Welt vermitteln, für seine Bedürfnisse sorgen und diesen ohnmächtigen Organismus »führen«, indem sie bestimmte lebensnotwendige Funktionen für ihn übernimmt. Sie handelt für ihn.

Aber sie übernimmt auch noch eine andere Rolle. Sie muß dem Kind, durch die Beschaffenheit ihrer Fürsorge im Rahmen der Dyade, Gelegenheiten zu primärer Identifikation mit ihren eigenen Funktionsmechanismen und mit ihrer Ich-Organisation anbieten. Sie legt dem Kind durch frühe, sukzessive und schrittweise Identifikationen Modelle nahe, die ihm ermöglichen, die Mechanismen einer Beherrschung der Triebe und besonders des Wiederholungsautomatismus zu entwickeln (M. SOULÉ [202]).

Zu diesem Zweck muß die Mutter *den Körper des Kindes* in seiner Gesamtheit *libidinös besetzen,* sei es auf der Ebene der primären oder sekundären erogenen Zonen oder auf der seiner funktionalen Mechanismen. Durch ihre eigenen Besetzungen muß sie die libidinösen Besetzungen, die das Kind selbst ihren eigenen funktionalen Mechanismen entgegenbringt, fördern und sogar anregen und damit die von FREUD beschriebene »Anlehnung« ins Spiel bringen.

Sobald die Entwicklung dieser Besetzungen mißlingt, tritt unverzüglich wieder die Triebentmischung bei Vorwiegen des Wiederholungsautomatismus in Erscheinung. Diese Mißstände können die Konsequenzen von unterschiedlichen, isolierten oder verflochtenen Ursachen sein, die wechselseitig in einer Spirale aufeinander zurückwirkender Effekte interferieren: völliges oder teilweises Fehlen von mütterlicher Fürsorge, die die Bedeutung »widersprüchlicher Signale« annimmt, organische Krankheit, Reifungsverspätung des Kindes usw.

Wenn diese Störungen einsetzen, entwickelt sich das, was einen zusätzlichen Versuch darstellt, diese Mechanismen um jeden Preis libidinös zu besetzen: die Autoerotik.

Aber dieser zunehmend in sich selbst geschlossene Mechanismus lenkt den funktionalen Mechanismus allmählich von seiner Finalität ab, und ein todbringender Verfall setzt ein und verschärft sich.

Die übliche Phantasie einer mit anderen Annehmlichkeiten beschäftigten Mutter, die annimmt, es sei absolut notwendig, nachzuprüfen, ob ihr im Nebenzimmer schlafender Säugling nicht zu atmen aufgehört hat, bringt nicht nur einfach die Projektion ihrer Aggressivität zum Ausdruck, sie gibt zweifellos auch ihre Furcht wieder, daß das Kind, wenn sie ihm ihre Besetzungen entzieht, zu sterben droht.

Der immer gegenwärtige Todestrieb führt den verlassenen und aller Besetzungen entblößten Säugling (d. h. das wenig geliebte Kind) mehr oder weniger schnell dem Tode entgegen.

Die funktionalen Störungen veranschaulichen auf gleichsam experimentelle Weise die Bedingungen des Wiederauflebens des Wiederholungsautomatismus und des nicht-unterdrückbaren Zwanges, mit dem der Säugling darauf zurückkommt, und bringen so einen klinischen Beweis für FREUDS Feststellung in »Das Ich und das Es« bei: »Der Todestrieb kann sich nur durch Vermittlung der Motorik ausdrücken.« Diese funktionalen Störungen zeigen uns in einem frühen Stadium, daß, sobald Mängel oder Störungen bei den Besetzungen und der Libidinisierung physiologischer Mechanismen auftreten, gerade die motorische Funktion im jeweiligen Stadium ihrer Reife unverzüglich vom Todestrieb in Gestalt eines Wiederholungsautomatismus besetzt wird (C. HOLLANDE, M. SOULÉ [180b]).

Wenn diese Dysfunktionen, diese »widernatürlichen« Funktionsweisen sich mit Erfolg durchsetzen, werden sie narzißtisch besetzt, und die Megalomanie des Kindes zieht sich darin wie in einem Brennpunkt zusammen. Zwanghaft widmet es sich ihnen in einer rasenden Autoerotik ohne jede Angst. Der Wiederholungszwang macht sich freie Bahn, und der todbringende Prozeß wird zunehmend augenfällig.

Eine der gebräuchlichsten Methoden, dieses Risiko zu bemänteln, ist der von der Amme gemachte Vorschlag einer anderen, aber nicht tödlichen Form von Autoerotik: das Wiegen, der Rhythmus des Wiegenliedes, das Saugen usw.

In diesem Zusammenhang muß darauf hingewiesen werden, daß sich Todesangst beim Säugling klinisch nie nachweisen läßt. Man geht hier häufig aufgrund einer Erwachsenen-Projektion in die Irre. Erst in einem sehr viel späteren Alter lassen sich diese Äußerungen dingfest machen. Das Kind muß den achten oder neunten Lebensmonat hinter sich haben. Im Gegensatz dazu macht der Säugling, sobald die Dysfunktion sich entwickelt, davon in einer wütenden Autoerotik Gebrauch, der er sich mit einer Freude überläßt, die an die Suche nach orgastischer Abfuhr erinnert und das Todesrisiko noch erhöht. Der Begriff der Todesangst muß mithin einer späteren Periode vorbehalten bleiben.

So erweitern diese Dysfunktionen den Handlungsbereich des »kleinen Polymorph-Perversen«, wie er üblicherweise beschrieben wird, indem man alles außer acht läßt, was er im Inneren seines Körpers auf der Ebene seiner Funktionsweise als Lust erfahren kann. Alle physiologischen Mechanismen des Säuglings, die *e contrario* besetzt worden sind, können durch die Sexualität pervertiert werden und das darstellen, was man, ohne die Analogie allzuweit zu treiben, die Vorformen der Perversion nennen könnte.

Alle diese »widernatürlichen« Mechanismen, die wir beschrieben haben, können als Kampf gegen die vorhandene Reflexfunktion aufgefaßt werden, die die Aufrechterhaltung einer vitalen Funktion garantiert und bewahrt. Der Schluckauf kehrt den Verdauungsweg der aufgenommenen Speisen durch die peristaltische Wellenbewegung um, die auf den Schluckreflex folgt. Das funktionale Megakolon [die Hirschsprungsche Krankheit] rührt von einem Mechanismus her, der den physiologischen Reflex der Defäkation umkehrt.

Im Weinkrampf läuft die Umkehrung darauf hinaus, einen Erstickungszustand zu verlängern oder hervorzuheben, während die gefährliche Asphyxie üblicherweise einen Einatmungsreflex auslöst (M. SOULÉ [202]).

Es läßt sich annehmen, daß diese vitalen Funktionen zu Beginn der phylogenetischen Abstammungsreihe keine Reflexe waren. Sie wurden im Zuge der Evolution erworben; als für das Leben und das Überleben der Gattung wesentlich, wurden sie jedoch zum Gegenstand einer intensiven primären Verdrängung, die sie dem Bereich des Bewußtseins entzog, um sie einem regulierenden Reflexmechanismus anzuvertrauen.

Wenn – wie es die Funktionsstörungen zeigen – eine Möglichkeit besteht, die Urphantasien um den Preis eines gefährlichen Ausagierens in die Tat umzusetzen, so wird von dieser Freiheit nicht von allen Säuglingen Gebrauch gemacht, denn normalerweise bildet sich eine Schranke als Verbot, das folglich überschritten werden muß. Der Aufbau dieser Reflex-Funktionen schließt sich beim Säugling den wechselnden Veränderungen der Mutter-Kind-Beziehung, des primären Narzißmus und der Urverdrängung an.

Im Hinblick auf die Versuche des Kindes, seine Phantasien auf derart gefährliche Weise auszuleben, spielt die Mutter (und mittels ihrer das Gesetz des Vaters) die Rolle des Zensors. Sie baut sie zweifellos durch massive Besetzungen der vitalen Funktionen des Kindes ebenso wie seiner erogenen Zonen auf.

Mittels eben dieser anaklitischen Beziehung führt sie die Primäridentifikation und damit auch die Primärverdrängung ein, die bestimmte Verbote begründet.

Eben deshalb, weil manche Frauen in dieser Hinsicht weniger sicher sind und sehr ambivalente Modelle für die Identifikation anbieten, billigen oder akzentuieren sie bei ihren Kindern sogar die Suche nach Befriedigung durch die Übertretung vitaler Gesetze.

Wir können in diesem Zusammenhang auf den Fixierungsmechanismus zurückkommen, wie er für die Entstehung der Perversion geltend gemacht wird: zu massive libidinöse Zufuhren, die von einer Mutter dem Kind zu früh geboten werden, bei dem sie zu häufig eine oder mehrere erogene Zonen reizt und damit dieser oder jener Fixierung den Weg ebnet.

Bei den Dysfunktionen stellt sich ein analoger Mechanismus auf der Ebene des wiederholten Spieles mit der Überschreitung vitaler Mechanismen ein.

Überdies werden von der Untersuchung dieser Störungen noch andere Probleme aufgeworfen.

Diese unterschiedlichen früh entwickelten und komplexen Aktivitäten spielen deutlich in den Bereich hinein, mit dem sich FREUD auseinandersetzte, als er sich Gedanken über das spätere Schicksal jener Personen machte, deren Aktivitäten über die vorhandenen Integrationsmöglichkeiten des Ich hinausgehen. So haben, um lediglich das banalste Beispiel zu wählen, Personen, die an Appetitlosigkeit leiden, immer einen Vorsprung in der Entwicklung und Ausbildung der kognitiven Funktionen.

Der an Schluckauf Leidende, der vom zweiten Drittel seines ersten Lebensjahres an einen komplizierten und minutiösen Mechanismus ausbildet, gibt aufgrund seines erfinderischen Genies zu keinerlei Sorge Anlaß.

In einer Krankengeschichte, die wir anderswo untersucht haben [200], schlug ein sechs Monate altes, an Schlaflosigkeit leidendes Kind sich rhythmisch und endlos mit beiden Fäusten an den Kopf, in einer genauen und entwickelten Bewegung, die über die motorischen Leistungen dieser Altersstufe hinausging, mit einer derartigen Intensität, daß man es schließlich mit einem Gummiwulst schützen mußte.

Man bemerkt einen ganz eigentümlichen Gegensatz in den Formen, der Entwicklung und den Vorzeichen des Wiederholungsautomatismus bei den Psychosen einerseits und den Funktionsstörungen des Kindes andererseits. Die Symmetrie bei diesem Gegensatz ist ziemlich bemerkenswert [202].

Die Personen, die funktionale Störungen entwickeln, können als Psychotiker im Verhältnis zu den normalen biologischen Bahnen und Gesetzen aufgefaßt werden. Der Wiederholungsautomatismus enthüllt sich bei ihnen in der direktesten und schwersten Form. Er kann zum Tode führen. Aber eine Wiederaufnahme des Verlaufs der angemessenen Besetzungen (Veränderung der Verhaltensweisen der Mutter, Ersatz der Mutter-Figur) kann die normalen Mechanismen ziemlich schnell wiederherstellen. Es läßt sich dann feststellen, daß der Wiederholungsautomatismus bei ihnen reversibel ist, sobald er durch die Objektbeziehung und mittels ihrer mehr oder weniger neutralisiert wird.

Umgekehrt und in Symmetrie dazu führt der Wiederholungsautomatismus, sobald die Prozesse ins Psychische gewendet werden und geistige Bearbeitung und Neutralisierung stattfinden, bei den infantilen Psychosen nicht mehr zum Tode und beschleunigt ihn auch nicht. Dafür sind diese Prozesse viel schwieriger beeinflußbar. Sie sind darüber hinaus auf eine Weise ausgeprägt und strukturiert, daß die für die Besserung im Sinne einer freieren Funktionsweise aufzuwendenden Bemühungen beträchtlich und häufig wenig wirksam sind. Diese Kinder bleiben teilweise geistesgestört.

So können die Kinder, die eine funktionale Störung entwickeln, die in der Autoerotik wiederkehrt, unter der Bedingung gerettet werden, daß die Objekte wiedergefunden werden und die Außenwelt sich erneut einschaltet. Das scheint umgekehrt beim Psychotiker sehr schwierig zu sein.

Man kann also ziemlich schnell mit einem gut arbeitenden Gehirn sterben, wenn sich ein Wiederholungsautomatismus eingenistet hat, der ohne Rücksicht auf und gegenläufig zu biologischen Mechanismen funktioniert, oder umgekehrt lange mit einem schlecht arbeitenden Gehirn leben, bei dem der Wiederholungsautomatismus beständig auf psychologischer Ebene tätig ist, ohne daß man ihn zu beherrschen lernte.

Die Untersuchung der Schwierigkeiten, auf die der Säugling bei der Errichtung des ökonomischen Gleichgewichtes zwischen Objektlibido und narzißtischer Libido stößt, und die normalen Veränderungen und pathologischen Einstellungen lassen sich in einer dyadischen Beziehung zur Mutter festlegen.

WINNICOTT nennt diese so eigentümliche Beziehungsweise der ersten Lebenswochen die *primäre Mütterlichkeit.* Sie ist günstige, sogar grundlegende Erlebensform für den Säugling, Gegenstand massiver Besetzungen seitens der Mutter, für die er zeitweise zum Fetisch wird.

Diese Periode muß lange genug dauern, damit eine Art libidinöser und narzißtischer »Transfusion« zwischen Mutter und Neugeborenem stattfinden kann. Sie darf sich jedoch nicht verewigen, weil andernfalls das Kind nicht mit der Notwendigkeit von Zusammenstößen mit der Realität und mit den Grenzen seiner megalomanischen Allmacht konfrontiert wird. WINNICOTT [349] hat sich nicht zu beschreiben bemüht, wie und warum sich, mehr oder weniger früh, plötzlich oder langsam fortschreitend, der *Entzug* von Besetzungen der Mutter vollzieht. Die interessiert sich wieder für andere Objekte: ihren eigenen Körper, ihr persönliches Seelenleben, ihre Umgebung oder ihre beruflichen Fähigkeiten. Sie ent-zieht sich allmählich ihrem Kind, das nicht mehr ihr einziges Objekt ist.

MICHEL FAIN [80c] nennt diesen Prozeß, der den Säugling erfaßt, wenn seine Mutter ihren Gatten und die Aufnahme sexueller Beziehungen wiederbesetzt, die »Ausschließung [*forclusion*] der Liebenden«. Ebenso untersucht er, auf welche Weise das Kind als Kompensation seine Autoerotik entwickelt und verschiedene Mittel findet, sie zu umwerben.

Es scheint tatsächlich interessant zu sein, die in der Ökonomie der libidinösen Befriedigung des Säuglings auftauchenden Wechselfälle (die funktionalen Störungen liefern dafür besonders aufschlußreiche Beispiele) und die plötzlichen Variationen oder Mutationen in den mütterlichen Besetzungen ständig in Parallele zu setzen.

Beispielsweise läßt sich feststellen, daß bis heute das experimentelle klinische Material wenig genutzt worden ist, wie es die *verfrühte Geburt eines Kindes* und die Analyse des künstlichen Erlebens bildet, das sie der Mutter wie dem Neugeborenen aufnötigt.

In einer anderen Zivilisation – und bis vor kurzem sogar auch in der unsrigen – war ein zu früh geborenes Kind einem Tod geweiht, zu dem häufig die Mutter selbst beitrug. Heute wird es unter künstlichen Bedingungen am Leben erhalten und begegnet seiner Mutter erst nach mehreren Wochen wieder, in deren Verlauf auch sie selbst unter Bedingungen einer ganz eigentümlichen Beziehung lebte, von der wir hier nur die augenfälligsten Elemente vergegenwärtigen wollen:

- Schwangerschaft, die sich bei leerem Bauch noch zwei bis drei Monate fortsetzt und früher in Angst vor einer Fehlgeburt erlebt wurde;
- ein unfertiges Kind, das fern von ihr in einer Spezialabteilung lebt, wo man ihm in einem Glaskäfig das zuteil werden läßt, was sie selbst ihm zum Leben nicht hat geben können;
- künstlich provozierte und ohne irgendeinen befriedigenden Kontakt aufrechterhaltene Laktation;
- narzißtische Kränkung angesichts dieses zur Unzeit zur Welt gekommenen und noch jedes menschlichen Aspektes entbehrenden Kindes;
- intensives Gefühl von Entwertung bei dem Gedanken, daß sie ihm nicht einen von ihr selbst stammenden minimalen »narzißtischen Fundus« hat mitgeben können, damit es lebensfähig wäre, und daß dieser Mangel wiedergutgemacht werden muß;
- massive Verdrängung der Todeswünsche hinsichtlich des Kindes, die sich in Fehlgeburtsversuchen bereits hatten verwirklichen können und jetzt durch die Situation wiederbelebt und verstärkt werden;
- Verlust eines stark besetzten Objektes (der Fötus im Bauch einer Mutter), bevor noch die phantasmatische Beziehung zu diesem Objekt zur Reife gekommen ist;
- Wiederaufnahme der Beziehungen zum Kind, wenn das »Loch« von mehreren Wochen aus ihm einen Fremden gemacht hat. So ist es beispielsweise quasi konstant beobachtbar, daß die Milchsekretion, die dank eines mechanischen Milchsaugers in Abwesenheit des Kindes aufrechterhalten worden ist, zum Versiegen kommt, sobald das Kind an die Brust gelegt wird. Dieses »Loch« im wechselseitig strukturierenden Beziehungsaustausch und in den phantasmatischen Einstellungen ist leicht erklärbar, und sei es deshalb, weil die Frau ihre Aktivitäten und manchmal sogar ihre berufliche Arbeit wiederaufgenommen hat und so einen großen Teil ihrer libidinösen Energie außerhalb ihrer Beziehung zum Kind einsetzt;
- phantasiertes und zugleich sehr reales Dazwischentreten von Personen, die das Überleben des Kindes sichergestellt haben, zwischen sie und das Kind.

Es ist wahrscheinlich, daß diese ineinandergreifenden und verflochtenen Faktoren die Mutter-Kind-Beziehung auf ganz besondere Weise beeinflussen. Hinzugefügt werden müßten noch andere Parameter – etwa der des Erlebens, wie es eine schwierige biologische Entwicklung im Verlauf der ersten Monate mit sich bringt.

Wenn wir diese Überlegungen, die uns die noch andauernden klinischen Untersuchungen eines der Autoren (M. SOULÉ) nahelegen, möglicherweise ein wenig zu ausführlich dargestellt haben, so nur deshalb, um Beispiele für die überaus aufschlußreichen klinischen Materialien beizutragen, die die Pädiater uns zur Verfügung stellen können.

Wir haben in diesem doch den Beziehungen zwischen Pädiatrie und Psychoanalyse vorbehaltenen Kapitel die Beschreibung der unterschiedlichen bekannten psychosomatischen Beschwerden (Krankheiten oder Syndrome) nicht wieder aufgenommen, und zwar aus mehreren Gründen. Zunächst deshalb, weil deren Liste sehr lang geworden wäre und wir uns genötigt gesehen hätten, einen Großteil des Gesamtbereichs der Pädiatrie zusammenzufassen.

Zahlreiche Kinderkrankheiten können tatsächlich als psychosomatische Leiden aufgefaßt werden, denn affektive, familiäre und soziale Auswirkungen spielen bei ihrer Entstehung eine Rolle; überdies muß der plötzliche Einbruch der Krankheit in ein voll im Zuge der Reifung begriffenes Erleben diese Entwicklung zwangsläufig umbiegen und strukturieren.

Ebenso scheint es uns jedoch so, daß die psychosomatischen Beschwerden in der Psychopathologie des Kindes nicht künstlich isoliert werden dürfen. Sie bilden ganz im Gegensatz dazu einen von deren Aspekten, und der somatische Ausdruck kann, wie wir bereits dargestellt haben, entsprechend dem Zeitpunkt, dem Alter und der Entwicklung mit anderen Ausdrucksweisen abwechseln.

Gleichwohl gibt der Umstand, daß die dynamische Störung des Kindes zu bestimmten Zeitpunkten oder besonders häufig in wiederholte Funktionsstörungen oder somatische Krankheiten umgesetzt wird, zu besonderen metapsychologischen Überlegungen Anlaß, die unsere Einsicht in solche Zustände erweitern. Offenbar kann etwa ein klinischer Aspekt (wenn auch beim Kind seltener als beim Erwachsenen) isoliert werden, der eine auf Wahl beruhende psychosomatische »Struktur« wiedergäbe, bei der der funktionale und somatische Ausdruck, parallel zu einer armseligen und unwirksamen Psychisierung, vorherrscht. Ihr Schicksal ist beim gegenwärtigen Stand unserer Untersuchungen schwer genauer zu bestimmen.

So kann der Pädiater bei dieser Konfrontation von Kinderpsychiatern, Erwachsenen-Psychoanalytikern und Psychosomatikern nur profitieren, die ihm Vorstellungen und Begriffe zu integrieren erlaubt, die die direkte Beobachtung selbst – und sei es die aufmerksamste – ihm nicht liefert. Damit wird es für ihn möglich, den Bereich seiner Therapie neu zu bewerten. So kann er beispielsweise die Krankheit eines Kindes nicht mehr verstehen, ohne sie in ihren familiären und sozialen Rahmen einzuordnen. Er kann seinen Bereich der Beobachtung von Kleinkindern erweitern, indem er den Einfluß bewußter und unbewußter psychischer Verhaltensweisen der Mutter miteinbezieht.

Ausgehend von Beispielen aus der heute gängigen Pädiatrie, die so der Diskussion und der Konfrontation ausgesetzt ist, wird er sich schnell der fortschreitenden Strukturierung der Mutter-Kind-Beziehungen in Gestalt der oben beschriebenen »Transaktionsspirale« bewußt.

Ein ergänzendes Interesse daran, die Entwicklung des Kindes im Gesamtverlauf seines Aufwachsens zu verfolgen, findet er, wenn er auch die *Zukunft* funktionaler Störungen des Säuglings oder späterer psychosomatischer Krankheiten sich zu vergegenwärtigen versucht. Denn er allein kann diese dynamische Langzeitbeobachtung genau abstecken. So kann er etwa eine Mutter von Angst entlasten, diesem oder jenem Elternteil Gelegenheit geben, seinen eigenen Konflikt zum Ausdruck zu bringen und dem Kind Besetzungen zu entziehen, bestimmte Selbstbestrafungsmechanismen aufbrechen, das Kind aus einem ungünstigen Milieu herauslösen, aggressive Besetzungen auf andere Objekte verschieben usw.

Es scheint sogar sicher, daß seine Interventionen in diesem Bereich, wenn sie rechtzeitig vorgenommen werden, bevor sich bestimmte Reaktionsweisen dauerhaft verfestigen oder sich gar Symptome bilden, großen prophylaktischen Wert im Bereich der Mentalhygiene des Kindes als des *künftigen* Erwachsenen bekommen können.

Bibliographie

[1] ABELIN, E., Esquisse d'une théorie étiopathogénique unifiée des schizophrénies, Bern/Stuttgart [Huber] 1971.

[2] ABRAHAM, K., Œuvres complètes (übers. von I. BARANDE und E. GRIN), Paris [Payot] 1965; entspricht den Gesammelten Werken in 2 Bdn., Frankfurt [S. Fischer] 1969/1971, hg. von J. CREMERIUS.

[3] AINSWORTH, M., Beitrag zu den Cahiers de l'Office mondial de la Santé (O. M. S.), Genf 1951, Nr. 2.

[4] AINSWORTH, M., Les répercussions de la carence maternelle – faits observés. Controverses dans le contexte de la stratégie des recherches, in: *La carence des soins maternels. Réévaluation de ses effets,* Cahiers de l'O.M.S., Genf 1961, Nr. 14, S. 95 bis 168.

[5] AINSWORTH, M., The Development of Infant-Mother-Interaction among the Ganda, London [Tavistock Institute of Human Relations] 1961.

[6] AJURIAGUERRA, J. DE, DIATKINE, R., und BADARACCO, G., Psychanalyse et neurobiologie, in: *Psychanalyse d'aujourd'hui,* Paris [P.U.F.] 1956, Bd. 2, S. 437–498.

[7] AJURIAGUERRA, J. DE, Désafférentation expérimentale et clinique, Symposium von Bel-Air II (Genf, September 1964); Paris 1965 [Masson].

[8] ALBY, J.-M., Contribution a l'étude du transsexualisme, Diss. med., Paris 1956.

[9] ALBY, J.-M., ALBY, N., und CAEN, J., Problèmes psychologiques de l'hémophile, in: *Nouvelle revue française d'hématologie,* Paris 1962, Bd. 2, Nr. 1, S. 119–130.

[10] ALBY, J.-M., ALBY, N. und CHASSIGNEUX, J., Aspects psychologiques de l'évolution et du traitement des leucémiques enfants et jeunes adultes dans un centre spécialisé, in: *Nouvelle revue française d'hématologie,* Paris 1967, Bd. 7, Nr. 5, S. 577–588.

[11] ALEXANDER, F., Evolution et tendances actuelles de la psychanalyse (Beitrag zum Internationalen Kongreß für Psychiatrie, 1950), in: *Psychothérapie, psychanalyse et médecine psychosomatique,* Paris [Herman & Co.] 1952, Bd. 5.

[12] ALSTEENS, A., La pensée de Freud sur la masturbation. Perspectives et thèmes dominants à la lumière d'une analyse de textes, Louvain 1964.

[13] ALSTEENS, A., La masturbation chez l'adolescent, Lausanne [Desclée de Brouwer] 1967; dt. Tabu im Reifungsprozeß. Masturbation, Symptom oder Vergehen?, Luzern/München [Rex] 1969.

[14] ANDRY, R. G., Delinquency and Parental Pathology, London [Methuen] 1960, ²1971 [Staples].

[15] ANDRY, R. G., Rôle paternel et maternel dans la délinquance, in: *La carence de soins maternels. Réévaluation de ses effets, Cahiers de l'O. M. S.,* Genf 1961, Nr. 14, S. 30–43.

[16] ANZIEU, D., Œdipe avant le complexe, in: *Les Temps modernes,* Paris 1956, Nr. 245, S. 675–715.

[17] ARLOW, J., Konflikt, Regression und Symptombildung, in: *Psyche,* Jg. 17 (1963/64); engl. Conflict, Regression and Symptom Formation, in: Int. J. of Psycho-Analysis, Jg. 44, 1963.

[18] AUBRY, J., u. a., La carence de soins maternels, Paris [P. U. F.] 1955.

[19] AUBRY, J., Les effets de la séparation et de la privation de soins maternels sur le développement des jeunes enfants, Centre international de l'enfance. Travaux et documents, Paris [P. U. F.] 1955, Bd. 1, Nr. 7.

[20] Azima, H., Vispo, R. und Azima, F., Observations on anaclitic therapy during sensory deprivation, in: *Harvard Symposium,* vgl. [174].
[21] Beley, A., Problèmes d'hygiène mentale touchant à l'hospitalisation de l'entfant, in: *L'hygiène mentale,* Bd. 50, 1961, Nr. 2, S. 137–158.
[22] Bénassy, M., Discussion à propos de la communication de Lebovici et Diatkine sur les obsessions chez l'entfant, in: *Revue Française de Psychanalyse,* Bd. XXI, Paris 1957, Nr. 3, S. 670–672.
[23] Bénassy, M., Beitrag zum Kolloquium von Singer-Polignac, in: *L'instinct dans le comportement des animaux et de l'homme,* Paris 1956 (Hg. P. P. Grasset).
[24] Bénassy, M., und Diatkine, R., Ontogenèse du fantasme, in: *Rev. Franç. de Psychan.,* Bd. XXVIII, Paris 1964, Nr. 4.
[25] Bender, L., Psychopathic behaviour disorders in children, in: *Handbook of correctional psychology* (hg. von R. M. Lindner und R. V. Seliger), New York 1947.
[26] Bender, L., und Yarnell, H., An observation nursery, in: *American Journal of Psychology,* Bd. 97, 1941.
[27] Benedek, Th., und Rubinstein, A., The sexual cycle, in: *Women. Psychosom. Med. Monogr.,* Washington 1942.
[28] Benedek, Th., Parenthood as a development phase. A contribution to the libido theory, in: *J. Amer. Psa. Assoc.,* 1959, Bd. VII, Nr. 3, S. 389–417.
[29] Benett, H., Sensory deprivation in aviation, Harvard Univ. Press 1961.
[30] Berge, A., Psychanalyse et prophylaxie mentale, in: *Psychanalyse d'aujourd'hui, Paris* [P.U.F.] 1956, Bd. II, S. 691–722.
[31] Bergeron, M., Conceptions neurobiologiques d'Henri Wallon, in: *Evolution psychiatrique,* Paris 1950, Bd. II, S. 197–230.
[32] Bernard, J., und Alby, J.-M., Incidences psychologiques de la leucémie aigu[1]e de l'entfant et de son traitement, in: *Hygiène mentale,* 1956, Nr. 3, S. 241–255.
[33] Bernfeld, zitiert nach E. Jones [186].
[34] Bick, E., Frankl, L., und Hellman, I., Child Analysis, in: *International Journal of Psycho-Analysis,* Bd. LXIII, 1962, Nr. 4/5, S. 328–343.
[34b] Blanton, S., Diary of my Analysis with Sigmund Freud, New York [Hawthorn Books] 1927, 1971.
[35] Bonaparte, M., De la prophylaxie infantile des névroses, in: *Revue Française de Psychanalyse,* 1930, Nr. 1, S. 85–135.
[36] Bonnard, A., La mère comme thérapeute dans un cas de névrose obsessionelle, in: *The Psychoanalytic Study of the Child,* New York [International Universities Press] 1950, Bd. VI, Nr. 5.
[37] Bourdier, P., A propos du livre de Maud Mannoni: L'enfant arriéré et sa mère, in: *Cahiers de l'hôpital Henri-Rousselle,* Paris 1966, Nr. 1, S. 61–65.
[38] Bourguignon, A., Recherches récentes sur le rêve. Métapsychologie freudienne et neurophysiologie, in: *Les Temps modernes,* März 1966, Nr. 238, S. 1603–1628.
[39] Bouvet, M., Œuvres psychanalytiques, 2 Bde., Paris [Payot] 1967/68 (Bibliothèque scientifique, Nr. 123 u. 125).
[40] Bowlby, J., Fourty-Four Juvenile Delinquents. Their Characters and Home Life, London [Baillière, Tindall & Cox] 1946.
[41] Bowlby, J., Maternal care and mental health, in: *Cahiers de l'O. M. S.,* Genf 1951, Monographie Nr. 2; dt. Mütterliche Zuwendung und geistige Gesundheit, München [Kindler] 1973.
[42] Bowlby, J., The nature of the child's tie to his mother, in: *International Journal of Psycho-Analysis,* Bd. XXXIX, 1958, S. 350–371; dt. Über das Wesen der Mutter-Kind-Bindung, in: *Psyche,* Bd. XV, 1962/63.
[43] Bowlby, J., L'anxiété de la séparation, in: *Psychiatrie de l'enfant,* Bd. V, 1962, Nr. 1, S. 317–355; vgl. zu [40] bis [43] Bowlby, J., Attachment and loss, 3 Bde., London [Hogarth Press] 1970 und 1973; dt. ersch. Bd. 1: Bindung, Bd. 2: Trennung, München [Kindler] 1975 u. 1976.
[44] Braunschweig, D., Diatkine, R., Kestemberg, E., und Lebovici, S., A propos

des méthodes de formation en groupe, in: *Psychiatrie de l'entfant,* Bd. XI, 1968, H. 1.

[45] BRAUNSCHWEIG, D., LEBOVICI, S., und VAN THIEL GODFRIND, J., La psychopathie chez l'enfant, in: *Psychiatrie de l'enfant,* Bd. XII, 1969, H. 1.

[46] BRISSET, P., Le culturalisme en psychiatrie, in: *Evolution psychiatrique,* Bd. 28, 1963, H. 3, S. 369–403.

[47] BRUN, R., zitiert nach E. Jones [186].

[48] BURLINGHAM, D., und FREUD, A., War and Children, New York [Medical War Books] 1943; dt. Kriegskinder, London [Imago Publ. Co.] 1949, ern. o. O. ca. 1970 (Raubdruck). – B., D., und F., A., Infants Without Families, New York [International Universities Press] 1944; beide Titel zusammen dt. in: *Heimatlose Kinder.* Zur Anwendung psychoanalytischen Wissens auf die Kindererziehung, Frankfurt [S. Fischer] 1971.

[49] *Cahiers de l'O. M. S.,* Genf 1955, Nr. 1–9: »L'enfant à l'hôpital«.

[50a] *Cahiers de l'O. M. S.,* Genf 1951, Nr. 2: »Soins maternels et santé mentale.«

[50b] *Cahiers de l'O. M. S.,* Genf 1961, Nr. 14: »La carence de soins maternels. Réévaluation de ses effets.«

[51] CALL, J.-D., Les comportements d'approche du nouveau-né et le developpement du moi primitif, in: *Revue Française de Psychanalyse,* Bd. XXXI, 1967, Nr. 3.

[52] CHASSEGUET-SMIRGUEL, J., Recherches psychanalytiques nouvelles sur la sexualité féminine, Paris [Payot] 1964; dt. Psychoanalyse der weiblichen Sexualität, Frankfurt 1974 [Edition Suhrkamp Nr. 697].

[53] CHASSEGUET-SMIRGUEL, J., Note clinique sur les rêves d'examen, in: *Revue Française de Psychanalyse,* Bd. XXXI, 1967, S. 173–177.

[54] CHATEAU, J., L'enfant et le jeu, Paris [Les Editions du Scarabée d'or] 1950; dt. Das Spiel des Kindes. Natur und Disziplin des Spielens nach dem 3. Lebensjahr, Paderborn [Schöningh] 1969.

[55] COBLINER, W., The Genese School of Genetic Psychology and Psycho-Analysis. Parallels and Counterparts, in: *International Journal of Psycho-Analysis;* dt. in der deutschen Ausgabe von SPITZ, R., Vom Säugling zum Kleinkind, Stuttgart [Klett] 1967, als Nachwort; vgl. [319].

[56] COLEMAN, R., KRIS, E., und PROVENCE, S., The Study of Variation of Early Parental Attitudes. A Preliminary Report, in: *The Psychoanalytic Study of the Child,* Bd. VIII, New York [I. U. P.] 1953, S. 20–47.

[57] COSNIER, J., A propos du livre de Maud Mannoni: L'enfant arriéré et sa mère, in: *Revue Française de Psychanalyse,* Bd. XXIX, 1965, Nr. 2/3, S. 305–310.

[58] DANON-BOILEAU, H., und LAB, P., L'inhibition intellectuelle, in: *Psychiatrie de l'enfant,* Bd. V, 1962, H. 1, S. 43–174.

[59] DAVID, M., und APPEL, G., Etudes des facteurs de carence affective dans une pouponnière, in: *Psychiatrie de l'enfant,* Bd. IV, 1961, H. 2, S. 407–442.

[60] DAVID, M., Santé mentale et P. M. I., in: *Rapports d'activité 1965 de l'Association de Santé mentale et de Lutte contre l'alcoolisme* (Rue Charles-Mourreu, Paris 13e).

[61] DAVID, M., und APPEL, G., La relation mère-enfant, in: *Psychiatrie de l'enfant,* Bd. IX, 1966, H. 2, S. 445–533.

[62] DECOBERT, S., Problèmes pratiques posés par les rapports de la neuropsychiatrie infantile et de la pédagogie, in: AJURIAGUERRA, J. DE [Hg.], *Le choix thérapeutique en psychiatrie infantile,* Paris [Masson] 1967.

[63] DECOBERT, S., und DIATKINE, R., Hygiène mentale a l'âge scolaire, in: *Encyclopédie médico-chirurgicale,* Bd. Psychiatrie.

[63b] DECOBERT, S., und SOULÉ, M., La notion de couple thérapeutique, in: *Revue Française de Psychanalyse,* Bd. XXXVI, 1972, H. 1.

[64] DELAY, J., La jeunesse d'André Gide, 3 Bde., Paris [Gallimard] 1956/57.

[65] DELCOURT, M., Œdipe ou la légende du conquérant, Paris [Droz] 1944, H. CIV der Schriftenreihe der Phil. Fakultät von Liège.

[66] DEUTSCH, H., The Psychology of Women, 2 Bde., New York [Grune & Stratton] 1945.

[67] Diatkine, R., La signification du fantasme en psychanalyse d'enfants, in: *Revue Française de Psychanalyse,* Bd. XV, 1951, H. 3, S. 325–343.
[68] Diatkine, R., und Decobert, S., L'hygiène mentale de l'écolier, in: *Encyclopédie médico-chirurgicale,* Bd. Psychiatrie.
[69] Diatkine, R., und Favreau, J., Le psychiatrie et les parents, in: *Psychiatrie de l'enfant,* Bd. III, 1960, Nr. 1, S. 227–259.
[69b] Diatkine, R., und Simon, J., De la psychanalyse précoce. Le processus analytique chez l'enfant, Paris [P.U.F.] 1972.
[70] Diatkine, R., Agressivité et fantasmes agressifs, in: *Revue Française de Psychanalyse,* Bd. XXX, 1966, Sonderheft.
[71] Diatkine, R., Du normal et du pathologique dans l'évolution mentale de l'enfant, in: *Psychiatrie de l'enfant,* Bd. X, 1967, Nr. 1, S. 1–42.
[71 b] Diatkine, R., Etat actuel de la psychanalyse d'enfants, in: *Psychiatrie de l'enfant,* Bd. XIV, 1971, H. 1.
[71 c] Diatkine, R., Le fantasme, in: *Revue Française de Psychanalyse,* Bd. XXXV, 1971, H. 2/3.
[72] Dufrenne, M., La personnalité de base. Un concept sociologique, Paris [P.U.F.] 1953, ²1966.
[73] Duhl, F. J., The Urban Condition, New York [Basic Books] 1962.
[74] Dupoux, A., Sur les pas de Monsieur Vincent, in: *Revue de l'Assistance publique,* Paris 1958 (11, rue des Minimes).
[75] Erikson, E. H., Configuration in Play. Clinical Notes, in: *The Psychoanalytic Quaterly,* April 1937, Nr. 4, S. 139–214.
[76] Erikson. E. H., Sex Differences in the Play Configuration of Preadolescence, in: *American Journal of Orthopsychiatry,* 1951, Nr. 21, S. 667–692.
[77] Erikson, E. H., Childhood and Society, New York [Norton] 1950; dt. Kindheit und Gesellschaft, Zürich/Stuttgart [Pan Verlag] 1957; ern. Stuttgart [Klett] 1961, ²1965 u. ö.
[78] Eyer, A., Clitoridectomy for the Cure of Certain Cases of Masturbation in Young Girls, in: *Inter. Medic.,* Philadelphia 1894, S. 259–262.
[79] Ezriel, H., The Scientific Testing of Psychoanalytic Findings and Theory, in: *The British Journal of. Med. Psych.,* Bd. XXIV, 1951, S. 30–34.
[80] Fain, M., Prélude à la vie fantasmatique, in: *Revue Française de Psychanalyse,* Bd. XXXV, 1971, H. 2/3.
[80 b] Fain, M., und Marty, P., Perspectives psychosomatiques sur la formation des fantasmes, in: *Revue Française de Psychanalyse,* Bd. XXVIII, 1964, Nr. 4, S. 609 bis 622.
[80c] Fain, M., und Braunschweig, D., Eros et antéros. Réflexions psychanalytiques sur la sexualité, Paris [Payot] 1971 (Petite bibliothèque Payot Nr. 170).
[81] Fain, M., und David, C., Aspects fonctionnels de la vie onirique, in: *Revue Française de Psychanalyse,* Bd. XXVII, 1963, S. 241; Sonderheft.
[82] Fain, M., in: Kreisler, Fain und Soulé [201].
[83] Favreau, J., und Doumic, A., Psychanalyse et éducation, in: *Psychanalyse d'aujourd'hui,* Paris [P.U.F.] 1956, Bd. II, S. 287–318.
[84] Federn, P., Ego-Psychology and the Psychoses, New York [Basic Books] 1952; dt. Ichpsychologie und die Psychosen, Bern/Stuttgart [Huber] 1956.
[85] Fenichel, O., The Psychoanalytic Theory of Neurosis, New York [Norton] 1945.
[86] Ferenczi, S., Entwicklungsstufen des Wirklichkeitssinnes, 1913; in S. F., Schriften zur Psychoanalyse, 2 Bde. (hg. von M. Balint), Frankfurt [S. Fischer] 1970 und 1972; Bd. I.
[87] Ferenczi, S., Versuch einer Genitaltheorie, Wien 1924; erneut wie [86], Bd. II.
[88] Ferenczi, S., Bausteine zur Psychoanalyse, 4 Bde., Wien 1927ff.; vgl. wie [86].
[89] Fischer, C., Psychoanalytic Implication of Recent Research on Sleep and Dreaming, in: *J. Amer. psychoan.,* Bd. XIII, 1952, H. 2.
[90] Foucault, M., Les mots et les choses, Paris [Gallimard] 1966; dt. Die Ordnung der Dinge, Frankfurt [Suhrkamp] 1971.

[91] FLOURNOY, O., Du symptôme au discours, in: *Revue Française de Psychanalyse,* Bd. XXXII, 1968, Nr. 5/6, S. 807–891.
[92] FRANKL, L., Self Preservation and the Development of Accident »Proneness« in Children and Adolescents, in: *The Psychoanalytic Study of the Child,* Bd. 14, 1959.
[93] FREUD, A., Observations on Child Development, in: *The Psychoanalytic Study of the Child,* Bd. 6, 1951, S. 18–30.
[94] FREUD, A., Psycho-Analysis and Education, in: *The Psychoanalytic Study of the Child,* Bd. 9, 1954, S. 9–15.
[95] FREUD, A., Einführung in die Technik der Kinderanalyse, München/Basel [Reinhardt] [4]1966.
[96] FREUD, A., Assessment of Childhood Disturbances, in: *The Psychoanalytic Study of the Child,* Bd. 7, 1952, S. 149–158.
[97] FREUD, A., Das Ich und die Abwehrmechanismen, Wien [Internationaler psa. Verlag] 1936; ern. München [Kindler] 1964 u. ö.
[98] FREUD, A., Beitrag zum Symposium von 1967, New York [Basic Books] 1967.
[99] FREUD, A., Normality and Pathology in Childhood. Assessments of Development, London [Hogarth Press] 1966; dt. Wege und Irrwege in der Kindererziehung, Bern/Stuttgart 1968.
[100] FREUD, M., Sigmund Freud: Man and Father, New York [Vanguard] 1958.
[101] FREUD, S., Aus den Anfängen der Psychoanalyse. 1887–1902. Briefe an Wilhelm Fließ (hg. von M. BONAPARTE, A. FREUD und E. KRIS), London [Imago Publ. Co.] 1950; ern. Frankfurt [S. Fischer] 1962 u. ö.
[102] FREUD, S., und BREUER, J., Studien über Hysterie, G. W. I, S. 75–251.
[103] FREUD, S., Entwurf einer Psychologie (1895), in: *Aus den Anfängen ...* [101], S. 297–384.
[104] FREUD, S., Über Deckerinnerungen (1899), G. W. I, S. 529–554.
[105] FREUD, S., Die Traumdeutung (1900), G. W. II/III.
[106] FREUD, S., Über den Traum (1901), G. W. II/III, S. 643–700.
[107] FREUD, S., Zur Psychopathologie des Alltagslebens (1901), G. W. IV.
[108] FREUD, S., Bruchstück einer Hysterie-Analyse (1905 [1901]), G. W. V, S. 161–286.
[109] FREUD, S., Drei Abhandlungen zur Sexualtheorie (1905), G. W. V, S. 27–146.
[110] FREUD, S., Zur sexuellen Aufklärung der Kinder (Offener Brief an Dr. M. Fürst) (1907), G. W. VII, S. 19–27.
[111] FREUD, S., Der Wahn und die Träume in W. Jensens ›Gradiva‹ (1907), G. W. VII, S. 31–218.
[112] FREUD, S., Hysterische Phantasien und ihre Beziehung zur Bisexualität (1908), G. W. VII, S. 191–202.
[113] FREUD, S., Der Dichter und das Phantasieren (1908), G. W. VII, S. 213–226.
[114] FREUD, S., Charakter und Analerotik (1908), G. W. VII, S. 203–212.
[115] FREUD, S., Analyse der Phobie eines fünfjährigen Knaben [Der »Kleine Hans«] (1909), G. W. VII, S. 243–380.
[116] FREUD, S., Bemerkungen über einen Fall von Zwangsneurose [Der Rattenmann] (1909), G. W. VII, S. 381–463.
[117] FREUD, S., Der Familienroman der Neurotiker (1909), G. W. VII, S. 227–235 (Zuerst in: O. RANK, *Der Mythus von der Geburt des Helden,* Leipzig/Wien 1909).
[118] FREUD, S., Eine Kindheitserinnerung des Leonardo da Vinci (1910), G. W. VIII, S. 127–212.
[119] FREUD, S., Die Handhabung der Traumdeutung in der Psychoanalyse (1912), G. W. VIII, S. 349–358.
[120] FREUD, S., Formulierungen über die zwei Prinzipien des psychischen Geschehens (1911), G. W. VIII, S. 229–238.
[121] FREUD, S., Totem und Tabu (1913), G. W. IX.
[122] FREUD, S., Zur Einleitung der Onanie-Diskussion. Schlußwort (1912), G. W. VIII, S. 331–346.
[123] FREUD, S., Die Disposition zur Zwangsneurose (1913), G. W. VIII, S. 441–452.

[124] FREUD, S., Zur Einführung des Narzißmus (1914), G. W. X, S. 138–170.
[125] FREUD, S., Erinnern, Wiederholen und Durcharbeiten (1914), G. W. X, S. 126–137.
[125b] FREUD, S., Der Moses des Michelangelo (1914), G. W. X, S. 172–203.
[126] FREUD, S., Métapsychologie (übers. von M. BONAPARTE und A. BERMAN), Paris [Gallimard] 1952; französischer Sammelband, der die Bibl.-Nummern [127], [128] und die Aufsätze »Trauer und Melancholie« (1916), »Metapsychologische Ergänzung zur Traumlehre« (1916) und »Die Verdrängung« (1915) enthält.
[126b] FREUD, S., Métapsychologie (neu übers. von J. LAPLANCHE und J.-B. PONTALIS), Paris [Gallimard] 1968; vgl. [126].
[127] FREUD, S., Triebe und Triebschicksale (1915), G. W. X, S. 210–233.
[128] FREUD, S., Das Unbewußte (1913), G. W. X, S. 264–305.
[129] FREUD, S., Vorlesungen zur Einführung in die Psychoanalyse (1916/17), G. W. XI.
[130] FREUD, S., Aus der Geschichte einer infantilen Neurose [Der Wolfsmann] (1918), G. W. XII, S. 27–158.
[131] FREUD, S., Cinq psychanalyses (übers. von M. BONAPARTE und R. LÖWENSTEIN), Paris [P. U. F.] 1954; enthält die Bibl.-Nummern [108], [115], [116], [130] und »Psychoanalytische Bemerkungen über einen autobiographisch beschriebenen Fall von Paranoia«.
[132] FREUD, S., Ein Kind wird geschlagen (1919), G. W. XII, S. 195–226.
[133] FREUD, S., Über die Psychogenese eines Falles von weiblicher Homosexualität (1920), G. W. XII, S. 269–302.
[134] FREUD, S., Jenseits des Lustprinzips (1920), G. W. XIII, S. 1–70; enthalten in dem franz. Sammelband *Essays de Psychanalyse* [= 134].
[135] FREUD, S., Massenpsychologie und Ich-Analyse (1921), G. W. XIII, S. 71–162.
[136] FREUD, S., Das Ich und das Es (1923), G. W. XIII, S. 235–290.
[137] FREUD, S., Der Untergang des Ödipuskomplexes (1924), G. W. XIII, 393–402.
[138] FREUD, S., Die Verneinung (1925), G. W. XIV, S. 9–151.
[139] FREUD, S., Notiz über den ›Wunderblock‹ (1925), G. W. XIV, S. 1–8.
[140] FREUD, S., Hemmung, Symptom und Angst (1926), G. W. XIV, S. 111–206.
[141] FREUD, S., Fetischismus (1927), G. W. XIV, S. 309–318.
[142] FREUD, S., Die Zukunft einer Illusion (1927), G. W. XIV, S. 323–380.
[143] FREUD, S., Das Unbehagen in der Kultur (1930), G. W. XIV, S. 419–506.
[144] FREUD, S., Neue Folge der Vorlesungen zur Einführung in die Psychoanalyse (1933), G. W. XV.
[145] FREUD, S., Konstruktionen in der Analyse (1937), G. W. XVI, S. 41–56.
[146] FREUD, S., Die endliche und die unendliche Analyse (1937), G. W. XVI, S. 57–100.
[147] FREUD, S., Abriß der Psychoanalyse (1938), G. W. XVII, S. 63–140.
[148] FREUD, S., Der Mann Moses und die monotheistische Religion (1937), G. W. XVI, S. 101–248.
[149] FRIEDLÄNDER, K., The Formation of the Antisocial Character, in: *The Psychoanalytic Study of the Child,* Bd. I, New York 1945, S. 189ff.
[150] FRIES, M., Some Factors in the Development and Significance of Early Object Relationships, in: *J. Amer. Psychoan.,* Bd. 9, 1961, Nr. 4, S. 669–683.
[151] FRIES, M., Interrelationships of Physical Mental Emotional Life of a Child from Birth to Four Years of Age, in: *A. J. Dis. Child,* Bd. XLIX, 1935.
[152] GESELL, A., Ontogenèse du comportement de l'enfant, in: CARMICHAEL, L., *Manual of Child Psychology,* New York/London [3]1963; frz. Übersetzung: Manuel de psychologie infantile, Paris [P. U. F.] 1952, Bd. I.
[153] GLOVER, E., The Kleinian System of Child Psychology, in: *The Psychoanalytic Study of the Child,* Bd. I, 1945, S. 75–118.
[154] GLOVER, E., A Psychoanalytical Approach to the Classification of Mental Disorders in the Early Development of Mind, New York [I. U. P.] 1956.
[155] GLOVER, E., The Technique of Psycho-Analysis, London 1955.
[156] GOLDFARB, W., Effects of Psychological Deprivation in Enfancy and Subsequent Stimulation, in: *American Journal of Psychology,* New York 1945, Nr. 102, S. 18–33.

[157] GOLDSTEIN, K., Der Aufbau des Organismus, Den Haag [Martinus Nijhoff] 1934.
[158] GREEN, A., Le milieu familiale des schizophrènes, Diss. med. Paris 1959.
[159] GREEN, A., La diachronie dans le freudisme, in: *Revue Française de Psychanalyse,* Bd. XXX, 1966, Nr. 5/6.
[160] GREEN, A., A propos de l'ontogenèse, in: *Revue critique,* Nr. 238.
[160b] GREEN, A., Répétition, différence, replication, in: *Revue Française de Psychanalyse,* Bd. XXXIV, 1970, H. 3.
[161] GREENACRE, Ph., Trauma, Growth and Personality, New York [Norton] 1952.
[162] GREENACRE, Ph., Quelques considérations sur la relation parents-nourrisson (übers. von J. MASSOUBRE), in: *Revue Française de Psychanalyse,* Bd. XXV, 1961, Nr. 1, S. 27–55.
[163] GRESSOT, J., Piaget, in: *Psychiatrie de l'enfant,* Bd. IV, 1961, H. 1.
[164] GRODDECK, G., Das Buch vom Es. Psychoanalytische Briefe an eine Freundin, Wien 1923; ern. Wiesbaden [Limes] 1961 und München [Kindler] 1968, [2]1971.
[165] GRUNBERGER, B., L'Œdipe et le narcicissme, in: *Revue Française de Psychanalyse,* Bd. XXI, 1967, Nr. 5/6, S. 825–840.
[166] GRUNBERGER, B., Préliminaires à une étude topique du narcicissme, in: *Revue Française de Psychanalyse,* Bd. XXII, 1958, Nr. 3, S. 269–296.
[167] GUEX, G., La névrose d'abandon, Paris [P. U. F.] 1950; [2]1973 unter dem Titel: Le syndrome d'abandon.
[168] GUILLAUME, P., Manuel de psychologie, Paris [P. U. F.] 1943, 1947 u. ö.
[169] HARLOW, H., und HARLOW, F., Primary Affectional Patterns in Primates, in: *American Journal of Orthopsychiatrie,* Bd. XXX, 1960.
[170] HARTMANN, H., Comments on the Psychoanalytic Theory of the Ego, in: *The Psychoanalytic Study of the Child,* 1950; dt. Bemerkungen zur psychoanalytischen Theorie des Ich, in: *Psyche,* Bd. 18, 1964/65, S. 330–353.
[171] HARTMANN, H., Ego Psychology and the Problem of Adaptation [1939], New York, 1958; dt. Ich-Psychologie und Anpassungsproblem, Stuttgart [Klett] 1960.
[172] HARTMANN, H., La théorie psychanalytique du Moi, in: *Revue Française de Psychanalyse,* Bd. XXXI, 1969, Nr. 3, S. 339–429.
[173] HARTMANN, H., KRIS, E., und LÖWENSTEIN, R., Comments on the Formation of Psychic Structure, in: *The Psychoanalytic Study of the Child,* Bd. II, 1946, S. 11–38.
[174] Harvard Symposium von 1958, Sensory Deprivation, Harvard University Press 1961.
[175] HEBB, D. O., The Motivating Effects of Exteroceptive Stimulation, in: *The American Psychologist,* 1958, S. 18–36.
[176] HEINICKE, C. M., Some Effects of Separating Two Years Old Children from Their Parents, in: *Human relat.,* Nr. 9, 1956, S. 105.
[177] HENRI, V., und HENRI, C., Les souvenirs des adultes normaux, in: *L'Année psychologique,* Bd. III, Paris 1897.
[178] HENRY, J., L'observation naturaliste des familles d'enfants psychotiques, in: *Psychiatrie de l'enfant,* Bd. V, 1962, H. 1, S. 65–205.
[179] HETZER, H., und WISLICKI, P., Experimente über Erinnerung und Erwartung beim Kleinkinde, in: *Zeitschrift für Psychologie,* Nr. CXVIII, Berlin 1931.
[180] HOFFER, W., Psychoanalytical Education, in: *The Psychoanalytic Study of the Child,* Bd. I, 1945, Nr. 1, S. 293–309.
[180b] HOLLANDE, C., und SOULÉ, M., Pour introduire un colloque sur l'automatisme de répétition, in: *Revue Française de Psychanalyse,* Bd. XXXIV, 1970, Nr. 3, S. 373–406.
[181] HOOKS, K., Psychology. A Study of a Science, New York [McGraw Hill] 1958.
[182] HORNEY, K., The Neurotic Personality of Our Time, New York [Norton] 1937; dt. Der neurotische Mensch unserer Zeit, München [Kindler] 1964.
[183] HUG-HELLMUTH, H. VON, Aus dem Seelenleben des Kindes, Leipzig/Wien 1913.
[184] ISAACS, S., The Nature and Function of Phantasy, in: *Developments in Psycho-Analysis,* London 1952.
[185] JESSNER, A., u. a., Emotional Implications of Tonsillectomy and Adenoidectomy on Children, in: *The Psychoanalytic Study of the Child,* Bd. VII, 1952, S. 126–169.

[186] JONES, E., Sigmund Freud. Life and Work, London [Hogarth Press] 1954; dt. Das Leben und Werk von Sigmund Freud, 3 Bde., Bern/Stuttgart [Huber] 1960–62.
[187] KESTEMBERG, E., L'identité et l'identification chez les adolescents, in: *Psychiatrie de l'enfant,* Bd. V, 1962, H. 2, S. 441–522.
[188] KESTEMBERG, E., und KESTEMBERG, U., Contribution à la perspective génétique en psychanalyse, in: *Revue Française de Psychanalyse,* Bd. XXX, 1966, S. 569–774.
[189] KESTEMBERG, E., Problèmes diagnostiques et cliniques posés par les névroses de caractère, in: *Revue Française de Psychanalyse,* Bd. XVII, 1953, Nr. 4, S. 496–518.
[190] KAHN, MASUD R., A propos des traumas cumulatifs, in: *The Psychoanalytic Study of the Child,* Bd. I, 1945.
[191] KLEIN, M., Der Familienroman in Statu nascendi, in: *Internationale Zeitschrift für Psychoanalyse,* Bd. VI, 1920, S. 151–155.
[192] KLEIN, M., Personification in the Play of Children, dt. Die Rollenbildung im Kinderspiel, in: *Internationale Zeitschrift für Psychoanalyse,* Bd. XV, 1929, S. 171–182.
[193] KLEIN, M., Die Psychoanalyse des Kindes, Wien [Int. Psa. Verlag] 1932; ern. München/Basel [Reinhardt] ²1971.
[194] KLEIN, M., Zur Theorie von Angst und Schuldgefühl, in: *Das Seelenleben des Kleinkindes und andere Beiträge zur Psychoanalyse,* Stuttgart [Klett] 1962; ern. Reinbek [Rowohlt] 1972.
[195] (Titel kann vom Autor nicht mehr ermittelt werden.)
[196] KLEIN, M., Essais de Psychanalyse (Übers. von M. DERRIDA), Paris [Payot] 1967; frz. Auswahlband, der einen Großteil der deutsch bzw. englisch geschriebenen Einzelaufsätze der Autorin enthält.
[197] KLEIN, M., Envy and Gratitude, London 1957; dt. in gekürzter Fassung unter dem Titel; Neid und Dankbarkeit, wie [194].
[198] KOUPERNIK, C., und DAILBY, R., Le développement neuropsychique du nourrisson, Paris [P.U.F.] 1968.
[199] KRAPF, E., A propos de la signification psychologique de la régulation de l'oxygène chez le fœtus, in: *Archives suisses de neurologie et de psychiatrie*, Bd. LXV, 1950, S. 108–114.
[200] KREISLER, L., FAIN, M., und SOULÉ, M., La clinique psychosomatique de l'enfant. A propos des troubles fonctionnels du nourrisson, in: *Psychiatrie de l'enfant,* Bd. IX, 1966, H. 1, S. 89–222.
[201] KREISLER, L., FAIN, M., und SOULÉ, M., La clinique psychosomatique du nourrisson. Les états frontières de la nosologie, in: *Psychiatrie de l'enfant,* Bd. X, 1967, H. 1, S. 157–198.
[202] KREISLER, L., FAIN, M., und SOULÉ, M., La clinique psychosomatique du nourrisson. L'asthme précoce et le spasme du sanglot, in: *L'enfant et son corps,* Paris [P. U. F.] 1974.
[203] KRIS, E., Some Comments and Observations on Early Autoerotic Activities, in: *The Psychoanalytic Study of the Child,* Bd. VI, 1951.
[204] KRIS, E., Psychoanalysis and Education, in: *The Psychoanalytic Study of the Child,* Bd. IX, 1954.
[205] KRIS, M., The Use of Prediction in a Longitudinal Study, in: *The Psychoanalytic Study of the Child,* Bd. XII, 1957.
[206] KRIS, E., La remémoration des souvenirs d'enfance en psychanalyse (Übers. von J. KOENIG), in: *Psychiatrie de l'enfant,* Bd. I, 1958, H. 2, S. 335–378.
[207] LACAN, J., Sur la famille, L'encyclopédie française, Paris 1939.
[208] LACAN, J., Le stade du miroir comme formateur de la fonction du »Je«, in: *Revue Française de Psychanalyse,* Bd. XIII, 1949, Nr. 3, S. 449–455; dt. Das Spiegelstadium als Bildner der Ichfunktion, in: J. L., *Schriften I,* Olten/Freiburg [Walter] 1973, S. 61–70.
[209] LACAN, J., Fonction et champ de la parole et du langage en Psychanalyse, Vortrag auf dem Kongreß in Rom, 26./27. 9. 1953; dt. Funktion und Feld des Sprechens und der Sprache in der Psychoanalyse, in *Schriften I,* S. 71–169.

[210] Lacan, J., Ecrits, Paris [Seuil] 1966; vier Aufsätze daraus (darunter die vorhergehenden Bibl.-Nummern [208] und [209]) in *Schriften I*, 1973.

[211] Lampl de Groot, J., On Masturbation and its Influence on General Development, in: *The Psychoanalytic Study of the Child,* Bd. V, 1950.

[212] Laplanche, J., Hölderlin ou la question du père, Paris [P.U.F.] 1961.

[212b] Laplanche, J., Vie et mort en psychanalyse, Paris [Flammarion] 1970; dt. Leben und Tod in der Psychoanalyse, Olten/Freiburg [Walter] 1975.

[213] Laplanche, J., und Leclaire, S., Beitrag zum Colloquium von Bonneval, 1966.

[214] Laplanche, J., und Pontalis, J.-B., Fantasme originaire, fantasme des origines, origine du fantasme, in: *Les Temps modernes,* Paris 1964, Jg. 19, Nr. 215, S. 1832–1868.

[215] Laplanche, J., und Pontalis, J.-B., Vocabulaire de la Psychanalyse, Paris [P.U.F.] 1967; dt. Das Vokabular der Psychoanalyse, Frankfurt [Suhrkamp] 1972.

[216] Lebovici, S., A propos du diagnostic de névrose infantile, in: *Revue Française de Psychanalyse,* Bd. XIV, 1950, Nr. 3, S. 581–596.

[217] Lebovici, S., und Diatkine, R., Etude des fantasmes chez l'enfant, in: *Revue Française de Psychanalyse,* Bd. XVIII, 1954, Nr. 4, S. 109–159.

[218] Lebovici, S., und Diatkine, R., Les obsessions chez l'enfant, in: *Revue Française de Psychanalyse,* Bd. XXI, 1957, Nr. 3, S. 647–670.

[219] Lebovici, S., und Diatkine, R., A propos de l'observation chez le jeune enfant, in: *Psychiatrie de l'enfant,* Bd. I, 1958, H. 2, S. 437–474.

[220] Lebovici, S., Le relation objectale chez l'enfant, in: *Psychiatrie de l'enfant,* Bd. III, 1960, H. 1, S. 147–226.

[221] Lebovici, S., La vie et l'œuvre de Melanie Klein, in: *Psychiatrie de l'enfant,* Bd. IV, 1961, H. 1.

[222] Lebovici, S., De l'influence du caractère et de la personnalité des éducateurs, in: *Sauvegarde de l'enfance,* Jan./Febr. 1961, Nr. 1/2/3, S. 68–81.

[223] Lebovici, S., Aperçu des recherches sur la notion de carence maternelle, in: *Cahiers de l'O.M.S.,* Nr. 14, 1961, S. 74–94.

[224] Lebovici, S., Beitrag zum Colloquion der ›Société psychanalytique de Paris‹ zum Thema Interpretation.

[224b] Lebovici, S., Les sentiments de culpabilité chez l'enfant et l'adulte, Paris [Hachette] 1971.

[225] Lebovici, S., und Diatkine, R., Le jeu chez l'enfant, in: *Psychiatrie de l'enfant,* Bd. V, 1962, H. 1, S. 207–254.

[226] Lebovici, S., L'abord écologique en psychiatrie infantile, in: *Psychiatrie de l'enfant,* Bd. VII, 1964, H. 1, S. 199–268.

[227] Lebovici, S., und Paumelle, P., Rapport d'activités, 1965, in: *Bulletin de l'Association de Santé mentale et de Lutte contre l'alcoolisme,* Paris (rue Charles-Mourreu) 13e.

[227b] Lebovici, S., und Crémieux, R., A propos du rôle et de l'image du père, in: *Psychiatrie de l'enfant,* Bd. XIII, 1970, H. 2.

[228] Lebovici, S., und Kreisler, L., L'homosexualité chez l'enfant, in: *Psychiatrie de l'enfant,* Bd. IX, 1966, H. 1.

[229] Lebovici, S., und Braunschweig, D., A propos de la névrose infantile, in: *Psychiatrie de l'enfant,* Bd. X, 1967, H. 1, S. 43–122.

[229b] Lebovici, S., und Diatkine, R., Diskussion über Aggression beim ›XXXVIIIe Congrès international de Psychanalyse des Langues romanes‹, in: *Revue Française de Psychanalyse,* Bd. XXX, 1966, Sonderheft, S. 129.

[230] Lebovici, S., und Klein, F., A propos de la psychothérapie dans certains milieux sous-privilegiés, in: *Revue Française de neuropsychiatrie infantile,* 1968.

[231] Lebovici, S., und Sadoun, R., L'enregistrement du diagnostic au Centre de santé mentale A.-Binet, in: *Psychiatrie de l'enfant,* Bd. XI, 1968, H. 2.

[232] Lelong, M., und Lebovici, S., Problèmes psychologiques et psychopathologiques posés par l'enfant a l'hôpital, in: *Archives françaises de pédiatrie,* Bd. XII, 1955, S. 349–357.

[233] LEVINE, M. I., Pediatric Observations on Masturbation in Children, in: *The Psychoanalytic Study of the Child,* Bd. VI, 1951, S. 117.
[234] LEWIN, K., Psychoanalysis and Topological Psychology, in: *Bull. of Menninger Clinic.,* 1937, Nr. 1.
[235] LIFTON, G., Contribution au Symposium 1967, New York [Basic Books] 1967.
[236] LÖWENSTEIN, R., La psychologie psychanalytique de Hartmann, Kris et Löwenstein, in: *Revue Française de Psychanalyse,* Bd. XXX, 1966, Nr. 5/6, S. 775–795.
[237] LORENZ, K., The Comparative Method in Studying Innate Behaviour, *Symp. Soc. Exp. Biol.,* Oxford 1950, Nr. 4, S. 221–268.
[238] LORENZ, K., Über tierisches und menschliches Verhalten. Ges. Abhandlungen, 2 Bde., München [Piper] 1965.
[239] LUCCIONI, H., und SUTTER, J.-M., Carence paternelle et carence d'autorité, in: *Revue française de neuropsychiatrie infantile,* Bd. XIII, 1965, H. 10/11, S. 812–817.
[240] LUQUET-PARAT, S., L'organisation oedipienne du stade génital, in: *Revue Française de Psychanalyse,* Bd. XXXI, 1967, Nr. 5/6, S. 743–912.
[241] MÂLE, P., Étude psychanalytique de l'adolescence, in: *Psychanalyse d'aujourd'hui,* Paris [P.U.F.] 1956, Bd. I, S. 237ff.
[242] MALINOWSKI, B., Sex and Repression in Savage Society, London [Routledge & Kegan Paul] 1927; dt. Geschlecht und Verdrängung in primitiven Gesellschaften, Reinbek [Rowohlt] 1962 (RE Nr. 139/40).
[243] MALINOWSKI, B., The Sexual Life of Savages in North-Western Melanesia, London 1931.
[244] MANNONI, M., Unveröffentlichter Beitrag zum ›XVe Congrès de l'U. N. A. R.‹, Paris 1964.
[245] MANNONI, M., L'enfant arriéré et sa mère, Paris [Seuil] 1964; dt. Das zurückgebliebene Kind und seine Mutter, Olten/Freiburg [Walter] 1972.
[246] MANNONI, M., Problèmes posés par la psychothérapie des débiles, in: *Sauvegarde de l'enfance,* Jg. 20, Paris 1965, Nr. 1/2/3, S. 100–108.
[247] MANNONI, M., Psychanalyse des arriérés, in: *Revue française de neuropsychiatrie infantile,* Bd. VIII, Paris 1965, Nr. 4/5, S. 448.
[248] MARTY, P. u. a., Psychanalyse et médecine psychosomatique, in: *Psychanalyse d'aujourd'hui,* Paris [P.U.F.] 1956, Bd. II.
[249] MAUCO, G., De l'inconscient à l'âme enfantine, Paris [Psyché] 1948.
[250] MAUCO, G., Psychanalyse et éducation, Paris [Aubier-Montaigne] 1967.
[251] MEAD, M., Changing Patterns of Parents-Child Relation in an Urban Culture, in: *International Journal of Psycho-Analysis,* Bd. XXXVIII, 1957, Nr. 6.
[252] MEAD, M., La carence de soins maternels du point de vue de l'anthropologie culturelle, In: *Cahiers de l'O.M.S.,* 1961, Nr. 14, S. 44–62.
[252b] MELTZER, D., Le processus analytique, Paris [Payot] 1971.
[252c] MENDEL, G., La révolte contre le père, Paris [Payot] 1968; dt. Die Revolte gegen den Vater. Einführung in die Soziopsychoanalyse, Frankfurt [S. Fischer] 1972.
[253] MENDEL, G., La crise des générations, Paris [Payot] 1969; dt. Die Generationenkrise. Eine soziopsychoanalytische Studie, Frankfurt [Suhrkamp] 1972.
[253b] MILLER, S. C., Ego Autonomy in Sensory Deprivation, Isolation and Stress, in: *International Journal of Psycho-Analysis,* Bd. 43, 1962, H. 1, S. 1–20.
[254] MISÈS, R., Conférence au ›Centre de Guidance infantile de l'Ecole de Puériculture‹, Paris 1968, unveröffentlicht.
[254b] MITSCHERLICH, A., Auf dem Wege zur vaterlosen Gesellschaft, München [Piper] 1963.
[255] NACHT, S., Causes et mécanismes des déformations du Moi, in: *Revue Française de Psychanalyse,* Bd. XXII, 1958, Nr. 2.
[256] NACHT, S., L'instinct de mort ou l'instinct de vie, in: *Revue Française de Psychanalyse,* Bd. XX, 1956, Nr. 3, S. 405–417.
[257] NACHT, S., LEBOVICI, S., und DIATKINE, R., L'enseignement de la psychanalyse, in: *Revue Française de Psychanalyse,* Bd. XXIV, 1960, Nr. 1, S. 225–239.

[258] NAESS, S., Mother-Child Separation and Delinquency, in: *British J. of Delinq.*, 1959, S. 10–22.
[259] NOËL, J., La sélection des parents adoptifs, Diss. med. Paris 1959.
[260] NOVELETTO, A., La masturbation chez l'enfant, in: *Psychiatrie de l'enfant*, Bd. IV, 1961, H. 1, S. 299–311.
[261] ODIER, C., L'angoisse et la pensée magique, Neufchâtel [Delachaux & Niestlé] 1948.
[262] ORTIGUES, M.-C., und ORTIGUES, E., Œdipe africain, Paris [Plon] 1967.
[263] PAINTER, G. D., Marcel Proust, 2 Bde., Boston/Toronto 1959; dt. Marcel Proust, 2 Bde., Frankfurt [Suhrkamp] 1962 und 1968.
[264] PARIN, P., und MORGENTHALER, F., Die Weißen denken zuviel. Psychoanalytische Untersuchungen bei den Dogon in Westafrika, Zürich [Atlantis] 1963; ern. München [Kindler] 1972.
[265] PASCHE, F., und RENARD, M., Realité de l'objet et point de vue économique, in: *Revue Française de Psychanalyse*, Bd. XX, 1956, Nr. 4, S. 517–525.
[266] PASCHE, F., De la dépression, in: *Revue Française de Psychanalyse*, Bd. XXVII, 1963, Nr. 2/3, S. 191–223.
[267] PASCHE, F., Péripétie d'un retour a Freud, in: *L'Inconscient*, Nr. 4, Paris 1967, S. 83–111.
[268] PASCHE, F., A partir de Freud, Paris [Payot] 1969.
[269] PETRE QUADENS, O., und LAROCHE, J.-L., Sommeil du nouvea-uné. Phases paradoxales spontanées et provoquées, in: *Journal de psychol. norm. et pathol.* 1974.
[270] PIAGET, J., La psychanalyse et le développement intellectuel, in: *Revue Française de Psychanalyse*, Bd. VI, 1933, S. 405–408.
[271] PICHON, E., La famille devant M. Lacan, in: *Revue Française de Psychanalyse*, Bd. XI, 1939, Nr. 1.
[272] PICHON-RIVIÈRE, E., Le développement psychique de l'enfant et de l'adolescent, Paris [Masson] 1936.
[273] PIÉRON, H., L'évolution de psychisme, in: *Revue du Mois*, 1908; ern. in: *Bulletin de psychologie*, Paris, Institut de Psychologie, Nr. XI, S. 369–371.
[274] PREYER, G., L'âme de l'enfant, Paris [Alcan] 1887; ursprüngl. dt. unter dem Titel: Die Seele des Kindes, Leipzig 1882.
[275] RACAMIER, P.-C., Étude clinique des frustrations précoces, in: *Revue Française de Psychanalyse*, Bd. XVII, 1953, S. 328–350, und Bd. XVIII, 1954, S. 576–631.
[276] RACAMIER, P.-C., La privation sensorielle, in: *Psychiatrie de l'enfant*, Bd. VI, 1963, H. 1.
[277] RAMBERT, M., La vie affective et mentale de l'enfant, Neufchâtel [Delachaux & Niestlé] 1945; dt. Das Puppenspiel in der Kinderpsychotherapie, München/Basel [Reinhardt] 1969.
[278] RANK, O., Der Mythus von der Geburt des Helden, Leipzig [Deuticke] 1909, [2]1921.
[279] RANK, O., Das Trauma der Geburt, Wien [Intern. Psychoanalytischer Verlag] 1924.
[280] RAPAPORT, D., The Autonomy of the Ego, 1950; ern. in: *Collected Papers*, New York [Basic Books] 1967, S. 357–367.
[281] Revue Française de Psychanalyse, Compte rendu de la IXe Conférence des Psychanalyses de Langue française (1936), Bd. IX, Nr. 3.
[282] Revue Française de Psychanalyse, Relation du XXe Congrès international de Psychanalyse à Paris (1955), Bd. XXII, 1958, Nr. 2.
[283] Revue Française de Psychanalyse, Relation du Congrès international de Psychanalyse à Stockholm (1963), Bd. XXVIII, 1964, Nr. 4.
[284] REICH, W., Über Genitalität, in: *Internationale Zeitschrift für Psychoanalyse*, Bd. X, 1924.
[285] RIBBLE, M. A., Clinical Studies of Instinctive Reactions in Newborn Babies, in: *American Journal of Psychology*, Bd. 1935.
[286] RICKMAN, J., Methodology and Research in Psychopathology, in: *British Journal of Medical Psychology*, Bd. 24, 1951.

[287] RICŒUR, P., Histoire et verité, Paris [Seuil] 1965; dt. Geschichte und Wahrheit, München [List] 1974.
[288] RICŒUR, P., De l'interpretation. Essai sur Freud, Paris [Seuil] 1965; dt. Die Interpretation. Ein Versuch über Freud, Frankfurt [Suhrkamp] 1969.
[289] ROBERT, M., Sur le papier. Essais, Paris [Grasset] 1967.
[290] ROBERTSON, J., Mothering as an Influence on Early Development, in: *The Psychoanalytic Study of the Child,* Bd. XVII, 1962.
[291] ROSENFELD, H., Considerations Regarding the Psychoanalytic Approach to Acute and Chronic Schizophrenia, in: *International Journal of Psycho-Analysis,* Bd. XXXV, 1954, Nr. 2.
[292] ROUART, J., Psychopathologie de la puberté et de l'adolescence, Paris [P. U. F.] 1954 (Coll. »Paideia«).
[293] ROUART, J., NARLIAN, R., und SIMON, J., L'échec scolaire. Étude clinique structurale et dynamique, in: *Psychiatrie de l'enfant,* Bd. III, 1960, H. 2, S. 333–403.
[294] SAINTE-ANNE D'ARGASSIES, La maturation neurologique du prématuré, in: *Revue neurologique,* Bd. 93, 1955, Nr. 1, S. 331–340.
[295] SANDLER, J., The Classification of Super Ego Material in the Hampstead Index, in: *The Psychoanalytic Study of the Child,* Bd. XVII, 1962.
[296] SANDLER, J., und NAGERA, H., Aspects de la métapsychologie du fantasme, in: *Revue Française de Psychanalyse,* Bd. XXVIII, 1964, Nr. 4, S. 473–506.
[297] SAUGUET, H., Caractère et névrose. Séminaire de perfectionnement de l'Institut de psychanalyse, in: *Revue Française de Psychanalyse,* Bd. XXX, 1966, Nr. 3, S. 298–307.
[298] SAUSSURE, R. DE, Psychologie génétique et psychanalyse, in: *Revue Française de Psychanalyse,* Bd. VI, 1933, S. 364–408.
[299] SAUSSURE, R. DE, Le dogme de la famille irréprochable, in: *Archives swisses de neurologie et de psychiatrie,* Bd. LXIV, 1949.
[300] SAUSSURE, R. DE, Intervention au Congrès mondial de Psychiatrie, Paris 1950, in: *Psychothérapie et médecine psychosomatique,* Paris [Herman & Co.] 1952, Bd. V.
[301] SCHAEFFER, E., u. a., Development of a Maternal Behaviour Research Instrument, in: *Journal of Genetic Psychology,* Bd. 95, 1959.
[302] SCHILDER, P., The Image and Appearance of the Human Body, New York [I. U. P.] 1950.
[303] SCHILDER, P., Psychoanalyse und Biologie, in: *Imago,* Bd. XIX, 1933, S. 168–197.
[304] SEARLES, H. F., The Non Human Environment, New York [I. U. P.] 1960.
[305] SEGAL, H., Contribution au Symposium de Stockholm (1963), in: *Revue Française de Psychanalyse,* Bd. XXVIII, 1964, Nr. 4; engl. in: *Internal Journal of Psycho-Analysis,* Bd. 44, 1963.
[306] SIMMEL, G., Soziologie. Untersuchung über die Formen der Vergesellschaftung, München/Leipzig [Duncker & Humblot] 1908.
[307] SOULÉ, M., La carence de soins maternels dans la petite enfance. La frustration précoce et ses effects cliniques, in: *Psychiatrie de l'enfant,* Bd. I, 1958, H. 2, S. 523–40.
[307b] SOULÉ, M., La ficelle dans le jeu de la bobine. Étude de génétique de la maîtrise, in: *Revue Française de Psychanalyse,* Bd. XXXIV, 1970, Nr. 3, S. 431–436.
[308] SOULÉ, M., und SAKELAROPOULOS, P., Étude statistique simple des relations affectives de la mère et de son enfant asthmatique, in: *Revue Française de Psychanalyse,* Bd. XXIII, 1959, Nr. 6, S. 687–717.
[309] SOULÉ, M., NOËL, J., BOUCHARD, F., Le placement familial, Paris [Éditions sociales] 1968.
[310] SOULÉ, M., Contribution clinique à la compréhension de l'imaginaire des parents. A propos de l'adoption ou le Roman de Polybe et Mérobe, in: *Revue Française de Psychanalyse,* Bd. XXXII, 1968, Nr. 3, S. 419–464.
[311] SOULÉ, M., BOUCHARD, F., und NOËL, J., Fondements théoriques de l'hygiène et de la prophylaxie mentale infantiles, in: *Sauvegarde de l'enfance,* Bd. XVII, 1962, Nr. 5/6, S. 345–361.

[312] SOULÉ, M., und CAILLE-WINTER, F., Les bases d'une coopération entre pédiatre et psychiatre dans l'action préventive en matière de santé mentale chez l'enfant, in: *Sauvegarde de l'enfance,* Bd. XVII, 1962, S. 400–405.
[313] SOULÉ, M., und DELAMARE, A., La mère et son enfant né prematuré (im Druck).
[314] SPITZ, R., Hospitalism. An Inquiry into the Genesis of Psychiatric Conditions in Early Childhood, in: *The Psychoanalytic Study of the Child,* Bd. I, 1945; dt. in: *Erziehung in früher Kindheit,* München [Piper] 1968, S. 53–74.
[315] SPITZ, R., Anaclitic Depression, in: *The Psychoanalytic Study of the Child,* Bd. II, 1946, S. 313–342.
[316] SPITZ, R., und WOLF, K. M., Autoerotism, in: *The Psychoanalytic Study of the Child,* Bd. IV, 1949, Nr. 3/4, S. 85–120.
[317] SPITZ, R., Autority and Masturbation. Some Remarks on a Bibliographical Investigation, in: *The Psychoanalytic Quaterly,* Bd. XXI, 1952, S. 490–527.
[318] SPITZ, R., Beitrag zum Congrès de psychiatrie infantile, Lissabon 1958.
[319] SPITZ, R., The First Year of Life, New York [I. U. P.] 1965; dt. Vom Säugling zum Kleinkind, Stuttgart [Klett] 1967.
[320] SPITZ, R., La cavité primitive (übers. von J. MALLET), in: *Revue Française de Psychanalyse,* Bd. XXIII, 1959, Nr. 2, S. 205–235.
[321] SPITZ, R., No and Yes. On the Genesis of Human Communication, New York [I. U. P.] 1957; dt. Nein und Ja. Die Ursprünge der menschlichen Kommunikation, Stuttgart [Klett] 1960.
[322] SPITZ, R., Vers une réévaluation de l'auto-érotisme (Übers. aus *Psa. Study of the Child*), in: *Psychiatrie de l'enfant,* Bd. VII, 1964, S. 269–297.
[323] SPITZ, R., Quelques prototypes précoces de défense du Moi, in: *Revue Française de Psychanalyse,* Bd. XXVIII, 1964, Nr. 2, S. 185–215.
[323b] SPITZ, R., De la naissance à la parole (übers. von CL. FLOURNOY), Paris [P. U. F.] 1968.
[324] STEIN, C., Notes sur la mort d'Œdipe, in: *Revue Française de Psychanalyse,* Bd. XX, 1956, Nr. 6, S. 735–756.
[324b] STEIN, C., L'enfant imaginaire, Paris [Denoël] 1971.
[325] STEIN, C., La prédiction du passée, in: *Revue Française de Psychanalyse,* Bd. XXX, 1966, Nr. 5/6, S. 749–752 und S. 803–805.
[325b] STEPHANE, A., L'univers contestationnaire, Paris [Payot] 1969.
[326] STOLLER, R., Sex and Gender. On the Development of Masculinity and Femininity, London [Hogarth Press] 1968.
[327] STRACHEY, J., Introduction à la métapsychologie. Proceedings of the Society for Physical Research, London 1916/17, Nr. 4.
[328] STRACHEY, J., Inconscious Factors in Reading, in: *International Journal of Psycho-Analysis,* Bd. XI, 1930, S. 322–331.
[329] STRAUSS, P., u. a., L'hospitalisation des enfants. Une étude de pédiatrie sociale dans l'agglomeration parisienne. Monographie de l'I. N. H., Paris 1961.
[330] SULLIVAN, H. S., The Interpersonal Theory of Psychiatry, New York [Norton] 1953.
[331] SULLIVAN, H. S., SUTTER, J. M., und LUCCIONI, H., Le syndrome de carence d'autorité, in: *Revue française de neuropsychiatrie infantile,* Bd. VII, 1959, H. 1, S. 115–129.
[332] TAUSK, V., Über die Entstehung des »Beeinflussungsapparates« in der Schizophrenie, in: *Internationale Zeitschrift für Psychoanalyse,* Bd. V, 1919, S. 1–33; ern. in: *Psyche,* Bd. 23, 1969, S. 353–384.
[333] PAVENSTEDT, E., The Drifters, London 1968.
[334] TINBERGEN, N., Study of Instinct, Oxford [Clarendon Press] 1952, [2]1969; dt. Instinktlehre, Berlin/Hamburg [Parey] 1966.
[335] THOMAS, A., Ontogenèse de la vie psycho-affective et de la douleur, in: *L'Encéphale,* Paris 1954, Paris 1954, Nr. 4, S. 289–311.
[335b] TOROK, M., Maladie du deuil et fantasme du cadavre exquis, in: *Revue Française de Psychanalyse,* Bd. XXXII, 1968, H. 3.
[336] TRASLER, G., In Place of Parents, London [Routledge & Kegan Paul] 1960.

[337] Valenstein, P., Intervention au Congrès mondial de Psychiatrie, 1950, in: *Psychothérapie et médecine psychosomatique,* Paris [Herman & Co] 1952, Bd. V.
[337b] Viderman, S., La construction de l'espace analytique, Paris [Denoël] 1970.
[338] Wallon, H., L'évolution psychologique de l'enfant, Paris [Armand Colin] 1947.
[339] Wallon, H., Les origines de la pensée chez l'enfant, Paris [P.U.F.] 1945.
[340] Wallon, H., De l'acte à la pensée. Essai de psychologie comparée, Paris [Flammarion] 1942.
[341] Wallon, H., Les origines du caractère chez l'enfant, Paris [P.U.F.] 1954.
[342] Widlöcher, D., Fonction paternelle, complexe d'Œdipe et formation de la personnalité, in: *Revue française de neuropsychiatrie infantile,* Bd. XIII, 1965, H. 10/11, S. 777–781.
[343] Widlöcher, D., L'interpretation des dessins d'enfants, Bruxelles [Dessart] 1965; dt. Was eine Kinderzeichnung verrät, München [Kindler] 1974.
[344] Wolf, P. H., Observations on the Newborn Infants, in: *Psychosom. Medecine,* Nr. 21, 1959.
[345] Williams, J. M., Children Who Breakdown Infoster Homes. A Psychological Study of Personality Growth in Grossly Deprived Children, in: *Journal of Child Psychol. and Psychiatr.,* Bd. II, 1961, H. 5.
[346] Winnicott, D. W., Diskussion beim Symposium über direkte Beobachtung des Kindes beim XXe Congrès international de Psychanalyse, in: *Revue Française de Psychanalyse,* Bd. XXII, 1958, S. 205–212; dt. Über den Beitrag direkter Beobachtung von Kindern zur Psychoanalyse, in: *Reifungsprozesse und fördernde Umwelt,* München [Kindler] 1974, S. 141–147.
[347] Winnicott, D. W., The Theory of the Parent-Infant-Relationship, in: *International Journal of Psycho-Analysis,* Bd. 41, 1960; dt. wie [346], S. 47–71.
[348] Winnicott, D. W., Transitional Objects and Transitional Phenomena: A Study of the First Not-Me Possession, in: *International Journal of Psycho-Analysis,* Bd. 34, 1953, S. 89–97; dt. Übergangsobjekte und Übergangsphänomene, in: *Psyche,* Bd. 23, 1969, S. 666–682; ern. wie [349].
[349] Winnicott, D. W., Collected Papers: Through Paediatrics to Psycho-Analysis, London [Tavistock]/New York [Basic Books] 1958; frz. De la pédiatrie a la psychanalyse, Paris [Payot] 1969; dt. Von der Kinderheilkunde zur Psychoanalyse, München [Kindler] 1976.
[350] Kubie, J., The Problem of Specifity in the Psychosomatic Process, in: *The Psychosomatic Concepts in Psychoanalysis,* New York [I.U.P.] 1953.
[351] Gide, A., Si le grain ne meurt, Paris [Gallimard] 1927; dt. Stirb und Werde, in: *Selbstzeugnis.* Autobiographische Schriften, Stuttgart [Deutsche Verlagsanstalt] 1969.
[352] Devereux, G., Cultural Factors in Psychoanalytic Therapy, in: *Journal of the Amer. Psychoanal. Ass.,* Bd. I, 1953, S. 629–655.

Namenregister

Sachregister

VERSAMMLUNG: ______________________________/_____

FREIWILLIGER DIENST

für: ____

lieber mitverkündiger, wir bestätigen hiermit deine anmeldung als helfer und erwarten dich zur übergabe des zuteilungsausweises

bringe bitte schutzkleidung und gesundheitsausweis mit. Solltest du aus irgend einem grunde verhindert sein, so lass es uns wissen durch rückgabe dieser zuteilung.

deine mitbrüder
abteilung freiwillige dienste

PSYCHE DES KINDES

Herausgegeben von Privatdozent Dr. Dr. Jochen Stork

Die Themen der einzelnen Bände dieser Reihe sind der Kinder- und Jugendpsychologie, der Jugendpsychiatrie und Pädagogik gewidmet. Sie wollen sowohl die Fachkräfte der genannten Gebiete – Psychologen, Psychoanalytiker, Ärzte, Kindergärtnerinnen, Jugenderzieher und Sozialarbeiter – grundlegend informieren als auch den Eltern und allen an Jugendpsychologie interessierten Laien den Zugang zu wichtigen psychologischen Problemen erleichtern und ihnen einen Überblick über den Stand der Wissenschaften, über Theorie und Praxis psychologischer Erkenntnis und therapeutischer Möglichkeiten vermitteln.
Hauptintention des Herausgebers und des Verlages war es, den psychoanalytischen Ansatz in den Mittelpunkt der Betrachtung zu stellen, denn er hat sich als einer der aussichtsreichsten Zugänge zum Seelenleben des Menschen erwiesen.

Bruno Bettelheim: **Die Geburt des Selbst**
The Empty Fortress. Erfolgreiche Therapie autistischer Kinder. Mit einem Vorwort von Jochen Stork

Anhand von drei ausführlichen Fallstudien, einer Deutung des Phänomens der »Wolfskinder« sowie einer Diskussion der Literatur zum infantilen Autismus befaßt sich Bettelheim grundsätzlich mit der Möglichkeit der Therapie des Autismus, indem er seine Patienten in ihrem Krankheitsbereich selbst aufsucht.

Bruno Bettelheim: **Die symbolischen Wunden**
Pubertätsriten und der Neid des Mannes

Bettelheim weist überzeugend nach, daß es einen Neid des Mannes auf die Frau gibt, der in unserer Gesellschaft verdrängt und deshalb geleugnet wird, und zeigt auf, wie und warum Männer in primitiven Gesellschaften sich Wunden zufügen, um symbolisch an der Macht und Stärke der Frauen, die menstruieren und gebären können, teilzuhaben.

Julien Bigras: **Gute Mutter – Böse Mutter**
Das Bild des Kindes von der Mutter

Bigras umreißt die Funktion der Mutter im Leben des Kindes neu und zeigt aus der Sicht des Analytikers, wie wichtig die Ablösung des Kindes aus der symbiotischen Verschmelzung mit der Mutter in den ersten Jahren für die spätere Entwicklung und den Weg in ein gesundes und eigenständiges Leben ist.

John Bolland/Joseph Sandler: **Die Hampstead-Methode**
Mit einem Vorwort von Anna Freud

In der berühmten Fallstudie über Andy wird die Psychoanalyse eines zwei Jahre alten, schwer gestörten Jungen über 50 Wochen in allen Einzelheiten minuziös dargestellt. Dabei geht es den Autoren darum, die unter der Leitung von Anna Freud entwickelte Methode der schematischen Aufbereitung von analytischem Material – den »Hampstead Psychoanalytic Index« – beispielhaft zu demonstrieren.

Edward de Bono: **Kinderlogik löst Probleme**

Dieses Buch bietet etwas Neues: eine allgemeinverständliche Anleitung für Eltern und Erzieher, die die seelischen Antriebe für Intelligenz, Urteilsfähigkeit und Kombinationsvermögen ihrer Kinder testen wollen.

Melanie Klein: **Der Fall Richard**

Das vollständige Protokoll einer Kinderanalyse

Dieses Werk – das Pendant zu Melanie Kleins Hauptwerk »Die Psychoanalyse des Kindes« – steht neben Freuds Analyse des »Kleinen Hans« beispielhaft in der Geschichte der Psychoanalyse. Melanie Klein hat die vier Monate dauernde psychoanalytische Behandlung des zehnjährigen Richard täglich minuziös protokolliert und den gesamten Prozeßverlauf der Analyse festgehalten.

Melanie Klein/Joan Riviere: **Seelische Urkonflikte**

Liebe, Haß und Schuldgefühl

Zwei berühmte Analytikerinnen haben hier erstmals den Versuch unternommen, die tieferliegenden seelischen Prozesse aufzuzeigen, denen unsere Handlungen und Gefühle unterliegen. Sie werden zurückgeführt auf die menschlichen Grundregungen von Liebe und Haß – oder Aggression – und dem aus diesem Urkonflikt resultierenden Bedürfnis nach Wiedergutmachung. Der nichtbewältigte Konflikt dieser Gefühle, deren Ursprung Melanie Klein schon beim ganz kleinen Kind nachweisen konnte, ist Ausgangspunkt für zahlreiche Verhaltensstörungen und Neurosen bei Erwachsenen.

Pierre Mâle: **Psychotherapie bei Jugendlichen**

Krisen und Probleme in der späten Pubertät

Der international bekannte Psychotherapeut und Psychoanalytiker setzt sich in diesem Buch mit Problemen der Entwicklungsprozesse der Adoleszenz, ihrer Störbarkeit und ihrer Behandlung auseinander. Die Beschreibung der einzelnen Krankheitsbilder und ihre Besonderheiten für die Behandlung – Jugendkrise, Neurose, Borderline, Verwahrlosung etc. – machen die immense klinische Erfahrung des Autors deutlich.

Hanna Segal: **Melanie Klein** Eine Einführung in ihr Werk

Hanna Segal behandelt hier die wesentlichen Stadien frühkindlicher Entwicklung und erläutert Technik und Methode der Kleinschen Psychoanalyse anhand eigener Fälle. Besondere Beachtung finden die paranoid-schizoide wie die depressive Position, die projektive Identifikation, die manische Abwehr, der Neid, die »Wiedergutmachung« und die Frühstadien des Ödipuskomplexes. Dazu kommt eine übersichtliche Bibliographie der Werke von und über Melanie Klein und ein umfangreiches Register.

Daniel Widlöcher: **Was eine Kinderzeichnung verrät**

Methode und Beispiele psychoanalytischer Deutung

Was das Kind nicht sagen kann oder will, drückt es oft mit Hilfe einer Zeichnung, eines Bildes aus. Widlöcher betrachtet die Gebilde von Kindern unter verschiedenen Gesichtspunkten: im Blick auf die Entwicklung der Zeichen zum Symbol, auf die im Stil sichtbar werdende Persönlichkeit sowie das zugrunde liegende Motiv als Ausdruck des Unbewußten im Freudschen Sinne. Das meistgelesene Werk zu diesem Thema in Frankreich.

D. W. Winnicott: **Von der Kinderheilkunde zur Psychoanalyse**

Das vorliegende Buch enthält siebzehn der wichtigsten theoretischen und klinischen Aufsätze des Autors. Es zeigt nicht nur neue und eigenständige Aspekte Winnicotts zu den psychoanalytischen Grundkonzepten, sondern gibt auch einen Einblick in den Alltag seiner kinderklinischen Arbeit, die von dem umfassenden Erfahrungshintergrund des Praktikers aus in die gezielte Anwendung und die schließliche Formulierung seiner Ideen hinüberführt.

D. W. Winnicott: **Reifungsprozesse und fördernde Umwelt**

The Maturational Processes and the Facilitating Environment

Die hier vorgelegten Aufsätze und Studien basieren auf der Freudschen Erkenntnis, daß psychische Störungen auf Fehlentwicklungen in der frühen Kindheit beruhen. Winnicott kann jedoch darüber hinaus in Anlehnung an Melanie Klein aufzeigen, daß nicht alle Störungen im klassischen Ödipuskomplex wurzeln, sondern oft noch weit tiefer in die Kindheit zurückreichen.

Kindler Verlag